J. von Staudingers
Kommentar zum Bürgerlichen Gesetzbuch
mit Einführungsgesetz und Nebengesetzen
Buch 2 · Recht der Schuldverhältnisse
§§ 839, 839a

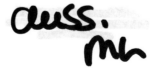

Kommentatorinnen und Kommentatoren

Dr. Karl-Dieter Albrecht
Vorsitzender Richter am Bayerischen Verwaltungsgerichtshof, München

Dr. Hermann Amann
Notar in Berchtesgaden

Dr. Christian Armbrüster
Professor an der Bucerius Law School, Hamburg

Dr. Martin Avenarius
Privatdozent an der Universität Göttingen

Dr. Christian von Bar, FBA
Professor an der Universität Osnabrück, Honorary Master of the Bench, Gray's Inn (London)

Dr. Wolfgang Baumann
Notar in Wuppertal

Dr. Okko Behrends
Professor an der Universität Göttingen

Dr. Detlev W. Belling, M.C.L.
Professor an der Universität Potsdam

Dr. Werner Bienwald
Professor an der Evangelischen Fachhochschule Hannover

Dr. Andreas Blaschczok †
Professor an der Universität Leipzig

Dr. Dieter Blumenwitz
Professor an der Universität Würzburg

Dr. Reinhard Bork
Professor an der Universität Hamburg, Richter am Hanseatischen Oberlandesgericht zu Hamburg

Dr. Wolf-Rüdiger Bub
Rechtsanwalt in München, Professor an der Universität Potsdam

Dr. Elmar Bund
Professor an der Universität Freiburg i. Br.

Dr. Jan Busche
Professor an der Universität Düsseldorf

Dr. Michael Coester, LL.M.
Professor an der Universität München

Dr. Dagmar Coester-Waltjen, LL.M.
Professorin an der Universität München

Dr. Dr. h.c. mult. Helmut Coing †
em. Professor an der Universität Frankfurt am Main

Dr. Matthias Cremer
Notar in Dresden

Dr. Hermann Dilcher †
em. Professor an der Universität Bochum

Dr. Heinrich Dörner
Professor an der Universität Münster

Dr. Christina Eberl-Borges
Professorin an der Universität Siegen

Dr. Werner F. Ebke, LL.M.
Professor an der Universität Konstanz

Dr. Jörn Eckert
Professor an der Universität zu Kiel, Richter am Schleswig-Holsteinischen Oberlandesgericht in Schleswig

Dr. Eberhard Eichenhofer
Professor an der Universität Jena

Dr. Volker Emmerich
Professor an der Universität Bayreuth, Richter am Oberlandesgericht Nürnberg a. D.

Dipl.-Kfm. Dr. Norbert Engel
Ministerialdirigent im Thüringer Landtag, Erfurt

Dr. Helmut Engler
Professor an der Universität Freiburg i. Br., Minister in Baden-Württemberg a. D.

Dr. Karl-Heinz Fezer
Professor an der Universität Konstanz, Honorarprofessor an der Universität Leipzig, Richter am Oberlandesgericht Stuttgart

Dr. Johann Frank
Notar in Amberg

Dr. Rainer Frank
Professor an der Universität Freiburg i. Br.

Dr. Bernhard Großfeld, LL.M.
Professor an der Universität Münster

Dr. Karl-Heinz Gursky
Professor an der Universität Osnabrück

Dr. Ulrich Haas
Professor an der Universität Mainz

Norbert Habermann
Richter am Amtsgericht Offenbach

Dr. Stefan Habermeier
Professor an der Universität Greifswald

Dr. Johannes Hager
Professor an der Humboldt-Universität zu Berlin

Dr. Rainer Hausmann
Professor an der Universität Konstanz

Dr. Dr. h. c. mult. Dieter Henrich
Professor an der Universität Regensburg

Dr. Reinhard Hepting
Professor an der Universität Mainz

Christian Hertel, LL.M.
Notar a. D., Geschäftsführer des
Deutschen Notarinstituts, Würzburg

Joseph Hönle
Notar in Tittmoning

Dr. Bernd von Hoffmann
Professor an der Universität Trier

Dr. Heinrich Honsell
Professor an der Universität Zürich,
Honorarprofessor an der Universität
Salzburg

Dr. Dr. Dres. h. c. Klaus J.
Hopt, M.C.J.
Professor, Direktor des Max-Planck-
Instituts für Ausländisches und Inter-
nationales Privatrecht, Hamburg

Dr. Norbert Horn
Professor an der Universität zu Köln,
Direktor des Rechtszentrums für europäische und internationale Zusammenarbeit, Köln

Dr. Heinz Hübner
Professor an der Universität zu Köln

Dr. Rainer Jagmann
Vorsitzender Richter am Landgericht
Freiburg i. Br.

Dr. Ulrich von Jeinsen
Rechtsanwalt und Notar in Hannover

Dr. Dagmar Kaiser
Professorin an der Universität Mainz

Dr. Rainer Kanzleiter
Notar in Neu-Ulm, Professor an der
Universität Augsburg

Wolfgang Kappe †
Vorsitzender Richter am Oberlandesgericht Celle a.D.

Dr. Ralf Katschinski
Notar in Hamburg

Dr. Benno Keim
Notar a. D. in München

Dr. Sibylle Kessal-Wulf
Richterin am Bundesgerichtshof,
Karlsruhe

Dr. Diethelm Klippel
Professor an der Universität Bayreuth

Dr. Hans-Georg Knothe
Professor an der Universität Greifswald

Dr. Helmut Köhler
Professor an der Universität München,
Richter am Oberlandesgericht München

Dr. Jürgen Kohler
Professor an der Universität Greifswald

Dr. Heinrich Kreuzer
Notar in München

Dr. Jan Kropholler
Professor an der Universität Hamburg,
Wiss. Referent am Max-Planck-Institut
für Ausländisches und Internationales
Privatrecht, Hamburg

Dr. Hans-Dieter Kutter
Notar in Schweinfurt

Dr. Gerd-Hinrich Langhein
Notar in Hamburg

Dr. Dr. h.c. Manfred Löwisch
Professor an der Universität Freiburg
i. Br., vorm. Richter am Oberlandesgericht Karlsruhe

Dr. Dr. h. c. Werner Lorenz
Professor an der Universität München

Dr. Peter Mader
Professor an der Universität
Salzburg

Dr. Ulrich Magnus
Professor an der Universität Hamburg,
Richter am Hanseatischen Oberlandes-
gericht zu Hamburg

Dr. Peter Mankowski
Professor an der Universität Hamburg

Dr. Peter Marburger
Professor an der Universität Trier

Dr. Wolfgang Marotzke
Professor an der Universität Tübingen

Dr. Dr. Michael Martinek,
M.C.J.
Professor an der Universität des
Saarlandes, Saarbrücken

Dr. Jörg Mayer
Notar in Pottenstein

Dr. Dr. h.c. mult. Theo Mayer-
Maly
Professor an der Universität Salzburg

Dr. Dr. Detlef Merten
Professor an der Deutschen Hochschule
für Verwaltungswissenschaften Speyer

Dr. Peter O. Mülbert
Professor an der Universität Mainz

Dr. Dirk Neumann
Vizepräsident des Bundesarbeitsgerichts
a. D., Kassel, Präsident des Landes-
arbeitsgerichts Chemnitz a. D.

Dr. Ulrich Noack
Professor an der Universität Düsseldorf

Dr. Hans-Heinrich Nöll
Rechtsanwalt in Hamburg

Dr. Jürgen Oechsler
Professor an der Universität Potsdam

Dr. Hartmut Oetker
Professor an der Universität Jena, Richter am Thüringer Oberlandesgericht Jena

Wolfgang Olshausen
Notar in Rain am Lech

Dr. Dirk Olzen
Professor an der Universität Düsseldorf

Dr. Gerhard Otte
Professor an der Universität Bielefeld

Dr. Hansjörg Otto
Professor an der Universität Göttingen

Dr. Lore Maria Peschel-Gutzeit
Rechtsanwältin in Berlin, Senatorin für
Justiz a.D. in Hamburg und Berlin, Vor-
sitzende Richterin am Hanseatischen
Oberlandesgericht zu Hamburg i. R.

Dr. Frank Peters
Professor an der Universität Hamburg,
Richter am Hanseatischen Oberlandes-
gericht zu Hamburg

Dr. Axel Pfeifer
Notar in Hamburg

Dr. Alfred Pikalo †
Notar in Düren

Dr. Jörg Pirrung
Ministerialdirigent im Bundesministerium
der Justiz, Berlin, Richter am Gericht
erster Instanz der Europäischen Gemeinschaften, Luxemburg, Professor an der
Universität Trier

Dr. Ulrich Preis
Professor an der Universität zu Köln

Dr. Manfred Rapp
Notar in Landsberg a. L.

Dr. Thomas Rauscher
Professor an der Universität Leipzig,
Dipl. Math.

Dr. Peter Rawert, LL.M.
Notar in Hamburg, Professor an der
Universität zu Kiel

Eckhard Rehme
Vorsitzender Richter am Oberlandesgericht Oldenburg

Dr. Wolfgang Reimann
Notar in Passau, Professor an der
Universität Regensburg

Dr. Dieter Reuter
Professor an der Universität zu Kiel,
Richter am Schleswig-Holsteinischen
Oberlandesgericht in Schleswig

Dr. Reinhard Richardi
Professor an der Universität Regensburg

Dr. Volker Rieble
Professor an der Universität Mannheim

Dr. Wolfgang Ring
Notar in Landshut

Dr. Anne Röthel
Wiss. Mitarbeiterin an der Universität Erlangen-Nürnberg

Dr. Herbert Roth
Professor an der Universität Regensburg

Dr. Rolf Sack
Professor an der Universität Mannheim

Dr. Ludwig Salgo
Professor an der Fachhochschule Frankfurt a. M., Apl. Professor an der Universität Frankfurt a. M.

Dr. Gottfried Schiemann
Professor an der Universität Tübingen

Dr. Eberhard Schilken
Professor an der Universität Bonn

Dr. Peter Schlosser
Professor an der Universität München

Dr. Jürgen Schmidt
Professor an der Universität Münster

Dr. Karsten Schmidt
Professor an der Universität Bonn

Dr. Günther Schotten
Notar in Köln, Professor an der Universität Bielefeld

Dr. Hans Hermann Seiler
Professor an der Universität Hamburg

Dr. Walter Selb †
Professor an der Universität Wien

Dr. Reinhard Singer
Professor an der Universität Rostock, Richter am Oberlandesgericht Rostock

Dr. Jürgen Sonnenschein †
Professor an der Universität zu Kiel

Dr. Ulrich Spellenberg
Professor an der Universität Bayreuth

Dr. Sebastian Spiegelberger
Notar in Rosenheim

Dr. Hans Stoll
Professor an der Universität Freiburg i.Br.

Dr. Hans-Wolfgang Strätz
Professor an der Universität Konstanz

Dr. Dr. h. c. Fritz Sturm
Professor an der Universität Lausanne

Dr. Gudrun Sturm
Assessorin, Wiss. Mitarbeiterin an der Universität Lausanne

Burkhard Thiele
Ministerialdirigent im Justizministerium Mecklenburg-Vorpommern, Schwerin

Dr. Bea Verschraegen, LL.M.
Professorin an der Universität Wien

Dr. Klaus Vieweg
Professor an der Universität Erlangen-Nürnberg

Dr. Reinhard Voppel
Rechtsanwalt in Köln

Dr. Günter Weick
Professor an der Universität Gießen

Gerd Weinreich
Richter am Oberlandesgericht Oldenburg

Dr. Birgit Weitemeyer
Wiss. Assistentin an der Universität zu Kiel

Dr. Joachim Wenzel
Vizepräsident des Bundesgerichtshofs, Karlsruhe

Dr. Olaf Werner
Professor an der Universität Jena, Richter am Thüringer Oberlandesgericht Jena

Dr. Wolfgang Wiegand
Professor an der Universität Bern

Dr. Peter Winkler von Mohrenfels
Professor an der Universität Rostock, Richter am Oberlandesgericht Rostock

Dr. Roland Wittmann
Professor an der Universität Frankfurt (Oder), Richter am Brandenburgischen Oberlandesgericht

Dr. Hans Wolfsteiner
Notar in München

Dr. Eduard Wufka
Notar in Starnberg

Dr. Michael Wurm
Richter am Bundesgerichtshof, Karlsruhe

Redaktorinnen und Redaktoren

Dr. Christian von Bar, FBA
Dr. Wolf-Rüdiger Bub
Dr. Heinrich Dörner
Dr. Helmut Engler
Dr. Karl-Heinz Gursky
Norbert Habermann
Dr. Dr. h. c. mult. Dieter Henrich
Dr. Heinrich Honsell
Dr. Norbert Horn
Dr. Heinz Hübner
Dr. Jan Kropholler
Dr. Dr. h. c. Manfred Löwisch
Dr. Ulrich Magnus
Dr. Dr. Michael Martinek, M.C.J.
Dr. Gerhard Otte
Dr. Lore Maria Peschel-Gutzeit
Dr. Peter Rawert, LL.M.
Dr. Dieter Reuter
Dr. Herbert Roth
Dr. Hans-Wolfgang Strätz
Dr. Wolfgang Wiegand

J. von Staudingers
Kommentar zum Bürgerlichen Gesetzbuch
mit Einführungsgesetz und Nebengesetzen

Buch 2
Recht der Schuldverhältnisse
§§ 839, 839a

Dreizehnte
Bearbeitung 2002
von
Michael Wurm

Redaktor
Norbert Horn

Sellier – de Gruyter · Berlin

Die Kommentatorinnen und Kommentatoren

Dreizehnte Bearbeitung 2002
MICHAEL WURM

Zur Beachtung: Durch das „Gesetz zur Modernisierung des Schuldrechts" vom 26. November 2001 (BGBl I 3138) wurde gemäß Art 1 Abs 2 dem BGB eine Inhaltsübersicht vorangestellt, die sowohl dessen Untergliederung modifiziert als auch Überschriften für dessen einzelne Vorschriften eingeführt hat. Darüber hinaus wurde – in neuer Rechtschreibung – der vollständige Wortlaut des BGB in der seit 1.1.2002 geltenden Fassung am 2.1.2002 (BGBl I 42) bekannt gemacht. Dies wurde in diesem Band mit der Erläuterung der §§ 839, 839a berücksichtigt. Die Entscheidung, ob innerhalb der Erläuterungen alte oder neue Rechtschreibung verwendet wird, bleibt bis auf weiteres den Kommentatorinnen und Kommentatoren überlassen. Wird in den Erläuterungen auf durch das SchRModG geänderte oder neu eingeführte Bestimmungen verwiesen, so erhalten diese erforderlichenfalls den Zusatz „nF", die überholten den Zusatz „aF". Die Erläuterungen selbst entsprechen dem Stand vom April 2002 (mit Nachträgen bis zum 1. August 2002). Im übrigen siehe die Broschüre „Das Schuldrechtsmodernisierungsgesetz – Seine Auswirkungen auf J. von Staudingers Kommentar zum BGB. Benutzeranleitung 2002" (Beilage zum Band Art 27–37 EGBGB [13. Bearbeitung 2002] und kostenlos zu erhalten beim Verlag oder unter www.sellier.de).

12. Auflage
§ 839: Senatspräsident i. R. Dr. KARL SCHÄFER (1986)
§ 839a: ./.

10./11. Auflage
§ 839: Senatspräsident i. R. Dr. KARL SCHÄFER (1969)
§ 839a: ./.

Sachregister

Rechtsanwalt Dr. Dr. VOLKER KLUGE, Berlin

Zitierweise

STAUDINGER/WURM (2002) § 839 Rn 1

Zitiert wird nach Paragraph bzw Artikel und Randnummer.

Hinweise

Das Vorläufige Abkürzungsverzeichnis 1993 für das „Gesamtwerk STAUDINGER" befindet sich in einer Broschüre, die den Abonnenten zusammen mit dem Band §§ 985–1011 (1993) bzw seit 2000 gesondert mitgeliefert wird. Eine aktualisierte Neubearbeitung befindet sich in Vorbereitung und wird den Abonnenten wiederum kostenlos geliefert werden.

Der Stand der Bearbeitung ist jeweils mit Monat und Jahr auf den linken Seiten unten angegeben.

Am Ende des Bandes befindet sich eine Übersicht über den aktuellen Stand des „Gesamtwerk STAUDINGER".

Die Deutsche Bibliothek – CIP-Einheitsaufnahme

J. von Staudingers Kommentar zum Bürgerlichen Gesetzbuch : mit Einführungsgesetz und Nebengesetzen / [Kommentatoren Karl-Dieter Albrecht ...]. – Berlin : Sellier de Gruyter
ISBN 3-8059-0784-2

Buch 2. Recht der Schuldverhältnisse
§§ 839, 839a. – 13. Bearb. / von Michael Wurm. Red.: Norbert Horn. – 2002
ISBN 3-8059-0923-3

© Copyright 2002 by Dr. Arthur L. Sellier & Co. – Walter de Gruyter GmbH & Co. KG, Berlin. – Printed in Germany.

Dieses Werk einschließlich aller seiner Teile ist urheberrechtlich geschützt. Jede Verwertung außerhalb der engen Grenzen des Urheberrechtsgesetzes ist ohne Zustimmung des Verlages unzulässig und strafbar. Das gilt insbesondere für Vervielfältigungen, Übersetzungen, Mikroverfilmungen und die Einspeicherung und Verarbeitung in elektronischen Systemen.

Satz: jürgen ullrich typosatz, Nördlingen.

Druck: H. Heenemann GmbH & Co., Berlin.

Bindearbeiten: Lüderitz und Bauer, Buchgewerbe GmbH, Berlin.

Umschlaggestaltung: Bib Wies, München.

⊗ Gedruckt auf säurefreiem Papier, das die DIN ISO 9706 über Haltbarkeit erfüllt.

Inhaltsübersicht

	Seite[*]
Vorwort	IX

Buch 2 · Recht der Schuldverhältnisse

Abschnitt 8 · Einzelne Schuldverhältnisse
Titel 27 · Unerlaubte Handlungen

§§ 839, 839a	1
Sachregister	327

---

[*] Zitiert wird nicht nach Seiten, sondern nach Paragraph bzw Artikel und Randnummer; siehe dazu auch S VI.

Vorwort

Die bewährte Kommentierung des § 839 BGB von KARL SCHÄFER bildet die Grundlage für die vorliegende Neubearbeitung des Amts- und Staatshaftungsrechts. Diese orientiert sich vor allem an der Rechtsprechung des III. Zivilsenats des Bundesgerichtshofs, die ich seit nunmehr fast vierzehn Jahren habe mitgestalten dürfen. Anhand der Schwerpunkte der Senatsrechtsprechung sind in der Kommentierung die Akzente teilweise neu gesetzt worden. Ich nenne beispielhaft: den Schutzzweck der Amtspflicht als Kriterium zur inhaltlichen Bestimmung und sachlichen Begrenzung der Amtshaftung; das öffentliche Baurecht; den gemeinschaftsrechtlichen Staatshaftungsanspruch.

Hinzuweisen ist ferner auf den neuen § 839a BGB. Diese Bestimmung schafft eine eigenständige, systematisch im Umfeld der Amtshaftung angesiedelte Anspruchsgrundlage für die Haftung des gerichtlichen Sachverständigen und ersetzt dessen bisherige, aus § 823 Abs 2 BGB in Verbindung mit den die Aussage- und Eidesdelikte betreffenden Strafrechtsnormen als Schutzgesetzen hergeleitete allgemeine Deliktshaftung. Über die praktischen Auswirkungen dieser Neuregelung läßt sich derzeit noch keine auch nur einigermaßen verläßliche Prognose abgeben; insoweit bleibt die weitere Entwicklung abzuwarten.

Mein besonderer Dank gilt meinen Senatskollegen für die stets harmonische, verständnis- und rücksichtsvolle Zusammenarbeit, die sich auch und gerade bei der Entstehung dieses Werkes hervorragend bewährt hat.

Karlsruhe, im Juni 2002   MICHAEL WURM

§ 839
Haftung bei Amtspflichtverletzung

(1) Verletzt ein Beamter vorsätzlich oder fahrlässig die ihm einem Dritten gegenüber obliegende Amtspflicht, so hat er dem Dritten den daraus entstehenden Schaden zu ersetzen. Fällt dem Beamten nur Fahrlässigkeit zur Last, so kann er nur dann in Anspruch genommen werden, wenn der Verletzte nicht auf andere Weise Ersatz zu erlangen vermag.

(2) Verletzt ein Beamter bei dem Urteil in einer Rechtssache seine Amtspflicht, so ist er für den daraus entstehenden Schaden nur dann verantwortlich, wenn die Pflichtverletzung in einer Straftat besteht. Auf eine pflichtwidrige Verweigerung oder Verzögerung der Ausübung des Amtes findet diese Vorschrift keine Anwendung.

(3) Die Ersatzpflicht tritt nicht ein, wenn der Verletzte vorsätzlich oder fahrlässig unterlassen hat, den Schaden durch Gebrauch eines Rechtsmittels abzuwenden.

Materialien: E I § 736 Abs 1, 3; II § 762; III § 823; Mot II 822; Prot II 658; VI 202.

Art 34 GG
[Haftung bei Amtspflichtverletzung]

Verletzt jemand in Ausübung eines ihm anvertrauten öffentlichen Amtes die ihm einem Dritten gegenüber obliegende Amtspflicht, so trifft die Verantwortlichkeit grundsätzlich den Staat oder die Körperschaft, in deren Dienst er steht. Bei Vorsatz oder grober Fahrlässigkeit bleibt der Rückgriff vorbehalten. Für den Anspruch auf Schadensersatz und für den Rückgriff darf der ordentliche Rechtsweg nicht ausgeschlossen werden.

Entstehungsgeschichte: DAGTOGLOU, BK (Loseblattausgabe Stand 1970) Art 34 I.

Schrifttum

I. Abgekürzt zitierte Standardwerke
BGB-RGRK/KREFT (12. Aufl 1980); zit: KREFT
OSSENBÜHL, Staatshaftungsrecht (5. Aufl 1998)
MünchKomm-BGB/PAPIER (3. Aufl 1997); zit: PAPIER
SOERGEL/VINKE (12. Aufl 1999).

II. Weitere Literatur
BENDER, Staatshaftungsrecht. Schadensersatz-, Entschädigungs- und Folgenbeseitigungspflichten aus hoheitlichem Unrecht (2. Aufl 1974)
– dto (3. Aufl 1981), betreffend das gescheiterte Staatshaftungsgesetz)
BERGMANN/SCHUMACHER, Die Kommunalhaftung (3. Aufl 2002)
BETTERMANN, Rechtsgrund und Rechtsnatur der Staatshaftung, DÖV 1954, 299
ders, Vom Sinn der Amtshaftung, JZ 1961, 482
BLANKENAGEL, Die „Amtspflicht gegenüber einem Dritten" – Kasuistik ohne Systematik?, DVBl 1981, 15
BOUJONG, Staatshaftung für legislatives und

normatives Unrecht in der neueren Rechtsprechung des Bundesgerichtshofes, in: FS Geiger (1989) 430

ders, Schadensersatz- und Entschädigungsansprüche wegen fehlerhafter Bauleitplanung und rechtswidriger Bauverwaltungsakte nach der Rechtsprechung des Bundesgerichtshofs, WiVerw 1991, 59

ders, Zum Staatshaftungsrecht im Gebiet der früheren DDR, in: FS Gelzer (1991) 273

ders, Zu den enteignungsrechtlichen Schutzgrenzen des eingerichteten und ausgeübten Gewerbebetriebs, in: FS Nirk (1992) 61

BUSCHLINGER, Das Verhältnis des Amtshaftungsanspruchs zum subjektiv-öffentlichen Recht, DÖV 1965, 797

CORNILS, Der gemeinschaftsrechtliche Staatshaftungsanspruch (1995)

DAGTOGLOU, in: Bonner Kommentar zum GG, Art 34 (Zweitbearbeitung 1970)

ders, Ersatzpflicht des Staates bei legislativem Unrecht? (1963)

DECKERT, Zur Haftung des Mitgliedstaats bei Verstößen seiner Organe gegen europäisches Gemeinschaftsrecht, EuR 1997, 203

DEPPERT, Die Rechtsstellung des Dritten im Baugenehmigungsverfahren, in: FS Boujong (1996) 533

DETTERBECK/WINDTHORST/SPROLL, Staatshaftungsrecht (2000)

DOHNOLD, Die Haftung des Staates für legislatives und normatives Unrecht in der neueren Rechtsprechung des Bundesgerichtshofes, DÖV 1991, 152

EHLERS, Die Weiterentwicklung des Staatshaftungsrechts durch das europäische Gemeinschaftsrecht, JZ 1996, 776

vEINEM, Amtshaftungsansprüche zwischen Hoheitsträgern, BayVBl 1994, 486

FEHN/LECHLEUTHNER, Amtshaftung bei notärztlichen Behandlungsfehlern, MedR 2000, 140

FETZER, Die Haftung des Staates für legislatives Unrecht (1994)

FRENZ, Die Staatshaftung in den Beleihungstatbeständen (1992)

GALKE, Die Beschränkung der Staatshaftung nach Art 34 GG in der Rechtsprechung des Bundesgerichtshofs, DÖV 1992, 53

HEIDENHAIN, Amtshaftung und Entschädigung aus enteignungsgleichem Eingriff (1965)

HERBST/LÜHMANN, Die Staatshaftungsgesetze der neuen Länder (1997)

JASCHINSKI, Der Fortbestand des Anspruchs aus enteignendem Eingriff (1997)

JELLINEK, Schadensersatz aus Amtshaftung und Enteignungsentschädigung, JZ 1955, 147

KAYSER/LEISS, Die Amtshaftung (2. Aufl 1958)

KREFT, Öffentlich-rechtliche Ersatzleistungen, 1980 (= BGB-RGRK § 839 mit Vorbemerkungen [2. Aufl 1998] ⟨Neubearbeitung der Vorbemerkungen vor § 839⟩)

KRÖNER, Entschädigung und Amtshaftung bei Fehlern im Bauleitplan- und Baugenehmigungsverfahren, ZfBR 1984, 20

KROHN, Verantwortung und Haftung im kommunalen Bereich, BADK-Information 2/1991, 34

ders, Amtshaftung und Bauleitplanung – Zur „Altlasten"-Rechtsprechung des Bundesgerichtshofs, in: FS Gelzer (1991) 281

ders, Enteignung, Entschädigung, Staatshaftung, 1993

ders, Haftungsrechtlicher Vertrauensschutz bei rechtswidrigen baurechtlichen Genehmigungen, in: FS Boujong (1996) 573

ders/LÖWISCH, Eigentumsgarantie, Enteignung, Entschädigung (3. Aufl 1984)

LANSNICKER/SCHWIRTZEK, Die Amtshaftung der Bauordnungs- und Bauplanungsbehörden in der Rechtsprechung des BGH, NVwZ 1996, 745

LEIPOLD, Das Haftungsprivileg des Spruchrichters, JZ 1967, 737

LERCHE, Amtshaftung und enteignungsgleicher Eingriff, JuS 1961, 237

MIDDENDORF, Amtshaftung und Gemeinschaftsrecht (2001)

NÜSSGENS, Zur Rechtsfortbildung bei § 839 Abs 1 Satz 2 BGB (Verweisungsklausel), in: FS Geiger (1989) 456

ders, Ausschluß der Staatshaftung kraft Amtshaftung, in: FS Gelzer (1991) 293

NÜSSGENS/BOUJONG, Eigentum, Sozialbindung, Enteignung (1987)

OSSENBÜHL, Das Staatshaftungsrecht in den neuen Ländern, NJW 1991, 1201

PAPIER, in: MAUNZ/DÜRIG, Grundgesetz, Art 34 (Loseblattausgabe Stand 1998)

ders, Recht der öffentlichen Sachen (3. Aufl 1998)
ders, Die Forderungsverletzung im öffentlichen Recht (1970)
ders, Zur Entschädigung für Amtshandlungen der Polizei, DVBl 1975, 567
ders, Wirtschaftsaufsicht und Staatshaftung, JuS 1980, 265
PFAB, Staatshaftung in Deutschland (1997)
RINNE, Entschädigungsfragen beim eingerichteten und ausgeübten Gewerbebetrieb, DVBl 1993, 869
ders, Die Nachprüfbarkeit von Verwaltungsakten im Amtshaftungsprozeß, in: FS Boujong (1996) 633
ders, Strafprozessuale Bezüge in der Rechtsprechung des Bundesgerichtshofs zum Amtshaftungsrecht, in: FS Odersky (1996) 481
ROTERMUND, Haftungsrecht in der kommunalen Praxis (1996)
RÜFNER, Haftungsbeschränkungen in verwaltungsrechtlichen Schuldverhältnissen, DÖV 1973, 808
RUPP, Widerruf amtlicher ehrkränkender Behauptungen, NJW 1961, 811
SCHÄFER/BONK, Staatshaftungsgesetz (StHG) (1982)
SCHENKE, Die Haftung des Staates bei normativem Unrecht, DVBl 1975, 121
ders, Staatshaftung und Aufopferung – der Anwendungsbereich des Aufopferungsanspruchs, NJW 1991, 1777
ders/GUTTENBERG, Rechtsprobleme einer Haftung bei normativem Unrecht, DÖV 1991, 945
B SCHMIDT, Der Irrtum des Kollegialgerichts als Entschuldigungsgrund?, NJW 1993, 1630
J-P SCHMIDT, Staatshaftung für verzögertes Amtshandeln (2001)
SCHOCH, Amtshaftung, JURA 1988, 585, 648
ders, Die Haftungsinstitute des enteignungsgleichen und enteignenden Eingriffs im System des Staatshaftungsrechts, JURA 1989, 529
ders, Die Haftung aus enteignungsgleichem und enteignendem Eingriff, JURA 1990, 140
ders, Rechtliche Konsequenzen der neueren Eigentumsdogmatik für die Rechtsprechung des BGH, in: FS Boujong (1996) 655
SOERGEL/E KLEIN, BGB (12. Aufl 1999) Anhang nach § 839: Staatshaftung

STEINBERG/LUBBERGER, Aufopferung – Enteignung und Staatshaftung (1991)
STELKENS, Verwaltungshaftungsrecht (1998)
STÜER, Amtshaftung bei rechtswidrigem Bauvorbescheid, BauR 2000, 1431
TREFFER, Staatshaftung im Polizeirecht (1993)
TREMML/KARGER, Der Amtshaftungsprozeß (1998)
TREMML/NOLTE, Amtshaftung wegen behördlicher Warnungen nach dem Produktsicherheitsgesetz, NJW 1997, 2265
DE WITT/BURMEISTER, Amtshaftung für rechtswidrig erteilte Genehmigungen, NVwZ 1992, 1039
WURM, Drittgerichtetheit und Schutzzweck der Amtspflicht als Voraussetzungen für die Amtshaftung, JA 1992, 1
ders, Öffentlich-rechtliche Ersatzleistungen, in: FS aus Anlaß des 50jährigen Bestehens von Bundesgerichtshof, Bundesanwaltschaft und Rechtsanwaltschaft beim Bundesgerichtshof (2000) 267
ders, Schadensersatzfragen bei der Überplanung sog „Altlasten", UPR 1990, 201
ders, Die neuere Rechtsprechung des Bundesgerichtshofs zur Amtshaftung für Altlasten, Jahrbuch des Umwelt- und Technikrechts 1994, 587
ders, Das Einvernehmen der Gemeinde nach § 36 BauGB in der neueren (Amtshaftungs-) Rechtsprechung des Bundesgerichtshofs, in: FS Boujong (1996) 687
ders, Das Einvernehmen der Gemeinde nach § 36 BauGB in amtshaftungsrechtlicher Sicht, NordÖR 2000, 404.

III. Rechtsprechungsübersichten
(jeweils chronologisch geordnet)
REINKEN/SCHWAGER, Die neuere Rechtsprechung des Bundesgerichtshofs zum Amtshaftungsrecht, DVBl 1986, 985 und DVBl 1988, 919; SCHWAGER DVBl 1989, 1069; SCHWAGER/KROHN DVBl 1990, 1077; KROHN/SCHWAGER DVBl 1992, 321; SCHWAGER-WENZ DVBl 1993, 1171
ENGELHARDT, Die neue Entwicklung der Rechtsprechung zum Staatshaftungsrecht, NVwZ 1985, 621
ders, Neue Rechtsprechung des BGH zur öf-

fentlichrechtlichen Entschädigung, NVwZ 1989, 1026
ders, Neue Rechtsprechung des BGH zum Staatshaftungsrecht, NVwZ 1989, 1927
ders, Neue Rechtsprechung des BGH zur öffentlichrechtlichen Entschädigung, NVwZ 1994, 337
RINNE/SCHLICK, Die Rechtsprechung des BGH zu den öffentlichrechtlichen Ersatzleistungen, NVwZ 1997, 34
dies, Die Rechtsprechung des BGH zum Staatshaftungsrecht, (Teil 1) NVwZ 1997, 1065; (Teil 2) NVwZ 1997, 1171
dies, Die Rechtsprechung des BGH zu den öffentlich-rechtlichen Ersatzleistungen, NVwZ Beilage Nr II/2000 zu Heft 2/2000 und Nr II/2002 zu Heft 3/2002 (= NJW Beilage zu Heft 14/2002).

Systematische Übersicht

A. Amtshaftung

I. Historischer Überblick
1. Entstehungsgeschichte des § 839 ___ 1
2. Geschichtliche Entwicklung der Staatshaftung bis zum Inkrafttreten des Grundgesetzes ___ 4
3. Die Staatshaftung nach Art 34 GG ___ 10
4. Das Staatshaftungsgesetz vom 26. 6. 1981 ___ 12
5. Staatshaftung in den neuen Bundesländern ___ 15

II. Grundlagen und Struktur der Amtshaftung
1. Übergeleitete Beamtenhaftung ___ 21
2. Bestandteil des bürgerlich-rechtlichen Haftungssystems ___ 23
3. Personale Konstruktion der Amtshaftung ___ 24
4. Kritik ___ 25
5. Amtspflichtverletzung als unerlaubte Handlung ___ 28
6. Verhältnis zu sonstigen Haftungsnormen ___ 37

III. „Beamter" im Sinne des § 839 Abs 1 Satz 1 BGB – „jemand" im Sinne des Art 34 Satz 1 GG
1. Der haftungsrechtliche Beamtenbegriff ___ 40
2. Die Amtsträgereigenschaft ___ 43
3. Beliehene und Verwaltungshelfer ___ 48
4. Notare ___ 52
5. Amtsanmaßung ___ 53

IV. Die haftende Körperschaft
1. Öffentlich-rechtliche Körperschaften als Haftungssubjekte ___ 54
2. Die Bestimmung des Haftungssubjekts ___ 55
3. Inhaber mehrerer Ämter ___ 60
4. Fehlen eines Dienstherrn ___ 66
5. Weitere Einzelfragen ___ 68
6. Zusammenwirken mehrerer Behörden ___ 73
   a) Weisungen ___ 74
   b) Anregung, Raterteilung ___ 75
   c) Amtshilfe ___ 76
   d) Beteiligung mit Bindungswirkung ___ 77
   e) Beteiligung mit eingeschränkter Bindungswirkung ___ 78
   f) Mitverantwortung ___ 79
   g) Beteiligung ohne Bindungswirkung ___ 80
   h) Faktische Zusammenarbeit ohne „Beteiligung" im Rechtssinn ___ 81
   i) Gesamtschuldnerische Haftung ___ 82

V. Ausübung eines anvertrauten öffentlichen Amtes
1. Begriffsbestimmung; Abgrenzungskriterien ___ 84
2. Einzelfälle ___ 89
3. Umfang des Handelns in Ausübung öffentlicher Gewalt ___ 90
4. Dienstfahrten ___ 92
5. Handeln „in Ausübung" eines öffentlichen Amtes und Handeln „bei Gelegenheit der Ausübung" eines öffentlichen Amtes ___ 99
6. Übergang des hoheitlichen Handelns in fiskalisches Handeln ___ 105

7. Ausführung hoheitlich angeordneter Maßnahmen durch private Unternehmer ___ 106
8. Unternehmen und Anstalten der öffentlichen Hand im allgemeinen ___ 108
9. Handeln im fiskalischen Bereich ___ 117

VI. Die Amtspflichten im allgemeinen
1. Allgemeine und besondere Amtspflichten ___ 121
2. Rechtmäßiges Verhalten ___ 124
3. Pflicht, den Sachverhalt zu erforschen ___ 133
4. Pflicht zu zügiger Sachbearbeitung ___ 134
5. Sachgerechte Entscheidung ___ 137
6. Pflicht zur Behebung begangener Fehler ___ 138
7. Verhältnismäßigkeit ___ 139
8. Konsequentes Verhalten ___ 141
9. Verschwiegenheitspflicht ___ 142
10. Gehorsamspflicht ___ 143
11. Amtspflicht zu fehlerfreier Ermessensausübung ___ 144
12. Erteilung dienstlicher Auskünfte, Belehrungen und Hinweise ___ 151
13. Behördliche Warnungen ___ 170

VII. Drittgerichtetheit und Schutzzweck der Amtspflicht
1. Allgemeine Kennzeichnung der Drittgerichtetheit ___ 172
2. Der Schutzzweck der Amtspflicht ___ 174
3. Typische Fallgruppen, in denen die Drittgerichtetheit zu bejahen ist ___ 175
4. Fallgruppen fehlender Drittgerichtetheit ___ 179
5. Legislatives und normatives Unrecht ___ 181
6. Staatsaufsicht ___ 184
7. Beamter als „Dritter" ___ 190
8. Juristische Personen des öffentlichen Rechts als „Dritte" ___ 191

VIII. Verschulden
1. Das Verschuldenserfordernis ___ 195
2. Vorsatz ___ 200
3. Fahrlässigkeit ___ 203
4. Verschulden bei Befolgen von Anordnungen ___ 208

5. Unrichtige Gesetzesauslegung durch Verwaltungsbehörden ___ 209
6. Unrichtige Gesetzesauslegung durch Gerichte ___ 214
7. Die „Kollegialgerichts-Richtlinie" ___ 216
8. Organisationsverschulden ___ 228
9. Ausschluß der Verantwortlichkeit ___ 230

IX. Kausalität – Schaden – Mitverschulden
1. Adäquater Ursachenzusammenhang ___ 231
2. Rechtmäßiges Alternativverhalten ___ 238
3. Der zu ersetzende Schaden ___ 243
4. Mitwirkendes Verschulden ___ 253

X. Anderweitige Ersatzmöglichkeit – Verweisungsprivileg – Subsidiaritätsklausel (§ 839 Abs 1 Satz 2 BGB)
1. Fortgeltung und Funktion der Subsidiaritätsklausel ___ 266
2. Gesetzliche und richterrechtliche Einschränkungen der Haftungssubsidiarität ___ 268
3. Fallgruppen von Ansprüchen, die keine „anderweitigen Ersatzmöglichkeiten" sind ___ 276
4. Weitere Fälle nicht bestehender Haftungssubsidiarität ___ 278
5. Vermögensrechtliche Einheit der öffentlichen Hand ___ 279
6. Fälle bestehenbleibender Haftungssubsidiarität ___ 284
7. Weitere Einzelheiten bei noch bestehender Haftungssubsidiarität ___ 292
8. Inhaltliche Anforderungen an den anderweitigen „Ersatz" ___ 297
9. Schuldhafte Versäumung der anderweitigen Ersatzmöglichkeit ___ 299
10. Darlegungs- und Beweislast ___ 301
11. Weitere Verfahrensfragen ___ 308
12. Fragen aus dem Bereich der Legalzession ___ 312

XI. Spruchrichterprivileg – Richterspruchprivileg (§ 839 Abs 2 BGB)
1. Funktion des Richterprivilegs ___ 315
2. Begriff der Pflichtverletzung, die in einer Straftat besteht ___ 319

3. Zur Abgrenzung der Begriffe „Beamter" und „Urteil in einer Rechtssache" _____ 322
4. „Urteile" und „urteilsvertretende Entscheidungen" _____ 327
5. „Bei dem Urteil in einer Rechtssache" _____ 337
6. Schiedsrichter, Sachverständige im schiedsrichterlichen Verfahren, Schiedsgutachter _____ 341
7. Pflichtwidrige Verweigerung oder Verzögerung der Ausübung des Amtes (§ 839 Abs 2 S 2 BGB) _____ 343

XII. Vorrang des Primärrechtsschutzes (§ 839 Abs 3 BGB)
1. Verhältnis von Primärrechtsschutz und Schadensausgleich _____ 344
2. Begriff des „Rechtsmittels" _____ 347
3. Förmliche Rechtsbehelfe _____ 349
4. Formlose Rechtsbehelfe _____ 352
5. Unterlassung von Wiedergutmachungsmaßnahmen _____ 354
6. „Gebrauch" eines Rechtsmittels _____ 356
7. Verschulden _____ 357
8. Ursachenzusammenhang _____ 361
9. Kosten eines erfolglosen Rechtsmittels _____ 363

XIII. Beschränkungen der Staatshaftung durch Sondervorschriften
1. Grundsätzliche Fortgeltung der Beschränkungen der Staatshaftung _____ 364
2. Gebührenbeamte _____ 365
3. Auswärtiger Dienst _____ 368
4. Weitere Fälle _____ 369
5. Haftung gegenüber Ausländern _____ 370
6. Haftungsbeschränkungen nach dem Beamtenversorgungsgesetz, dem Soldatenversorgungsgesetz und ähnlichen Regelungen _____ 380

XIV. Verjährung
1. Allgemeines _____ 386
2. Der Verjährungsbeginn _____ 388
3. Kenntnis (oder grob fahrlässige Unkenntnis) vom Fehlen einer anderweitigen Ersatzmöglichkeit _____ 392
4. Inanspruchnahme von Primärrechtsschutz _____ 396
5. Verjährungshöchstfristen _____ 401

XV. Der Rückgriff gegen den Beamten
1. Innenregreß und Eigenhaftung _____ 402
2. Der Rückgriffsschuldner _____ 405
3. Grobe Fahrlässigkeit _____ 406
4. Rückgriff und Verweisungsprivileg _____ 407
5. Weitere Einzelfragen _____ 409
6. Mangelnde wirtschaftliche Leistungsfähigkeit des regreßpflichtigen Beamten _____ 413
7. Mitwirkendes Verschulden des Dienstherrn _____ 414
8. Die Durchsetzung des Rückgriffsanspruchs _____ 415

XVI. Verfahrensfragen
1. Beweislast _____ 417
2. Rechtsweg und Zuständigkeit _____ 425
3. Umfang der Nachprüfung von Verwaltungsakten im Amtshaftungsprozeß _____ 436
4. Weitere Einzelfragen _____ 443

B. Staatshaftung außerhalb der Amtshaftung

I. Enteignungsgleicher und enteignender Eingriff
1. Historischer Überblick _____ 445
2. Begriffsbestimmung _____ 450
3. Die geschützte Rechtsposition _____ 451
   a) Allgemeine Grundsätze _____ 451
   b) Einzelfälle, in denen eine eigentumsmäßig geschützte Rechtsposition verneint worden ist _____ 452
   c) Beispiele für geschützte Rechtspositionen _____ 453
   d) Der eingerichtete und ausgeübte Gewerbebetrieb als geschützte Rechtsposition _____ 454
4. Der Eingriffstatbestand beim enteignungsgleichen Eingriff _____ 464
   a) Allgemeines _____ 464
   b) Legislatives und normatives Unrecht _____ 465

c) Rechtswidrige Verwaltungsakte oder sonstige behördliche Maßnahmen	467
d) Unterlassen und Untätigbleiben als „Eingriff"	476
e) Unmittelbarkeit des Eingriffs	477
5. Der Eingriffstatbestand beim enteignenden Eingriff	478
6. Das Sonderopfer für die Allgemeinheit	485
7. Die Entschädigung	486
8. Vorrang des Primärrechtsschutzes; Mitverschulden	489
9. Weitere Einzelfragen	490
10. Anhang: Die ausgleichspflichtige Inhaltsbestimmung	495
II. Aufopferung	
1. Aufopferung und aufopferungsgleicher Eingriff	503
2. Das Sonderopfer	508
3. Aufopferungsansprüche bei unrichtigen gerichtlichen Entscheidungen	514
4. Ansprüche aus der Menschenrechtskonvention	515
5. Weitere Einzelfragen	517
III. Der gemeinschaftsrechtliche Staatshaftungsanspruch	
1. Die Grundlagen	524
a) Deliktische Eigenhaftung der Europäischen Gemeinschaft	524
b) Vorrang des europäischen Gemeinschaftsrechts gegenüber dem nationalen deutschen Recht	525
c) Entwicklung des gemeinschaftsrechtlichen Staatshaftungsanspruchs in der Rechtsprechung des EuGH	526
2. Verhältnis des gemeinschaftsrechtlichen Staatshaftungsanspruchs zu innerstaatlichen Haftungsinstituten	
a) Unmittelbare Herleitung des Staatshaftunganspruchs aus dem Gemeinschaftsrecht	529
b) Anspruchskonkurrenz mit Amtshaftung und enteignungsgleichem Eingriff	530
c) Haftung für legislatives Unrecht eines Mitgliedstaates	531
d) Keine Haftung des Mitgliedstaates, wenn der Verstoß dem europäischen Gemeinschaftsgesetzgeber selbst zuzurechnen ist	532
e) Haftungsschema	533
3. Die Tatbestandsvoraussetzungen im einzelnen	534
a) Allgemeines	534
b) Individuell begünstigender Schutzzweck der verletzten Rechtsnorm	535
c) Hinreichend qualifizierter Verstoß	536
d) Unmittelbarer Kausalzusammenhang	539
4. Weitere Einzelfragen	540
a) Vorrang des Primärrechtsschutzes	540
b) Kein Verweisungsprivileg	541
c) Richterspruchprivileg	542
d) Verjährung	543
e) Haftungssubjekte des gemeinschaftsrechtlichen Staatshaftungsanspruchs	544
C. Einzelne Bereiche der Amts- und der Staatshaftung	
I. Öffentliches Baurecht	
1. Bauleitplanung	545
a) Drittgerichtete Amtspflichten bei der Bauleitplanung im allgemeinen	545
b) Das Abwägungsgebot	549
c) Baugrundrisiken	550
d) Gesunde Wohn- und Arbeitsverhältnisse; insbesondere „Altlasten"-Rechtsprechung	551
e) Der objektivierte Sorgfaltsmaßstab bei der Aufstellung eines Bebauungsplans	553
f) Schutzzweck	554
g) Mitwirkendes Verschulden	558
h) Lösung des Konflikts mit planerischen Mitteln	559
i) Bergschäden	560
k) Besondere planerische Instrumente	561
2. Bauverwaltungsakte	563
a) Allgemeine Amtspflichten	563
b) Rechtswidrige Ablehnung oder Verzögerung	566
c) Rechtswidrige Erteilung	568
d) Rechtswidrige Baugenehmigung für ein Nachbargrundstück	574

e)	Haftungssubsidiarität	575		cc)	Nachlaßgericht	644
f)	Enteignungsgleicher Eingriff	576		dd)	Registergericht	645
g)	Haftung nach landesrechtlichen Regelungen	577		ee)	Grundbuch (Grundbuchrichter, Grundbuchamt, Grundbuchbeamte)	647
3.	Das Einvernehmen der Gemeinde (§ 36 BauGB)	580		ff)	Konkursrichter	650
a)	Allgemeine Grundsätze	580		gg)	Vollstreckungsgericht	652
b)	Kausalität	583		hh)	Zwangsversteigerungsgericht	653
c)	Rechtslage nach dem BauROG	587		ii)	Rechtspfleger (im allgemeinen)	655
4.	Auskünfte in Bausachen	591		kk)	Urkundsbeamte der Geschäftsstelle	656
5.	Weitere Einzelfragen	594		ll)	Gerichtsvollzieher	657
				5.	Justizverwaltung	662
II.	**Öffentliches Gesundheitswesen**			**V.**	**Straßenbaulast – Straßenverkehrssicherungspflicht – Straßenverkehrsregelungspflicht**	
1.	Allgemeine Grundsätze	596				
2.	Amtshaftung im öffentlichen Gesundheitswesen	597		1.	Vorbemerkung	663
				2.	Straßenbaulast	664
3.	Rettungs-, Notarzt- und Notfalldienst	600		3.	Straßenverkehrssicherungspflicht	667
4.	Weitere Beispiele für drittgerichtete Amtspflichten der Kassenärztlichen Vereinigung gegenüber ihren Mitgliedern	605		4.	Straßenverkehrsregelungspflicht	672
				VI.	**Weitere Fälle**	
				1.	Abwasserbeseitigung, Hochwasserschutz, Gewässerschutz	676
5.	Testamentserrichtung im Krankenhaus	606		2.	Amtsvormund, Amtspfleger (Jugendamt)	682
6.	Amtstierärzte	607		3.	Amt zur Regelung offener Vermögensfragen	686
7.	Sonstiges	608				
III.	**Polizei- und Ordnungsbehörden**			4.	Arbeitsamt	687
1.	Polizei	609		5.	Architektenkammer	688
2.	Ordnungsbehörden	618		6.	Bahn und Post	689
3.	Landesrechtliche Polizei- und Ordnungsbehördenhaftung	619		7.	Beamtenwesen	692
				8.	Bundesprüfstelle für jugendgefährdende Schriften	693
IV.	**Rechtspflege (außerhalb des Richterspruchprivilegs des § 839 Abs 2 BGB)**			9.	Bundeswehr und NATO-Stationierungsstreitkräfte	694
1.	Vorbemerkung	624		10.	Bußgeldstelle	696
2.	Zivilprozeßrichter	625		11.	Deutscher Wetterdienst	697
3.	Strafrechtspflege	630		12.	Feuerschutz	698
a)	Strafrichter	630		13.	Finanz- und Zollwesen	703
b)	Staatsanwaltschaft	631		14.	Grundstückverkehr	706
c)	Strafvollstreckungsbehörde	634		15.	Gutachterausschuß	707
d)	Vollzugsbeamte	635		16.	Handwerkskammer	708
e)	Zentralregister	638		17.	Hochschulwesen	709
4.	Freiwillige Gerichtsbarkeit; Zwangsvollstreckung und Konkurs	639		18.	Kirchen und öffentlich-rechtliche Religionsgesellschaften	710
a)	Allgemeines	639		19.	Kommunalhaftung	716
b)	Einzelne Tätigkeitsgebiete	640		20.	Kraftfahrzeugwesen	717
aa)	Beurkundungen	640		21.	Landwirtschaft; Forst- und Jagdwesen	721
bb)	Vormundschaftsgericht	641				

22. Luftfahrtwesen	727	27. Sozialversicherung	739
23. Naturschutz	729	28. Staatlicher Verwalter	740
24. Rundfunk und Fernsehen	730	29. Standesbeamter	741
25. Schulwesen	731	30. Technischer Überwachungsverein	742
26. Sozialhilfe	738	31. Zivildienst	743

Alphabetische Übersicht

s Sachregister

A. Amtshaftung

I. Historischer Überblick

1. Entstehungsgeschichte des § 839

a) Noch die 11. Auflage enthielt eine kurze Übersicht über die schadensersatzrechtlichen Rechtsfolgen bei Verletzung der Amtspflicht im gemeinen Recht und in den Partikularrechten vor Inkrafttreten des BGB. Die Entwicklung der Staatshaftung in der Zeit vor 1900 und die dabei zutage getretenen Reformbestrebungen sind indessen – wie KARL SCHÄFER in der Vorauflage (Rn 1) zutreffend bemerkt hat – für die Auslegung des jetzt geltenden Rechts ohne unmittelbare Bedeutung und sind deshalb hier, wie in der Vorauflage, weggelassen. Beibehalten sind dagegen, ebenso wie dort, die Darstellungen der Entstehungsgeschichte des § 839 und der Entwicklung der Staatshaftung über Art 131 WeimVerf bis zu Art 34 GG. 1

b) Nach E I sollten Beamte im Allgemeinen für den aus vorsätzlicher oder fahrlässiger Verletzung der ihnen gegenüber Dritten gesetzlich obliegenden Amtspflicht erwachsenen Schaden haften, während die Verletzung der Amtspflicht bei der Leitung oder Entscheidung einer Rechtssache nur dann verantwortlich machen sollte, wenn die Pflichtverletzung mit einer im Wege des gerichtlichen Strafverfahrens zu verhängenden öffentlichen Strafe bedroht war (Mot II 822 ff; ZG II 417 ff). Gemäß Art 55 des E I des EG sollten aber die Vorschriften der Landesgesetze unberührt bleiben, nach welchen ein Beamter wegen des aus fahrlässiger Amtspflichtverletzung entstandenen Schadens nur haften sollte, wenn der Beschädigte nicht auf andere Weise Ersatz zu erlangen vermochte (Mot II 824 ff; Motive zum EG 184, ZG II 418 VII 67). 2

Die II. Kommission lehnte den Antrag ab, Beamte überhaupt nur für Vorsatz und grobe Fahrlässigkeit haften zu lassen, und nahm einen dem nunmehrigen § 839 Abs 2 S 2 entsprechenden Zusatz auf, weil bei pflichtwidriger Verweigerung oder Verzögerung der Amtsausübung kein Grund bestehe, die mit der Leitung und Entscheidung von Rechtssachen betrauten Beamten in geringerem Umfang als andere Beamte haften zu lassen. Sie beschloß ferner, im BGB selbst auszusprechen, daß die Haftung des Beamten bei fahrlässiger Pflichtverletzung nur eine subsidiäre sei, und in das EG Vorschriften einzustellen, die den Gesetz gewordenen Artikeln 77–79 entsprechen (Prot II 658 ff, 670 ff). Der bei der zweiten Lesung in der II. Kommission gestellte Antrag, die Haftung des Beamten für Fahrlässigkeit auszuschließen, wenn der Beschädigte durch Gebrauch der zulässigen Rechtsmittel den Schaden hätte abwenden können, fand keine Annahme (Prot VI 202 ff; vgl II 662 ff).

Dagegen enthielt E III § 823 Abs 3 die Vorschrift, daß die Ersatzpflicht überhaupt wegfalle, wenn der Beschädigte unterlassen hatte, den Schaden durch den Gebrauch eines Rechtsmittels abzuwenden.

In der Reichstagskommission wurde der Antrag, die Haftung der Beamten ohne Rücksicht auf Verschulden eintreten zu lassen, abgelehnt und der Ausschluß des Ersatzanspruchs auf den Fall schuldhafter Unterlassung der Einlegung eines Rechtsmittels beschränkt. Die bei der ersten Lesung beschlossenen Vorschriften über die subsidiäre Haftung des Staates wurden bei der zweiten Lesung gestrichen und durch eine Resolution ähnlichen Inhalts ersetzt (RTR 109 ff).

Im Reichstagsplenum endlich wurden gelegentlich der zweiten Lesung die Worte „bei der Leitung oder Entscheidung einer Rechtssache" ersetzt durch die Worte „bei der Entscheidung einer Rechtssache", während bei der dritten Lesung die nunmehrige Fassung („bei dem Urteil in einer Rechtssache") gewählt wurde. Die weiteren Anträge, die Haftung aller Beamten ohne Rücksicht auf Verschulden, eventuell die Haftung des Richters bei grober Fahrlässigkeit eintreten zu lassen, sowie die Haftung des Staates für seine Beamten im BGB grundsätzlich zu regeln, wurden abgelehnt (StenBer 431 ff, 846 ff).

3 c)   Änderungen des Gesetzestextes: Durch Art 121 Nr 3 EGStGB vom 2. 3. 1974 (BGBl I 469) wurde in Absatz 2 S 1 die Formulierung: „wenn die Pflichtverletzung mit einer im Wege des gerichtlichen Strafverfahrens zu verhängenden öffentlichen Strafe bedroht ist" durch die heutige Fassung „wenn die Pflichtverletzung in einer Straftat besteht" ersetzt (vgl STAUDINGER/BGB-Synopse 1896 bis 2000 zu § 839). Durch § 34 Abs 1 Nr 1 des Staatshaftungsgesetzes vom 26. 6. 1981 (BGBl I 553) wurde § 839 aufgehoben. Das StHG wurde indessen durch Urteil des Bundesverfassungsgerichts vom 19. 10. 1982 (BVerfGE 61, 149 = NJW 1983, 25) in vollem Umfang für nichtig erklärt; dadurch wurde § 839 wiederhergestellt. Durch das Gesetz zur Modernisierung des Schuldrechts vom 26. 11. 2001 (BGBl I 3138) wurde § 839 mit der amtlichen Überschrift „Haftung bei Amtspflichtverletzung" versehen. Seit der Neufassung des Bürgerlichen Gesetzbuchs vom 2. 1. 2002 (BGBl I 42) sind auch die in Klammern gesetzten („gewickelten") Nummern der Absätze amtlich.

2.   Geschichtliche Entwicklung der Staatshaftung bis zum Inkrafttreten des Grundgesetzes

4 a)   Art 77 EGBGB überließ es den Ländern, Vorschriften über die Haftung des Staates, der Gemeinden und anderer Kommunalverbände für den von ihren Beamten in Ausübung der ihnen anvertrauten öffentlichen Gewalt einem Dritten zugefügten Schaden zu erlassen und die Inanspruchnahme des Beamten auf Schadensersatz insoweit auszuschließen, als der Staat oder Kommunalverband haftet. Die Mehrzahl der Länder erließ entsprechende Landesgesetze (vgl die Aufzählung bei KREFT Rn 18 und FROWEIN JZ 1964, 358, 409); insbesondere führte Preußen durch Gesetz vom 1. 8. 1909 (GS 691) die Haftung des Staates und der Kommunalverbände für Schäden ein, die von ihren Beamten in Ausübung der ihnen anvertrauten öffentlichen Gewalt Dritten durch Verletzung der ihnen gegenüber obliegenden Amtspflicht zugefügt wurden. Durch Gesetz vom 14. 5. 1914 (GS 117) wurde die Haftung auf Schäden durch Lehrer an öffentlichen Anstalten ausgedehnt.

b) Eine reichsgesetzliche Regelung erfolgte zunächst für die Grundbuchbeamten: Nach § 12 GBO vom 24. 3. 1897/20. 5. 1898 traf bei schuldhaften Amtspflichtverletzungen von Grundbuchbeamten die Haftung nach § 839 anstelle des Beamten den Staat oder die Körperschaft, in deren Dienst er steht (in ihrer heutigen Fassung enthält die GBO eine entsprechende Bestimmung nicht mehr, weil sie durch die späteren allgemeinen Vorschriften entbehrlich wurde). Sodann begründete das Reichsgesetz vom 22. 5. 1910 (RBHG RGBl S 798) im Anschluß an das PrStHG die Haftung des Reichs für Amtspflichtverletzungen von Reichsbeamten und Soldaten, die in Ausübung öffentlicher Gewalt begangen wurden. 5

c) Eine generelle Regelung und zugleich die Erhebung des Grundsatzes der Staatshaftung zum Verfassungssatz brachte **Art 131 WeimVerf:** 6

(1) Verletzt ein Beamter in Ausübung der ihm anvertrauten öffentlichen Gewalt die ihm einem Dritten gegenüber obliegende Amtspflicht, so trifft die Verantwortlichkeit grundsätzlich den Staat oder die Körperschaft, in deren Dienst der Beamte steht. Der Rückgriff gegen den Beamten bleibt vorbehalten. Der ordentliche Rechtsweg darf nicht ausgeschlossen werden.

(2) Die nähere Regelung liegt der zuständigen Gesetzgebung ob.

aa) Diese „Verantwortlichkeit" des Staates bedeutete die Übernahme der Haftung in dem Umfang, wie sie nach § 839 den Beamten traf, auf den Staat (RGZ 102, 168; RG HRR 1930 Nr 778; s dazu auch BVerfG NJW 1983, 29). Art 131 enthielt nicht nur einen Programmsatz, dessen Verwirklichung der „zuständigen Gesetzgebung" zukam, sondern stellte unmittelbar geltendes Recht dar (RGZ 102, 168, 393; 103, 430; 104, 291). Damit wurden die früheren Staatshaftungsgesetze des Reichs und der Länder insoweit gegenstandslos, als sie dem Art 131 widersprachen (wie zB Vorschriften, nach denen der Staat nur als Bürge neben dem Beamten haftete, RG Recht 1930 Nr 237) oder als sie mit ihm übereinstimmten. Bei Bestand blieb jedoch die „nähere Regelung", dh die Regelung von Einzelheiten, die Art 131 Abs 2 der Reichs- und Landesgesetzgebung zuwies.

bb) Kraft der dem Einzelgesetzgeber in Reich und Ländern vorbehaltenen Befugnis, den Verfassungsgrundsatz der Staatshaftung in Einzelheiten auszugestalten, galten die Ausnahmen von der Staatshaftung fort, die das Reichs- und die Landesstaatshaftungsgesetze vorsahen. Hierbei handelte es sich hauptsächlich um die Vorschriften, wonach bei Angehörigen ausländischer Staaten die Staatshaftung nur bei verbürgter Gegenseitigkeit eintrat (§ 7 RBHG; § 7 PrStHG), oder wegen fehlender Gegenseitigkeit versagt werden konnte (so Art 60 Abs 2 BayAGBGB; vgl BGHZ 76, 375), ferner um den Ausschluß der Staatshaftung bei sogenannten Gebührenbeamten (§ 5 Nr 1 RBHG, § 3 Abs 3 PrStHG) und um die Sondervorschriften für Beamte des auswärtigen Amtes (§ 5 Nr 2 RBHG). Andererseits blieb aber auch die Ausdehnung der Staatshaftung in Form einer Billigkeitshaftung bei Bestand, wie sie – in Anlehnung an § 829 BGB – in § 1 Abs 2 RBHG, § 1 Abs 2 PrStHG und in verschiedenen anderen Landesgesetzen wörtlich übereinstimmend vorgesehen ist: 7

> Ist die Verantwortlichkeit des Beamten deshalb ausgeschlossen, weil er den Schaden im Zustand der Bewußtlosigkeit oder in einem die freie Willensbestimmung ausschließenden Zustand krankhafter Störung der Geistestätigkeit verursacht hat, so hat gleichwohl das Reich [der Staat] den Schaden zu ersetzen, wie wenn dem Beamten Fahrlässigkeit zur Last fiele, jedoch nur insoweit, als die Billigkeit die Schadloshaltung erfordert.

(Vgl dazu RGZ 102, 166; 107, 62; 109, 212).

8 cc) Art 131 WeimVerf wurde auch in der Zeit nach dem 30. 1. 1933 als fortgeltend anerkannt (RGZ 149, 167, 170; 160, 193, 196). Nach dem Übergang der Rechtspflege auf das Reich galt gemäß § 1 der Verordnung vom 3. 5. 1935 (RGBl I 587) bei Amtspflichtverletzungen von Justizbeamten allgemein das RBHG; mit dem Rückfall der Justizhoheit auf die Länder nach dem Kriege traten aber für die Landesjustizbediensteten die früheren Landesvorschriften wieder in Kraft (SCHRÖER DRZ 1948, 228). Art 131 WeimVerf galt auch in der Zeit nach dem Kriege weiter (BGHZ 1, 388; 3, 94), soweit er nicht durch entsprechende Vorschriften der Landesverfassungen ersetzt wurde (so zB durch Art 136 HessVerf, Art 97 BayVerf).

9 dd) Soweit früher nach § 839 BGB, Art 131 WeimVerf gegen das Deutsche Reich begründete Schadensersatzansprüche gemäß § 1 des am 1. 1. 1958 in Kraft getretenen Allgemeinen Kriegsfolgengesetzes (AKG) als Anspruch gegenüber dem Reich erloschen, hatte § 95 AKG zur Folge, daß der Beamte, die der Amtspflichtverletzung begangen hatte, unmittelbar wieder in Anspruch genommen werden konnte. Wegen des Beginns der Verjährungsfrist des § 852 aF in diesen Fällen vgl BGH VersR 1966, 632.

3. Die Staatshaftung nach Art 34 GG

10 a) Wie Art 131 WeimVerf, so versteht auch Art 34 unter der „Verantwortlichkeit", die den Staat trifft, die Haftung in dem Umfang, wie sie nach § 839 den Beamten trifft (vgl BGHZ 13, 88, 98, 103 sowie unten Rn 21, 24). Mit dem Inkrafttreten des GG traten zwar nach überwiegend vertretener Auffassung die mit Art 23 inhaltlich übereinstimmenden wie die ihm inhaltlich widersprechenden Vorschriften der neuen Landesverfassungen gemäß Art 31 GG außer Kraft. Da aber auch Art 34 den Staat oder die Körperschaft nur „grundsätzlich" haften läßt, sind die die Einzelheiten regelnden vorhandenen Vorschriften, die schon Art 131 WeimVerf unberührt gelassen hatte, bei Bestand geblieben (vgl wegen der Einzelheiten Rn 364–385).

11 b) Im Wortlaut unterscheidet sich Art 34 GG von Art 131 WeimVerf dadurch, daß er nicht mehr auf die Amtspflichtverletzung des „Beamten" abstellt („verletzt **jemand** ...") und daß an die Stelle der „anvertrauten öffentlichen Gewalt" das „anvertraute öffentliche Amt" getreten ist. Sachlich besteht aber kein Unterschied gegenüber dem bisherigen Recht.

aa) Den Begriff des Beamten im Sinne der Staatshaftungsvorschriften (und damit auch im Sinne des § 839, soweit es sich um die Ausübung „öffentlicher Gewalt" handelt) hatten Rechtsprechung und Schrifttum nicht im staatsrechtlichen Sinne der Beamtengesetze verstanden, sondern dem strafrechtlichen Begriff des Amtsträgers (§ 11 Abs 1 S 2 StGB) etwa entsprechend, als Beamten (im haftungsrechtlichen Sinne) jede Person angesehen, die von einer dazu befugten Stelle mit öffentlicher Gewalt ausgestattet ist (vgl Rn 40–53). In Kenntnis und Billigung dieser Rechtsprechung hat der Grundgesetzgeber ihren Ergebnissen durch die neutrale Fassung „jemand" Rechnung getragen.

bb) Die Fassung „in Ausübung eines ihm anvertrauten öffentlichen Amtes" hat inhaltlich die gleiche Bedeutung wie „in Ausübung öffentlicher Gewalt" in Art 131 WeimVerf (BGH NJW 1956, 1836). Der Wechsel im Ausdruck beruht auf dem Bestreben, im Sinne der bisherigen Auslegung der „öffentlichen Gewalt" klarzustellen, daß die Staatshaftung sich nicht auf die Fälle eines Handelns mit obrigkeitlichem Zwang beschränkt, sondern jede Amtsausübung erfaßt, die in Wahrnehmung von Staatshoheitsaufgaben (BGHZ 62, 372, 378) und nicht in der Wahrnehmung rein fiskalischer Aufgaben auf dem Boden des Privatrechts besteht (s Rn 84 ff, 117 ff).

4.   Das Staatshaftungsgesetz vom 26. 6. 1981

a) Die Amtshaftung ist seit langem einer intensiven rechtspolitischen Kritik ausgesetzt (s wegen deren inhaltlicher Einzelheiten den folgenden Abschnitt Rn 25 ff). Deswegen sind in den vergangenen Jahrzehnten mehrfach Anläufe zu einer Reform unternommen worden, deren oberstes Ziel es war, die personale Konzeption der Amtshaftung als einer übergeleiteten Beamtenhaftung (s dazu im folgenden Rn 21) durch eine unmittelbare Staatshaftung zu ersetzen. Ein im Januar 1967 vom Bundesministerium der Justiz vorgelegter Referentenentwurf eines Gesetzes zur Änderung und Ergänzung schadensersatzrechtlicher Vorschriften hatte dieses Ziel noch durch eine Neufassung des § 839 erreichen wollen (Text bei KREFT Rn 5). Später wurde indessen die Konzeption eines eigenen, aus dem Bürgerlichen Gesetzbuch herausgelösten Staatshaftungsgesetzes ins Auge gefaßt. Nach einem Kommissionsentwurf aus dem Jahre 1973, einem Referentenentwurf des Bundesjustiz- und des Bundesinnenministeriums aus dem Jahre 1976 und dem Entwurf eines Staatshaftungsgesetzes der Bundesregierung vom Mai 1978 (Texte bei KREFT Rn 7–9) verabschiedete der Bundestag schließlich das Staatshaftungsgesetz vom 26. 6. 1981 (BGBl I 553). Zur Entstehungsgeschichte im einzelnen s vor allem SCHÄFER/BONK, Staatshaftungsgesetz. Kommentar, Teil II A Einführung in das neue Staatshaftungsrecht (1982).

b) Die Grundnorm der Staatshaftung hatte folgenden Wortlaut:

§ 1 Haftung der öffentlichen Gewalt

(1) Verletzt die öffentliche Gewalt eine Pflicht des öffentlichen Rechts, die ihr einem anderen gegenüber obliegt, so haftet ihr Träger dem anderen für den daraus entstehenden Schaden nach diesem Gesetz.

(2) Das Versagen einer technischen Einrichtung gilt als Pflichtverletzung, wenn der Träger anstatt durch Personen durch diese Einrichtung öffentliche Gewalt selbständig ausüben läßt und das Versagen einer Pflichtverletzung dieser Person entsprechen würde.

(3) Personen, die die Pflichtverletzung begehen, haften dem Geschädigten nicht.

Zweck und Bedeutung dieses Grundhaftungstatbestandes werden von SCHÄFER/ BONK (Einl §§ 1–13, erster Abschnitt Rn 2) wie folgt beschrieben: „Er faßt nicht nur die bisherigen Staatshaftungsinstitute der Amtshaftung des § 839 BGB, des enteignungsgleichen Eingriffs, des aufopferungsgleichen Eingriffs und der Folgenbeseitigung in einer einzigen Grundnorm zusammen, sondern verwirklicht darüber hinaus die Unmittelbarkeit der Staatshaftung, setzt an die Stelle der subsidiären die primäre Staatshaftung und beseitigt das Schuldelement als Haftungsvoraussetzung". – Als Zurechnungselement behielt das Verschulden allerdings Bedeutung, indem nach § 2 Abs 1 S 2 der Geldersatz entfiel, wenn die Pflichtverletzung auch bei Beachtung der bei der Ausübung öffentlicher Gewalt den Umständen nach gebotenen Sorgfalt nicht hätte vermieden werden können; darlegungs- und beweispflichtig war insoweit allerdings die haftpflichtige Körperschaft (SCHÄFER/BONK § 2 Rn 17). Weitere Modifizierungen der bisherigen Rechtslage enthielt das Staatshaftungsgesetz in § 5, betreffend die Haftung bei Rechtsprechung und Gesetzgebung, und in § 6 hinsichtlich des Vorrangs des Primärrechtsschutzes (Versäumen von Rechtsbehelfen bei Geldersatz).

14 c) Auf eine Darstellung der weiteren Einzelheiten kann hier verzichtet werden; denn das Staatshaftungsgesetz ist – entgegen der von SCHÄFER/BONK im Vorwort zu ihrem Kommentar geäußerten Erwartung – vom Bundesverfassungsgericht durch Urteil vom 19. 10. 1982 (BVerfGE 61, 149 = NJW 1983, 25) mangels Gesetzgebungskompetenz des Bundes für nichtig erklärt worden. Inzwischen ist durch die Grundgesetzänderung vom 27. 10. 1994 (BGBl I 3146) die konkurrierende Gesetzgebungskompetenz des Bundes auf die Staatshaftung erweitert worden (Art 74 Abs 1 Nr 25 GG); die entsprechenden Gesetze bedürfen der Zustimmung des Bundesrates (Abs 2).

5. Staatshaftung in den neuen Bundesländern

15 a) In der ehemaligen DDR hatte die Staatshaftung in Art 106 der DDR-Verfassung vom 9. 4. 1968 (GBl-DDR I 199) iVm Art 104 des Gesetzes vom 7. 10. 1974 (GBl-DDR I 425; OSSENBÜHL 622) eine verfassungsrechtliche Grundlage. Das Gesetz zur Regelung der Staatshaftung in der Deutschen Demokratischen Republik – Staatshaftungsgesetz – vom 12. 5. 1969 (GBl-DDR I 34), geändert durch Gesetz vom 14. 12. 1988 (GBl-DDR I 329), normierte in § 1 Abs 1 den Grundtatbestand der Haftung wie folgt:

Für Schäden, die einem Bürger oder seinem persönlichen Eigentum durch Mitarbeiter oder Beauftragte staatlicher Organe oder staatlicher Einrichtungen in Ausübung staatlicher Tätigkeit rechtswidrig zugefügt werden, haftet das jeweilige staatliche Organ oder die staatliche Einrichtung.

16 aa) Damit wurden mögliche Beeinträchtigungen der Gesundheit, des Lebens, der persönlichen Freiheit und anderer Persönlichkeitsrechte der Bürger sowie Schäden an Gegenständen ihres persönlichen Eigentums erfaßt. „Persönliches" Eigentum konnte nach der sozialistischen Eigentumslehre nur an dem persönlichen Bedarf dienenden Gütern bestehen, nicht dagegen an Produktionsmitteln. Eine nähere Bestimmung enthielt § 23 ZGB: *„Zum persönlichen Eigentum gehören insbesondere die Arbeitseinkünfte und Ersparnisse, die Ausstattung der Wohnung und des Haushalts, Gegenstände des persönlichen Bedarfs, die für die Berufsausbildung, Weiterbildung und Freizeitgestaltung erworbenen Sachen sowie Grundstücke und Gebäude zur Be-*

friedigung der Wohn- und Erholungsbedürfnisse des Bürgers und seiner Familie. Zum persönlichen Eigentum gehören auch die dem Wesen des persönlichen Eigentums entsprechenden Rechte, einschließlich vermögensrechtlicher Ansprüche aus Urheber-, Neuerer- und Erfindungsrechten". Davon ist das „Privateigentum" zu unterscheiden. Es war nach marxistischem Verständnis individuelles Eigentum an Produktionsmitteln, für das in der DDR grundsätzlich kein Raum war. Es wurde, anders als das „persönliche Eigentum", von der Verfassung nicht gewährleistet, sondern nur noch geduldet. Schädigungen des „privaten Eigentums" lösten die Staatshaftung nicht aus (KROHN VersR 1991, 1085, 1092). Andererseits konnte der Begriff des „persönlichen Eigentums" im vorbezeichneten Sinne auch manche Elemente aufnehmen, die nach westdeutschem Verständnis eher dem Schutzbereich des Art 12 GG als demjenigen des Art 14 GG zuzuordnen gewesen wären, insbesondere die Chance, überhaupt Arbeitseinkünfte zu erzielen (BGHZ 127, 57, 66/67).

bb) Das Staatshaftungsgesetz der DDR in seiner Ursprungsfassung blieb für Handlungen bis einschließlich 2. 10. 1990, die einen ihm unterfallenden Haftungstatbestand erfüllten, und für die daran geknüpften Rechtsfolgen auch nach dem Beitritt maßgeblich. Es ist daher vom BGH auf den rechtswidrigen Ausschluß eines Rechtsanwalts aus einem Rechtsanwaltskollegium der ehemaligen DDR angewendet worden (BGHZ 127, 57).

b) Der Einigungsvertrag bestimmte, daß das StHG-DDR im Beitrittsgebiet als Landesrecht fortgalt, allerdings mit tiefgreifenden inhaltlichen Umgestaltungen (Anlage II B Kapitel III Sachgebiet B Abschnitt III BGBl 1990 II 885, 1168). Die Haftungsnorm (§ 1 Abs 1) hat nach Maßgabe des Einigungsvertrages folgenden Wortlaut:

Für Schäden, die einer natürlichen oder einer juristischen Person hinsichtlich ihres Vermögens oder ihrer Rechte durch Mitarbeiter oder Beauftragte staatlicher oder kommunaler Organe in Ausübung staatlicher Tätigkeit rechtswidrig zugefügt werden, haftet das jeweilige staatliche oder kommunale Organ.

aa) Diese Vorschrift begründete eine umfassende, auf die Drittbezogenheit der verletzten Amtspflicht und auf das Verschulden als haftungsbegrenzende Kriterien verzichtende Staatshaftung. Besonders wichtig ist, daß nicht etwa nur solche Rechtsgüter geschützt werden, die den Anwendungsbereichen des allgemeinen enteignungs- oder aufopferungsgleichen Eingriffs unterfallen, sondern auch das Vermögen insgesamt. Dies hatte die wenig einleuchtende Konsequenz, daß eine unterschiedliche Haftungslage im wiedervereinigten Deutschland geschaffen wurde. Dieser unbefriedigende Zustand wurde dadurch verschärft, daß die strengeren Haftungsnormen ausgerechnet den Teil der Bundesrepublik betrafen, in dem nach dem Beitritt überhaupt erst einmal eine rechtsstaatlichen Anforderungen entsprechende Verwaltung eingerichtet werden mußte (KROHN BADK-Information 2/1991, 34, 39).

bb) In ihrem Anwendungsbereich tritt die Staatshaftung nunmehr konkurrierend neben mögliche bundesrechtliche Amtshaftungsansprüche. Für den BGH stellte sich damit die Aufgabe, das neu gestaltete DDR-StHG in das bestehende System der Amts- und Staatshaftung zu integrieren (s dazu WURM, in: FS 50 Jahre BGH [2000] 267, 270 f).

Die verschuldensunabhängige staatliche Unrechtshaftung geht in ihrem Anwendungsbereich als spezialgesetzliche Konkretisierung den allgemeinen auf Richterrecht beruhenden Grundsätzen über den enteignungsgleichen Eingriff vor (BGHR DDR-StHG Konkurrenzen 1). Dabei ist es unschädlich, daß die Haftung nach dem StHG-DDR auch gewisse Nachteile – wie beispielsweise bei der Verjährung (§ 4 StHG: ein Jahr) – mit sich bringt (Wurm mwN). Mit diesem Vorrang des StHG vor dem enteignungsgleichen Eingriff wird das Verhältnis zwischen beiden Haftungsinstituten in gleicher Weise bestimmt wie bei sonstigen landesgesetzlichen Normen, die eine verschuldensunabhängige Staats- oder Behördenhaftung festlegen und bei denen dieser Vorrang seit jeher anerkannt worden ist (vgl zB BGHZ 72, 273 betreffend § 42 Abs 1 Buchst b OBG NW aF [heute § 39 Abs 1 Buchst b OBG NW]).

Der Schutzbereich der jeweils verletzten Rechtsnorm gilt als haftungsbegrenzendes Kriterium auch im Rahmen des § 1 StHG (BGHZ 142, 259, 271 f, Wurm JA 1992, 1, 10).

§ 3 Abs 3 enthält eine dem § 839 Abs 1 S 2 BGB entsprechende Subsidiaritätsklausel (Herbst/Lühmann, Die Staatshaftungsgesetze der neuen Länder [1997] § 3 Abs 3 I. 1. Anm 1): Ein Schadensersatzanspruch besteht insoweit nicht, als ein Ersatz des Schadens auf andere Weise erlangt werden kann.

Auch im Anwendungsbereich des StHG-DDR haben natürliche und juristische Personen alle ihnen möglichen und zumutbaren Maßnahmen zu ergreifen, um einen Schaden zu verhindern oder zu mindern. Verletzen sie diese Pflicht schuldhaft, so wird die Haftung des staatlichen oder kommunalen Organs entsprechend eingeschränkt oder ausgeschlossen (§ 2 StHG-DDR). Diese Pflicht zur Abwendung des Schadens findet ihr Seitenstück im Nichteintritt der Amtshaftung, wenn der Verletzte es vorsätzlich oder fahrlässig unterlassen hat, den Schaden durch Gebrauch eines Rechtsmittels abzuwenden (§ 839 Abs 3 BGB; Wurm, in: BGH-Festschrift 270).

20 c) Inzwischen ist das StHG-DDR im Beitrittsteil von Berlin ganz aufgehoben worden (Gesetz vom 21. 9. 1995 – GVBerl 607); ebenso in Sachsen, wo es der Rechtsbereinigung zum Opfer gefallen ist: Es wurde dort, anders als in Brandenburg und Thüringen, nicht in das Verzeichnis des fortgeltenden DDR-Rechts aufgenommen (Gesetz vom 17. 4. 1998 – SächsGVBl 151). In Sachsen-Anhalt wurde die umfassende Staatshaftung praktisch auf einen Entschädigungsanspruch wegen allgemeinen enteignungsgleichen Eingriffs reduziert (seit August 1992; inzwischen gilt das Gesetz zur Regelung von Entschädigungsansprüchen im Lande Sachsen-Anhalt in der Fassung der Bekanntmachung vom 2. 1. 1997 GVBl LSA 17). Die Haftungsnorm lautet dort nunmehr (**§ 1 Abs 1**):

> **Für den Vermögensnachteil, der einer natürlichen oder juristischen Person des Privatrechts durch einen unmittelbaren hoheitlichen Eingriff in ihr Eigentum von Mitarbeitern oder Beauftragten eines Trägers öffentlicher Gewalt rechtswidrig zugefügt wird, hat der jeweilige Hoheitsträger nach diesem Gesetz eine angemessene Entschädigung zu leisten, sofern nicht besondere Rechtsvorschriften für den Schadensausgleich bestehen.**

Bemerkenswert ist jedoch, daß auch im Anwendungsbereich des neu gestalteten Gesetzes zur Regelung von Entschädigungsansprüchen im Lande Sachsen-Anhalt die Subsidiaritätsklausel weiterhin gilt: Ein Entschädigungsanspruch besteht insoweit nicht, als ein Ersatz des Schadens auf andere Weise erlangt werden kann (§ 3 Abs 2). Ein lediglich subsidiärer Entschädigungsanspruch wegen enteignungsgleichen Eingriffs stellt den Geschädigten in Sachsen-Anhalt nunmehr schlechter, als wenn das DDR-StHG ersatzlos aufgehoben worden wäre.

II. Grundlagen und Struktur der Amtshaftung

1. Übergeleitete Beamtenhaftung

Die Amtshaftung ist in ihrer geltenden gesetzlichen Ausgestaltung eine übergeleitete **21** Beamtenhaftung.

a) Haftungstatbestand ist, daß ein Beamter schuldhaft (vorsätzlich oder fahrlässig) eine Amtspflicht verletzt, die ihm einem Dritten gegenüber obliegt. Führt diese Pflichtverletzung zu einer Schädigung des Dritten, so wäre nach der bürgerlichrechtlichen Haftungsnorm des § 839 BGB an sich der Beamte persönlich dem Dritten schadensersatzpflichtig. Diese Haftung wird jedoch durch Art 34 S 1 GG unter der Voraussetzung, daß die Pflichtverletzung in Ausübung eines anvertrauten öffentlichen Amtes begangen worden ist, auf den Staat oder die Körperschaft übergeleitet, in deren Dienst der schuldige Amtsträger steht. Es findet insoweit eine Schuldübernahme statt, kraft derer der Amtsträger von der Schadensersatzpflicht befreit und der Staat oder die sonstige haftende Körperschaft mit ihr belastet wird. Die Struktur der Amtshaftung wird demnach durch das Ineinandergreifen dieser beiden Normen gekennzeichnet: § 839 BGB ist die haftungsbegründende, Art 34 GG die haftungsverlagernde Vorschrift. Grundlage des Amtshaftungsanspruchs sind demnach beide Normen gemeinsam; sie werden in der Rechtsprechung auch stets gemeinsam als Anspruchsgrundlage zitiert („§ 839 BGB iVm Art 34 GG").

b) Das Bundesverfassungsgericht hat in seinem grundlegenden Urteil vom **22** 19.10.1982 (BVerfGE 61, 149 = NJW 1983, 25) klargestellt, daß der Staat durch die Übernahme der persönlichen Beamtenhaftung nach § 839 BGB zwar Haftungs-, aber nicht Zurechnungssubjekt wird (im Anschluß an Dagtoglou, in: BK, Art 34 Rn 9). Das Grundgesetz hat damit die historisch aus der Ablehnung einer Verbandhaftung entstandene mittelbare Haftung des Staates bei Amtspflichtverletzungen seiner Beamten übernommen und folglich auch hingenommen (BVerfG NJW 1983, 30). Damit hat das Bundesverfassungsgericht Versuchen, Art 34 GG als eigenständige Anspruchsnorm einer originären Staatshaftung zu interpretieren (in diesem Sinn insbes Bettermann DÖV 1954, 299, 301), eine klare Absage erteilt und ihnen zumindest für die Rechtspraxis die Grundlage entzogen.

2. Bestandteil des bürgerlich-rechtlichen Haftungssystems

Die persönliche Ersatzpflicht des Beamten, wie sie in § 839 ihren Niederschlag ge- **23** funden hat, wird herkömmlich privatrechtlich behandelt, nämlich als Bestandteil des bürgerlich-rechtlichen Haftungssystems für den Ausgleich unerlaubter Handlungen. Damit fiel sie in die Zuständigkeit des Bundes zur konkurrierenden Gesetzgebung nach Art 74 Nr 1 GG. Der Bund genoß insoweit schon vor der Einfügung des Art 74 Abs 1 Nr 25 GG (s dazu im folgenden) kompetenzrechtlichen Bestandsschutz, so daß dahinstehen konnte, ob die persönliche Haftung eines hoheitlich handelnden Beamten noch heute zum bürgerlichen Recht zu rechnen wäre (BVerfG NJW 1983, 26). Die Überleitung (Art 34 GG) selbst kann historisch dagegen nicht als Teil der Gesetzgebungsmaterie „bürgerliches Recht" qualifiziert werden. Denn gerade die Bestimmung darüber, den Staat als Schuldner zur Verfügung zu stellen, liegt aus kompetenzrechtlichen Gründen außerhalb des „bürgerlichen Rechts" (aaO 29). An dieser mangelnden Gesetzgebungskompetenz des Bundes ist das Staatshaftungsgesetz vom 26. 6. 1981 (BGBl I 553) verfassungsrechtlich gescheitert. Durch die Grundgesetzänderung vom 27. 10. 1994 (BGBl I 3146) ist die konkurrierende Gesetzgebungskompetenz des Bundes auf die Staatshaftung erweitert worden (Art 74 Abs 1 Nr 25 GG); die entsprechenden Gesetze bedürfen der Zustimmung des Bundesrates (Absatz 2).

3. Personale Konstruktion der Amtshaftung

24 Diese personale Konstruktion der Amtshaftung hat zur Folge, daß der Staat grundsätzlich nur in dem gleichen Umfang haftet, wie der Amtsträger selbst es müßte, wenn es die Schuldübernahme nicht gäbe. Dies bedeutet, daß sämtliche auf die persönliche Verantwortlichkeit des Amtsträgers zugeschnittenen gesetzlichen Haftungsbeschränkungen, -milderungen oder -privilegien mittelbar auch dem Staat zugute kommen. So reicht es zur Begründung eines Ersatzanspruchs nicht aus, daß der Bürger durch rechtswidriges staatliches Handeln geschädigt worden ist; hinzukommen muß, daß die Schadenszufügung auf einer schuldhaften Pflichtverletzung des handelnden Amtsträgers beruht. Fällt dem Beamten nur Fahrlässigkeit zur Last, so besteht ein Anspruch nur, soweit der Verletzte nicht auf andere Weise Ersatz zu erlangen vermag (§ 839 Abs 1 S 2 BGB „Verweisungsprivileg"). Aus diesen Grundsätzen hat der BGH in NVwZ 2001, 835 die Konsequenz gezogen, daß die Bundesrepublik als Dienstherrin eines Zivildienstleistenden in den Schutzbereich der von dessen privatrechtlich organisierter Beschäftigungsstelle abgeschlossenen Kfz-Haftpflichtversicherung fällt (s dazu Rn 743).

4. Kritik

25 Dieser Rechtszustand wird weitgehend als unbefriedigend und antiquiert empfunden.

a) Die Kritik macht geltend, daß diese einschränkenden Voraussetzungen der Haftung ihren guten Sinn gehabt haben mochten, soweit und solange es um die persönliche Haftung des Beamten ging, daß sie jedoch im unmittelbaren Verhältnis zwischen Staat und Bürger einer inneren Rechtfertigung entbehren. Die rechtliche Konstruktion der Amtshaftung sei „sowohl staatstheoretisch als auch verfassungsrechtlich untragbar" (OSSENBÜHL 6); die Amtshaftung sei schon kurz nach ihrer Einführung in den Ruf des „schlechtest konstruierten, dazu für das Volk unverständlichsten aller Rechtssätze" gelangt (OSSENBÜHL aaO unter Hinweis auf HOFACKER AcP 118 [1920] 281, 349). Dementsprechend wird als die bessere Alternative zur geltenden Amtshaftung die Konzeption einer unmittelbaren Staatshaftung angesehen, die von dem persönlichen Pflichtenstatus des Amtsträgers losgelöst ist und an die öffentlich-rechtlichen Pflichten des Staates im Außenverhältnis zum Bürger anknüpft (Schlagworte: Abkehr von der übergeleiteten Beamtenhaftung; Normierung der unmittelbaren Staatshaftung; Staatshaftung als bloße Unrechtshaftung; Abkehr vom

Verschuldensprinzip; Wegfall des Verweisungsprivilegs; Bündelung der Zuständigkeiten für Primärrechtsschutz und Schadensausgleich bei der jeweiligen Fachgerichtsbarkeit). Auf dieser Linie hatte das Staatshaftungsgesetz vom 26. 6. 1981 (aaO) den Grundtatbestand der Staatshaftung wie folgt normiert: „Verletzt die öffentliche Gewalt eine Pflicht des öffentlichen Rechts, die ihr einem anderen gegenüber obliegt, so haftet ihr Träger dem anderen für den daraus entstehenden Schaden nach diesem Gesetz". – Das Staatshaftungsgesetz ist jedoch durch Urteil des Bundesverfassungsgerichts vom 19. 10. 1982 (aaO) mangels Gesetzgebungskompetenz des Bundes für verfassungswidrig erklärt worden; damit wurde die Amtshaftung nach § 839 BGB iVm Art 34 GG wiederhergestellt.

b) Indessen gibt es auch im geltenden Recht – außerhalb und neben der Amtshaftung – Ansätze für eine unmittelbare Staatshaftung. Zu nennen ist beispielsweise das durch Richterrecht begründete Rechtsinstitut des enteignungsgleichen Eingriffs, das durch den Landesgesetzgeber von Sachsen-Anhalt nahezu lupenrein in das dortige landesrechtliche Staatshaftungsrecht übernommen worden ist. Weitere Fälle staatsunmittelbarer Haftung finden sich auch in sonstigen Landesgesetzen über die Rechtsfolgen von Verwaltungsunrecht, namentlich in der praktisch sehr wichtigen Entschädigungsnorm des § 39 Abs 1 Buchst b des nordrhein-westfälischen Ordnungsbehördengesetzes. In den Bundesländern Mecklenburg-Vorpommern, Brandenburg und Thüringen gilt das Staatshaftungsgesetz der früheren DDR in der einschneidend geänderten Fassung, die es durch den Einigungsvertrag erfahren hat, als Landesrecht fort.

c) Die „strukturellen Schwächen und die rechtspolitischen Mängel des geltenden Amtshaftungsrechts" (PAPIER Rn 104) dürfen jedoch nicht den Blick dafür verstellen, daß dieses so vielfach kritisierte Haftungsinstitut im großen und ganzen seiner Aufgabe gerecht geworden ist und weiterhin wird: Es stellt nämlich ein im wesentlichen doch praktikables Instrumentarium bereit, das einerseits den Ausgleich berechtigter Forderungen des durch die öffentliche Gewalt Geschädigten gewährleistet, andererseits aber überzogene Begehrensvorstellungen nach einer allumfassenden öffentlichen Gefährdungshaftung abwehrt. Dies zeigt sich insbesondere am geltenden Verschuldensprinzip, wonach die Amtshaftung nur bei einer schuldhaften (vorsätzlichen oder fahrlässigen) Amtspflichtverletzung eintritt. Insoweit erkennt sogar einer der profiliertesten Kritiker des geltenden Rechtszustandes an, daß eine aus der Eigenverantwortlichkeit des Beamten abgeleitete Haftung des Staates aus Gerechtigkeitsgründen und Billigkeitserwägungen eher einer Haftungsbegrenzung über das Verschuldensprinzip fähig und bedürftig ist als eine originäre primäre Staatshaftung (PAPIER Rn 22). Dem ist aus revisionsrichterlicher Sicht hinzuzufügen, daß die – seltenen – Fälle, in denen die Amtshaftung ausschließlich am fehlenden Verschulden scheitert, durchweg solche sind, in denen die Zuerkennung eines Anspruchs grob unbillig gewesen wäre, weil sie auf eine sachlich nicht zu rechtfertigende Gefährdungshaftung der öffentlichen Hand hinausgelaufen wäre (vgl zB die Urteile des BGH NVwZ 1998, 878 und 1329). Auch das Bundesverfassungsgericht hat – in Fortführung der Erwägungen aus seiner Grundsatzentscheidung BVerfGE 61, 149 – das geltende Amtshaftungssystem verteidigt: Das Grundgesetz „garantiert" in Art 34 nur den Bestand einer in der persönlichen Haftung des Amtsträgers gründenden verschuldensabhängigen Staatshaftung, fordert also gerade keine umfassende unmittelbare Staatshaftung (BVerfG NVwZ 1998, 271).

Im übrigen ist auch zu einem weiteren Kritikpunkt – der möglichen Aufspaltung der Rechtswege für den Primärrechtsschutz einerseits und den Amtshaftungsanspruch andererseits (Ossenbühl 121; Papier Rn 382) – anzumerken, daß die Konzentration der Amtshaftungsansprüche bei den ordentlichen Gerichten (Art 34 S 3 GG) sich in der Vergangenheit durchaus bewährt hat. Eine Aufgliederung der Amtshaftung auf die verschiedenen Gerichtszweige des jeweiligen Primärrechtsschutzes könnte die Einheitlichkeit der spezifisch haftungsrechtlichen Beurteilungsmaßstäbe gefährden. Außerdem schafft die Abkopplung der Amtshaftung vom Primärrechtsschutz eine gewisse „Distanz", die der Beurteilung der Haftungsfragen nicht nur nachteilig zu sein braucht.

5. Amtspflichtverletzung als unerlaubte Handlung

28 Die Amtspflichtverletzung erfüllt auch materiell die allgemeinen Begriffsmerkmale einer unerlaubten Handlung im Sinne des Buch 2 Abschnitt 8 Titel 27 BGB (früher: Zweites Buch Siebter Abschnitt Fünfundzwanzigster Titel [Staudinger/BGB-Synopse 1896 – 2000]).

a) Die Verletzung von Dienstpflichten ist für sich allein keine unerlaubte Handlung. Sie wird es erst dann, wenn sie einen gegenständlichen Eingriff in den allgemeinen Rechtskreis einer anderen Person enthält, mit dem das Gesetz die Rechtswirkung einer Schadensersatzpflicht verknüpft. Diesen allgemeinen Begriffsmerkmalen entspricht § 839 BGB, indem er einmal die Verletzung einer Amtspflicht, die einem Dritten (dem Geschädigten) gegenüber besteht, und zum andern einen Schaden, der diesem Dritten dadurch entstanden ist, tatbestandlich fordert. Wenn und weil diese beiden Merkmale gegeben sind, wird die Verletzung innerdienstlicher Pflichten zu einer unerlaubten Handlung (BGHZ 34, 375, 380 f).

29 b) Wenn die besonderen Regelungen des § 839 nicht bestünden, so würden die Beamten, wenn sie unter Verletzung ihrer Amtspflicht eine unerlaubte Handlung begehen, den geschädigten Dritten nach den allgemeinen Vorschriften der §§ 823 ff haften, und zwar ohne Rücksicht darauf, ob sie Hoheitsaufgaben des Staates und sonstiger öffentlicher Körperschaften wahrnehmen oder im privaten (fiskalischen) Geschäftsbereich ihres Dienstherrn tätig sind. Die Vorschrift des § 839 bringt demgegenüber teils eine Erweiterung, teils eine Einschränkung der Haftung, wie sie sich bei Anwendung der allgemeinen Vorschriften für den Beamten gestalten würde:

30 aa) Erweitert ist die deliktische Haftung gegenüber den allgemeinen Vorschriften insofern, als jede schuldhafte (vorsätzliche oder fahrlässige) Verletzung der Amtspflicht, die dem Beamten gegenüber einem Dritten obliegt, die Haftung für den dem Dritten dadurch entstandenen Schaden auslöst, ohne Rücksicht darauf, ob die Amtspflichtverletzung den Tatbestand der §§ 823, 824, 825, 826, 831, 832, 833 S 2, 834, 836 bis 838 erfüllt oder nicht. Es genügt also zB, daß die Amtspflichtverletzung nur allgemein eine Vermögensschädigung zur Folge hat, ohne daß ein Eingriff in bestimmte Vermögensrechte vorliegt (BGH WM 1957, 1165, 1167) oder ein Schutzgesetz (§ 823 Abs 2) verletzt ist, und es genügt ein fahrlässig sittenwidriges Verhalten, während § 826 vorsätzliche Begehung fordert (BGH MDR 1953, 287; s dazu unten Rn 176). Wird aber die Amtspflichtverletzung aus § 826 hergeleitet, so verbleibt es bei der Anwendbarkeit der Haftungsbeschränkungen nach § 839 Abs 3; s dazu die im

Zusammenhang mit dem „Fluglotsenstreik" ergangenen Entscheidungen BGHZ 69, 128 = NJW 1977, 1875 = LM § 839 Fg Nr 34 m Anm KREFT; BGHZ 70, 277; MDR 1980, 126 = LM § 839 Cb Nr 38.

bb) Eingeschränkt ist dagegen die Haftung gegenüber den allgemeinen Vorschriften nach drei Richtungen: **31**

Bei fahrlässiger Amtspflichtverletzung entfällt nach § 839 Abs 1 S 2 die Haftung, wenn und solange der Verletzte auf andere Art Ersatz erlangen kann. Der Beamte haftet also nur subsidiär. Die Haftungssubsidiarität wirkt sich auch zugunsten der haftenden Körperschaft aus, wenn diese gemäß Art 34 GG anstelle des Beamten haftet. Der Umfang dieser Haftungssubsidiarität hat in der Rechtsprechung geschwankt: Einer Zeit zunehmender Anerkennung der Subsidiarität ist in neuester Zeit eine Periode weitgehender Einschränkung gefolgt (s wegen der Einzelheiten den Abschnitt „Anderweitige Ersatzmöglichkeit – Verweisungsprivileg – Subsidiaritätsklausel" Rn 268 ff).

Der Richter haftet für Amtspflichtverletzungen beim Urteil nur unter den engen Voraussetzungen des § 839 Abs 2 S 1.

Mitwirkendes Verschulden des Verletzten, das darin besteht, daß er es schuldhaft unterläßt, den Schaden durch Gebrauch eines Rechtsmittels abzuwenden, führt nicht zu einer Abwägung nach § 254, vielmehr entfällt nach § 839 Abs 3 jede Ersatzpflicht.

c) Da der Anspruch aus § 839 ein Anspruch aus unerlaubter Handlung im Sinne des Titels 27 ist, finden grundsätzlich die allgemein für unerlaubte Handlungen geltenden Vorschriften (§§ 827, 828, 830, 840, 842–853) Anwendung (RGZ 94, 103). § 841 enthält eine besondere Ausgleichungsvorschrift für den Fall, daß neben dem Beamten (der für ihn eintretenden Körperschaft) ein Dritter haftet. Unanwendbar ist dagegen § 829 (vgl RGZ 74, 145). Die darin für den Geschädigten liegende Unbilligkeit ist aber dadurch ausgeglichen, daß die Staatshaftungsgesetze eine Haftung des Staates nach Billigkeit für die von dem zurechnungsunfähigen Beamten verursachten Schäden vorsehen (vgl zB jeweils § 1 Abs 2 RBHG und PrStHG, oben Rn 7). **32**

d) § 839 ist auch unanwendbar, wenn das Handeln eines Beamten durch eine technische Einrichtung ersetzt wird – Hauptanwendungsfall: Verkehrsregelung nicht durch einen Polizeibeamten, sondern durch eine Signalampel – und ein Verkehrsteilnehmer dadurch einen Verkehrsunfall erleidet, daß die Verkehrsampel versagt, ohne daß eine schuldhafte Amtspflichtverletzung – wie mangelhafte Anlage oder Überwachung, fehlerhafter Schaltplan (so BGH NJW 1971, 2220) – in Betracht kommt. In Abkehr von seiner früheren Rechtsprechung (BGHZ 54, 332; s dazu STAUDINGER/ SCHÄFER[12] § 839 Rn 11) erkennt der BGH indessen nunmehr dem Geschädigten in solchen Fällen Ansprüche nach den landesrechtlichen Polizei- und Ordnungsbehördengesetzen (zB § 39 Abs 1 Buchst b OBG NW) oder enteignungsgleichem Eingriff zu (BGHZ 99, 249, 256, s Rn 475). **33**

e) Liegt keine Verletzung der gegenüber einem Dritten obliegenden Amtspflicht vor, so haftet der Beamte nach den allgemeinen Vorschriften, insbesondere nach §§ 823, 826; daneben kommt eine Haftung der Körperschaft, in deren Dienst er steht, nach §§ 89, 31, 831 in Betracht (s wegen der Einzelheiten Rn 118). **34**

35 f) Die Anwendungsbereiche der haftungsbegründenden Norm des § 839 BGB und der haftungsverlagernden Norm des Art 34 GG sind nicht in vollem Umfang deckungsgleich: Art 34 enthält vielmehr gegenüber § 839 insoweit eine Einschränkung, als er lediglich Amtspflichtverletzungen „in Ausübung eines anvertrauten öffentlichen Amtes" betrifft, also nicht solche im privatrechtlichen, fiskalischen Bereich erfaßt (s wegen der Einzelheiten den Abschnitt „Ausübung eines anvertrauten öffentlichen Amtes" Rn 84–120). Dagegen ist der persönliche Anwendungsbereich des Art 34 im Verhältnis zu § 839 erweitert, indem die Amtshaftung nicht nur bei Beamten im staatsrechtlichen Sinne, sondern grundsätzlich (vorbehaltlich besonderer Haftungsbeschränkungen) bei allen öffentlichen Amtsträgern eintritt (s den Abschnitt „Beamter" im Sinne des § 839 Abs 1 S 1 BGB – „Jemand" im Sinne des Art 34 S 1 GG Rn 40–53).

36 g) Die Schadensersatzpflicht der öffentlichen Hand für Amtspflichtverletzungen ist im sozialen Rechtsstaat ein wichtiges Mittel zum Schutz des Bürgers gegen rechtswidriges Verhalten staatlicher Amtsträger (BGHZ 69, 128, 143; 70, 7, 10). Deswegen ist der Amtshaftungsanspruch – zumindest grundsätzlich – im voraus vertraglich nicht abdingbar, und zwar auch insoweit nicht, als es bei der persönlichen Eigenhaftung des Amtswalters verbleibt (SOERGEL/VINKE Rn 37 mwN). Zur Unzulässigkeit einer Beschränkung des Amtshaftungsanspruchs durch eine kommunale Satzung s BGHZ 61, 7, 14 f (und unten Rn 110 aE). Für nicht völlig ausgeschlossen halte ich es dagegen, daß bei schwieriger, unsicherer Sach- oder Rechtslage in einen begünstigenden Verwaltungsakt oder eine sonstige begünstigende Maßnahme ein Hinweis auf diese Unsicherheit aufgenommen und so die Funktion dieser Maßnahme als „Verläßlichkeitsgrundlage" für den Begünstigten (s Rn 174, 254) ausgeschaltet wird, mit der Konsequenz, daß er nunmehr auf eigenes Risiko handelt, wenn er in Ausnutzung der betreffenden Maßnahme finanzielle Dispositionen trifft. Ebenso halte ich es für zulässig, im Verfahren des verwaltungsrechtlichen oder verwaltungsgerichtlichen (bzw sonstigen fachgerichtlichen) Primärrechtsschutzes (Rn 344 ff) durch Vergleich (§§ 55 VwVfG, 106 VwGO) auch Amtshaftungsansprüche mitzuerledigen (Beispiel: Die Behörde verpflichtet sich, einen – zunächst abgelehnten – begünstigenden Verwaltungsakt zu erlassen oder einen belastenden Verwaltungsakt aufzuheben; im Gegenzug verzichtet der Antragsteller auf Amtshaftungsansprüche, die sich aus einer etwaigen Rechtswidrigkeit der Ursprungsmaßnahme ergeben können).

6. Verhältnis zu sonstigen Haftungsnormen

37 a) Die Unterschiede gegenüber den allgemeinen Haftungsvorschriften kennzeichnen den § 839 als eine erschöpfende Regelung der Haftung aus schuldhafter Amtspflichtverletzung. § 839 ist lex specialis, neben der für die Anwendung der allgemeinen Haftungstatbestände der §§ 823 ff (einschließlich des § 826) wie auch derjenigen außerhalb des BGB, die Verschulden oder vermutetes Verschulden voraussetzen, kein Raum bleibt. Dies bedeutet: § 839 nimmt alle diese deliktischen Haftungstatbestände in sich auf und schließt sie zugleich aus mit der Folge, daß ein Beamter, der eine unerlaubte Handlung im Sinne der §§ 823 ff gegenüber einem Dritten bei der Amtsausübung begeht, damit zugleich eine ihm gegenüber diesem Dritten obliegende Amtspflicht verletzt (s wegen der Einzelheiten Rn 175 f). Ausgeschlossen durch § 839 werden zB § 826 (BGHZ 3, 101); § 831 Abs 1 S 2 (BGH NJW 1977, 238); § 832 (BGHZ 13, 25); § 833 S 1 und S 2 (RG DJ 1936, 188), § 18 StVG (RGZ 125, 98; 140, 415, 418; BGHZ 29, 38). Und zwar gilt dies ohne Rücksicht darauf, ob der Beamte im

Rahmen hoheitlicher Betätigung oder fiskalischer (privatrechtlicher) Verwaltung handelt (RGZ 155, 254, 268; BGHZ [GSZ] 34, 99, 104). Allerdings gelten gesetzliche Schuldvermutungen (§ 833 S 2, § 18 StVG) auch im Amtshaftungsprozeß (RGZ 125, 98; BGH NJW 1959, 985; VersR 1972, 1048). Auch soweit durch eine behauptete Amtspflichtverletzung der Tatbestand des § 836 BGB verwirklicht worden ist, gilt für das Verschulden des Amtsträgers die in dieser Vorschrift bestimmte Vermutung (BGHR § 836 Abs 1 Amtshaftung 1 mwN). Ausnahmsweise kann § 839 mit § 823 zusammentreffen, nämlich wenn ein bestimmtes Verhalten eines Beamten sich zugleich als eine in Ausübung eines öffentlichen Amts begangene Amtspflichtverletzung und als unerlaubte Handlung innerhalb des bürgerlich-rechtlichen Geschäftskreises des öffentlichen Dienstherrn darstellt (BGH VersR 1983, 640; NJW 1996, 3208).

b) Dagegen bleibt eine reine Gefährdungshaftung der Beamten nach den Sondergesetzen über Gefährdungshaftung, zB aus § 7 StVG, neben der Verschuldenshaftung aus § 839 bestehen (BGHZ 50, 271, 273; 121, 161, 168). So kann zB der Beamte, der in Ausübung öffentlicher Gewalt bei einer Dienstfahrt mit dem eigenen Kraftfahrzeug einen Unfall verursacht hat, als Halter aus Gefährdungshaftung persönlich vom Geschädigten nach §§ 7 ff StVG in Anspruch genommen werden, auch wenn, weil er schuldhaft gehandelt hat, die Haftung aus der schuldhaften Amtspflichtverletzung gemäß Art 34 GG anstelle des Beamten die Körperschaft trifft, in deren Dienst er tätig geworden ist (BGHZ 29, 38, 43; s auch BGHZ 47, 196; 49, 267, 269). Die Haftung des Kfz-**Führers** nach § 18 Abs 1 S 2 StVG ist dagegen Haftung aus vermutetem Verschulden; es finden daher auf sie § 839 BGB und Art 34 GG Anwendung (BGH VersR 1958, 320; 1959, 455; 1964, 79; BGHZ 121, 161, 168). Auch die Gefährdungshaftung nach § 22 WHG bleibt neben der Amtshaftung bestehen (BGHZ 55, 180, 182 f; 62, 351, 355).

c) Anspruchskonkurrenz besteht auch zwischen dem Amtshaftungsanspruch und dem Entschädigungsanspruch aus enteignungsgleichem Eingriff (BGHZ 136, 182, 184; BGH NVwZ 1992, 1119, s wegen der Einzelheiten Rn 492). Gleiches gilt für die Ordnungsbehördenhaftung nach § 39 Abs 1 Buchst b OBG NW (BGHZ 109, 380, 393; 117, 83). § 839, Art 34 GG sind auch neben § 77 BLG anwendbar, soweit die Ersatzpflicht für Schäden, die durch Manöver verursacht sind, im Bundesleistungsgesetz nicht besonders geregelt ist (BGH NJW 1964, 104; BGHR § 839 Konkurrenzen 1). Für Urheberrechtsverletzungen durch einen beamteten Hochschulprofessor hat der BGH entschieden, daß der Amtshaftungsanspruch die Geltendmachung eines Bereicherungsanspruchs gegen die haftpflichtige Körperschaft wegen Eingriffs in urheberrechtlich geschützte Rechte nicht ausschließe; ebenso werde der urheberrechtliche Unterlassungsanspruch aus § 97 Abs 1 UrhG durch die Amtshaftung nicht verdrängt (NJW 1992, 1310). Zur Amtshaftung neben Entschädigungsansprüchen wegen Impfschäden s BGH NJW 1990, 2311 (Schädigung des Impflings selbst; BGHZ 126, 386 – Schädigung einer Kontaktperson des Impflings). Wegen weiterer mit dem Amtshaftungsanspruch konkurrierender selbständiger Ansprüche s insbesondere KREFT Rn 569 m zahlr wN: Ansprüche aus öffentlich-rechtlichen Verwahrungs- und Treuhandverhältnissen (BGHZ 13, 88, 95); Ansprüche aus Verletzung der beamtenrechtlichen Fürsorgepflicht (BGHZ 43, 178, 184); Ansprüche aus der Verletzung besonderer behördlicher Fürsorge- und Betreuungspflichten (NJW-RR 1994, 213); Ansprüche aus öffentlich-rechtlichen Nutzungs- und Leistungsverhältnissen; öffentlich-rechtliche Ansprüche aus culpa in contrahendo (BGH NJW 1986, 1109; NVwZ 1990, 403). Ebenso stehen Ansprüche wegen Rücknahme eines rechtswidrigen begünstigenden Verwaltungsakts (§ 48 Abs 3

VwVfG) selbständig neben Amtshaftungsansprüchen und sind von ihnen unabhängig (BGHZ 105, 52, 56).

III. „Beamter" im Sinne des § 839 Abs 1 S 1 BGB – „jemand" im Sinne des Art 34 S 1 GG

1. Der haftungsrechtliche Beamtenbegriff

40 § 839 BGB setzt die Amtspflichtverletzung eines „Beamten" voraus; Art 34 S 1 GG verwendet dagegen nicht mehr den Beamtenbegriff, sondern den umfassenden Begriff „jemand".

a) Im Anwendungsbereich des Art 34 GG wird daher der Beamtenbegriff über seinen staats- und statusrechtlichen Bedeutungsgehalt hinaus interpretiert. Im staatsrechtlichen Sinne ist nur derjenige Beamter, der durch Aushändigung der gesetzlich vorgeschriebenen Ernennungsurkunde in das Beamtenverhältnis berufen worden ist (§§ 5 BRRG, 6 BBG). Beamtenrechtliche Dienstherrenfähigkeit besitzen außer dem Bund, den Ländern, den Gemeinden und den Gemeindeverbänden nur sonstige Körperschaften, Anstalten und Stiftungen des öffentlichen Rechts, die dieses Recht im Zeitpunkt des Inkrafttretens des Beamtenrechtsrahmengesetzes vom 1. 7. 1957 besessen haben oder denen es nach diesem Zeitpunkt durch Gesetz, Rechtsverordnung oder Satzung verliehen worden ist (§ 121 BRRG). Soweit es jedoch um „Ausübung eines öffentlichen Amtes" (und dabei begangene Amtspflichtverletzungen) geht, sind als Beamte im Sinne des Haftungsrechts und damit auch im Sinne des § 839 BGB außer den Beamten im staatsrechtlichen Sinne auch noch alle diejenigen Personen ohne Rücksicht auf ihre staatsrechtliche Qualifikation anzusehen, die hoheitliche Aufgaben (öffentliches Amt, öffentliche Gewalt) ausüben, die ihnen vom Staat oder einer sonst dazu befugten Körperschaft anvertraut worden sind (KREFT Rn 140).

41 b) Die Unterscheidung zwischen Beamten im staatsrechtlichen Sinne und sonstigen Amtsträgern behält jedoch auch innerhalb des Amtshaftungsrechtes insoweit Bedeutung, als bei Amtspflichtverletzungen im fiskalischen Bereich den Beamten im staatsrechtlichen Sinne die persönliche Eigenhaftung nach § 839 BGB trifft, während sonstige Amtsträger nicht nach § 839 BGB, sondern nach den allgemeinen deliktsrechtlichen Vorschriften der §§ 823 ff persönlich haften. Keine haftungsrechtlichen Unterschiede bestehen dagegen, soweit bei Ausübung eines öffentlichen Amtes die Haftungsverlagerung auf den Staat ausnahmsweise nicht eintritt, also beispielsweise bei Gebührenbeamten oder im noch verbliebenen Restbereich persönlicher Außenhaftung des Amtsträgers gegenüber Ausländern.

42 c) Dementsprechend ergibt sich folgendes Haftungsschema:

Beamte im staatsrechtlichen Sinne:

– Ausübung eines anvertrauten öffentlichen Amtes im Anwendungsbereich des Art 34 S 1 GG: Staatshaftung nach § 839 BGB iVm Art 34 GG, keine persönliche Eigenhaftung des Beamten;

– Ausübung eines anvertrauten öffentlichen Amtes außerhalb des Anwendungsbereichs des Art 34 S 1 GG (beispielsweise: Gebührenbeamte, Eigenhaftung gegenüber Ausländern): persönliche Haftung des Beamten nach § 839 BGB;

– Amtspflichtverletzungen im fiskalischen Bereich: persönliche Eigenhaftung des Beamten nach § 839 BGB.

Sonstige Amtsträger, die nicht Beamte im staatsrechtlichen Sinne sind:

– Ausübung eines anvertrauten öffentlichen Amtes: Staatshaftung nach § 839 BGB iVm Art 34 GG; keine persönliche Eigenhaftung;

– Ausübung eines anvertrauten öffentlichen Amtes außerhalb des Anwendungsbereichs des Art 34 S 1 GG (Gebühren„beamte", die nicht „Beamte" im staatsrechtlichen Sinne sind, zB Bezirksschornsteinfegermeister [BGHZ 62, 372]; Außenhaftung gegenüber Ausländern): Eigenhaftung des Amtsträgers nach § 839 BGB;

– Pflichtverletzungen im fiskalischen Bereich: persönliche Eigenhaftung nach § 823 ff BGB.

2. Die Amtsträgereigenschaft

Amtsträger im haftungsrechtlichen Sinne können immer nur natürliche Personen sein. 43

a) Eine juristische Person des Privatrechts, auch soweit sie mit Hoheitsbefugnissen beliehen ist, kann als solche nicht „Beamter" sein; vielmehr ist immer auf die handelnden Personen abzustellen. Gleiches gilt für Behörden, die ebenfalls als solche nicht Amtsträger sein können. Soweit in der Urteilssprache des BGH gelegentlich von Amtspflichten oder auch Amtspflichtverletzungen einer Behörde oder Dienststelle die Rede ist, so ist das lediglich eine vereinfachende Bezeichnung für die verantwortlichen Beamten oder sonstigen Amtsträger dieser Behörde oder Dienststelle, und es soll damit keineswegs gesagt werden, daß eine Behörde oder Dienststelle sich als solche einer Amtspflichtverletzung schuldig machen könne (BGH VersR 1960, 1047, 1048). Allerdings ist es, wie in anderem Zusammenhang ausgeführt (Rn 229), nicht erforderlich, daß der Geschädigte darlegt, welcher Bedienstete die Amtspflichtverletzung begangen hat. Zwar muß im Hinblick auf das Wesen der übergeleiteten Haftung der gesamte Haftungstatbestand in der Person irgendeines Amtsträgers erfüllt sein; es bedarf aber deshalb nicht auch der Feststellung der Identität dieser Person. Vielmehr ist ausreichend, wenn feststeht, daß irgendein Amtsträger in seiner Person den gesamten Haftungstatbestand verwirklicht hat (BGHZ 116, 312, 314 f).

b) Eine Amtsträgereigenschaft im Sinne des Art 34 S 1 GG wird noch nicht dadurch begründet, daß die betreffende Tätigkeit nur aufgrund einer öffentlich-rechtlichen Qualifikation, Zulassung oder Anerkennung ausgeübt werden darf (vgl den Begriff „Personen, die zur Besorgung gewisser Geschäfte öffentlich bestellt oder zugelassen sind" in § 196 Abs 1 Nr 15 BGB aF). Öffentliche Auktionatoren, Taxatoren, Steuerberater oder Wirtschaftsprüfer sind daher als solche keine Amtsträger, ebensowenig Rechtsanwälte, auch soweit sie im Wege der Prozeßkostenhilfe, als Pflichtverteidiger usw. gerichtlich beigeordnet sind; Vormünder (BGHZ 17, 108); Pfle- 44 ger, Testamentsvollstrecker, Zwangs-, Konkurs-(Insolvenz-) und Nachlaßverwalter. Erst recht keine Beamten im haftungsrechtlichen Sinne sind Schiedsrichter privater Schiedsgerichte (RGZ 65, 175; JW 1933, 217; BGHZ 15, 12; 42, 313) und Schiedsgutachter (BGHZ 22, 343).

45 c)   Für die Begründung der Amtsträgereigenschaft ist es ohne Bedeutung, welcher Art die Rechtsbeziehungen des Amtsträgers zu der Stelle sind, die ihn mit Aufgaben hoheitlicher Art betraut hat. Es ist insbesondere nicht erforderlich, daß zwischen dem Amtsträger und der Stelle, deren Aufgaben er wahrnimmt oder deren Befugnisse er ausübt, ein Anstellungsverhältnis besteht, vielmehr genügt auch jede andere im Gesetz vorgesehene Berufung in ein Amt.

46 d)   Dementsprechend kommen als „jemand", der im Sinne des Art 34 S 1 GG „in Ausübung eines öffentlichen Amtes handelt", in Betracht (vgl OSSENBÜHL 13):

– die Beamten im staatsrechtlichen Sinne, ohne Rücksicht auf die Art des Beamtenverhältnisses (auf Lebenszeit, auf Probe, auf Widerruf, als Ehrenbeamter oder auf Zeit);

– die Angestellten und Arbeiter, die im öffentlichen Dienst stehen;

– Personen, die in einem sonstigen öffentlich-rechtlichen Dienstverhältnis stehen (zB Richter, Soldaten, Zivildienstleistende);

– Personen, die in einem öffentlich-rechtlichen Amtsverhältnis stehen, das kein Dienstverhältnis ist (Minister, Parlamentsabgeordnete, Mitglieder kommunaler Vertretungskörperschaften [Gemeinderäte, Kreistage], Bürgermeister);

– Privatpersonen, die mit der Ausübung eines öffentlichen Amtes betraut sind (zB Beliehene oder Verwaltungshelfer).

47 e)   **Einzelbeispiele:**
Amtsträger im Sinne des Art 34 GG sind zB der Bundespräsident, der Bundeskanzler, Minister (BGHZ 14, 319; 63, 319 LM § 839 Ca Nr 17); Abgeordnete und Beamte des Bundestages und der Landesparlamente; Mitglieder von Selbstverwaltungskörperschaften wie Kreistagsmitglieder (BGHZ 11, 193), Bürgermeister und Mitglieder von Magistraten und Gemeinderäten (BGH VersR 1982, 956; s ferner zur Amtsträgereigenschaft von Mitgliedern des Gemeinderates insbesondere die „Altlasten-Rechtsprechung" des BGH [Nachweise im Abschnitt „Öffentliches Baurecht" Rn 545 ff; 553 ff]); Mitglieder gemeindlicher Ausschüsse, wie eines Mieteinigungs- oder eines Wohnungsamtes; eines Umlegungsausschusses zur Durchführung der Bauplanvorstellungen einer Gemeinde nach den Vorschriften des Baugesetzbuchs (BGH NJW 1981, 2122); des Gutachterausschusses zur Abgabe von Gutachten über den Wert von Grundstücken nach §§ 192 ff BauGB (BGH NVwZ 1982, 395); der Gemeindebaukommission der am Baugenehmigungsverfahren nach dem BauGB mitwirkenden Gemeinde (BGH NJW 1982, 36); Schöffen und sonstige ehrenamtliche Richter (RG JW 1924, 192); Mitglieder gesetzlich anerkannter Berufsgerichte für Ärzte, Rechtsanwälte usw (RGZ 138, 57; 156, 34; 70, 333); Mitglieder gesetzlich vorgesehener beruflicher Zulassungsausschüsse (BGH VersR 1960, 463, betreffend Ärzte; BGH MDR 1981, 824, betreffend die nach der RVO gebildeten Kassenärztlichen Ver-

einigungen und ihre Aufgaben gegenüber den Kassenärzten); Soldaten der Bundeswehr, gleichviel ob es sich um Berufssoldaten, Soldaten auf Zeit oder um Wehrdienstleistende handelt (BGHZ 30, 154; 38, 21). Mitglieder freiwilliger Feuerwehren (BGHZ 20, 290); anders natürlich bei der privaten Betriebsfeuerwehr eines Industrieunternehmens. Geistliche bei der Erteilung des Religionsunterrichts an öffentlichen Schulen (BGHZ 34, 20); der Vorsitzende des Allgemeinen Studentenausschusses an einer Universität (OLG Karlsruhe JZ 1965, 410).

3. Beliehene und Verwaltungshelfer

„Beliehene" sind diejenigen natürlichen oder juristischen Personen des Privatrechts, **48** denen durch Gesetz oder aufgrund Gesetzes durch Verwaltungsakt oder verwaltungsrechtlichen Vertrag bestimmte einzelne hoheitliche Kompetenzen zur Wahrnehmung im eigenen Namen übertragen worden sind (PAPIER Rn 131 mwN in Fn 374). Für Amtspflichtverletzungen eines Beliehenen haftet diejenige öffentlich-rechtliche Körperschaft, die ihm die betreffende Hoheitsaufgabe übertragen oder ihn mit den Hoheitsbefugnissen ausgestattet hat.

a) Besonders bekannte Beispiele (PAPIER): Schiffskapitäne, die nach § 106 SeemannsG mit polizeilichen Befugnissen ausgestattet sind, desgleichen Luftfahrzeugführer nach § 29 Abs 3 LuftVG, die Jagdaufseher (§ 25 Abs 2 BJagdG) sowie die Feld- und Forstaufseher (§§ 16 ff FFSchG NW), Fischereiaufseher (§ 54 FischG NW). Jagdaufseher und Feld- und Forsthüter sind Beispiele dafür, daß Amtsträger im haftungsrechtlichen Sinne auch Personen sein können, die nicht unmittelbar zu der Stelle, die sie mit hoheitlichen Befugnissen versieht, sondern nur zu dritten Personen in dauernden rechtlichen Beziehungen stehen: Der Jagdaufseher wird vom Jagdausübungsberechtigten durch privatrechtlichen Dienstvertrag bestellt und durch die zuständige Jagdbehörde bestätigt, der Feld- und Forsthüter wird von den beteiligten Grundbesitzern bestellt und vom Landrat bestätigt.

b) Hoheitliche Befugnisse übt auch der amtlich anerkannte Prüfingenieur für **49** Baustatik aus, der im Rahmen eines Baugenehmigungsverfahrens von der Baugenehmigungsbehörde mit der Prüfung der Statik betraut wird (BGHZ 39, 358, 361 f). Das gleiche gilt für die Sachverständigen des TÜV bei der Prüfung von Kraftfahrzeugen und der Abnahme von Kraftfahrprüfungen (zB §§ 10 Abs 1, 19 Abs 2, 20 Abs 2, 21 S 3 StVZO; vgl BGHZ 49, 108; BGH NJW 1973, 458; OLG Köln NJW 1989, 265; OLG Braunschweig NJW 1990, 2629; zusammenfassend OSSENBÜHL 16–18). Ebenso haftet für Pflichtverletzungen eines TÜV-Sachverständigen bei der Vorprüfung einer überwachungsbedürftigen Anlage im Sinne des § 24 GewO in Verbindung mit der Druckbehälterverordnung vom 27. 2. 1980 (BGBl I 173, 184) nicht der Technische Überwachungsverein, der ihn angestellt hat, sondern nach Amtshaftungsgrundsätzen das Land, das ihm die amtliche Anerkennung als Sachverständiger erteilt hat. Dies gilt auch, wenn die Vorprüfung im „Vorfeld" eines immissionsschutzrechtlichen Genehmigungsverfahrens stattfindet und die Erlaubnisse nach § 24 GewO und den aufgrund dieser Bestimmung erlassenen Verordnungen von der „Konzentrationswirkung" der immissionsschutzrechtlichen Genehmigung nach § 13 BImSchG erfaßt werden (BGHZ 122, 85). Beliehene sind ferner die Bezirksschornsteinfegermeister bei der Bauabnahme, der Feuerstättenschau und bei bestimmten Funktionen im Rahmen des Immissionsschutzes öffentlicher Aufgaben (BGHZ 62, 372, 374); jedoch findet die Haftungsverlagerung auf den Staat nicht statt, vielmehr haftet er als „Gebührenbeamter" persönlich (BGHZ 62, 372) und kann den Geschädigten nach § 839 Abs 1 S 2 nicht auf die Leistung des „privaten" Feuerversicherers als anderweitige Ersatzmöglichkeit verweisen (BGH MDR 1983, 732). Die – privatrechtlich organisierten – Verbände der Ersatzkassen (§ 212 Abs 5 SGB V) entscheiden als Beliehene über die Zulassung von Leistungserbringern nach § 126 SGB V (BSGE 77, 108, 109 f). Für etwaige Amtspflichtverletzungen in diesem Bereich haftet die Bundesrepublik Deutschland, weil unmittelbar der Bundesgesetzgeber die Beleihung vorgenommen hat (BGH WM 2002, 96, 97).

50 **c)** Im Bereich des Schulwesens sind staatlich anerkannte Privatschulen Beliehene bei Versetzungs- und Prüfungsentscheidungen sowie der Erteilung von Abschlußzeugnissen (PAPIER Rn 131). Das öffentliche Schulwesen bietet außerdem einige charakteristische Beispiele für den „Verwaltungshelfer", für den ebenfalls nach Amtshaftungsgrundsätzen gehaftet wird, allerdings bei Schulunfällen nach Maßgabe der Beschränkungen des § 104 Abs 1 S 1 SGB VII (s Rn 731).

aa) Als solche sind anerkannt: der Schülerlotse (OLG Köln NJW 1968, 655); der Ordnungsschüler, den der Lehrer mit der Aufsicht über die Klasse betraut hat (LG Rottweil NJW 1970, 474, 475); der Hilfestellung leistende Schüler im Turnunterricht (BGH VersR 1958, 705); der zur Pausenaufsicht eingeteilte Schüler (LG Rottweil NJW 1970, 474, 475); Begleiter (zB Eltern) bei Schulwanderungen und Schülertransporten (vgl BGH NJW 1992, 1227; zusammenfassend OSSENBÜHL 18–21; Fn 41). In diesen Zusammenhang gehört auch der Fall eines Tankwartes, der im Auftrag der Schule im Schulunterricht den Aufbau und das Auseinandernehmen eines Motors vorführt (OLG Celle RdJ 1966, 322).

bb) Ein weiterer Beispielsfall für einen Verwaltungshelfer: der Kraftfahrer eines Privatunternehmens, der Polizeibeamte auf einer Dienstfahrt fährt (RGZ 167, 1, 5).

51 **cc)** In allen Fällen gehört aber zum Begriff des Amtsträgers im Sinne des Art 34 eine Tätigkeit, die den Betreffenden als „Träger öffentlicher Machtbefugnisse" erscheinen läßt (BGH LM BVG § 81 Nr 2). Diese Voraussetzung fehlt im allgemeinen, wenn es sich nur um unselbständige Hilfsdienste untergeordneter Art von Personen handelt, die nur als Gehilfen von Beamten im haftungsrechtlichen Sinne tätig werden (BGH MDR 1961, 208, 209) oder um eine lediglich mechanische interne Kanzlei- oder Werkstättentätigkeit (RGZ 105, 100, 101; 118, 241; 132, 61; 138, 319; BGH VersR 1959, 353). Die Amtshaftung wurde allerdings bejaht bei dem Versehen einer Schreibkraft durch anordnungswidrige Adressierung und Absendung amtlicher Briefe in die seinerzeitige Sowjetische Besatzungszone (BGH NJW 1956, 1027).

4. Notare

52 Auch der Notar ist Träger eines öffentlichen Amtes (§ 1 BNotO). Die persönliche Haftung für Amtspflichtverletzungen der Notare hat indessen in § 19 BNotO eine eigenständige Regelung außerhalb des Normengefüges des § 839 BGB iVm Art 34 GG erfahren. Eine Haftung des Staates anstelle des Notars besteht nicht (§ 19 Abs 1 S 4 BNotO; dieser sondergesetzliche Haftungsausschluß wird in der Rechtsprechung des Bundesgerichtshofs durchweg für verfassungsrechtlich unbedenklich erachtet; vgl

BGHZ 62, 372, 376 ff; 113, 71, 76; 135, 354, 356). Besonderheiten bestehen für die Bezirksnotare im Oberlandesgerichtsbezirk Stuttgart und für die Notare im Oberlandesgerichtsbezirk Karlsruhe, wo die BNotO nicht gilt (§§ 114, 115 BNotO). Dort richtet sich die Haftung für Amtspflichtverletzungen der Notare unmittelbar nach § 839 BGB iVm Art 34 GG; haftende Körperschaft ist das Land Baden-Württemberg. Inhaltlich hat sich die Notarhaftung gegenüber der allgemeinen Amtshaftung weitgehend verselbständigt; deswegen wird hier auf eine Darstellung – die schon in der Vorauflage lediglich in Form eines summarischen Überblicks gegeben worden war (Rn 521) – verzichtet. Insoweit wird auf die Kommentierungen zu § 19 BNotO bei SCHIPPEL, BNotO (7. Aufl 2000), und ARNDT/LERCH/SANDKÜHLER, BNotO (4. Aufl 2000), sowie auf die Monographie von HAUG, Die Amtshaftung des Notars (2. Aufl 1997), verwiesen.

5. Amtsanmaßung

Die Amtshaftung nach § 839 BGB iVm Art 34 GG findet generell nicht statt, wenn **53** ein Nichtamtsträger eine nur einem Amtsträger zustehende Handlung unbefugt vornimmt (Amtsanmaßung; RGZ 140, 129).

IV. Die haftende Körperschaft

1. Öffentlich-rechtliche Körperschaften als Haftungssubjekte

Nach Art 34 GG trifft, wenn ein Amtsträger in Ausübung eines ihm anvertrauten **54** öffentlichen Amtes die ihm einem Dritten gegenüber obliegende Amtspflicht verletzt hat, die Verantwortlichkeit grundsätzlich den Staat oder die **Körperschaft, in deren Dienst er steht.** „Körperschaft" in diesem Sinne kann nur eine solche des öffentlichen Rechts sein (BGH LM BGB § 839 A Nr 58; LM GG Art 34 Nr 167). Juristische Personen des Privatrechts, auch soweit sie mit Hoheitsbefugnissen ausgestattet sind, kommen dagegen als Haftungssubjekte nicht in Betracht (BGH aaO); Versuche, auch sie in die Amtshaftung einzubeziehen (vMANGOLDT/KLEIN, Grundgesetz [2. Aufl] Art 34 Anm III 6 a [anders jetzt vMANGOLDT/KLEIN/STARCK/vDANWITZ <4. Aufl 2000> Art 34 Rn 121 u Fn 465]; Huber, Wirtschaftsverwaltungsrecht [2. Aufl] Bd I 457; FRENZ, Die Staatshaftung in den Beleihungstatbeständen [1992] 123 ff, 147 ff), haben sich nirgends durchsetzen können. Allerdings ist der Gesetzgeber nicht gehindert, durch ausdrückliche Regelung anzuordnen, daß auch Privatrechtssubjekte bei Verletzung öffentlich-rechtlicher Pflichten für die daraus entstehenden Schäden nach den Vorschriften über die Schadensersatzpflicht eines öffentlich-rechtlichen Dienstherrn für seine Bediensteten im hoheitlichen Bereich haften (so geschehen für die Haftung bei der Durchführung der förmlichen Zustellung gemäß § 35 PostG vom 22.12.1997 BGBl I 3294); dadurch wird dann eine Amtshaftung des betreffenden Privatrechtssubjektes (dort: der Deutschen Post AG) begründet, die aber ihre Geltungsgrundlage nicht unmittelbar in § 839 BGB iVm Art 34 GG, sondern eben in jener ausdrücklichen gesetzlichen Spezialregelung findet.

2. Die Bestimmung des Haftungssubjekts

a) Die Amtshaftung einer juristischen Person des öffentlichen Rechts setzt nicht **55** voraus, daß diese die beamtenrechtliche Dienstherrenfähigkeit (§ 121 BRRG) besitzt

(BGH LM GG Art 34 Nr 169 = NVwZ 1992, 298). Die Dienstherreneigenschaft ist jedoch das vorrangige und wichtigste Zurechnungskriterium für die Bestimmung des Haftungssubjektes (s dazu im folgenden).

b) Nach ständiger Rechtsprechung des BGH beantwortet sich die Frage nach dem Haftungssubjekt danach, welche Körperschaft dem Amtsträger das Amt, bei dessen Ausübung er fehlsam gehandelt hat, anvertraut hat, wer – mit anderen Worten – dem Amtsträger die Aufgaben, bei deren Wahrnehmung die Amtspflichtverletzung vorgekommen ist, übertragen hat. Es haftet daher im Regelfall die Körperschaft, die diesen Amtsträger angestellt und ihm damit die Möglichkeit zur Amtsausübung eröffnet hat. Dabei ist jedoch anerkannt, daß die Anknüpfung an die Anstellung dann versagt, wenn kein Dienstherr vorhanden ist (oder wenn mehrere Dienstherren vorhanden sind). In einem solchen Fall ist darauf abzustellen, wer dem Amtsträger die konkrete Aufgabe, bei deren Erfüllung er gefehlt hat, anvertraut hat (BGHZ 99, 326, 330; LM GG Art 34 Nr 169 = NVwZ 1992, 298; LM BGB § 839 A Nr 58 = NVwZ 1994, 823).

56 **c)** Dementsprechend kann man festhalten, daß in der Regel die Anstellungskörperschaft als haftendes Rechtssubjekt in Betracht kommt, weil in der Mehrzahl aller Fälle sie es ist, die dem Amtsträger die von ihm wahrzunehmenden Aufgaben überträgt und anvertraut (OSSENBÜHL 113).

57 **d)** Daraus lassen sich folgende allgemeinere Grundsätze ableiten:
Die **Länder** haften für Amtspflichtverletzungen ihrer Amtsträger, die diese bei Ausführung von Angelegenheiten im Auftrag des Bundes begehen (Art 85, 90 GG).

Für Amtspflichtverletzungen, die ein gemeindlicher Amtsträger bei der Wahrnehmung staatlicher Auftragsangelegenheiten (Pflichtaufgaben nach Weisung) begeht, haftet die Gemeinde oder der Gemeindeverband und nicht der Staat; denn zu den Aufgaben des einem Gemeindebeamten von der Gemeinde anvertrauten Amtes gehört die Wahrnehmung der Auftragsangelegenheiten in gleicher Weise wie die der Selbstverwaltungsangelegenheiten (RGZ 158, 95, 97; 168, 214, 218; BGHZ 2, 250; 6, 215; 16, 95; LM GG Art 34 Nr 4 und 24; MDR 1981, 566). Die Gemeinde haftet auch dann, wenn die staatliche Auftragsangelegenheit ihr nicht als solcher, sondern einem bestimmten Gemeindeorgan (dem Bürgermeister) übertragen ist (BGH LM Art 34 Nr 4).

58 Für Amtspflichtverletzungen eines kreiskommunalen Bediensteten, gleichgültig, ob diese bei kreiskommunalen Aufgaben oder bei staatlichen Aufgaben des Landrats als unterer Behörde der allgemeinen Landesverwaltung eintreten, haftet der Kreis; andererseits haftet für Amtspflichtverletzungen von staatlichen Bediensteten bei einem Landrat das Land, ebenfalls unabhängig davon, ob die Amtspflichtverletzung bei kreiskommunalen oder bei staatlichen Aufgaben erfolgte (BGHZ 99, 326, 332). Dementsprechend haftet beispielsweise in Hessen für Amtspflichtverletzungen der bei der unteren Straßenverkehrszulassungsbehörde (Landrat) tätigen Bediensteten der Landkreis, wenn der handelnde Amtsträger in seinen Diensten steht (BGH aaO). In dem vom BGH entschiedenen Fall wurden die staatliche Abteilung und die Verkehrsabteilung von einem Beamten des Landes Hessen geleitet; Sachbearbeiter in der Zulassungsstelle waren Verwaltungsangestellte des Landkreises. Hätte der Leiter selbst die Amtspflichtverletzung begangen, so hätte nicht der Kreis, sondern das Land gehaftet. Vgl zu einer ähnlichen Fallkonstellation für Amtspflichtverletzungen der bei der unteren Straßenverkehrszulassungsbehörde (Kreisverwaltung) tätigen Bediensteten in Rheinland-Pfalz: BGHZ 87, 202: Haftung des Landkreises. Auch in Baden-Württemberg haftet für Amtspflichtverletzungen, die ein Angestellter des Landkreises als zuständiger Sachbearbeiter der unteren (staatlichen) Verwaltungsbehörde gegenüber einem Dritten begeht, der Landkreis als Anstellungskörperschaft (BGHR GG Art 34 Körperschaft 2). In einem gewissen Gegensatz hierzu hat der BGH angenommen, daß dann, wenn eine rheinland-pfälzische Gemeinde den Revierdienst in ihrem Gemeindewald durch staatliche Revierbeamte durchführen läßt, für Pflichtverletzungen dieser Beamten bei Erfüllung der Verkehrssicherungspflicht nur die Gemeinde, nicht aber das Land haftet (LM BGB § 839 Ca Nr 73). Das entscheidende Zurechnungskriterium hat der BGH darin erblickt, daß nach den einschlägigen landesrechtlichen Regelungen die Gemeinde in diesem Falle selbst die Beamten auswählen und bei Vorliegen triftiger Gründe auch ihre Versetzung verlangen konnte und somit in der Lage blieb, die zur Gefahrenabwehr erforderlichen Maßnahmen selbst zu treffen. Daher waren Versäumnisse, die bei der Durchführung des Revierdienstes unterlaufen waren, der Gemeinde zuzurechnen (im Anschluß an BGH VersR 1988, 957).

Bei der in BGHZ 99, 326, 332 (s oben Rn 58) beschriebenen „Gemengelage" von **59** staatlicher und kommunaler Haftung können Schwierigkeiten auftreten, wenn sich im nachhinein nicht mehr ermitteln läßt, ob die Amtspflichtverletzung von einem Amtsträger des Landes oder des Kreises begangen worden ist. Dem Geschädigten, der die Interna des Behördenbetriebes nicht kennt und auch nicht zu kennen braucht, wird es manchmal unmöglich sein, den schuldigen Amtsträger namhaft zu machen. In solchen Fällen ist es – wie im Abschnitt „Verschulden" näher dargelegt (Rn 229) – ausreichend, wenn feststeht, daß irgendein Amtsträger in seiner Person den gesamten Haftungstatbestand verwirklicht hat (BGHZ 116, 312, 314 f). Nach dem Rechtsgedanken der §§ 830 Abs 1 Satz 2, 840 Abs 1 BGB müßten mE in solchen Fällen der Kreis und das Land gesamtschuldnerisch haften.

3. Inhaber mehrerer Ämter

a) Bekleidet der Beamte ein Amt in mehreren Körperschaften, so haftet diejenige **60** Körperschaft, deren Aufgaben der schuldig gewordene Amtsträger bei der Amtsverfehlung im Einzelfall wahrgenommen hat (BGH VersR 1983, 853). Das gleiche gilt, wenn der Beamte ein von seinem Hauptamt unabhängiges Nebenamt im Bereich eines anderen Dienstherrn bekleidet. Dann haftet für Amtspflichtverletzungen im Bereich des Nebenamtes nur die Körperschaft, die dem Beamten das Nebenamt übertragen hat (BGH VersR 1963, 748; 1983, 856), zB nur die Gemeinde, wenn ein Lehrer an einer staatlichen Unterrichtsanstalt nebenamtlich an einer städtischen Berufsschule unterrichtet und dort eine Amtspflichtverletzung begeht (OLG Celle NJW 1958, 264). Entsprechendes gilt, wenn ein Beamter zwei voneinander unabhängige Hauptämter verschiedener Dienstherren bekleidet.

b) Wird ein Beamter zur Dienstleistung in dem Bereich einer anderen Körper- **61** schaft abgeordnet, so haftet für Amtspflichtverletzungen in diesem Bereich die Körperschaft, zu der die Abordnung erfolgte (RGZ 168, 361, 368; 170, 1, 7; BGHZ 7, 76; BGH LM GG Art 34 Nr 24; Art 14 Nr 18; MDR 1960, 474). Eine Abordnung des Beamten liegt vor, wenn zwar sein bisheriges Dienstverhältnis bestehen bleibt, er aber für die Dauer der

Abordnung im Bereich des Dienstherrn, zu dem er abgeordnet ist, mit gleichen Rechten und Pflichten verwendet wird wie ein von dieser Körperschaft angestellter Beamter (vgl §§ 27 BBG, 17 BRRG; 37 DRiG). Eine solche Abordnung kann auch teilweise erfolgen, dh so, daß der Amtsträger für einen Teil seiner Arbeitskraft bei dem Stammdienstherrn, für den übrigen Teil im Bereich der Abordnung verwendet wird (BGHZ 34, 20). Dann haftet für Amtspflichtverletzungen jeweils diejenige Körperschaft, deren Hoheitsbefugnisse der Amtsträger ausübt. Ein der Abordnung entsprechender Fall liegt vor, wenn ein Beamter unter Aufrechterhaltung seines Beamtenverhältnisses zum Richter kraft Auftrags ernannt wird (§§ 14, 15 DRiG).

62 c) Wird ein Beamter für seine Person und insoweit unter Herauslösung aus der Organisation und dem Behördenapparat seiner Anstellungskörperschaft von einer anderen Körperschaft zur Ausübung öffentlicher Gewalt in ihrem Bereich berufen, so haftet für Amtspflichtverletzungen allein die Körperschaft, die den Beamten mit der Wahrnehmung dieser Aufgabe betraut hat, weil sie ihn zur Mitwirkung bei ihrer hoheitlichen Aufgabe berufen und er dieses ihm von ihr anvertraute öffentliche Amt fehlsam ausgeübt hat (BGHZ 34, 20; 36, 193, 196; 39, 358, 363; VersR 1966, 1049). Dieser Fall liegt zB vor, wenn ein Gemeindebeamter in Erfüllung seiner staatsbürgerlichen Pflicht das Amt eines Schöffen ausübt, oder wenn eine (genehmigungsbedürftige oder genehmigungsfreie) Nebentätigkeit außerhalb eines förmlichen Nebenamtes in Betracht kommt, zB der beamtete Arzt eines städtischen Krankenhauses im Einzelfall im Auftrag des Versorgungsamts versorgungsärztliche Untersuchungen durchführt (vgl BGH NJW 1961, 969), oder wenn die beamtenrechtlichen Abordnungsbestimmungen nicht Platz greifen, weil der „Abgeordnete" nicht Beamter im unmittelbaren oder mittelbaren Dienst des Staates ist (vgl BGHZ 34, 20, betreffend einen Geistlichen, der an einer öffentlichen Schule Religionsunterricht erteilt).

63 d) Wenn mehrere Körperschaften eine gemeinsame Dienststelle eingerichtet haben und der von seiner Anstellungskörperschaft dorthin entsandte Beamte auch hoheitliche Befugnisse für die andere Körperschaft wahrnimmt, so haftet auch letztere bei Amtspflichtverletzungen in ihrem Bereich (BGH LM GG Art 34 Nr 24; KREFT Rn 62).

64 e) Wenn der Beamte eine sogenannte institutionelle Doppelstellung bekleidet, dh kraft seiner Amtsstellung zwei Dienstherren hat, dann haftet jeweils die Körperschaft – Bund, Land oder Kommunalverband –, deren Aufgaben der Beamte im Einzelfall bei der schädigenden Amtshandlung wahrgenommen hat (BGHZ 99, 326, 330, 331; 87, 202, 204; 53, 217, 219). Auch bei dieser Fallgruppe „versagt" die Anknüpfung an allein die Dienstherreneigenschaft, so daß darauf abzustellen ist, wer dem Amtsträger die Aufgabe, bei deren Erfüllung er gefehlt hat, anvertraut hat (s oben Rn 62). Hauptanwendungsfälle: Landrat (früher Oberkreisdirektor) in Nordrhein-Westfalen als Organ des Kreises und zugleich als untere staatliche Verwaltungsbehörde (§§ 42, 58, 59 KreisO NW); Oberfinanzpräsidenten und Leiter der Oberfinanzkassen als sowohl Bundes- als auch Landesbeamte (PAPIER Rn 361 mwN). Eine solche Aufteilung der Haftung findet aber nicht statt bei den sonstigen Kreiskommunalbeamten, die im Auftrag des Landrats bei Aufgaben mitwirken, die dieser als Staatsbeamter zu erfüllen hat (s oben Rn 58 f; vgl auch BGH VersR 1983, 856).

65 f) Ein Amtsträger, der zwei Ämter bekleidet, kann durch eine Handlung oder im gleichen Vorgang – indem er etwas tut, was das eine Amt verbietet, und zugleich unterläßt, was das andere Amt erfordert – gegen die Pflichten beider Ämter verstoßen. Für den daraus entstehenden Schaden haftet aber jeder der beteiligten Dienstherren nur, wenn der Tatbestand der Amtshaftungsbestimmungen in beiden Richtungen voll erfüllt ist (BGH VersR 1966, 1049).

4. Fehlen eines Dienstherrn

a) Steht der Amtsinhaber nicht als Beamter oder Behördenangestellter in einem 66 dauernden Dienstverhältnis zu einer Körperschaft, ist er also nicht bei einem öffentlich-rechtlichen Dienstherrn „angestellt", so haftet die Körperschaft, die ihm durch Übertragung hoheitlicher Befugnisse ein öffentliches Amt anvertraut und ihm damit die Eigenschaft eines Beamten im haftungsrechtlichen Sinne verliehen hat (s oben Rn 55).

b) Dementsprechend haftet das Land für die Amtspflichtverletzung eines Schiedsmanns (BGHZ 36, 193; 53, 217). Auch die den Ortsgerichtsmitgliedern (in Hessen) obliegenden Aufgaben werden ihnen vom Land, nicht von der Gemeinde anvertraut (BGHZ 113, 71, 75). Das gleiche gilt für die Gutachterausschüsse nach dem Baugesetzbuch (früher Bundesbaugesetz; BGH NVwZ 1982, 395, 396; NVwZ 2001, 1074). Ebenso tritt Amtshaftung des Landes ein, wenn der Fahrer ein Abschleppfahrzeugs, der aufgrund privatrechtlichen Vertrages zwischen Polizeibehörde und Abschleppunternehmer ein Unfallfahrzeug birgt und dabei durch unsachgemäße Ausführung der polizeilich angeordneten Bergungsmaßnahme einen anderen Verkehrsteilnehmer schädigt (BGHZ 121, 161). Für Amtspflichtverletzungen eines TÜV-Sachverständigen haftet nicht der Technische Überwachungsverein, der ihn angestellt hat, sondern das Land, das ihm die amtliche Anerkennung als Sachverständiger erteilt hat. Dies gilt sowohl für die den Sachverständigen des TÜV durch die Straßenverkehrszulassungsordnung übertragenen Befugnisse (BGHZ 49, 108; NJW 1973, 458; OLG Köln NJW 1989, 2065; vgl OLG Braunschweig NJW 1990, 262), als auch für die Vorprüfung einer überwachungsbedürftigen Anlage im Sinne des § 24 GewO iVm der Druckbehälterverordnung (BGHZ 122, 85). Auch die (Amts-)Haftung für Fehler eines – auf den Bezug von Gebühren angewiesenen, im übrigen freiberuflich tätigen – Prüfingenieurs für Baustatik, den die Baugenehmigungsbehörde mit der Prüfung der statischen Berechnung eines Baugesuchs beauftragt, trifft im Verhältnis zu dem geschädigten Dritten den Träger der Baugenehmigungsbehörde (BGHZ 39, 358).

c) Auch der Schülerlotse fällt in Ausübung seiner Lotsentätigkeit unter die Re- 67 gelung des Art 34 GG, so daß der schulische Hoheitsträger für unerlaubte Handlungen dieses Lotsen im Rahmen der allgemeinen Amtshaftungsbestimmungen einzustehen hat (OLG Köln NJW 1968, 655, 656); das gleiche gilt für einen Hilfestellung leistenden Schüler im Turnunterricht (BGH VersR 1958, 705).

d) Wie eingangs bereits gesagt, setzt die Amtshaftung nicht zwingend voraus, daß die haftpflichtige Körperschaft Dienstherreneigenschaft im beamtenrechtlichen Sinne besitzt. Deshalb hat der BGH die Amtshaftung einer in der Rechtsform einer Körperschaft des öffentlichen Rechts organisierten Architektenkammer, der diese Dienstherrenfähigkeit fehlte, bejaht (NVwZ 1992, 298).

5. Weitere Einzelfragen

68 a) Die Ersatzpflicht für Schäden, die ein Zivildienstleistender in Ausübung des Ersatzdienstes Dritten zugefügt hat, ist regelmäßig auch dann nach Amtshaftungsgrundsätzen zu beurteilen, wenn die anerkannte Beschäftigungsstelle, in deren Dienst der Schädiger tätig geworden ist, privatrechtlich organisiert ist und – von ihrer Rechtsstellung als hoheitlich beliehene Einrichtung abgesehen – privatrechtliche Aufgaben wahrnimmt. Haftende Körperschaft im Sinne des Art 34 Satz 1 GG ist in solchen Fällen nicht die anerkannte Beschäftigungsstelle selbst, sondern die Bundesrepublik Deutschland (BGHZ 118, 304; BGH NJW 1997, 2109; BGH NVwZ 2001, 835 = LM § 839 A Nr 63 m Anm LOOSCHELDERS). Dies gilt auch, wenn die privatrechtlich organisierte Beschäftigungsstelle (etwa das Deutsche Rote Kreuz oder der Malteser Hilfsdienst) ihrerseits im öffentlich-rechtlich ausgestalteten Rettungsdienst einer Gemeinde tätig wird. In solchen Fällen kommt eine Amtshaftung der Gemeinde für solche Bediensteten in Betracht, die nicht im Zivildienst stehen, bei denen es mithin an einem öffentlichen Dienstherrn fehlt. Bei dem Zivildienstleistenden ist dagegen ein derartiger Rückgriff auf die ihm konkret übertragene Funktion entbehrlich (und auch rechtlich gar nicht möglich), weil er in einem die Amtshaftung primär begründenden öffentlichen Dienstverhältnis zur Bundesrepublik steht und die Anknüpfung an diese Dienstherreneigenschaft also gerade nicht „versagt" (BGH NJW 1997, 2109, 2110). Fällt in solchen Fällen die Pflichtverletzung dem Zivildienstleistenden und einem sonstigen Rettungssanitäter gemeinschaftlich zur Last, haften die Bundesrepublik und die Gemeinde als Gesamtschuldner; das gleiche gilt, wenn sich die konkrete Identität des Täters nicht feststellen läßt (s Rn 59, 229). Eine Amtshaftung der Bundesrepublik nach diesen Grundsätzen tritt auch dann ein, wenn der Zivildienstleistende unmittelbar bei einer anderen öffentlich-rechtlichen Körperschaft in deren (hoheitlichem oder privatrechtlichem) Tätigkeitsbereich eingesetzt wird (BGH NVwZ 2000, 963).

69 b) Zur Haftung für Amtspflichtverletzungen Bediensteter von Einrichtungen des Katastrophenschutzes in Hessen vgl BGH LM BGB § 839 A Nr 58: Haftung des Landkreises für Pflichtverletzungen des von ihm ernannten Kreisbrandinspektors; hingegen Haftung des Landes für einen im Katastrophenschutz eingesetzten Mitarbeiter des Deutschen Roten Kreuzes.

70 c) Gesundheitswesen: Amtshaftung des Landes für einen Privatarzt, der Strafgefangene im Auftrag der Justizverwaltung ärztlich betreut (vgl RGZ 168, 392; BGH VersR 1961, 227; OLG Celle NJW 1958, 264); des Landkreises für eine Impfärztin, die er als Vertragsärztin mit der Durchführung einer öffentlich empfohlenen Keuchhustenschutzimpfung betraut hatte (BGHR GG Art 34 Satz 1 Keuchhustenschutzimpfung 1). Bei Heilbehandlung eines Soldaten in einem Zivilkrankenhaus kann eine haftungsrechtliche Verantwortung der Bundesrepublik eintreten, die allerdings nach Maßgabe des § 91a Abs 1 Satz 2 SVG eingeschränkt ist (BGHR GG Art 34 Satz 1 Heilbehandlung 4).

71 d) Amtshaftung im Hochschulbereich: Grundsätzlich das Land als Anstellungskörperschaft der beamteten Hochschullehrer (BGHZ 77, 11, 16), auch für Urheberrechtsverletzungen durch einen Universitätsprofessor (BGH LM GG Art 34 Nr 175 = NJW 1992, 1310); jedoch Unterlassungsanspruch nach § 97 UrhG gegen den Professor persönlich und gegen die Universität (§ 100 UrhG) sowie Anspruch gegen die Universität auf Abschöpfung der durch den Eingriff in urheberrechtlich geschützte Rechte gezogenen ungerechtfertigten Bereicherung. Auch die Bekanntmachungsbefugnis nach § 103 UrhG besteht zu Lasten des Professors persönlich und auch der Universität (BGH aaO). Ausnahmsweise eigene Amtshaftung der Universität, wenn sie nach landesrechtlichen Regelungen mit eigener Dienstherrenfähigkeit ausgestattet und damit selbst Anstellungskörperschaft ist oder wenn es um die Haftung für einen Honorarprofessor geht, der in keinem Dienstverhältnis zum Staat steht (BGH NJW 1960, 911). Die Universität haftet auch für die Amtspflichtverletzung des von den Studenten gewählten Vorsitzenden des Allgemeinen Studentenausschusses, wenn die Studentenschaft nach der Satzung der betreffenden Universität Gliedkörperschaft in deren Rahmen ist (OLG Karlsruhe JZ 1965, 410).

e) Ist die Haftung einer bestimmten Körperschaft begründet, so wird sie in Ermangelung abweichender Übergangsvorschriften nicht dadurch berührt, daß die hoheitliche Aufgabe nach der schädigenden Handlung auf eine andere Körperschaft übergeht, zB die bisher gemeindliche Polizei verstaatlicht wird (BGHZ 2, 209; 7, 75, 88; 8, 169, 180; NJW 1977, 628). Wird ein Gebietsteil einer Gemeinde in eine andere eingegliedert, so geht die Haftung für Ansprüche aus Amtspflichtverletzungen von Bediensteten der abgebenden Gemeinde auch dann nicht automatisch auf die übernehmende über, wenn die Pflichtverletzung in einer sachlichen Beziehung zu dem eingegliederten Gebietsteil gestanden hatte. Es bewendet vielmehr insoweit bei der Haftung der abgebenden Gemeinde (BGHR GG Art 34 Rechtsnachfolge 1). Anders ist es natürlich, wenn die ganze Gemeinde ihre Selbständigkeit durch Eingliederung in eine andere verliert, dann tritt Rechtsnachfolge auch hinsichtlich der Passivlegitimation für Amtspflichtverletzungen ein.

6. Zusammenwirken mehrerer Behörden

Haben an einer Amtspflichtverletzung Amtsträger mehrerer Behörden mitgewirkt, so läßt sich die Frage nach der haftungsrechtlichen Verantwortung nicht einheitlich beantworten. In der Rechtsprechung des Bundesgerichtshofs haben sich folgende Fallgruppen herausgebildet, die zu unterschiedlichen Lösungen geführt haben:

a) Weisungen
Die Frage, ob ein Beamter, der aufgrund einer ihn bindenden Weisung einer vorgesetzten Stelle eine – objektiv – rechtswidrige Maßnahme trifft, amtspflichtwidrig handelt, wird vom BGH durchgängig verneint (BGH NJW 1959, 1629; 1977, 713; NVwZ-RR 1991, 171; s auch OLG Düsseldorf VersR 1994, 1065). Das geltende Recht bindet den Amtsträger grundsätzlich auch dann an die Weisung seines Vorgesetzten, wenn die Verwirklichung dieses Befehls eine Außenpflicht des Staates verletzt, ausgenommen den Fall, daß die Ausführung erkennbar den Strafgesetzen zuwiderlaufen würde. Befolgt der Angewiesene die ihn bindende Anordnung, so verletzt er **seine** Amtspflichten nicht. Mit der Weisung geht ein Stück Zuständigkeit und ein Teil von Amtspflichten, die generell bei einem bestimmten Beamten liegen, auf die anweisende Behörde und – für die Anwendbarkeit des § 839 BGB – auf einen Beamten dieser Behörde über. Deshalb liegt insoweit auch keine Amtshilfe vor (§ 4 Abs 2 Nr 1 VwVfG). Dementsprechend haftet im Außenverhältnis zum Geschädigten allein die anweisende Behörde. Hiergegen hat OSSENBÜHL (56) eingewandt, ein und dieselbe Handlung könne **intern** amtspflichtgemäß und **extern** amtspflichtwidrig sein. In die-

sem Sinne habe der angewiesene Beamte nicht nur rechtswidrig gehandelt, sondern zugleich auch die ihm obliegende (externe) Amtspflicht zu rechtmäßigem Verhalten verletzt. Die Verantwortlichkeit treffe daher seine Anstellungskörperschaft, nicht dagegen die Anstellungskörperschaft des die fehlerhafte Weisung erteilenden Vorgesetzten. Meiner Meinung nach sprechen jedoch die besseren praktischen Argumente für die Betrachtungsweise des BGH: Der Lösungsansatz Ossenbühls kann zum Nachteil des Geschädigten zu einer Haftungslücke führen. Der angewiesene Beamte wird sich nämlich regelmäßig mit Recht zumindest darauf berufen können, daß ihn jedenfalls kein Verschulden trifft, wenn er eine ihn bindende Weisung ausgeführt hat. Die Haftung seiner Anstellungskörperschaft würde demnach am fehlenden Verschulden scheitern mit der Konsequenz, daß der Geschädigte überhaupt keinen Haftungsschuldner mehr hätte. Dementsprechend findet der Lösungsweg des BGH auch im Schrifttum überwiegend Zustimmung (Papier Rn 207; Soergel/Vinke Rn 258).

b)   Anregung, Raterteilung

75   Wird die zuständige Behörde zum Erlaß und/oder Vollzug bestimmter Maßnahmen gegen einen Dritten dadurch veranlaßt, daß eine andere Behörde bei ihr diese Maßnahmen überhaupt erst anregt, durch Raterteilung fördert oder sich sonst dafür einsetzt, so können die Amtspflichten, die die anregende Behörde wahrzunehmen hat, zugunsten des Betroffenen drittgerichtet sein. Dies gilt beispielsweise für die Amtspflicht, die zuständige Behörde über den gesamten Sachverhalt und über alle sonstigen ihr bekannten und für die zu treffende Entscheidung erheblichen Umstände vollständig und sachgemäß zu unterrichten. Bei Amtspflichtverletzungen in diesem Bereich sind daher Amtshaftungsansprüche des geschädigten Dritten auch gegen die mitwirkende Behörde (gegebenenfalls neben solchen gegen die entscheidende Behörde) denkbar (BGH NJW 1963, 1199).

c)   Amtshilfe

76   Sie ist in §§ 4–8 VwVfG geregelt. Zur Abgrenzung von Amtshilfe einerseits und Hilfeleistung, die in Handlungen besteht, die der ersuchten Behörde als eigene Aufgabe obliegen (§ 4 Abs 2 Nr 2 VwVfG), s insbesondere BGH NJW 2001, 2799 = LM § 839 Cb Nr 106 m Anm Ossenbühl: Unter „Handlungen, die der ersuchten Behörde als eigene Aufgabe obliegen" sind alle Aufgaben zu verstehen, die der betreffenden Behörde bereits spezialgesetzlich außerhalb der Amtshilferegelungen als Hilfeleistungen (auch) gegenüber anderen Behörden übertragen sind, für die sich also die Pflicht zur Hilfeleistung nicht erst aufgrund des Ersuchens der auf die Hilfe angewiesenen Behörde ergibt. Diese Regelung hat ihren inneren Grund darin, daß die von ihr erfaßten Hilfeleistungen in der Regel bestimmten Fachbehörden zugewiesen sind, die häufig eigens zu diesem Zweck errichtet oder zumindest (auch) hierfür mit Dienstkräften und Einrichtungen ausgestattet wurden, um für andere Behörden unter Beachtung des Grundsatzes der Gesetzmäßigkeit der Verwaltung Hilfeleistungen zu erbringen, ohne daß der Rückgriff auf die §§ 4–8 des Verwaltungsverfahrensgesetzes notwendig wäre; das vom Gesetzgeber vorgegebene Zusammenwirken bestimmter Behörden, die dafür jeweils mit Teilaufgaben betraut sind, läßt sich nicht mit der Amtshilfe gleichsetzen, die die Aufgabenbewältigung nur in Ausnahmefällen mit fremder Hilfe ermöglichen soll (BGH aaO mwN). In Fällen echter Amtshilfe bleibt die Verantwortlichkeit für die Rechtmäßigkeit des Verfahrens und der Entscheidungen, die durch das Ersuchen gefördert werden sollen, Sache der ersuchenden Behörde, während die ersuchte Behörde für die Art und Weise der

geleisteten Amtshilfe, deren Rechtmäßigkeit nach dem für die ersuchte Behörde geltenden Recht richtet, verantwortlich ist (§ 7 VwVfG). Dementsprechend darf die ersuchte Behörde die erbetene Amtshilfe nur leisten, wenn diese in ihren Zuständigkeitsbereich fällt und nach den für die ersuchte Behörde maßgeblichen Rechtsvorschriften zulässig ist (§ 5 Abs 2 VwVfG; BADURA, in: ERICHSEN, AllgVerwR [11. Aufl 1998] § 37 III Rn 38). Amtshaftungsrechtlich hat dies die Konsequenz, daß für Amtspflichtverletzungen, die bei der Durchführung der Amtshilfe unterlaufen, die Verantwortlichkeit diejenige Körperschaft trifft, in deren Dienst der die Amtshilfeleistung ausführende Beamte steht, nicht die Körperschaft, für die die Amtshilfe geleistet wird. Besteht die Pflichtverletzung darin, daß das Amtshilfeersuchen selbst rechtswidrig ist, kommt eine Haftung der ersuchenden Behörde in Betracht, möglicherweise neben einer solchen der ersuchten Behörde, wenn diese – eben wegen der Rechtswidrigkeit des Ersuchens – die Hilfe nicht hätte leisten dürfen.

d) Beteiligung mit Bindungswirkung

Eine solche Fallkonstellation ist beispielsweise gegeben, wenn die positive Bescheidung eines Gesuchs davon abhängt, daß eine weitere Behörde ihre Zustimmung erteilt. Besondere praktische Bedeutung hat insoweit das gemeindliche Einvernehmen nach § 36 BauGB erlangt. Wegen der Einzelheiten wird auf die Ausführungen im Abschnitt „öffentliches Baurecht" verwiesen (Rn 580 ff). Beruht die rechtswidrige Versagung eines Bescheides durch die für seinen Erlaß zuständige Behörde allein darauf, daß die andere Behörde ihre erforderliche Zustimmung rechtswidrig, aber bindend verweigert hat, so haftet im Außenverhältnis zum Geschädigten allein die Zustimmungsbehörde.

e) Beteiligung mit eingeschränkter Bindungswirkung

Sie kommt in Betracht, wenn die entscheidende Behörde an den Vorschlag der zu beteiligenden Behörde zwar nicht gebunden ist, sich aber andererseits auch nicht ohne weiteres über ihn hinwegsetzen kann. Beispiel (BGH VersR 1994, 558): Amtspflichtverletzungen einer Gemeinde als Schulträger im Rahmen der Mitwirkung bei staatlichen Personalentscheidungen (dort: Vorschlag eines schlechter qualifizierten Bewerbers zum Nachteil eines besser qualifizierten Mitbewerbers). Zwar war das Land als Anstellungsbehörde an den Vorschlag der Gemeinde nicht gebunden. Die Anstellungsbehörde hatte ihn jedoch bei ihrer Ermessensentscheidung als einen bedeutsamen Gesichtspunkt zu würden. Sie konnte ihn ablehnen, mußte der Gemeinde dann aber Gelegenheit zu einem neuen Vorschlag geben. Der Schulträgervorschlag war daher keine bloße Verfahrensbeteiligung im Vorfeld der Stellenbesetzung, sondern die Ausübung eines subjektiven Rechts, das im Falle der Ablehnung des Vorschlags nicht verbraucht war, sondern wieder auflebte. Deswegen hat der BGH einen Amtshaftungsanspruch des unterlegenen besser qualifizierten Bewerbers unmittelbar gegen die Gemeinde bejaht.

f) Mitverantwortung

Beispiel (BGHZ 139, 200): Verantwortlichkeit des Instituts für medizinische und pharmazeutische Prüfungsfragen, einer rechtsfähigen Anstalt des öffentlichen Rechts des Landes Rheinland-Pfalz mit Dienstherrenfähigkeit, für die Aufstellung der Prüfungsaufgaben bei den schriftlichen ärztlichen Prüfungen im ganzen Bundesgebiet. Die Prüfungen selbst wurden durch die jeweiligen Landesprüfungsämter durchgeführt. Der BGH hat einen unmittelbaren Amtshaftungsanspruch eines Prüflings, der infolge einer amtspflichtwidrig fehlerhaften Prüfungsfrage die Prüfung nicht bestanden hatte, für denkbar gehalten (die Klage jedoch im Ergebnis aus anderen Gründen abgewiesen). Ausschlaggebend für die Bejahung unmittelbarer Amtspflichten des Instituts war, daß die von diesem im Rahmen seiner Zuständigkeit getroffenen Maßnahmen, wozu insbesondere die Aufstellung der Prüfungsaufgaben und die Festlegung der zutreffenden Antworten gehörte, von den Landesprüfungsämtern als verbindlich anzuerkennen waren. Die insoweit bestehende Alleinverantwortung des Instituts reichte für die Schlußfolgerung aus, daß die Amtspflichten auch den Schutz des einzelnen Prüflings bezweckten. Damit hat der BGH zugleich die Haftungslücke geschlossen, die anderenfalls eingetreten wäre: Das Landesprüfungsamt, das die Prüfung durchgeführt hatte, konnte sich nämlich darauf berufen, daß es seinen Amtsträgern nicht zum Verschulden gereichte, wenn diese sich bei ihren Prüfungsentscheidungen den generell überlegenen Sachverstand des Zentralinstituts nutzbar gemacht hatten. Eine Amtshaftung des Landes (neben oder anstelle der des Zentralinstituts) schied daher aus.

g) Beteiligung ohne Bindungswirkung

80 Holt die für die Sachentscheidung zuständige Behörde zu Vorbereitung dieser Entscheidung die Stellungnahme einer anderen (Fach-)Behörde ein, ohne jedoch an deren Auffassung gebunden zu sein, so bleibt sie im Außenverhältnis verantwortlich. Hieraus hatte der BGH zunächst die Folgerung gezogen, eine Mitverantwortung der hinzugezogenen Behörde gegenüber den Beteiligten des Ausgangsverfahrens bestehe nicht; diese nehme bei ihrer Mitwirkung lediglich behördeninterne, nicht aber außengerichtete Pflichten wahr (WM 1990, 2013, betreffend einen Fall, in dem der Landkreis als Baugenehmigungsbehörde im Rahmen des Baugenehmigungsverfahrens das staatliche Gewerbeaufsichtsamt, eine Behörde des Landes, eingeschaltet und aufgrund einer fehlerhaften Stellungnahme, die das Gewerbeaufsichtsamt erarbeitet hatte, den Baugenehmigungsantrag rechtswidrig beschieden hatte). Ungelöst blieb bei dieser Betrachtungsweise jedoch das Problem einer möglichen Haftungslücke: Denkbar ist nämlich, daß die Bediensteten der entscheidenden Behörde ohne Verschulden auf die Stellungnahme der Fachbehörde vertrauen konnten. Dann würde eine Amtshaftung der entscheidenden Behörde am fehlenden Verschulden, eine solche der Fachbehörde an der fehlenden Drittbezogenheit scheitern. Diese Lücke hat der BGH dadurch geschlossen, daß er seine Rechtsprechung modifiziert hat: Er erkennt nunmehr auch den Amtspflichten der eingeschalteten Fachbehörde unmittelbare Drittgerichtetheit zugunsten der Verfahrensbeteiligten zu: Indem die von der zuständigen Behörde eingeschaltete Fachbehörde auf der Grundlage arbeitsteiligen Zusammenwirkens ihr überlegenes Fachwissen in die zu treffende Entscheidung einbringt, gewinnt ihre Mitwirkung – ihr erkennbar – im Verhältnis zum Bürger eine über die innerbehördliche Beteiligung hinausgehende Qualität. Sie ist dann ebenso wie die nach außen tätig werdende Behörde gehalten, bei der Ausübung des Amtsgeschäfts auch die Interessen des betroffenen Bürgers zu wahren (BGH NVwZ 2001, 1074: Die Amtspflichten, die der im Rahmen eines sanierungsrechtlichen Genehmigungsverfahrens nach §§ 144, 145 BauGB von der Genehmigungsbehörde intern mit der Wertermittlung beauftragte Gutachterausschuß wahrzunehmen hat, können auch zugunsten des Antragstellers des Genehmigungsverfahrens als eines geschützten „Dritten" bestehen). Hingegen kann in solchen Fällen die Amtshaftung der entscheidenden Behörde ausgeschlossen sein, wenn diese ohne Verschulden auf die Richtigkeit der Stellungnahme der Fachbehörde vertrauen durfte. Die entscheidende Behörde braucht sich insbesondere ein etwaiges Verschulden der Fachbehörde haftungsrechtlich nicht zurechnen zu lassen. Als Zurechnungsnorm käme insofern nur der Rechtsgedanke des § 278 BGB – sei es in unmittelbarer oder in analoger Anwendung – in Betracht, der eine Haftung für fremdes Verschulden begründen würde. Zwar setzt die Zurechnungsnorm des § 278 BGB keinen Vertrag zwischen Gläubiger und Schuldner voraus. Es genügt eine bestehende rechtliche Sonderverbindung auf gesetzlicher Grundlage. Der Rechtsgedanke des § 278 BGB gilt grundsätzlich auch im öffentlichen Recht. Er ist insbesondere auf nichtvertragliche öffentlich-rechtliche Sonderverbindungen anzuwenden, soweit diese eine dem vertraglichen Schuldverhältnis vergleichbare Leistungs- oder Obhutsbeziehung zum Gegenstand haben. Die verletzten Pflichten müssen allerdings über allgemeine Amtspflichten im Sinne des § 839 BGB hinausgehen; nur ein zwischen dem einzelnen und der öffentlich-rechtlichen Körperschaft bestehendes besonderes, enges Verhältnis kann Grundlage für eine sinngemäße Anwendung des § 278 BGB sein (BGH, NVwZ 2001, 1074, 1075; BGHZ 131, 100, 204; vgl zu den einzelnen Fallgruppen einer derartigen Sonderverbindung auch STAUDINGER/LÖWISCH [1995] § 278 Rn 11). Der Rückgriff auf § 278 BGB ist deshalb nicht schon dann möglich, wenn der Bürger gegen die Behörde einen im Verwaltungsrechtsweg durchsetzbaren Anspruch auf Erteilung einer Genehmigung hat und sich die Behörde zur Erfüllung ihrer Verpflichtung eines Dritten, insbesondere einer Fachbehörde, bedient. Ein durch einen entsprechenden Antrag eingeleitetes Verwaltungsverfahren vermag für sich allein genommen noch keinen über die „normalen" Amtspflichten hinausgehenden, gesteigerten Pflichtenstatus der Behörde gegenüber dem betroffenen Bürger zu begründen. Dementsprechend hat der BGH in NVwZ 2001, 1074, 1075 den Amtshaftungsanspruch, soweit er gegen die entscheidende Behörde gerichtet gewesen war, am fehlenden Verschulden der dortigen Amtsträger scheitern lassen (jedoch einen verschuldensunabhängigen Entschädigungsanspruch aus enteignungsgleichem Eingriff für denkbar gehalten).

h) Faktische Zusammenarbeit ohne „Beteiligung" im Rechtssinn
Wirken mehrere Behörden außerhalb einer Beziehung zum Geschädigten in der Weise zusammen, daß beispielsweise die eine die von der anderen erteilten Informationen auswertet und ihren eigenen Maßnahmen zugrunde legt, so beurteilt sich die Verantwortung im Außenverhältnis zum Geschädigten nach dem Pflichtenkreis der jeweiligen Einzelbehörde. So brauchte sich eine Flugsicherungsstelle der (ehemaligen) Bundesanstalt für Flugsicherung ein Informationsdefizit nicht unmittelbar selbst zurechnen zu lassen, das dadurch entstanden war, daß der Deutsche Wetterdienst, ebenfalls eine in der Trägerschaft der beklagten Bundesrepublik stehende Anstalt, eine Hagelwarnung nicht rechtzeitig erteilt hatte (BGHZ 129, 17, 21). Zwar unterstanden beide Anstalten jeweils dem Bundesminister für Verkehr. Beide Dienststellen waren aber, wenngleich nicht rechtsfähig, eigenständig organisiert und geleitet. Diese Selbständigkeit des Wetterdienstes gegenüber der Flugsicherung bewirkte, daß letztere nicht die Verantwortlichkeit für solche Fehlerquellen trug, die ausschließlich in den Zuständigkeitsbereich des ersteren fielen. Würde man etwaige Ausfälle – gleichsam „automatisch" – der Flugsicherung zurechnen, so hätte die Warnpflicht des Deutschen Wetterdienstes über diesen „Umweg" eine Drittgerichtetheit erlangt, die ihr nach ihrem Aufgabenbereich gerade nicht zukam.

i) Gesamtschuldnerische Haftung
aa) Sind für denselben Schaden mehrere Beamte verschiedener öffentlich-rechtlicher Körperschaften aus Amtspflichtverletzung verantwortlich, von denen einem

Teil Fahrlässigkeit, dem anderen Vorsatz zur Last fällt, so ist die Haftung des nur fahrlässig Handelnden nach Maßgabe des § 839 Abs 1 Satz 2 nur subsidiär. Haben sämtliche Beamte nur fahrlässig gehandelt, so ist eine Abwälzung nach § 839 Abs 1 Satz 2 von dem einen auf den anderen ausgeschlossen (Grundsatz der vermögensrechtlichen Einheit der öffentlichen Hand; s Rn 279 ff); es findet vielmehr § 840 Abs 1 Anwendung. Das gilt auch, wenn mit der Amtspflichtverletzung eines Beamten, für den nach Art 34 GG der Staat haftet, die Amtspflichtverletzung eines Gebührenbeamten (zB Notar), der persönlich haftet, zusammentrifft (vgl wegen der Einzelheiten Rn 281). Eine entsprechende Lage tritt ein, wenn der amtspflichtverletzende Beamte, für den insoweit der Staat gemäß Art 34 GG verantwortlich ist, zugleich persönlich als Kraftfahrzeughalter (§ 7 StVG) haftet. Eine gesamtschuldnerische Haftung tritt auch ein, wenn der Staat und andere öffentlich-rechtliche Körperschaften gemäß Art 34 GG nebeneinander für das Verhalten ihrer Beamten einzustehen haben. So haften zB Staat und Gemeinde gesamtschuldnerisch, wenn das städtische chemische Untersuchungsamt fahrlässig ein falsches Gutachten über eine von dem staatlichen Weinkontrolleur eingesandte Weinprobe abgibt und der Weinkontrolleur diesen Befund mit zusätzlichen (fahrlässig) irreführenden Bemerkungen an einen privaten Dritten weiterleitet und dem kontrollierten Weinhändler dadurch Schaden entsteht (BGH VersR 1964, 316, 319). Fallen bei der Erteilung einer rechtswidrigen Baugenehmigung für ein überplantes Altlastengelände Bauaufsichtsbehörde und plangebende Gemeinde auseinander, so kann die Gemeinde wegen der Aufstellung des rechtswidrigen Bebauungsplans, die Bauaufsichtsbehörde wegen der Erteilung der Baugenehmigung haften; es tritt dann ebenfalls eine Gesamtschuldnerschaft beider nach § 840 Abs 1 BGB ein (s Rn 548; WURM UPR 1990, 201, 203). Wird die – rechtswidrige – Ablehnung einer Bauvoranfrage (oder einer Baugenehmigung) sowohl auf eigene Erwägungen der Bauaufsichtsbehörde als auch darauf gestützt, daß die Gemeinde das erforderliche Einvernehmen nach § 36 BauGB versagt habe, so können für den durch die Ablehnung verursachten Schaden die Bauaufsichtsbehörde und die Gemeinde nebeneinander verantwortlich sein (BGHZ 118, 263; s wegen der Einzelheiten unten Rn 584). Ebenso kann nach der inzwischen gewandelten Rechtsprechung des BGH eine gesamtschuldnerische Verantwortung der entscheidenden Behörde und der von dieser eingeschalteten Fachbehörde entstehen (BGH NVwZ 2001, 1074 in Abkehr von WM 1990, 2013; s oben Rn 80).

83 bb) Für den Ausgleich zwischen mehreren für ihre Beamten gesamtschuldnerisch haftenden öffentlich-rechtlichen Körperschaften gelten §§ 840, 426; für diese Ausgleichsansprüche ist der ordentliche Rechtsweg gegeben (BGHZ 9, 65). Diese Ausgleichspflicht besteht auch dann, wenn beide Körperschaften bei dem betreffenden Amtsgeschäft in der Erfüllung einer ihnen gemeinsam übertragenen Aufgabe gleichsinnig und nicht in Vertretung einander widerstreitender Interessen derart zusammengearbeitet haben, daß sie im Rahmen dieser Aufgabe als Teil eines einheitlichen Ganzen erscheinen. In einem solchen Fall sind zwar unmittelbare Amtshaftungsansprüche der einen Behörde gegen die andere ausgeschlossen, da es insoweit in ihrem Innenverhältnis an einer Drittgerichtetheit der wahrzunehmenden Amtspflichten fehlt (s Rn 191 f). Dies bewirkt zugleich eine klare Risikoverteilung mit berechenbaren Ergebnissen in dem Sinne, daß die geschädigte Körperschaft ihren eigenen Schaden im Regelfall selbst tragen muß. Diese Grundsätze passen indes nicht auf den Fall, daß die betreffenden Körperschaften einem außenstehenden Dritten gegenüber haftpflichtig sind. Ein etwaiger auf den vorgenannten Erwägungen beruhender Ausschluß des Gesamtschuldnerausgleichs zwischen den haftpflichtigen Körperschaften würde vielmehr bewirken, daß die Eintrittspflicht von dem mehr oder weniger zufälligen Umstand abhängen würde, gegen welchen Gesamtschuldner der geschädigte Gläubiger seine Ansprüche erhebt oder welche haftende Körperschaft als erste ihre Verantwortlichkeit anerkennt und den Schaden reguliert. Dieses Ergebnis wäre um so unbefriedigender, als hinter der Eintrittspflicht des öffentlich-rechtlichen Dienstherrn im Außenverhältnis zum Geschädigten zugleich jeweils die Möglichkeit des Rückgriffs gegen den schuldigen Amtsträger im Innenverhältnis steht. Anders ausgedrückt: Es ist wenig einleuchtend, daß diejenige haftende Körperschaft, die ihre Haftpflicht anerkennt und die berechtigten Ansprüche des Geschädigten befriedigt, dafür „bestraft" wird, indem sie endgültig auf dem Schaden sitzenbleibt. Es würde auch nicht im wohlverstandenen Interesse des Geschädigten liegen, wenn auf diese Weise gleichsam ein Anreiz für die haftenden Körperschaften geschaffen würde, um einen Rückgriff gegen die eigenen Beamten zu vermeiden, die Ersatzleistung zurückzuhalten und abzuwarten, ob nicht die andere Körperschaft den Schaden reguliert. Dementsprechend hat der BGH bereits in einer frühen Entscheidung (BGHZ 9, 65, 67, 68) ausgeführt, daß derartige Ausgleichsansprüche auch nicht in den allgemeinen Finanzausgleich zwischen dem Land und den Gemeinden oder Gemeindeverbänden fallen; daraus ergibt sich mithin, daß der gesamtschuldnerische Innenausgleich ein brauchbares Instrumentarium für die Verteilung der Verantwortlichkeit auf die einzelnen haftenden Körperschaften bietet (vgl auch § 10, insbesondere Abs 3, des [für verfassungswidrig erklärten] Staatshaftungsgesetzes).

V. Ausübung eines anvertrauten öffentlichen Amtes

1. Begriffsbestimmung; Abgrenzungskriterien

a) Der Eintritt der Staatshaftung anstelle der persönlichen Beamtenhaftung hängt davon ab, ob der Amtsträger die Amtspflichtverletzung „in Ausübung eines ihm anvertrauten öffentlichen Amtes" begangen hat. Dieses Tatbestandsmerkmal des Amtshaftungsanspruchs ist in Art 34 Satz 1 GG, nicht dagegen in § 839 BGB selbst enthalten. Bei Beamten im staatsrechtlichen Sinne („Beamten" im Sinne des § 839 Abs 1 S 1 BGB) grenzt es die die Staatshaftung begründende öffentlich-rechtliche, hoheitliche Tätigkeit des betreffenden Amtsträgers von sonstigen, insbesondere privatrechtlichen, fiskalischen Tätigkeitsbereichen ab, bei denen es bei der persönlichen Haftung nach § 839 verbleibt. Bei sonstigen Amtsträgern, die nicht Beamte im staatsrechtlichen Sinne sind („jemand" im Sinne des Art 34 Satz 1 GG), entscheidet die Ausübung eines anvertrauten öffentlichen Amtes zugleich darüber, ob die betreffende Person Beamteneigenschaft im staats**haftungs**rechtlichen Sinne erlangt (s zu diesen Fragen insbesondere PAPIER Rn 141 mwN).

b) Ob ein bestimmtes Verhalten einer Person als Ausübung eines öffentlichen Amtes anzusehen ist, bestimmt sich nach ständiger Rechtsprechung des Bundesgerichtshofs danach, ob die eigentliche Zielsetzung, in deren Sinne die Person tätig wurde, hoheitlicher Tätigkeit zuzurechnen ist, und ob bejahendenfalls zwischen dieser Zielsetzung und der schädigenden Handlung ein so enger äußerer und innerer Zusammenhang besteht, daß die Handlung ebenfalls noch als dem Bereich hoheitlicher Betätigung angehörend angesehen werden muß (BGHZ 42, 176, 179; 68, 217, 218; 69, 128, 130 f; 108, 230, 232; NJW 1992, 1227, 1228; 1992, 1310). Dabei ist nicht auf die Person des

Handelnden, sondern auf seine Funktion, d. h. auf die Aufgabe, deren Wahrnehmung die im konkreten Fall ausgeübte Tätigkeit dient, abzustellen (BGHZ 118, 304, 305; BGHZ 147, 169; KREFT Rn 74).

86 c) Dementsprechend handelt in Ausübung eines ihm anvertrauten öffentlichen Amtes jeder, der ihm übertragene Aufgaben der gesetzgebenden und rechtsprechenden Gewalt oder Hoheitsaufgaben auf dem Gebiet der vollziehenden Gewalt wahrnimmt. Wahrnehmung von Hoheitsaufgaben der vollziehenden Gewalt sind alle dienstlichen Tätigkeiten auf dem Gebiet der vollziehenden Gewalt mit Ausnahme der Wahrnehmung bürgerlich-rechtlicher (fiskalischer) Belange auf dem Boden des bürgerlichen Rechts. Es spielt dabei keine Rolle, ob es sich um obrigkeitliche Verwaltung (Eingriffsverwaltung) handelt, die in der Anwendung von Befehlsgewalt und in der Einsetzung von Zwangs- und Machtmitteln besteht, oder um das schlicht hoheitliche (schlicht verwaltende) Handeln (Leistungsverwaltung) durch Gewährung und Ausübung von öffentlichem Schutz und öffentlicher Fürsorge (Daseinsvorsorge). Hoheitliche Amtsausübung ist auch die eigennützige Benutzung amtlicher Machtmittel als Deckmantel für private Zwecke. Hingegen ist die Wahrnehmung von Sonderrechten nach § 35 Abs 5a, Abs 6 StVO für sich allein genommen noch keine Ausübung öffentlicher Gewalt; die betreffenden Befugnisse können vielmehr auch Privatrechtssubjekten zustehen, die nicht hoheitlich handeln (BGHZ 118, 304, 306; 113, 164, 168 f; Rn 93).

87 d) Für die Frage, ob eine Amtsausübung in den hoheitlichen Wirkungskreis der öffentlichen Hand fällt und damit „Ausübung eines öffentlichen Amtes" ist oder ob sie dem privatrechtlichen Wirkungskreis zuzuordnen ist und damit keine Ausübung eines öffentlichen Amtes ist, bietet die gewählte Rechtsform einen wichtigen Anknüpfungspunkt. Es kommt also darauf an, ob die Verwaltung ein Rechtsinstitut des öffentlichen oder des privaten Rechts in Anspruch genommen hat; darin kann in der Regel das prägende Merkmal gesehen werden (BGH NJW 2000, 2810, 2811 mwN). Wenn also eine öffentlich-rechtliche Körperschaft eine Aufgabe sowohl in den Formen des privaten wie des öffentlichen Rechts wahrnehmen kann, so ist ihr Verhalten nicht schon deshalb hoheitlich, weil sie ein öffentliches Interesse wahrnimmt, sondern nur, wenn sie dabei in den Formen des öffentlichen Rechts handelt, das ihr als Träger hoheitlicher Gewalt eingeräumt ist (BGHZ 41, 264, 266/67). Kauft zB eine Gemeinde ein Grundstück, um es für öffentliche Zwecke zu verwenden, so ist der Kaufvertrag seinem Gegenstand nach privatrechtlicher Natur (BGHZ 32, 214, 217) und verliert mit Einschluß vorvertraglicher Verhandlungen und der Begründung von Nebenpflichten seinen lediglich nach Privatrecht zu beurteilenden Charakter nicht deshalb, weil der Verkäufer in der Befürchtung handelt, daß bei nicht freihändigem Verkauf ein Enteignungsverfahren drohe (BGH MDR 1981, 572). Es spielt auch bei der Wahl der Mittel des Privatrechts keine Rolle, ob das Vorgehen von oben hoheitlich herbeigeführt oder durch Gewährung öffentlicher Mittel veranlaßt worden ist (BGH NJW 1973, 1650, 1651).

88 e) Hingegen ist bei behördlichen **Realakten** (insbesondere der Teilnahme am allgemeinen Straßenverkehr; s dazu im folgenden Rn 92 ff) in erster Linie auf die Zielsetzung der betreffenden Tätigkeit abzustellen. Erforderlich ist in jedem Falle eine Diensthandlung des Beamten, die mit der hoheitlichen Zielsetzung in einem so engen äußeren und inneren Zusammenhang steht, daß sie aus dem Bereich hoheitlicher

Betätigung nicht herausgelöst werden kann. An diesem inneren Zusammenhang fehlt es zB, wenn ein Beamter im Dienst mit seiner Dienstwaffe auf eine Person schießt, um sich an ihr zu rächen; der zwischen der schädigenden Handlung und dem Dienst des Beamten erforderliche Zusammenhang wird weder dadurch hergestellt, daß der Beamte aus Verärgerung durch Vorkommnisse im Dienst handelte, noch dadurch, daß dem eine Dienstwaffe führenden Beamten im Dienst die jedermann gegenüber bestehende amtliche Fürsorgepflicht obliegt, von der aus der Waffe entspringenden Gefahr keinen unvorsichtigen Gebrauch zu machen (BGHZ 11, 181, 185). Dagegen kann der innere und äußere Zusammenhang auch bestehen, wenn sich das Verhalten als amtspflichtwidrige Unterlassung gebotener Amtstätigkeit, wenn auch in verschleierter Form, darstellt (BGHZ 69, 128, 133 betreffend streikähnliche Aktionen).

2. Einzelfälle

Ausübung öffentlicher Gewalt ist zB die Erfüllung der Aufgaben (insbesondere **89** Warnpflichten) des Deutschen Wetterdienstes (BGHZ 129, 23; 129, 17); das gleiche galt für die Tätigkeit der Flugleiter (Fluglotsen) in den Flugsicherungsstellen der früheren Bundesanstalt für Flugsicherung (BGHZ 129, 17, 20; 69, 121). Bejaht wurde die Ausübung öffentlicher Gewalt ferner für die freiwillige Feuerwehr einschließlich des Einsatzes bei Feuerwehrübungen (BGHZ 20, 290, 292); für den Katastrophenschutz in Hessen (BGH VersR 1994, 935); für die Lehrtätigkeit an den Universitäten und die Mitwirkung an ihrer Selbstverwaltung (OLG Karlsruhe und REINHARDT JZ 1965, 388, 410); für Urheberrechtsverletzungen, die ein im Landesdienst stehender Professor einer Hochschule des Landes Nordrhein-Westfalen in Ausübung seiner Amtstätigkeit begeht (BGH NJW 1992, 1310); für das Unterrichtswesen an öffentlichen Schulen; für wirtschaftslenkende Maßnahmen durch Stützungs- und Hilfsmaßnahmen des Staates für die Wirtschaft (BGHZ 65, 155; VersR 1964, 590); für die Förderung des sozialen Wohnungsbaus mit öffentlichen Mitteln und die Beteiligung der öffentlichen Hand auf dem Gebiet des Siedlungswesens (BGH WM 1957, 486); für die Tätigkeit der Wohnungsämter (BGHZ 2, 350); für die Mitwirkung bei der Erfüllung der Sozialaufgaben des Staates – öffentliche Wohlfahrtspflege und Sozialversicherung –, auch zB für die Erteilung von Auskünften in Angelegenheiten der öffentlichen Sozialversicherung durch die Behörden und Amtsträger der Sozialversicherung (BGH VersR 1960, 475; 1961, 225; 1966, 473; 1968, 371; vgl auch BGHZ 137, 11); für die soziale Betreuung der im öffentlichen Dienst stehenden Arbeiter (RGZ 168, 370); für die öffentliche Arbeitsvermittlung (BGHZ 27, 29; MDR 1960, 34); für die öffentliche Jugendfürsorge und -hilfe und die Tätigkeit der Jugendämter (BGHZ 24, 325, 328; MDR 1960, 289; VersR 1964, 488); die Führung der Amtspflege- und Vormundschaft nach dem früheren JWG (BGHZ 9, 255; 17, 108, 114; 22, 73; VersR 1983, 1080; vgl für den Wirkungskreis des Amtspflegers nach § 1706 Nr 2 BGB aF: BGHR BGB § 839 Abs 1 S 1 Amtspfleger 1 und 2); für die Schaffung und Unterhaltung gemeindlicher Einrichtungen zur Ableitung von Abwässern – Kanalisation – (BGH MDR 1961, 918; VersR 1961, 541, 547; 1965, 61; 1967, 859; NJW 1984, 617; BGHZ 109, 8; 115, 141; NJW 1998, 1307; BGHZ 140, 380); vgl in diesem Zusammenhang auch BGH NJW 1972, 101, betreffend Schädigung von Muschelbänken bei Ableitung von Gewässern in die Nordsee; für die Müllabfuhr der öffentlichen Hand, die im Interesse der Volksgesundheit der Seuchenabwehr dienen soll (BGHZ 40, 355, 360; MDR 1983, 824), und für die Einrichtung von Müllabladeplätzen (LG Darmstadt VersR 1960, 71); für die Einrichtung von Schlachthöfen mit Nebenbetrieben (BGH JZ 1962, 217; OLG Hamburg MDR 1961, 938) und ihre sicherheits- und gesundheitspolizeiliche Überwachung (RGZ

55, 364; BGH VersR 1957, 249); für die Ortsgerichte in Hessen (BGHZ 113, 71); für Auskünfte eines ehrenamtlichen Ortsbürgermeisters in Niedersachsen (BGHZ 121, 65, 69 f); für den von einer Gemeindefinanzbehörde gestellten Konkursantrag (BGHZ 110, 253). Verneint wurde die Ausübung eines öffentlichen Amtes bei einem Ortsbürgermeister, der in einem Zwangsversteigerungstermin namens der Ortsgemeinde die Bürgschaft für einen Bieter übernommen hatte (BGH NJW 2000, 2810); ebenso für den Transport von Schülern durch einen Schulbus (BGH VersR 1991, 639). Hoheitliche Tätigkeit wurde hingegen angenommen für die Ausführung eines rechtskräftigen Flurbereinigungsplans durch die Teilnehmergemeinschaft und für die von dieser hinsichtlich der erforderlichen Bodenverbesserungen zu treffenden Maßnahmen (BGHZ 98, 85, 86 f); ebenso für Meliorationsarbeiten der Landwirtschaftskammer (BGHR BGB § 839 Abs 1 S 1 hoheitliche Tätigkeit 6). Ausübung eines anvertrauten öffentlichen Amtes sind ferner: der Natur- und Landschaftsschutz und die Schädlingsbekämpfung in der Natur (RGZ 169, 314; BGH MDR 1961, 834; 1992, 378); die Führung, Verwahrung und Beaufsichtigung der Verwendung amtlicher Siegel und Stempel durch die mit der Führung und Verwendung eines Dienstsiegels betrauten Beamten (RG JW 1935, 3372); die Vornahme freiwilliger Versteigerungen durch den Gerichtsvollzieher (RGZ 144, 262).

Zur Abgrenzung von hoheitlicher und privatrechtlicher Tätigkeit im öffentlichen Gesundheitswesen siehe den dortigen Abschnitt (Rn 596 ff).

Zur Abgrenzung im öffentlichen Straßenwesen siehe den Abschnitt „Straßenbaulast – Straßenverkehrssicherungspflicht – Straßenverkehrsregelungspflicht" (Rn 664 ff).

Amtliche Auskünfte: siehe dort (Rn 151 ff).

3. Umfang des Handelns in Ausübung öffentlicher Gewalt

90 a) Ist die eigentliche Zielsetzung, in deren Dienst der Beamte tätig wurde, eine hoheitliche, so ist „Ausübung eines öffentlichen Amtes" nicht nur die unmittelbare Verwirklichung wie zB eine polizeiliche Festnahme oder die Löscharbeit der Feuerwehr am Brandort; sondern auch eine entferntere (vorangehende, begleitende oder nachfolgende) dienstliche Betätigung ist hoheitlich, wenn ein solcher Zusammenhang besteht, daß die vorangehende oder nachfolgende Tätigkeit ebenfalls noch als dem Bereich der hoheitlichen Betätigung zugehörend anzusehen ist, insbesondere wenn sie zusammen mit der unmittelbaren Verwirklichung des hoheitlichen Ziels einen einheitlichen Lebensvorgang bildet (RGZ 155, 186; 165, 370; 166, 1, 5; BGHZ 21, 48, 219; 29, 38; 42, 176; 68, 218; 69, 130). So ist zB bei einem Polizeibeamten nicht nur sein unmittelbarer Einsatz, sondern es sind auch Hin- und Rückweg sowie Nebenverrichtungen wie das Reinigen seiner Dienstwaffe (BGHZ 34, 375; VersR 1963, 1177) und die Betreuung des Diensthundes in der eigenen Wohnung des Beamten hoheitlich (WEIMAR VersR 1958; **aM** LG Freiburg VersR 1957, 684). Für die Rechtmäßigkeit des Waffengebrauchs ist es ohne Bedeutung, ob die Waffe, die der Beamte benutzte, eine Dienstwaffe ist oder ihm persönlich gehört und zu privaten Zwecken angeschafft war (RGZ 159, 235, 238).

91 b) Infolge der Verknüpfung aller Maßnahmen in dem vorgenannten Bereich verbieten sich also eine Aufspaltung und eine isolierte Wertung, ob der Einzelakt unmittelbar hoheitliche Betätigung darstellt oder – für sich und getrennt betrachtet – bürgerlich-rechtlicher Art ist (RGZ 158, 83, 93; BGHZ 16, 112; 42, 176). Es sind dann eben alle dem Hauptzweck dienenden Tätigkeiten der Amtsträger, auch solche untergeordneter Art, die in den Kreis der einheitlich hoheitlichen Aufgaben fallen, selbst hoheitlich (BGH NJW 1963, 1830), einschließlich der Tätigkeiten, die lediglich im inneren Dienstbetrieb der Vorbereitung der eigentlichen hoheitlichen Aufgabe dienen (RGZ 170, 129, 133). So ist zB für einen Bundeswehrangehörigen auch die ihm befohlene Mitwirkung bei der Reinigung der Unterkunft hoheitliches Handeln (AG St Wendel NJW 1976, 1407), und das gleiche gilt für dienstlich veranstaltete sportliche Betätigungen (zB Fußballspiel) der Bundeswehrangehörigen, da sie vornehmlich der körperlichen Ertüchtigung und damit der Erhaltung der Einsatzfähigkeit und der Verteidigungsbereitschaft der Truppe dienen (BGH VersR 1983, 85 mwN). Dementsprechend ist im Strafvollzug nicht nur der Vollzug im engeren Sinne, sondern auch die Gesundheitsfürsorge für den Gefangenen hoheitlich (BGHZ 21, 214, 220).

4. Dienstfahrten

Die vorgenannten Grundsätze sind von besonderer Bedeutung, wenn es sich um **92** Dienstfahrten handelt, die bei der Teilnahme am öffentlichen Verkehr zu Schädigungen Dritter (zB anderer Verkehrsteilnehmer) führen. Sie gelten entsprechend für Dienstgänge, die zu Fuß zurückgelegt werden.

a) Unmittelbare hoheitliche Betätigung ist zB die Fahrt des polizeilichen Streifenwagens durch die zu überwachenden Straßen oder die Fahrt eines Panzers der Bundeswehr bei Übungen oder im Manöver (BGHZ 30, 154; VersR 1961, 512; NJW 1962, 229; OLG Schleswig NJW 1966, 1269; OLG Oldenburg VersR 1963, 1087). Ausübung eines öffentlichen Amtes ist aber auch eine Fahrt, die die unmittelbare Ausübung öffentlicher Gewalt vorbereitet oder die sonst im Dienst der Erreichung der eigentlichen hoheitlichen Zielsetzung steht und einen hinreichenden engen inneren und äußeren Zusammenhang mit den hoheitlichen Aufgaben aufweist (BGHZ 42, 176; VersR 1965, 138, 1101). Dabei spricht eine tatsächliche Vermutung dafür, daß die Dienstfahrt der Erfüllung hoheitlicher Aufgaben, zB die Dienstfahrt eines Soldaten militärischen Zwecken, dient (BGHZ 49, 267, 272). Eine hoheitliche Dienstfahrt liegt danach zB vor: bei der Beförderung von Polizeibeamten zu einem Übungsschießen (RGZ 125, 98), zu einer dienstlichen Besprechung (RGZ 155, 186) oder zum Einsatzort (RGZ 140, 415) oder bei der Rückfahrt des polizeilichen Fahrzeugs nach Beendigung der Dienstfahrt in die Garage (RG VAE 1937, 255), oder bei der Fahrt von Soldaten, die irgendwie der Versorgung der Truppe dient, zB zum Abholen von Verpflegung (RGZ 162, 309, 312; BGH VersR 1966, 734). Die Feuerwehr übt öffentliche Gewalt nicht nur beim Löschen von Bränden aus, sondern auch bei der vorbereitenden Tätigkeit, die diesem Zweck unmittelbar dient, zB beim Verbringen von Feuerlöschgeräten in die Bereitschaftsstellung (RGZ 129, 307; OLG Kiel HRR 1940 Nr 662). Ausübung öffentlicher Gewalt ist auch die Dienstfahrt eines Straßenmeisters (BGHZ 20, 48; 68, 217), die Übungsfahrt eines Feuerwehrwagens, die Fahrt des Fürsorgers, der die Lehrstellen der von ihm betreuten Lehrlinge mit dem Fahrrad aufsucht (BGH VersR 1960, 258), die Botenfahrt eines Angehörigen der Brandwache eines Grenzdurchgangslagers für Flüchtlinge und Aussiedler, wenn die Fahrt zum Aufgabenbereich der Brandwache gehört (BGH LM § 839 Ca Nr 2). Da die Müllabfuhr regelmäßig zur schlicht hoheitlichen Verwaltung der Gemeinden gehört, haftet die Gemeinde nach Amtshaftungsgrundsätzen für Verletzungen, die ein Straßenbenutzer im Straßenverkehr beim Einsatz eines Müllfahrzeugs erleidet; dies gilt auch, wenn die Benutzung der Einrichtung der Müllabfuhr privatrechtlich ausgestaltet ist, da die Gestaltung der Benutzungsordnung nur im Verhältnis zu **Benutzern** als Geschädigten von Bedeutung ist, während bei Schädigungen Dritter Anspruchsgrundlage und Haftungsumfang nicht davon abhängen können, ob die Einrichtung im Verhältnis zum Benutzer hoheitlich oder fiskalisch betrieben wird (BGH MDR 1983, 824).

93 b) Die Inanspruchnahme von Sonderrechten nach § 35 StVO (zB Einschaltung von Blaulicht und Martinshorn) ist für sich allein genommen keine hoheitliche Tätigkeit, insbesondere etwa bei Werksfeuerwehren (BGHZ 113, 164, 168 f) oder bei privatrechtlich organisierten Rettungsdiensten (BGHZ 118, 304, 306). Deswegen wurde in BGHZ 118, 304 die Amtshaftung nicht aus der Inanspruchnahme dieser Sonderrechte, sondern daraus hergeleitet, daß der betreffende Zivildienstleistende unabhängig von der privatrechtlichen Organisationsstruktur seiner damaligen Dienststelle allein aufgrund seines Zivildienstes ein anvertrautes öffentliches Amt ausgeübt hatte (s Rn 68, 600).

94 c) Als nicht hoheitlich (fiskalisch) wurde die Probefahrt anläßlich des Ankaufs eines Feuerlöschfahrzeugs eingestuft (BGH MDR 1962, 803). Nimmt jemand den Kranwagen der Freiwilligen Feuerwehr einer bayerischen Gemeinde zum Verladen einer Maschine in Anspruch, so handeln die Mitglieder der Freiwilligen Feuerwehr bei ihrer Tätigkeit nicht in Ausübung eines öffentlichen Amts. Dies gilt auch dann, wenn die Benutzung des Kranwagens als gemeindliche Einrichtung außerhalb der gesetzlichen Pflicht als Aufgabe der Freiwilligen Feuerwehr durch Satzung, also öffentlichrechtlich, geregelt ist. In diesem Fall kann die Haftung der Gemeinde und der Mitglieder ihrer Freiwilligen Feuerwehr in der Satzung auf Vorsatz und grobe Fahrlässigkeit beschränkt werden (BayObLGZ 1989, 193). Obwohl Dienstfahrten, die der Fahrausbildung von Polizeibeamten dienen, grundsätzlich in Ausübung eines öffentlichen Amtes erfolgen (BGHZ 49, 267, 274 f), ist in einem Einzelfall ein innerer Zusammenhang zwischen der Dienstfahrt und ihrer hoheitlichen Zielsetzung verneint worden, wenn die eigentliche Ausbildungsfahrt schon acht Stunden vor dem Unfall beendet worden war und die Beamten in der Zwischenzeit in erheblichem Umfang alkoholische Getränke zu sich genommen und mit diesem Verhalten ihre dienstliche Zielsetzung, die Fahrausbildung, aufgegeben hatten (BGHR BGB § 839 Abs 1 hoheitliche Tätigkeit 2). Rein fiskalischer Natur ist auch die Fahrt des Kurausschusses einer Badestadt (BGH MDR 1961, 221).

95 d) Für die Einstufung einer Betätigung als Ausübung eines öffentlichen Amtes ist es unerheblich, in wessen Eigentum die von dem Beamten zur Amtsausübung benutzten Geräte stehen. So kann eine Dienstfahrt Ausübung öffentlicher Gewalt sein, gleichwie, ob das dazu benutzte Fahrzeug (Kfz oder Fahrrad) der Behörde gehört, ob sie es von einer Privatperson gemietet hat (vgl BGHZ 20, 102), oder ob es ein sogenanntes beamteneigenes (mit Unterstützung der Behörde angeschafftes) Fahrzeug ist, oder von dem Beamten privat gehalten wird (BGHZ 29, 28; NJW 1959, 481). Wesentlich ist nur, daß die Benutzung des Fahrzeugs unmittelbar mit den dienstlichen Interessen zusammenhängt. Wird das eingesetzte Fahrzeug selbst auf der Dienstfahrt beschädigt, kommt es allein auf das Rechtsverhältnis zwischen dem schädigenden Beamten und dem Eigentümer des Fahrzeugs an; so ist eine Amtshaftung des Dienstherrn einer Lehrerin, die ein ihr von ihrem Ehemann zur Verfügung gestelltes Fahrzeug für eine Dienstfahrt benutzt hatte, verneint worden, da es insoweit an der Ausübung eines öffentlichen Amtes gefehlt hatte (BGH NJW 1992, 1227, 1229).

e) An dem vorbezeichneten Zusammenhang fehlt es, und es liegt daher keine 96 Ausübung öffentlicher Gewalt vor, wenn es der Behörde gleichgültig ist, in welcher Weise der Beamte zu dem Ort der unmittelbaren hoheitlichen Tätigkeit gelangt, wenn also die Art und Weise, wie er den Weg zurücklegt, „wertneutral" ist (vgl dazu BGHZ 49, 267, 274; VersR 1965, 138). Das ist zB der Fall, wenn der Beamte, statt die allgemeinen Beförderungsmittel des öffentlichen Verkehrs zu benutzen, den Weg zu einer dienstlichen Verrichtung nur aus Bequemlichkeit mit einem (behördeneigenen oder privaten) Kraftwagen zurücklegt, etwa wenn sich der Beamte morgens mit dem eigenen Wagen zu seiner Dienststelle begibt (RGZ 165, 365, 369). Das gleiche gilt, wenn der Richter mit seinem Wagen zu einem auswärtigen Ortstermin fährt, ohne daß die Ausführung der Fahrt in dieser Weise vom Dienstvorgesetzten aus dienstlichen Gründen angeordnet war, und wenn auch keine dienstliche Notwendigkeit zur Wahrnehmung des Termins unter Benutzung des eigenen Wagens bestand (RGZ 156, 401; BGH DRiZ 1965, 379; DVBl 1965, 945). Ebenso: wenn ein Soldat zur Teilnahme an einem auswärtigen Lehrgang sein eigenes Kraftrad benutzt (RG JW 1938, 1652). Es spielt für die Anwendbarkeit des § 839 BGB iVm Art 34 GG in solchen Fällen keine Rolle, ob dem Beamten von seiner Behörde die Benutzung des eigenen Fahrzeugs und dem Gesichtspunkt der Reisekostenerstattung gestattet ist (BGH DRiZ 1965, 379). Dagegen ist die unmittelbare Verknüpfung mit der hoheitlichen Tätigkeit gegeben, wenn die Benutzung von Kraftfahrzeug oder Fahrrad zur Durchführung der hoheitlichen Aufgabe notwendig war, zB mangelnde oder besonders ungünstige Bahnverbindungen den Richter zwingen, zur Wahrnehmung eines Lokaltermins sich eines Kraftfahrzeugs zu bedienen. Bei der Dienstfahrt eines Soldaten mit einem militäreigenen Kraftfahrzeug kann ohne weiteres von der hoheitlichen Natur der Fahrt ausgegangen werden, weil sie nach der militärischen Gewohnheit immer auch der Erprobung, Erhaltung oder Stärkung der Fahrsicherheit oder Fahrfähigkeit von Person und Wagen dient (BGHZ 49, 267); dies gilt naturgemäß nicht in Fällen der Schwarzfahrt (BGH NJW 1969, 421). Vgl auch LG München VersR 1966, 1172, betreffend Fahrt eines Offiziers als Lehrer auf dem Weg zu den Unterrichtsräumen.

f) Liegt hiernach eine Dienstfahrt vor, die als Ausübung eines öffentlichen Amtes 97 anzusehen ist, so verliert sie diesen Charakter nicht dadurch, daß sie mit einem kleineren Umweg zu privaten Zwecken verbunden wird. Sie bleibt vielmehr insgesamt eine Dienstfahrt in Ausübung öffentlicher Gewalt, und es ist für die Haftung aus § 839 BGB iVm Art 34 GG bedeutungslos, ob der Unfall sich während des übrigen Teils der Fahrt ereignete. Anders liegt es, wenn der dienstliche Zweck der Fahrt von Anfang an fehlt, zB wenn der Beamte das ihm als Fahrer anvertraute Fahrzeug zu einer privaten Fahrt (Schwarzfahrt) benutzt. Ein Beamter, der eine Schwarzfahrt unternimmt, wird in der Regel nicht in Ausübung eines öffentlichen Amtes tätig, sondern allenfalls bei Gelegenheit der Amtsausübung (BGH NJW 1969, 421; BGHZ 124, 15, 18). Anders verhält es sich aber, wenn dem Beamten gerade die dienstliche Pflicht oblag, dafür zu sorgen, daß das betreffende Kraftfahrzeug nicht in einer Weise verwendet wurde, die mit dienstlichen Zwecken nichts zu tun hatte oder durch die andere zu Schaden kommen konnten. Dann trifft ihn die auch jedem Verkehrsteilnehmer gegenüber bestehende dienstliche Verpflichtung, einen mißbräuchlichen Gebrauch, etwa eine Privatfahrt, zu verhindern und selbst zu unterlassen (BGHZ 124, 15, 18). In ähnlichem Sinne wurde die Amtshaftung in einem Falle bejaht, in dem ein offenbar sinnlos betrunkener Soldat einen Panzerwagen seiner Einheit zu einer Amokfahrt im öffentlichen Straßenverkehr benutzt hatte; die Amtspflichtverletzung wurde hier in der Verletzung der dem militärischen Vorgesetzten und dem Wachpersonal auch gegenüber den Verkehrsteilnehmern bestehenden Pflicht gesehen, militärische Fahrzeuge gegen unbefugte Benutzung zu sichern (BGH VersR 1983, 638). Eine nichtdienstliche Schwarzfahrt ist anzunehmen, wenn der dienstliche Zweck später aufgegeben wird, zB wenn ein Soldat das Dienstfahrt benutzt, um einen längeren, mit dem dienstlichen Auftrag unvereinbaren Umweg zu privaten Zwecken zu machen (RGZ 161, 145, 152), oder wenn nach Erreichung des dienstlichen Zwecks die weitere Fahrt ausschließlich privaten Zwecken dient (RGZ 167, 367). Ist die Fahrt vom Ausgangspunkt A bis B Dienstfahrt und schließt sich ein privater Abstecher von B nach C an, so ist doch der Teil der Rückfahrt von B bis A wieder Dienstfahrt (BGH NJW 1956, 1353). In diesen Fällen wird eine Haftung aus Art 34 GG auch nicht unter dem Gesichtspunkt begründet, daß der Täter mit der privaten Verwendung des Fahrzeugs gegen Dienstvorschriften verstoße, die auch im Interesse der Verkehrsteilnehmer erlassen sind (BGH NJW 1969, 421). Ebenso wird eine vorwiegend privaten Zwecken dienende Fahrt nicht dadurch zur Dienstfahrt in Ausübung eines öffentlichen Amtes, daß sie nebenher auch dienstlichen Zwecken dient, so wenn ein Soldat in Verbindung mit einer Urlaubsfahrt mit eigenem Kraftrad befehlsgemäß einem Vorgesetzten ein Schriftstück überbringt (RGZ 156, 401).

98 g) Dienstwidriges Verhalten während einer Dienstfahrt steht der Haftung aus § 839 BGB iVm Art 34 GG nicht entgegen, wenn es insgesamt den Charakter der hoheitlichen Dienstfahrt unberührt läßt, so wenn ein beamteter Kraftfahrer unterwegs Bekannte mitfahren läßt oder vorübergehend einem anderen die Führung des Wagen überläßt (RG DR 1944, 118) oder wenn ein Soldat während einer Dienstfahrt entgegen einem dienstlichen Befehl Alkohol zu sich nimmt (vgl BGH NJW 1964, 1372; VersR 1964, 1231; OLG Celle VersR 1966, 254).

5. Handeln „in Ausübung" eines öffentlichen Amtes und Handeln „bei Gelegenheit der Ausübung" eines öffentlichen Amtes

99 a) Die Amtshaftung setzt voraus, daß der Amtsträger **in Ausübung** des ihm anvertrauten öffentlichen Amtes handelt. Es besteht also keine Haftung für schädigende Handlungen, die er nur **bei Gelegenheit der Ausübung** öffentlicher Gewalt beging. Der Begriff „in Ausübung" ist aber nicht eng auszulegen (RGZ 104, 289; BGH LM § 839 Fe Nr 6). Wie bei der bereits erörterten Frage, wann Handlungen, die der unmittelbaren Betätigung öffentlicher Gewalt vorangehen oder nachfolgen, noch zur Ausübung öffentlicher Gewalt gehören, ist auch für die Abgrenzung, wann der Amtsinhaber in Betätigung oder nur gelegentlich der Betätigung öffentlicher Gewalt handelt, entscheidend, ob bei objektiver Betrachtung ein genügend naher innerer und äußerer Zusammenhang zwischen der ihm übertragenen Aufgabe und der Schadenshandlung besteht, so daß die letztere noch als Teil einer, wenn auch mangelhaften Diensthandlung anzusehen ist, oder ob es an einer inneren Beziehung fehlt und die schädigende Handlung nur in einer rein äußerlichen örtlichen oder zeitlichen Beziehung zur Dienstausübung steht (RGZ 104, 286; 126, 28, 33; 159, 235, 238; 166, 1, 8; 168, 231; BGHZ 11, 181; VersR 1960, 365; 1964, 488). Zur Diensthandlung aber gehört, daß der Beamte in seiner Eigenschaft als Träger hoheitlicher Aufgaben und Befugnisse, daß er „in amtlicher Eigenschaft" gehandelt hat. Das ist noch der Fall, wenn ein Polizeibeamter in seiner dienstfreien Zeit oder im Urlaub, aber doch eben als Sicherheitsbeamter, gegen andere Personen einschreitet (RG Recht 1914 Nr 1615; HRR 1930 Nr 901; OLG Neustadt NJW 1959, 161), wenn ein Soldat in seiner Unterkunft in einer dienstfreien Stunde seine Dienstwaffe entlädt (RGZ 101, 355), oder wenn ein Zollbeamter durch mangelhafte Sicherung seiner Dienstwaffe auf einem außerdienstlichen Gang Schaden anrichtet (RGZ 155, 362). S auch BGH NVwZ 2000, 467 und dazu unten Rn 103, 616.

b) Auch eine Überschreitung der örtlichen oder sachlichen Zuständigkeit schließt **100** ein Handeln in Ausübung eines öffentlichen Amtes nicht aus, wenn nur die Handlung des Beamten überhaupt noch in einer Beziehung zu dem Kreis der Tätigkeiten steht, die die Ausführung seines Amtes darstellen. Eine solche Beziehung ist zu bejahen, wenn die Amtshandlung nicht erkennbar völlig außerhalb des allgemeinen Rahmens der Amtsbefugnisse des Beamten liegt (RG JW 1938, 2449; DRW 1941, 58; BGHZ 31, 393; 65, 187; NJW 1959, 1316 [betreffend Entsperrung eines Weges durch einen unzuständigen Beamten]; BGHZ 117, 240 [Absperrung eines Entwässerungsgrabens durch einen unzuständigen Beamten]; BayObLG VersR 1967, 356) oder sich schon als Amtsanmaßung darstellt. Es genügt insbesondere, daß der Beamte an der in der Hauptsache einem anderen Beamten obliegenden Amtshandlung mitgewirkt hat (BGH VersR 1963, 358). Ein Handeln in Ausübung eines anvertrauten öffentlichen Amtes liegt danach noch vor, wenn eine ministerielle Weisung in einer Angelegenheit ergeht, die nur durch Rechtsverordnung unter Mitwirkung des Parlaments hätte geregelt werden können (BGHZ 63, 319), wenn ein Beamter im Zusammenhang mit seinem Amt unter Überschreitung seiner sachlichen Zuständigkeit unbefugt Unterschriften in amtlicher Form beglaubigt und dabei eine gefälschte Unterschrift beglaubigt, über deren Echtheit er sich nicht vergewisserte (RGZ 71, 60), oder wenn ein Beamter einer Behörde unter Vortäuschung seiner Zuständigkeit sich Gelder aushändigen läßt (und unterschlägt), zu deren Entgegennahme eine andere Stelle oder ein anderer Beamter dieser Behörde zuständig ist (RGZ 148, 251; JW 1938, 2399; s ferner RGZ 154, 201, 208; 156, 232; 159, 235, 238). Die Amtshaftung aus der Überschreitung der sachlichen Zuständigkeit besteht gegenüber jedem als geschütztem „Dritten", der von den Folgen der Amtsüberschreitung betroffen werden kann (RGZ 71, 60; 140, 428; 144, 395; BGHZ 65, 187; 117, 240, 244 f).

c) Handeln in Ausübung des öffentlichen Amtes setzt nicht voraus, daß eine **101** Pflicht zur hoheitlichen Betätigung bestand. Es genügt, wenn der Beamte freiwillig, wenn auch außerhalb seines eigentlichen Pflichtenkreises, eine hoheitliche Aufgabe (als amtliche, öffentliche) übernimmt, wenn sie nur in innerer Beziehung zu seinen sonstigen dienstlichen Aufgaben steht und nicht ganz außerhalb des Rahmens seines eigentlichen Dienstes liegt (RG JW 1934, 2398; DRW 1940, 1950; BGH LM § 839 Fc; NJW 1983, 268). So liegt Handeln „in Ausübung" des Amtes vor, wenn der untersuchende Amtsarzt eine Röntgenaufnahme auswertet, wozu er an sich nicht verpflichtet war (BGH VersR 1958, 608), wenn die Polizei freiwillig polizeiliches Geleit für einen schwierigen Transport gewährt (BGH VersR 1961, 438), wenn ein Beamter, ohne dazu verpflichtet zu sein, Rat oder Auskunft (falsch) erteilt (RGZ 68, 277, 282; 146, 35, 40; BGHZ 14, 321; NJW 1955, 1835; VersR 1965, 353), wenn ein Gemeindevorsteher, obwohl dazu nicht zuständig, Unterschriften beglaubigt (RGZ 71, 60, 63), wenn die Spenden aus Anlaß einer Katastrophe freiwillig von einer Behörde verwaltet werden (BGHZ 27, 73). Hingegen ist eine Nebentätigkeit, die einem Beamten durch einen privaten Auftraggeber übertragen wird, nicht schon deshalb „Ausübung eines öffentlichen Amtes", weil der Beauftragte gerade im Hinblick auf seine Beamteneigenschaft dafür ausgewählt worden war (BGH VersR 1985, 281, 282).

102 d) Auch ein Mißbrauch des Amtes zu eigennützigen, schikanösen oder gar strafbaren Zwecken, eine Pflichtwidrigkeit aus eigensüchtigen oder rein persönlichen Beweggründen, schließt den für das Handeln „in Ausübung des Amtes" maßgeblichen inneren Zusammenhang zwischen Amtsausübung und schädigendem Verhalten nicht aus. So zB die planmäßige Vernachlässigung des Amtes zur Verbesserung der Arbeitsbedingungen in streikähnlicher Form durch „Bummelstreik" in Form grundloser Krankmeldung („go sick") oder erhebliche Herabsetzung der Arbeitsleistung über einen längeren Zeitraum hinweg („go slow") und die amtspflichtwidrige Unterlassung gebotener Amtstätigkeit (BGHZ 69, 128), oder wenn ein Polizeibeamter das gebotene Einschreiten aus rein persönlichen Gründen unterläßt (BGH LM § 839 Fg Nr 5). Für Schäden, die dadurch entstehen, daß ein Beamter im Rahmen der gemeinsamen Dienstausübung durch seinen Vorgesetzten (oder seine Kollegen) systematisch und fortgesetzt schikaniert und beleidigt wird („Mobbing"), haftet der Dienstherr des Schädigers nach Amtshaftungsgrundsätzen (BGH Beschl v 1. 8. 2002 – III ZR 277/01). Insbesondere liegt eine Betätigung in Ausübung des übertragenen öffentlichen Amtes vor, wenn „der Bock zum Gärtner gemacht wird" und der Beamte selbst das tut, was er gerade verhindern sollte (BGHZ 3, 94; 14, 324; NJW 1969, 422), so wenn der Strafanstaltsbeamte dem Strafgefangenen zur Flucht verhilft, wenn Sicherheitsorgane, die Plünderungen verhindern sollten, sich selbst an den Plünderungen beteiligen (RGZ 104, 304; 107, 270), wenn der Polizeibeamte, der die mißbräuchliche Verwendung polizeilicher Dienstfahrzeuge verhindern soll, selbst einen Dienstwagen zu einer Schwarzfahrt benutzt (BGHZ 1, 388; s auch oben Rn 97). Ein Amtsmißbrauch kann auch darin bestehen, daß eine dem Staat eingeordnete öffentlich-rechtliche Körperschaft mit Zwangsmitgliedschaft, die zu Akten autonomer Rechtssetzung berufen ist (hier: Kassenärztliche Vereinigung), unter offensichtlicher Mißachtung ihrer Gestaltungsfreiheit Festsetzungen trifft, die für die Betroffenen unzumutbar und offensichtlich belastend sind, zB indem die Mehrheit der zur Beschlußfassung Berufenen ihre Willensmacht zu Lasten der Minderheit ausübt (BGHZ 81, 21, 26).

103 e) Dagegen entfällt der innere Zusammenhang zwischen Amtsausübung und Schädigung, es liegt also nur ein Handeln bei Gelegenheit der Amtsausführung vor, wenn der Beamte grundsätzlich aus dem Bereich seiner Obliegenheiten heraustritt, gewissermaßen nur als Privatmann handelt, so zB wenn ein Polizeibeamter während eines Dienstgangs ohne die geringste dienstliche Veranlassung zu einem Einschreiten, sondern nur aus Rache, einen ihm Begegnenden mit seiner Dienstwaffe niederschießt (BGHZ 11, 181; s auch oben Rn 99), wenn er ohne jede dienstliche Veranlassung eine Gastwirtschaft betritt, während des Alkoholgenusses mit den Gästen in Händel gerät und aus rein persönlichen Gründen von seiner Waffe Gebrauch macht (RGZ 104, 286; 159, 238), oder wenn er nur bei Gelegenheit einer rein privaten Gefälligkeit seine Dienstwaffe unvorsichtig handhabt (RGZ 155, 362, 366). Zu beachten ist aber, daß sonst ein unvorsichtiger Umgang mit der Dienstwaffe den inneren Zusammenhang mit dem Dienst behält (RGZ 168, 321; BGH VersR 1960, 248; NJW 1961, 1127). Insbesondere handelt ein Polizeibeamter, der mit Billigung seines Dienstherrn nach Dienstschluß seine Dienstwaffe mit nach Hause nimmt und dort verwahrt, insoweit regelmäßig in Ausübung eines öffentlichen Amtes. Für Schäden aus seiner unsorgfältigen Verwahrung haftet deshalb nicht der Beamte persönlich, sondern dessen Dienstherr (BGH NVwZ 2000, 467).

f) In der Rechtsprechung ist erwogen worden, die Haftung des Staates für solche **104** Beamten einzuschränken oder auszuschließen, die dem Staat allgemein und grundsätzlich den Gehorsam verweigern und sich aus der Bindung zum Dienstherrn schlechthin lösen, also bei einer solchen Sachlage, die sich durch die einseitige Aufkündigung der übertragenen Stellung als Organ des Staates kennzeichnet (vgl BGHZ 69, 128, 134; RGZ 104, 257, 263). Im konkreten Fall – Fluglotsenstreik – wurde eine derartige grundsätzliche Gehorsamsverweigerung indessen verneint (BGHZ 69, 128).

6. Übergang des hoheitlichen Handelns in fiskalisches Handeln

Unter Umständen kann staatliches Handeln, unbeschadet des Grundsatzes der Un- **105** aufspaltbarkeit einer einheitlichen hoheitlichen Betätigung, in dem Zusammenwirken hoheitlicher und bürgerlich-rechtlicher (fiskalischer) Betätigung bestehen. So kann zB bei der hoheitlichen Entscheidung über die Vergebung von Aufträgen durch die öffentliche Hand, bei wirtschaftslenkenden Maßnahmen durch Gewährung von Krediten, Übernahme staatlicher Bürgschaften usw, bei der Förderung des sozialen Wohnungsbaus durch Gewährung von Darlehen zu unterscheiden sein zwischen der dem Gebiet hoheitlicher Betätigung zuzurechnenden Entscheidung, ob und in welcher Höhe und unter welchen Bedingungen ein Auftrag erteilt, ein Darlehen gewährt werden soll, und dem dem bürgerlichen Recht angehörenden Vollzug der Entscheidung durch Abschluß eines Werk-, Bürgschafts- oder Darlehensvertrages (vgl BGHZ 57, 130; 65, 155, 157; DVBl 1962, 612). In diesem Falle besteht die Amtshaftung nur auf der hoheitlichen, nicht dagegen auf der rein privatrechtlichen Stufe. Ein solcher Zwei-Stufen-Fall liegt zB auch vor, wenn eine Gemeinde im Rahmen schlicht hoheitlichen Handelns die Einrichtung eines Schülertransportspezialverkehrs beschließt, zur technischen Durchführung mittels privatrechtlichen Beförderungsvertrages den Unternehmer eines Autobusbetriebes beauftragt; Ersatzansprüche eines bei dem Busverkehr verletzten Schülers sind dann keine Amtshaftungsansprüche gegen die Gemeinde (OLG Hamm MDR 1983, 130; vgl auch BGH VersR 1991, 639).

7. Ausführung hoheitlich angeordneter Maßnahmen durch private Unternehmer

Von dem Zusammenwirken hoheitlicher und fiskalischer Betätigung im vorbezeich- **106** neten Sinne zu unterscheiden sind die Fälle, in denen die Ausführung hoheitlich angeordneter Maßnahmen dadurch erfolgt, daß mit einem privaten Unternehmer ein privatrechtlicher Dienst- oder Werkvertrag abgeschlossen wird.

a) Bis zur Entscheidung BGHZ 121, 161 war die Behandlung der – praktisch besonders bedeutsamen – Fälle umstritten, in denen die Polizei einen privaten Unternehmer mit der Abschleppung von Kraftfahrzeugen beauftragt, zB weil ein Kfz nach einem Unfall bewegungsunfähig liegen bleibt, oder weil es unbemannt verkehrshindernd an verbotener Stelle parkt oder in einer Fußgängerzone abgestellt ist oder weil es von der Polizei zur Verhütung von Unfällen wegen seiner völlig abgefahrenen Reifen am Weiterfahren gehindert werden muß. Kern der Streitfrage war, ob ein Abschleppunternehmer, der von der Polizeibehörde durch privatrechtlichen Vertrag mit der Bergung und/oder dem Abschleppen eines (Unfall-)Fahrzeugs beauftragt wird, bei **Durchführung** der polizeilich angeordneten Bergungs- und Abschleppmaßnahme in Ausübung eines ihm anvertrauten öffentlichen Amtes handelt (Nachweise zum damaligen Meinungsstand in Rechtsprechung und Schrifttum in BGHZ 121, 161, 164). Durch sein Urteil vom 21. 1. 1993 (BGHZ 121, 161) hat der BGH insoweit weitgehend Klarheit geschaffen. Der Bundesgerichtshof hat bei der Beurteilung der Rechtsstellung selbständiger privater Unternehmer, die der Staat zur Erfüllung seiner Aufgaben durch privatrechtlichen Vertrag heranzieht, darauf abgehoben, ob die öffentliche Hand in so weitgehendem Maße auf die Durchführung der Arbeiten Einfluß genommen hat, daß die Arbeiten des privaten Unternehmers wie eigene gegen sich gelten lassen und es so angesehen werden muß, wie wenn der Unternehmer lediglich als Werkzeug der öffentlichen Behörde bei der Durchführung ihrer hoheitlichen Aufgaben tätig geworden wäre. Er hat damit dem Umstand Rechnung getragen, daß in solchen Fällen die Zielsetzung der Tätigkeit, auf die etwa bei Realakten wie der Teilnahme am öffentlichen Verkehr abzustellen ist (so), für sich genommen eine sachgerechte Begrenzung der Staatshaftung nicht ermöglicht. Die auf privatrechtlicher Grundlage beruhende Heranziehung privater Unternehmer zur Erfüllung hoheitlicher Aufgaben umfaßt Fallgestaltungen, die sich sowohl durch den Charakter der jeweils wahrgenommenen Aufgabe als auch durch die unterschiedliche Sachnähe der übertragenen Tätigkeit zu dieser Aufgabe sowie durch den Grad der Einbindung des Unternehmers in dem behördlichen Pflichtenkreis voneinander unterscheiden. Je stärker der hoheitliche Charakter der Aufgabe in den Vordergrund tritt, je enger die Verbindung zwischen der übertragenen Tätigkeit und der von der Behörde zu erfüllenden hoheitlichen Aufgabe und je begrenzter der Entscheidungsspielraum des Unternehmers ist, desto näher liegt es, ihn als „Beamten" im haftungsrechtlichen Sinne anzusehen. Danach kann sich die öffentliche Hand jedenfalls im Bereich der Eingriffsverwaltung der Amtshaftung für fehlerhaftes Verhalten ihrer Bediensteten grundsätzlich nicht dadurch entziehen, daß sie die Durchführung einer von ihr angeordneten Maßnahme durch privatrechtlichen Vertrag auf einen privaten Unternehmer überträgt. In dem der Entscheidung BGHZ 121, 161 zugrundeliegenden Streitfall stellte sich die Anordnung, das Unfallfahrzeug zu bergen und abzuschleppen, und deren Durchführung materiell als polizeiliche Vollstreckungsmaßnahme in Gestalt einer Ersatzvornahme dar. Die Polizei hatte damit im Interesse der öffentlichen Sicherheit und Ordnung eine Aufgabe übernommen, deren Erfüllung an sich dem Eigentümer und Fahrer des Fahrzeugs oblag. Sie hatte also ein hoheitliches Zwangsmittel zur Wahrnehmung einer polizeilichen Aufgabe eingesetzt. Hätte die Polizei die Bergung mit eigenen Mitteln durchgeführt, so hätte der hoheitliche Charakter der Maßnahme außer Zweifel gestanden. Deren rechtliche Beurteilung als Vollstreckungshandlung konnte aber – auch aus der Sicht des durch den Bergungsvorgang unmittelbar geschädigten Verkehrsteilnehmers – nicht davon abhängen, ob die Polizei selbst oder ein Dritter in Gegenwart der Beamten, die die Bergung angeordnet hatten, die Maßnahme durchführte. In solchen Fällen wird der Dritte gleichsam als „Erfüllungsgehilfe" der Polizei tätig, und zwar nicht nur gegenüber dem Eigentümer des abzuschleppenden Fahrzeugs, sondern auch gegenüber dritten Verkehrsteilnehmern. Demgegenüber ist der Umstand, daß die Beauftragung des Abschleppunternehmers auf privatrechtlicher Grundlage erfolgt ist, für die Beurteilung, ob der Beauftragte als Beamter im haftungsrechtlichen Sinn gehandelt hat, ohne Bedeutung. Für die staatshaftungsrechtliche Würdigung des Vorgangs kommt es allein auf das Verhältnis zwischen der für die Bergungsmaßnahme verantwortlichen Polizei und dem geschädigten Dritten an, also auf das nach außen manifestierte

Handeln als „Erfüllungsgehilfe" des Trägers öffentlicher Gewalt. In welcher Weise sich die Polizei die Dienste des die Bergung durchführenden Unternehmers verschafft hat, ist aus dieser Sicht ohne Belang (BGHZ 121, 161, 164-167 m zahlr wN).

b) In einem weiteren Fall, in dem infolge der Fehlkonstruktion eines schlicht hoheitlich betriebenen Abwasserpumpwerks eine Überschwemmung verursacht worden war, hat der BGH das Verschulden der planenden Ingenieure dem Abwasserverband nicht unmittelbar amtshaftungsrechtlich zugerechnet. Die Ingenieure waren bei der Planung des Pumpwerks nicht als Amtsträger des Abwasserverbandes in hoheitlicher Funktion tätig geworden, sondern hatten an ihn (lediglich) Ingenieurleistungen aufgrund eines privatrechtlichen Dienst- oder Werkvertrags erbracht. Es war nicht erkennbar, ob der Abwasserverband in so weitgehendem Maß auf die Durchführung der Arbeiten Einfluß genommen hat, daß er die Leistungen der Ingenieure wie eigene gegen sich gelten lassen und es so angesehen werden mußte, wie wenn die Ingenieure lediglich als Werkzeug des Verbandes bei der Durchführung von dessen hoheitlichen Aufgaben tätig geworden wären. Ebensowenig bestanden konkrete tatsächliche Anhaltspunkte dafür, daß die Ingenieure in einer so engen Verbindung mit der von dem Abwasserverband zu erfüllenden hoheitlichen Aufgabe gestanden und bei der Planung einen derartig begrenzten eigenen Entscheidungsspielraum gehabt hätten, daß es gerechtfertigt wäre, sie als „Beamte" im haftungsrechtlichen Sinne anzusehen. Die Amtshaftung des Verbandes hing daher davon ab, ob er hinreichenden Anlaß hatte, die Planung der Ingenieure auf einen ordnungsgemäßen Hochwasserschutz hin zu überprüfen, und ob dem Verband nach seiner personellen und sachlichen Ausstattung hinreichende Erkenntnisquellen zur Verfügung standen, den möglichen Planungsfehler zu entdecken (BGHZ 125, 19, 24 f m Anm OSSENBÜHL JZ 1994, 786). OSSENBÜHL weist (787) darauf hin, daß für diese Situation die üblicherweise verwendete Werkzeugtheorie nicht recht passe. Denn diese ziele darauf ab, fremdes Verhalten insgesamt der Verwaltung wie eigenes Verhalten zuzurechnen, wenn die Verwaltung das Unternehmerverhalten hinreichend beherrsche (Ingerenz). Richtiger scheine es zu sein, danach zu fragen, welche Sorgfalt von der Verwaltung verlangt werden muß, wenn sie zur Erfüllung ihrer Aufgaben Dienstleistungen von Privatunternehmen „einkaufe". Dabei gehe es insbesondere darum, ob sie sich gleichsam blind auf die Richtigkeit der eingekauften Dienstleistungen verlassen dürfe oder gewisse eigene Überwachungs- und Kontrollpflichten habe, gegebenenfalls je nach dem Gewicht des Projektes durch Heranziehung weiterer Sachkundiger, die in gewissem Umfang die eingekaufte und der Verwaltungsmaßnahme zugrunde zu legende Leistung zu kontrollieren hätten.

8. Unternehmen und Anstalten der öffentlichen Hand im allgemeinen

a) Die Erfüllung obrigkeitlicher, zB polizeilicher Aufgaben, die ihrer Art nach ausschließlich im Rahmen der Über- und Unterordnung der Beteiligten wahrgenommen werden können ist stets Ausübung öffentlicher Gewalt (BGH NJW 1963, 40). Bei der Erfüllung typisch öffentlicher Aufgaben ist davon auszugehen, daß die Behörde auch ohne Einsatz obrigkeitlicher Mittel hoheitlich tätig war (vgl BGHZ 39, 49, 52). Betreibt dagegen der Staat oder eine sonstige öffentlich-rechtliche Körperschaft (zB eine Gemeinde) zur Erreichung öffentlicher Ziele für einen bestimmten Aufgabenkreis ein Unternehmen, das nach seinem Gegenstand auch in privatrechtlichen Formen, also auf der Ebene der Gleichordnung der Benutzer, geführt werden kann (zB ein staatliches Krankenhaus, eine Staatsbibliothek, einen städtischen Schlachthof), so steht es im Ermessen der Körperschaft, ob sie sich privatrechtlicher Mittel oder ob sie das Unternehmen schlicht hoheitlich in öffentlich-rechtlichen Formen mit der Folge der Haftung aus § 839 BGB, Art 34 GG führen will (vgl BGH NJW 1978, 2548 mwN). Dabei sind auch Mischformen möglich, in denen sich die Haftung gegenüber den Benutzern teils nach Staatshaftungsgrundsätzen, teils nach vertragsähnlichen Grundsätzen bestimmt (vgl BGHZ 61, 7 und dazu unten Rn 110).

109 b) Ob und inwieweit danach privatrechtliche oder hoheitliche Betätigung vorliegt, richtet sich nicht nach der Zielsetzung oder der Art der Errichtung – der Begründungsakt kann stets hoheitlicher Natur sein –, auch nicht danach, ob die in dem Unternehmen tätigen Personen, zB die Ärzte eines staatlichen Krankenhauses oder einer Universitätsklinik, Beamte im beamtenrechtlichen Sinne sind oder nicht, sondern lediglich danach, wie die öffentlich-rechtliche Körperschaft das Unternehmen im Verhältnis zu den Benutzern im Rahmen ihrer Regelungszuständigkeit rechtlich geordnet (organisiert) hat (RGZ 158, 83, 91; 161, 341, 345; 164, 273, 277; BGHZ 4, 138; 9, 145 = LM § 839 Fc Nr 3 m Anm PAGENDARM = JZ 1953, 551 m abl Anm WOLFF; BGHZ 9, 373, 387; 17, 317, 320; 20, 102 = JZ 1956, 488 m Anm WOLFF; 27, 278, 283; 35, 111; LM GVG § 13 Nr 66; JZ 1962, 217; NJW 1963, 40). So ist zB, wenn es sich um staatliches Krankenhaus oder eine Universitätsklinik handelt, haftungsrechtlich entscheidend, ob die Ordnung der Anstalt erkennen läßt, daß sie so – auf der Ebene der Gleichordnung von Anstalt und Patient – geführt wird, wie es in entsprechenden privaten Anstalten geschieht, oder ob sie den Willen zum Ausdruck bringt, die Aufgabe der Krankenbetreuung als öffentlich-rechtliche hoheitlich durchzuführen, so daß die Benutzer der Anstalt dieser in einem Unterordnungsverhältnis gegenüberstehen. Wesentliche Voraussetzung für die Annahme hoheitlichen Handelns ist bei wirtschaftlichen Unternehmen, daß die öffentlich-rechtliche Körperschaft den Willen, das Unternehmen hoheitlich zu führen, gegenüber der Allgemeinheit ausdrücklich und deutlich kundgegeben hat (BGHZ 35, 111; JZ 1962, 217). Maßgebend ist im allgemeinen der Gesamtcharakter der organisatorischen Gestaltung. Eine bürgerlich-rechtliche Ausgestaltung kann auch vorliegen, wenn einzelne Merkmale der Organisation hoheitsrechtliche Züge tragen, wie zB das Fehlen eines Gewinnstrebens, die Erhebung der Gegenleistung in Form von Gebühren (BGHZ 9, 145, 148; 50, 250, 254) und deren Einziehung im Verwaltungszwangsverfahren (BGHZ 20, 102, 108; vgl auch BGH JZ 1962, 217: Die Abgabe von Eis in einem städtischen Schlachthof an private Benutzer gegen Zahlung einer „Gebühr" ist in Wahrheit privatrechtlicher Verkauf in den äußeren Formen des öffentlichen Rechts). Über kommunale Löschwasserversorgung in den Formen des Privatrechts vgl BGH NJW 1985, 197.

Dementsprechend ist grundsätzlich von rein privatrechtlichen Beziehungen auszugehen, wenn die betreffende Einrichtung in der Rechtsform einer juristischen Person des Privatrechts, also insbesondere einer Aktiengesellschaft oder GmbH geführt wird. Fehlt es an einer derartigen eindeutigen Zuordnung, so entscheidet der nach den vorgenannten Kriterien zu ermittelnde Gesamtcharakter des Unternehmens in der Regel auch darüber, ob die Schädigungen von Dritten, die außerhalb des Benutzungsverhältnisses stehen, nach Amtshaftungsgrundsätzen oder nach allgemeinem privatrechtlichen Deliktsrecht (§§ 823 ff BGB) zu beurteilen sind (SOERGEL/VINKE Rn 90; PAPIER, Recht der öffentlichen Sachen, 134).

110 c) Mit haftungsrechtlichen Fragen, die sich aus der Benutzung eines kommunalen

Schlachthofs ergeben, befaßt sich eingehend BGHZ 61, 7 = NJW 1973, 1741; s dazu auch BGH NJW 1974, 1816; VersR 1983, 668. Der Inhalt dieser Entscheidung wird hier – wie schon in der Vorauflage – ausführlicher wiedergegeben, weil die in ihr aufgestellten Grundsätze von allgemeiner Bedeutung für vergleichbare kommunale Anstalten sind. Wegen der Bedeutung, die der Entscheidung im Rahmen der Neuregelung des Staatshaftungsrechts durch das (vom BVerfG für nichtig erklärte) StaatshaftungsG vom 26. 6. 1981 zukommen sollte, vgl SCHÄFER/BONK, Kommentar zum StHG (1982) § 17 Rn 12, 18. Nach der Satzung diente der Schlachthof als öffentliche Einrichtung der Erhaltung der Volksgesundheit und der Tierseuchenbekämpfung. Es bestand Benutzungszwang für das Schlachten von Schlachtvieh, verbunden mit der Erhebung einer Schlachthofgebühr, die anteilig auch die Zuweisung von Standplätzen für die Unterbringung der Tiere bis zur Schlachtung abgalt. Hinsichtlich der Haftung bestimmte die Satzung, daß die Gemeinde für Personen-, Sach- oder Vermögensschäden nur bei Vorsatz oder grober Fahrlässigkeit hafte, daß mit der durch die Schlachthofgebühr abgegoltenen Vergabe von Ständen aber keine Haftung für die Sicherheit der von den Benutzern eingebrachten Sachen verbunden sei und daß die Verkehrssicherungspflicht von der Gemeinde hoheitlich übernommen und von der Verwaltung im Rahmen der Amtspflicht ausgeübt werde. Als zwei Schlachtbullen infolge mangelhafter Sicherungsvorkehrungen in den ihnen zugewiesenen Standplätzen zu Tode gekommen waren, ging der Streit um die Rechtswirksamkeit der in der Satzung vorgesehenen Haftungsbeschränkungen. BGHZ 61, 7, 10 geht davon aus, daß der Betrieb des von der Stadt errichteten und unterhaltenen Schlachthofs eine Betätigung schlicht hoheitlicher Verwaltung darstelle und die Stadt den Benutzern öffentlich-rechtlich handelnd gegenüberstehe (Verweisung auf BGH VersR 1963, 477). Hinsichtlich der den Benutzern zugewiesenen Stände für das Schlachtvieh habe die Stadt aber zu den Standinhabern „in besonderen, engen Beziehungen gestanden, und zwar weitgehend so, wie ein Unternehmer des bürgerlichen Rechts, der Einstellplätze in einem privaten Schlachthaus vergeben würde, zu seinen Kunden stünde". Die Errichtung des Schlachthofs als öffentlich-rechtliche Anstalt zum Schutz der Volksgesundheit schließe nicht aus, außerhalb des Bereiches der veterinärpolizeilichen Überwachung eine Sonderverbindung vertragsähnlichen Inhalts zwischen der Gemeinde und bestimmten Benutzern anzunehmen, entsprechend dem in der Rechtsprechung anerkannten Grundsatz (Verweisung auf BGHZ 21, 214, 218; 54, 299, 303; 59, 303, 305), daß „auch bei öffentlich-rechtlichen Verhältnissen die Verwaltung für Leistungsstörungen nach vertragsähnlichen Grundsätzen dort einzustehen hat, wo ein besonders enges Verhältnis des einzelnen zur Verwaltung begründet worden ist und mangels ausreichender gesetzlicher Regelung ein Bedürfnis für eine angemessene Verteilung der Verantwortung innerhalb des öffentlichen Rechts vorliegt (Anmerkung: Diese Ausführungen sind auch wichtig für die Anwendung des § 278 BGB). Danach ist es (vgl BGHZ 61, 7, 13) im Anstaltsbenutzungsverhältnis grundsätzlich zulässig, die vertragsähnliche Haftung durch Satzung auf Vorsatz oder grobe Fahrlässigkeit zu beschränken, und dies gilt grundsätzlich auch für gemeindliche, mit Benutzungszwang ausgestattete und (rechtlich oder tatsächlich) eine Monopolstellung einnehmender Anstalten". Sie dürfen aber dem Benutzer keine unbilligen Opfer abverlangen. Die Beschränkung der Haftung muß „durch sachliche Gründe gerechtfertigt sein und den Grundsätzen der Erforderlichkeit und der Verhältnismäßigkeit entsprechen. ... Sie darf nicht in Widerspruch stehen mit der allgemeinen fürsorgerischen Verwaltung ... und die Verantwortung für Schäden nicht ausschließen, die auf offensichtliche Mißstände in der Anstalt zurückzuführen sind. ...". Wenn hiernach auch in dem vorbezeichneten

Umfang eine satzungsgemäße Freizeichnung der Gemeinde für leichte Fahrlässigkeit bei „Sonderregelungen vertragsähnlichen Charakters" zulässig sei, so entfalle diese Möglichkeit (vgl BGHZ 61, 7, 14 f) insoweit, als die Erhaltung der Verkehrssicherheit in der Satzung dem Bediensteten als Amtspflicht auferlegt ist. Denn die dann aus § 839 BGB iVm Art 34 GG sich ergebende Haftung könnte ohne ausdrückliche gesetzliche Ermächtigung nicht durch Ortssatzung beschränkt werden, und die den Kommunen durch den Landesgesetzgeber erteilte Ermächtigung, für bestimmte kommunale Einrichtungen den Anschluß- und Benutzungszwang durch Satzung zu regeln, habe im wesentlichen nur organisationsrechtliche Bedeutung und enthalte jedenfalls nicht die Ermächtigung, über die Regelung der Anstaltsordnung und die sich daran knüpfenden besonderen schuldrechtlichen Bindungen zu den Benutzern hinaus die haftungsrechtlichen Folgen einer Verletzung allgemeiner Anstaltspflichten von der Gemeinde fernzuhalten. Im übrigen hat der Anschluß- und Benutzungszwang für die Zuordnung einer bestimmten Einrichtung zur öffentlich-rechtlichen Organisationsform lediglich den Charakter eines, wenn auch gewichtigen, Indizes (SOERGEL/VINKE Rn 87 mwN).

111 **d)** Der Daseinsvorsorge dienende Betriebe wie Straßenbahn, Wasser-, Gas-, Elektrizitäts-, Abwasserbeseitigungs- (Kläranlagen; nicht zu verwechseln mit der hoheitlich ausgestalteten Pflicht zur Abwasserbeseitigung, s dazu Rn 676), Heizwerke usw. werden (und zwar auch, wenn Anschluß- oder Benutzungszwang besteht) regelmäßig fiskalisch betrieben wie die entsprechenden privaten Unternehmen (dazu STOBER, Die privatrechtlich organisierte öffentliche Verwaltung, NJW 1984, 449). Vgl zB RGZ 93, 374; BGH WarnR 1980, 3 mwN betreffend Gaswerk; RGZ 91, 314 betreffend Sparkasse; BGH NJW 1955, 1025 betreffend Märkte; BGHZ 20, 47 = LM § 839 K Nr 11 betreffend Schleusenbetrieb – der Betrieb des Nordostsee-Kanals stellt jedoch hoheitliches Handeln dar, BGHZ 35, 111 –; OVG Koblenz NJW 1959, 2229 betreffend öffentliche Spielbank; RGZ 157, 237 betreffend Staatsbank (doch sind die Tätigkeiten der Banken des Bundes und der Länder zum Teil auch hoheitlicher Art; vgl BGH MDR 1961, 123; BayVerfGH NJW 1961, 163); RGZ 158, 90 betreffend Bergwerk; BGH NJW 1956, 339; MDR 1961, 221 betreffend Staatsbad; BGH LM § 1004 Nr 25 betreffend gemeindliches Reisebüro; BGH JZ 1961, 258 betreffend Kurbetrieb einer Badestadt. Fiskalisch ist insbesondere die Verwaltung des Staats- und Gemeindeguts und -vermögens einschließlich der dazu gehörigen Dienstfahrten (RGZ 155, 268; BGHZ 18, 253, 257; 33, 230).

112 **e)** Die Körperschaft, die auf den ihrer tatsächlichen Verfügungsgewalt unterworfenen Grundflächen einen allgemeinen Verkehr eröffnet oder zugelassen hat oder einen Betrieb oder ein Unternehmen ausübt oder unterhält oder eine öffentliche Veranstaltung betreibt, trifft grundsätzlich – wie den Privatmann – die allgemeine Verkehrssicherungspflicht, die Pflicht zur Verhütung von Gefahren, die sich für die Teilnehmer an dem Verkehr aus dem gefährlichen Zustand des Grundstücks, Gebäudes usw. und seiner Zugänge ergeben. Soweit Versorgungsunternehmer auf der Grundlage von Verträgen Leistungen erbringen, trifft sie gegenüber dem Abnehmer eine inhaltlich der allgemeinen Verkehrssicherungspflicht entsprechende vertragliche Schutzpflicht, den Abnehmer vor Gefahren zu bewahren. Es hat also zB in einem Gasversorgungsverhältnis der kommunale Versorgungsträger die Pflicht, seine Abnehmer vor Schäden zu bewahren, deren Ursache in der Anlage oder im Betrieb der Gasversorgungseinrichtung liegt (BGH WarnR 1980, 1, 4). Die allgemeine Verkehrssicherungspflicht besteht zB beim Betrieb eines Pferdemarkts oder bei der Abhaltung eines Volksfests auf einem Bergplateau (BGHZ 34, 206). Aus der Eröffnung eines städtischen Strandbades folgt die Verpflichtung der Stadtgemeinde, die Besucher des Bades auch bei der Benutzung des Zugangs vor den ihnen hier drohenden Gefahren zu schützen (BGH VersR 1967, 956). Nach BGH aaO kann diese Verkehrssicherungspflicht dabei sogar die Sicherung einer Bahnanlage betreffen, deren – an sich verbotenes – Betreten und Überqueren durch Badegäste die verantwortlichen städtischen Bediensteten stillschweigend hingenommen haben, ohne etwas zur Beseitigung dieses tatsächlichen Zustandes zu unternehmen.

f) Ein gemeindlicher Friedhof mit den für seine Unterhaltung erforderlichen **113** Sachen ist, wenn nicht „eine Anstalt des öffentlichen Rechts" (so KREBS VersR 1959, 877), so doch jedenfalls im haftungsrechtlichen Sinne eine öffentliche Veranstaltung, und nach der Verkehrsauffassung erscheint eine von einem unzulänglich aufgestellten Grabdenkmal (Grabstein) ausgehende Gefahr für den Friedhofsbesucher als eine Gefahr der „Veranstaltung des Friedhofs". Erfüllt die Gemeinde ihre Sicherungspflicht gegenüber Besuchern des Friedhofs nicht ausdrücklich als hoheitliche Aufgabe mit der Folge der Haftung aus § 839 BGB, Art 34 GG, so beurteilt sich die Verletzung ihrer Verkehrssicherungspflicht nach §§ 823, 31, 89, 831 (vgl statt aller BGHZ 34, 206). Die privatrechtlich zu beurteilende Sicherungspflicht wird nicht dadurch beeinträchtigt, daß die Gemeinde den Grabstelleninhabern bestimmte Nutzungsrechte einräumt, die die gemeindlichen Befugnisse aufheben oder mindern (BGH aaO), auch nicht dadurch, daß die Gemeinde als Satzung nach Maßgabe der Gemeindeordnungen eine Friedhofordnung erlassen hat, die die Benutzung des Friedhofs regelt, wie zB auch der Umstand, daß die einen Pferdemarkt veranstaltende Gemeinde sich bei der Marktveranstaltung hoheitlich betätigt und marktpolizeiliche Pflichten zur Gefahrenabwehr hat, eine Verantwortlichkeit gegenüber Marktbesuchern aus § 823 nicht ausschließt (BGH NJW 1955, 1025; BGHZ 34, 206, 209 f). Die Sicherungspflicht auf Friedhöfen gegen Gefahren aus nicht standfesten Grabmälern beschränkt sich, entsprechend dem allgemein für den Umfang der Verkehrssicherungspflicht geltenden Grundsatz der Zumutbarkeit darauf, die Grabmäler in angemessenen Zeiten (in der Regel alljährlich – und zwar, wenn nach dem Ende der winterlichen Witterung oder des Frostes die Gräber vor Ostern hergerichtet werden (OLG Hamm NVwZ 1982, 333) – auch an Nebenwegen auf ihre Standfestigkeit nachdrücklich, zB durch kräftiges Anfassen, zu prüfen (BGHZ 34, 206 m Rechtspr-Nachw über engere oder weitergehende Bemessung der Sorgfaltspflichten). Wegen weiterer die Sicherungspflicht auf Friedhöfen betreffende Einzelheiten vgl etwa GAISBAUER VersR 1971, 1074. Unberührt bleibt die Verpflichtung des Grabstelleninhabers, für die Standfestigkeit des Grabsteins nach §§ 836, 837 einzustehen. Diese Verpflichtung geht gemäß § 837 der Verpflichtung der Gemeinde als Friedhofseignerin nach § 836 vor, ohne indessen die Verantwortlichkeit der Gemeinde auszuschließen (vgl BGH NJW 1977, 1392; OLG Hamm NVwZ 1982, 333).

g) Wegen der Unterhaltung von Kinderspielplätzen und Trimmanlagen s BGH **114** NJW 1978, 1626; VersR 1978, 762.

h) Aber auch bei öffentlich-rechtlicher Gestaltung des Betriebes sind nach ge- **115** festigter Rechtsprechung auf Schadensersatzansprüche wegen Verletzung der öffentlich-rechtlichen Leistungsbeziehungen, zB bei Schäden durch gesundheitsschädliches Leitungswasser, die §§ 276, 278, 31, 89 sinngemäß, nicht aber Amtshaftungsgrundsätze anzuwenden (RGZ 55, 364; 63, 374; 152, 129; 172, 176; BGHZ 15, 113, 118; 17, 191; NJW

1954, 1323; VersR 1958, 194; 1961, 541; 1963, 1030). So bestehen, auch wenn nur eine Gemeindesatzung über den Anschluß an die gemeindliche Wasserleitung und über die Abgabe von Wasser die Grundlage der Rechtsbeziehung zwischen der Gemeinde und den Beziehern von Trinkwasser bildet, doch hinsichtlich der Verpflichtung zur Lieferung einwandfreien Wassers vertragliche oder mindestens vertragsähnliche Beziehungen, deren Verletzung durch die Gemeinde (zB durch Ablagerung von Fäkalien im Wassereinzugsgebiet) nach bürgerlichem Recht zu beurteilende Schadensersatzansprüche entstehen läßt (BGH VersR 1963, 1030). Amtshaftungsgrundsätze gelten dagegen bei der Verletzung der Pflicht zur sicherheits- und gesundheitspolizeilichen Überwachung der Versorgungsbetriebe (RGZ 55, 364; BGH VersR 1957, 249).

116 i) Keine Betätigung in Ausübung öffentlicher Gewalt liegt vor, wenn eine Gemeinde ihre Bürger zu unentgeltlichen freiwilligen Arbeiten gemeinnütziger Natur (zB zur Anlegung von Wegen in Gemeinschaftsarbeit) aufruft; sie haftet gegebenenfalls nur aus einem privatrechtlich begründeten Auftrags- oder auftragsähnlichen Verhältnis (RG HRR 1940 Nr 1023).

9. Handeln im fiskalischen Bereich

117 a) Bei Amtspflichtverletzungen im fiskalischen Bereich haftet der Beamte im staatsrechtlichen Sinne persönlich nach Maßgabe des § 839, also mit dem Verweisungsprivileg nach Absatz 1 Satz 2 (BGHZ 85, 393). Eine Haftung des Staates aus Art 34 GG entfällt (BGH NJW 2001, 2626, 2629). Die persönliche Haftung aus § 839 für Amtspflichtverletzungen im fiskalischen Bereich trifft **nur** den Beamten im staatsrechtlichen Sinne (im Sinne der Beamtengesetze, § 6 BBG, § 5 BRRG); der erweiterte Beamtenbegriff des Art 34 GG findet hier keine Anwendung (s oben Rn 41). Ein praktisch besonders wichtiger Anwendungsfall: die beamteten Ärzte im Dienst allgemeiner Krankenhäuser, die von öffentlichen-rechtlichen Körperschaften errichtet und unterhalten werden (s wegen der Einzelheiten den Abschnitt „Öffentliches Gesundheitswesen" Rn 596).

118 b) Die Haftung der Körperschaft, in deren Dienst der Beamte steht, richtet sich nach den allgemeinen Vorschriften: Ist der Beamte verfassungsmäßig berufener Vertreter, so bestimmt sich die Haftung der Körperschaft, soweit die Amtspflichtverletzung den Tatbestand einer allgemeinen unerlaubten Handlung im Sinne der §§ 823 ff erfüllt, nach §§ 89, 31. Zählt der Beamte nicht zu den verfassungsmäßig berufenen Vertretern, so tritt im allgemeinen deliktsrechtlichen Bereich die Verrichtungsgehilfenhaftung nach § 831 ein. Der Umfang der Organhaftung kann nicht dadurch erweitert werden, daß § 839 selbst als Schutzgesetz im Sinne des § 823 Abs 2 angesehen wird; die Amtspflichtverletzung als solche ist keine widerrechtliche Schadenszufügung im Sinne des § 831 (BGHZ 42, 176, 178). Allerdings hält der BGH im nicht deliktischen Bereich eine Haftung des Dienstherrn für verfassungsmäßig berufene Vertreter nach §§ 89, 31 BGB auch in Verbindung mit den Grundsätzen der positiven Vertragsverletzung für möglich (BGH NJW 2001, 2226, 2629 letzter Satz [berichtigte Fassung]).

119 c) Ist eine Haftung der Köperschaft begründet, so kann bei fahrlässiger Amtspflichtverletzung der Beamte auf die Subsidiarität seiner eigenen Haftung gegenüber derjenigen der Körperschaft verweisen (§ 839 Abs 1 S 2), gegebenenfalls auch in Gestalt eines Anspruchs aus positiver Vertragsverletzung (BGH aaO). Im Falle des § 831 kann der Beamte auch geltend machen, daß der Staat bei Auswahl oder Leitung des Beamten die erforderliche Sorgfalt nicht beachtet habe. Bei vorsätzlicher Amtspflichtverletzung haftet der Beamte persönlich und daneben die Körperschaft, soweit nicht nach § 831 ein Entlastungsbeweis in Betracht kommt und gelingt (RGZ 155, 257, 269, 273).

d) Die Staatshaftung aus § 839 BGB, Art 34 GG kann mit einer Haftung des **120** Staates aus §§ 31, 89, 831 zusammentreffen, wenn der Schaden nicht nur durch Amtspflichtverletzung des Beamten in Ausübung öffentlicher Gewalt, sondern auch durch unerlaubte Handlungen von Nichtbeamten verursacht ist, die im Auftrag des Staates eine privatrechtliche Tätigkeit ausüben (RGZ 151, 385), oder wenn die Handlung des Beamten zugleich eine schuldhafte Amtspflichtverletzung in Ausübung öffentlicher Gewalt wie auch eine unerlaubte Handlung in Wahrnehmung von Aufgaben im fiskalischen Geschäftsbereich darstellt (BGH NJW 1955, 1025; VersR 1983, 640; NJW 1996, 3208).

VI. Die Amtspflichten im allgemeinen

1. Allgemeine und besondere Amtspflichten

a) Nach Art 20 Abs 3 GG ist die Gesetzgebung an die verfassungsmäßige Ord- **121** nung und sind die vollziehende Gewalt und die Rechtsprechung an Gesetz und Recht gebunden. Es ist also aller Staatsgewalt schlechthin verboten, rechtswidrig zu handeln. Ins Positive gewendet ergeben sich Inhalt und Umfang der Pflichten, die ein Amt einem Amtsinhaber auferlegt, in verallgemeinerter Form aus den Amts- und Diensteiden. So beschwören zB die Beamten (vgl §§ 58 BBG, 40 BRRG), das Grundgesetz für die Bundesrepublik Deutschland und alle in der Bundesrepublik geltenden Gesetze zu wahren und ihre Amtspflichten gewissenhaft zu erfüllen; der Richtereid (§ 38 DRiG) lautet dahin, daß der Richter das Richteramt getreu dem Grundgesetz und getreu dem Gesetz ausüben, nach bestem Wissen ohne Ansehen der Person urteilen und nur das Wahrheit und Gerechtigkeit dienen werde. Die Wahrung des Grundgesetzes und aller in der Bundesrepublik geltenden (bundes- und landesrechtlichen) Gesetze, soweit sie sich an alle Rechtsunterworfenen wenden, wird damit nicht nur als eine allgemeine staatsbürgerliche Pflicht, sondern auch als eine den Amtsinhaber kraft des ihm übertragenen Amtes treffende Amtspflicht charakterisiert; die allgemein jedem Rechtsunterworfenen abverlangte Verpflichtung zu gesetzestreuem Verhalten ist für den Amtsinhaber, soweit es sich um sein amtliches Verhalten handelt, zur Amtspflicht erhöht. Die gleiche Pflicht kann also einem Amtsträger als Amtspflicht, einer Privatperson dagegen als bürgerlich-rechtliche Verpflichtung obliegen (BGHZ 16, 111, 114). Bei dieser Reichweite der Amtspflichten gibt es nach der Rechtsprechung im Bereich der Amtshaftung keinen „justizfreien Raum" und keine „injustitiablen Hoheitsakte" (BGHZ 57, 33, 46).

b) Neben diese allgemeinen Amtspflichten treten die besonderen Pflichten (die **122** Amtspflichten im engeren Sinne), die gerade den Amtsinhabern auferlegt sind. Sie sind für die Beamten im staatsrechtlichen Sinn zunächst in allgemeiner Weise in den Beamtengesetzen normiert, so die Pflichten zu uneigennütziger Verwaltung des Amtes nach bestem Gewissen (§ 54 BBG), zur Befolgung der von den Vorgesetzten erlassenen Einzelanordnungen und allgemeinen Richtlinien (§ 55 BBG), zur Remonstration bei Bedenken gegen die Rechtmäßigkeit dienstlicher Anordnungen (§ 56

BBG), zur Enthaltung von der Amtsausübung bei Interessenkollision (§ 59 BBG) und zur Amtsverschwiegenheit. Dazu treten die Vorschriften der Gesetze, die die Voraussetzungen und den Inhalt amtlicher Betätigung für bestimmte Gruppen von Amtsinhabern regeln, wie zB die Vorschriften der GBO für die Grundbuchbeamten, des FGG für die Organe der freiwilligen Gerichtsbarkeit, der Schiedsmanngesetze für die Schiedsmänner usw. Wichtig ist, daß außengerichtete Amtspflichten auch durch Runderlasse und sonstige allgemeine Verwaltungsvorschriften begründet werden können (BGH NVwZ-RR 2000, 746; NJW 2001, 3054, 3056). Hingegen hat der BGH es in BGHZ 87, 9, 18 abgelehnt, beim Scheitern oder bei Nicht- oder Schlechterfüllung eines öffentlich-rechtlichen Vertrages die Grundsätze der Amtshaftung anzuwenden, weil anderenfalls die besonderen Regeln, die sich für die gegenseitigen Leistungen aus dem öffentlich-rechtlichen Leistungsverhältnis ergeben, und die gerichtliche Zuständigkeit dort, wo über den Erfüllungsanspruch nicht die Zivilgerichte zu entscheiden haben, umgangen werden könnten. Offengeblieben ist jedoch, ob diese Erwägungen es auch ausschließen, aus einem öffentlich-rechtlichen Vertrag Amtspflichten gegenüber Dritten herzuleiten, denen ein vertraglicher Erfüllungsanspruch nicht zusteht, die vielmehr mit der Begründung, sie seien in den Schutzbereich des Vertrages einbezogen, Schadensersatz wegen angeblich pflichtwidrigen Verhaltens eines Vertragspartners verlangen (BGHZ 120, 184, 188). Besondere Amtspflichten nichtbeamteter Personen, die mit hoheitlichen Befugnissen bekleidet werden, können sich aus den mit dem Beleihungsakt verbundenen Weisungen ergeben.

123 Amtspflichten werden aber nicht nur durch gesetzliche Vorschriften und durch Dienstanweisungen begründet, sondern können sich auch unmittelbar aus der Art und Natur der wahrzunehmenden Aufgabe selbst ergeben (BGHZ 69, 136; BGH VersR 1958, 600) und aus der Konkretisierung allgemeiner Obersätze und Maximen, insbesondere des Grundsatzes des sozialen Rechtsstaats und der Bindung der Staatsorgane an „Gesetz und Recht" (Art 20 GG), hergeleitet werden.

Eine Amtspflichtverletzung kann auch begangen werden, wenn der Beamte zur Vornahme der Amtstätigkeit nicht verpflichtet war, sondern sie freiwillig, außerhalb seines „eigentlichen" Pflichtenkreises als amtliche Aufgabe übernommen hat (vgl BGH VersR 1961, 438: die Polizei übernimmt das Geleit für einen schwierigen Transport auf öffentlichen Straßen). Das gleiche gilt, wenn der Beamte unter Überschreitung der Grenzen seiner sachlichen und örtlichen Zuständigkeit gehandelt hat, sofern nur eine innere Beziehung zu seinen dienstlichen Obliegenheiten besteht (RGZ 71, 60; 93, 261; 99, 288; 104, 260, 348; BGH VersR 1966, 852).

2. Rechtmäßiges Verhalten

124 a) Jeder Amtsträger hat die Amtspflicht, sein Amt sachlich, unparteiisch und im Einklang mit den Forderungen von Treu und Glauben sowie guter Sitte auszuüben und sich jeden Mißbrauchs seines Amtes zu enthalten. Der Staat darf seine Machtmittel nur nach sorgfältiger Prüfung sowie im unabweislich gebotenen Umfang einsetzen und anwenden. Jeder Amtsträger muß seine Machtmöglichkeiten maßvoll ausüben, so daß unbeteiligte Dritte dadurch nicht geschädigt werden und der Betroffene nur nach den Grundsätzen der Verhältnismäßigkeit, nämlich in den Grenzen des unumgänglich Notwendigen benachteiligt wird (BGH LM § 839 Ca Nr 17).

Die allgemeinen Amtspflichten jedes Beamten, sein Amt gewissenhaft und unpar- **125** teiisch zu verwalten, die Gesetze zu wahren, sich jeden Amtsmißbrauchs und jedes Übermaßes eines Eingriffs zu enthalten, sind Amtspflichten, die dem Beamten gegenüber jedem als geschütztem „Dritten" obliegen, der durch die Verletzung dieser Pflichten geschädigt werden könnte (RGZ 139, 149, 154; 140, 423, 428; 154, 201, 208; 156, 220, 237; 158, 83, 94; BGHZ 16, 111, 113; 76, 17, 30; VersR 1966, 473).

b) Eine besonders wichtige Konsequenz der Amtspflicht zu rechtmäßigem Ver- **126** halten ist die Pflicht, deliktische Schädigungen zu unterlassen.

aa) Der hoheitlich handelnde Beamte ist daher verpflichtet, sich bei der Amtsausübung aller rechtswidrigen Eingriffe in fremde Rechte zu enthalten; insbesondere also alle unerlaubten Handlungen im Sinne des BGB zu unterlassen, namentlich Eingriffe in die durch § 823 Abs 1 BGB geschützten absoluten Rechtsgüter wie Leben, Körper, Gesundheit, Freiheit, Eigentum oder sonstige absolute Rechte (allgemeines Persönlichkeitsrecht, Recht am eingerichteten und ausgeübten Gewerbebetrieb). Beispiele aus der Rechtsprechung: allgemein: BGHZ 14, 319, 324; 16, 111, 113; 32, 145, 149; 49, 108, 115; Eingriff in den eingerichteten und ausgeübten Gewerbebetrieb: BGHZ 69, 138; Eingriff in das allgemeine Persönlichkeitsrecht – hier: Ehre: BGHZ 78, 279; zu weitgehend mE BGH NJW 1994, 1950: Verletzung des Persönlichkeitsrechts durch eine Pressemitteilung der Staatsanwaltschaft über ein Ermittlungsverfahren gegen einen namentlich benannten Rechtsanwalt. Zu Urheberrechtsverletzungen durch einen Hochschullehrer s BGH NJW 1992, 1310 und oben Rn 71.

bb) Verletzung einer dem Geschädigten gegenüber obliegende Amtspflicht ist da- **127** nach auch die Verletzung eines Schutzgesetzes (§ 823 Abs 2 BGB); diese kann bestehen in der Begehung einer strafbaren Handlung. Beispiele: die Begehung fahrlässiger Körperverletzung durch unvorsichtigen Umgang mit der Dienstwaffe oder deren unzulängliche Verwahrung, die mißbräuchliche Benutzung ermöglicht (vgl RG HRR 1935 NR. 585), die Begehung von Amtsunterschlagung (RGZ 56, 84), Urkundenfälschung (RGZ 66, 107), wie auch in der Verletzung außerstrafrechtlicher Schutzgesetze (vgl BGH NJW 1980, 1679 betreffend Verletzung des § 909 BGB durch die Straßenbaubehörde) oder anderer Verbotsgesetze (vgl BGHZ 76, 16, 30 betreffend verbindliche Abgabe einer gesetzwidrigen Zusage einer Gemeinde, bei der die Zulässigkeit nicht genügend sorgfältig geprüft war). Zu einer Amtspflichtverletzung durch Kreditgefährdung im Sinne des § 824 BGB s BGH VersR 1963, 1202, 1203. Zu § 826 BGB s die Ausführungen zum Amtsmißbrauch im Abschnitt „Drittgerichtetheit und Schutzzweck" (Rn 176).

c) Die Pflicht zur gewissenhaften Verwaltung seines Amtes erfordert auch, daß **128** ein Beamter über die zur Ausübung seines Amtes erforderlichen Kenntnisse, Fähigkeiten und Erfahrungen verfügt oder, soweit er sie nicht besitzt, sich verschafft. So muß zB ein Beamter, zu dessen Amtsverrichtungen der Gebrauch von Schußwaffen gehört, wie etwa ein Polizeibeamter, auch die Gefahren kennen, die zur Nachtzeit mit einem Schuß auf ein Ziel in größerer Entfernung verbunden sind; er muß wissen, wann ein solcher Schuß mit Abprallern und Querschlägern verbunden ist und welche Folgen sich darauf ergeben (BGH VersR 1964, 536, 539). Ein mit Rechtsangelegenheiten befaßter Beamter muß sich über die auf seinem Sachgebiet einschlägige Gesetzgebung und Rechtsprechung auf dem laufenden halten. Tut er dies nicht und setzt er sich infolgedessen mit der Rechtsprechung in Widerspruch, so verletzt er schuldhaft die Amtspflichten, die ihm gegenüber den von seiner Entscheidung betroffenen Dritten obliegen (BGH VersR 1963, 1080). Das bedeutet nicht, daß ein Beamter bei seinen Entscheidungen an die Rechtsprechung gebunden sei; er handelt nicht pflichtwidrig, wenn er bei seiner Entscheidung aus wohl erwogenen Gründen einer Rechtsprechung, die er für unrichtig hält, nicht folgt. Pflichtwidrig handelt er aber, wenn er sie nicht kennt und sie deshalb nicht berücksichtigen oder sich mit ihr auseinandersetzen kann (vgl wegen der Einzelheiten den Abschnitt „Verschulden" Rn 203).

129 d)   Die allen Behörden obliegende allgemeine Pflicht zur gesetzmäßigen Verwaltung konkretisiert sich auch in der Pflicht jedes Amtsträgers, die Grenzen seiner Zuständigkeit einzuhalten. Die bestehenden Zuständigkeitsregelungen sind gerade auch deshalb geschaffen worden, damit der jeweilige Entscheidungsträger die erforderliche Fachkompetenz aufweist. Sinn der Zuständigkeitsbestimmungen ist daher auch die Gewährleistung einer sachlich richtigen Entscheidung, was regelmäßig auch dem Schutz der Betroffenen dient. Der Beamte, der seine amtlichen Befugnisse überschreitet und Amtshandlungen vornimmt, für die er nicht zuständig ist, verletzt eine ihm gegenüber jedem dadurch geschädigten Dritten obliegende Amtspflicht, wenn eine innere Beziehung zwischen der unter Zuständigkeitsüberschreitung vorgenommenen schädigenden Amtshandlung und den durch die zuständige Stelle zu schützenden Belangen des Dritten besteht, dh dessen Interessen dadurch konkret berührt werden (BGHZ 117, 240, 244/45; BGHZ 65, 182, 187 f; BGH NJW 1959, 1316 f). Eine solche Beziehung ist auch noch gegeben, wenn eine Selbstverwaltungskörperschaft durch Hinausgreifen über die Grenzen ihrer Autonomie den „Zulassungsstatus" der Mitglieder schmälert (BGHZ 81, 21, 27 f). Ebenso muß sich eine Kassenärztliche Vereinigung gegenüber ihren Mitgliedern im Rahmen des gesetzlich und vertraglich geregelten kassenärztlichen Leistungssystems halten (BGHR BGB § 839 Abs 1 S 3 Dritter 38 im Anschluß an BSG SozR 2200 § 368b RVO Nr 4). Die eine Amtspflichtverletzung darstellende Zuständigkeitsüberschreitung eines Beamten verlangt es nicht, daß er die Zuständigkeiten einer anderen öffentlich-rechtlichen Körperschaft wahrgenommen hat (BGH NJW 1959, 1316; RGZ 148, 251, 256).

130 e)   Allgemein trifft alle Beamten die Amtspflicht, sich bei ihrer amtlichen Tätigkeit innerhalb der Grenzen von Recht und Gesetz zu halten (BGH NJW 1979, 642 f). Eine Überschreitung dieser Grenzen liegt beispielsweise in einem Eingriff ohne die erforderliche Rechtsgrundlage, so, wenn ein Bundesminister nachgeordneten Behörden Anweisungen erteilt, deren Befolgung zur Schädigung Dritter führt (durch Ablehnung der Gesuche von Antragstellern), es aber für solche Anweisungen an der erforderlichen Rechtsgrundlage (Gesetz oder Verordnung) fehlt (BGHZ 63, 319). Des weiteren gehört in diesem Zusammenhang die unzulässige „Koppelung" einer beantragten Baugenehmigung mit einer von dem Antragsteller zu erbringenden Gegenleistung (BGH NJW 1979, 642; unter bestimmten – engen – Voraussetzungen kann indessen eine „Koppelung" zulässig sein: BGH WM 1981, 179 und 1983, 713).

131 f)   Auch der Gebrauch von Rechtsmitteln durch eine Behörde gegen die Entscheidung einer anderen Behörde kann amtspflichtwidrig sein. Beispiel: Für die Klagebefugnis einer Gemeinde reicht es aus, daß sie geltend macht, durch die Erteilung der Baugenehmigung ohne ihr Einvernehmen in ihrer gemeindlichen Planungshoheit verletzt zu sein (BGH NVwZ 1995, 100). War die Erteilung der Baugenehmigung rechtmäßig (etwa weil das Einvernehmen nicht erforderlich war oder zu Unrecht verweigert worden war), so kann die gleichwohl erfolgte Anfechtung ihrerseits rechts- und amtspflichtwidrig sein und Schadensersatzansprüche – etwa wegen einer eintretenden Verzögerung – begründen. Zwar werden mit Widerspruch und Verwaltungsklage formell bestehende rechtliche Möglichkeiten ausgeschöpft. Das steht aber der Annahme nicht entgegen, daß auch dieses Verhalten amtspflichtwidrig ist. Auch der Gebrauch von Rechtsbehelfen zur Durchsetzung amtspflichtwidriger Beschlüsse stellt eine Amtspflichtverletzung dar. Damit wird lediglich die mit dem ursprünglichen amtspflichtwidrigen Beschluß begonnene Amtspflichtverletzung fortgesetzt (BGH NVwZ 1994, 825, 826, betreffend einen Fall, in dem die Gemeinde als Schulträger im Rahmen ihrer Mitwirkung zu Unrecht eine staatliche Personalentscheidung [des Landes] angefochten hatte). Eine Behörde darf bei einer anderen eine bestimmte gegen einen Dritten gerichtete Maßnahme nicht beantragen, wenn sie erkennt oder mangels gehöriger Prüfung nicht erkennt, daß die gesetzlichen Voraussetzungen für diese Maßnahme nicht gegeben sind. Das schließt allerdings nicht aus, daß eine Behörde bei Anwendung der in derartigen Fällen zu fordernden Sorgfalt nach Prüfung der ihr zur Verfügung stehenden Unterlagen einen Sachverhalt – objektiv – dahin beurteilen kann und darf, es liege ernstlich die Möglichkeit nahe, daß die zur Entscheidung über den Antrag zuständige Stelle die Voraussetzungen für die in Rede stehende Maßnahme als vorliegend werde erachten müssen, während die für die Anordnung der Maßnahme selbst allein zuständige Stelle mit Recht diese Voraussetzungen doch nicht für gegeben ansieht. In einem solchen Fall handelt die beantragende Behörde nicht pflichtwidrig (BGHZ 110, 253, 256). Dementsprechend darf eine Behörde eine einem Dritten von einer anderen Behörde erteilte Genehmigung dann nicht anfechten, wenn sie erkennt oder hätte erkennen müssen, daß die gesetzlichen Voraussetzungen für die Genehmigung vorliegen (BGH NVwZ 1995, 100).

g) Weitere Einzelbeispiele aus dem Bereich der Amtspflicht zu rechtmäßigem Verhalten:

Zu den Amtspflichten des Vorsitzenden der Bundesprüfstelle für jugendgefährdende Schriften; insbesondere zur Zulässigkeit einer trotz fehlender gesetzlicher Grundlage getroffenen Verwaltungsvereinbarung zur Vermeidung widersprüchlicher Entscheidungen: BGHZ 128, 346. Amtspflichtverletzung eines Polizeibeamten als Hilfsbeamten der Staatsanwaltschaft, der dem Auftraggeber eines Privatdetektivs empfiehlt, den Ermittlungsauftrag wegen angeblicher Störung staatsanwaltschaftlicher Ermittlungen zu kündigen: BGH NJW 1989, 1924. Die Bundesrepublik darf nicht durch Absprachen mit einer privaten Fluggesellschaft den beabsichtigten Berufswechsel eines Berufssoldaten (Luftwaffenpilot), der seine Entlassung auf eigenen Antrag betreiben will, über die gesetzlichen Voraussetzungen hinaus erschweren (BGHR BGB § 839 Abs 1 S 1 Dritter 6). Der Konkursantrag einer Gemeindefinanzbehörde wegen rückständiger Gemeindesteuern ist eine Amtshandlung, deren Pflichtmäßigkeit nach § 839 BGB zu beurteilen ist. Er ist amtspflichtwidrig, wenn ein Konkursgrund nicht vorliegt (BGHZ 110, 253). Gleiches gilt für einen dinglichen Arrest wegen einer Steuerforderung, wenn ein Arrestgrund nicht bestanden hat (BGHZ VersR 1986, 289).

Rechtswidriger Ausschluß eines Bevollmächtigten durch das Landessozialamt als Amtspflichtverletzung gegenüber dem Bevollmächtigten: BGHR BGB § 839 Abs 1 S 1 Amtspflicht 2.

3. Pflicht, den Sachverhalt zu erforschen

133 Jeder Amtsträger hat die Pflicht, vor einer hoheitlichen Maßnahme, die geeignet ist, einen anderen in seinen Rechten zu beeinträchtigen, den Sachverhalt im Rahmen des Zumutbaren so umfassend zu erforschen, daß die Beurteilungs- und Entscheidungsgrundlage nicht in wesentlichen Punkten zum Nachteil des Betroffenen unvollständig bleibt. Der durch die Verletzung dieser Pflicht Geschädigte ist jedenfalls dann „Dritter" im Sinne des § 839 Abs 1 BGB, wenn die hoheitliche Maßnahme darauf abzielt, den Adressaten zu einem Eingriff in seine Rechtsstellung zu veranlassen (BGHR BGB § 839 Abs 1 S 1 Schulaufsicht 1; betreffend schulische Mißstände in einer Privatschule [= NJW 1989, 99]). Erforderlichenfalls trifft die Behörde die Amtspflicht, sich sachverständiger Hilfe zu bedienen (BGHR BGB § 839 Abs 1 S 1 Luftfahrtveranstaltung 1, betreffend die Genehmigung eines möglicherweise gefährlichen Drachenflugexperiments). Die Verpflichtung des Betriebsprüfers, die Besteuerungsgrundlagen nur unter den Voraussetzungen des Gesetzes und im Rahmen des gesetzlich Zulässigen festzustellen, ist eine Amtspflicht auch gegenüber dem Steuerpflichtigen (BGHR BGB § 839 Abs 1 S 1 Finanzbeamter 1; BGH VersR 1975, 598 mwN). Zur allgemeinen Pflicht der Behörde, den Sachverhalt von Amts wegen zu ermitteln, vgl § 24 VwVfG.

4. Pflicht zu zügiger Sachbearbeitung

134 a) Im Rechtsstaat hat jede Behörde die Amtspflicht gegenüber dem Antragsteller, die an sie gestellten Anträge mit der gebotenen Beschleunigung innerhalb einer angemessenen Frist zu behandeln, auf Anfrage wahrheitsgemäß über den Sachstand Auskunft zu geben (BGHZ 30, 19) und die Anträge, sobald eine ordnungsgemäße Prüfung abgeschlossen ist, in angemessener Frist zu bescheiden (BGHZ 60, 112, 116; BGH VersR 1983, 240). Das gilt vor allem, wenn, der Behörde erkennbar, ein dringendes Interesse des Antragstellers an einer alsbaldigen Sachentscheidung besteht (BGHZ 30, 19; BGH VersR 1963, 1080, 1175). Sofortige Erledigung von Anträgen kann aber, wenn nicht ganz besondere zwingende Gründe vorliegen, in der Regel nicht verlangt werden. Welche Frist angemessen, welche Beschleunigung geboten ist, bestimmt sich nicht allein nach dem Interesse des Antragstellers oder des durch die erbetene Entscheidung betroffenen einzelnen, sondern auch danach, daß im Einzelfall eine sachgerechte Entscheidung ausreichend vorbereitet und ermöglicht wird (BGH VersR 1964, 344). Ein Beamter verletzt seine Amtspflicht gegenüber dem Antragsteller, wenn er infolge schuldhafter Verkennung der Rechtslage zögert, einem Antrag zu entsprechen und damit dem Antragsteller zumindest zeitweilig die Entscheidung vorenthält (BGHZ 30, 19, 26; BGH VersR 1963, 1175). Er handelt aber nicht schuldhaft, wenn er bei einer zweifelhaften und ungeklärten Rechtsfrage, von der seine Entscheidung abhängt, zunächst die Entscheidung eines bereits mit der gleichen Frage befaßten oberen Gerichts abwartet (BGH VersR 1964, 197). Auch kann erhebliche Arbeitsüberlastung das Verschulden des Beamten ausschließen, wenn sie den vorgesetzten Stellen bekannt war oder wenigstens bei ordnungsmäßiger Aufsicht bekannt sein mußte (BGH VersR 1963, 1080). Allerdings wird in solchen Fällen jeweils ein Organisationsverschulden zu prüfen sein (vgl wegen der Einzelheiten den Abschnitt „Verschulden" Rn 228).

135 b) Aus der Regelung der verwaltungsrechtlichen Untätigkeitsklage (§ 75 VwGO) läßt sich kein Hinweis darauf herleiten, daß eine Pflichtverletzung erst bei einer Verzögerung von mindestens drei Monaten angenommen werden könne. Die für eine Untätigkeitsklage erforderliche Drei-Monats-Frist stellt lediglich eine besondere Prozeßvoraussetzung dar; dies schließt nicht etwa die Möglichkeit aus, daß auch ein kürzerer Verzögerungszeitraum zu einer Schädigung des Bürgers führen kann, für die Verwaltung einzustehen hat, soweit die sonstigen Voraussetzungen einer schuldhaften Pflichtverletzung erfüllt sind (BGH NVwZ 1993, 299).

c) Einzelfälle: Amtspflichtwidrige Verzögerung der Erlaubnis für eine Spielhalle, **136** bis das Vorhaben wegen des Inkrafttretens der neuen Spielverordnung nicht mehr in dem ursprünglich geplanten Umfang genehmigungsfähig war: BGHR BGB § 839 Abs 1 S 1 Gewerbeerlaubnis 1; amtspflichtwidrige Verzögerung der Entscheidung über eine Bauvoranfrage unter unzulässiger Berücksichtigung geänderter Planungsabsichten der Gemeinde: BGH NVwZ 1993, 299. Weitere Fälle im Abschnitt „Öffentliches Baurecht" (Rn 565).

Durch den Erlaß eines verspäteten Zwischenbescheides nach § 6 Abs 1 S 2 GrdstVG begehen die Bediensteten der Genehmigungsbehörde eine Amtspflichtverletzung, weil sie den unrichtigen Eindruck erwecken, die Entscheidung über den Antrag auf Genehmigung des Kaufvertrages sei noch in der Schwebe, während die Genehmigung wegen der Fiktion des § 6 Abs 2 GrdstVG in Wahrheit bereits als erteilt gilt (BGHZ 123, 1).

Die Amtspflicht des Standesbeamten, eine beantragte Trauung nicht durch unnötige Verzögerung unmöglich zu machen, dient auch dem Schutz des mit der Eheschließung verbundenen Interesses eines Verlobten an der Erlangung einer Hinterbliebenenrente (BGH NJW 1990, 505 und unten Rn 741).

5. Sachgerechte Entscheidung

Die zur Sachentscheidung zuständige Stelle hat dem einzelnen Staatsbürger gegen- **137** über die Pflicht zur sachgerechten Entscheidung. Diese Pflicht verletzt ein Beamter, wenn er dem Gesuchsteller eine nach positivem Recht nicht zulässige Ablehnung des Gesuchs als sicher in Aussicht stellt; er verstößt damit zugleich gegen seine Amtspflicht, vermeidbaren Schaden fernzuhalten und im Rahmen seiner Zuständigkeit dem Gesuchsteller zu helfen, das zu erreichen, was ihm zusteht oder was er im Umfang des Möglichen und Zulässigen zu erreichen wünscht (BGH NJW 1970, 1414; MDR 1981, 915). Alle Organe des Staates und alle Stellen, deren sich der Staat zur Durchführung seiner Aufgaben bedient, haben, soweit erforderlich, dazu mitzuwirken, daß die zur Sachentscheidung zuständige Stelle in den Stand gesetzt wird, eine sachgerechte Entscheidung zu fällen; auch diese Mitwirkungspflicht ist eine ihnen dem Staatsbürger gegenüber obliegende Amtspflicht (BGHZ 15, 305, 309). Daraus ergibt sich: Eine Behörde haftet aus Organisationsverschulden, wenn sie nicht dafür sorgt, daß ein auskunfterteilender Beamter die zur Erteilung einer richtigen Auskunft erforderlichen Informationen erhält und er infolgedessen – persönlich schuldlos – eine unrichtige oder unvollständige Auskunft erteilt (BGH MDR 1978, 296; vgl wegen der Einzelheiten den Abschnitt „Verschulden" Rn 228). Eine Amtspflicht zu sachgerechter Unterrichtung obliegt einer Behörde auch, wenn sie durch Rat, Empfehlung oder Berichte eine andere Behörde zu hoheitlichen Maßnahmen veranlaßt (BGH NJW 1963, 1199; 1984, 2946 betreffend Austausch besoldungsrechtlicher Vergleichsmitteilungen zwischen öffentlich-rechtlichen Arbeitgebern).

6. Pflicht zur Behebung begangener Fehler

138 Jeder Amtsträger hat die Pflicht, begangene Fehler zu beheben, im Rahmen des Zumutbaren ihre für den Betroffenen nachteiligen Folgen zu beseitigen und hervorgerufene Schadensgefahren auszuräumen (BGH NJW 1986, 2952, 2953; BGHZ 43, 34, 38). Insbesondere besteht im Rahmen rechtmäßiger Amtsausübung für die insoweit zuständigen Amtsträger in der Regel die Pflicht, als rechtswidrig erkannte oder erkennbare Verwaltungsakte zurückzunehmen (BGH VersR 1971, 859, 861; NJW 1986, 2952, 2953).

7. Verhältnismäßigkeit

139 a) Ein den Inhalt der Amtspflicht beeinflussender allgemeiner Obersatz ist ferner der Grundsatz der Verhältnismäßigkeit (vgl dazu BGH NJW 1967, 622).

Er besagt, daß, wo das Gesetz hoheitliche Eingriffe in die Rechtssphäre des Betroffenen zuläßt, die Art und Schwere des Eingriffs in einem angemessenen Verhältnis zu dem erstrebten Zweck stehen muß und daß bei einem Fehlverhalten einer Person nicht behördliche Maßnahmen ergriffen werden dürfen, die in einem Mißverhältnis zu der Bedeutung des Fehlverhaltens stehen (BGH MDR 1965, 641). Aus dem Grundsatz der Verhältnismäßigkeit ergibt sich weiter, daß jeder obrigkeitliche Eingriff nur so weit zulässig ist, als er unumgänglich notwendig ist; der Beamte muß vermeidbare Schäden vermeiden und im Rahmen des Möglichen und Zumutbaren dazu beitragen, die nachteiligen Folgen des Eingriffs für den Betroffenen zu mildern (BGHZ 18, 336), also zB einen nach dem Bundesleistungsgesetz in Anspruch genommenen Kraftwagen zurückgeben, sobald er nicht mehr benötigt wird (BGHZ 9, 295), oder die Beschlagnahme des Führerscheins durch andere Maßnahmen ersetzen, wenn sonst erhebliche Schäden drohen (BGH NJW 1961, 264), oder in einem strafrechtlichen Ermittlungsverfahren das den Beschuldigten am wenigsten belastende Vorgehen wählen (OLG Koblenz MDR 1984, 144). Beim hoheitlich angeordneten Abbruch eines Hauses besteht die Amtspflicht zur Schonung erhaltenswerter Bausubstanz (BGH MDR 1993, 517).

140 b) Aus dem Verhältnismäßigkeitsgrundsatz folgt ferner, daß Eingriffe, die gegenüber einer bestimmten Person zulässig sind, nicht zur Beeinträchtigung Dritter führen dürfen; jeder Amtsausübung wohnt die Pflicht inne, Dritte, die von der Amtstätigkeit nicht berührt werden sollen oder dürfen, auch nicht durch sie zu beeinträchtigen (RGZ 91, 381; 101, 24; 108, 366; 125, 85; 139, 149, 154; BGHZ 16, 111, 113; BGH VersR 1964, 874). Diese Pflicht ist eine gegenüber jedermann bestehende Amtspflicht. Aus der jedem hoheitlich tätig werdenden Beamten gegenüber jedem unbeteiligten Dritten bestehenden Amtspflicht, bei der Amtsausübung nicht in irgendeiner Weise unzulässig in dessen Bereich einzugreifen und sich unerlaubter Handlungen im Sinne der §§ 823 ff BGB gegenüber Dritten zu enthalten, ergibt sich insbesondere die Amtspflicht, bei hoheitlichen Dienstfahrten jedem Verkehrsteilnehmer gegenüber die Verkehrsvorschriften zu beachten (RGZ 108, 366; 155, 186; 160, 193, 204; 170, 311, 314; BGHZ 1, 388, 395; 16, 111, 113; 21, 48; 29, 38; 42, 176, 180; 49, 267, 272; BGH NJW 1962, 1767; VersR 1966, 494).

8. Konsequentes Verhalten

Amtspflichten können sich auch aus vorausgegangenem Tun ergeben, durch das für **141** Dritte ein Vertrauenstatbestand entstanden ist, der die Behörde zu konsequentem Verhalten, zur Vermeidung widersprüchlichen Verhaltens zwingt. Die Amtspflicht zu konsequentem Verhalten besagt, daß die Behörde verpflichtet ist, eine in bestimmter Weise geplante und begonnene Maßnahme auch entsprechend durchzuführen. Sie darf sich nicht zu dem eigenen früheren Verhalten in Widerspruch setzen, wenn die gebotene Rücksichtnahme auf die Interessen der Betroffenen es gebietet, das von diesen in den Bestand der Maßnahme gesetzte Vertrauen zu schützen. Zum Schutzbereich der Amtspflicht zu konsequentem Verhalten gehört grundsätzlich auch der Schutz von Vermögensinteressen der betroffenen Bürger. Wie weit der Schutzzweck der Amtspflicht zu konsequentem Verhalten reicht, ist in jedem Einzelfall anhand des Gegenstandes zu bestimmen, auf den sich das Verwaltungshandeln konkret bezogen hat. Nur insoweit als der Betroffene bezüglich dieses Gegenstandes bestimmte wirtschaftliche Dispositionen getroffen hat, ist sein Vertrauen darauf, daß die Behörde nicht ohne triftigen Grund von ihrem bisherigen Verhalten abrückt, schützenswert (BGHR BGB § 839 Abs 1 S 1 konsequentes Verhalten 1). So dürfen zB die Bedingungen einer öffentlichen Ausschreibung nicht nachträglich zum Nachteil eines Teils der Betroffenen geändert werden (BGH NJW 1960, 2334; 1963, 644). Der einzelne Bürger hat zwar keinen Anspruch auf die Aufstellung eines gemeindlichen Bebauungsplans; ein solcher Anspruch kann auch nicht durch Vertrag begründet werden (§ 2 Abs 3 BauGB). Haben aber die Verhandlungen eines Grundstückseigentümers mit der Gemeinde über den Abschluß eines für die Erteilung der Baugenehmigung notwendigen Erschließungsvertrages bereits zu Teilungsgenehmigungen geführt, die eine Bindung in planungsrechtlicher Hinsicht begründeten, so hat die Gemeinde die Amtspflicht, diese gesetzliche Bindung nicht durch grundlose Ablehnung des dem Grundeigentümer in Aussicht gestellten Erschließungsvertrages zu unterlaufen (BGHZ 76, 343, 359). Die Nichteinstellung als Beamter trotz Zusicherung der Einstellung kann Ersatzansprüche begründen (BGHZ 23, 36, 49); allerdings liegt ein Verstoß gegen die Pflicht zu konsequentem Verhalten nicht schon darin, daß der Bürgermeister von den ihm nach der Gemeindeordnung zustehenden fristgebundenen Recht Gebrauch macht, der Wahl eines Beigeordneten durch den Gemeinderat zu widersprechen (BGHZ 137, 344). Allgemein begründet die Pflicht zu konsequentem Verhalten kein Verbot, die Maßnahme nach Bedarf veränderten Situationen anzupassen (BGH VersR 1985, 37).

9. Verschwiegenheitspflicht

Die allgemeine Verschwiegenheitspflicht der Beamten (§ 61 BBG, § 39 BRRG) ist **142** eine Amtspflicht, die gegenüber allen Personen besteht, denen durch eine Verletzung dieser Pflicht Schaden entstehen kann (BGHZ 34, 184, 186; 58, 370, 379; 78, 274, 281). Sie erstreckt sich auf alle Angelegenheiten, die dem Beamten in seiner dienstlichen Tätigkeit unmittelbar oder unmittelbar bekannt geworden sind, und besteht gegenüber allen Personen, die nicht zum engeren Dienstbereich des Beamten gehören (BGHZ 34, 184; OLG Karlsruhe MDR 1981, 754, betreffend Mitteilungen eines Kriminalbeamten von anhängig gewesenen Ermittlungsverfahren gegen einen Arbeitnehmer an dessen Arbeitgeber). Die Verschwiegenheitspflicht bezieht sich aber (vgl § 61 Abs 1 S 2 BBG) grundsätzlich nicht auf das Verhältnis zwischen dem einzelnen Beamten und seinem Dienstvorgesetzten oder auf das Verhältnis zwischen einer Behörde und den ihr übergeordneten Stellen, deren Dienst-, Fach- oder Rechtsaufsicht sie unterliegt (BGHZ 78, 274, 282 ff, betreffend zentrale Sammlung und Auswertung von Nachrichten durch das Bundeskriminalamt im Rahmen seines gesetzlichen Aufgabenbereichs). Bei Mitteilungen von Angelegenheiten in diesem Rahmen trifft den Mitteilenden keine Amtspflicht, Vorkehrungen dagegen zu treffen, daß der Mitteilungsempfänger sie nicht zu Zwecken verwendet, die von seinem Aufgabenbereich nicht mehr gedeckt werden, oder sie gar in die Hände Unbefugter gelangen läßt (BGHZ 78, 283). Mitteilungen über Angelegenheiten, auf die sich die Amtsverschwiegenheit erstreckt, können, wenn sie außerhalb des Rahmens des § 61 Abs 1 S 2 BBG erfolgen, durch den Rechtfertigungsgrund der Wahrnehmung berechtigter Interessen (bei überwiegendem öffentlichen Interesse) gedeckt sein (vgl BGHZ 78, 284 ff). S dazu auch BGH LM § 839 D Nr 27 zur Frage, unter welchen Voraussetzungen ein Beamter zur Bekämpfung von Mißständen in seiner Verwaltung sich an die Öffentlichkeit wenden kann.

10. Gehorsamspflicht

143 Die Gehorsamspflicht des Beamten (§ 55 BBG, § 87 BRRG) begründet auch gegenüber Dritten die Amtspflicht, außer den Gesetzen auch die allgemeinen oder im Einzelfall erlassenen verbindlichen Weisungen der Vorgesetzten zu befolgen (BGH DRiZ 1963, 194; VersR 1966, 688, 690; s auch BGH VersR 1968, 987, 988, betreffend Richtlinien für den Impfarzt über die Durchführung der Pockenschutzimpfung). Weisungen müssen unverzüglich ausgeführt werden; dies gilt auch dann, wenn die angewiesene Stelle gegen die Weisung Gegenvorstellungen oder Aufsichtsbeschwerde erhoben hat (vgl BGH DÖV 1954, 3347). Ist ein Verwaltungsakt von der übergeordneten Stelle auf Beschwerde aufgehoben, so folgt aus dem Grundsatz der Über- und Unterordnung, daß die nachgeordnete Behörde ihre Amtspflicht verletzt, wenn sie bei unveränderter Sach- und Rechtslage den gleichen Akt mit der früheren Begründung erneut erläßt, auch wenn sie die Rechtsauffassung der übergeordneten Behörde für unrichtig hält und deshalb an der eigenen Rechtsauffassung festhält (BGH LM VerwR – Allgemeines – Folgenbeseitigungsanspruch Nr 1; MDR 1956, 410, 412; VersR 1963, 1175). Hat ein Verwaltungsgericht durch rechtskräftiges Urteil die Verpflichtung einer Verwaltungsbehörde ausgesprochen, eine bestimmte Amtshandlung vorzunehmen (§ 113 Abs 4 VwGO), so ist die alsbaldige Erfüllung des Urteils eine dem Obsiegenden gegenüber bestehende Amtspflicht des zuständigen Beamten (BGHZ 26, 232; 27, 210; JZ 1962, 373); die Nichterfüllung ist auch dann Amtspflichtverletzung, wenn die Verwaltungsbehörde das Urteil für unrichtig hält, zB weil es sich nicht mit einer nach Meinung der Verwaltungsbehörde der Verpflichtung entgegenstehenden Vorschrift auseinandergesetzt hat. Denn die Verwaltungsbehörde muß davon ausgehen, daß das Verwaltungsgericht den Sachverhalt unter allen den nach Umständen in Betracht kommenden tatsächlichen und rechtlichen Gesichtspunkten abschließend geprüft hat (BGH JZ 1962, 373). Hat der Rechtspfleger dem Richter eine Sache nach § 5 Abs 1 Nr 2 RPflG vorgelegt, so ist er an die vom Richter ausgesprochene Rechtsauffassung gebunden (§ 5 Abs 2 RPflG) und verletzt seine Amtspflicht gegenüber dem durch die Nichterledigung oder Verzögerung seines Antrags Geschädigten, wenn er die Sache nochmals dem Richter vorlegt, weil er von dessen Rechtsauffassung abweichen wolle (BGH VersR 1968, 1186).

11. Amtspflicht zu fehlerfreier Ermessensausübung

a) Ist die Art und Weise des Tätigwerdens eines Amtsträgers seinem pflichtgemäßen Ermessen anheimgegeben, so liegt eine Amtspflichtverletzung so lange nicht vor, als sich seine Tätigkeit innerhalb der Grenzen fehlerfreien Ermessensgebrauchs hält. Die materiellen Voraussetzungen für die Amtspflicht zu einem bestimmten Verhalten entsprechen weitgehend denen für ein subjektiv-öffentliches Recht auf behördliches Einschreiten, das für den Fall einer „Ermessensschrumpfung auf Null" angenommen wird (BGHZ 74, 144, 155 mwN). Der BGH hatte früher im Anwendungsbereich des Opportunitätsprinzips eine Amtspflichtverletzung grundsätzlich nur und erst angenommen, wenn das Verhalten des Beamten den an eine ordnungsmäßige Verwaltung zu stellenden Anforderungen schlechterdings nicht genügte, weil der Beamte entweder überhaupt keine oder aber sachfremde Erwägungen angestellt hatte, deren Fehlerhaftigkeit sich jedem objektiven Beobachter ohne weiteres aufdrängte (BGHZ 45, 143, 146 mwN). Diese Formel war im Schrifttum als unklar und zu eng bezeichnet worden (Nachweise bei BGH aaO). Ihre Entwicklung in der Rechtsprechung reichte in eine Zeit zurück, in der ein subjektiv-öffentliches Recht auf Einschreiten der Polizei – (Ordnungs-)Behörden – noch nicht anerkannt war. In BGHZ 74, 144, 156 hat der BGH der berechtigten Kritik Rechnung getragen und die Formel an rechtsstaatliche Erfordernisse angepaßt. Die Tätigkeit der Verwaltungsbehörden ist im Rechtsstaat auch dann nicht völlig frei, wenn die Behörden aufgrund der gesetzlichen Bestimmungen „nach ihrem Ermessen" vorzugehen berechtigt sind. Auch dann bleiben sie an die allgemeinen Erfordernisse des Rechtsstaats gebunden, unter anderem an den Grundsatz, daß von jeder Ermächtigung nur im Sinne des Gesetzeszwecks Gebrauch gemacht werden darf (§ 40 VwVfG; vgl auch BVerfGE 18, 353, 363). Die – in diesem Sinne – fehlerhafte Ermessensausübung unterliegt der gerichtlichen Kontrolle (BVerfGE 9, 137, 147) durch die Verwaltungsgerichte (§ 114 VwGO) und – mit Blick auf das Vorliegen einer Amtspflichtverletzung – die Zivilgerichte. Dient hiernach die Amtstätigkeit auch dem Schutz bestimmter „Dritter", so kommt eine Amtspflichtverletzung durch Ermessensfehlgebrauch auch dann in Betracht, wenn die Schwelle des Amtsmißbrauchs noch nicht erreicht ist oder ein Fall evident fehlerhafter Amtstätigkeit nicht vorliegt (BGHZ 74, 144, 156).

b) Amtspflichtwidrig handelt ein zur Ermessensausübung verpflichteter Beamter, wenn er sein Ermessen überhaupt nicht ausübt, die gesetzlichen Grenzen des Ermessens überschreitet oder von dem Ermessen in einer dem Zweck der gesetzlichen Ermächtigung nicht entsprechenden Weise Gebrauch macht. Der Beamte handelt hiernach amtspflichtgemäß, solange er sich innerhalb dieser „Bandbreite" pflichtgemäßen Ermessens hält, mag auch ein anderes pflichtgemäßes Verhalten denkbar sein. Eine Amtspflichtverletzung liegt hingegen vor, wenn der Beamte die vorstehend beschriebenen Ermessensschranken und -bindungen verletzt oder wenn er verkennt, daß sein Ermessen reduziert oder sogar auf eine bestimmte Verhaltensweise festgelegt ist, wie zB bei der „Ermessensschrumpfung auf Null" oder bei (zulässiger) Selbstbindung der Verwaltung, von der er ohne zureichenden rechtlichen Grund nicht abweichen darf (BGHZ 118, 263, 271).

c) Es ist nicht zu beanstanden, wenn bei häufig wiederkehrenden typischen Ermessensentscheidungen der Ermessensbeamte seine grundsätzlichen Erwägungen ein für allemal angestellt hat und demgemäß in der Folgezeit ohne weiteres verfährt, solange nicht eine Veränderung der Sachlage im Einzelfall eine Berücksichtigung anderer Gesichtspunkte erfordert (BGHZ 6, 178, 183). Wenn aber eine Behörde so ihr Ermessen grundsätzlich oder längere Zeit hindurch gleichförmig in einem bestimmten Sinne ausübt, so liegt Verletzung des Gleichbehandlungsgrundsatzes vor, wenn sie ohne besondere Umstände, ohne sachliche Gesichtspunkte, die eine abweichende Entscheidung rechtfertigen, von der bisherigen Handhabung abgeht (BGHZ 74, 144, 157; BGH WM 1963, 791; VersR 1966, 289). Das gilt insbesondere in den Fällen der sogenannten Selbstbindung der Verwaltung, wenn die Behörde, um eine einheitliche und gleichmäßige Handhabung des Ermessens zu gewährleisten, generelle Verwaltungsanordnungen erläßt, die der Allgemeinheit bekannt gemacht werden oder zugänglich sind (s dazu BVerwG JR 1967, 196). Aus dem Gleichbehandlungsgrundsatz ergibt sich bei wirtschaftslenkenden Maßnahmen durch Stützungs- und Hilfsmaßnahmen des Staates (Subventionen usw an die Wirtschaft) die den zuständigen Amtsträgern gegenüber allen Wettbewerbern obliegende Amtspflicht zur gleichmäßigen Behandlung aller gleichgelagerten Fälle; der Gleichbehandlungsgrundsatz ist verletzt, wenn ein vernünftiger, sich aus der Natur der Sache ergebender oder sonstwie einleuchtender Grund für eine Differenzierung sich nicht finden läßt (BGH VersR 1964, 590). Selbstverständlich ergibt sich aus dem Gleichbehandlungsgrundsatz nicht, daß, falls anderen dem Gesetz zuwider etwas gewährt wurde, jemand verlangen könnte, die gleichen Vorteile müßten auch ihm gesetzwidrig zukommen (BGH DRiZ 1963, 355). Zu der Frage der Entstehung von Amtspflichten gegenüber dem Betroffenen, wenn der Staat durch Nutzungs- oder Hilfsmaßnahmen für einzelne Wirtschaftskreise in das freie Kräftespiel des Wettbewerbs eingreift und dadurch die Ausgangslage im Wettbewerb zum Nachteil der durch die Subventionsmaßnahmen nicht Begünstigten verändert wird, vgl BGH WM 1968, 1280.

147 d) Eine Grenze der Ermessensfreiheit bildet ferner der Grundsatz der Verhältnismäßigkeit von Zweck und Mittel (BGHZ 12, 206, 208; 18, 366; VersR 1960, 826; s auch oben Rn 139). Er wird zB verletzt, wenn die Straßenbehörde, in deren Ermessen die Wahl zwischen verschiedenen technischen Möglichkeiten der Ausführung von Arbeiten an der Straße steht, die gebührende Rücksicht auf die Interessen derjenigen unberücksichtigt läßt, die auf die Benutzung der Straße angewiesen sind (BGH NJW 1964, 198).

148 e) Eine Ermessensentscheidung liegt insoweit nicht vor, als nach gesetzlicher Vorschrift für eine Ermessensausübung erst Raum ist, wenn bestimmte Voraussetzungen erfüllt sind. Sieht zB eine Vorschrift vor, daß eine erforderliche Genehmigung erteilt werden kann, wenn der Antragsteller bestimmte sachliche und persönliche Voraussetzungen erfüllt, so beginnt der Ermessensspielraum („kann") erst, wenn die genannten Voraussetzungen von der Behörde geprüft und bejaht sind. Die Nachprüfung des Gerichts, ob die Behörde bei der der Ermessensentscheidung vorausgehenden Aufklärung des Sachverhalts amtspflichtgemäß verfahren ist, unterliegt nicht den für die Nachprüfung der Ermessensentscheidung selbst bestehenden Beschränkungen (vgl BGH VersR 1964, 433, 435).

149 f) Keine Ermessensentscheidung ist die Auslegung sogenannter unbestimmter Gesetzesbegriffe, wie zB „vorteilhaftes Angebot" (BGH VersR 1961, 176), „günstige Antragsbedingungen" (BGH DRiZ 1963, 194), „Gründe des Gemeinwohls" (BVerwG MDR 1960, 435), „Gemeingefährlichkeit" (BGH NJW 1959, 2303), „Geeignetheit" zu einer Betätigung (BGH VersR 1966, 688, 689), „Beeinträchtigung der Sicherheit und Leichtigkeit des Verkehrs" (BGH NJW 1968, 2144, 2145) oder die Anforderung einer Bauordnung, ein Bauwerk müsse Ausdruck „guter Baugesinnung" sein und sich in die Umgebung „einwandfrei" einfügen (BGH VersR 1964, 773). Hierbei handelt es sich um die richterlich nachprüfbare Beurteilung von Rechtsfragen. Da aber in solchen Fällen die Entscheidung auf einer Würdigung bestimmter tatsächlicher Umstände beruht, die den Beamten häufig einen gewissen Spielraum und eine gewisse Freiheit bei der Bildung seiner Überzeugung geben, fehlt es an einer Pflichtwidrigkeit, wenn der Beamte sich in dem ihm gewährten Beurteilungsspielraum gehalten hat (vgl BGH NJW 1968, 2144, 2144). Jedenfalls ist, wo eine unterschiedliche Beurteilung solcher Fragen in der Natur der Sache liegt, eine schuldhaft falsche Auslegung des unbestimmten Rechtsbegriffs nur gegeben, wenn sie nicht vertretbar ist (vgl BGHZ 36, 144, 150; BGH VersR 1964, 773, 776; s auch BGH VersR 1966, 688, 689; NJW 1968, 2145), während eine schuldhafte Amtspflichtverletzung vorliegt, wenn die tatsächlichen Grundlage für die Handhabung des unbestimmten Rechtsbegriffs nicht mit der erforderlichen Sorgfalt ermittelt sind und der Beamte bei seiner Entscheidung schuldhaft einen unrichtigen Sachverhalt unterstellt hat (BGH VersR 1966, 688, 689).

g) Von der Nachprüfung der Verwaltungsakte auf Ermessensfehler zu unterscheiden, ist die Nachprüfung, ob überhaupt ein trotz seiner Mängel noch wirksamer Akt und nicht vielmehr ein Akt vorliegt, der nach § 44 VwVfG nichtig ist. Danach ist nichtig ein Verwaltungsakt, soweit er an einem besonders schwerwiegenden Fehler leidet und dies bei verständiger Würdigung aller in Betracht kommenden Umstände offenkundig ist (§ 44 Abs 1 VwVfG) oder der ohne das Vorliegen dieser Voraussetzungen nichtig ist, weil die in § 44 Abs 2 VwVfG aufgeführten Umstände gegeben sind. S dazu auch § 44 Abs 3 VwVfG, der Fehler aufzählt, die nicht die Nichtigkeit begründen, sowie § 45 VwVfG betreffend die Heilung von Verfahrens- und Formfehlern.

12. Erteilung dienstlicher Auskünfte, Belehrungen und Hinweise

a) Eine allgemeine auf gesetzlichen Vorschriften beruhende Auskunftspflicht der Behörden gegenüber Privatpersonen gibt es nicht. Nach § 25 S 2 VwVfG erteilt die Behörde, soweit erforderlich, Auskunft über die den Beteiligten im Verwaltungsverfahren zustehenden Rechte und die ihnen obliegenden Pflichten. Nach den Grundsätzen von Treu und Glauben (§ 242 BGB) kommt aber ein Auskunftsanspruch in Betracht bei Rechtsverhältnissen, deren Wesen es mit sich bringt, daß der Berechtigte entschuldbarerweise über das Bestehen und den Umfang seines Rechts im ungewissen ist, während der Verpflichtete die Auskunft unschwer erteilen kann. Unter diesen Voraussetzungen kann auch ein Auskunftsanspruch gegen eine Behörde bestehen, auch zur Vorbereitung von Schadensersatzansprüchen aus Amtshaftung (BGHZ 81, 24; BGH NJW 1981, 1675). Von diesen Fällen abgesehen bleibt in der Regel die Auskunfterteilung dem pflichtgemäßen Ermessen der Behörde überlassen (BVerwG MDR 1965, 690). Es besteht demgemäß auch grundsätzlich kein Recht Privater auf Einsicht in behördliche Akten (vgl Hess VGH JZ 1965, 319 m Anm DAGTOGLOU).

aa) Auskünfte, die ein Beamter erteilt, müssen dem Stand seiner Erkenntnismöglichkeiten entsprechend sachgerecht, dh vollständig, richtig und unmißverständlich sein, so daß der Empfänger der Auskunft entsprechend disponieren kann. Die an eine Auskunft inhaltlich zu stellenden Anforderungen (Wahrheit, Klarheit, Unmißverständlichkeit und Vollständigkeit) bestehen unabhängig davon, ob der Beamte zur Erteilung der Auskunft verpflichtet oder auch nur befugt ist (BGH VersR 1985, 492); auch dort wo eine Amtspflicht zur Erteilung der Auskunft nicht besteht muß die Auskunft, wenn sie gleichwohl erteilt wird, diesen Erfordernissen genügen. Diese Amtspflicht besteht gegenüber jedem Dritten, in dessen Interesse oder auf dessen Antrag die Auskunft erteilt wird (BGH NVwZ 2002, 373; vgl wegen der Einzelheiten unten Rn 155). Für die Frage, ob die Auskunft den zu stellenden Anforderungen genügt, kommt es entscheidend darauf an, wie sie vom Empfänger aufgefaßt wird und werden kann und welche Vorstellungen zu erwecken sie geeignet ist. Klarheit der Auskunft ist insbesondere nötig, wenn Rechts- und Fachkenntnisse über den Gegenstand der Auskunft beim Empfänger nicht vorausgesetzt werden können; in diesem Falle muß die Auskunft nach Form und Inhalt so klar und eindeutig sein, daß Mißverständnisse und Zweifel, wie sie bei unerfahrenen Personen leicht entstehen können, möglichst ausgeschlossen sind (BGH VersR 1964, 919, 922; 1970, 711, 712; 1987, 50). Dabei hängt der Umfang der Auskunftspflicht auch vom Inhalt der Frage ab, die der Auskunftsuchende an die Behörde richtet (BGHR BGB § 839 Abs 1 S 2 Auskunft 5 und 11; BGH NVwZ 1997, 1243; NJW 1993, 3204). Kann der Beamte nicht alle Gesichtspunkte, die eine Bitte um Auskunft aufwirft, übersehen oder beurteilen, so muß er seine Auskunft ausdrücklich beschränken und den Auskunftsuchenden möglichst an die zuständige Stelle verweisen (BayObLG MDR 1965, 502).

153 bb) Für den Grad der Verläßlichkeit kann auch die Art des Zustandekommens der Auskunft bedeutsam sein: Eine Erklärung im Rahmen eines unvorbereiteten Telefongesprächs birgt – dem Anfragenden erkennbar – die Gefahr, daß der auskunfterteilende Beamte nicht alle entscheidungserheblichen Einzelheiten im Gedächtnis hat. Dieses Risiko muß dann grundsätzlich der Anfragende tragen; allerdings kann der Amtsträger gehalten sein, den Auskunftsuchenden ausdrücklich darauf hinzuweisen, daß er nicht über die erforderlichen Informationen für eine umfassende Auskunft verfüge und daher seine Angaben nur unter Vorbehalt machen könne (BGH NJW 1991, 3027 zum Umfang der Auskunftspflichten eines Strafvollzugsbeamten über Vorstrafen eines Gefangenen, der sich als künftiger Freigänger um eine Einstellung bei einem Privatunternehmen bewirbt). Erwähnt ein Beamter im Rahmen eines Gesprächs – erkennbar ohne Beiziehung einschlägiger Akten – beiläufig einen Umstand, der nach Auffassung der Gesprächsbeteiligten keine ausschlaggebende Bedeutung für die Beurteilung des den Gegenstand des Gesprächs bildenden Rechtsfalls hat, als Tatsache, dann kann sein Gesprächspartner, wenn er diesen Umstand im Rahmen einer weiteren Rechtsverfolgung als gegeben annimmt und vorträgt, aus der unzutreffenden „Auskunft" keinen Schadensersatzanspruch herleiten, wenn sich später herausstellt, daß dem Umstand entscheidende Bedeutung für das Obsiegen oder Unterliegen in einem Rechtsstreit zukommt und bei richtigem Vortrag die Rechtsverfolgung erfolgreich gewesen wäre. Bei Erwähnung eines (scheinbar) unwichtigen Nebenpunktes ohne Hinziehung von Unterlagen besteht erfahrungsgemäß ein besonderes Irrtumsrisiko. Das ist für den Auskunftsuchenden ohne weiteres erkennbar. Will er insoweit eine verläßliche Vertrauensgrundlage erhalten, dann muß er den auskunfterteilenden Beamten ausdrücklich darauf hinweisen, daß er auf eine verbindliche Auskunft auch zu diesem Punkt Wert legt, und sich vergewissern, ob der Beamte selbst zuverlässige Kenntnisse darüber besitzt oder sich diese Kenntnisse durch eine Prüfung der einschlägigen Vorgänge erst noch verschaffen müßte (BGH NJW 1993, 3204, 3205 f).

cc) Zwischen einer „Zusicherung" (als bindende Verpflichtung für ein künftiges **154** Verhalten) und einer „Auskunft" (über gegenwärtige tatsächliche Gegebenheiten) ist zu unterscheiden, mag auch in der Lebenswirklichkeit die Grenze zwischen beiden Erklärungen oft fließend sein (BGHZ 71, 386, 294). Die Auskunft bezieht sich auf Tatsachen, also auf gegenwärtige Gegebenheiten, mithin auf Umstände, die nicht von einer Willensentschließung abhängen. Eine derartige (tatsächliche) Auskunft kann äußerlich auch in die Form einer Zusage gekleidet sein. So sind die bestehende Absicht, der bereits gefaßte Beschluß, künftig etwas zu tun, und die dazu getroffenen Vorbereitungen vorhandene Wirklichkeit und daher (innere) „Tatsachen". Diese können – wie andere Tatsachen auch – Gegenstand einer Auskunft sein. Ihre Mitteilung kann sich schlüssig aus dem Gesamtinhalt der Erklärung und den sie begleitenden Umständen ergeben. Die Auslegung kann sogar dahin führen, daß die Auskunft über Tatsachen den eigentlichen Inhalt einer Erklärung bildet, die sich ihrem Wortlaut nach als Zusage künftigen Verhaltens darstellt. So wird die Erklärung, man werde (künftig) etwas bestimmtes tun, vielfach nicht mehr als die Mitteilung bedeuten, man habe (gegenwärtig) eine solche Absicht. Daher trifft den handelnden Amtsträger die Pflicht, eine solche Auskunft nicht nur richtig, sondern auch unmißverständlich, nämlich so klar und vollständig zu erteilen, daß der Empfänger entsprechend disponieren kann (BGHZ 117, 83, 88/89; BGHZ 137, 344, 349 f; vgl zu „inneren Tatsachen" als Gegenstand von Auskünften auch BGHR BGB § 839 Abs 1 S 1 Auskunft 4, 6 und 10).

dd) Die Amtspflicht zu richtiger Auskunft besteht gegenüber jedem Dritten, in **155** dessen Interesse oder auf dessen Antrag sie erteilt wird oder der nach der Natur des Amtsgeschäfts durch die Auskunft berührt wird oder über den sich die Auskunft verhält (BGHZ 14, 319, 321; BGH NJW 1955, 1835; 1962, 2100; VersR 1964, 317, 922; BGHR BGB § 839 Abs 1 S 1 Auskunft 1). Auch dann, wenn ein Beamter einem Anfrager Auskünfte über Rechtsverhältnisse eines – selbst an dem Verfahren nicht beteiligten – Dritten erteilt, an deren zutreffender Darstellung dieser Dritte ersichtlich ein berechtigtes Interesse hat, dann obliegt dem Beamten die Amtspflicht, Auskünfte nur „richtig, klar, unmißverständlich, eindeutig und vollständig" zu erteilen, auch im Interesse dieses Dritten (BGHR BGB § 839 Abs 1 S 1 Dritter 34 mwN). Mit der Auskunft, die ein Rentenversicherungsträger nach § 53b Abs 2 S 2 FGG im familiengerichtlichen Verfahren zum Versorgungsausgleich erteilt, erfüllt er zugleich eine ihm gegenüber dem Versicherten und seinem Ehegatten obliegende Amtspflicht (BGHZ 137, 11). Wird in einer Sache, die einen größeren Kreis von Personen angeht, einem Vorsprechenden eine unrichtige Auskunft erteilt, so ist die Amtspflicht auch gegenüber denjenigen verletzt, die nicht bei der Auskunftserteilung anwesend waren, sondern von ihr auf dem Weg über den vorsprechenden Auskunftsempfänger Kenntnis erhielten und sich darauf einrichteten (OLG Karlsruhe JZ 1965, 410).

ee) Mitwirkendes Verschulden liegt vor, wenn die Auskunft für den Empfänger **156** erkennbar unrichtig ist und er sie hinnimmt, ohne Vervollständigung zu verlangen (vgl OLG Düsseldorf VersR 1966, 784). Im übrigen darf grundsätzlich der Bürger auf Erklärungen und Auskünfte eines Beamten vertrauen, solange er nicht begründeten Anlaß zu Zweifeln an ihrer Richtigkeit hat (BGH NJW 1978, 522).

ff) Die Landespressegesetze gewähren zum Teil der Presse das Recht, von Be- **157** hörden Auskünfte zu verlangen. Dieses Recht besteht im Allgemeininteresse, im Interesse der Öffentlichkeit an Informationen über Angelegenheiten, die sie berühren. „Berichtigt" eine Behörde eine Darstellung über Verwaltungsvorgänge, die ein Journalist der Presse zwecks Veröffentlichung zugänglich gemacht hat, in irreführender Weise, so verletzt sie nicht eine ihr dem Journalisten gegenüber obliegende Amtspflicht zur sachgemäßen Auskunft (BGHZ 14, 319 = NJW 1955, 97 mit ablehnender Anmerkung BETTERMANN = JZ 1955, 172 mit ablehnender Anmerkung SCHRÖDER).

gg) Zu Auskünften im öffentlichen Baurecht s den dortigen Abschnitt (Rn 591 ff).

158 b) Ein Beamter ist regelmäßig nicht verpflichtet, den bei ihm erscheinenden oder sich an ihn wendenden Staatsbürgern rechtliche Belehrungen zu erteilen.

159 aa) Aber besondere tatsächliche Lagen und Verhältnisse können für den Beamten zusätzliche Pflichten schaffen, so auch die Pflicht, einen Gesuchsteller über die zur Erreichung seiner Ziele notwendigen Maßnahmen belehrend aufzuklären (BGH VersR 1965, 613) oder in anderer Weise helfend tätig zu werden, wenn er erkennt oder erkennen muß, daß der Betroffene seine Lage in tatsächlicher oder rechtlicher Beziehung nicht richtig zu beurteilen vermag, besonders wenn der Betreffende sonst Gefahr läuft, einen Schaden zu erleiden (BGH VersR 1982, 958). Diese zusätzliche Pflicht ergibt sich aus dem Grundsatz, daß der Beamte nicht nur Vollstrecker des staatlichen Willens, nicht nur Diener des Staates, sondern zugleich „Helfer des Bürgers" sein soll (BGHZ 15, 305, 312; BGH VersR 1969, 559; 1964, 151; NJW 1970, 1414). Immerhin muß aber dem Beamten ein gewisser Ermessenspielraum bleiben, um zu beurteilen, ob eine „besondere tatsächliche Lage" gegeben ist und ob Veranlassung besteht, Belehrungen zu erteilen, die, wenn sie sich als unrichtig erweisen, den Dienstherrn haftpflichtig und ihn selbst gegebenenfalls regreßpflichtig machen könnten.

160 bb) Der Beamte darf nicht „sehenden Auges" zulassen, daß der bei ihm vorsprechende Bürger Schaden erleidet, den der Beamte durch einen kurzen Hinweis, eine Belehrung mit wenigen Worten oder eine entsprechende Aufklärung zu vermeiden in der Lage ist (BGH LM BGB § 839 Ca Nr 34; NJW 1965, 1226; NJW 1960, 1244; 1994, 2414, 2417). Eine daraus sich ergebende Hinweis- und Aufklärungspflicht des Beamten ist aus dem Zusammenhang mit der Pflicht des Amtswalters herzuleiten, seinen Betrag dazu zu leisten, daß der Gesuchsteller im Rahmen des jeweils Möglichen und Zulässigen das erreichen kann, was er zu erreichen wünscht und was das Gesetz ihm zubilligt (BGH NJW 1960, 1244, 1245; 1994, 2414, 2417; KREFT Rn 193).

161 cc) Insbesondere hat ein Beamter die Pflicht zur Aufklärung, wenn er erkennen kann, daß jemand aufgrund des behördlichen Verhaltens veranlaßt wird, Maßnahmen zu treffen, die für ihn nachteilige Folgen haben oder zumindest mit dem Risiko des Eintritts solcher Folgen behaftet sind. Erscheint der Gesuchsteller insoweit „belehrungsbedürftig", dann hat der Beamte den Gesuchsteller über die Sach- oder Rechtslage aufzuklären bzw. zu belehren. Daraus kann indes nicht der Schluß gezogen werden, daß der Beamte schlechthin zur Erteilung von Rechtsauskünften, zur Berichtigung von Rechtsirrtümern oder zur Aufklärung über mögliche künftige Veränderungen der Sach- oder Rechtslage verpflichtet wäre (BGH NJW 1985, 1335, 1337 mwN).

162 dd) Im sozialen Rechtsstaat gehört zur Amtspflicht eines Beamten, der mit der Betreuung der sozial Schwachen beauftragt ist, diesen zu Erlangung und Wahrung der ihnen vom Gesetz zugedachten Rechte nach Kräften beizustehen. Aus dieser Beistandspflicht kann sich im Einzelfall die Pflicht ergeben, den zu betreuenden Personenkreis zu belehren und aufzuklären, damit insbesondere ein Gesuchsteller im Rahmen des jeweils Möglichen und Zulässigen das Erstrebte erreichen kann und zugleich vermeidbarer Schaden ferngehalten wird (BGHZ 14, 319, 321; BGH NJW 1955, 385; VersR 1959, 520; 1960, 559; 1964, 433; 1966, 582). Behörden und Stellen, die über Sozialleistungsansprüche zu befinden haben oder funktionell in ein Sozialleistungsverfahren einbezogen sind, unterliegen nach § 14 SGB I umfassenden Hinweis- und Beratungspflichten. Diese Pflichten werden jedoch in der Regel erst durch ein entsprechendes Begehren ausgelöst. Allerdings kann auch ohne ein solches Begehren ein Sozialleistungsträger bei Vorliegen eines konkreten Anlasses von sich aus „spontan" gehalten sein, auf klar zutage liegende Gestaltungsmöglichkeiten hinzuweisen, die sich offensichtlich als zweckmäßig aufdrängen und die von jedem verständigen Leistungsberechtigten mutmaßlich genutzt werden (BGHR BGB § 839 Abs 1 S 1 Amtspflicht 10 mwN). Allerdings muß nicht jede noch so oberflächliche oder routinemäßige Befassung mit einer Angelegenheit dem zuständigen Beamten Veranlassung geben, sein Augenmerk darauf zu richten, ob gesetzliche Leistungen, die außerhalb seines Zuständigkeitsbereichs liegen, beantragt worden sind oder gewährt werden (BGHR BGB § 839 Abs 1 S 1 Amtspfleger 2). Der Träger der gesetzlichen Rentenversicherung verletzt seine Amtspflicht gegenüber einem Versicherten, der nach einem schweren Verkehrsunfall mit erlittener Querschnittslähmung wegen der Übernahme von Heilbehandlungskosten anfragt und einen Rentenantrag stellt, wenn er ihn nicht auf die Möglichkeit hinweist, daß er Mitglied der Krankenversicherung der Rentner geworden ist. Er handelt auch amtspflichtwidrig, wenn er die Bitte des Versicherten, die Bearbeitung seines Rentenantrags ruhen zu lassen, als Rücknahme wertet, ohne zugleich auf die möglichen Folgen für den Krankenversicherungsschutz hinzuweisen (BGHR § 839 Abs 1 S 1 Auskunft 11).

ee) Ähnliches gilt gegenüber erkennbar rechtsunkundigen Gesuchstellern bei **163** schwierigen Spezialgebieten, wenn sie sich an Beamte mit besonderen Erfahrungen auf diesem Gebiet wenden (BGH VersR 1965, 613); besitzt ein angegangener Beamter bei schwieriger Rechtslage nicht die erforderliche Sach- und Rechtskenntnis, so muß er bei seiner Auskunft mindestens die bestehenden Zweifel zum Ausdruck bringen (BGH VersR 1964, 922).

ff) Eine Aufklärungs- und Belehrungspflicht kann auch bei Verhältnissen in Be- **164** tracht kommen, die in tatsächlicher oder rechtlicher Hinsicht Unklarheiten oder Schwierigkeiten enthalten, denen die Behörde aufgrund der ihr zur Verfügung stehenden Erkenntnismöglichkeiten eher gewachsen ist als der zu ihr in Beziehung tretende Staatsbürger, zB weil die intern bekannten maßgebenden Rechtsquellen der Öffentlichkeit wenig bekannt sind (BGH VersR 1966, 852).

gg) Aufklärungs- und Belehrungspflichten können sich aus dem Gesichtspunkt des **165** Vertrauensschutzes ergeben. So besteht eine Aufklärungspflicht, wenn der Beamte erkennen kann, daß jemand aufgrund des behördlichen Verhaltens Maßnahmen ergriffen hat oder zu ergreifen beabsichtigt, aus denen ihm möglicherweise Schaden erwachsen kann (BGH VersR 1965, 613; 1966, 184). Es kann sogar der Hinweis geboten sein, daß mit einer Änderung der bestehenden Rechtslage zu rechnen sei, wenn der Gesuchsteller dann sein Ziel erreichen könnte (BGH NJW 1960, 1244).

166 hh) Ein Beamter verletzt seine Amtspflicht, wenn er erkennt, daß ein Gesuchsteller schon auf die beruhigende Erklärung einer Dienststelle hin mit bestimmten Vorbereitungen beginnen will, und ihn nicht darauf hinweist, daß noch keine abschließende Entscheidung vorliege und Änderungen möglich seien, wenn er selbst schon entschlossen ist, solche Änderungen herbeizuführen, dies aber dem Gesuchsteller verschweigt (BGH NJW 1965, 1226). Der Beamte darf künftige Maßnahmen der Behörde nur dann als gewiß ankündigen, wenn er sorgfältig geprüft hat, ob diese Gewißheit nicht wegen der Möglichkeit künftiger Änderungen oder aus anderen Gründen zweifelhaft ist (BGH NJW 1970, 1414; s dazu auch BGH MDR 1975, 826, betreffend Vertrauensschutz bei der Entscheidung über Theatersubventionierung; BGH MDR 1976, 561, betreffend Auskunft über beabsichtigte Änderungen eines Bebauungsplans; BGH NJW 1978, 371, betreffend behördliche Auskunft über künftige Fertigstellung eines U-Bahn-Baus).

167 ii) Andererseits dürfen allgemein an den Beamten hinsichtlich der Belehrungspflicht keine überspannten und unzumutbaren Anforderungen gestellt werden (BGH VersR 1966, 184). Der Beamte hat gegenüber einem Antragsteller, der die Rechtslage verkennt, nicht unter allen Umständen eine Pflicht, ihn über seinen Irrtum aufzuklären; eine solche Pflicht besteht vielmehr nur beim Vorliegen besonderer Umstände (BGH WM 1978, 37; NJW 1980, 2574). So hat der BGH (BGHZ 84, 285) offengelassen, ob und inwieweit die Rolle eines „Helfers des Bürgers" für den Rechtspfleger beim Registergericht überhaupt in Betracht kommt, der mit der Prüfung der Zulässigkeit einer Eintragung im Handelsregister oder der Prüfung, ob eine Eintragung als unzulässig zu beanstanden oder zu löschen ist, befaßt ist. Der BGH hat einen Ermessensfehlgebrauch durch Nichtbelehrung jedenfalls dann verneint, wenn es sich um das Ergehen einer neuen, eine bis dahin umstrittene Rechtslage klärende Entscheidung handelte, der Betroffene aber Vollkaufmann war, dem die Entscheidung in den turnusmäßigen Mitteilungen seiner Industrie- und Handelskammer bekannt gemacht war. Verneint hat der BGH auch Pflichten zu umfassender Rechtsbelehrung durch Grundbuchamt und/oder Nachlaßgericht (BGHZ 117, 287, 302). Ein Bauaufsichtsamt ist nicht verpflichtet, dem Bauherrn oder dessen Architekten auf das Risiko hinzuweisen, das sie eingingen, wenn sie innerhalb der Jahresfrist die Baugenehmigung nicht nutzten. Jeder Bauherr muß wissen, daß die Nichtausnutzung der Baugenehmigung zu deren Erlöschen führen kann (BGHR BGB § 839 Abs 1 S 1 Baugenehmigung 9). Ebensowenig ist es Aufgabe der Bauverwaltung, ein im Rahmen des § 34 BauGB nicht genehmigungsfähiges Bauvorhaben so weitgehend umzuplanen, daß daraus ein völlig anderes, jedoch genehmigungsfähiges Vorhaben wird (BGHR BGB § 839 Abs 1 S 1 Kausalität 12).

168 kk) Allgemein geringere Anforderungen an den Umfang der Aufklärungs- und Belehrungspflichten können bestehen, wenn die Behörde sich mit Mitteilungen und Ankündigungen an Personen wendet, von denen sie erwarten kann, daß sie die Tragweite erfassen und übersehen oder sich Rechtsrat beschaffen. So ist zB die Planungsbehörde, die dem Eigentümer eines größeren Industriewerks die im Generalbebauungsplan auf seiner Grundfläche geplanten Änderungen mitteilt, nicht ohne weiteres zu einem Hinweis verpflichtet, daß es sich nur um eine vorbereitende Bauplanung und noch nicht um einen rechtsverbindlichen Bebauungsplan handele, weil sie erwarten kann, daß der Adressat über die rechtlichen Unterschiede unterrichtet ist oder sich unterrichten läßt (BGHZ 17, 96, 107).

ll) Auch Amtshaftungsansprüche wegen Fehlerhaftigkeit einer gesetzlich vorge- **169** schriebenen Rechtsmittelbelehrung (betreffend Form, Fristen, einzuhaltenden Rechtsweg) setzen grundsätzlich Verschulden des sie erteilenden Beamten voraus; die Fehlerhaftigkeit ohne Rücksicht auf Verschulden begründet einen Anspruch nur, wo dies gesetzlich verlautbart ist oder eine Vorschrift in diesem Sinne zu verstehen ist (vgl dazu BGH VersR 1983, 782 mit Bezug auf § 155 Abs 5 VwGO).

13. Behördliche Warnungen

a) Zur Amtshaftung wegen behördlicher Warnungen nach dem Produktsicher- **170** heitsgesetz (Gesetz zur Regelung der Sicherheitsanforderungen an Produkte und zum Schutz der CE-Kennzeichnung, Produktsicherheitsgesetz – ProdSG – vom 30. 4. 1997 [BGBl I 934]) s TREMML/NOLTE NJW 1997, 2265. In § 8 ProdSG ist die Warnung vor nicht sicheren Produkten geregelt: Nach dem Inverkehrbringen darf die zuständige Behörde anordnen, daß alle, die einer von einem Produkt ausgehenden Gefahr ausgesetzt sein können, rechtzeitig in geeigneter Form, insbesondere durch den Hersteller, auf diese Gefahren hingewiesen werden. Die Behörde selbst darf die Öffentlichkeit warnen, wenn bei Gefahr im Verzug andere ebenso wirksame Maßnahmen, insbesondere Warnungen durch den Hersteller, nicht getroffen werden können. Dabei hat die Behörde, wie TREMML/NOLTE im einzelnen eingehend und zutreffend ausführen, insbesondere die allgemeinen Amtspflichten zur sachverständigen Sachverhaltsermittlung und Gefahrendiagnose, zu verhältnismäßigem Handeln, zu fehlerfreier Ermessensausübung und zu zuständigkeits- und verfahrensgemäßem Handeln zu wahren. Schon vor Inkrafttreten des ProdSG war anerkannt, daß vor der mit schwerwiegenden Folgen für den Betroffenen verbundenen öffentlichen Nennung von Herstellern und Bezeichnung ihrer Produkte als verdorben ein besonders hohes Maß an Sorgfalt aufzuwenden ist, um den Sachverhalt so vollständig wie möglich zu ermitteln und auf diesen das Recht richtig anzuwenden (OLG Stuttgart NJW 1990, 2690 [Fall „Birkel-Nudeln"], wo ein Amtshaftungsanspruch dem Grunde nach bejaht worden ist). Weitergehende landesrechtliche Vorschriften über Warnungen finden gemäß § 10 ProdSG Anwendung, soweit sie dem vorbeugenden Gesundheitsschutz dienen und sich auf Produkte beziehen, die dem Lebensmittel- und Bedarfsgegenständegesetz, dem Weingesetz, dem Fleisch- sowie Geflügelhygienegesetz oder den aufgrund dieser Gesetze erlassenen Rechtsverordnungen unterfallen. Derartige landesrechtliche Regelungen bestehen in Baden-Württemberg, Brandenburg und Thüringen (Nachweise bei TREMML/NOLTE 2267). In diesen Ländern ist die Zulässigkeit einer behördlichen Warnung im Gegensatz zu § 8 S 2 ProdSG nicht vom Bestehen einer Gefahr im Verzug, sondern allein vom Vorliegen einer konkreten Gefahr abhängig (aaO).

b) Gegenstand behördlicher Warnungen können aber auch sonstige Gefahren **171** außerhalb der Produktsicherheit sein, insbesondere etwa solche, die von Glaubensgemeinschaften oder Jugendsekten ausgehen (OSSENBÜHL 48). In diesem Bereich fehlt es an einer gesetzlichen Regelung. Jedoch sind auch hier die vorstehend wiedergegebenen allgemeinen Amtspflichten zu rechtmäßigem Verhalten zu beachten. Deren schuldhafte Verletzung kann durchaus geeignet sein, Amtshaftungsansprüche der betroffenen Gemeinschaft als eines geschützten „Dritten" im Sinne des § 839 Abs 1 S 1 BGB zu begründen. Zum Verwaltungsrechtsweg für Abwehransprüche gegen Äußerungen des Sektenbeauftragten einer Kirche s BGH NJW 2001, 3537;

zur Haftung der Kirche für derartige Äußerungen: OLG Düsseldorf NVwZ 2001, 1449, und unten Rn 712.

VII. Drittgerichtetheit und Schutzzweck der Amtspflicht

1. Allgemeine Kennzeichnung der Drittgerichtetheit

172 Die Haftungsnorm (§ 839 Abs 1 S 1 BGB) und die Überleitungsnorm (Art 34 S 1 GG) stellen in gleicher Weise darauf ab, daß der Amtsträger „die ihm einem Dritten gegenüber obliegende Amtspflicht" verletzt hat. Nur der solchermaßen geschützte „Dritte" kann Gläubiger des Amtshaftungsanspruchs sein.

a) EDUARD ENGEL, in der ersten Hälfte des vergangenen Jahrhunderts der bedeutendste deutsche Stillehrer (WILLY SANDERS, Sprachkritikastereien [1992] 28), hielt den „Dritten" in § 839 für ein Musterbeispiel mißlungenen Kanzleistils: „Wie konnte im § 839 des BGB der sinnlose ‚Dritte' aus den versunkenen Zeiten Papinians auftauchen. ... Also [bestehen Amtspflicht und Schadensersatzpflicht gegenüber] einem Zweiten nicht?" (EDUARD ENGEL, Deutsche Stilkunst [31. Aufl 1931] 500). Gar so sinnlos, wie EDUARD ENGEL meinte, ist der „Dritte" jedoch nun auch wieder nicht: Die gesetzliche Regelung beruht auf der Vorstellung eines Drei-Personen-Verhältnisses, an dem – potentiell – der Beamte, sein Dienstherr und der Geschädigte beteiligt sind (ebenso Art 34 S 1 GG: „Jemand" – „Staat oder Körperschaft" – geschädigter „Dritter"). Die Vorschrift stellt klar, „daß nur die Verletzung solcher Amtspflichten, die dem Beamten nicht nur dem Dienstherrn, sondern einem Dritten gegenüber obliegen, eine Ersatzpflicht diesem gegenüber begründet" (PLANCK/GREIFF, BGB [4. Aufl 1928] § 839 Anm 1a). Insoweit war es folgerichtig, daß das gescheiterte Staatshaftungsgesetz, das den handelnden Amtsträger aus den Rechtsbeziehungen zum Geschädigten herauslösen und das Rechtsverhältnis auf die öffentliche Gewalt einerseits und den Geschädigten andererseits beschränken wollte, nicht mehr von Pflichten gegenüber einem „Dritten", sondern gegenüber einem „anderen" (= einem „Zweiten" im Sinne EDUARD ENGELS) sprach (ähnlich § 19 Abs 1 S 1 BNotO, wo das Haftungsverhältnis nur zwischen dem Notar und dem „anderen" besteht, ohne Beteiligung des Staates [S 4]).

173 b) Die Drittgerichtetheit der Amtspflicht ist ein Tatbestandsmerkmal des Amtshaftungsanspruchs, das sowohl eine haftungs**begründende**, als auch eine haftungs**begrenzende** Funktion hat: Haftungsbegründend, soweit es klarstellt, gegenüber welchem Geschädigten die Verantwortlichkeit des Staates oder der haftpflichtigen Körperschaft eintritt; haftungsbegrenzend insoweit, als anderen Personen, die nicht zum Kreis der „Dritten" zählen, ein Ersatzanspruch auch dann versagt wird, wenn sich das pflichtwidrige Handeln des Amtsträgers für sie nachteilig ausgewirkt hat. Im Schrifttum wird häufig beklagt, daß eine griffige Systematisierung der Drittbeziehungen von Amtspflichten nicht gelingen wolle, die hinreichend sichere Kriterien dafür biete, im konkreten Einzelfall festzustellen, ob der jeweils Betroffene geschützter „Dritter" sei (zB KAYSER/LEISS, Die Amtshaftung [2. Aufl 1958] 34; BLANKENAGEL DVBl 1981, 15; OSSENBÜHL 57 f; PAPIER Rn 226). Der Umstand, daß staatliches Handeln sich in nahezu allen Lebensbereichen auswirken kann, hat indes die unvermeidliche Folge, daß auch in den unterschiedlichsten Situationen Fehler begangen werden können, die sich dann in einer nahezu unübersehbaren Fülle von gerichtlichen Entscheidungen zum Amtshaftungsrecht widerspiegeln. Unter diesem Blickwinkel braucht es nicht unbedingt und ausschließlich ein Nachteil zu sein, wenn sich die Drittgerichtetheit der Amtspflicht nicht bis in die letzten Verästelungen systematisieren läßt; die Beschränkung auf allgemeiner gehaltene Leitlinien verleiht dem Tatbestandsmerkmal des „Dritten" vielmehr eine Elastizität, die flexible, den Besonderheiten des jeweiligen Lebenssachverhalts angepaßte Lösungen ohne dogmatische Erstarrung ermöglicht. Dementsprechend beschreibt der Bundesgerichtshof in ständiger Rechtsprechung und in „gleichbleibenden und gleichlautenden Formulierungen" (PAPIER Rn 226) die allgemeinen Anforderungen an die Drittgerichtetheit der Amtspflichten wie folgt:

> „Die Frage, ob im Einzelfall der Geschädigte zu dem Kreis der ‚Dritten' im Sinne von § 839 BGB gehört, beantwortet sich danach, ob die Amtspflicht – wenn auch nicht notwendig allein, so doch auch – den Zweck hat, das Interesse gerade dieses Geschädigten wahrzunehmen. Nur wenn sich aus den die Amtspflicht begründenden und sie umreißenden Bestimmungen sowie aus der Natur des Amtsgeschäfts ergibt, daß der Geschädigte zu dem Personenkreis gehört, dessen Belange nach dem Zweck und der rechtlichen Bestimmung des Amtsgeschäfts geschützt und gefördert sein sollen, besteht ihm gegenüber bei schuldhafter Pflichtverletzung eine Schadensersatzpflicht. Hingegen ist anderen Personen gegenüber, selbst wenn die Amtspflichtverletzung sich für sie mehr oder weniger nachteilig ausgewirkt hat, eine Ersatzpflicht nicht begründet. Es muß mithin eine besondere Beziehung zwischen der verletzten Amtspflicht und dem geschädigten ‚Dritten' bestehen. Dabei muß eine Person, der gegenüber eine Amtspflicht zu erfüllen ist, nicht in allen Belangen immer als ‚Dritter' anzusehen sein. Vielmehr ist jeweils zu prüfen, ob gerade das im Einzelfall berührte Interesse nach dem Zweck und der rechtlichen Bestimmung des Amtsgeschäfts geschützt werden soll. Es kommt danach auf den Schutzzweck der Amtspflicht an (z. B.: BGHZ 106, 323, 331; 109, 163, 167 f; 134, 268, 276; 140, 380, 382). Dabei genügt es, daß die Amtspflicht neben der Erfüllung allgemeiner Interessen und öffentlicher Zwecke auch den Zweck verfolgt, die Interessen einzelner wahrzunehmen (BGHZ 39, 358, 363; 137, 11, 15; 140, 380, 382)."

Mitunter stellt der BGH auch darauf ab, ob bei der betreffenden Maßnahme in „qualifizierter und zugleich individualisierter (oder individualisierbarer) Weise" auf schutzwürdige Interessen eines erkennbar abgegrenzten Kreises Dritter Rücksicht zu nehmen sei (vgl zB BGHZ 92, 34, 52; 106, 323, 332). Die unmittelbare Beteiligung am Amtsgeschäft ist ebensowenig notwendige Voraussetzung für die Annahme einer drittgerichteten Amtspflicht wie ein Rechtsanspruch des Betroffenen auf die in Frage stehende Amtshandlung (BGHZ 137, 11, 15).

2. Der Schutzzweck der Amtspflicht

In diesen allgemeinen Grundsätzen, nach denen der Kreis der geschützten „Dritten" **174** zu bestimmen ist, wird der **Schutzzweck** der Amtspflicht als ein solches Kriterium herangezogen (BGHZ 106, 323, 331; 109, 163, 167 f; 110, 1, 8 f; 129, 23, 25). Darin erschöpft sich die Bedeutung des Schutzzwecks der verletzten Amtspflicht indessen nicht. Er dient vielmehr auch zur inhaltlichen Bestimmung und zur sachlichen Begrenzung der Haftung und hat sich in dieser Beziehung in der neueren Rechtsprechung des BGH gegenüber der Drittgerichtetheit zunehmend verselbständigt. Dies bedeutet, daß neben die Feststellung, ob der Geschädigte zum Kreis der geschützten Dritten zählt, die weitere Feststellung treten muß, ob der geltend gemachte Schaden in den Schutzbereich der verletzten Amtspflicht fällt. Im Schrifttum wird dies mit dem Begriff der „gespaltenen" Drittbezogenheit bezeichnet: Der Geschädigte könne in einer bestimmten Beziehung – nämlich eben hinsichtlich des vom Schutzzweck der Amtspflicht umfaßten Belanges – Dritter sein, im übrigen – hinsichtlich sonstiger, nicht geschützter Belange – dagegen nicht (KREFT Rn 276; OSSENBÜHL 68 f). In der Urteilssprache des BGH werden die Begriffe „gespaltene" Drittbezogenheit, „aufgespaltene" Amtspflicht jedoch nur ganz vereinzelt verwendet (zB LM § 839 Ca Nr 63; NJW 1994, 2415, 2416) und neuerdings bewußt vermieden (zB im „Mülheim-Kärlich"-Urteil BGHZ 134, 316). Vielmehr dient die Drittbezogenheit der Amtspflicht der Festlegung des geschützten Personenkreises, der Schutzzweck dagegen der sachlichen Begrenzung des dem Dritten gewährten Schutzes (vgl WURM JA 1992, 1, 2 f; anschauliches Beispiel: BGHZ 125, 259, 268 f; s dazu Rn 567). Bei rechtswidrigen **begünstigenden** Verwaltungsakten (insbesondere Genehmigungen) oder sonstigen behördlichen Maßnahmen (etwa: Auskünften) bestimmt sich der Schutzzweck vorrangig nach dem Vertrauen, das die betreffende Maßnahme begründen soll (vgl zum Vertrauenstatbestand als haftungsbegrenzendem Kriterium: DE WITT/BURMEISTER, Amtshaftung für rechtswidrig erteilte Genehmigungen, NVwZ 1992, 1039 ff; aus der Rechtsprechung insbesondere BGHZ 117, 83, 90; 123, 192, 198). Bei rechtswidrigen **belastenden** Maßnahmen grenzt der Schutzzweck die Verletzung eines geschützten Individualbelangs von dem allgemeinen – nicht mit der Sanktion des Schadensersatzes bewehrten – „Gesetzesvollziehungsanspruch" ab (BGHZ 65, 196; 86, 356; WURM JA 1992, 1, 9 f). Als haftungsbegrenzendes Kriterium hat der Schutzzweck weit über die Amtshaftung hinaus zentrale Bedeutung erlangt: Er gilt für alle Bereiche staatlicher Haftung, namentlich für Aufopferungsansprüche, die Ordnungsbehördenhaftung (BGHZ 123, 191, 198) und für die Haftung nach dem DDR-StHG (BGHZ 142, 259, 271 f).

3. Typische Fallgruppen, in denen die Drittgerichtetheit zu bejahen ist

175 Innerhalb des weiten Spektrums der Amtshaftung gibt es einzelne Fallgruppen, bei denen eine noch präzisere Begriffsbestimmung des Kreises der geschützten Dritten möglich ist, wo es daher eines Rückgriffs auf die vorstehend wiedergegebenen allgemeinen Leitsätze (in der Regel) nicht bedarf.

a) Erfüllt die Amtspflichtverletzung zugleich den Tatbestand einer allgemeinen unerlaubten Handlung im Sinne der §§ 823 ff BGB, insbesondere bei Verletzung eines der in § 823 Abs 1 aufgeführten absoluten Rechtsgüter, so ist der Geschädigte geschützter „Dritter" im Sinne des § 839 BGB, wenn und soweit er nach jenen allgemeinen Deliktsnormen Ersatz beanspruchen könnte (PAPIER Rn 229). Dies gilt auch für das allgemeine Persönlichkeitsrecht und auch insoweit, als es den Schutz der Ehre umfaßt (BGHZ 69, 128, 138; 78, 274, 279).

176 b) Ähnliches gilt für § 826 BGB: Der Beamte hat die Pflicht, sein Amt sachlich, unparteiisch und im Einklang mit Treu und Glauben auszuüben. Verstößt er gegen diese Forderungen, so kann darin ein **Amtsmißbrauch** liegen; dies ist stets (aber nicht nur) bei Verwirklichung der Tatbestandsmerkmale des § 826 BGB der Fall. Ein solcher Amtsmißbrauch kann auch in den Bereichen, in denen an sich nur Amtspflichten gegenüber der Allgemeinheit zu erfüllen sind, Drittgerichtetheit erlangen; denn die Pflicht, sich jeglichen Amtsmißbrauchs zu enthalten, obliegt allen Beamten gegenüber jedem, der durch den Mißbrauch geschädigt werden könnte (BGHZ 91, 243, 252; BGH MDR 1963, 287; LM § 839 C Nr 77; § 839 Cb Nr 13; VersR 1966, 473; 1979, 1053; 1983, 156; KREFT Rn 153). Ein Amtsmißbrauch liegt aber nicht schon bei jeder schuldhaft fehlerhaften Amtshandlung vor, wenn sie „wertneutral", dh noch nicht geeignet ist, in die Belange solcher Dritter einzugreifen, die nach der besonderen Natur dieses Amtsgeschäfts durch dieses berührt werden, sondern nur dann, wenn Umstände hinzutreten, durch die das Verhalten im Widerspruch mit den Forderungen von Treu und Glauben und guter Sitte steht. Sind diese Voraussetzungen aber gegeben, so ist die Haftung – anders als nach § 826 BGB – nicht auf vorsätzliche Schadenszufügung beschränkt, denn nach § 839 BGB wird auch für einen fahrlässig begangenen Amtsmißbrauch gehaftet. Das setzt aber bei den von Haus aus „wertneutralen" Verfehlungen voraus, daß der Beamte als Folge des Amtsmißbrauchs die Möglichkeit der Schädigung eines Dritten erkannt hat oder hätte erkennen müssen, während im allgemeinen die Voraussehbarkeit eines Schadens nicht zu den haftungsbegründenden Umständen gehört (vgl wegen der Einzelheiten den Abschnitt „Verschulden" Rn 196 f).

c) Wird der Amtshaftungsanspruch darauf gestützt, daß die Amtspflichtverletzung im Erlaß eines rechtswidrigen belastenden Verwaltungsakts oder in der rechtswidrigen Ablehnung oder Unterlassung eines begünstigenden Verwaltungsakts bestehe, so fällt in der Regel die Drittgerichtetheit mit der Klagebefugnis nach § 42 Abs 2 VwGO zusammen: Dritter ist demnach, wer durch den Verwaltungsakt oder durch dessen Ablehnung oder Unterlassung in seinen Rechten verletzt ist (BGHZ 125, 258 f, 268 ff). In dem vom BGH entschiedenen Fall wurde der Amtshaftungsanspruch trotz zu bejahender Drittbezogenheit verneint, weil der Schaden (dort das Provisionsinteresse des mit der Baureifmachung eines Grundstücks beauftragten Architekten) nicht vom Schutzzweck der möglicherweise verletzten Amtspflicht umfaßt wurde. Diese Faustregel versagt allerdings, wenn die Amtspflichtverletzung im Erlaß eines **begünstigenden** Verwaltungsakts liegt. Wird der Antragsteller durch einen rechtswidrigen begünstigenden Verwaltungsakt geschädigt, so ist eine Übereinstimmung mit dem verwaltungsgerichtlichen Rechtsschutz nicht mehr gegeben. Denn der Antragsteller ist durch den begünstigenden, von ihm beantragten Bescheid nicht beschwert, so daß eine Klagebefugnis nach § 42 Abs 2 VwGO ausscheidet (WURM JA 1992, 1, 2 mwN). **177**

d) Im übrigen weist PAPIER (Rn 225, 228) zutreffend darauf hin, daß die Drittbezogenheit stets dann zu bejahen ist, wenn der Amtspflichtverstoß zugleich eine Verletzung subjektiver öffentlicher Rechte des Geschädigten darstellt, insbesondere wenn der Verstoß in der Nicht-, Spät- oder Schlechterfüllung eines öffentlich-rechtlichen, gesetzlichen oder vertraglichen Leistungsanspruchs einer Zivilperson, in der Verletzung eines öffentlich-rechtlichen Anspruchs auf Erteilung einer Erlaubnis oder eines sonstigen begünstigenden Verwaltungsakts oder in der Beeinträchtigung eines gegenüber der öffentlichen Gewalt bestehenden Unterlassungsanspruchs, beispielsweise aufgrund der Freiheitsrechte der Verfassung, besteht. Dies gilt auch bei einer Verletzung von Nebenpflichten, etwa Schutz- und Sorgfaltspflichten, die durch ein derartiges verwaltungsrechtliches Schuldverhältnis begründet werden (PAPIER Rn 228). All dies steht jedoch unter dem Vorbehalt, daß die betreffende verwaltungsrechtliche Beziehung überhaupt dem Amtshaftungsregime untersteht (s dazu oben Rn 122). **178**

4. Fallgruppen fehlender Drittgerichtetheit

179 a) Nach diesen Grundsätzen tritt die Amtshaftung – mangels Drittgerichtetheit der verletzten Amtspflicht – nicht ein, wenn dem Beamten die Amtspflicht nur gegenüber der Allgemeinheit (einer unbestimmten Zahl von Personen) oder nur gegenüber seiner Behörde (seinem Dienstherrn) obliegt (BGHZ 10, 124; 18, 110, 113; 32, 145; VersR 1960, 980; 1961, 564). Dient eine Amtspflicht lediglich dem allgemeinen öffentlichen Wohl, dem Schutz der öffentlichen Ordnung, dem allgemeinen Interesse des Gemeinwesens an einer ordnungsgemäßen sauberen Amtsführung der öffentlichen Bediensteten, der Wahrung innerdienstlicher Belange oder der Aufrechterhaltung einer im inneren Dienst wohlfunktionierenden geordneten Verwaltung, dann macht der Umstand, daß die pflichtgemäße Tätigkeit des Beamten einem anderen zugute kommt und ihm als Reflexwirkung einen Vorteil verschafft, den anderen noch nicht zum Dritten im Sinne des § 839 (BGHZ 26, 232, 234; 32, 145; 58, 96; 69, 136; VersR 1966, 783; NJW 1980, 641), und es kommt Dritten gegenüber eine Haftung für Verletzung derartiger Amtspflichten auch dann nicht in Betracht, wenn die amtliche Tätigkeit sie betroffen, insbesondere ihre Interessen beeinträchtigt hat (BGHZ 35, 44, 46; 56, 40; 74, 147; VersR 1967, 358; NJW 1968, 641; MDR 1983, 470). Eine solche Amtspflicht kann zur Amtspflicht gegenüber dem einzelnen Bürger nur werden, wenn sich aus der Natur des Amtsgeschäfts die Beziehung zu dem Pflichtenkreis ergibt, der gegenüber dem einzelnen besteht (VersR 1964, 725).

180 b) Die Verletzung einer gegenüber einem Dritten bestehenden Amtspflicht liegt insbesondere nicht vor bei der Verletzung sogenannter Dienstpflichten, die nur behördeninterner Natur sind (BGH VersR 1964, 590, 592), nur den inneren Dienst oder das Verhältnis zu Vorgesetzten, gleich-, neben- oder nachgeordneten Behörden oder die Behördenorganisation betreffen und im Interesse einer geordneten, wohl funktionierenden Verwaltung bestehen (BGHZ 26, 232), oder die, wie die aus der allgemeinen Dienstaufsicht fließenden Pflichten, einer ordnungsmäßigen Amtsführung der Beamten im allgemeinen Interesse des Gemeinwesens dienen. So begründen Verwaltungsanweisungen der Ministerialinstanz an die nachgeordneten Behörden zur einheitlichen Auslegung und Handhabung einer Gesetzesvorschrift regelmäßig keine Amtspflichten gegenüber dem einzelnen Bürger (BGH NJW 1971, 1699); anders aber bei Weisungen, betreffend Angelegenheiten bestimmter Personen (BGHZ 63, 319). Die Pflicht der Zentralbehörden (Ministerien usw), die Fachbehörden so mit Personal und sachlichen Mitteln auszustatten, daß die anfallenden Arbeiten möglichst rasch erledigt werden können, ist keine Amtspflicht, die den Ministerialbeamten gegenüber Dritten (gegenüber den Einzelpersonen, die auf die Erledigung ihrer Anträge warten) obliegt (BGH NJW 1959, 574; VersR 1963, 1080). Das gleiche gilt für die Behördenorganisation: Es kann zB ein Antragsteller, der sich über zu langsame Erledigung seines Antrags beklagt, Schadensersatzansprüche nicht darauf stützen, eine raschere Erledigung wäre durch Dezentralisation der Aufgaben auf eine Mehrzahl von Behörden statt ihrer Konzentration bei einer Stelle möglich gewesen (BGH VersR 1963, 1080). Die Pflicht eines Behördenvorstands, interne organisatorische Maßnahmen zu treffen, um die Effizienz der Behörde zu steigern, zB durch Aufstellung von „Grundsätzen", ist keine Amtspflicht gegenüber Außenstehenden (BGHZ 75, 120, 127 f; BGH MDR 1982, 555).

5. Legislatives und normatives Unrecht

a) Die haftungsbegrenzende Funktion des Merkmals der Drittgerichtetheit der **181** Amtspflicht zeigt sich besonders anschaulich bei der Frage, ob die allgemeinen Amtshaftungsvorschriften bereits nach geltendem Recht eine Grundlage für Schadensersatzansprüche wegen rechtswidriger Akte der Parlamentsgesetzgebung bilden können. In der Rechtsprechung des Bundesgerichtshofs scheitern solche Amtshaftungsansprüche nämlich regelmäßig schon daran, daß die beteiligten Mitglieder des jeweiligen Gesetzgebungsorgans (also des Bundestages oder eines Landesparlaments) ausschließlich Aufgaben der Allgemeinheit wahrnehmen, denen die Richtung auf bestimmte Personen oder Personenkreise, also die Drittgerichtetheit, mangelt (BGHZ 56, 40, 44/45; 87, 321, 335; BGH NJW 1989, 101; vgl auch BGHZ 134, 30, 32). Nur ausnahmsweise – etwa bei sogenannten Maßnahme- oder Einzelfallgesetzen – kann etwas anderes in Betracht kommen und können die Belange bestimmter einzelner Personen unmittelbar berührt werden, so daß sie als „Dritte" im Sinne des § 839 BGB angesehen werden können (BGH NJW 1989, 101). Diese Grundsätze gelten auch, wenn der Amtshaftungsanspruch darauf gestützt wird, daß der Gesetzgeber eine bestimmte gebotene Regelung unterlassen habe (BGHZ 102, 350, 367 f [Waldschäden]; BGHZ 134, 30, 32 [Nichtanpassung des Biersteuergesetzes an höherrangige Normen des europäischen Gemeinschaftsrechts]).

b) Hiergegen wird im Schrifttum insbesondere eingewendet, dann, wenn der Ge- **182** setzgeber einen Rechtssatz erlasse, der Freiheitsrechte einzelner in unzulässiger Weise beeinträchtige, so würden nicht nur Normen des objektiven Verfassungsrechts, sondern zugleich aus den Freiheitsrechten folgende öffentlich-rechtliche Unterlassungsansprüche des einzelnen verletzt. Diesen subjektiven öffentlichen Rechten des Bürgers entsprächen indessen stets drittbezogene Amtspflichten der zuständigen Organwalter. Wesentlich sei also die Betroffenheit subjektiver Rechte des einzelnen, nicht aber die Rechtsnatur des eingreifenden Hoheitsaktes (Papier Rn 257 mwN). Diese Argumentation hat der BGH indessen ausdrücklich zurückgewiesen (NJW 1989, 101): Nicht in jedem Grundrechtsverstoß liegt die Verletzung einer drittgerichteten Amtspflicht (so auch BGHZ 129, 17, 19; BGH NJW 1994, 2415; BayObLGZ 1997, 31). Dies gilt insbesondere bei einem Verstoß der öffentlichen Hand gegen Art 2 Abs 1 GG, der hoheitliche Eingriffe in die Rechtssphäre des Bürgers verbietet, die nicht durch eine der verfassungsmäßigen Ordnung entsprechende Rechtsgrundlage gedeckt sind. Wollte man in diesen Fällen stets wegen des Grundrechtsverstoßes auch die Drittgerichtetheit der verletzten Amtspflicht bejahen, so würde das einschränkende Tatbestandserfordernis des „Dritten" weitgehend leerlaufen. Das wäre um so weniger tragbar, als der Verstoß gegen die allgemeine Handlungsfreiheit des Art 2 Abs 1 GG sich gerade aus der Verletzung von Vorschriften ergeben kann, die ausschließlich im Allgemeininteresse erlassen worden sind.

c) Auch durch den Erlaß von untergesetzlichen Rechtsnormen (Rechtsverord- **183** nungen oder Satzungen), die gegen höherrangiges Recht verstoßen, sowie durch amtspflichtwidriges Untätigbleiben des Verordnungs- oder Satzungsgebers können in der Regel keine Amtshaftungsansprüche begründet werden. Denn auch der Verordnungs- oder Satzungsgeber nimmt grundsätzlich nur Amtspflichten gegenüber der Allgemeinheit wahr, nicht dagegen gegenüber dem einzelnen durch die Verordnung oder Satzung Betroffenen als geschütztem „Dritten". Ausnahmen können – wie bei Parlamentsgesetzen – für solche Verordnungen oder Satzungen gelten, die nach Adressatenkreis und Regelungsgehalt einem Maßnahme- oder Einzelfallgesetz entsprechen (insbesondere bei Bebauungsplänen; vgl dazu den Abschnitt „Öffentliches Baurecht" Rn 545 ff). Dementsprechend hatte der Verordnungsgeber beispielsweise durch den Erlaß der vom Bundesverwaltungsgericht (BVerwGE 81, 49) für verfassungswidrig erklärten Bestimmung des § 6 Abs 6 der Milchgarantiemengenverordnung aF keine drittgerichteten Amtspflichten zu Lasten der betroffenen Milcherzeuger verletzt (BGH DVBl 1993, 718). Ein entschädigungsrechtlich bedeutsamer Unterschied zu Parlamentsgesetzen liegt allerdings darin, daß bei Verordnungen oder Satzungen, die an eigenen, nicht auf ein Parlamentsgesetz zurückgehenden Nichtigkeitsgründen leiden, Ansprüche wegen enteignungsgleichen Eingriffs in Betracht kommen können (BGHZ 111, 349; BGH DVBl 1993, 718). Wegen der näheren Einzelheiten wird auf die Ausführungen im Abschnitt „Enteignungsgleicher Eingriff " verwiesen (Rn 465, 466).

d) Zu weiteren haftungsrechtlichen Besonderheiten bei Verstoß einer innerstaatlichen Rechtsnorm gegen europäisches Gemeinschaftsrecht siehe die Ausführungen im Abschnitt „Gemeinschaftsrechtlicher Staatshaftungsanspruch" (Rn 531, 533).

6. Staatsaufsicht

184 a) Die Bundesaufsicht gegenüber den Ländern (Art 34 Abs 3, Art 35 Abs 3, 4 GG) und die Staatsaufsicht der Länder gegenüber öffentlichen Stellen dienen grundsätzlich nur dem allgemeinen staatlichen oder öffentlichen Interesse und begründet keine Amtspflichten zum Einschreiten für dritte Personen (vgl BGHZ 15, 305; 35, 44; VersR 1967, 471, 605). So besteht zB keine Amtspflicht der Straßenaufsichtsbehörde gegenüber den einzelnen Wegebenutzern (BGH VersR 1967, 605). Nehmen Selbstverwaltungskörperschaften (Kreise, Gemeinden usw) bestimmte Aufgaben als Auftragsangelegenheiten nach Weisung des Staates wahr, so erfüllen die Landesbeamten bei Ausübung der Aufsicht, zB durch förmliche Weisungen, Empfehlungen, Ratschläge, Bestärkung der beaufsichtigten Körperschaft in ihrer Auffassung, grundsätzlich keine Amtspflichten, die ihnen einem einzelnen Dritten gegenüber obliegen. Nur bei Hinzutreten besonderer Umstände erwächst aus der regelmäßig im allgemeinen staatlichen Interesse bestehenden und ausgeübten Staatsaufsicht eine Amtspflicht, die den Beamten der Aufsichtsbehörde dem einzelnen Dritten gegenüber obliegen, so etwa wenn dieser sich unmittelbar an die Aufsichtsbehörde wendet, bei Amtsverweigerung der unteren Stelle, bei besonderen Gefahrensituationen (RGZ 95, 344; 162, 129, 264; BGHZ 15, 305; 35, 44; NJW 1956, 1028; LM § 839 Fm Nr 2 und GG Art 34 Nr 27; VersR 1959, 271; 1967, 471, 473). Auch die Kommunalaufsicht gegenüber der Gemeinde in weisungsfreien Angelegenheiten beschränkt sich darauf, die Gesetzmäßigkeit der Verwaltung sicherzustellen, soweit gesetzlich nichts anderes bestimmt ist. Sie dient damit grundsätzlich nur dem Interesse des allgemeinen Wohls, nicht aber dem Individualinteresse des einzelnen (BGHZ 118, 263, 274 mwN). Allerdings begründet die Kommunalaufsicht des Staates Amtspflichten **gegenüber den Gemeinden** zur sachgemäßen Ausübung der Aufsicht, weil dadurch auch die Interessen der Gemeinden gefördert oder geschützt werden sollen (RGZ 118, 97, 99; BGHZ 35, 44, 50). Der Schutzbereich dieser Amtspflicht ist zweifelhaft; insbesondere ist fraglich, ob die Aufsichtsbehörde eine unbeschränkte Haftpflicht für Schäden trifft, die aus finanziellen Dispositionen entstehen können, die die Gemeinde im Rahmen ihrer kommunalen Selbstverwaltung vorgenommen hat. Zu diesen Fragen ist demnächst eine Grundsatzentscheidung des BGH zu erwarten (III ZR 201/01).

b) Die den Trägern der Versicherungsaufsicht obliegende Amtspflicht, die „Belange der Versicherten" zu wahren (VAG §§ 8 Abs 1, 61 Abs 2), besteht auch im Bereich der Pflichtversicherung für Kraftfahrzeughalter nicht gegenüber dem einzelnen Versicherten oder dem durch ihn geschädigten Verkehrsopfer (BGHZ 58, 96). Diese Entscheidung ist unverändert aktuell (Papier Rn 247). Hingegen hat der BGH später entschieden, daß die dem Bundesaufsichtsamt für das Kreditwesen obliegende Pflicht zur Prüfung, ob ein Unternehmen genehmigungspflichtige Bankgeschäfte betreibt, (auch) eine den Einlagegläubigern dieses Unternehmens gegenüber bestehende Amtspflicht darstellte (BGHZ 74, 144). Diese Drittgerichtetheit der staatlichen Aufsicht über die Kreditinstitute bestand namentlich dort, wo die Aufsicht den Zweck verfolgte, den Kreditinstituten „zur Sicherheit der ihnen anvertrauten Vermögenswerte ein angemessenes haftendes Eigenkapital zu erhalten" (§ 10 Abs 1 KWG), und das Gesetz das Bundesaufsichtsamt ermächtigte, eine „für die Erfüllung der Verpflichtung eines Kreditinstituts gegenüber seinen Gläubigern, insbesondere für die Sicherheit der ihm anvertrauten Vermögenswerte" drohende Gefahr durch einstweilige Maßnahmen abzuwenden (§ 46 KWG; BGHZ 75, 120, 122). Diese Rechtsprechung ist indessen durch eine nachträgliche Gesetzesänderung überholt worden: Durch das Dritte Gesetz zur Änderung des Gesetzes über das Kreditwesen vom 20. 12. 1984 (BGBl I 1693) ist in § 6 KWG der folgende Absatz 3 eingefügt worden (seit der 6. KWG-Novelle 1997: Abs 4): „Das Bundesaufsichtsamt nimmt die ihm nach diesem Gesetz und nach anderen Gesetzen zugewiesenen Aufgaben nur im öffentlichen Interesse wahr". Entsprechende Regelungen sind für die Versicherungsaufsicht (§ 81 Abs 1 Satz 3 VAG), die Börsenaufsicht (§ 1 Abs 4 BörsG) und die Aufsicht über den Wertpapierhandel (§ 4 Abs 2 WpHG) getroffen worden. Auch in neuester Zeit hat der Bundesgesetzgeber an dieser Konzeption festgehalten. Durch das Gesetz über die Bundesanstalt für Finanzdienstleistungsaufsicht (Finanzdienstleistungsaufsichtsgesetz – FinDAG), verabschiedet als Art 1 des Gesetzes über die integrierte Finanzdienstleistungsaufsicht vom 22. 4. 2002 (BGBl I 1310), ist durch Zusammenlegung des Bundesaufsichtsamtes für das Kreditwesen, des Bundesaufsichtsamtes für das Versicherungswesen und des Bundesaufsichtsamtes für den Wertpapierhandel eine bundesunmittelbare, rechtsfähige Anstalt des öffentlichen Rechts zum 1. 5. 2002 errichtet worden, die die Bezeichnung „Bundesanstalt für Finanzdienstleistungsaufsicht" trägt (§ 1 Abs 1 FinDAG) und nach § 4 Abs 4 FinDAG ihre Aufgaben und Befugnisse nur im öffentlichen Interesse wahrnimmt. Damit ist der Drittbezug der entsprechenden Aufsichtspflichten kraft Gesetzes ausgeschlossen; im Schrifttum werden Bedenken erhoben, ob eine solche pauschale Regelung verfassungsrechtlich haltbar ist (Papier Rn 251). Außerdem ist fraglich, ob der Haftungsausschluß mit höherrangigem Europarecht vereinbar ist (s wegen der Einzelheiten den Vorlagebeschluß des BGH an den EuGH vom 16. 5. 2002 WM 2002, 1266). – Anzumerken ist noch, daß nach Inkrafttreten des FinDAG (so) nicht mehr die Bundesrepublik, sondern die Bundesanstalt selbst haftende Körperschaft im Sinne des Art 34 GG für etwaige Amtshaftungsansprüche ist; dies gilt auch für bereits anhängige Verfahren (§ 18 Abs 1 FinDAG).

c) Aus der besonderen Natur der staatlichen Stiftungsaufsicht ergibt sich, daß sie auch den Interessen der Stiftung selbst dient. Diese besondere Natur liegt in der rechtlichen Konstruktion der selbständigen Stiftung als einer juristischen Person ohne Mitglieder mit der Folge, daß regelmäßig niemand vorhanden ist, der die Stiftungsorgane zur Beachtung der Satzung anhalten könnte, und dem daraus resultierenden Bedürfnis, die Stiftung vor ihren eigenen Organen zu schützen. Die Staatsaufsicht besteht demgemäß als Amtspflicht auch gegenüber der Stiftung selbst (BGHZ 68, 142; BayObLGZ 1990, 264).

187 d) Auch die allgemeine Dienstaufsicht, die der Ministerialinstanz und den von ihr ermächtigten Behörden und Behördenvorständen gegenüber den der Aufsicht unterstellten Behörden, Dienststellen und Beamten zusteht, ist grundsätzlich nur ein im öffentlichen Interesse bestehendes Mittel zur Aufrechterhaltung eines ordnungsmäßigen Dienstbetriebes und begründet für die Träger der Dienstaufsicht keine Amtspflichten zugunsten einzelner Personen, die Dienstaufsicht sorgfältig auszuüben (RGZ 162, 129, 163). Der Staat ist demgemäß nicht allen denjenigen zum Schadensersatz verpflichtet, die durch den zu Beaufsichtigenden geschädigt worden sind, aber bei eingehenderer Ausübung der Aufsicht möglicherweise vor Schaden bewahrt worden wären (BGHZ 35, 44, 49).

188 e) Jedoch können auch hier aus der grundsätzlich nur im öffentlichen Interesse begründeten allgemeinen Aufsichtspflicht im Einzelfall Amtspflichten gegenüber dem einzelnen erwachsen, wenn eine besondere Beziehung zu diesem einzelnen hergestellt wird. Wendet sich zB der Bürger unmittelbar an die Aufsichtsbehörde mit Anträgen oder Rechtsbehelfen, so hat sie ihm gegenüber bereits Amtspflichten, insbesondere die Pflicht, Eingaben sachgemäß zu bearbeiten und zu bescheiden (RGZ 145, 204, 213; BGHZ 15, 305; 35, 44, 49; VersR 1967, 471).

189 f) Auch können besondere Umstände des Einzelfalls bewirken, daß gegenüber einzelnen Dritten aus der Aufsicht die Amtspflicht zum Einschreiten von Amts wegen erwächst, so zB wenn der die allgemeine Dienstaufsicht über die Notare führenden Justizverwaltung zureichende tatsächliche Anhaltspunkte – Verdachtsmomente von einer gewissen Stärke – dafür gegeben sind, daß die wirtschaftlichen Verhältnisse eines Notars und die Art seiner Wirtschaftsführung die Belange der Rechtsuchenden gefährden und eine Amtsenthebung in Betracht kommt (BGHZ 35, 44; VersR 1964, 304). Dementsprechend kommt eine Amtshaftung der Aufsichtsbehörde gegenüber dem durch einen ungetreuen Notar Geschädigten beispielsweise in Betracht, wenn ein mit der Notarprüfung beauftragter Richter Mängel in der Amtsführung des Notars festgestellt hat, die Anlaß für eine „vorläufige" Amtsenthebung des Notars gegeben hätten (BGHZ 135, 354). Für die Abgrenzung, wann eine zunächst nur im öffentlichen Interesse bestehende Aufsicht kraft besonderer Umstände Amtspflichten zum Einschreiten erzeugt, die der Aufsichtsbehörde nunmehr gegenüber Dritten obliegen, ist dann nicht das Maß der anzuwendenden Sorgfalt oder die Größe der Gefahr, sondern die Frage entscheidend, ob das Amtsgeschäft (die Aufsicht) nach seiner Natur nunmehr auch dem Interesse des einzelnen zu dienen bestimmt ist, ob die Erledigung des Amtsgeschäftes eine so große und unbestimmte Zahl von Personen betrifft, daß diese der Allgemeinheit gleichzusetzen sind, oder ob die Verknüpfung der Amtshandlung mit den Interessen einzelner Betroffener oder eines bestimmten Personenkreises nach der Natur des Amtsgeschäfts bereits so stark ist, daß die Wahrung der Interessen der Allgemeinheit nicht mehr überwiegt oder der Amtshandlung nicht mehr das entscheidende Gepräge gibt

(BGHZ 35, 44; BGH NJW 1959, 574). „Besondere Umstände des Einzelfalls" liegen zB vor, wenn die Aufsichtsbehörde mit Bezug auf eine bestimmte Person oder Personengruppe Weisungen erteilt (BGHZ 63, 319, 324; BGH NJW 1977, 713; s ferner BGH NJW 1971, 1699, 1700).

7. Beamter als „Dritter"

„Dritter" im Sinne des § 839 BGB kann auch ein Beamter sein, der der gleichen **190** Behörde angehört oder dem gleichen Dienstherrn untersteht wie der die Amtspflicht verletzende Beamte, so wenn ein Polizeibeamter beim Reinigen seiner Dienstwaffe unter vorsätzlicher Nichtbeachtung der hierzu ergangenen Dienstanweisungen einen Kollegen verletzt (BGHZ 34, 375; BGH VersR 1963, 1177) oder wenn die Nichtbeförderung eines Beamten auf die Amtspflichtverletzung eines anderen Beamten zurückzuführen ist. Jedoch ist, wenn sich die Beschädigung des Beamten als Dienstunfall darstellt, die Haftungsbeschränkung bei unvorsätzlichem Handeln nach § 46 Abs 2 BeamtVG zu beachten (s dazu unten Rn 380 ff).

8. Juristische Personen des öffentlichen Rechts als „Dritte"

a) Auch eine juristische Person des öffentlichen Rechts (sogar der Staat selbst) **191** kann verletzter „Dritter" sein, wenn sie der Anstellungskörperschaft des handelnden Amtsträgers in der Weise gegenübersteht, wie es für das Verhältnis zwischen dem Dienstherrn des Beamten und dem Bürger charakteristisch ist, der sich auf die Verletzung einer ihm gegenüber bestehenden Amtspflicht beruft. Die Ersatz verlangende Körperschaft muß der Anstellungskörperschaft des die Amtspflicht verletzenden Bediensteten im Hinblick auf die entgegengesetzten Interessen gewissermaßen als „Gegner" gegenüberstehen (BGHZ 26, 232; 27, 210; 32, 145; 60, 371; 85, 126; VersR 1974, 666; 1977, 765; 1983, 833; NJW 1984, 119; Kreft Rn 245; Papier Rn 268 ff). Im allgemeinen werden die unter den verschiedenen Körperschaften des öffentlichen Rechts bestehenden Pflichten jedoch lediglich solche sein, die eine ordentliche Verwaltung gewährleisten sollen. Wirken also der Dienstherr des Beamten und eine andere Körperschaft des öffentlichen Rechts bei der Erfüllung einer ihnen gemeinsam übertragenen Aufgabe gleichsinnig und nicht in Vertretung einander widerstreitender Interessen derart zusammen, daß sie im Rahmen dieser Aufgabe als Teil eines einheitlichen Ganzen erscheinen, dann können jene Pflichten, die dem Beamten im Interesse der Förderung des gemeinsam angestrebten Zieles obliegen, nicht als „drittgerichtete" Amtspflichten angesehen werden, deren Verletzung außenrechtliche Amtshaftungsansprüche der geschädigten Körperschaft auslöst (BGH NJW 1992, 972; BGHZ 87, 253, 255; BGH NJW-RR 1991, 707).

b) Nach diesen Grundsätzen ist die Drittgerichtetheit verneint worden (s die Über- **192** sicht bei BGH NJW 1992, 972 mit Ergänzungen):

– Bei der Pflicht des Angestellten eines kommunalen Versicherungsamtes, bei Entgegennahme von Rentenanträgen für eine Klarstellung maßgeblicher Abstammungsverhältnisse und der Versicherungsberechtigung zu sorgen, im Verhältnis zum Träger der Rentenversicherung (BGHZ 26, 232). Gleiches gilt für die Amtspflicht des Bediensteten eines Rentenversicherungsträgers, der zuständigen Krankenkasse den Zeitpunkt der verbindlichen Ablehnung eines Rentenantrags unverzüglich mitzuteilen; diese Pflicht besteht nicht gegenüber der Krankenkasse als einem „Dritten" (BGH NJW 1992, 972 = BGHZ 116, 312).

- Bei der Verpflichtung des Gewerbeaufsichtsamts zur Leistung von Amtshilfe bei der Durchführung von Maßnahmen der Unfallverhütung im Verhältnis zur Berufsgenossenschaft (BGH VersR 1974, 666).

- Bei der Verpflichtung des für die Entgegennahme eines Antrags auf Erwerbsunfähigkeitsrente zuständigen Amtsträgers einer Gemeinde zur unverzüglichen Bearbeitung und Weiterleitung des Rentenantrags im Verhältnis zum Träger der gesetzlichen Krankenversicherung (BGH VersR 1977, 765).

- Bei der Verpflichtung des Zivildienstleistenden, das ihm dienstlich anvertraute Sacheigentum sorgsam zu behandeln und vor vermeidbaren Schäden zu bewahren, im Verhältnis zu seiner Beschäftigungsstelle (BGHZ 87, 253); dies gilt auch, wenn die Dienststelle eine juristische Person des Privatrechts (dort das DRK) ist (vgl zur zwischenzeitlich durch das Gesetz vom 11.6.1992 [BGBl I 1030, 1036, Art 6 Nr 1] bewirkten Neuregelung der Innenhaftung des Zivildienstleistenden: PAPIER Rn 271).

- Bei der Verpflichtung der Bediensteten einer Besoldungs-(Vergütungs-)Stelle eines Landes, in den Konkurrenzfällen des § 40 Abs 6 BBesG Vergleichsmitteilungen auszutauschen, im Verhältnis zu einer Stadtgemeinde als dem anderen Dienstherrn oder Arbeitgeber (BGH NJW-RR 1987, 531; nicht dagegen im Verhältnis zu dem von einer Vergleichsmitteilung betroffenen Besoldungs- oder Gehaltsempfänger selbst: BGH NJW 1984, 2946 [dort ist die Drittbezogenheit bejaht worden]).

- Bei den dem staatlichen Gewerbeaufsichtsamt im Baugenehmigungsverfahren obliegenden Pflichten im Verhältnis zur Baugenehmigungsbehörde (BGH NJW-RR 1991, 707).

- Der Amtsarzt eines hamburgischen Gesundheitsamts, der eine in Hamburg wohnende Bewerberin um Berufung in ein Beamtenverhältnis in Schleswig-Holstein untersucht und der schleswig-holsteinischen Einstellungsbehörde ein amtsärztliches Zeugnis über ihres gesundheitliche Eignung als Beamtin erteilt, erfüllt keine Amtspflichten gegenüber dem Land Schleswig-Holstein als einem „Dritten" im Sinne von § 839 BGB (BGH NJW 2001, 2799).

193 c) An einem „Gegner-Verhältnis" fehlt es auch, wenn zum Betrieb einer staatlichen Schule der Staat und eine Gemeinde dergestalt zusammenwirken, daß der Staat den Aufwand für das Lehrpersonal, die Gemeinde den Sachaufwand trägt; es hat deshalb der im Dienst des Staates stehende Lehrer an einer solchen Schule, der im Zusammenhang mit dem Lehr- und Unterrichtsbetrieb fahrlässig einen Schaden an dem der Gemeinde gehörenden Schulgebäude anrichtet, nicht eine in der Gemeinde als einem „Dritten" gegenüber obliegende Amtspflicht verletzt (BGHZ 60, 371). An einem „Gegner-Verhältnis" fehlt es ferner zwischen der Universität und der Studentenschaft, wenn letztere eine rechts- und parteifähige Gliedkörperschaft der Universität ist (OLG Karlsruhe NJW 1974, 1824).

194 d) Bejaht werden kann ein „Gegner-Verhältnis", wenn ein Beamter nach den für ihn maßgeblichen Vorschriften die Vermögensinteressen einer anderen als seiner Anstellungskörperschaft wahrzunehmen hat (RGZ 134, 302, 321; 144, 119, 124), wenn die Meldebehörde einer Gemeinde Aufenthaltsbescheinigungen auszustellen hat, die die Grundlage für Leistungen des Staates an Dritte bilden (BGH MDR 1960, 827), oder wenn ein katholischer Geistlicher, für den das Bistum haftet, schuldhaft eine unrichtige Lebensbescheinigung ausstellt und dadurch die Schädigung eines Sozialversicherungsträgers verursacht (OLG Düsseldorf NJW 1969, 1353). Zu Amtspflichten der Kommunalaufsichtsbehörde gegenüber der zu beaufsichtigenden Gemeinde als geschütztem „Dritten" so Rn 184.

VIII. Verschulden

1. Das Verschuldenserfordernis

a) Eine wichtige Konsequenz aus der eingangs beschriebenen Ausgestaltung der Amtshaftung als übergeleitete Beamtenhaftung ist, daß eine Ersatzpflicht des Staates nur dann eintritt, wenn der Amtsträger die Pflichtverletzung schuldhaft begangen hat. Zwar ist in Art 34 GG Verschulden nicht ausdrücklich gefordert; dieses Erfordernis ergibt sich aber ohne weiteres aus dem Rückgriff auf § 839 BGB, nämlich daraus, daß Art 34 GG an § 839 BGB „angeseilt" (Formulierung von JELLINEK, JZ 1955, 147, 149) ist und die persönliche Beamtenhaftung lediglich auf den Staat (oder auf die sonstige haftpflichtige Körperschaft) verlagert wird. Es gilt der zivilrechtliche Verschuldensmaßstab des § 276 BGB; gehaftet wird also für Vorsatz und Fahrlässigkeit in all ihren Varianten. Für den Eintritt der Staatshaftung selbst sind die Schuldform und der Grad des Verschuldens ohne Bedeutung. Vor dem – gelegentlich sogar bei Oberlandesgerichten (!) anzutreffenden – Mißverständnis, bei Vorsatz trete stets eine persönliche Außenhaftung des Beamten ein, kann nicht nachdrücklich genug gewarnt werden (BGHR § 839 Abs 1 S 1 Vorsatz 4). Von der Frage, ob Vorsatz oder Fahrlässigkeit gegeben ist, hängt allerdings die Anwendbarkeit der Subsidiaritätsklausel des § 839 Abs 1 S 2 BGB sowie der Haftungsbeschränkungen nach § 91a Abs 1 S 1 SVG und § 46 Abs 2 BeamtVG ab (BGHZ 120, 176). **195**

b) Das Verschulden muß sich nur auf die Verletzung der Amtspflicht beziehen; daß der Beamte den hieraus für einen in den Schutzbereich der Amtspflicht einbezogenen Dritten entstandenen Schaden – oder überhaupt einen Schaden – vorausgesehen hat oder voraussehen konnte, ist nicht erforderlich (BGHZ 135, 354, 362). Dies gilt, soweit es um die Verletzung von Pflichten geht, die den Schutz des Lebens und der Gesundheit Dritter bezwecken, auch für den Schmerzensgeldanspruch (BGHR § 839 Abs 1 S 1 Vorsatz 3). **196**

c) Ausnahmen: Ein Beamter, der in einer den Tatbestand des § 826 BGB erfüllenden Weise durch Ausübung seiner Amtsgewalt einem Dritten Schaden zufügt, verletzt eine ihm diesem gegenüber obliegende Amtspflicht nur dann, wenn dieser Amtsmißbrauch mit dem Bewußtsein erfolgt, diesen Dritten schädigen zu können (BGH LM § 839 Fm Nr 1). In Fällen, in denen eine an sich wertneutrale Amtshandlung gerade erst dadurch zum Amtsmißbrauch wird, daß sie vorgenommen wird, obgleich erkennbar ist, dem Dritten werde unter Ausnutzung dieser Amtshandlung möglicherweise ein Schaden zugefügt werden, ist eine Haftung nach § 839 BGB nur begründet, **197**

wenn der Beamte auch die Möglichkeit des Eintritts eines Schadens erkannt hat oder hätte erkennen müssen (BGH LM § 839 C Nr 77; zusammenfassend KREFT Rn 287).

198 d)　Mitunter können gewisse subjektive Elemente der Vorwerfbarkeit bereits auf der Tatbestandsebene der Amtspflichtverletzung und nicht erst beim Verschulden zu würdigen sein. Dies gilt insbesondere bei Planungsfehlern oder bei sonstigen Maßnahmen, bei denen der betreffenden Behörde angelastet wird, sie habe es versäumt, eine bestimmte Gefahrensituation aufzuklären und Gefahrenpotentiale zu berücksichtigen, die ihr bekannt waren oder hätten bekannt sein müssen (insbesondere bei der Überplanung von Altlastenflächen; s wegen der Einzelheiten den Abschnitt „Öffentliches Baurecht", Rn 553). Was die planende Stelle nicht „sieht", und was sie nach den gegebenen Umständen auch nicht zu „sehen" braucht, kann von ihr nicht berücksichtigt werden und braucht von ihr auch nicht berücksichtigt zu werden; es besteht insbesondere keine uferlose Prüfungspflicht „ins Blaue hinein" (BGHZ 113, 367, 371). Dies hat die Konsequenz, daß die anschließende Verschuldensprüfung entsprechend entlastet und vereinfacht wird: Wenn ein solches Versäumnis festgestellt ist, begründet dies nahezu zwangsläufig einen Fahrlässigkeitsvorwurf gegen die handelnden Amtsträger (WURM UPR 1990, 201).

199 e)　Die Verschuldensvermutung des § 836 BGB gilt auch im Rahmen der Haftung für Verletzung der öffentlich-rechtlichen Verkehrssicherungspflicht aus § 839 BGB iVm Art 34 GG (BGHR § 839 Abs 1 S 1 Verschulden 17 m zahlr wN).

2. Vorsatz

200　Der Vorsatz umfaßt hier, wie auch sonst, den unmittelbaren (dolus directus) und den bedingten Vorsatz (dolus eventualis).

a)　Nach der ständigen Rechtsprechung des Bundesgerichtshofs handelt ein Amtsträger vorsätzlich, wenn er sich bewußt über die verletzte Amtspflicht hinwegsetzt. Zum Vorsatz gehört nicht nur die Kenntnis der Tatsachen, aus denen die Pflichtverletzung sich objektiv ergibt, sondern auch das Bewußtsein der Pflichtwidrigkeit, dh das Bewußtsein, gegen eine Amtspflicht zu verstoßen. Zumindest muß der Beamte mit der Möglichkeit eines solchen Verstoßes rechnen und diesen billigend in Kauf nehmen (BGH NVwZ 1992, 911; BGHR § 839 Abs 1 S 1 Vorsatz 1 und 2; jew m zahlr wN). Selbstverständlich kann jedoch ein Vorwurf vorsätzlichen Handelns nicht schon daraus hergeleitet werden, daß der Beamte bei der Anwendung eines unbestimmten Gesetzesbegriffes oder bei der Klärung schwieriger tatsächlicher oder rechtlicher Probleme Zweifel hat, ob seine Entscheidung von der übergeordneten Behörde oder den Verwaltungsgerichten gebilligt wird. Der Prozeß der Entscheidungsfindung besteht gerade bei zweifelhafter Sach- und Rechtslage darin, die Pro und Contra sprechenden Argumente zu sichten und gegeneinander abzuwägen. Die Überwindung etwa noch verbleibender Bedenken begründet daher noch kein Bewußtsein der Pflichtwidrigkeit im Sinne der vorstehend wiedergegebenen Rechtsprechungsgrundsätze.

201 b)　Der Vorsatz hinsichtlich der Amtspflichtverletzung kann sowohl durch Tatsachenirrtum als auch durch Rechtsirrtum ausgeschlossen sein (BGHZ 69, 128, 142; BGH VersR 1966, 876; 1973, 445). So liegt wegen fehlenden Bewußtseins der Amtspflichtwidrigkeit eine vorsätzliche Amtspflichtverletzung nicht vor, wenn der Amtsträger die Dienstvorschriften betreffend die Genehmigungsbedürftigkeit einer Dienstfahrt kennt, aber eine Fahrt, die objektiv eine Dienstfahrt darstellt, ohne Genehmigung durchführt (und dabei einen Unfall verursacht), weil er die Fahrt nicht als Dienstfahrt im Sinne der Dienstvorschrift ansieht (BGH VersR 1964, 490). Das Bewußtsein der Amtspflichtwidrigkeit kann auch fehlen, wenn der Beamte gegen eine Dienstvorschrift verstößt, sein Verhalten aber einer von den Vorgesetzten geduldeten und gebilligten Übung entspricht (Kreft Rn 288).

Ein „error in persona" oder „in objecto" schließt den Vorsatz selbstverständlich nicht aus. Beispiel (nach BGH, Urteil vom 13. 4. 2000 – III ZR 120/99): Polizeibeamte verprügeln einen Kollegen, den sie irrtümlich für den verfolgten Straftäter halten.

Der Vorsatz entfällt nicht schon deshalb, weil der Beamte damit rechnet, der geschädigte Dritte werde mit seinem Verhalten einverstanden sein (RG HRR 1934 Nr 1109).

c) Ist Vorsatz in diesem Sinne gegeben, so erstreckt sich die Schadensersatzpflicht **202** auch auf nur fahrlässige oder nicht verschuldete Folgen der Amtspflichtverletzung. Setzt sich zB ein Polizeibeamter bewußt über die Dienstvorschrift hinweg, seine Dienstwaffe nur in der „Ladeecke" zu laden oder zu entladen, so haftet die Anstellungskörperschaft aus **vorsätzlicher** Amtspflichtverletzung, wenn bei dem Hantieren mit der Waffe ein Dritter körperlich verletzt wird, auch wenn den Beamten hinsichtlich der Körperverletzung selbst nicht der Vorwurf der Fahrlässigkeit trifft, sofern nur die Verletzung die adäquate Folge der vorsätzlichen Amtspflichtverletzung ist, die durch Mißachtung der Dienstvorschriften begangen wurde (vgl BGHZ 34, 375, 381; BGH MDR 1981, 32; **aA** Deutsch NJW 1966, 705, 706, 710). Infolgedessen haftet gemäß § 46 Abs 2 BeamtVG der Staat auch, wenn der Verletzte ein Beamter ist, seine Verletzung sich als Dienstunfall darstellt und ihm Unfallfürsorgeanprüche gegen den Dienstherrn zustehen. Ebenso haftet nach § 91a SVG der Bund, wenn die Vorsatztat eines Soldaten darin besteht, daß er nach Beendigung einer Schießübung entgegen den Dienstvorschriften nicht überprüft, ob im Lauf des Maschinengewehrs scharfe Patronen zurückgeblieben sind und sich auf dem Rückmarsch ein scharfer Schuß löst, der einen Kameraden tötet; gegen den schuldigen Soldaten ist der Rückgriff nach § 24 Soldatengesetz zulässig (BGH III ZR 11/66). Weitere Beispiele für vorsätzliche Amtspflichtverletzungen im militärischen Bereich: bedingt vorsätzliche Verletzung von Dienstvorschriften zur Einhaltung der inneren Sicherheit bei einer Schießübung, indem Munition im Gefahrenbereich eines Geschützes gelagert wurde (BGHR § 839 Abs 1 S 1 Vorsatz 3); Verstoß gegen soldatische Pflichten, eine Waffenstörung zu melden (BGH NVwZ-RR 1996, 625).

3. Fahrlässigkeit

Fahrlässig handelt, wer die im Verkehr erforderliche Sorgfalt außer acht läßt (§ 276 **203** Abs 1 S 2 BGB); je nach dem Gewicht dieser Sorgfaltsverletzung reicht die Bandbreite fahrlässigen Handelns von ganz leichter bis zu grober Fahrlässigkeit.

a) Allerdings ist der Sorgfaltsmaßstab im Rahmen des § 839 BGB zunehmend objektiviert worden. Es kommt für die Beurteilung des Verschuldens auf die Kenntnisse und Fähigkeiten an, die für die Führung des übernommenen Amtes im Durchschnitt erforderlich sind. Die Anforderungen an amtspflichtgemäßes Verhalten sind am Maßstab des pflichtgetreuen Durchschnittsbeamten zu messen. Jeder staatliche Amtsträger muß die zur Führung seines Amtes notwendigen Rechts- und Verwaltungskenntnisse besitzen oder sich verschaffen. Bei der Gesetzesauslegung und Rechtsanwendung hat er die Gesetzes- und Rechtslage unter Zuhilfenahme der ihm zu Gebote stehenden Hilfsmittel sorgfältig und gewissenhaft zu prüfen und danach aufgrund vernünftiger Überlegungen sich eine Rechtsmeinung zu bilden. Nicht jeder objektive Rechtsirrtum begründet einen Schuldvorwurf. Wenn die nach sorgfältiger Prüfung gewonnene Rechtsansicht des Amtsträgers als rechtlich vertretbar angesehen werden kann und er daran bis zur gerichtlichen Klärung der Rechtslage festhält, so kann aus der (nachträglichen) Mißbilligung seiner Rechtsauffassung durch die Gerichte ein Schuldvorwurf nicht hergeleitet werden (st Rspr, zB: BGH NJW 1998, 1307; 1997, 3432 [insoweit in BGHZ 136, 182 nicht abgedruckt]; NVwZ 1998, 1329; 1997, 1243; BGHR § 839 Abs 1 S 1 Verschulden 18, 22, 26, 28, 29).

Fahrlässigkeit ist demnach gegeben, wenn der Beamte bei Beachtung der für seinen Pflichtenkreis erforderlichen Sorgfalt hätte erkennen können und müssen, daß er seiner Amtspflicht zuwider handelt (BGH VersR 1961, 507, 509; 1964, 311; 1967, 1151). Die Voraussehbarkeit eines bestimmten Schadens gehört nicht zur fahrlässigen Amtspflichtverletzung (BGH VersR 1959, 561; 1969, 427).

204 b) Die an die Sorgfaltspflicht zu stellenden Anforderungen richten sich danach, was bei dem Sachverhalt, den der Beamte nach seiner Kenntnis der Dinge als gegeben ansehen konnte, von einem pflichtgetreuen Durchschnittsbeamten, nicht aber danach, was von einem ideal vollkommenen Musterexemplar seiner Gattung erwartet werden darf (BGH VersR 1964, 311; 1968, 373; OLG Hamm VersR 1978, 375; KREFT Rn 289 mwN). Grundsätzlich sind aber strenge Anforderungen an die Sorgfaltspflicht zu stellen (VersR 1957, 785; 1964, 311), und regelmäßig ist Fahrlässigkeit anzunehmen, wenn ein Beamter klare und unzweideutige Vorschriften nicht oder nicht richtig anwendet (RGZ 57, 179; 74, 428; 83, 336). Bei einer objektiv unrichtigen Maßnahme einer Fachbehörde, bei der die erforderliche Sachkunde vorauszusetzen ist, spricht eine tatsächliche Vermutung dafür, daß die unrichtige Maßnahme auf einem Außerachtlassen der erforderlichen Sorgfalt beruht (BGH VersR 1969, 541).

205 c) Jeder Beamte ist verpflichtet, sich über die Entwicklung von Gesetzgebung und Rechtsprechung, soweit sie für sein Sachgebiet einschlägig ist, auf dem laufenden zu halten. Ein selbst nicht rechtskundiger Amtsinhaber muß sich durch die ihm beigegebenen rechtskundigen Beamten beraten lassen, für deren schuldhafte Beratung der Staat einzustehen hat (RG JW 1932, 3767, betreffend einen Minister). Für die Mitglieder kommunaler Vertretungskörperschaften gelten keine milderen Sorgfaltsmaßstäbe. Im sozialen Rechtsstaat kann der Bürger auch von Gemeinde- und Stadträten erwarten, daß sie bei ihrer Amtstätigkeit den nach § 276 BGB zu verlangenden Standard der verkehrserforderlichen Sorgfalt einhalten. Anderenfalls würde das Schadensrisiko in unzumutbarer Weise auf den Bürger verlagert. Die Mitglieder von Ratsgremien müssen sich daher auf ihre Entschließungen sorgfältig vorbereiten und, soweit ihnen die eigene Sachkunde fehlt, den Rat ihrer Verwaltung oder die Empfehlung von sonstigen Fachbehörden einholen bzw. notfalls sogar außerhalb der

Verwaltung stehende Sachverständige zuziehen (BGHZ 106, 323, 330, betreffend die Überplanung von „Altlasten").

d) Jeder Beamte trägt für die Rechtmäßigkeit seiner dienstlichen Handlungen **206** grundsätzlich selbst die persönliche Verantwortung (§ 56 BBG, § 38 BRRG). Er muß deshalb vor einer Entscheidung die Sachlage grundsätzlich selbst und in eigener Verantwortung prüfen und verletzt seine Amtspflicht, wenn er die gebotene eigene Nachprüfung im Vertrauen darauf unterläßt, daß schon eine mit dem Sachverhalt unter anderen Gesichtspunkten befaßte Stelle die auftauchenden Fragen ausreichend geprüft habe (RGZ 138, 6, 14). Die eigene selbständige Prüfung erübrigt sich auch nicht schon ohne weiteres deshalb, weil die vorgesetzte Dienstbehörde des Beamten sein Verhalten stillschweigend durch Nichtbeanstandung oder ausdrücklich gebilligt hat (RGZ 125, 85). Doch gereicht es einem juristisch nicht vorgebildeten Beamten im allgemeinen nicht zum Verschulden, wenn er auf die besondere Sachkunde einer Fachbehörde oder des Spezialreferenten einer übergeordneten Behörde vertraut oder der Auffassung folgt, die ihm bei seiner Ausbildung (auf Lehrgängen usw) von den Unterrichtenden vermittelt worden ist (Kreft Rn 290 mwN). Grundsätzlich darf sich eine Behörde auch den generell überlegenen Sachverstand einer spezialisierten Fachbehörde nutzbar machen. Daher trifft sie kein Verschulden, wenn sie ihre eigene Meinungsbildung nach der Auffassung der Fachbehörde ausrichtet. Dies gilt zumindest dann, wenn kein Anhalt dafür besteht, daß ein verantwortlicher Amtsträger der entscheidenden Behörde einen besseren Kenntnisstand als die Fachbehörde selbst hat (BGHZ 139, 200, 214, betreffend das Verhältnis zwischen Landesprüfungsämtern und dem Institut für medizinische und pharmazeutische Prüfungsfragen).

e) Auch die Nachprüfung der Gesetzmäßigkeit formell gültig zustande gekomme- **207** ner Gesetze ist – auch bei vorkonstitutionellen Gesetzen – im allgemeinen nicht Sache des das Gesetz anwendenden Verwaltungsbeamten (OLG Hamburg HRR 1929 Nr 1511). Auch bei Anwendung einer untergesetzlichen Rechtsnorm dürfen die Beamten grundsätzlich von deren Rechtswirksamkeit ausgehen, zumindest solange es an konkreten entgegengesetzten Anhaltspunkten fehlt (vgl zum fehlenden Verschulden bei der Anwendung eines unerkannt nichtigen Bebauungsplans die Ausführungen im Abschnitt „Öffentliches Baurecht" Rn 564).

4. Verschulden bei Befolgen von Anordnungen

Die Gehorsamspflicht des Beamten entfällt, wenn ein ihm durch dienstliche Anord- **208** nung aufgetragenes Verhalten strafbar (oder ordnungswidrig) und die Strafbarkeit (Ordnungswidrigkeit) für ihn erkennbar ist, oder wenn es die Würde des Menschen verletzt (§ 56 Abs 2 BBG, § 38 Abs 2 BRRG, ähnlich bei Soldaten § 11 Abs 2 SoldatenG). Befolgt er eine solche Anordnung trotzdem, so verletzt er schuldhaft die ihm Dritten gegenüber obliegende Amtspflicht. Im übrigen hat der Beamte bei Bedenken gegen die Rechtmäßigkeit dienstlicher Anordnungen die Remonstrationspflicht nach Maßgabe der §§ 56 Abs 2 BBG, 38 Abs 2 BRRG; auch sie ist eine Amtspflicht, die ihm Dritten gegenüber obliegt. Wird die Anordnung entgegen der Remonstration aufrechterhalten, so hat er zu gehorchen und ist nach dem Gesetzeswortlaut von der eigenen Verantwortung befreit (BGH, Beschluß vom 18. 10. 1984 – III ZR 107/83). Dabei kann zweifelhaft sein, ob diese Befreiung von persönlicher Verantwortung, wenn die aufgetragene Handlung gegen das Gesetz verstößt, lediglich die Schuld des Beamten beseitigt, die objektive Amtspflichtwidrigkeit seines Handelns aber bestehen läßt (so ARNDT DVBl 1959, 624), oder ob auch die Amtspflichtwidrigkeit selbst entfällt, weil der Beamte gerade seine Amtspflicht erfüllt, wenn er eine verbindliche Weisung befolgt (so BGH NJW 1959, 1629). Für die Frage, ob ein verletzter Dritter Ersatzansprüche nach § 839 BGB iVm Art 34 GG stellen kann, ist die Zweifelsfrage ohne Bedeutung. Denn eine Amtshaftung kommt nur noch in Betracht, wenn der Anweisende durch die Erteilung der Weisung schuldhaft amtspflichtwidrig gehandelt hat; fehlt bei ihm ein Verschulden, so bleibt eine Würdigung des Sachverhalts unter dem Gesichtspunkt des enteignungs- oder aufopferungsgleichen Eingriffs möglich. Befolgt der Beamte in einem Fall, in dem die Gehorsamspflicht nicht schon wegen der für ihn erkennbaren Strafbarkeit des aufgetragenen Verhaltens oder ihres Verstoßes gegen die Menschenwürde entfällt, eine ihm erteilte Weisung ohne Remonstration, weil er sie für rechtmäßig hält, so entfällt regelmäßig seine Schuld, es sei denn, daß sich ihm Bedenken gegen die Rechtmäßigkeit der Anordnung aufdrängen oder ihn zur Remonstration veranlassen mußten (ähnlich KREFT Rn 290; s dazu auch BGH NJW 1968, 2144, 2145 betreffend die Bedeutung ministerieller Richtlinien und Erlasse für den Vorwurf schuldhaft falscher Gesetzesauslegung, wenn der Beamte sich an diese Richtlinien hält). Jedenfalls trifft, wenn ein Beamter eine ihn bindende, aber gesetzwidrige Weisung der übergeordneten Behörde zum Nachteil des Bürgers ausführt, die Verantwortlichkeit (Art 34 GG) nicht die Anstellungskörperschaft des angewiesenen Beamten (BGH NJW 1977, 713; s wegen der Einzelheiten auch den Abschnitt „Zusammenwirken mehrerer Behörden" oben Rn 74). Zur Frage, wie sich der Beamte zu verhalten hat, wenn eine Vorschrift (Rechtsverordnung) noch in Kraft ist aber damit zu rechnen ist, daß sie demnächst (zulässigerweise) mit rückwirkender Kraft aufgehoben wird, vgl BGHZ 65, 155, 168: im Stadium des notwendigen technischen Prozesses der Normgebung sind die Behörden nicht gezwungen auf der Grundlage des noch geltenden Rechts vollendete Tatsachen zu schaffen, die der beabsichtigten Neuregelung zuwiderlaufen.

5. Unrichtige Gesetzesauslegung durch Verwaltungsbehörden

209 Eine infolge unrichtiger Gesetzesauslegung und Rechtsanwendung fehlerhafte Amtsausübung ist jedenfalls dann schuldhafte Amtspflichtverletzung, wenn die Auslegung gegen den klaren, bestimmten und völlig eindeutigen Wortlaut des Gesetzes verstößt (BGHZ 30, 19, 22; VersR 1961, 507, 509; 1964, 95; 1967, 1150; 1968, 788, 790; NJW 1968, 2144, 2145; WM 1976, 873, 876).

a) Eine schuldhafte Amtspflichtverletzung liegt auch vor bei offenbar unrichtiger (= nicht vertretbarer) Gesetzesauslegung, die mit Rechtsprechung und Schrifttum – bei fehlender Rechtsprechung mit der eindeutigen Auslegung im Schrifttum (BGH NJW 1984, 164 betreffend gesetzlich vorgeschriebene Rechtsmittelbelehrung) – in Widerspruch steht. Auch wenn es um eine Rechtsfrage geht, zu der es noch keine Rechtsprechung und noch keine Stellungnahme im Schrifttum gibt, kann ein Fahrlässigkeitsvorwurf begründet sein, wenn sich Auslegung und Anwendung so weit von Wortlaut und Sinn des Gesetzes entfernen, daß das gewonnene Ergebnis nicht mehr als vertretbar angesehen werden kann (BGHR § 839 Abs 1 S 1 Verschulden 18, betreffend die amtspflichtwidrige Weigerung einer Architektenkammer, einen Bewerber in die Architektenliste einzutragen). Dagegen fehlt es am Verschulden bei einer zwar unrichtigen, aber nach gewissenhafter Prüfung der zu Gebote stehenden Hilfsmittel auf vernünftige Überlegungen gestützten Auslegung bei solchen Gesetzesbestimmungen, die für die Auslegung

Zweifel in sich tragen, namentlich wenn die Gesetzesbestimmung neu ist und die auftauchenden Auslegungsfragen noch nicht ausgetragen sind (BGH VersR 1967, 1150; NJW 1968, 2144, 2145; 1979, 2097; MDR 1982, 35). Daß seine nach sorgfältiger Prüfung erlangte und vertretbare Rechtsauffassung später von den Gerichten mißbilligt wird, kann dem Beamten (selbstverständlich) nicht später rückschauend als Verschulden angelastet werden (BGH NJW 1979, 2097; OLG Frankfurt DGVZ 1982, 57). Eine Behörde, die ihre vertretbare, wenn auch in einem späteren Rechtsstreit mißbilligte Rechtsmeinung aufgrund sorgfältiger rechtlicher und tatsächlicher Prüfung gewonnen hat, trifft auch dann nicht ohne weiteres der Vorwurf der Fahrlässigkeit, wenn sie sich in der Folgezeit einer gegen sie ergangenen nicht rechtskräftigen Entscheidung nicht beugt. Ob die Rechtslage durch das ihr nachteilige Urteil so eindeutig geklärt worden ist, daß ein Festhalten an ihrer ablehnenden Haltung nicht mehr vertretbar erscheint, muß stets der tatrichterlichen Beurteilung des Einzelfalls vorbehalten bleiben (BGH NJW 1994, 3158 mwN). Allerdings reicht die bloße „Vertretbarkeit" des – später als objektiv unzutreffend erkannten – Ergebnisses für sich allein genommen noch nicht aus, um einen Schuldvorwurf von vornherein entfallen zu lassen. Hinzu kommen muß (kumulativ!), daß die betreffende Rechtsmeinung aufgrund sorgfältiger rechtlicher und tatsächlicher Prüfung gewonnen worden war. Fehlt es an dieser (zweiten) Voraussetzung, kann ein Schuldvorwurf bereits unter diesem Gesichtspunkt begründet worden sein (BGHZ 119, 365, 370).

b) Nach der Rechtsprechung des Reichsgerichts (RGZ 133, 137, 142; JW 1936, 1211; **210** 1938, 947) und des Bundesgerichtshofs (BGHZ 30, 19, 22; VersR 1961, 509; 1963, 1080; 1964, 93; 1968, 790; 1965, 470; NJW 1968, 2144, 2145) liegt auch dann eine schuldhafte Verletzung der Amtspflicht vor, wenn der Beamte sich mit seiner Auslegung im Gegensatz zu einer gefestigten höchstrichterlichen Rechtsprechung stellt. Es wird sogar die Auffassung vertreten, daß bei einer zunächst zweifelhaften Rechtsfrage schon eine einzige Entscheidung eines obersten Gerichtshofs des Bundes eine Klärung der Rechtslage in dem Sinne herbeiführen könnte, daß der Vorwurf des Verschuldens gegen den Beamten begründet sei, der von dem in der Entscheidung eingenommenen Standpunkt abweiche (BGH NJW 1963, 1453; VersR 1964, 195, 196). Dieser Gesichtspunkt spielt auch in BGH VersR 1968, 788 eine Rolle. Dort ist die Frage aufgeworfen worden, ob die streitige Rechtsfrage durch eine bestimmte Entscheidung des Bundesverwaltungsgerichts geklärt sei mit der Wirkung, daß es als eine schuldhafte Amtspflichtverletzung anzusehen sei, wenn die Verwaltungsbehörden nach dem Bekanntwerden dieser Entscheidung der in ihr vertretenen Auffassung nicht folgten; die Frage wird offengelassen, weil die Entscheidung des BVerwG, wie sich aus der späteren Entscheidung eines VGH ergebe, in ihrer Bedeutung nicht völlig zweifelsfrei gewesen sei und überdies der Verwaltungsbehörde nach dem Erlaß der Entscheidung „auch eine angemessene Bearbeitungszeit" zuzubilligen sei. Nur ausnahmsweise soll es am Verschulden fehlen. So soll es, wenn es sich um die Frage der Grundgesetzwidrigkeit eines Gesetzes handeln, bei einem rechtlich schwierigen Fragenkomplex mit tiefgreifenden Auswirkungen einem Ministerium nicht zum Verschulden gereichen, wenn es von der ergangenen, die Rechtsfrage eingehend behandelnden Entscheidung eines obersten Gerichtshofs des Bundes abweicht, weil es von einer Normenkontrollklage beim Bundesverfassungsgericht eine Entscheidung in seinem Sinne erwartet (BGH NJW 1963, 1453). Nach BGH VersR 1964, 195 handelt eine Verwaltungsbehörde nicht schuldhaft, wenn sie trotz Vorliegens der Entscheidung eines obersten Gerichtshofs des Bundes die Rechtslage als noch klärungsbedürftig ansehen kann und die Bescheidung eines Gesuchs mit Rücksicht auf eine bevorstehende gesetzliche Regelung des Fragenkomplexes zurückstellt. Auf jeden Fall aber trägt die betreffende öffentlich-rechtliche Körperschaft das Haftungsrisiko, wenn der Amtsträger einer Mindermeinung folgt, die im Gegensatz zur übereinstimmenden Rechtsprechung zweier oberster Gerichtshöfe des Bundes und der herrschenden Meinung im Schrifttum steht (BGH, Beschluß vom 28.11.1985 – III ZR 24/85). Von besonderer Bedeutung für die Verwaltungspraxis muß es sein, wenn das zuständige OVG einen bestimmten Rechtsstandpunkt unter ausdrücklicher Auseinandersetzung mit einer eigenen früheren, ablehnenden Entscheidung nachhaltig vertrat und vertritt. Die Nichtbeachtung dieser Rechtsprechung kann daher gegen die Amtsträger den Vorwurf begründen, sie hätten entweder keine umfassende Rechtsprüfung vorgenommen oder sie hätten die einhellige (ober-)verwaltungsgerichtliche Entscheidungspraxis zwar zur Kenntnis genommen, sie aber unbeachtet gelassen (BGH NJW 1995, 2918, 2920 [insoweit in BGHZ 130, 332 nicht abgedruckt]).

211 c) Die nachfolgenden Erwägungen KARL SCHÄFERS aus der Vorauflage (STAUDINGER/SCHÄFER[12] § 839 Rn 308 f) sind unverändert aktuell geblieben. Ich gebe sie daher im folgenden im vollen Wortlaut wieder: „Der vorerwähnte Satz, ein Beamter handele grundsätzlich schuldhaft, wenn er sich mit einer gefestigten höchstrichterlichen Rechtsprechung, ja schon mit der einzigen bisher zu der Rechtsfrage ergangenen Entscheidung eines obersten Bundesgerichts in Widerspruch setze, ist ersichtlich im Interesse der Rechtssicherheit und einer gleichmäßigen Rechtshandhabung entwickelt. Letztlich klingt hier der Gesichtspunkt der Gleichbehandlung an [...]. Das Anliegen ist also sinnvoll, der aufgestellte Grundsatz aber in seiner Allgemeinheit gleichwohl problematisch. Gewiß liegt ein Verschulden vor, wenn der Widerspruch zu der ‚gefestigten höchstrichterlichen Rechtsprechung' oder auch nur der einzigen klärenden Entscheidung eines obersten Bundesgerichts darauf beruht, daß die Rechtsprechung dem Beamten zwar bekannt war, er sich ihrer aber im Augenblick nicht erinnerte, oder daß sie ihm nicht bekannt war, obwohl er sich davon durch erforderliche Nachprüfung, durch zumutbaren Einblick in Erläuterungsbücher und die ihm obliegende laufende Unterrichtung über die seinen Aufgabenbereich berührende Rechtsprechung Kenntnisse hätte verschaffen können. Die Amtspflichtwidrigkeit besteht dann aber nicht darin, daß er sich nicht an Präjudizien gehalten, sondern daß er seine Entscheidung nicht gewissenhaft vorbereitet hat: Hätte er die präjudizielle Rechtsprechung gekannt, so würde er nach aller Voraussicht sich anders verhalten haben. Wie aber, wenn der Beamte nicht aus Starrsinn oder törichter Besserwisserei bei unzulänglichen Beurteilungsmöglichkeiten, sondern – die Bedeutung einer möglichst gleichmäßigen Rechtsanwendung im gesamten Bereich staatlicher Betätigung nicht verkennend – aus wohl erwogenen Gründen glaubt, der Rechtsprechung nicht folgen zu können? Kann er zB, wenn er glaubt, daß neue Gesichtspunkte oder ungerechte Auswirkungen einer obergerichtlichen Entscheidung zu einer anderen Auslegung zwängen, nicht geltend machen, daß Präjudizien für ihn nicht verbindlich seien und *er* nach § 56 BGB, § 38 BRRG die volle persönliche Verantwortung für die Rechtmäßigkeit seiner Handlung trage?

Eine *Parallele zu dem Problem* bildet die viel erörterte Streitfrage, welche Bedeutung eine ständige höchstrichterliche Rechtsprechung oder auch nur eine einzige höchstrichterliche Entscheidung für die Verfolgungspflicht des Staatsanwalts hat, der ja auch rechtlich an Präjudizien nicht gebunden ist, sondern nach ‚Gesetz und Recht' selbst verantwortlich seine Entschließung trifft [...]. Entgegen einer weit verbreiteten Auffassung, die jede ‚Bindung' des Staatsanwalts an Präjudizien aus dem Bereich der höchstrichterlichen Rechtsprechung grundsätzlich ablehnt, muß nach Auffassung des Verfassers [sc. KARL SCHÄFERS] (vgl LR-SCHÄFER[23] Einl Kap 13 Rn 34 ff) der Staatsanwalt trotz seiner Bindungslosigkeit im Interesse einer *einheitlichen* Rechtsanwendung und Gesetzesauslegung bei seinem Vorgehen zunächst die höchstrichterliche Rechtsprechung, auch wenn er sie für bedenklich oder unrichtig hält, zugrunde legen, kann aber dann, wenn die Sache an das Gericht gelangt, seine abweichende Auffassung darlegen und auf diese Weise eine Würdigung seiner Bedenken bei den letztinstanzlich entscheidenden Gerichten herbeiführen. Ähnliche Erwägungen müssen mE [sc nach Auffassung von KARL SCHÄFER] auch angestellt werden, wenn die ‚Bindung' von Verwaltungsbehörden und -beamten an höchstrichterliche Entscheidungen in Frage steht. Auf der einen Seite kann in einer Zeit, in der vom Bundesverfassungsgericht in nicht seltenen Fällen Gesetze für nichtig erklärt und auf Verfassungsbeschwerde Entscheidungen oberster Bundesgerichte aufgehoben werden, auch oft genug oberste Bundesgerichte und andere letztinstanzlich zuständige Gerichte ihre mehr oder weniger lang festgehaltene, ‚ständige Rechtsprechung' aufgeben, von dem Beamten nicht erwartet werden, daß er unbedingt und widerspruchslos einer ständigen Rechtsprechung folge, die etwa im Schrifttum weitgehend abgelehnt wird, oder die er im Hinblick auf veränderte Umstände nicht mehr als zeitgemäß ansieht. Nicht selten geht ja der Anstoß zur Aufgabe oder Änderung einer ‚ständigen Rechtsprechung' von dem Widerstand aus, den diese Rechtsprechung in den unteren Instanzen der Gerichte und Verwaltungsbehörden findet. Andererseits verlangt aber auch hier der grundsätzlich bedeutsame Gesichtspunkt einer möglichst einheitlichen Auslegung und Anwendung der Gesetze in ihrem gesamten Geltungsbereich durch alle zur Rechtsanwendung berufenen Staatsorgane, daß nicht Verwaltung und Rechtsprechung in der Rechtsauslegung divergieren, und daß sich nicht lokale Bereiche mit einer von der allgemeinen Übung abweichenden Rechtshandhabung abspalten. Der dem Staatsanwalt offenstehende Weg unmittelbarer Angehung des Gerichts (durch Anklageerhebung, Rechtsmitteleinlegung usw) steht dem Verwaltungsbeamten nicht zur Verfügung. Er wird deshalb, wenn er – was wohl nur in Ausnahmefällen in Betracht kommt – eine ständige Rechtsprechung aus wohlerwogenen Gründen für verfehlt hält, dem Gedanken der einheitlichen Rechtshandhabung den Vorzug geben müssen, sein rechtliches Gewissen aber dadurch beschwichtigen dürfen, daß er dem betroffenen Dritten unter Andeutung der Bedenken anheim stellt, die etwa gegebenen Rechtsbehelfe und Rechtsmittel zu ergreifen, um eine gerichtliche Klärung herbeizuführen. Man wird aber schwerlich sagen dürfen, daß er sich amtspflichtwidrig verhalte, wenn er unter Berufung auf die Selbstverantwortlichkeit für die Rechtmäßigkeit seiner Entscheidung glaubt, einer von ihm für verfehlt gehaltenen Rechtsauffassung nicht folgen zu dürfen (ähnlich auch BGB-RGRK/KREFT[12] Rn 292).

Eine faktische ‚Bindung' an eine höchstrichterliche Rechtsprechung mit der Folge, daß eine bewußte Abweichung amtspflichtwidrig ist, kann sich aber auch bei dem hier eingenommenen Standpunkt aus der Sachlage ergeben, so etwa beim Notar oder bei anderen Beamten, die an der Mitwirkung beim Zustandekommen rechtswirksamer Rechtsgeschäfte amtlich beteiligt sind. Ein Notar, der etwa ein Rechtsgeschäft beurkundet oder bei der Errichtung eines öffentlichen Testaments mitwirkt, muß stets den rechtlich sichersten Weg gehen, also den Weg, der den Bestand des Rechtsgeschäfts verspricht, wenn es zu einer gerichtlichen Nachprüfung kommt; er darf deshalb, auch wenn er selbst die Ergebnisse der Rechtsprechung für unzutreffend hält, das Risiko nicht auf sich nehmen, bei ‚ausgetragenen' Rechtsfragen durch Abweichung von den maßgeblichen Präjudizien den Bestand des Rechtsgeschäfts in Frage zu stellen."

212 d) Bei rechtlichen Zweifelsfragen, die noch nicht durch eine höchstrichterliche (dh die Entscheidung eines letztinstanzlich zuständigen oberen Gerichts, gleichwie ob eines obersten Gerichtshofs des Bundes oder eines Oberlandesgerichts, Oberverwaltungsgerichts usw) „ausgetragen" sind, namentlich bei solchen, die durch neue Gesetze aufgeworfen werden, noch Gegenstand des Streits im Schrifttum sind, oder zu denen gar widersprechende Gerichtsentscheidungen vorliegen, kann natürlich von einem Verschulden keine Rede sein, wenn der Beamte nicht die Auslegung trifft, die ein später letztinstanzlich entscheidendes Gericht als die richtige bezeichnet. Denn ob seine Auslegung „richtig" oder „falsch" ist, – „richtig" in diesem Sinne ist ja in Ermangelung eines absoluten Bewertungsmaßstabs für das richtige Recht das, was die letzte zur Entscheidung in der Sache berufene Instanz für richtig erklärt –, ist in dem Augenblick, in dem der Beamte handelt, noch in der Schwebe. Bei dieser Sachlage handelt er, wenn er sich unter Berücksichtigung der ihm zur Verfügung stehenden Mittel und sorgfältiger Abwägung zu einer bestimmten Auslegung entschließt, nicht nur nicht schuldhaft, sondern auch objektiv nicht amtspflichtwidrig. Er braucht auch bei einer noch offenen Streitfrage nicht der gerade „herrschenden Meinung" zu folgen, braucht nicht auf die Zahl der Stimmen für die eine oder andere Meinung oder auf den wissenschaftlichen Ruf der sie vertretenden Autoren abzustellen, vielmehr genügt, falls er sich nur seine Meinung nach gewissenhafter Prüfung unter Heranziehung der ihm zu Gebote stehenden Hilfsmittel gebildet hat, daß diese möglich (vertretbar), dh mit dem Gesetzeswortlaut vereinbar und von vernünftigen sachgemäßen Überlegungen getragen ist (vgl aus der neueren Rechtsprechung insbesondere: BGH NJW 1994, 3158 [so], ferner RGZ 59, 381, 388; 85, 67, 72; 91, 127; 107, 118; 133, 137, 142; 135, 110, 116; HRR 1938 Nr 1008; BGHZ 10, 215; 30, 19, 22; 36, 144, 149; LM § 839 B Nr 20; VersR 1963, 1080; 1167; 1964, 93, 775; 1965, 694; 1975, 476, 478; NJW 1968, 2144, 2145; 1979, 2097; MDR 1980, 38; BGHR § 839 Abs 1 S 1 Verschulden 5, 19).

213 e) Die Sorgfaltsanforderungen, die an den Beamten zur Vermeidung „unrichtiger" Rechtsanwendung zu stellen sind, können im Einzelfall verschieden sein, wobei namentlich die konkrete Amtsstellung eine Rolle spielt (BGH NJW 1979, 2097). So muß zB von den mit Wasserrechtsfragen befaßten Beamten der Aufsichtsbehörden verlangt werden, daß sie die einschlägigen Spezialkommentare zu dem in Betracht kommenden Gesetz kennen, bei Auslegungszweifeln zu Rate ziehen und so sorgfältig prüfen, daß sie offenbar belanglose Zitate bei ihrer Meinungsbildung erkennen und ausscheiden können (vgl dazu BGH VersR 1983, 782; MDR 1984, 28). Bei Zweifeln über den Umfang der Übertragung von Geschäften auf nachgeordnete Behörden muß sich der Beamte einer solchen Behörde um Aufklärung an die vorgesetzten Stellen, gegebenenfalls an das federführende Ministerium, das die Delegation ausgesprochen hat, wenden (BGH VersR 1967, 358). Verteidigt das übergeordnete Ministerium den Rechtsstandpunkt der Behörde nachdrücklich, so kann auch dies ein Indiz gegen ein Verschulden des handelnden Amtsträgers sein (BGH NJW 1994, 3158). Im übrigen sind die Anforderungen strenger bei einem rechtskundigen Beamten, der sich im Zweifelsfall bei sogenannten „führenden" Erläuterungsbüchern Rat holen muß (vgl RG WarnR 1939

Nr 62; 1941 Nr 49) und sich im Hinblick auf die Möglichkeit eines Wechsels der Rechtsprechung auch damit nicht begnügen darf, wenn deren Erscheinen schon längere Zeit zurückliegt (vgl dazu RG JW 1938, 947). Sie sind geringer bei rechtsunkundigen Beamten („Laien"), zB einem Gemeindevorsteher bei der Beurkundung eines Nottestaments (RG JW 1938, 810), der aber auch jedenfalls amtspflichtwidrig handelt, wenn er sich um die in Betracht kommenden Vorschriften überhaupt nicht oder ganz unzulänglich kümmert (RG WarnR 1931 Nr 86; OLG Nürnberg VersR 1965, 1184, 1185). Allgemein gilt, daß Schwierigkeiten bei der Beurteilung der Sach- und Rechtslage dann kein Entschuldigungsgrund sein können, wenn sie von dem handelnden Amtsträger gar nicht erkannt werden (BGH NVwZ 1994, 405).

6. Unrichtige Gesetzesauslegung durch Gerichte

a) Grundsätzlich anders ist die Rechtslage, wenn eine Amtshaftungsklage darauf **214** gestützt wird, ein Gericht habe bei seiner Entscheidung die Amtspflicht durch „falsche Gesetzesauslegung" verletzt. Dieses Problem stellt sich praktisch nur dann, wenn die Entscheidung nicht ohnehin nach § 839 Abs 2 BGB einer Nachprüfung entzogen ist, also nur außerhalb des „Spruchrichter-" oder „Richterspruchprivilegs". Denn aus der Unabhängigkeit des Richters (Art 97 Abs 1 GG, § 35 DRiG, § 1 GVG) folgt, daß er – von bestimmten verfahrensrechtlichen Bindungen abgesehen – bei Entscheidungen, die er unter richterlicher Unabhängigkeit trifft, nur seiner rechtlichen Überzeugung zu folgen braucht und an keine noch so gefestigte höchstrichterliche Rechtsprechung gebunden ist, wenn er glaubt, ihr aus besserer Einsicht nicht folgen zu können. Dies betrifft die gesamte richterliche Tätigkeit, also auch die Bereiche außerhalb des Spruchrichterprivilegs. Der Richter handelt zwar – von dem Fall der Rechtsbeugung (§ 336 StGB) ganz zu schweigen – amtspflichtwidrig, wenn die unrichtige Gesetzesauslegung auf einem Verstoß gegen den völlig eindeutigen Gesetzeswortlaut oder auf handgreiflich verfehlten Erwägungen beruht. Er verletzt die Amtspflicht auch, wenn er bei zweifelhaften oder ferner liegenden Rechtsfragen auf eine ausreichende Prüfung anhand der üblichen und ihm zur Verfügung stehenden Hilfsmittel wie Erläuterungsbücher, Entscheidungssammlungen und -übersichten, Fachzeitschriften verzichtet und infolgedessen wichtige Gesichtspunkte überhaupt nicht in sein Blickfeld treten. Dann liegt eine „ordnungswidrige Art der Ausführung eines Amtsgeschäfts" im Sinne des § 26 Abs 2 DRiG vor, die auch die Dienstaufsicht zu Maßnahmen berechtigt. Das gilt auch, wenn er von einer „ständigen" höchstrichterlichen Rechtsprechung oder einer die Rechtsfrage eingehend behandelnden höchstrichterlichen Entscheidung deshalb abweicht, weil er sie schuldhaft nicht kennt, während die dort angestellten Überlegungen, hätte er sie gekannt, ihn vielleicht von der Unrichtigkeit seiner eigenen Auslegung überzeugt hätten. Aber eine von solchen Mängeln freie, bewußte Abweichung des Richters von Präjudizien, wenn er nach sorgfältiger Abwägung unter Berücksichtigung auch des Anliegens einer gleichmäßigen Rechtshandhabung die darin vertretene Rechtsauffassung für unrichtig hält und glaubt, sie mit seiner richterlichen Überzeugung nicht vereinbaren zu können, ist nicht amtspflichtwidrig.

b) Demgegenüber kommt in der Rechtsprechung der Gedanke zum Ausdruck, **215** daß der Richter amtspflichtwidrig handele, wenn er eine „durch höchstrichterliche Entscheidung geklärte Frage" anders beurteile. Nach BGHZ 36, 144, 148 (betreffend die Festsetzung des der Kostenfestsetzung zugrundeliegenden Streitwerts durch das

Prozeßgericht und die Entscheidung über die Beschwerde gegen einen Streitwertfestsetzungsbeschluß durch das Beschwerdegericht) hat „der Richter die Amtspflicht, seine Entscheidung oder richterliche Entschließung nach der bestehenden Gesetzes- und Rechtslage zu treffen, und zweifelhafte Rechtsfragen unter Benutzung der ihm zu Gebote stehenden Hilfsmittel sorgfältig und gewissenhaft unter Beachtung der einschlägigen Rechtsprechung und des Schrifttums zu prüfen, und danach, fußend auf vernünftigen Überlegungen, seine Rechtsmeinung zu bilden. Hat er diese ihm obliegende Pflicht beachtet, so kann eine schuldhafte Amtspflichtverletzung nicht schon dann angenommen werden, wenn der Richter etwa eine rechtsirrige Entscheidung in einer manche Zweifel in sich tragenden, in der Rechtsprechung und im Schrifttum streitigen und durch eine höchstrichterliche Entscheidung noch nicht klargestellten Rechtsfrage getroffen hat". Von diesem Standpunkt aus prüft BGH VersR 1964, 146, ob eine nicht einfache Rechtsfrage vorlag, ob diese in der Rechtsprechung umstritten, und ob eine höchstrichterliche Rechtsprechung dazu ergangen war. Der Senat kommt zu dem Ergebnis, zu der sehr zweifelhaften Rechtsfrage habe eine höchstrichterliche Rechtsprechung nicht bestanden und erklärt dann die vom Beschwerdegericht getroffene Entscheidung für vertretbar. Der BGH würde danach, so muß – oder jedenfalls kann – die Entscheidung verstanden werden, eine Amtspflichtverletzung bejaht haben, wenn das Beschwerdegericht von einer vorliegenden höchstrichterlichen Entscheidung abgewichen wäre. In der Vorauflage hatte KARL SCHÄFER die Frage problematisiert, wie diese Erwägungen sich mit der richterlichen Unabhängigkeit vereinbaren ließen. Inzwischen hat sich in der Rechtsprechung des Bundesgerichtshofs jedoch die Erkenntnis durchgesetzt, daß in den Fällen, in denen im Amtshaftungsprozeß darüber zu befinden ist, ob ein Richter bei der Rechtsanwendung und Gesetzesauslegung – außerhalb des „Richterprivilegs" – schuldhaft amtspflichtwidrig gehandelt hat, generell der Verfassungsgrundsatz der richterlichen Unabhängigkeit zu beachten ist. Ein Schuldvorwurf kann dem Richter in diesem Bereich nur bei besonders groben Verstößen gemacht werden (BGHR § 839 Abs 2 Richter 1; BGH, Beschluß vom 26. 4. 1990 – III ZR 182/89 s unten Rn 316).

7. Die „Kollegialgerichts-Richtlinie"

216 a) Nach ständiger Rechtsprechung des Reichsgerichts und des Bundesgerichtshofs trifft einen Beamten in der Regel kein Verschulden, wenn ein mit mehreren Rechtskundigen (Berufsrichtern) besetztes Kollegialgericht die Amtstätigkeit als objektiv rechtmäßig angesehen hat (RGZ 106, 406, 410; 141, 328, 334; aus der neueren Rechtsprechung des BGH insbesondere: BGHZ 97, 97 107; BGHR § 839 Abs 1 S 1 Verschulden 2, 7, 9, 11, 13, 14, 21, 24, 30, 31, 32). Diese „Kollegialgerichts-Richtlinie" beruht auf der Erwägung, daß von einem Beamten, der allein und im Drang der Geschäfte handeln muß, keine bessere Rechtseinsicht erwartet werden kann als von einem Gremium mit mehreren Rechtskundigen, das in voller Ruhe und nach reiflicher Überlegung entscheidet, nachdem vorher der Prozeßstoff in ganzer Fülle vor ihm ausgebreitet war.

217 b) Dieser Grundsatz ist regelmäßig nur für Amtspflichtverletzungen entwickelt worden und kann auch nur dort in Grenzen unter bestimmten Voraussetzungen Geltung beanspruchen (s dazu im folgenden Rn 218–223). Er gilt nicht für alle Fälle der Haftung eines Beamten oder einer öffentlichen Körperschaft nach den allgemeinen Haftungsvorschriften der §§ 823 ff (BGH VersR 1967, 226, 228; s auch BGH VersR 1966, 562). Der Grundsatz gilt auch dann nicht, wenn der BGH selbst als Revisionsgericht zunächst eine bestimmte Rechtsauffassung vertreten hat (hier: daß bestimmte persönlichkeitsverletzende Äußerungen durch Art 5 Abs 1 GG gedeckt seien), das BVerfG aber auf Verfassungsbeschwerde eine andere Rechtsmeinung vertritt und der BGH nunmehr erneut entscheiden muß. Grundsätzlich erfordert es nämlich der Geltungsanspruch des Rechts, „daß der Verpflichtete das Risiko seines Irrtums über die Rechtslage selbst trägt; auch ein Richterkollegium kann ihn hiervon auf Kosten des Berechtigten nur unter besonderen Umständen entlasten" (BGH MDR 1982, 396).

c) Allgemein ist eine Verneinung des Verschuldens nur dann gerechtfertigt, wenn **218** das Kollegialgericht die Rechtmäßigkeit der Amtstätigkeit nach sorgfältiger Prüfung bejaht hat. Der BGH hat daher Ausnahmen von dieser allgemeinen Richtlinie in solchen Fällen zugelassen, in denen die Annahme des Kollegialgerichts, die Amtshandlung sei rechtmäßig gewesen, auf einer unzureichenden tatsächlichen oder rechtlichen Beurteilungsgrundlage beruhte, etwa deshalb, weil das Gericht sich bereits in seinem Ausgangspunkt von einer sachlich verfehlten Betrachtungsweise nicht hat freimachen können oder weil es infolge unzureichender Tatsachenfeststellung von einem anderen Sachverhalt als dem, vor den der Beamte gestellt war, ausgegangen ist oder den festgestellten Sachverhalt nicht sorgfältig und erschöpfend gewürdigt hat (BGHR BGB § 839 Abs 1 S 1 Verschulden 7, 9, 11, 13, 14, 21 und 24). Beispiele für derartige Ausnahmen, in denen im Amtshaftungsprozeß ein Verschulden bejaht worden ist, obwohl zuvor ein Kollegialgericht die Amtshandlung als rechtmäßig erachtet hatte: Das Kollegialgericht hat eine eindeutige Bestimmung handgreiflich falsch ausgelegt (BGHZ 27, 338, 343); das Gericht hat angenommen, bei der Entscheidung des verantwortlichen Amtsträgers handele es sich um eine Ermessensentscheidung, während es in Wahrheit um einen Teil der Rechtsanwendung geht (BGH VersR 1967, 602, 604; BGHR § 839 Abs 1 S 1 Verschulden 9); das Kollegialgericht bildet sich seine Überzeugung von der Rechtmäßigkeit des Handelns aufgrund eines verfahrensfehlerhaft festgestellten Sachverhalts (BGHZ 117, 236, 250); das Gericht verengt die Fragestellung auf einen falschen Punkt und verkennt so die eigentlich maßgebenden Fragen (BGHR BGB § 839 Abs 1 S 1 Verschulden 24 und 30); das Kollegialgericht führt die für die Beurteilung des Falles maßgebliche höchstrichterliche Rechtsprechung (dort: des Bundesverwaltungsgerichts) zwar an, folgt ihr aber gleichwohl nicht, ohne sich damit auseinanderzusetzen (BGH, NVwZ 2002, 124).

d) Hat das Kollegialgericht die Tätigkeit lediglich anhand eines gegenüber der **219** eigenen Prüfungspflicht des Beamten **reduzierten Prüfungsmaßstabes** gebilligt, so braucht darin nicht notwendig die Wertung zu liegen, das Verhalten des Beamten sei rechtmäßig (Beispiel: Die einem Haftbefehlsantrag der Staatsanwaltschaft zugrundeliegende Annahme dringenden Tatverdachts ist unvertretbar und die Maßnahme deswegen amtspflichtwidrig; ein mit mehreren Rechtskundigen besetztes Kollegialgericht bejaht aber die Vertretbarkeit). In solchen Fällen trifft den Beamten selbst die Pflicht, sein Verhalten uneingeschränkt am Maßstab der Rechtmäßigkeit auszurichten. Hingegen entscheidet die richterliche Überprüfung im Amtshaftungsprozeß anhand des reduzierten Maßstabes der Vertretbarkeit lediglich darüber, ob er amtspflichtgemäß gehandelt hat. Auch in solchen Fällen erfährt die Richtlinie eine Ausnahme (BGHR § 839 Abs 1 S 1 Verschulden 31).

e) Von vornherein nicht anwendbar ist die Kollegialgerichts-Richtlinie, wenn das **220**

Gericht das Verhalten des Amtsträgers nicht als rechtmäßig, sondern als rechtswidrig beurteilt und lediglich ein Verschulden verneint hat (BGHZ 97, 97, 107).

221 f) Die innere Rechtfertigung für die Anwendung der Regel, daß nämlich der Idee nach das rechtskundige Kollegialgericht dem handelnden Beamten an Beurteilungsmöglichkeiten überlegen sei, fehlt, wenn der Beamte über die gleichen Möglichkeiten verfügte wie das Gericht; zB wenn es sich um eine grundsätzlich bedeutsame Maßnahme einer zentralen Dienststelle handelt, die ihre Entscheidung in ruhiger Abwägung aller Gesichtspunkte und unter Benutzung allen einschlägigen Materials treffen konnte, insbesondere dann, wenn es sich um die Handhabung eines Spezialgesetzes handelt, dessen Bestimmungen den Sachbearbeitern aus täglicher Befassung mit ihnen besonders vertraut waren (BGH JZ 1962, 318; WM 2002, 1137).

222 g) Die innere Rechtfertigung der Regel fehlt erst recht, wenn der handelnde Beamte sich in einer vergleichsweise günstigeren Lage befand als das Gericht, so wenn es um die Beurteilung von rechtlichen Spezialfragen geht, mit denen die Gerichte wenig befaßt waren, die jedoch dem tätig gewordenen Beamten in besonderem Maß vertraut sind (vgl BGHZ 73, 161, 164; NJW 1962, 2100, 2101; MDR 1982, 555).

223 h) Ebenfalls unanwendbar ist die Richtlinie, wenn es sich bei der Kollegialgerichtsentscheidung um eine solche handelt, die im Verfahren des einstweiligen Rechtsschutzes aufgrund summarischer Prüfung ergangen ist (BGHZ 117, 240, 250; BGH NJW 1986, 1954). Die Richtlinie greift auch dann nicht ein, wenn das Kollegialgericht lediglich in einer Entscheidung über die Bewilligung von Prozeßkostenhilfe das Verhalten des Amtsträgers als objektiv rechtmäßig angesehen hat (BGH, Beschluß vom 29. 3. 1990 – III ZR 151/89; mitgeteilt von Schwager/Krohn DVBl 1990, 1077, 1084 Fn 63).

224 i) „Kollegialgericht" im Sinne der Richtlinie ist nur ein Gericht, das mit mehreren Berufsrichtern, nicht dagegen ein solches, das lediglich mit einem rechtskundigen Berufsrichter und im übrigen mit ehrenamtlichen Beisitzern besetzt ist (BGH VersR 1968, 371, 373; NJW 1996, 2422, 2424). Allerdings ist es nicht ausgeschlossen, auch die Entscheidung eines Nicht-Kollegialgerichts, die Amtshandlung sei rechtmäßig gewesen, als **Indiz** gegen ein Verschulden zu verwerten (BGH NJW 1996, 2422, 2424; das gleiche gilt auch für Kollegialgerichtsentscheidungen im Prozeßkostenhilfeverfahren oder im Verfahren des einstweiligen Rechtsschutzes).

225 k) Für die Anwendbarkeit der Kollegialgerichts-Richtlinie ist nicht zwingend erforderlich, daß das betreffende Kollegialgericht aufgrund mündlicher Verhandlung durch Urteil entschieden hat. Es genügt vielmehr beispielsweise auch ein Gerichtsbescheid nach § 84 VwGO: Wenn die einschlägige Verfahrensordnung es zuläßt, daß das Gericht sich seine abschließende Überzeugung über die Rechtmäßigkeit eines behördlichen Aktes ohne mündliche Verhandlung bildet, so muß ein auf diese Weise gewonnenes urteilsvertretendes Erkenntnis auch im Amtshaftungsprozeß die gleiche Wirkung entfalten wie ein aufgrund mündlicher Verhandlung ergangenes Urteil (BGHR § 839 Abs 1 S 1 Verschulden 14; BGH NVwZ 1998, 1329, 1330).

226 l) Als Kollegialgerichtsentscheidungen im Sinne der Richtlinie kommen nicht nur solche der Gerichte im Verfahren des Primärrechtsschutzes (insbesondere Verwaltungs-, Finanz- und Sozialgerichte) in Betracht, sondern auch diejenigen der Vorinstanzen im Amtshaftungsprozeß selbst (anschauliches Beispiel: BGH NVwZ 1998, 878. Dort hatte die Rechtsfrage, derentwegen das Berufungsgericht die Revision zugelassen hatte, ihre Entscheidungserheblichkeit verloren, weil der BGH als Revisionsgericht den Amtshaftungsanspruch bereits an der Kollegialgerichts-Richtlinie hat scheitern lassen).

m) Im wissenschaftlichen Schrifttum stößt die Kollegialgerichts-Richtlinie auf ein geteiltes Echo: dezidiert ablehnend: BURKHARD SCHMIDT NJW 1993, 1630; skeptisch OSSENBÜHL 76: „weitgehend aufgehoben und durch eine eigenständige Vertretbarkeitserwägung des jeweiligen Obergerichts ersetzt"; zustimmend hingegen PAPIER Rn 286: Der Grundsatz der kollegialgerichtlichen Billigung sollte nur in den Extremfällen gröbster und evidenter Fehlerhaftigkeit der gerichtlichen Entscheidung durchbrochen werden.

8. Organisationsverschulden

a) Ein Schuldvorwurf kann in bestimmten Fällen gegen die haftende Körperschaft unter dem Gesichtspunkt des „Organisationsverschuldens" auch dann begründet sein, wenn der tätig gewordene Beamte selbst subjektiv nach bestem Wissen und Gewissen gehandelt hat. Dies ist namentlich dann der Fall, wenn die Körperschaft es versäumt hat, ihre Amtsträger mit den erforderlichen Informationen und Anweisungen zu versehen. Beispiele aus der neueren Rechtsprechung des BGH: Die Amtshaftung einer Gemeinde für die unrichtige Auskunft, ein Bebauungsplan sei gültig, wurde bejaht, weil die Gemeinde es versäumt hatte, den (subjektiv gutgläubigen) auskunftserteilenden Beamten auf die ihr bekannten Bedenken gegen die Gültigkeit des Plans hinzuweisen (BGH NJW 1990, 245, 246 f; BGHR BGB § 839 Abs 1 S 1 Auskunft 7 [beide Revisionsentscheidungen betreffen denselben Rechtsstreit]). Das Fehlen einer ordnungsgemäßen Erfassung eines Altlastenstandorts führt dazu, daß die Altlasten bei der Überplanung des betreffenden Gebietes nicht berücksichtigt werden; dieser Organisationsmangel ist der Gemeinde auch dann als Verschulden zuzurechnen, wenn ihre an der Planung beteiligten Amtsträger selbst subjektiv nach bestem Wissen und Gewissen gehandelt haben (BGHZ 113, 367, 371, 372). Des weiteren gehören in diesen Zusammenhang Fälle, in denen die Behörde personell und sachlich so unzureichend ausgestattet ist, daß ihre Amtsträger überlastet und überfordert sind (PAPIER Rn 289 mwN).

b) Im Amtshaftungsprozeß braucht der Geschädigte den einzelnen Amtsträger, der ihm gegenüber die Pflichtverletzung begangen hat, nicht konkret zu bezeichnen. Zwar ist im Hinblick auf das Wesen der übergeleiteten Haftung erforderlich, daß der gesamte Haftungstatbestand in der Person irgendeines Amtsträgers erfüllt ist; es bedarf deshalb aber nicht auch der Feststellung der Identität einer Person. Vielmehr ist es ausreichend, wenn feststeht, daß irgendein Amtsträger in seiner Person den gesamten Haftungstatbestand verwirklicht hat. Weitergehende Darlegungen sind dem Geschädigten, der die Interna des Behördenbetriebs nicht kennt und auch nicht zu kennen braucht, häufig auch nicht möglich und deshalb auch nicht zumutbar (BGH WM 1960, 1304, 1305; BGHZ 116, 312, 314 f; PAPIER Rn 288).

9. Ausschluß der Verantwortlichkeit

Auch bei der Amtshaftung gelten die allgemeinen deliktsrechtlichen Bestimmungen über den Ausschluß der Verantwortlichkeit (§§ 827, 828 BGB). In bundes- und landesrechtlichen Beamtenhaftungsgesetzen ist jedoch geregelt, daß dann, wenn die Verantwortlichkeit des Beamten deshalb ausgeschlossen ist, weil er den Schaden im Zustand der Bewußtlosigkeit oder in einem die freie Willensbestimmung ausschließenden Zustand krankhafter Störung der Geistestätigkeit verursacht hat, der Staat gleichwohl ersatzpflichtig ist, wie wenn dem Beamten Fahrlässigkeit zur Last fiele, jedoch nur insoweit, als die Billigkeit die Schadloshaltung erfordert (zB § 1 Abs 2 RBHaftG, § 1 Abs 2 PrStHG oben Rn 7). Im übrigen weist PAPIER (Rn 290) mit Recht darauf hin, daß in diesen Fällen nicht selten ein Organisations-, Auswahl- oder Aufsichtsverschulden anderer Amtsträger vorliegen dürfte.

IX. Kausalität – Schaden – Mitverschulden

1. Adäquater Ursachenzusammenhang

231 a) Im Amtshaftungsrecht gilt – wie im übrigen Schadensersatzrecht – das Erfordernis des adäquaten Kausalzusammenhangs zwischen Amtspflichtverletzung und Schaden. Ein solcher adäquater Zusammenhang besteht, wenn die Amtspflichtverletzung im allgemeinen und nicht nur unter besonders eigenartigen, ganz unwahrscheinlichen oder nach dem regelmäßigen Verlauf der Dinge außer Betracht zu lassenden Umständen zur Herbeiführung des Schadens geeignet war (BGHR BGB § 839 Abs 1 S 1 Kausalität 5). Zur Beantwortung der Frage, ob die Amtspflichtverletzung den behaupteten Schaden verursacht hat, ist zu prüfen, welchen Verlauf die Dinge bei pflichtgemäßem Verhalten des Amtsträgers genommen hätten und wie sich in diesem Falle die Vermögenslage des Verletzten darstellen würde (BGHZ 129, 226, 232 f). Nur soweit die Vermögenslage des Verletzten bei pflichtgemäßem Verhalten des Beamten günstiger als die tatsächliche sein würde, hat die Amtspflichtverletzung den Schaden verursacht (BGH VersR 1966, 286, 289).

232 b) Besteht die Amtspflichtverletzung in einem Unterlassen, so kann ein Ursachenzusammenhang zwischen Pflichtverletzung und Schaden nur bejaht werden, wenn der Schadenseintritt bei pflichtgemäßem Handeln mit an Sicherheit grenzender Wahrscheinlichkeit vermieden worden wäre; eine bloße Möglichkeit, ebenso eine gewisse Wahrscheinlichkeit genügt nicht (BGHR BGB § 839 Abs 1 S 1 Kausalität 7; BGH JZ 1974, 265). Der Geschädigte hat darzulegen und gegebenenfalls zu beweisen, in welcher für ihn günstigen Weise das Geschehen bei Vornahme der gebotenen Amtshaftung verlaufen wäre (BGH NJW 1986, 2829). Diese Grundsätze gelten auch für Pflichtverletzungen durch verzögerliches Verhalten. Hat zB ein Gerichtsvollzieher schuldhaft die Ausführung eines Pfändungsauftrags unterlassen und stützt der Gläubiger seinen Ersatzanspruch darauf, daß der Schuldner demnächst in Konkurs geriet, so ist zu fragen, wie sich die Vermögenslage des Gläubigers gestaltet hätte, wenn der Gerichtsvollzieher in jeder Beziehung richtig verfahren wäre. Ergibt sich dann, daß bei Berücksichtigung der Vollstreckungsaufträge in der zeitlichen Reihenfolge ihres Eingangs Vollstreckungsmasse nur für eine bestimmte Zahl zeitlich vorgehender Gläubiger vorhanden gewesen wäre, aber nicht mehr für den demnächst ausgefallenen Gläubiger, so fehlt es an dem ursächlichen Zusammenhang zwischen der Amtspflichtverletzung durch Unterlassung und Verzögerung der Pfändung und dem Schaden des Gläubigers durch die darauf folgende Konkurseröffnung (RG HRR 1930 Nr 502). Ebenso begründet die Eintragung eines Grundpfandrechts mit späterem

Rang infolge amtspflichtwidriger Verzögerung des Notars oder Grundbuchbeamten keinen Anspruch auf Erlaß des Schadens, den der Berechtigte infolge Ausfalls bei der Zwangsvollstreckung erleidet, wenn das Grundpfandrecht auch bei Eintragung mit früherem Rang ausgefallen wäre; auch sonst tritt durch eine auf Amtspflichtverletzung beruhende Rangverschlechterung kein Schaden ein, wenn auch das an richtiger Stelle eingetragene Recht völlig wertlos gewesen wäre (vgl RGWarnR 1934 Nr 57; ferner KREFT Rn 303). Durch die Verzögerung der Erledigung eines Antrags oder Gesuchs entsteht kein Schaden, wenn das Begehren auch bei sofortiger Bescheidung erfolglos geblieben wäre (BGH, Beschluß vom 18. 10. 1984 – III ZR 157/83; BGH LM § 839 D Nr 2; RG JW 1936, 2707). An einem adäquat verursachten Schaden fehlt es auch, wenn eine Körperschaft, die einen genehmigungsbedürftigen Beschluß faßt, von der ihr obliegenden Herbeiführung der gesetzlich vorgesehenen Genehmigung absieht, falls nach Überzeugung des Gerichts die Genehmigung keinesfalls erteilt worden wäre (RG HRR 1929 Nr 493). Besteht die Amtspflichtverletzung des Vormundschaftsrichters darin, daß er es unterlassen hat, dem Mündel für den Abschluß eines Rechtsgeschäfts einen Ergänzungspfleger zu bestellen, so fehlt es am Kausalzusammenhang mit dem durch die Unwirksamkeit des Rechtsgeschäfts eingetretenen Schaden, wenn das Rechtsgeschäft auch aus anderen Gründen, zB weil die notwendige Zustimmung eines Beteiligten nicht erteilt worden wäre, nicht wirksam zustande gekommen wäre (BGH VersR 1968, 172). Verletzt ein Notar bei der Beurkundung einer Grundstücksübertragung seine Amtspflicht gegenüber dem Erwerber dadurch, daß er nur einen Teil der Gegenleistung beurkundet, die nach dem erklärten Willen der Vertragsparteien durch die Veräußerung abgegolten werden soll, so ist die Amtspflichtverletzung für den dem Erwerber entstehenden Schaden nicht ursächlich, wenn auch noch andere Gegenleistungen des Erwerbers, die nach dem Willen der Vertragsparteien durch die Veräußerung ebenfalls mit ausgeglichen werden sollten, die aber dem Notar nicht bekannt geworden sind, unbeurkundet geblieben sind, da der Vertrag auch ohne die Amtspflichtverletzung wegen der Unvollständigkeit der Verlautbarung nichtig gewesen wäre (BGH VersR 1968, 1189). Die amtspflichtwidrig unterbliebene Aufhebung eines Versteigerungstermins und die Versagung des Zuschlags an den Meistbietenden wirkt sich nicht aus, wenn dieser auch bei pflichtgemäßem Verhalten des Versteigerungsrichters das Grundstück nicht hätte erwerben können (BGH LM BGB § 839 D Nr 5). Ebenso ist die pflichtwidrig unterlassene Bearbeitung eines Antrags für den Schaden nicht ursächlich, wenn der Antrag auch bei unverzögerter Ablehnung an einer zwischenzeitlichen Rechtsänderung gescheitert wäre (BGH VersR 1986, 372).

c) Kommt es darauf an, welche Maßnahme oder Entscheidung bei amtspflicht- **233** gemäßem Verhalten getroffen worden wäre, so ist nach der Rechtsprechung bei Maßnahmen und Entscheidungen, die der Beurteilung oder dem Ermessen Spielraum lassen, wie folgt zu unterscheiden:

aa) Bei der Frage, wie die (nicht unter das Richterprivileg des § 839 Abs 2 BGB fallende) Entscheidung eines **Gerichts** ausgefallen wäre, ist stets – ohne Rücksicht darauf, ob es sich um Ermessens-, Beurteilungs- und Auslegungsfragen handelt – nicht darauf abzustellen, wie dieses Gericht, etwa seiner Übung entsprechend, entschieden haben würde, sondern wie es nach Auffassung des mit dem Amtshaftungsprozeß befaßten Gerichts nach der damaligen objektiven Rechtslage richtigerweise hätte entscheiden müssen (RGZ 117, 287, 293; 142, 331, 333; BGH LM RNotO § 21 Nr 5; BGH

VersR 1958, 329; NJW 1959, 1125; JZ 1962, 499; VersR 1966, 1186; 1969, 425, 428; KREFT 311). Dies gilt nicht nur für gerichtliche Entscheidungen im Prozeßverfahren, sondern auch für Entscheidungen eines Gerichts in anderen Verfahren, zB bei Beschwerden gegen Streitwertbeschlüsse (BGHZ 36, 144, 154) oder in dem Insolvenz-(früher: Konkurs-) Verfahren (RG HRR 1931 Nr 1852). Besteht zB die Amtspflichtverletzung darin, daß bei der Entscheidung über die Gegenvorstellung gegen einen Streitwertbeschluß der Senat eines OLG fehlerhaft (mit zwei statt mit drei Mitgliedern) besetzt war, so ist nicht maßgebend, wie nach der Übung dieses an sich letztlich entscheidenden Senats die Entscheidung bei richtiger Besetzung ausgefallen wäre, sondern das Gericht im Amtshaftungsprozeß entscheidet selbst über den „richtigen" Streitwert (BGHZ 36, 144). Besteht die Amtspflichtverletzung in einer fehlerhaften Auslegung des Gesetzes durch den Richter, so kommt es nicht darauf an, welchen Standpunkt im Falle einer Anfechtung das Rechtsmittelgericht vermutlich eingenommen hätte, sondern wie nach Ansicht des Schadensersatzgerichts zu entscheiden war (RG HRR 1940 Nr 852). Hat ein Notar bei der Beurkundung eines Rechtsgeschäfts amtspflichtwidrig die Belehrung eines gesetzlichen Vertreters über die Notwendigkeit vormundschaftsgerichtlicher Genehmigung unterlassen und ist infolgedessen ein Antrag auf Genehmigung nicht gestellt worden, so ist maßgebend, wie nach Auffassung des Schadensersatzgerichts der Vormundschaftsrichter, wäre er angegangen worden, sein pflichtgemäßes Ermessen in Wahrnehmung des Mündelinteresses richtigerweise hätte ausüben müssen (BGH VersR 1966, 1186).

234 bb) Steht aber in Frage, wie die Maßnahme einer **Verwaltungsbehörde** ohne die Amtspflichtverletzung ausgefallen wäre, so kommt es darauf an, ob es sich um eine Ermessensentscheidung handelt oder nicht. Im letzteren Falle – also hauptsächlich bei Rechtsfragen – gilt der Grundsatz, daß der Amtshaftungsrichter entscheidet, welche Maßnahme richtigerweise zu erwarten war (RG HRR 1933 Nr 1914; JW 1936, 813; DR 1939, 1007; BGHZ 36, 144, 154). Rechtfertigen beispielsweise Tatsachen die Annahme, daß die öffentliche Sicherheit oder Ordnung durch eine Luftfahrtveranstaltung gefährdet werden kann, so ist deren Genehmigung nach § 24 Abs 2 LuftVG zu versagen; ein Ermessensspielraum steht der Behörde insoweit nicht zu (BGHR BGB § 839 Abs 1 S 1 Luftfahrtveranstaltung 1). Andere Maßstäbe gelten für Ermessensentscheidungen, bei denen sich die Behörde innerhalb der rechtlichen Grenzen des Ermessens (vgl § 40 VwVfG) frei bewegen konnte. Hier prüft das Schadensersatzgericht, das grundsätzlich sein Ermessen nicht an die Stelle des Ermessens der Behörde setzen darf, in Anwendung des § 287 ZPO, ob die Behörde die angegriffene Entscheidung hätte treffen dürfen. Deshalb ist ursächlicher Zusammenhang zwischen Amtspflichtverletzung und Schaden nur gegeben, wenn **feststeht**, daß bei fehlerfreiem Verhalten eine andere, den Schaden vermeidende Ermessensausübung vorgenommen wäre (BGH VersR 1982, 275). Es muß also feststehen, daß der Schaden bei fehlerfreier Ermessensausübung nicht eingetreten wäre. Kann nicht ausgeschlossen werden, daß dasselbe Ergebnis auch bei fehlerfreier Ermessensausübung erzielt worden wäre, entfällt ein Schadensersatzanspruch (BGH VersR 1985, 887). Bei der Beurteilung dieser Fragen spielt die behördenübliche Praxis (einwandfreier) Ermessensausübung eine Rolle. Besteht zB die Amtspflichtverletzung eines Notars in der Versäumung eines Rechtsbehelfs, über den eine Verwaltungsbehörde nach ihrem Ermessen zu entscheiden gehabt hätte, so muß der Richter im Schadensersatzprozeß darauf abstellen, wie die Verwaltungsbehörde nach ihrer sonstigen Übung in gleichen oder ähnlichen Fällen ihr Ermessen auszuüben pflegte und demgemäß entschieden hätte (RG JW 1936, 813; BGH NJW 1959, 1125; BGH LM BGB § 839 D Nr 8; BGHZ 36, 144; BGH VersR 1982, 275). Ebenso muß, wenn die Amtspflichtverletzung in der Überschreitung der Zuständigkeit eines Beamten besteht, geprüft werden, wie die zuständige Behörde nach ihrer sonstigen Übung verfahren wäre. Kann eine sonstige Übung nicht festgestellt werden, so entfällt die Kausalität der Amtspflichtverletzung für den Schaden, wenn die zuständige Behörde ebenso wie der Beamte hätte handeln müssen oder nach der Feststellung des Schadensersatzgerichts gehandelt hätte, weil sie ebenso wie der Beamte hätte handeln dürfen oder können (BGH VersR 1962, 275). Ist die Prüfungsentscheidung eines amtlichen Prüfungsausschusses wegen Voreingenommenheit eines Mitglieds vom Verwaltungsgericht aufgehoben worden, so kann auf die Amtshaftungsklage des Prüflings das Gericht im Rahmen der Schadensbestimmung hypothetische Feststellungen über das Ergebnis einer rechtmäßig durchgeführten Prüfung treffen, wobei dem Kläger die Beweiserleichterungen des § 287 ZPO zugute kommen (BGH NJW 1983, 2241).

d) Stellt der eingetretene Schaden nicht die adäquate Folge des schädigenden **235** Ereignisses dar, so fehlt der haftungsrechtliche Zurechnungszusammenhang. Das kann der Fall sein, wenn der Geschädigte selbst in völlig ungewöhnlicher oder unsachgemäßer Weise in den schadensträchtigen Geschehensablauf eingreift und eine weitere Ursache setzt, die den Schaden endgültig herbeiführt (BGHR BGB § 839 Abs 1 S 1 Zurechnungszusammenhang m zahlr wN). In diesem Sinne kann der Zurechnungszusammenhang dadurch unterbrochen werden, daß der Geschädigte von der Möglichkeit, den Schadenseintritt durch Inanspruchnahme gerichtlichen Schutzes (außerhalb des Anwendungsbereichs des § 839 Abs 3 BGB) zu verhindern, keinen Gebrauch macht, vielmehr mit dem Abschluß eines Vergleichs den Schaden endgültig herbeiführt. Ob die vergleichsweise Einigung zur Unterbrechung des Zurechnungszusammenhangs führt, hängt von den Umständen des Einzelfalls ab, insbesondere von den Erfolgsaussichten der Kläger und dem Interesse des Geschädigten an der alsbaldigen Streitbeendigung. Der BGH hat eine derartige Unterbrechung indessen in einem Falle verneint, in dem der Geschädigte, dessen Arbeitsverhältnis infolge des amtspflichtwidrigen Verhaltens gekündigt worden war, im Kündigungsschutzprozeß durch Vergleich mit seinem Arbeitgeber die Auflösung des Arbeitsverhältnisses vereinbart hatte (aaO). Ebenfalls bejaht wurde der Zurechnungszusammenhang bei einem Schaden, der im Verlust eines nur wegen der Amtspflichtverletzung notwendig gewordenen Rechtsstreits bestand (BGHR BGB § 839 Abs 1 S 1 Zurechnungszusammenhang 2). Kommt es aufgrund einer fehlerhaften Auskunft, die ein Rentenversicherungsträger nach § 53b Abs 2 S 2 FGG im familiengerichtlichen Verfahren zum Versorgungsausgleich erteilt, zu einer unrichtigen Entscheidung des Familiengerichts über den Versorgungsausgleich, steht der Bejahung eines adäquaten Ursachenzusammenhangs zwischen der fehlerhaften Auskunft und dem Schaden des betroffenen Ehegatten nicht entgegen, daß dieser endgültig erst durch die Gerichtsentscheidung herbeigeführt wird (BGHZ 137, 11). Kündigt der Auftraggeber eines Privatdetektivs infolge einer amtspflichtwidrigen hoheitlichen Empfehlung das Vertragsverhältnis, so kann ein Zurechnungszusammenhang zwischen der Amtspflichtverletzung und dem dem Detektiv durch die Kündigung entstandenen Schaden zu bejahen sein. Dieser Zusammenhang wird nicht dadurch unterbrochen, daß der Auftraggeber den Vertrag mit dem Geschädigten gekündigt hatte, obwohl er dazu rechtlich nicht gezwungen war. Von einem völlig ungewöhnlichen oder unsachgemäßen Eingreifen eines Dritten (des Auftraggebers) in den schadensträchtigen Geschehensablauf kann nämlich keine Rede sein, wenn das Tätigwerden des Dritten gerade darauf beruht, daß der Schädiger ihn veranlaßt hatte, in die Rechtsstellung des Geschädigten einzugreifen (BGHR BGB § 839 Abs 1 S 1 Kausalität 2). Siehe auch BGHR BGB § 839 Abs 1 S 1 Zurechnungszusammenhang 4, betreffend einen auf amtspflichtwidrigem Hinwirken von Bediensteten des Landessozialamts beruhenden Mandatsentzug. Zum (zu bejahenden) Zurechnungszusammenhang zwischen Amtspflichtverletzung und Schaden, wenn die Gemeinde als Steuergläubigerin verfrüht die Zwangsvollstreckung aus einem Haftungsbescheid in das Grundstück des Geschädigten betreibt und damit den unmittelbar bevorstehenden Verkauf des Grundstücks verhindert, s BGH NJW 1992, 2086. Ein adäquater Kausalzusammenhang ist auch zu bejahen, wenn eine pflichtwidrig verzögerte Beförderung durch die zwischenzeitliche Streichung einer Beförderungsstelle verhindert wird. Denn eine solche Streichung ist im öffentlichen Dienst kein „besonders eigenartiges und ganz unwahrscheinliches" Ereignis (BGHR BGB § 839 Abs 1 S 1 Kausalität 5). Verzögert die Bauaufsichtsbehörde pflichtwidrig die Entscheidung über eine Bauvoranfrage und erläßt die Gemeinde im Anschluß daran eine Veränderungssperre, so beurteilt sich die Schadensursächlichkeit der Amtspflichtverletzung für das spätere Scheitern des Vorhabens danach, zu welchem Zeitpunkt der Antragsteller bei pflichtgemäßer Entscheidung über seine Bauvoranfrage den Antrag auf Baugenehmigung gestellt hätte und ob diesem noch vor Inkrafttreten der Veränderungssperre hätte stattgegeben werden müssen (BGHR BGB § 839 Abs 1 S 1 Kausalität 6).

236 e) Nach ständiger Rechtsprechung des BGH hat der durch eine Amtspflichtverletzung Geschädigte grundsätzlich auch den Beweis zu führen, daß ihm hierdurch ein Schaden entstanden ist. Wenn allerdings die Amtspflichtverletzung und der zeitlich nachfolgende Schaden feststehen, so kann der Geschädigte der öffentlichen Körperschaft den Nachweis überlassen, daß der Schaden nicht auf die Amtspflichtverletzung zurückzuführen ist. Das gilt jedoch nur, wenn nach der Lebenserfahrung eine tatsächliche Vermutung oder eine tatsächliche Wahrscheinlichkeit für den ursächlichen Zusammenhang besteht; anderenfalls bleibt die Beweislast beim Geschädigten (BGHR BGB § 839 Abs 1 S 1 Beweislast 1; Kausalität 1; BGH VersR 1984, 333; NJW 1983, 2241, 2242; VersR 1978, 281).

237 f) Bei der Frage, ob durch eine Amtspflichtverletzung ein Vermögensschaden entstanden ist, handelt es sich im Rahmen des § 839 BGB um eine Beurteilung der haftungsausfüllenden Kausalität, bei der dem Geschädigten die Beweiserleichterungen des § 287 ZPO zugute kommen (BGHZ 135, 354, 365 mwN), die auch die Anforderungen an die Darlegung verringern (BGHZ 129, 226, 233 mwN). Dem durch eine Fürsorgepflichtverletzung seines Dienstherrn oder die Mitwirkung eines voreingenommenen Prüfers in Beweisnot geratenen Geschädigten können bis zur Umkehr der Beweislast gehende Beweiserleichterungen zugebilligt werden (BGH LM BGB § 839 Fd Nr 19; BGH NJW 1983, 2241, 2242). Ähnliches gilt für den unterlegenen Bewerber um eine ausgeschriebene Stelle: Mit Rücksicht auf den weiten Ermessens- und Beurteilungsspielraum des Dienstherrn wird es sich ohne entsprechende Aufklärung regelmäßig der Kenntnis des erfolglosen Kandidaten entziehen, nach welchen Kriterien die konkrete Auswahlentscheidung getroffen wurde. Dies gilt im besonderen Maße für „außenstehende" Bewerber, denen die Interna, betreffend das Bewerberfeld und die Verwaltungspraxis der Einstellungsbehörde, nicht zugänglich geworden sein dürften. Dies muß im Amtshaftungsprozeß zu einer sachgerechten Modifizierung und Einschränkung der den unterlegenen Bewerber treffenden Darlegungs- und Beweislast führen (BGHZ 129, 226, 234). Die bei Vor- und Zwischenprüfungen zu beachtenden Amtspflichten haben den Zweck, dem Kandidaten die ordnungsgemäße Fortsetzung der Ausbildung bzw des Studiums zu erlauben. Die ungehinderte Fortsetzung der Ausbildung bzw des Studiums mündet jedoch nur und erst dann in einen entsprechenden Verdienstausfallschaden ein, wenn der Prüfling für die Ausübung des angestrebten Berufs überhaupt hinreichend geeignet und befähigt ist. Ist demgegenüber ein Prüfling – worüber der Tatrichter eine Prognoseentscheidung zu treffen hat – von vornherein nicht in der Lage, die berufliche „Endqualifikation", für die die in Rede stehende Vorprüfung nur ein notwendiges Zwischenstadium darstellt, zu erreichen, so erweist sich die angestrebte Verdienstmöglichkeit in Wirklichkeit als von Anfang nicht gegeben. Sie ist dem Prüfling also nicht erst durch die fehlerhafte Prüfungsentscheidung genommen worden, so daß es an der haftungsausfüllenden Kausalität zwischen Amtspflichtverletzung und Vermögensschaden fehlt (BGHZ 139, 200, 209 f).

Allgemein kommen Beweiserleichterungen zugunsten des Geschädigten nicht in Betracht, wenn die Schwierigkeiten nicht in den Verantwortungsbereich des Amtsträgers fallen (BGH NJW-RR 1995, 248).

Im Rahmen der Anwendung des § 287 ZPO ist der Richter von der Einhaltung der strengen allgemeinen Beweisregeln insoweit befreit, als er in einem der jeweiligen Sachlage angemessenen Umfang weniger wahrscheinliche Verlaufsmöglichkeiten ausschließen kann. Zwar müssen für die Überzeugungsbildung gewisse gesicherte Grundlagen gegeben sein. Es genügt aber, wenn mit erheblicher bzw deutlich überwiegender Wahrscheinlichkeit ein ursächlicher Zusammenhang besteht (BGH NJW-RR 1995, 248).

2. Rechtmäßiges Alternativverhalten

a) Wegen der dogmatischen Einordnung des „rechtmäßigen Alternativverhaltens" in das System des allgemeinen Schadensersatzrechts wird auf die Darstellung bei STAUDINGER/SCHIEMANN (1998) § 249 Rn 102 ff verwiesen. In der Rechtsprechung des Bundesgerichtshofs hat sich inzwischen die Erkenntnis durchgesetzt, daß es beim Einwand des rechtmäßigen Alternativverhaltens nicht um einen bloßen Teilaspekt der – sei es auch hypothetischen – Kausalität geht, sondern um die der Bejahung des Kausalzusammenhangs nachfolgende Frage, inwieweit einem Schadensverursacher die Folgen seines pflichtwidrigen Verhaltens bei wertender Betrachtung billigerweise zugerechnet werden können (BGHZ 96, 157, 172; BGH NJW 1995, 2778, 2780; BGH NJW 1998, 1307, 1308). Darüber, ob und inwieweit der Einwand im Einzelfall erheblich ist, entscheidet der Schutzzweck der jeweils verletzten Norm (BGHZ 96, 157, 173; 120, 281, 286). Im Amtshaftungsrecht kann dieser Einwand insbesondere – aber nicht nur – dann erheblich werden, wenn die Rechtswidrigkeit der schädigenden Amtshandlung darauf beruht, daß diese verfahrensfehlerhaft vorgenommen worden war. In solchen Fällen kann sich die Behörde darauf berufen, bei ordnungsgemäßem Verfahren hätte eine gleichlautende behördliche Entscheidung ergehen müssen (BGHZ 96, 157, 171; BGH NJW 1995, 2778, 2780 mwN). Im Amtshaftungsprozeß ist dies von Amts wegen zu prüfen. Soweit diese Prüfung Verwaltungsakte betrifft, bei denen es ausschließlich um die Entscheidung einer Rechtsfrage geht – also nicht bei Ermessensentscheidungen (s dazu im folgenden Rn 240) –, kommt es darauf an, wie nach Ansicht des über den Amtshaftungsanspruch erkennenden Gerichts richtigerweise hätte entschieden werden müssen; gleiches gilt für die amtshaftungsrechtliche Nachprüfung von Gerichtsentscheidungen außerhalb des Spruchrichterprivilegs (BGHZ 36, 144, 154). Dementsprechend ist der Einwand rechtmäßigen Alternativverhaltens in einem Falle als durchgreifend erachtet worden, in dem einem Verwaltungsakt die erforderliche materielle Rechtsgrundlage (dort: eine Baupolizeiverordnung) fehlte, die Behörde aber die Rechtsgrundlage pflichtgemäß hätte schaffen können und müssen (BGH VersR 1963, 1175, 1176). Andererseits ist dieser Grundsatz in einem ähnlichen Fall nicht angewandt worden, wo die pflichtwidrig handelnde Verwaltungsstelle die fehlende materielle Rechtsgrundlage für ihr Vorgehen nicht in alleiniger Zuständigkeit, sondern nur mit parlamentarischer Mitwirkung hätte schaffen können. Denn der die Schadensersatzpflicht begründende Vorwurf ging in diesem Fall gerade dahin, die Bindung der Verwaltung an das Gesetz zum Nachteil des Bürgers, der Anspruch auf den Vollzug der bestehenden Gesetze hat, mißachtet zu haben (BGHZ 63, 319, 325 f). Bejaht wurde rechtmäßiges Alternativverhalten bei einem Steuerbescheid, der wegen eines Formfehlers nichtig war, aber bei Vermeidung dieses Fehlers völlig inhaltsgleich hätte erlassen werden müssen (BGH NJW 1995, 2778, 2780). In einem weiteren Falle hatte sich die Behörde geweigert, Abfälle bestimmter Art zur Lagerung in einer Deponie anzunehmen; diese Ausschließung hätte korrekterweise in Form eines mit der Anordnung sofortiger Vollziehung versehenen Verwaltungsakts ergehen müssen. Auch hier griff der Einwand rechtmäßigen Alternativverhaltens durch: Die Abfälle waren unstreitig mit Giftstoffen kontaminiert und zur Entsorgung auf der Deponie ungeeignet. Deshalb konnte unter den Verfahrensbeteiligten kein Zweifel bestehen, daß das Verbot, diese Abfälle auf der Deponie zu lagern, sofort durchgesetzt werden mußte. Die Rechtsverfolgung der Klägerin wurde durch die unkorrekte Handlungsform auch nicht beeinträchtigt (BGHR BGB § 839 Abs 1 S 1 Kausalität 10). Gegenüber einem Amtshaftungsanspruch aufgrund rechtswidriger Untersagung einer erlaubten Gewässerbenutzung hat der BGH den Einwand rechtmäßigen Alternativverhaltens ausgeschlossen, obwohl der gleiche Erfolg durch – rechtmäßigen – Widerruf der wasserrechtlichen Erlaubnis hätte erzielt werden können. Der Sachverhalt erhielt jedoch sein besonderes Gepräge dadurch, daß ein solcher Widerruf der erkennbaren damaligen Absicht der Verwaltungsbehörde widersprochen hätte (BGH WM 2000, 928). Zum rechtmäßigen Alternativverhalten bei unrichtigen behördlichen Auskünften s Rn 249.

239 b) Zur Rechtmäßigkeit von Eingriffen in verfassungsmäßig geschützte Rechtspositionen des Bürgers gehört es, daß die eingreifende Behörde die gesetzlich vorgeschriebenen Handlungsformen wahrt. Hält sie diese Formen nicht ein, kann sie sich grundsätzlich nicht auf rechtmäßiges Alternativverhalten berufen. So hat zB der Bürger einen aus seinem Eigentum hergeleiteten Anspruch darauf, sein Grundstück im Rahmen der Rechtsordnung bebauen zu dürfen. Ein Eingriff in dieses Recht ist nur unter den gesetzlichen Voraussetzungen zulässig, zu denen auch die Einhaltung der für etwaige Beschränkungen erforderlichen formellen Wirksamkeitsvoraussetzungen gehört. Dementsprechend hat der BGH dem bloßen Aufstellungsbeschluß nach § 2 Abs 1 BauGB vor dessen Bekanntmachung keine die Zurückstellung einer entscheidungsreifen Bauvoranfrage rechtfertigende Wirkung beigemessen, auch nicht unter dem Gesichtspunkt des rechtmäßigen Alternativverhaltens (BauR 2001, 1884). Legt der Bauherr gegen die auf § 15 BauGB gestützte Zurückstellung seines

Baugesuchs Widerspruch ein, so hat die Bauaufsichtsbehörde mit Rücksicht auf dessen aufschiebende Wirkung die Amtspflicht, die Bearbeitung fortzusetzen, solange kein Sofortvollzug angeordnet wird. Die Anordnung des Sofortvollzugs steht im pflichtgemäßen Ermessen der Baubehörde. Wenn sie darauf verzichtet, von diesem ihr zur Verfügung stehenden Instrument Gebrauch zu machen, besteht keine innere Rechtfertigung dafür, ihr den Einwand rechtmäßigen Alternativverhaltens zugute kommen zu lassen (BGH BauR 2001, 1887).

c) Grundlegend anders verhält es sich bei Ermessensentscheidungen (s wegen der **240** Einzelheiten oben Rn 234). Der BGH stellt für die Frage der Ursächlichkeit einer Amtspflichtverletzung bei Ermessenshandlungen darauf ab, wie die Behörde bei fehlerfreiem Vorgehen entschieden hätte. Die Kausalität zwischen Amtspflichtverletzung und Schaden ist danach nur gegeben, wenn feststeht, daß bei richtiger Handhabung des Ermessens der Schaden nicht eingetreten wäre. Dabei kommt es auf die Verwaltungsübung, also darauf an, wie die Behörde unter Berücksichtigung der zu beachtenden Ermessensschranken entschieden hätte, nicht wie sie hätte entscheiden müssen (BGH VersR 1985, 588, 589 mwN). Ein Schadensersatzanspruch kommt deshalb nur in Betracht, wenn feststeht, daß bei richtiger Handhabung des Ermessens der Schaden nicht eingetreten wäre. Für einen Anspruch auf Schadensersatz wegen Amtspflichtverletzung ist also schon dann kein Raum, wenn nicht ausgeschlossen werden kann, daß die Behörde bei fehlerfreier Ausübung des ihr eingeräumten Ermessens zu demselben Ergebnis gelangt wäre (BGH VersR 1985, 887). Die Frage der – hypothetischen – rechtmäßigen Ausübung des Ermessens wird also als eine solche der Kausalität betrachtet (so auch BGHZ 120, 281, 288; vgl auch STAUDINGER/SCHIEMANN [1998] Rn 106). Näher liegt es mE, auch diese Fälle in den Rahmen des rechtmäßigen Alternativverhaltens einzuordnen (vgl HERMANN LANGE, Schadensersatz [2. Aufl 1990] 205 f und Fn 113).

d) Aus der eingangs beschriebenen „Abkopplung" des rechtmäßigen Alternativ- **241** verhaltens von der Kausalität folgt, daß für den Ursachenzusammenhang selbst den Geschädigten die Darlegungs- und Beweislast trifft. Für das rechtmäßige Alternativverhalten, also sowohl für dessen tatbestandsmäßige Voraussetzungen als auch für die Behauptung, der Schaden wäre auch bei einem solchen eingetreten, ist sodann der Schädiger beweispflichtig. Dementsprechend hat der BGH bei einem Überschwemmungsschaden, der auf eine amtspflichtwidrig unzureichende Dimensionierung der gemeindlichen Kanalisation zurückgeführt wurde, dem Geschädigten die Beweislast für die unzureichende Dimensionierung der Anlage und die dadurch herbeigeführte Überschwemmung auferlegt. Diesen Nachweis hatte der Geschädigte jedoch schon dadurch geführt, daß er die unzureichende Kapazität der Kanalisationsanlage und deren dadurch bewirkte objektive Ungeeignetheit dargetan hatte, die im konkreten Schadensereignis angefallenen Wassermassen zu bewältigen und ordnungsgemäß abzuführen. Daraus ergab sich der Rückschluß auf die Ursächlichkeit zwischen dem pflichtwidrigen Handeln der Gemeinde und dem eingetretenen Schaden von selbst. Die Gemeinde war nunmehr ihrerseits dafür beweispflichtig, daß der Schaden auch bei einer ordnungsgemäßen ausreichend dimensionierten Anlage eingetreten wäre; dies war eine Frage des rechtmäßigen Alternativverhaltens (BGH NJW 1998, 1307, 1308).

e) Allen Fällen rechtmäßigen Alternativverhaltens ist gemeinsam, daß durch das **242** betreffende Verhalten das jeweilige Ergebnis **rechtmäßig** hätte herbeigeführt werden müssen oder – bei Ermessensentscheidungen – können. Davon zu unterscheiden sind die Fälle, in denen die Behörde bei sorgfältiger Sachbehandlung **ohne Schuldvorwurf** zu demselben – unzutreffenden – Ergebnis gelangt wäre oder hätte gelangen können. Ein solches „schuldloses" Alternativverhalten wird in der Amtshaftungsrechtsprechung des BGH durchgängig nicht anerkannt. Beruht beispielsweise der Vorwurf einer schuldhaften Amtspflichtverletzung darauf, daß die Behörde den Sachverhalt nicht sorgfältig genug aufgeklärt hat, und ist die solchermaßen vorgenommene Amtshandlung auch objektiv rechtswidrig, so entlastet es die Behörde nicht, daß sie auch bei pflichtgemäßer, sorgfältiger Arbeitsweise möglicherweise ohne Verschulden zu demselben – objektiv unrichtigen – Ergebnis hätte gelangen können (BGH NJW 1986, 2952, 2954; BGHR BGB § 839 Abs 1 S 1 Verschulden 23; OLG Köln VersR 1996, 456).

3. Der zu ersetzende Schaden

243 a) Schadensersatzberechtigt ist derjenige, dem gegenüber die Amtspflicht zu erfüllen war, und der durch ihre Verletzung geschädigt wurde, mit anderen Worten der geschädigte „Dritte". Auch im Bereich der Amtshaftung finden die §§ 842–845 (RGZ 94, 102) und seit dem 1. 8. 2002 § 253 Abs 2 BGB Anwendung (RGZ 113, 104; BGHZ 12, 278). Im übrigen gilt auch hier, daß das BGB Ersatzanspruch aus unerlaubter Handlung grundsätzlich nur dem unmittelbar Verletzten gewährt; es enthält demgemäß zB eine gegen eine Ehefrau begangene Amtspflichtverletzung nicht ohne weiteres eine solche auch gegenüber dem Ehemann (RGZ 126, 243). Bei einer Amtspflichtverletzung gegenüber einer Ein-Mann-GmbH (Beispiel: Ablehnung einer von dieser beantragten Bau- oder Gewerbeerlaubnis) kann auch deren Alleingesellschafter unmittelbar geschädigter „Dritter" sein, wenn die tatsächlichen Aufwendungen, um deren Ersatz es geht, von ihm selbst erbracht worden sind. Im übrigen erscheint eine Ein-Mann-Gesellschaft für die schadensrechtliche Beurteilung praktisch als ein in besonderer Form verwalteter Teil des dem Alleingesellschafter gehörenden Vermögens (BGH NJW-RR 1995, 864; SCHLICK/RINNE NVwZ 1997, 1065, 1077).

244 b) Die allgemeine Frage, ob im Amtshaftungsrecht – abgesehen vom Sonderbereich der Notarhaftung (vgl dazu BGH NJW 1967, 930) – für eine Anwendung der Grundsätze der Drittschadensliquidation Raum bleibt, ist vom BGH noch nicht abschließend entschieden worden (BGHZ 93, 87, 95/96; BGHR BGB § 839 Drittschadensliquidation 1 und 2). Der BGH steht indessen der Anwendung dieser Rechtsfigur zurückhaltend gegenüber. Im Amtshaftungsrecht bietet bereits die Bestimmung des Kreises der geschützten „Dritten" ein taugliches Instrument für einen interessengerechten Schadensausgleich (HAGEN, Die Drittschadensliquidation im Wandel der Rechtsdogmatik [1971] 230). Aus dieser Erwägung folgt, daß dann, wenn ein Geschädigter nicht zum Kreis der geschützten „Dritten" zählt, eine innere Rechtfertigung dafür fehlt, ihm über den Umweg der Drittschadensliquidation letztlich doch einen Ersatzanspruch zuzuerkennen (BGHR aaO).

245 c) Art und Umfang des Schadensersatzes ergeben sich zunächst aus den allgemeinen Vorschriften (§§ 249 ff). Der zu leistende Schadensersatz soll die Vermögenslage herstellen, die bei pflichtgemäßem Verhalten des Beamten eingetreten wäre (BGH MDR 1973, 35). Danach ist jeder durch die Amtspflichtverletzung adäquat verursachte Vermögensschaden zu ersetzen; einen dem § 823 Abs 1 BGB vergleichbaren entschädigungsfähigen Rechtsgüterkatalog gibt es nicht (OSSENBÜHL 70), mit Ausnahme der Amtspflichtverletzungen im Bereich der Verkehrssicherungspflicht, da in diesem Sonderbereich eine inhaltliche Kongruenz des Amtshaftungsanspruchs mit der allgemeinen Deliktshaftung besteht (s dort Rn 670).

d) Ersatzfähig können zB die Aufwendungen für im Ergebnis erfolglose Prozesse **246** sein, wenn der Kläger die Rechtsstreitigkeiten nach Lage der Dinge verständigerweise für erforderlich halten durfte, und Aufwendungen für berichtigende Darstellungen und Gegenerklärungen (BGHZ 78, 274, 279 f mwN). Ersatzfähig ist auch der entgangene Gewinn nach § 252 (RGZ 91, 67; 142, 12; BGHZ 14, 365; BGH LM BGB § 839 Fd Nr 19; BGHR BGB § 252 S 2 Darlegungslast 8) und der Schaden im öffentlich-rechtlichen Rechtskreis des Geschädigten (BGHZ 23, 36, 48). Beruht zB das Nichtbestehen der an einer Universität abgelegten Diplomprüfung auf einer fehlerhaften Anwendung der Prüfungsbestimmungen, so umfaßt der Ersatzanspruch auch den Schaden, der dem Prüfling dadurch entsteht, daß er seine berufliche Laufbahn erst mit Verspätung beginnen kann (BGH WarnR 1979, 497; zur Erforderlichkeit einer Prognose darüber, wie sich der berufliche Werdegang des Prüflings entwickelt hätte, s Rn 237). Besteht die Amtspflichtverletzung in einer schweren Verletzung des allgemeinen Persönlichkeitsrechts, so kommt auch ein Ausgleich immaterieller Nachteile durch Entschädigung in Geld in Betracht (BGHZ 78, 274, 280; BGH VersR 1972, 368, 369 = LM BGB § 839 D Nr 27; BGH NJW 1994, 1950). Die übermäßige Heranziehung eines Arztes zum Notfalldienst, die (lediglich) zu einer Einbuße an Freizeit geführt hat, begründet dagegen keinen ersatzfähigen Vermögensnachteil (BGHR BGB § 839 Abs 1 S 1 Notfalldienst 2). Ein entgangener Gewinn ist dann nicht ersatzfähig, wenn er nur durch Verletzung eines gesetzlichen Verbots hätte erzielt werden können (BGHZ 125, 27 [Irak-Embargo]).

e) Eine Besonderheit des Schadensersatzanspruchs nach § 839 besteht aber darin, **247** daß er – abweichend von dem Grundsatz der Naturalrestitution – in der Regel auf Ersatz in Geld, allenfalls auf Wertersatz, jedenfalls aber nicht auf Wiedergutmachung durch eine dem Amt zuzurechnende Handlung (Vornahme oder Unterlassung einer Amtshandlung) geht (BGHZ 34, 99, 105; 67, 92, 100; 78, 274, 276; 121, 367, 374; 137, 11, 26; NJW 1993, 1799). Dadurch werden allerdings Nebenansprüche auf Auskunftserteilung und Abgabe einer eidesstattlichen Versicherung nicht ausgeschlossen, da sie lediglich der Durchsetzung des Geldersatzanspruchs dienen (BGHZ 78, 276). Tragender Grund für diese Einschränkung ist, daß § 839 von der Eigenhaftung des Beamten ausgeht, der persönlich für die Folgen pflichtwidriger Amtshaftung haftbar gemacht wird. Diese Haftung kann aber grundsätzlich nur auf das gehen, was der Beamte selbst zu leisten vermag, und es geht nicht an, mit Hilfe eines gegen den Beamten persönlich gegebenen Schadensersatzanspruchs einen Rechtszwang auf seine weitere Amtsführung auszuüben, die kraft der Organstellung des Beamten der öffentlichen-rechtlichen Körperschaft zugerechnet wird, deren Funktion der Beamte ausübt (BGHZ 34, 99, 105; 67, 92, 100). Dementsprechend gibt § 839 BGB dem Geschädigten gegenüber ehrkränkenden Behauptungen in der Regel kein Recht, von dem Beamten persönlich zur Wiedergutmachung des Schadens die Abgabe einer Erklärung zu verlangen, die seiner Amtsführung zuzurechnen ist (GSZ in BGHZ 34, 99). Allerdings ist wegen der besonderen Eigenart der Ehrkränkung eine Ausnahme anzuerkennen: Ein von einem Beamten erhobener Vorwurf kann unbeschadet seiner Zurechnung zur Amtsführung (§ 839 BGB) so sehr Ausdruck einer persönlichen Meinung oder Einstellung sein, daß wegen dieses persönlichen Gepräges der Ehrkränkung die Widerrufserklärung eine unvertretbare persönliche Leistung des Beamten darstellt und eben deshalb nur, wenn sie vom Beamten persönlich abgegeben wird, geeignet ist, der Wiederherstellung der Ehre zu dienen. In solchen Fällen werden auch unter Würdigung der Interessen des Dienstherrn kaum durchgreifende Bedenken dagegen bestehen, daß der Streit um die Rücknahme des Vorwurfs mit seinem durch persönliche Momente geprägten Charakter zwischen dem Beleidigten und dem Beleidiger ausgetragen wird. Natürlich kann immer nur unter Berücksichtigung der gesamten Umstände des Einzelfalls entschieden werden, ob wegen des Übergewichts persönlicher Momente der geforderte Widerruf eine unvertretbare Erklärung des einzelnen Beamten ist. Liegt ein solches Übergewicht persönlicher Momente nicht vor, erfordert insbesondere das berechtigte Interesse des Dienstherrn seine Beteiligung, so bleibt es bei dem Grundsatz, daß § 839 BGB dem in seiner Ehre Geschädigten gegen den Beamten keinen Anspruch auf Rücknahme oder Richtigstellung von Erklärungen gibt, die im Amt abgegeben sind (BGHZ 34, 99, 107).

Dem Grundsatz des Ausschlusses der Naturalrestitution widerstreitet nicht die Verurteilung der haftenden Körperschaft zur Lieferung vertretbarer Sachen (BGHZ 5, 102).

248 f) Besteht die behauptete Amtspflichtverletzung in der Nichterfüllung eines angeblich fälligen Geldanspruchs, so kann die Erfüllung dieses Anspruchs nicht unter dem Gesichtspunkt des Schadensersatzes verlangt werden, da die Nichterfüllung als solche, die den Anspruch bestehen läßt, keinen Schaden im Sinne des § 839 bedeutet (BGHZ 11, 212; BGH NJW 1958, 1183); anderenfalls könnte ein Beamter, der die Erfüllung vermögensrechtlicher Ansprüche aus dem Beamtenverhältnis beansprucht, die Vorschriften über die Zuständigkeit der Verwaltungsgerichte für solche Ansprüche (§ 172 BBG, § 126 BRRG) dadurch umgehen, daß er unter dem Gesichtspunkt des Schadensersatzes aus Amtspflichtverletzung wegen Nichterfüllung seiner Ansprüche die ordentlichen Gerichte angeht (BGHZ 11, 212).

249 g) Bei der Frage nach dem Umfang des verursachten und daher zu ersetzenden Schadens ist die tatsächliche Lage infolge der Amtspflichtverletzung mit der Lage zu vergleichen, die vorhanden wäre, wenn die unerlaubte Handlung nicht vorläge, sondern der Beamte amtspflichtgemäß gehandelt hätte; nur soweit die Vermögenslage des Geschädigten bei pflichtgemäßem Verhalten günstiger als die tatsächliche wäre, ist der Schaden durch die Amtspflichtverletzung verursacht und, sofern adäquat verursacht, zu ersetzen (BGH VersR 1961, 903; 1965, 484, 1524). So ist beispielsweise bei der rechtswidrigen Ablehnung einer Baugenehmigung der Geschädigte so zu stellen, wie wenn die Genehmigung rechtzeitig und ordnungsgemäß erteilt worden wäre. Im umgekehrten Falle der rechtswidrigen Erteilung einer Baugenehmigung kann der Geschädigte dagegen nur die Herstellung der Vermögenslage beanspruchen, die bestände, wenn die Genehmigung nicht erteilt worden wäre, also in der Regel lediglich die im Vertrauen auf die scheinbare Verläßlichkeitsgrundlage getätigten Aufwendungen, nicht dagegen etwa den entgangenen Gewinn. Bei einer unrichtigen Auskunft, auf die der Geschädigte vertraut hat und vertrauen durfte, kann er den Schaden ersetzt verlangen, der ihm dadurch entstanden ist, daß er auf die Richtigkeit der Auskunft vertraut und mit Rücksicht hierauf Entscheidungen getroffen hat, die ihn in seinen Vermögensinteressen berühren (BGH NJW 1990, 1038; 1991, 2759, 2761). Hingegen kann er nicht die Herstellung eines Vermögensstandes fordern, den er haben würde, wenn die Auskunft inhaltlich richtig gewesen wäre (BGH NJW

1991, 2759, 2761). Das positive Interesse, so gestellt zu werden, wie wenn die Auskunft richtig gewesen wäre, begrenzt allerdings den Schadensersatzanspruch unter dem Gesichtspunkt des rechtmäßigen Alternativverhaltens (vgl BGH NJW 1978, 1522; OLG Düsseldorf VersR 1982, 882). Eine gesetzlich unzulässige und daher unverbindliche Zusage verpflichtet nicht dazu, den gutgläubigen Zusageempfänger so zu stellen, wie bei Verbindlichkeit der Zusage (vgl dazu BSG NJW 1967, 77), sondern verpflichtet nur zum Ersatz der Aufwendungen, die er im Vertrauen auf ihre Rechtmäßigkeit gemacht hat (OLG Hamburg MDR 1965, 567). Beruht die Ablehnung eines Antrags auf der Annahme eines nicht zutreffenden Sachverhalts infolge unsorgfältiger Ermittlungen, so ist zu fragen, wann dem Antrag entsprochen worden wäre, falls die notwendigen Ermittlungen mit der erforderlichen Sorgfalt durchgeführt worden wären (vgl BGH VersR 1966, 688, 690). Zur Schadensberechnung bei der Freimachung einer Wohnung, in die ein Obdachloser eingewiesen worden war, vgl BGHZ 130, 332.

h) Zu den adäquat verursachten Schadensfolgen rechnen auch die Kosten eines **250** durch die Amtspflichtverletzung veranlaßten Prozesses und sonstiger Maßnahmen, mit denen sich der Geschädigte gegen die Amtspflichtverletzung zur Wehr setzte, ihre Folgen abzuwenden oder seine Ersatzansprüche wahrzunehmen suchte, soweit sie sich als sachgerechte und vernünftige Maßnahmen erweisen. Das gilt zB für die Kosten des Widerspruchsverfahrens und einer verwaltungsgerichtlichen Anfechtungsklage (vgl BGH MDR 1956, 410; LM BGB § 839 Fe Nr 18; LG Heidelberg NJW 1967, 2317) und für die Verteidigerkosten, wenn ein aufgrund unzuverlässiger Verkehrskontrolle eingeleitetes Ermittlungsverfahren mit Einstellung endet (vgl BGH VersR 1959, 294). Zu ersetzen sind Anwaltskosten, die bei Schäden durch die in der Bundesrepublik stationierten ausländischen NATO-Truppen (in Ausübung ihres Dienstes) durch die Geltendmachung des Ersatzanspruchs beim Amt für Verteidigungslasten entstanden sind (BGHZ 30, 154). Insbesondere sind bei fahrlässiger Amtspflichtverletzung, soweit der Kläger gemäß § 839 Abs 1 S 2 den Nachweis führen muß, daß er von einem Dritten keinen Ersatz verlangen kann, in der Regel die Kosten auch eines erfolglosen Prozesses gegen den Dritten und aller Maßnahmen, die der Geschädigte zur Erlangung eines solchen Ersatzes vernünftigerweise ergreifen konnte, als durch die Amtspflichtverletzung adäquat verursacht anzusehen (OLG Zweibrücken AnwBl 1968, 363). Dies gilt jedoch nicht, wenn die Prozeßführung und sonstige Maßnahmen aus Rechtsgründen offenbar aussichtslos oder wegen völligen Zahlungsunvermögens des Gegners als erkennbar zwecklos erscheinen mußten (RGZ 91, 232; 139, 198; 145, 56, 70; BGHZ 18, 366, 371; BGH NJW 1956, 57; VersR 1964, 875; 1968, 897), es sei denn, daß der Ersatzpflichtige auf Anfrage die Aussichtslosigkeit des Rechtsstreits gegen den Dritten nicht anerkennt (RGZ 87, 418; 91, 232). Erstattungspflichtig sind in gleicher Weise die Kosten von Zwangsvollstreckungsmaßnahmen gegen den im Sinne des § 839 Abs 1 S 2 anderweit Ersatzpflichtigen (RG Recht 1920 Nr 3379). Die Kosten des aus einer Amtspflichtverletzung sich ergebenden Rechtsstreits sind selbst dann zu ersetzen, wenn in diesem ein aus der Amtspflichtverletzung sich ergebender unmittelbarer Schaden des Klägers verneint wird (RG DNotZ 1934, 944).

i) Für die Frage, ob ein Schaden entstanden ist, und für die Schadensbemessung **251** ist grundsätzlich der Zeitpunkt der letzten mündlichen Verhandlung (in der Tatsacheninstanz) maßgebend (RGZ 142, 8; BGHZ 7, 96, 103; 109, 380, 391; REINKEN/SCHWAGER DVBl 1988, 919, 931 mwN). Im Amtshaftungsprozeß ist zu berücksichtigen, daß bei einem fehlerhaften Gebührenbescheid der Mangel der angewandten Rechtsgrundlage nachträglich behoben worden ist (BGHZ 127, 232). Zur Schadensberechnung bei einem ursprünglich rechtswidrigen Verwaltungsakt, der im Widerspruchsverfahren rechtmäßig wird, vgl BGH, Beschluß vom 21. 9. 1989 – III ZR 226/88. Ein Schaden – und nicht nur eine noch nicht als Schaden zu wertende Beeinträchtigung – entsteht sofort: bei Eintragung eines schlechteren Ranges im Grundbuch, die zur Gefährdung der Befriedigung des Gläubigers führt (RG JW 1937, 1917; BGH VersR 1969, 425), bei pflichtwidrig verfrühter Auszahlung der Valuta vor der vereinbarten dinglichen Sicherung mit bestimmtem Rang (RGZ 144, 80), bei fehlerhafter Nichterwähnung der Nacherbfolge im Erbschein, die den Vorerben in den Stand setzte, als freier Erbe zu handeln (RGZ 139, 343).

252 k) Allgemein zu berücksichtigen ist der Grundsatz der Vorteilsausgleichung (vgl RGZ 100, 255; 144, 80; HRR 1929 Nr 1314; Nr 256; JW 1937, 1547, 1917; BGHZ 22, 75; BGH NJW 1961, 119; VersR 1960, 1084; 1961, 368). Zur Schadensberechnung unter Berücksichtigung ersparter Aufwendungen vgl BGH NJW-RR 1995, 864. Bei Rangverschlechterung einer Hypothek erfolgt die Verurteilung in Anwendung des § 255 BGB gegen Abtretung der Hypothek (RG JW 1937, 1917).

4. Mitwirkendes Verschulden

253 a) Mitwirkendes Verschulden ist im Rahmen des § 254 BGB zu berücksichtigen. Einen Sonderfall des mitwirkenden Verschuldens, die Unterlassung der Schadensabwendung durch Gebrauch eines Rechtsmittels, regelt § 839 Abs 3 (s Rn 344 ff). Für die Anwendung der allgemeinen Vorschrift des § 254 bleibt Raum außerhalb des Anwendungsbereichs des § 839 Abs 3, dh wenn die Abwendung eines Schadens durch ein Rechtsmittel nicht oder noch nicht in Frage steht oder ein Schaden bereits entstanden ist und geeignete Wiedergutmachungsmaßnahmen unterbleiben. In diesen Fällen kann sich die haftende Körperschaft aber nur in dem Umfang auf § 254 berufen, wie dies auch der schuldige Beamte selbst gekonnt hätte (RGZ 156, 220, 239).

254 b) Nicht erst eine Frage des mitwirkenden Verschuldens im Sinne des § 254 BGB, sondern bereits eine solche der objektiven Reichweite des dem Betroffenen durch das Amtshaftungsrecht gewährten Vermögensschutzes ist es, ob die in Rede stehende Maßnahme (etwa: Auskunft, Verwaltungsakt) ihrer Art nach überhaupt geeignet ist, eine „Verläßlichkeitsgrundlage" für auf sie gestützte Aufwendungen, Investitionen und dergleichen zu bilden. Diese – der Mitverschuldensprüfung vorgeschaltete – Frage beurteilt sich vorrangig nach dem Schutzzweck der jeweiligen behördlichen Maßnahme. Zur Abgrenzung von objektiver Reichweite des Vertrauensschutzes und mitwirkendem Verschulden (dort: bei einer rechtswidrigen Baugenehmigung) s BGH NJW 2002, 432 = LM § 839 Fe Nr 157 m Anm OSSENBÜHL. So begründet die im Rahmen eines förmlichen Bauvoranfrageverfahrens abgegebene mündliche Erklärung eines Sachbearbeiters, der zuständige Beamte des Bauamtes werde den beantragten Vorbescheid erlassen, kein schutzwürdiges Vertrauen dahin, daß der Vorbescheid entsprechend erlassen werde. Tragende Erwägung hierfür ist, daß allen Beteiligten des Verfahrens klar war, daß nur und erst der dieses Verfahren beendende formelle Vorbescheid die abschließende Klärung herbeiführen konnte. Die vor dem Verfahrensabschluß abgegebenen Erklärungen konnten daher allenfalls den jeweiligen Stand der behördeninternen Willensbildung offenlegen, konnten jedoch keinerlei Verbindlichkeit für die letztlich zu erwartende Entscheidung beanspruchen

(BGHZ 117, 83, 85, 90 f; in Abgrenzung dazu vgl BGH NJW 1994, 2087, wo die betreffende Auskunft an die Stelle eines anderenfalls ergangenen Bauvorbescheides getreten war und wo deshalb eine Haftung für möglich gehalten wurde). Als Gesichtspunkte, die der Annahme haftungsrechtlich schutzwürdigen Vertrauens auf einen (rechtswidrigen) begünstigenden Verwaltungsakt – in bereits den Tatbestand des § 839 Abs 1 S 1 BGB ausschließender Weise – entgegenstehen können, kommen nicht nur objektive Umstände, sondern auch subjektive Kenntnisse und sich aufdrängende Erkenntnismöglichkeiten des Empfängers in Betracht. Dies kann insbesondere der Fall sein, wenn der betreffende Verwaltungsakt mit Mängeln behaftet ist, die seine entschädigungslose Rücknahme rechtfertigen (§ 48 Abs 2 S 3 Nr 1–3 VwVfG): wenn der Betroffene den Verwaltungsakt durch arglistige Täuschung, Drohung oder Bestechung erwirkt hat; den Verwaltungsakt durch Angaben erwirkt hat, die in wesentlicher Beziehung unrichtig oder unvollständig waren; die Rechtswidrigkeit des Verwaltungsaktes kannte oder infolge grober Fahrlässigkeit nicht kannte (BGHZ 134, 268, 284 [Fall „Mülheim-Kärlich"]). Ein schutzwürdiges Vertrauen in einen Bebauungsplan besteht bei einem Bauträger dann nicht mehr, wenn und sobald er die positive Kenntnis von der Giftstoffbelastung des Geländes erlangt und er sich nunmehr in einer den Tatbestand der Arglist begründenden Weise über die daraus entstehenden Bedenken gegen die Bebaubarkeit hinwegsetzt und gleichwohl Grundstücksgeschäfte mit Ersterwerbern tätigt. Die Amtspflicht der Gemeinde, bei der Aufstellung von Bebauungsplänen Gesundheitsgefährdungen zu verhindern, die den zukünftigen Bewohnern des Plangebiets aus dessen Bodenbeschaffenheit drohen, hat nicht den Schutzzweck, einen Bauträger vor den haftungsrechtlichen Folgen derartiger Grundstücksgeschäfte zu bewahren. Auch dies ist nicht (erst) eine Frage des mitwirkenden Verschuldens des Bauträgers im Sinne des § 254 BGB, sondern bereits eine solche der objektiven Reichweite des ihm durch das Amtshaftungsrecht gewährten Vermögensschutzes (BGHZ 117, 363, 372; kritisch zu diesem Lösungsansatz des BGH: OSSENBÜHL DÖV 1992, 761, 766 ff, der – mE zu Unrecht – „die Gefahr der Verformung des Tatbestandes der Amtshaftung" befürchtet).

c) Außerhalb dieses Bereichs eines gänzlichen Nichtentstehens oder eines völligen Wegfalls der Verläßlichkeitsgrundlage bleibt indessen Raum für die Anwendbarkeit der Grundsätze des Mitverschuldens. Das „Rechtsanwendungsrisiko", dh die ordnungsgemäße Handhabung der einschlägigen öffentlich-rechtlichen Vorschriften, wird also nicht bereits dadurch in vollem Umfang von der Behörde auf den antragstellenden Bürger selbst verlagert, daß dieser im Vergleich zu ihr über die besseren Erkenntnisquellen und die größere Erfahrung verfügt. In diesen Zusammenhang gehören insbesondere die Fälle einer Drittanfechtung: Wenn und soweit eine Genehmigung geeignet ist, schutzwürdiges Vertrauen des Adressaten in ihren Bestand zu begründen, so kommt diese Vertrauensgrundlage im Falle der Anfechtung des Bescheids durch Dritte jedenfalls dann nicht ohne weiteres völlig in Wegfall (vorbehaltlich einer Risikoüberwälzung auf den Genehmigungsinhaber nach § 254 BGB), wenn und solange der Verwaltungsakt sofort vollziehbar ist. Aus § 50 VwVfG, der in Fällen, in denen bereits ein Rechtsbehelfsverfahren anhängig ist, den Widerruf oder die Rücknahme eines begünstigenden Verwaltungsakts erleichtert, kann nicht der generelle Schluß gezogen werden, daß mit der Anfechtung das in den Bestand des Verwaltungsakts gesetzte Vertrauen nunmehr auch haftungsrechtlich in vollem Umfang entfällt und daher nachfolgende Investitionen sich nicht mehr im Schutzbereich der Amtspflicht halten. Allerdings wird doch ab dem Vorliegen von Drittanfechtungen grundsätzlich eine größere Eigenverantwortung des Bauherrn oder des Unternehmers unter dem Gesichtspunkt des § 254 BGB anzunehmen sein. Ist zulässigerweise Widerspruch eingelegt oder Klage erhoben, verbunden mit dem Antrag auf Wiederherstellung der aufschiebenden Wirkung, so hat der Unternehmer die Möglichkeit der Rechtswidrigkeit der ihm erteilten Genehmigung jedenfalls dann ernsthaft in Betracht zu ziehen, wenn Anfechtungsgründe vorgebracht werden, deren Richtigkeit nicht ohne weiteres von der Hand zu weisen ist. Setzt der Unternehmer in einer solchen Situation sein Vorhaben entsprechend der Genehmigung fort, ohne die Entscheidung des Gerichts der Hauptsache über die Wiederherstellung der aufschiebenden Wirkung abzuwarten, so nimmt er das in der Drittanfechtung liegende Risiko bewußt auf sich. Lehnt das Gericht der Hauptsache die Wiederherstellung der aufschiebenden Wirkung ab, so können sich aus der Begründung der gerichtlichen Entscheidung Anhaltspunkte dafür ergeben, ob der Unternehmer noch davon ausgehen kann, sein Vorhaben ohne übermäßiges Risiko ausführen zu können (SCHLICK, in: SCHLICK/RINNE NVwZ-Beilage II/2000 21, 28 unter Hinweis auf das „Mülheim-Kärlich"-Urteil, dessen einschlägige Passagen insoweit in BGHZ 134, 268 nicht abgedruckt sind). Zum Mitverschulden eines Bauherrn, der sofort die erteilte Baugenehmigung ausnutzt, die später auf Widerspruch von Nachbarn aufgehoben wird, vgl BGH NJW 1975, 1968. Zur bewußten Risikoübernahme durch vorzeitigen Baubeginn vgl ferner BGH NJW 1985, 265 und 1692. Umgekehrt hatte es eine Behörde einem bereits im Besitz einer Baugenehmigung befindlichen Bauherrn, gegen den nachträglich eine Stillegungsverfügung ergangen war, gegen die er Widerspruch eingelegt hatte, als Mitverschulden angelastet, daß er die bereits begonnenen Bauarbeiten nicht mit Rücksicht auf die aufschiebende Wirkung dieses Rechtsbehelfs faktisch fortführte. Insoweit ist nach Auffassung des BGH an ein etwaiges Mitverschulden zu Lasten der Behörde und zugunsten des Bauherrn ein strenger Maßstab anzulegen (NVwZ 2002, 122). Ein Mitverschulden kann auch darin liegen, daß naheliegende Maßnahmen zur Absicherung unterlassen werden, so wenn ein Bauherr sich auf eine mündliche Falschauskunft der Baubehörde verläßt, statt einen Bauvorbescheid (der insoweit kein Rechtsmittel im Sinne des § 839 Abs 3 ist) einzuholen (BGH NJW 1978, 1523). Allerdings begründet die Unterlassung einer solchen Voranfrage ein Mitverschulden dann nicht, wenn die Auskunft vertrauenswürdig ist (BGH aaO und Beschluß vom 11. 7. 1984 – III ZR 125/84).

256 d) § 254 Abs 2 S 2, wonach § 278 im Rahmen des mitwirkenden Verschuldens entsprechende Anwendung findet, ist bei unerlaubten Handlungen und damit auch im Falle des § 839 grundsätzlich ausgeschlossen, soweit es sich um mitwirkendes Verschulden bei der Entstehung des Schadens (§ 254 Abs 1) handelt (RGZ 121, 114, 118; 159, 283, 292; BGHZ 1, 248; 33, 136).

aa) Eine Ausnahme gilt jedoch, wenn die Schadensmitverursachung durch den gesetzlichen Vertreter oder Erfüllungs- und Verrichtungsgehilfen im Rahmen eines schon vor dem Schadenseintritt bestehenden Schuldverhältnisses oder eines einem Schuldverhältnis ähnlichen Verhältnisses zwischen dem Geschädigten und dem Schädiger oder Ersatzpflichtigen erfolgt, das gewisse Sorgfaltspflichten des durch den Schaden Bedrohten gegenüber dem Schädiger begründete (RGZ 141, 353; BGHZ 1, 248; 3, 46; 9, 316; 24, 327; VersR 1957, 269; 1958, 834; 1959, 1024; 1962, 783). Ein solches Verhältnis besteht zB zwischen dem Erziehungsberechtigten und der Schule (BGH VersR 1967, 730, betreffend mitwirkendes Verschulden der Eltern, die das sechsjährige Schulkind mit einem wertvollen Schmuckstück zum Turnunterricht gehen lassen, wo dieses durch fahrlässige Amtspflichtverletzung des Lehrers in Verlust gerät). Für möglich gehalten wurde eine derartige Sonderverbindung zwischen dem Geschädigten und einer Bauaufsichtsbehörde, wenn dieser sich in monatelangen Verhandlungen eines Architekten und Steuerberaters als Verhandlungsgehilfen bediente (BGH NJW 1994, 2087, 2089; vgl ferner BGHR BGB NW OBG § 40 Abs 4 Baugenehmigungsverfahren 1). Demgegenüber hat ein minderjähriges Kind für das Verhalten seines gesetzlichen Vertreters zu einem Zeitpunkt, in dem der Bezirksnotar/Vormundschaftsrichter die eigene schadensstiftende Handlung – Genehmigung eines dem Kind nachteiligen Unterhalts-, Pflichtteils- und Erbverzichtsvertrages – noch nicht vorgenommen hat, nicht einzustehen. Gleiches gilt für ein Fehlverhalten der Rechtsanwälte des Kindes, das sich jedoch gegebenenfalls unter Heranziehung des § 831 BGB ein Verschulden der Anwälte als seiner Verrichtungsgehilfen anrechnen lassen muß (BGH NJW-RR 1995, 248; SCHLICK/RINNE NVwZ 1997, 1171, 1177).

bb) Nach Begehung der Amtspflichtverletzung entsteht jedoch zwischen dem Geschädigten und dem Schädiger oder der haftenden Körperschaft ein gesetzliches Schuldverhältnis, kraft dessen der Geschädigte nach § 254 Abs 2 sich in entsprechender Anwendung des § 278 ein Verschulden seines gesetzlichen Vertreters bei unterlassener Abwendung oder Minderung des Schadens wie eigenes Verschulden anrechnen lassen muß (RGZ 141, 353; RG JW 1935, 3530; 1939, 155; BGHZ 3, 46; 33, 136, 141; VersR 1965, 985). Dies gilt auch, wenn Schadensersatzansprüche des Mündels aus § 839 BGB iVm Art 34 GG auf einer Verletzung der Aufsichtspflicht des Vormundschaftsrichters gegenüber dem Vormund beruhen (BGHZ 33, 136). **257**

cc) Die Frage, ob sich der Geschädigte ein Mitverschulden dritter Personen in entsprechender Anwendung des § 278 BGB im Rahmen der nach § 254 vorzunehmenden Abwägung anrechnen lassen muß, stellt sich dann nicht, wenn wegen dieses Fehlverhaltens das Verweisungsprivileg des § 839 Abs 1 S 2 BGB zum Tragen kommt, der Geschädigte also anderweitige Ersatzmöglichkeiten in Form von Schadensersatzansprüchen gegen diese Personen hat (BGH NJW-RR 1995, 248; SCHLICK/RINNE aaO). **258**

e) Liegt eine vorsätzliche Amtspflichtverletzung vor, so ist in der Regel fahrlässiges Mitverschulden des Geschädigten bei der Entstehung des Schadens nicht zu seinem Nachteil in Ansatz zu bringen (RGZ 156, 220, 239), das gilt aber nicht bei Unterlassung der Abwendung oder Minderung des Schadens – § 254 Abs 2 – (RGZ 148, 48, 58). Im übrigen gehört die Abwägung der beiderseitigen Verursachungs- und Verschuldensbeiträge in den Bereich der tatrichterlichen Würdigung (BGH NJW-RR 1994, 603). **259**

f) Grundsätzlich darf der Staatsbürger davon ausgehen, daß die Behörden rechtmäßig handeln und die Beamten ihre Amtspflicht nach Gesetz und Recht erfüllen (BGH MDR 1965, 467). Ein Mitverschuldensvorwurf ist daher im allgemeinen nicht begründet, wenn der Bürger die Nachprüfung behördlichen Verhaltens im Vertrauen auf dessen Richtigkeit unterläßt, soweit er nicht nach der Sachlage Anlaß zu Bedenken hat (BGH WM 1968, 1169). Der Bürger braucht nicht klüger zu sein als die mit der Sache befaßten Beamten (BGHZ 108, 224, 230; KREFT Rn 321 mwN). So darf er von der Richtigkeit der Auskunft eines Beamten ausgehen, soweit sie nicht für den Empfänger als bedenklich erkennbar ist (BGH VersR 1964, 923). Das Nichterkennen von **260**

Rechtsmängeln kann nur schuldhaft sein, wenn sie dem Betroffenen nach dem Maß seiner Kenntnisse und Einsichten erkennbar sein müssen oder ihm nach Sachlage die in Anspruchnahme rechtskundigen Rates zumutbar ist; einem Betroffenen von einfachem Bildungsgrad und mangelnden Rechtskenntnissen kann das Nichterkennen von Rechtsmängeln nicht zum Vorwurf gemacht werden (BGH VersR 1964, 289). Allerdings wurde im Altlastenfall „Osnabrück" (BGHZ 108, 224, 230) ein mitwirkendes Verschulden der Erwerber des überplanten Altlastengeländes für möglich gehalten, weil sich in den Zeitraum zwischen der Planung und dem Erwerb das Problembewußtsein hinsichtlich der Gefährdung durch Altlasten intensiviert haben konnte und die Erwerber nach ihrem Kenntnisstand zum Zeitpunkt des Erwerbs möglicherweise nicht mehr blindlings darauf vertrauen durften, daß das ihnen als solches bekannte ehemalige Deponiegelände von Gefährdungspotentialen frei war. Im Verfahren ohne Anwaltszwang kann der rechtsunkundigen Partei nicht zugemutet werden, daß sie vorsorglich mit Rücksicht auf mögliche künftige Fehler des Gerichts einen Anwalt beauftragen müßte (RGZ 166, 256). Daß ein am Zwangsversteigerungsverfahren Beteiligter die Grundsätze dieses Verfahrens nicht kennt, sich aber trotzdem ohne Rechtsbeistand als Bieter daran beteiligt, stellt keine Fahrlässigkeit im Sinne des § 254 dar. Ein Vertragschließender handelt nicht leichtfertig, wenn er Maßnahmen zu seiner Sicherung, die er sonst gegenüber dem Vertragsgegner ergreifen würde, im Vertrauen auf eine Verpflichtungserklärung des beurkundenden Notars unterläßt, daß dieser treuhänderisch seine Interessen wahrnehmen werde (BGH VersR 1964, 320, 323). Handelt es sich um die Minderung des Schadens (§ 254 Abs 2), so kann es dem durch eine Amtspflichtverletzung Geschädigten im allgemeinen nicht zum Verschulden gereichen, wenn er einen zur Minderung des Schadens geeigneten anderen als den von ihm eingeschlagenen Weg, um schnell zu dem erstrebten Ziel zu kommen, ebensowenig wie die mit der Sache befaßten Beamten erkennt und deshalb von ihm keinen Gebrauch macht (BGHZ 15, 305, 313). Insgesamt kann von einem Mitverschulden nicht gesprochen werden, wenn der Betroffene das ihm zumutbare Maß an Aufmerksamkeit und Sorgfalt bei der Besorgung seiner Angelegenheiten aufgewandt hat (BGH VersR 1956, 257; 1959, 233).

261 g) Allgemein kann ein Vorwurf mitwirkenden Verschuldens nicht daraus hergeleitet werden, daß der Betroffene sich selbst durch gesetzwidriges Verhalten in eine Lage gebracht hat, die zu behördlichem Vorgehen gegen ihn zwang, denn auch in dieser Lage behält der Betroffene das Recht darauf, daß nur gesetzmäßig gegen ihn verfahren werde (BGH VersR 1963, 748, 752; BGHR BGB § 254 Abs 1 Amtshaftung 1). So ist die Nichterfüllung einer titulierten Forderung keine schuldhaft gesetzte mitwirkende Ursache für Amtspflichtverletzungen des Vollstreckungsorgans bei der Vollstreckung (RGZ 142, 379), die Straffälligkeit eines Beschuldigten kein Mitverschulden bei Amtspflichtverletzungen im Strafverfahren oder bei der Strafvollstreckung (KREFT Rn 320). Ebenso kann für einen Vermieter, der „fahrlässig" (ohne genügende Erkundigung) einen ungeeigneten Mieter aufnimmt und dann gegen ihn Räumungsurteil erwirken muß, daraus nicht der Vorwurf mitwirkenden Verschuldens hergeleitet werden, wenn die Polizei den Räumungsschuldner pflichtwidrig als Obdachlosen wieder in die Mieträume einweist, obwohl hier andere Unterbringungsmöglichkeiten zur Verfügung standen (BGH MDR 1965, 467). Ein mitwirkendes Verschulden kann auch nicht darin gesehen werden, daß Verzögerungen entstehen, weil der Betroffene sich einer rechtswidrigen Verwaltungspraxis widersetzt (BGH MDR 1980, 38). Zur Berücksichtigung eines Mitverschuldens des Rückgabeberechtigten gegenüber dem

Anspruch auf Schadensersatz wegen Unmöglichkeit der Rückgabe einer in öffentliche Verwahrung genommenen Fundsache s BGH NJW 1990, 1230.

h) Der Inhaber eines Gewerbebetriebs ist grundsätzlich dafür verantwortlich, daß von seinem Betrieb keine Gefahren für die Allgemeinheit und keine unzulässigen Störungen ausgehen; das gilt grundsätzlich auch für Betriebe, die einer behördlichen Genehmigung bedürfen und für die eine Genehmigung erteilt ist. Dieser Gesichtspunkt führt dazu, daß in den Fällen, in denen eine behördlich erforderliche Genehmigung auch dazu dienen sollte, den Inhaber des Betriebs vor nutzlosen Aufwendungen zu bewahren, die sich aus einer unzulässig erteilten Genehmigung ergeben können, der Inhaber den Schaden nicht in vollem Umfang auf die öffentliche Hand abschieben kann, wenn die Behörde unter Verletzung ihrer Amtspflicht die Genehmigung erteilt hat und sie später zurücknehmen muß; er muß sich mitwirkendes Verschulden anrechnen lassen, wenn er die Genehmigung beantragt hat, ohne selbst sorgfältig zu prüfen, ob der genehmigungsbedürftige Betrieb sich im Rahmen der gesetzlichen Ordnung hält (BGH JR 1969, 181).

i) Mitwirkendes Verschulden ist ferner zu bejahen, wenn der Geschädigte aus dem vorangegangenen Verhalten der Behörde erkennen konnte, daß sie von unzutreffenden Voraussetzungen ausging. So wenn ein Steuerschuldner, der dadurch geschädigt ist, daß die Vollstreckungsbehörde die Vollstreckung betrieb, ohne daß deren formale Voraussetzungen (Zustellung des Steuerbescheids, Mahnung) vorlagen, schon aus vorangegangenen Vollstreckungsversuchen erkannt hatte, daß die Vollstreckungsbehörde vom Vorliegen der Vollstreckungsvoraussetzungen ausging, es aber unterließ, seine Bedenken gegen die Vollstreckung vollständig vorzutragen und zB nur die (in Wirklichkeit gegebene) Fälligkeit der Steuerforderung bemängelte (BGH NVwZ 1982, 393, 394). Ähnliches liegt es, wenn der Betroffene aus Zuschriften einer Behörde erkennen konnte, daß die ihn betreffenden Unterlagen nicht mit der Wirklichkeit übereinstimmten, er deshalb ein ihn beschwerendes Vorgehen zu besorgen hat und es unterläßt, durch einen mit geringer Mühe verbundenen berichtigenden Hinweis das zu besorgende behördliche Vorgehen abzuwenden (BGH NJW 1964, 195). Der BGH hat diesen Fall zum Anlaß genommen, eine allgemeine Regel aufzustellen: Ebenso wie der Beamte als „Helfer des Bürgers" dem von ihm betreuten Personenkreis durch Belehrung und Aufklärung im Rahmen des Möglichen und Zulässigen behilflich sein solle, zu erreichen, was er zu erreichen wünscht, sei auch der Staatsbürger im Interesse eines gedeihlichen Zusammenlebens gehalten, im Rahmen des Zumutbaren das seine zur Vermeidung von Schwierigkeiten zu tun. Ob sich eine allgemeine „Pflicht" des Staatsbürgers statuieren läßt, gewissermaßen „Helfer der Behörde" zu sein, erscheint zweifelhaft; der schlichte und einleuchtende Gedanke eines Verschuldens gegen sich selbst bedarf möglicherweise keiner solchen „Untermauerung" von schwer abzusehender Tragweite. Ebenso geht es möglicherweise zu weit, wenn der BGH (MDR 1965, 467) für den Fall, daß der Betroffene allgemein auf mögliche Schäden hinweist, mitwirkendes Verschulden durch Unterlassung einer näheren Konkretisierung des Schadens bejaht, falls der Betroffene annehmen mußte, daß die Behörde seine Mitteilung „nicht gebührend ernst nehmen werde".

Der Umstand, daß der Geschädigte auf Drängen der Behörde einen Vergleich mit einem Dritten abgeschlossen hat, begründet für sich allein genommen noch keinen

Mitverschuldensvorwurf (BGH BauR 1986, 428). Zur Nichteinlegung eines Rechtsbehelfs (außerhalb des Anwendungsbereichs des Absatzes 3) als Mitverschulden s BGH VersR 1985, 358.

264 k) Klagt ein geschädigter Beamter gegen den Schädiger und fällt ihm mitwirkendes Verschulden in Ausübung hoheitlicher Betätigung zur Last (zB als Geschädigter durch einen Verkehrsunfall wegen einer hoheitlichen Dienstfahrt mit Sonderrecht – § 35 StVO – und als Kläger hinsichtlich der Ansprüche, die ihm nach § 87a BBG, § 52 BRRG verbleiben), so kann ihm der Drittschädiger § 254 entgegenhalten, obwohl eine eigene Haftung des Beamten gegenüber dem Schädiger im Hinblick auf die Haftungsverlagerung des Art 34 GG entfällt (BGH NJW 1959, 985).

265 l) Klagt der Staat als Geschädigter gegen den Schädiger und war ein Beamter in Ausübung eines öffentlichen Amtes schuldhaft an dem Unfall beteiligt, so entspricht es dem Grundsatz des Übergangs der Haftung des Beamten nach § 839 BGB iVm Art 34 GG auf den Staat, daß der Staat als Geschädigter sich die schuldhafte Mitverursachung des ihm entstandenen Schadens durch den Beamten bei der Schadensausgleichung nach § 254 anrechnen lassen muß. Denn der Rechtsgedanke des § 254 ist, daß Schädiger und Geschädigter den Schaden insoweit zu tragen haben, als sie die Bedingungen zu verantworten haben, die zusammen die Schadensursache setzen. Aus diesem Rechtsgedanken ist die Folgerung gezogen worden, daß der Verletzte in entsprechender Anwendung des § 831 sich das widerrechtliche Verhalten seines Verrichtungsgehilfen bei Entstehung des Schadens anrechnen lassen muß. Folgerichtig trägt der Staat, der ohne den Entlastungsbeweis nach § 831 für das Verschulden seiner Beamten nach § 839, Art 34 GG einzustehen hat, auch die Verantwortung für das mitwirkende Verschulden des Beamten bei der Entstehung des dem Staat zugefügten Schadens (RG HRR 1940 Nr 1431). Wird ein Zivildienstleistender durch pflichtwidriges Verhalten des Vorgesetzten seiner privaten Beschäftigungsstelle verletzt und wird dadurch eine Zivildienstbeschädigung verursacht, die Aufwendungen des Bundes für Heilfürsorge und Versorgungsleistungen auslöst, kann der Bund gegen den Träger der Beschäftigungsstelle wegen seiner Aufwendungen aufgrund der Verletzung des verwaltungsrechtlichen Schuldverhältnisses Rückgriff nehmen, falls den Verantwortlichen der Beschäftigungsstelle Vorsatz oder grobe Fahrlässigkeit zur Last fällt. Der Rückgriffsanspruch ist der Höhe nach auf den Verantwortungsbeitrag der Beschäftigungsstelle beschränkt; im Umfang eines mitwirkenden Verschuldens des Zivildienstleistenden an der eingetretenen Zivildienstbeschädigung steht dem Bund kein Rückgriffsanspruch zu (BGHZ 135, 341). Das Mitverschulden des als Geschädigter klagenden Staates kann auch ohne Rücksicht auf die Subsidiarität der Haftung des Beamten und des Staates aus § 839 Abs 1 S 2 eingewendet werden. Wird zB bei einem Verkehrsunfall durch Zusammenstoß zweier Kraftfahrzeuge ein Verkehrszeichen zerstört, so muß die öffentlich-rechtliche Körperschaft, die als Eigentümerin des Verkehrszeichens einen der Unfallbeteiligten in Anspruch nimmt, es sich gefallen lassen, daß der Beklagte ihr mitwirkendes Verschulden durch fehlerhafte Aufstellung des Verkehrszeichens geltend macht, obwohl die Körperschaft, würde sie selbst von dem Beklagten in Anspruch genommen, den Kläger gemäß § 839 Abs 1 S 2 auf die Möglichkeit anderweiten Ersatzes durch Inanspruchnahme des anderen an dem Verkehrsunfall Beteiligten verweisen könnte (WUSSOW/TREITZ, Unfallhaftpflichtrecht [14. Aufl 1996] Rn 751).

m) Über die Bemessung des Schadensersatzes, wenn mitwirkendes Verschulden und Haftungssubsidiarität zusammentreffen, s den Abschnitt „Verweisungsprivileg – Subsidiaritätsklausel" (Rn 293).

X. Anderweitige Ersatzmöglichkeit – Verweisungsprivileg – Subsidiaritätsklausel (§ 839 Abs 1 S 2 BGB)

1. Fortgeltung und Funktion der Subsidiaritätsklausel

266 Fällt dem Beamten nur Fahrlässigkeit zur Last, so kann er nur dann in Anspruch genommen werden, wenn der Verletzte nicht auf andere Weise Ersatz zu erlangen vermag. Diese Regelung ist in § 839 Abs 1 S 2 BGB enthalten; man bezeichnet sie als das „Verweisungsprivileg" (der Beamte kann den Geschädigten auf die anderweitige Ersatzmöglichkeit verweisen; dies ist sprachlich nicht ganz korrekt, da es einer „Verweisung", etwa im Sinne der Ausübung eines entsprechenden Gestaltungsrechts durch den Beamten bzw die eintrittspflichtige Körperschaft, nicht bedarf) oder als die „Subsidiaritätsklausel" (die Amtshaftung ist gegenüber der vorrangigen anderweitigen Ersatzmöglichkeit subsidiär).

a) An der Geltung der Subsidiaritätsklausel des § 839 Abs 1 S 2 BGB haben weder Art 131 WV noch Art 34 GG etwas geändert. Die nach diesen Vorschriften haftende Körperschaft tritt nur an die Stelle des Amtsträgers; Voraussetzungen und Umfang der Haftung der hinter dem Amtsträger stehenden Körperschaft decken sich mithin mit denen der in § 839 BGB geregelten Haftung des Beamten. Die Haftungsbeschränkung gilt auch, wenn anstelle des Beamten der Staat oder eine sonstige Körperschaft haftet (st Rspr; vgl zB BGHZ 120, 124, 125 f; 113, 164, 166 f; LM § 839 E Nr 56).

267 b) Diese Haftungssubsidiarität diente nach den gesetzgeberischen Intentionen bei ihrer Schaffung vorzugsweise dem Schutz des Beamten, dessen Entschlossenheit und Tatkraft nicht durch die Sorge gelähmt werden solle, für jedes Versehen in Ausübung seines Amtes mit seinem Vermögen einstehen zu müssen (vgl MUGDAN Protokolle S 1156; RGZ 74, 272; BGHZ 13, 88, 100; 49, 276, 277). Das Verweisungsprivileg war also auf den ursprünglichen Rechtszustand zugeschnitten, wonach der Beamte persönlich haftete. Deswegen ist es seit der Überleitung der Haftung auf den Staat oder die sonstige haftpflichtige Körperschaft seit langem einer rechtspolitischen und rechtsdogmatischen Kritik ausgesetzt, die insbesondere beanstandet, daß dem Staat auf diese Weise ohne innere Rechtfertigung alle Haftungsprivilegien zugute kommen, die ihrem Sinn und Zweck nach auf den persönlich haftenden Amtswalter gemünzt sind (OSSENBÜHL 79 m zahlr wN, auch zu den im Schrifttum gebrauchten, teilweise recht drastischen Formulierungen: „Anachronistisches Fiskusprivileg" [ISENSEE, Subsidiaritätsprinzip und Verfassungsrecht (1968) 86 ff]; „Schandfleck des BGB" [E SCHNEIDER NJW 1966, 1263, 1264, Anmerkung zu BGH ebenda]). Auch der BGH hat bereits in einer Entscheidung aus dem Jahre 1964 eingeräumt, daß die Bestimmung bei mancherlei Fallgestaltungen heute nicht mehr stets zu sachgerechten Ergebnissen führe und sie deshalb auch mit einer gewissen Berechtigung als „antiquiert" bezeichnet werden möge (BGHZ 42, 176, 181). Die Rechtsprechung des BGH hat daher – wie im folgenden noch ausführlich darzustellen sein wird – den Anwendungsbereich der Subsidiaritätsklausel zunehmend eingeengt, aber nur punktuell und ohne sie grundsätzlich in Frage zu stellen. Eine Auffassung, nach der die

Verweisungsklausel allgemein ausgeschaltet werden sollte, entspräche nicht der gegenwärtigen gesetzlichen Lage (BGH LM § 839 E Nr 51; NÜSSGENS, in: FS Geiger [1989] 456, 457, 474). Im übrigen hat das Privileg jedenfalls im Bereich bestehenbleibender persönlicher Außenhaftung des Beamten unverändert seine sachliche Berechtigung (vgl in diesem Sinne auch BGHZ 79, 26, 31). Im Anwendungsbereich des Art 34 GG kann die – primär die öffentlich-rechtliche Körperschaft begünstigende – Haftungssubsidiarität auch dem Beamten selbst insofern zugute kommen, als der bei grob fahrlässigem Handeln zulässige Rückgriff der Körperschaft entfällt, weil letztere infolge der Subsidiarität nicht in Anspruch genommen werden kann. Aber auch im übrigen läßt sich als Argument für die lediglich subsidiäre Haftung der Körperschaft anführen, daß die in § 839 BGB statuierte weitgehende Haftung für jede Fahrlässigkeit und für jeden Schaden und das Einstehenmüssen des zahlungskräftigen Dienstherrn weitgehend auf Billigkeitsgründen beruhen, so gesehen also eine Art Billigkeitshaftung besteht und es mit dem Wesen einer solchen Haftung verträglich und nicht unangemessen ist, wenn sie lediglich subsidiär eintritt (vgl BGH VersR 1966, 366, 367). Auch OSSENBÜHL, der die Kritik am Verweisungsprivileg ihrerseits einer kritischen Beurteilung unterzieht, gelangt zu dem Ergebnis, daß es verfehlt wäre, bereits unter dem geltenden Rechtszustand die Subsidiaritätsklausel als Ganzes pauschal zu verabschieden, und daß ein vollständiger Wegfall insbesondere nicht mit dem undifferenzierten Hinweis auf den Wegfall ihrer Ratio gerechtfertigt werden kann. Insoweit würde das Richterrecht an seine Legitimationsgrenzen stoßen (OSSENBÜHL 88).

2. Gesetzliche und richterrechtliche Einschränkungen der Haftungssubsidiarität

268 a) In den Fällen, in denen der Staat für den pflichtwidrig handelnden Beamten nach Art 34 GG eintritt, hat die neuere Rechtsprechung – etwa sei Mitte der siebziger Jahre, beginnend mit BGHZ 62, 380 und 394 aus dem Jahre 1974 – die Reichweite des Verweisungsprivilegs indessen wesentlich dadurch beschnitten, daß sie den Begriff des „anderweitigen Ersatzes" restriktiv definiert. Es gilt der Grundsatz, daß der Geschädigte nicht mehr auf solche Ersatzmöglichkeiten verwiesen werden darf, die er sich unter Aufwendung eigener Mittel verschafft oder die er durch von ihm verdiente Leistungen Dritter erlangt hat. In Anwendung dieses Grundsatzes sind Ansprüche aus der gesetzlichen Unfall- und Rentenversicherung, der gesetzlichen Krankenversicherung, der privaten Krankenversicherung, der Kaskoversicherungen und der privaten Feuerversicherung von dem Verweisungsprivileg ausgenommen worden. Auf die Einzelheiten komme ich im folgenden noch zurück.

269 b) Parallel und zeitgleich zu dieser Entwicklung ist die Rechtsprechung jedoch noch einen entscheidenden Schritt weitergegangen und hat das Verweisungsprivileg in bestimmten Fällen gänzlich entfallen lassen. Die vorstehend erörterte Frage, ob Versicherungsleistungen anderweitige Ersatzmöglichkeiten sind, stellt sich mithin nur und erst, wenn zunächst geklärt ist, daß das Verweisungsprivileg überhaupt anwendbar ist. Die Prüfung der Subsidiarität der Amtshaftung vollzieht sich also in zwei Schritten:

(1) Ist das Verweisungsprivileg überhaupt anwendbar?

(2) Wenn ja: sind bestimmte anderweitige Ansprüche „Ersatzmöglichkeiten" im Sinne des § 839 Abs 1 S 2 BGB?

Die hier vorgeschlagene Prüfungsreihenfolge schließt es natürlich nicht aus, Frage 1 offenzulassen, wenn sich ergibt, daß Frage 2 zu verneinen ist.

aa) Das Verweisungsprivileg entfällt schlechthin bei der dienstlichen Teilnahme **270** eines Amtsträgers am allgemeinen Straßenverkehr (BGHZ 68, 217), soweit keine Sonderrechte, etwa nach § 35 StVO, in Anspruch genommen werden (s dazu Rn 271). Für den allgemeinen Straßenverkehr hat sich ein eigenständiges Haftungssystem entwickelt, in dem der Grundsatz haftungsrechtlicher Gleichbehandlung aller Verkehrsteilnehmer gilt. In diesem Ordnungssystem gibt es keine Rechtfertigung für die haftungsrechtliche Benachteiligung etwaiger Mitschädiger, die bei Geltung des Verweisungsprivilegs den auf den Beamten/Staat entfallenden Haftungsanteil sonst mittragen müßten (Krohn VersR 1991, 1085, 1088; BGHZ 123, 102, 104).

bb) Dieser Fortfall des Verweisungsprivilegs gilt aber nur, soweit sich die öffent- **271** liche Hand im Straßenverkehr wie jeder andere Verkehrsteilnehmer verhält und verhalten muß. Nimmt sie **Sonderrechte** in Anspruch, so hat sie ihr Verhalten an den allgemeinen verwaltungsrechtlichen Pflichten auszurichten. Dies rechtfertigt es, bei dabei begangenen Pflichtverletzungen die öffentliche Hand nur subsidiär haften zu lassen. In diesen Fällen bleibt also das Verweisungsprivileg im Grundsatz bestehen. Auch dann ist allerdings zu beachten, daß der Geschädigte auf selbst finanzierte Ersatz- oder Erfüllungsansprüche nicht als „anderweitige Ersatzmöglichkeit" verwiesen werden kann (s Rn 269 Fallgruppe 2). Eine solche Inanspruchnahme von Sonderrechten ist vor allem in § 35 Abs 1 StVO geregelt: Bundeswehr, Bundesgrenzschutz, Feuerwehr, Katastrophenschutz, Polizei und Zolldienst sind von den Vorschriften der StVO befreit, soweit das zur Erfüllung hoheitlicher Aufgaben dringend geboten ist. Wird bei der Erfüllung solcher hoheitlicher Aufgaben ein Dritter in einer den Tatbestand der Amtshaftung verwirklichenden Weise geschädigt, so greift das Verweisungsprivileg mithin ein (BGHZ 85, 225). Das gleiche gilt bei Inanspruchnahme von Sonderrechten nach § 35 Abs 5a StVO durch Fahrzeuge des Rettungsdienstes (BGH NJW 1997, 2109) und für den Fall, daß ein Amtsträger bei der dienstlichen Teilnahme am Straßenverkehr mit einem der Straßenunterhaltung dienenden Kraftfahrzeug Sonderrechte nach § 35 Abs 6 S 1 StVO in Anspruch nimmt (BGHZ 113, 164, betreffend den Einsatz eines langsam fahrenden Fahrzeugs für Grasmäharbeiten auf der Autobahn in Erfüllung der Straßenbaulast).

cc) In allen Bundesländern mit Ausnahme Hessens ist die Pflicht zur Sicherung der **272** öffentlichen Straßen und Wege den damit betrauten Beamten als Amtspflicht auferlegt. Die Haftung für Pflichtverletzungen ergibt sich daher, wie im Abschnitt „Straßenbaulast – Straßenverkehrssicherungspflicht – Straßenverkehrsregelungspflicht" (Rn 668 ff) näher dargelegt ist, aus § 839 BGB iVm Art 34 GG. Der BGH hat im Urteil vom 12. 7. 1979 (BGHZ 75, 134) die für die Teilnahme am allgemeinen Straßenverkehr geltenden Haftungsgrundsätze auch für die öffentlich-rechtliche Straßenverkehrssicherungspflicht übernommen. Er begründet dies mit dem engen Zusammenhang, in dem die Pflichten zur Sicherung des Verkehrs auf den Straßen zu den im Straßenverkehr selbst zu beobachtenden Pflichten stehen. In Amtshaftungsfällen, die aus der Verletzung öffentlich-rechtlicher Straßenverkehrssicherungspflichten herrühren, ist daher ebenfalls das Verweisungsprivileg von vornherein nicht anwendbar. In einer neueren Entscheidung (BGHZ 118, 368) hat der BGH ausgesprochen, daß das Verweisungsprivileg auch dann nicht eingreift, wenn die öffentliche

Hand die Amtspflicht verletzt, die Einhaltung der Räum- und Streupflichten durch die Anlieger zu überwachen. Dies betrifft die Fälle, in denen eine Gemeinde etwa durch Satzung die Reinigung und Winterwartung von Bürgersteigen oder bestimmten Straßenteilen auf die Anlieger überwälzt. In solchen Fällen haben die Amtsträger der Gemeinde die Pflicht, im Rahmen des Zumutbaren zu überwachen, daß die Anlieger dieser Verpflichtung auch tatsächlich nachkommen. Verletzen die Amtsträger diese Überwachungspflicht, so können daraus Amtshaftungsansprüche entstehen. Beispiel (vgl BGH aaO): Jemand kommt bei winterlicher Glätte auf einem nicht gestreuten Bürgersteig zu Fall und verletzt sich. Dann kann er nicht nur den streupflichtigen Anlieger, sondern möglicherweise auch die Gemeinde in Anspruch nehmen, indem er geltend macht, der Unfall hätte vermieden werden können, wenn die Gemeinde den Anlieger ordnungsgemäß zur Erfüllung der Streupflicht angehalten hätte. In einem solchen Fall ist das Verweisungsprivileg von vornherein nicht anwendbar. Die Gemeinde kann sich also nicht darauf berufen, daß dem Geschädigten eine anderweitige Ersatzmöglichkeit in Form des Anspruchs gegen den streupflichtigen Anlieger zustehe.

273 dd) Die öffentlich-rechtlich ausgestaltete Straßenverkehrssicherungspflicht umfaßt auch die Sorge für die Standsicherheit von Straßenbäumen. Diese Pflicht dient auch dem Zweck, Anliegergrundstücke vor Beschädigungen durch umstürzende Bäume zu schützen. In dem dem Urteil des BGH vom 1. 7. 1993 (BGHZ 123, 102) zugrundeliegenden Fall war bei einem heftigen Unwetter ein in einer öffentlichen Straße stehender Kastanienbaum mit dem Wurzelteller aus dem Erdreich herausgedrückt worden und auf die Garage eines Anliegers gestürzt, die dadurch beschädigt worden war. Der Geschädigte verlangte von dem Land als Träger der Straßenbaulast Schadensersatz wegen Amtspflichtverletzung mit der Begründung, Bedienstete des Landes hätten bei Straßenbauarbeiten eine Haltewurzel des Baums gekappt; dieser habe dadurch seine Standfestigkeit verloren. Außerdem habe das Gartenbauamt weder während der Bauarbeiten noch nach deren Abschluß die Standsicherheit der Straßenbäume ausreichend kontrolliert. Der BGH hat auch zu dieser Fallkonstellation entschieden, daß dem etwaigen Amtshaftungsanspruch das Verweisungsprivileg nicht entgegengehalten werden könne (aaO).

274 c) Des weiteren gehören in diesen Zusammenhang Fälle, in denen das Verweisungsprivileg durch ausdrückliche gesetzliche Regelungen abbedungen wird. Treffen im Falle des § 12 PflVG Ansprüche des Geschädigten gegen den „Entschädigungsfonds für Schäden aus Kraftfahrzeugunfällen" mit solchen aus Amtspflichtverletzung gegen den Träger der Kraftfahrzeugzulassungsstelle zusammen, so geht nach der ausdrücklichen gesetzlichen Regelung des § 12 Abs 1 S 4 PflVG im Falle einer fahrlässigen Amtspflichtverletzung abweichend von § 839 Abs 1 S 2 BGB die Ersatzpflicht aufgrund der Vorschriften über die Amtspflichtverletzung der Leistungspflicht des Entschädigungsfonds vor. Dies betrifft etwa Fälle, in denen ein Bediensteter der Kraftfahrzeugzulassungsstelle die Amtspflicht verletzt, den Fahrzeugschein eines Fahrzeugs, für das keine dem Pflichtversicherungsgesetz entsprechende Kraftfahrzeughaftpflichtversicherung besteht, unverzüglich einzuziehen und das Kennzeichen zu entstempeln, und in denen sodann der Fahrer des nicht vorschriftsmäßig versicherten Fahrzeugs einen Unfall verursacht. In diesen Fällen kann die zuständige öffentlich-rechtliche Körperschaft den Geschädigten nicht nur nicht an den Entschädigungsfonds als anderweitig Ersatzpflichtigen verweisen, sondern entfällt umgekehrt die Eintrittspflicht des Fonds von vornherein, weil die Amtshaftung eingreift. Deswegen brauchte der BGH in den Entscheidungen BGHZ 111, 272 und 99, 326 auf die Frage einer anderweitigen Ersatzmöglichkeit von vornherein nicht einzugehen. Hingegen betrifft die ähnliche Regelung des § 158c Abs 5 VVG nur das Innenverhältnis zwischen Haftpflichtversicherer und öffentlichem Dienstherrn. Deswegen ist die nach Art 34 GG haftbare öffentliche Körperschaft etwa bei einem Verkehrsunfall unter Inanspruchnahme von Sonderrechten (so) nicht gehindert, den Geschädigten vorrangig an den Haftpflichtversicherer eines Zweitschädigers zu verweisen. Die Bestimmung des § 158c Abs 5 VVG eröffnet lediglich dem Haftpflichtversicherer die Möglichkeit, nachträglich den aufgrund von § 839 Abs 1 BGB, Art 34 GG Ersatzpflichtigen zum Ausgleich heranzuziehen (BGHZ 85, 225, 229).

d) Versuche, die zum allgemeinen Straßenverkehr und zur Straßenverkehrssicherungspflicht entwickelten Grundsätze dahin fortzubilden, daß das Verweisungsprivileg in allen Fällen wegfallen müsse, in denen die Amtspflichtverletzung zugleich einen allgemeinen Deliktstatbestand, insbesondere denjenigen einer Verletzung der durch § 823 Abs 1 BGB geschützten absoluten Rechte, erfüllt (NÜSSGENS Anm LM BGB § 839 E Nr 38 a unter III 3 b; KREFT Rn 490; PAPIER Rn 299), haben sich in der Rechtsprechung bisher nicht durchsetzen können (BGHZ 120, 124, 126). 275

3. Fallgruppen von Ansprüchen, die keine „anderweitigen Ersatzmöglichkeiten" sind

Gilt das Verweisungsprivileg grundsätzlich fort (also außerhalb des allgemeinen Straßenverkehrs und der allgemeinen Straßenverkehrssicherungspflicht), so braucht der Geschädigte sich doch auf folgende Fallgruppen von Ansprüchen **nicht** als „anderweitige Ersatzmöglichkeiten" im Sinne des § 839 Abs 1 S 2 BGB verweisen zu lassen: 276

a) Lohnfortzahlung: Leistungen des Arbeitgebers aufgrund des Lohnfortzahlungsgesetzes stellen für den unfallgeschädigten Arbeitnehmer **keine** anderweitige Ersatzmöglichkeit im Sinne des § 839 Abs 1 S 2 BGB dar (BGHZ 62, 380).

b) Leistungen nach dem Bundesversorgungsgesetz: Erhebt ein Versorgungsberechtigter wegen einer Körperverletzung Amtshaftungsansprüche, so ist eine durch die Verletzungsfolgen veranlaßte Erhöhung der Grundrente (§ 31 BVG) keine andere Ersatzmöglichkeit im Sinne von § 839 Abs 1 S 2 BGB (BGHZ 62, 394). Der zugrundeliegende Sachverhalt betraf einen Verkehrsunfall, der dadurch verursacht worden war, daß ein Schachtdeckel 8 bis 9 cm tiefer lag als die umgebende Straßendecke. Nach der neueren Betrachtungsweise hätte diese Verletzung der Straßenverkehrssicherungspflicht bereits zu einem völligen Wegfall des Verweisungsprivilegs geführt, ohne daß es auf die Rechtsnatur des etwaigen anderweitigen Ersatzanspruchs noch angekommen wäre.

c) Keine anderweitige Ersatzmöglichkeit sind ferner Leistungen der gesetzlichen Unfall- und Rentenversicherung (BGH NJW 1983, 2191). Die einschlägige Rechtsprechung beginnt mit BGHZ 70, 7, wo die Leistungen eines Trägers der **französischen** gesetzlichen Unfallversicherung an die Hinterbliebenen von Unfallopfern (dort: Flugzeugabsturz) nicht als anderer Ersatz im Sinne des § 839 Abs 1 S 2 BGB angesehen worden sind. In BGHZ 79, 26 wurden diese Grundsätze auf die Leistungen (Sachleistungen und Baraufwendungen) der gesetzlichen Krankenversicherung bei unfallbedingter Krankheit übertragen, jedenfalls soweit die Haftung des Staates (Art 34 GG) in Frage steht. Wie es bei einer persönlichen Außenhaftung des Beamten gewesen wäre, blieb unentschieden (aaO 29).

d) In der Entscheidung BGHZ 79, 35 wurden diese Grundsätze, einschließlich ihrer Beschränkung auf die Haftung des Staates, auf Ansprüche des Geschädigten auf Leistungen einer **privaten** Krankenversicherung übertragen.

e) Konsequenterweise sind auch Leistungen der privaten Unfall- und Rentenversicherung nicht als anderweitige Ersatzmöglichkeiten anzusehen.

f) Ebenso: Private Feuerversicherung (BGH NJW 1987, 2664, 2666). Nach BGH NJW 1983, 2192 soll sogar der wegen unsachgemäßer Feuerstättenschau persönlich (als „Gebührenbeamter" – BGHZ 62, 372) haftende Bezirksschornsteinfegermeister den Geschädigten nicht nach § 839 Abs 1 S 2 BGB auf die Leistung des (privaten) Feuerversicherers verweisen können; dies erscheint unter dem nach wie vor gültigen gesetzgeberischen Grundgedanken des Verweisungsprivilegs, den persönlich haftenden Beamten zu schützen, als nicht unproblematisch.

g) Auch Leistungen einer Kaskoversicherung sind, soweit die Haftung des Staates in Frage steht, nicht als anderer Ersatz im Sinne von § 839 Abs 1 S 2 anzusehen, und zwar sowohl für Kraftfahrzeuge (BGHZ 85, 230) als auch für Flugzeuge (BGHZ 129, 23; BGH VersR 2000, 356 mit kritischer Anmerkung MÜHLBAUER).

277 **h)** In allen Fällen, in denen der private oder gesetzliche Versicherer an den Geschädigten Leistungen erbringt, obwohl das Verweisungsprivileg nicht eingreift, gehen die Amtshaftungsansprüche des Geschädigten auf den jeweiligen Versicherer nach § 67 Abs 1 S 1 VVG oder § 116 Abs 1 SGB X über (vgl BGHZ 129, 23, 24; BGH VersR 2000, 356; s wegen der Einzelheiten unten Rn 312).

4. Weitere Fälle nicht bestehender Haftungssubsidiarität

278 Weitere Fälle nicht bestehender Haftungssubsidiarität sind in BGHZ 79, 26, 27 f zusammengestellt: Eine Einschränkung des Verweisungsprivilegs ergibt sich vor allem aus der Anerkennung von Ansprüchen, die selbständig neben die Amtshaftung treten. § 839 Abs 1 S 2 ist eine auf Ansprüche aus Amtspflichtverletzung beschränkte Ausnahmevorschrift; eine entsprechende Anwendung auf andere Ersatz- oder Entschädigungsansprüche öffentlich-rechtlicher Natur ist daher grundsätzlich ausgeschlossen. Das gilt auch dann, wenn der gleiche Vorgang zur Entstehung von Amtshaftungsansprüchen und selbständig daneben bestehenden Ansprüchen anderer Art führen kann. So unterliegen Ansprüche aus enteignungsgleichem Eingriff dem Verweisungsprivileg nicht (BGHZ 13, 88); ebenso nicht Ansprüche aus der Verletzung beamtenrechtlicher Fürsorgepflichten (BGH VersR 1978, 281; BVerwGE 13, 17) oder besonderer Fürsorge- und Betreuungspflichten (BVerwGE 20, 136; 30, 46). Im Bereich der „verwaltungsrechtlichen Schuldverhältnisse" hat die Rechtsprechung in Anerkennung des Bedürfnisses nach einer angemessenen Verteilung der Verantwortung innerhalb des öffentlichen Rechts (BGHZ 21, 214) die Anwendbarkeit des § 839 Abs 1

S 2 BGB bei der öffentlich-rechtlichen Verwahrung und Treuhand (BGHZ 13, 88) und bei den öffentlich-rechtlichen Benutzungs- und Leistungsverhältnissen verneint (BGHZ 66, 302; 61, 7; 54, 299), obwohl ein Verstoß gegen Pflichten aus einem „verwaltungsrechtlichen Schuldverhältnis" in aller Regel ohne eine gleichzeitige Amtspflichtverletzung kaum denkbar ist. Öffentlich-rechtliche Ansprüche aus culpa in contrahendo, die mit Amtshaftungsansprüchen konkurrieren können, werden ebenfalls ohne Rücksicht auf andere Ersatzmöglichkeiten gewährt (BGHZ 71, 386), ebenso Ansprüche gegen die öffentliche Hand aus fehlerhafter Geschäftsführung ohne Auftrag (BGHZ 63, 167). Auch und gerade in den Fällen, in denen der Beamte bei der Ausübung von Hoheitsbefugnissen in den privaten Bereich übergreift, ist die Selbständigkeit der sich daraus ergebenden Ansprüche der Betroffenen anerkannt worden. So steht § 839 Abs 1 S 2 BGB der Seerechtshaftung des Staates nach den für alle Schiffseigner geltenden Haftungsbestimmungen nicht entgegen (BGHZ 3, 321, 332; RGZ 129, 167). Die Gefährdungshaftung nach § 7 StVG (BGHZ 29, 38, 44) und § 22 WHG (BGHZ 62, 354; 55, 180) wird durch die Möglichkeit, anderweit Ersatz zu erlangen, nicht berührt.

In diesen Zusammenhang gehören ferner Ansprüche aus einer Lebens- und Sterbegeldversicherung, weil sie erspartes Vermögen darstellen (RGZ 155, 186; 158, 176; 171, 198; BGHZ 39, 249; 49, 276); familienrechtliche Unterhaltsansprüche wegen des Grundsatzes des § 843 Abs 4 BGB; beamtenrechtliche Unfallfürsorgeansprüche gegen den Dienstherrn (BGH VersR 1966, 933).

5. Vermögensrechtliche Einheit der öffentlichen Hand

a) Die Haftungssubsidiarität nach § 839 Abs 1 S 2 setzt voraus, daß der Geschädigte von einem Dritten Ersatz zu erlangen vermag. § 839 Abs 1 S 2 ist unanwendbar, wenn der Geschädigte neben dem Anspruch aus fahrlässiger Amtspflichtverletzung gegen denselben Beamten oder dieselbe nach Art 34 GG haftende Körperschaft einen Ersatz- oder Entschädigungsanspruch hat, der aus demselben Sachverhalt (aus demselben Tatsachenkreis) entspringt, aber auf einem anderen Rechtsgrund beruht wie zB der Anspruch des Geschäftsherrn aus § 680, den die Feuerwehr bei ihrem Einsatz grob fahrlässig geschädigt hat (BGHZ 63, 167 = NJW 1975, 207). In diesem Fall bestehen beide Anspruchsgrundlagen selbständig nebeneinander. Den Grundgedanken, daß das Subsidiaritätsprinzip des § 839 Abs 1 S 2 durch eine solche Behandlung der Anspruchskonkurrenz seine Bedeutung verlöre und daß deshalb Ansprüche aus Gefährdungshaftung und ähnlichen Rechtsgründen, die aus dem gleichen Sachverhalt entspringen, neben Ansprüchen aus fahrlässiger Amtspflichtverletzung entfallen müßten, hat die Rechtsprechung zurückgewiesen und insbesondere ausgesprochen, daß die Anspruchsgrundlagen aus Gefährdungshaftung und fahrlässiger Amtspflichtverletzung einander nicht ausschließen. In § 54 Abs 4 des früheren Bundesseuchengesetzes (betreffend das Nebeneinanderbestehen von Versorgungsansprüchen aus Impfschäden und fahrlässiger Amtspflichtverletzung), § 28 Abs 3 Bundesleistungsgesetz (betreffend das Nebeneinanderbestehen von Ersatzansprüchen aus der Inanspruchnahme nach dem BLG und aus fahrlässiger Amtspflichtverletzung) ist dieser Grundsatz ausdrücklich niedergelegt. Kommt die Haftung mehrerer Beamter nebeneinander in Betracht, so kann keiner den Geschädigten gemäß § 839 Abs 1 S 2 verweisen, weil die Verweisung auf Ersatzpflichten anderer Beamter, die ebenfalls nur subsidiär haften, dem Sinn der Vorschrift zuwiderliefe

(BGHZ 2, 218; 13, 102; 31, 13; NJW 1983, 1378); dies gilt aber nicht, wenn neben der subsidiären Eigenhaftung des Beamten aus § 839 eine Haftung des Dienstherrn nach §§ 31, 89, 831 in Betracht kommt (BGH VersR 1966, 264; NJW 1983, 1378). Die gleichen Grundsätze gelten, wenn – im Rahmen des § 46 Abs 2 BeamtVG – mit dem Anspruch aus § 839, Art 34 GG gegen die gleiche Körperschaft ein Anspruch des Geschädigten aus Verletzung der dem Dienstherrn obliegenden beamtenrechtlichen Fürsorgepflicht (vgl BGHZ 43, 178; VersR 1964, 580, 252) oder ein solcher aus einem vertragsähnlichen Verhältnis wie zB aus öffentlich-rechtlicher Verwahrung (BGHZ NJW 1962, 791; 1963, 40, 43) konkurriert. – Die noch in der Vorauflage (Rn 390–392) erörterte Frage des Zusammentreffens von Ansprüchen aus Amtspflichtverletzung und Kfz-Halterhaftung hat durch den Wegfall des Verweisungsprivilegs bei der Teilnahme am allgemeinen Straßenverkehr (Rn 270) ihre praktische Bedeutung weitgehend verloren.

280 b) Über den Fall der Konkurrenz von Ansprüchen gegen den gleichen Dienstherrn hinaus ist § 839 Abs 1 S 2 BGB auch dann allgemein unanwendbar, wenn sich neben dem Amtshaftungsanspruch ein aus dem gleichen Sachverhalt entspringender anderweitiger Ersatzanspruch gegen die öffentliche Hand richtet (BGHZ 49, 267, 279; 62, 394, 397). Dieser Grundsatz ist seit BGHZ 13, 88, 104 entwickelt worden, um gegenüber Amtshaftungsansprüchen die unerwünschte Möglichkeit einzuschränken, daß der durch Amtspflichtverletzung geschädigte Bürger in Anwendung des § 839 Abs 1 S 2 mit seinen Ansprüchen von einer Stelle der öffentlichen Hand an eine andere verwiesen werde. Er besagt, daß der aus Amtspflichtverletzung belangten Körperschaft dem Geschädigten gegenüber die Berufung auf das Bestehen irgendeines anderweiten (aus demselben Tatsachenkreis entsprungenen, durch die Amtspflichtverletzung erst ausgelösten) Ersatzanspruchs (zB aus Verletzung der beamtenrechtlichen Fürsorge- und Treuepflicht) gegen die „öffentliche Hand" – dh gegen jede Stelle der öffentlichen Hand, sei es die verklagte Körperschaft selbst oder gegen eine andere öffentlich-rechtliche Körperschaft – versagt ist (BGHZ 62, 394, 397 = NJW 1974, 1769; VersR 1958, 705; 1962, 335; 1963, 254; 1964, 279; 1972, 982; NJW 1966, 1750). Das gilt auch dann, falls dieser weitere Ersatzanspruch, sei es auch aus Verschulden des Klägers, nicht mehr durchsetzbar ist (BGH VersR 1960, 994; JZ 1962, 169; MDR 1962, 379). Entsprechend dem Grundsatz der vermögensrechtlichen Einheit der öffentlichen Hand kann eine nach Art 34 GG haftende deutsche öffentlich-rechtliche Körperschaft den Geschädigten nicht auf einen gegen die EG zu richtenden Anspruch verweisen, weil auch die EG, deren Haushalt aus deutschen Beiträgen mit bestritten wird, als eine Stelle der öffentlichen Hand im Sinne des genannten Grundsatzes zu werten ist (BGHZ 63, 319, 327; BGH NJW 1972, 383 betreffend Ansprüche gegen EWG-Kommissionen).

281 c) Eine ähnliche Konstellation von wechselseitigen Verweisungen besteht, wenn der Schaden durch fahrlässige Amtspflichtverletzungen eines Beamten und eines Notars verursacht worden ist. Denn nach § 19 Abs 1 S 2 Halbs 1 BNotO besteht ein dem § 839 Abs 1 S 2 BGB entsprechendes Verweisungsprivileg auch zugunsten des persönlich haftenden Notars. Deshalb greift nach ständiger Rechtsprechung des BGH auch im Verhältnis zwischen der Staatshaftung und der konkurrierenden Notarhaftung das Verweisungsprivileg des § 839 Abs 1 S 2 nicht ein (BGHZ 123, 1, 7; 135, 354, 367). Die Haftungssubsidiarität zugunsten des Notars entfällt allerdings bei Amtsgeschäften der in §§ 23, 24 BNotO bezeichneten Art im Verhältnis zwischen dem Notar und dem Auftraggeber. Gleichwohl kann der nach Art 34 GG haftende Dienstherr des für die Amtspflichtverletzung neben dem Notar mit verantwortlichen Beamten auch in diesen Fällen den Geschädigten nicht auf die Notarhaftung verweisen. Denn der Wegfall der Haftungssubsidiarität soll ausschließlich den Auftraggeber des Notars begünstigen und nicht etwa die neben dem Notar haftende Körperschaft entlasten (BGH DNotZ 1984, 511, 513; BGHZ 123, 1, 7). Anders ist es indessen, wenn mit der fahrlässigen Amtspflichtverletzung eines Beamten eine vorsätzliche des Notars zusammentrifft. In einem solchen Fall ist für eine wechselseitige Verweisung von vornherein kein Raum. Daher besteht im Ansatz die Verweisungsmöglichkeit des nur fahrlässig fehlenden Beamten bzw der für ihn haftenden Körperschaft fort (BGHZ 135, 354, 367 f). Entsprechendes gilt umgekehrt zugunsten des Notars, wenn diesem lediglich Fahrlässigkeit, dem mitschuldigen Beamten dagegen Vorsatz zur Last fällt.

d) Ob der in Betracht kommende „anderweit Ersatzpflichtige" seinerseits wieder **282** aus demselben Ereignis gegen den in Anspruch genommenen Beamten oder gegen dessen Anstellungskörperschaft vorgehen kann, ist grundsätzlich ohne Bedeutung (RGZ 91, 96, 98; BGHR § 839 Abs 1 S 2 Verweisungsprivileg 4; KREFT Rn 493). Auch der Grundsatz der „vermögensrechtlichen Einheit der öffentlichen Hand" steht somit in solchen Fällen der Anwendbarkeit des Verweisungsprivilegs nicht entgegen.

e) Der Grundsatz der „vermögensrechtlichen Einheit der öffentlichen Hand" ist **283** unanwendbar auf den Fall des Interessenausgleichs zwischen zwei Stellen der öffentlichen Hand, da hier die Überlegungen, die zur Entwicklung dieses Grundsatzes geführt haben (oben Rn 279), nicht durchgreifen. Zum Sonderfall des Gesamtschuldnerausgleichs zwischen zwei öffentlich-rechtlichen Körperschaften s Rn 83. Im Anwendungsbereich des Gesetzes über die erweiterte Zulassung von Schadensersatzansprüchen bei Dienst- und Arbeitsunfällen vom 7.12.1943 (RGBl I 674 in der im Bundesgesetzblatt Teil III Gliederungsnummer 2030-2-19 veröffentlichten bereinigten Fassung; s dazu unten Rn 380, 384) hat nach dessen § 4 diejenige öffentliche Verwaltung, die nach den Vorschriften des Versorgungsrechts Leistungen gewährt, keinen Anspruch auf Ersatz dieser Leistungen gegen die öffentliche Verwaltung, die zum Schadensersatz verpflichtet ist. Dies betrifft kraft der ausdrücklichen Verweisungen in §§ 46 Abs 2 Satz 2 BeamtVG, 91a Abs 2 SVG insbesondere Dienstunfälle von Beamten und Soldaten. Der Rückgriff ist also ausgeschlossen, wenn sich der Dienstunfall bei der Teilnahme am allgemeinen Verkehr ereignet hat (zum „allgemeinen Verkehr" s unten Rn 384; vgl ferner BGH MDR 1965, 48; VersR 1966, 933; NJW 1973, 896; BGHZ 64, 201; sowie eingehend KREFT Rn 561). § 4 des Gesetzes vom 7.12.1943 ist unanwendbar bei Schädigungen durch die ausländischen Stationierungsstreitkräfte (BGH VersR 1966, 933).

6. Fälle bestehenbleibender Haftungssubsidiarität

a) Eine besonders wichtige Fallgruppe bestehengebliebener Haftungssubsidiarität **284** betrifft die deliktische Eigenhaftung beamteter Ärzte nach § 839 BGB **außerhalb** des Anwendungsbereichs des Art 34 GG (vgl wegen der Einzelheiten den Abschnitt „Öffentliches Gesundheitswesen" Rn 596). Daß beamtete Ärzte in öffentlich-rechtlichen Krankenhäusern nicht hoheitlich, sondern privatrechtlich tätig werden, schließt zwar eine Übernahme ihrer Haftung durch ihre Anstellungskörperschaft nach Art 34 GG aus, läßt aber grundsätzlich unberührt, daß sich ihre **deliktische** Eigenhaftung nach der für Beamte geltenden Sondervorschrift des § 839 BGB mit dem den Schädiger begünstigenden Verweisungsprivileg des § 839 Abs 1 S 2 BGB richtet. Als besonders naheliegende anderweitige Ersatzmöglichkeit kommt eine Inanspruchnahme des Krankenhausträgers nach §§ 31, 89, 831 BGB sowie – insbesondere wenn ein totaler Krankenhausvertrag geschlossen worden ist – aus Vertrag in Betracht. Dadurch wird die Belastung des Geschädigten abgemildert und eine weitgehende Konzentrierung der Schadensregulierung beim Krankenhausträger bewirkt (BGHZ 85, 394, 395 f; BGHR § 839 Abs 1 S 2 Chefarzt, beamteter 1). Dies gilt allerdings nur für die deliktische Haftung des betreffenden Arztes. Etwaige konkurrierende vertragliche Ansprüche gegen den Arzt persönlich bleiben davon unberührt; insoweit findet das Verweisungsprivileg keine Anwendung (BGHR § 839 Abs 1 S 2 Arzthaftung 1; insoweit in BGHZ 105, 45 nicht abgedruckt).

285 b)   Bei Amtspflichtverletzungen im Justizbereich (außerhalb des Spruchrichterprivilegs) sind als vorrangige anderweitige Ersatzmöglichkeiten in Betracht gezogen worden: Für den durch einen ungetreuen Notar Geschädigten die von der Notarkammer abgeschlossene Vertrauensschadensversicherung im Verhältnis zur nach § 839 BGB, Art 34 GG haftenden Aufsichtsbehörde (BGHZ 135, 354); bei der amtspflichtwidrigen Löschung einer Grunddienstbarkeit ein Bereicherungsanspruch des Geschädigten gegen den gutgläubigen Erwerber nach § 816 Abs 1 S 1 BGB (BGHZ 104, 139, 144 mwN). Ist der Schaden durch eine fahrlässige Amtspflichtverletzung des Gerichts entstanden, so ist der vertragliche Schadensersatzanspruch des Geschädigten gegen seinen Rechtsanwalt, der durch sein Verhalten zur Entstehung des Schadens beigetragen hat, ein anderweitiger Ersatzanspruch (RG HRR 1914 Nr 980; BGH VersR 1966, 184). Denn für die Haftung des Anwalts gegenüber dem Auftraggeber kommt es nicht auf eine Abwägung seines Verschuldens gegenüber dem etwaigen Verschulden eines Richters an (RG JW 1936, 2708 m Anm CARL; st Rspr des RG; BGH VersR 1967, 135, 137). Der Fehler des Rechtsanwalts kann auch darin bestehen, daß er nicht durch geeignete Anträge das (Tatsachen-)Gericht vor dem Fehler bewahrt hat; vgl BGH NJW 1964, 2402: das Gericht hatte bei der Entscheidung die eingetretene Verjährung übersehen; Verweisung auf den Schadensersatzanspruch gegen den Rechtsanwalt als Strafverteidiger, der es unterlassen hatte, das Gericht auf die Verjährung hinzuweisen und dadurch den gerichtlichen Fehler zu vermeiden (s dazu SCHULTZ MDR 1965, 265). S aber auch RGZ 142, 394: Verneinung der Kausalität des mangelhaften Anwaltsvortrags, wenn ein oberstes Gericht Wesentliches bei der Prüfung des Streitstoffs übersieht; offengelassen von BGH NJW 1964, 2402, 2404. Ob der für die Amtshaftung entwickelte Grundsatz, daß ein Verschulden des Beamten im allgemeinen zu verneinen ist, wenn ein Kollegialgericht die Amtshandlung als rechtmäßig ansieht (s oben Rn 216), auch entsprechend für die Anwaltshaftung anerkannt werden kann, läßt BGH VersR 1967, 135, 137 offen.

286 c)   Macht der Bauherr gegen die Bauaufsichtsbehörde einen Amtshaftungsanspruch geltend, weil ihm für ein fehlerhaft geplantes Bauvorhaben eine rechtswidrige Baugenehmigung erteilt worden ist, so muß er dartun, daß er von dem planenden Architekten nicht anderweitig Ersatz erlangen kann (BGH LM § 839 E Nr 51; vgl auch BGH NVwZ 1993, 602). Der Erwerber eines Altlastengrundstücks, der Amtshaftungsansprüche wegen der Überplanung des betreffenden Geländes, der positiven Erteilung der Baugenehmigung für das Grundstück oder der Erteilung unrichtiger amtlicher Auskünfte über die Grundstücksqualität geltend macht, muß sich vorrangig an den Grundstücksverkäufer halten (BGHZ 121, 65, 71); allerdings wird dessen Haftung meistens an einem im Kaufvertrag vereinbarten Gewährleistungsausschluß scheitern. Dies kann jedoch anders sein, wenn dem Verkäufer etwa eine arglistige Täuschung über die Grundstücksbeschaffenheit zur Last fällt (BGHZ 121, 65, 72; vgl auch BGHZ 117, 363, 368).

d) Verletzt ein Polizeibeamter die Amtspflicht, die für die Sicherheit des Straßenverkehrs zuständigen Stellen von der Funktionsstörung einer Lichtzeichenanlage unverzüglich zu unterrichten, so haftet sein Dienstherr einem dadurch geschädigten Verkehrsteilnehmer nur nach Maßgabe des § 839 Abs 1 S 2 BGB. Die Grundsätze über den Wegfall des Verweisungsprivilegs im allgemeinen Straßenverkehr (BGHZ 68, 217) und bei der Erfüllung der öffentlich-rechtlichen Straßenverkehrssicherungspflicht (BGHZ 75, 134) sind insoweit nicht anwendbar (BGHZ 91, 48; vgl dazu Rn 663 ff). **287**

e) Der BGH hat unter bestimmten – einschränkenden – Voraussetzungen eine Amtspflicht des Schulträgers für denkbar gehalten, für die Möglichkeit sicherer Aufbewahrung in die Schule mitgebrachter Sachen Sorge zu tragen. Eine Mutter, die Amtshaftungsansprüche wegen der Verletzung dieser Pflicht deswegen geltend machte, weil ihr während einer Elternversammlung eine wertvolle Pelzjacke gestohlen worden war, wurde auf die Inanspruchnahme des Diebes als vorrangige Ersatzmöglichkeit verwiesen. Die Geschädigte wurde für verpflichtet angesehen, zumindest die Möglichkeit auszuschöpfen, durch eine Strafanzeige polizeiliche Ermittlungen zu veranlassen, die vielleicht zur Feststellung des Diebes geführt hätten (BGHR § 839 Abs 1 S 2 Strafanzeige 1). **288**

f) Eine anderweite Ersatzmöglichkeit ist auch die Haftung eines Tierhalters, wenn der durch das Tier angerichtete Schaden (zunächst) durch fahrlässige Amtspflichtverletzung eines Beamten herbeigeführt ist, da die Haftung des Tierhalters aus § 833 der Haftung des Beamten (der Körperschaft) vorgeht (OLG Zweibrücken JZ 1965, 646 = MDR 1965, 823). **289**

g) Ausgleichsansprüche gegen Mitschuldner und Bürgen, sowie auch etwaige Bereicherungsansprüche (RGZ 138, 211; HRR 1932 Nr 1448; JW 1934, 2545; BGH NJW 1962, 791, 793): Besteht ein solcher Anspruch, so ist die Anwendbarkeit des § 839 Abs 1 S 2 nicht deshalb ausgeschlossen, weil der leistungspflichtige Dritte seinerseits gegen den schuldigen Beamten (die haftende Körperschaft) Rückgriff nehmen kann (RGZ 91, 96; s oben Rn 282). **290**

h) Bei einer Amtspflichtverletzung im fiskalischen Bereich kann der Beamte (im beamtenrechtlichen Sinn) sich auch darauf berufen, daß der Staat (die sonstige öffentlich-rechtliche Körperschaft) nach §§ 31, 89, 831 hafte; s wegen der Einzelheiten Rn 119. **291**

7. Weitere Einzelheiten bei noch bestehender Haftungssubsidiarität

a) Bei Schädigung mehrerer Personen durch dieselbe Amtspflichtverletzung ist die Frage der Haftungssubsidiarität für jeden Verletzten gesondert zu prüfen. War eine anderweitige Ersatzmöglichkeit für alle Geschädigten gegeben und hätte sie nur den Schaden eines Verletzten, nicht auch den der übrigen decken können, so hat die Versäumung der Ersatzmöglichkeit für den säumigen Verletzten nicht den völligen Verlust seines Ersatzanspruchs, sondern nur dessen Verminderung im Verhältnis der **292**

entgangenen Ersatzmöglichkeit zur Summe aller Ersatzansprüche zur Folge (RG JW 1934, 2398).

293 **b)** Muß sich der Verletzte auf seinen Gesamtschaden gegenüber der verklagten Körperschaft mitwirkendes Verschulden oder eine ihm zur Last fallende mitwirkende Betriebsgefahr (seines Kfz usw) anrechnen lassen und besteht für einen Teil des Schadens die Möglichkeit anderweiten Ersatzes, so ist die anderweitige Ersatzmöglichkeit von dem Betrag abzusetzen, der nach Berücksichtigung des mitwirkenden Verschuldens verbleibt (dazu BGH VersR 1969, 71; 1976, 1066, 1068; OLG Köln NJW 1966, 887).

294 **c)** § 839 Abs 1 S 2 ist auch anwendbar, wenn der Geschädigte nur für einen Teil des Schadens auf andere Weise Ersatz erlangen kann. Hat er von anderer Seite Teilbefriedigung erlangt oder zu erwarten und macht er wegen des verbleibenden Rests Ansprüche gegen den Beamten (die Körperschaft) geltend, so muß er auch insoweit dartun, daß keine anderen Ersatzmöglichkeiten bestehen.

295 **d)** Die Möglichkeit, auf andere Weise Ersatz zu erlangen, besteht für den Verletzten nicht nur, wenn er rechtlich verfolgbare Ansprüche gegen Dritte auf Ausgleich des durch die Amtspflichtverletzung entstandenen Schadens hat, sondern auch, wenn ihm Ersatzmöglichkeiten rein tatsächlicher Art zur Verfügung stehen, falls deren Ausnutzung ihm zumutbar ist (RGZ 138, 211; 158, 277; BGH LM § 839 Fi Nr 5; BGH VersR 1957, 201; 1959, 1005; 1960, 663; 1964, 751; 1969, 425, 428). Beispielsweise hat der Mitgesellschafter einer GmbH, der durch die Amtspflichtverletzung eines Notars im Zusammenhang mit der von diesem beurkundeten Gründung der GmbH geschädigt ist, eine anderweitige Ersatzmöglichkeit auch, wenn nicht ihm persönlich, sondern der GmbH ein Ersatzanspruch gegen einen Dritten zusteht, der Verletzte aber nach dem Stimmenverhältnis es in der Hand hat, die Inanspruchnahme des Dritten durch Gesellschafterbeschluß und dadurch auch Ersatz eines Schadens herbeizuführen (BGH VersR 1964, 682).

296 **e)** Der Geschädigte kann nur auf solche Ersatzmöglichkeiten verwiesen werden, die

– demselben Tatsachenkreis entsprungen sind, aus dem die eingeklagte Schadensersatzforderung entstanden ist (RGZ 145, 56, 62; 170, 37; BGHZ 31, 148; BGH VersR 1959, 1005, 1008; 1964, 751; 1969, 423; DVBl 1967, 661);

– begründete Aussicht auf alsbaldige Verwirklichung bieten (BGHZ 2, 209, 218; LM § 839 Fi Nr 5; VersR 1964, 751; 1967, 140, 142; 1969, 423, 428);

– die Möglichkeit eines wirklichen Ersatzes bieten; der Geschädigte kann nicht auf eine Ersatzmöglichkeit verwiesen werden, wenn er durch deren Inanspruchnahme und Durchführung eine Vermögenseinbuße in gleicher Höhe wie der Schaden erleiden würde (RG DNotZ 1934, 677; BGH VersR 1960, 663; 1964, 682).

Dementsprechend braucht sich der Verletzte nicht auf Ersatzansprüche verweisen zu lassen, die er nicht oder jedenfalls nicht in absehbarer oder angemessener Zeit durchsetzen kann. Auch weitläufige, unsichere oder im Ergebnis zweifelhafte Wege des Vorgehens gegen Dritte braucht er nicht einzuschlagen. Die Ausnutzung anderweitiger Ersatzmöglichkeiten muß mithin dem Geschädigten zumutbar sein (BGHZ 120, 124, 126). Bei der Beurteilung der Zumutbarkeit ist auf die Sicht ex ante abzustellen; es ist mithin eine auf den Zeitpunkt der Geltendmachung des Anspruchs bezogene Prognose über die Erfolgsaussichten der anderweitigen Ersatzmöglichkeit aufzunehmen (in diesem Sinne: BGHZ 120, 124, 131). Die Frage, ob und inwieweit es dem Geschädigten, wenn Ersatzansprüche gegen mehrere Schädiger in Betracht kommen, nach § 839 Abs 1 S 2 BGB unter Zumutbarkeitsgesichtspunkten angesonnen werden kann, nicht nur einen, sondern mehrere von ihnen – sei es gleichzeitig sei es nacheinander – gerichtlich in Anspruch zu nehmen, läßt sich nur nach den Umständen des Einzelfalls beantworten (BGHZ 120, 124, 127). Aus diesen Erwägungen hat der BGH beispielsweise in folgendem Fall die Ausschöpfung einer vorrangigen anderweitigen Ersatzmöglichkeit für unzumutbar gehalten: Der Geschädigte war bei einem Verkehrsunfall schwer verletzt worden, der sich auf einer hoheitlichen Rettungsfahrt unter Inanspruchnahme von Sonderrechten nach § 35 Abs 5a StVO, dh an sich unter Fortgeltung des Verweisungsprivilegs, ereignet hatte. Der Verletzte nahm die Bundesrepublik aus Amtshaftungsgrundsätzen als Dienstherrin des schuldigen Zivildienstleistenden auf Schmerzensgeld in Anspruch. Diese verwies ihn an den Kfz-Haftpflichtversicherer als anderweitig Ersatzpflichtigen. Dessen Eintrittspflicht hing von der Klärung verschiedener schwieriger Rechtsfragen zu § 10 Abs 2 Buchst c und f AKB ab, über die noch keine höchst- oder auch nur obergerichtliche Rechtsprechung vorlag. Damit hatte die Bundesrepublik keinen Erfolg; die Amtshaftungsklage scheiterte also nicht an der Haftungssubsidiarität (BGH NJW 1997, 2109). Die Anwendbarkeit des Verweisungsprivilegs ist allerdings inzwischen zugunsten der Bundesrepublik geklärt (BGH NVwZ 2001, 835, Rn 743).

Eine Unzumutbarkeit wird allerdings nicht schon dadurch begründet, daß der Geschädigte den Klageweg beschreiten muß, um den Anspruch auf anderweiten Ersatz durchzusetzen (BGHZ 135, 354, 366).

8. Inhaltliche Anforderungen an den anderweitigen „Ersatz"

An den auf andere Weise zu erlangenden „Ersatz" sind inhaltlich folgende Anforderungen zu stellen:

a) Zukünftige ungewisse Möglichkeiten stellen keinen „Ersatz auf andere Weise" dar (RGZ 80, 252; RG HRR 1930 Nr 111; BGH VersR 1966, 238).

b) Eine anderweite Ersatzmöglichkeit ist auch dann nicht gegeben, wenn die Befriedigung zwar einigermaßen wahrscheinlich, der ersatzpflichtige Dritte aber zur Leistung in einigermaßen absehbarer Zeit wirtschaftlich nicht in der Lage ist (RG WarnR 1936 Nr 91; BGH VRS 62 [1982], 22). Der Geschädigte muß sich zwar mit Teilzahlungen des Dritten abfinden – § 266 greift gegenüber § 839 Abs 1 S 2 nicht Platz (BGH VersR 1964, 488, 490 betreffend Schmerzensgeld) –, aber nur, wenn sie innerhalb angemessener Zeit zur vollständigen Befriedigung oder wenigstens zur Begleichung eines erheblichen Teils führen (BGH LM § 839 Fi Nr 5; VRS 62 [1982] 22). Auf eine Ersatzmöglichkeit (zB durch laufende Lohnpfändungen), die ihm nur nach und nach eine Befriedigung in kleineren Beträgen verschafft, braucht der Geschädigte sich nicht verweisen zu lassen (RGZ 86, 253; 141, 353, 354; HRR 1940, Nr 5; BGH VersR 1966, 238, 494; 1967, 140, 142; VRS 62 [1982] 22). In RGZ 80, 252 hätte der Verletzte durch Gehaltspfändungen erst im Laufe von zwei Jahren volle Befriedigung erlangen können, eine Zeitspanne, die RG aaO und RG HRR 1930 Nr 779 als unzumutbar lang ansahen, während BGH VersR 1964, 490 bei einem Schmerzensgeldanspruch von 3 500 DM monatliche Ratenzahlungen von 150 DM für zumutbar erklärt hat.

c) Ein Konkurs-(heute: Insolvenz-)Verfahren über das Vermögen eines Dritten, auch wenn die Möglichkeit besteht, daß der Geschädigte zu einem erheblichen Teil Befriedigung erlangt, ist kein anderweiter Ersatz, wenn nicht zu erwarten ist, daß es in kürzerer Zeit zu einer Befriedigung führt (RG HRR 1934 Nr 12, 865; 1940 Nr 5; BGH VersR 1966, 363 gegen RGZ 137, 20, 23). Der bei der Verteilung unzulänglich berücksichtigte Konkursgläubiger kann nicht auf Bereicherungsansprüche gegen andere Konkursgläubiger verwiesen werden (RGZ 154, 297).

298 d) Wie bereits dargelegt, gilt allgemein, daß der Geschädigte sich nicht auf weitläufige, schwierige und unsichere Wege des Vorgehens gegen Dritte verweisen zu lassen braucht (BGHZ 120, 124, 126; BGH NJW 1997, 2109); also nicht auf eine Zwangsvollstreckung, wenn sie durch die Möglichkeiten des Vollstreckungsschutzes zugunsten des Dritten beträchtlich erschwert wird (RGZ 161, 109, 120). Wegen wesentlicher Erschwerung der Rechtsverfolgung entfällt die Verweisung, wenn Prozeßführung oder Vollstreckung im Ausland stattfinden müßten und dies für den Geschädigten nicht zumutbar ist (BGH VersR 1961, 653; NJW 1976, 2074). Bei inländischer Rechtsverfolgung ist die Möglichkeit anderweiten Ersatzes schon zu verneinen, wenn der Rechtsverfolgung erhebliche Beweisschwierigkeiten entgegenstehen (BGH LM § 839 E Nr 7; KG VersR 1968, 286, 288).

9. Schuldhafte Versäumung der anderweitigen Ersatzmöglichkeit

299 a) Der Geschädigte kann sich der Verweisung nicht dadurch entziehen, daß er schuldhaft die anderweite Ersatzmöglichkeit versäumt. Vielmehr greift die Subsidiaritätsklausel auch dann ein, wenn der Geschädigte eine früher vorhandene anderweitige Ersatzmöglichkeit schuldhaft versäumt hat; eine Abwägung des beiderseitigen Verschuldens findet nicht statt (BGH VersR 2000, 1023 zu § 19 Abs 1 S 2 BNotO, mit eingehender Begründung). Dies kann im Extremfall – ähnlich wie bei § 839 Abs 3 BGB – dazu führen, daß schon die leicht fahrlässige Versäumung zum Totalverlust des Amtshaftungsanspruchs selbst bei grob fahrlässigen Amtspflichtverletzungen führt.

300 b) Schuldhaft ist die Versäumung einer vorhanden gewesenen und weggefallenen Ersatzmöglichkeit, wenn der Geschädigte – in Kenntnis von der Entstehung des Schadens (nicht nur in fahrlässiger Unkenntnis, RGZ 145, 258) – die mögliche und ihm nach den Umständen des Falles zuzumutende anderweite Deckung seines Schadens unterlassen hat (RG VersR 1958, 373, 375; LM § 839 Fi Nr 5; NJW 1979, 3425); zB indem er sich um eine naheliegende anderweite Ersatzmöglichkeit nicht kümmerte und daher zu spät (nach der Klageerhebung) von ihr erfuhr (vgl RG HRR 1934 Nr 1672), oder indem er den Ersatzanspruch gegen den Dritten verjähren ließ (BGH LM § 839 E Nr 51 mit zustimmender Anmerkung KOEBLE). Dagegen liegt im allgemeinen keine schuldhafte Versäumung einer anderweitigen Ersatzmöglichkeit vor, wenn der Geschädigte, dessen Gesuch um Prozeßkostenhilfe zur Verfolgung eines Anspruchs gegen einen ersatzpflichtigen Dritten (objektiv zu Unrecht) abgelehnt wurde, von weiterem Vorgehen gegen diesen Dritten Abstand nimmt (vgl BGH VersR 1957, 612, 614), wenn er nach Abweisung der gegen den Dritten erhobenen Klage durch das Gericht des ersten Rechtszugs, und zwar auch, wenn ein Amtsgericht oder der Einzelrichter der Zivilkammer entschieden hat, es bei dieser Entscheidung bewenden läßt, falls nicht die Fehlerhaftigkeit des Urteils ihm ohne weiteres erkennbar ist (vgl RGZ 150, 323; BGH LM RNotO § 35 Nr 1; KG VRS 35, 247), oder wenn er nach fruchtloser Pfändung das Verfahren nach § 807 ZPO nicht betreibt (RG HRR 1937 Nr 800). Wird eine schwierige und umstrittene Rechtsfrage, ob das Verweisungsprivileg in einem bestimmten Bereich besteht, erstmals höchstrichterlich entschieden, so ist auch dies bei der Verschuldensfrage mit zu berücksichtigen (BGH NJW 1983, 1374, 1378).

10. Darlegungs- und Beweislast

a) Die Unmöglichkeit, anderweit Ersatz zu erlangen, bildet einen Teil des Tatbestandes, aus dem der Amtshaftungsanspruch hergeleitet wird. Dementsprechend hat der Verletzte das Vorliegen dieser zur Klagebegründung gehörenden Voraussetzung des Amtshaftungsanspruchs darzulegen und im Streitfall zu beweisen (BGHZ 113, 164, 167; BGH NJW 2002, 1266; BGH LM § 839 E Nr 51). Die bestehende Möglichkeit, auf andere Weise Ersatz zu erlangen, verhindert – anders ausgedrückt – materiellrechtlich die Entstehung eines Amtshaftungsanspruchs. Die fehlende Möglichkeit anderweiten Ersatzes begründet erst den Anspruch aus fahrlässiger Amtspflichtverletzung, ist also ein negatives Tatbestandsmerkmal (BGH NJW 1962, 1862; DVBl 1967, 661). Solange noch eine realisierbare anderweite Ersatzmöglichkeit besteht, ist der Beamte (die Körperschaft) überhaupt nicht ersatzpflichtig (RGZ 138, 209, 212; BGHZ 28, 297, 301; 31, 148, 151; NJW 1960, 241; BGHZ 37, 175), mit der Folge, daß nicht nur eine Leistungs-, sondern auch eine Feststellungsklage unbegründet ist, solange der Ausfall nicht feststeht (BGH VersR 1963, 1169). Da die Darlegung des Fehlens anderer Ersatzmöglichkeiten zur Schlüssigkeit der Klage gehört, ist es ohne Bedeutung, daß der Beklagte keinen Einwand aus § 839 Abs 1 S 2 erhebt (RG HRR 1930 Nr 112). Das Revisionsgericht kann über mangelnde Feststellungen zur Frage anderweiter Ersatzmöglichkeit nur hinwegsehen, wenn nach der Sachlage die Möglichkeit anderweiten Ersatzes ausgeschlossen ist oder so fernliegt, daß praktisch mit ihr nicht gerechnet zu werden braucht (RG HRR 1930 Nr 112).

b) Ob eine Ersatzmöglichkeit im Sinne des § 839 Abs 1 S 2 besteht, ist grundsätzlich nach den im Zeitpunkt der Erhebung der Amtshaftungsklage, nicht nach den im Zeitpunkt der letzten mündlichen Verhandlung im Amtshaftungsprozeß bestehenden Verhältnissen zu beurteilen (RGZ 100, 128; HRR 1934 Nr 1672; 1935 Nr 1455; BGH VersR 1964, 732). Das bedeutet, daß sich der Kläger auf eine erst im Laufe des Rechtsstreits eintretende, zur Zeit der Klageerhebung noch nicht vorhandene Ersatzmöglichkeit nicht verweisen zu lassen braucht. Denn andernfalls läge es in der Hand des Beklagten, den Rechtsstreit durch wiederholte Behauptungen, daß sich inzwischen neue Ersatzmöglichkeiten ergeben hätten, in die Länge zu ziehen (RGZ 100, 128 f; KREFT Rn 507). Bestand im Zeitpunkt der Klageerhebung objektiv eine Ersatzmöglichkeit, so schließt sie den Amtshaftungsanspruch grundsätzlich auch dann aus, wenn der Geschädigte sie ohne sein Verschulden nicht erkannt und von ihr keinen Gebrauch gemacht hat (RG DR 1939, 169; BGH VersR 1964, 723). Nur dann ist die unverschuldete Unkenntnis für den Verletzten unschädlich, wenn die zunächst im Zeitpunkt der

Klageerhebung vorhandene Ersatzmöglichkeit – wiederum ohne Verschulden des Klägers – im Lauf des Rechtsstreits weggefallen ist (KREFT Rn 508). Darüber hinaus ist es denkbar, daß eine etwaige unverschuldete Unkenntnis für die Frage eine Rolle spielen kann, ob die Inanspruchnahme anderweitigen Ersatzes dem Geschädigten zumutbar war.

303 **c)** Nach alledem gehört zur Klagebegründung die Behauptung des Klägers, daß er auf andere Weise keinen Ersatz erlangen könne (BGH VersR 1962, 953; 1966, 494; 1983, 84). Er trägt dafür die Darlegungs- und Beweislast (BGHZ 113, 164, 167; BGH LM § 839 E Nr 51; vgl aus der früheren Rechtsprechung noch: RGZ 81, 426; 86, 286; 91, 232; 138, 209, 212; 165, 105; HRR 1930 Nr 112, 779; BGHZ 4, 10, 14; 10, 138; 18, 366, 371; 37, 375; VersR 1974, 369; 1983, 84). Die Voraussetzungen der Amtshaftungsklage werden mithin nicht schon dadurch erfüllt, daß bloße rechtliche oder tatsächliche Zweifel an dem Bestehen anderweiter Ersatzansprüche oder deren Realisierbarkeit vorliegen; sie nötigen vielmehr stets zur Prüfung und Entscheidung (BGHZ 16, 111, 117). Wegen abweichender Gestaltung der Rechtslage, wenn ein Amtsträger zwar bei der dienstlichen Teilnahme am allgemeinen Straßenverkehr, aber unter Inanspruchnahme von Sonderrechten nach § 35 Abs 1 StVO schuldhaft einen Verkehrsunfall verursachte – hier: wenn ein Funkstreifenwagen der Polizei ein Kraftfahrzeug verfolgt, dessen Fahrer dieses zuvor gestohlen hatte, und dabei mit dem Kraftfahrzeug eines anderen Verkehrsteilnehmers zusammenstößt –, vgl BGHZ 85, 225: Darlegungs- und Beweispflicht des Versicherers, daß der Geschädigte in der Lage ist, von einem nach § 2 Abs 1 Nr 1–5 PflVG von der Versicherung befreiten Kraftfahrzeughalter Ersatz seines Schadens zu erlangen.

304 **d)** Die dem Kläger obliegende Darlegungs- und Beweislast, daß er anderweit Ersatz nicht zu erlangen vermag, bedeutet nicht, daß er vor Erhebung der Amtshaftungsklage alle denkbaren Möglichkeiten anderweitiger Ersatzerlangung erschöpft haben müsse (BGH DVBl 1967, 661). Es bedarf auch nicht eines vorgängigen Prozesses – und bei obsiegendem Urteil des Versuchs der Befriedigung durch Vollstreckung – gegen die etwa in Betracht kommenden Personen. Vielmehr kann und muß das Gericht des Amtshaftungsprozesses, wenn der Geschädigte substantiierte Behauptungen über das Nichtvorhandensein anderer Ersatzmöglichkeiten aufstellt, selbst – bei widersprüchlichen Behauptungen gegebenenfalls nach eigener Beweisaufnahme – darüber entscheiden (RGZ 96, 164; 137, 20; 139, 349; 165, 91, 105; BGHZ 4, 10, 46; BGH LM § 839 E Nr 6; NJW 1962, 1862; VersR 1967, 711). Solange die Frage einer anderweiten Ersatzmöglichkeit noch offen ist, darf das Gericht einem Amtshaftungsanspruch wegen fahrlässigen Handelns nicht stattgeben und darf andererseits die Klage ohne abschließende Entscheidung darüber, ob der Kläger auf andere Weise Ersatz erlangen kann, nicht abweisen, wenn der unterbreitete Sachverhalt eine solche Entscheidung ermöglicht (BGH VersR 1964, 388). Daraus folgt, daß wenn die Amtshaftungsklage mit der Klage gegen einen anderen Ersatzpflichtigen verbunden wird, die Amtshaftungsklage nicht deshalb durch Teilurteil abgewiesen werden kann, weil die Ersatzpflicht des anderen noch nicht entscheidungsreif ist (BGH VersR 1958, 451; BayObLGZ 1964, 416, 427; KG VersR 1968, 1067). Ist ein Beamter (bzw die für ihn haftende Körperschaft) wegen einer Amtspflichtverletzung nach § 839 BGB auf Leistung von Schadensersatz **allein** verklagt, so kann allerdings, wenn eine anderweitige Ersatzmöglichkeit nicht auszuschließen ist, die Klage als (derzeit) unbegründet abgewiesen werden (s dazu ausführlich Rn 310). Wird aber die Amtshaftungsklage wegen desselben

Schadens mit der Klage gegen einen anderen verbunden, und ist die Frage, ob diesen eine Ersatzpflicht trifft, noch nicht entscheidungsreif, dann darf die Amtshaftungsklage nicht mit dem Hinweis auf die noch nicht geklärte Ersatzpflicht des (einfachen) Streitgenossen durch Teilurteil abgewiesen werden, weil die Entscheidung hierüber für den durch Teilurteil entschiedenen Amtshaftungsanspruch präjudiziell ist (BGHZ 120, 376, 380; s auch BGH NJW 1999, 1035). Erst wenn der Kläger den Negativbeweis nicht antritt oder dieser mißlingt, kann das Gericht die Klage mit der Begründung abweisen, der Kläger sei dafür beweisfällig geblieben, daß er sich nicht bei dem anderen für seinen Schaden erholen könne (vgl BGH VersR 1961, 653; 1964, 387; LM § 839 E Nr 6).

e) Der dem Kläger im Amtshaftungsprozeß obliegende Beweis geht inhaltlich **305** nicht dahin, daß ein Ersatzanspruch gegen einen Dritten nicht besteht, sondern nur dahin, daß sich ein Ersatzanspruch nicht nachweisen läßt. Verlangt zB der A Schadensersatz vom Fiskus und wendet der Beklagte ein, ein Dritter (C) habe den Schaden schuldhaft mitverursacht, so muß A zur Ausräumung der Möglichkeit anderweiten Ersatzes nicht beweisen, daß den C kein Verschulden trifft; es genügt, wenn sich ein Verschulden des C nicht nachweisen läßt und deshalb seine Inanspruchnahme keine Aussicht auf Erfolg bietet (BGH VersR 1958, 886; 1959, 353; 1964, 369; vgl auch BGHZ 37, 375). Dies gilt insbesondere, wenn dem A wegen schwieriger Schuldfrage eine Inanspruchnahme des C nicht zuzumuten ist (BGH NJW 1979, 35).

f) Bei dem Negativbeweis darf dem Geschädigten nichts Unmögliches zugemutet **306** werden. Es kann von ihm, wenn sich aus dem Sachverhalt selbst keine Anhaltspunkte für die rechtliche und tatsächliche Möglichkeit anderweitigen Ersatzes ergeben, nicht ein weiterer, abseitige Ersatzmöglichkeiten umfassender Nachweis dieser negativen Klage begründenden Tatsache verlangt werden (BGH VersR 1964, 732; 1969, 423; 1978, 252). Der Geschädigte kann sich danach in aller Regel darauf beschränken, die sich aus dem Sachverhalt selbst etwa ergebenden Ersatzmöglichkeiten auszuräumen, und es ist dann Sache des Beklagten, dem Kläger das Vorhandensein anderweiter Ersatzmöglichkeiten nachzuweisen (RGZ 158, 277, 283; HRR 1933 Nr 1321; BGH VersR 1966, 494; 1967, 711; 1969, 423; NJW 1983, 1378; Kreft Rn 506). Dies gilt besonders dann, wenn der Ersatzpflichtige selbst bei dem gegebenen Sachverhalt allein dazu tatsächlich in der Lage ist (RGZ 158, 277, 283; BGH LM § 839 E Nr 6; VersR 1964, 732). Ergibt die Sachlage, daß eine als anderweit ersatzpflichtig in Betracht kommende Person kein greifbares Vermögen besitzt, so ist es Sache des Beklagten, darzutun, daß dennoch Vollstreckungsmöglichkeiten bestehen (RGZ 162, 24, 31; BGH VersR 1962, 953). Es ist also die unsubstantiierte Behauptung des Beklagten, der Dritte besitze Vermögen, bedeutungslos; der Beklagte muß vielmehr konkrete Vollstreckungsmöglichkeiten vortragen (BGH VersR 1966, 494). Zu den Anforderungen an die Darlegung der Unmöglichkeit, anderweiten Ersatz zu erlangen, bei einer rechtswidrigen Baugenehmigung (dort: durch Inanspruchnahme der Baufirma wegen Planungsfehlers) s BGH NJW 2002, 1266.

g) Bestand eine Ersatzmöglichkeit vor der Klageerhebung, ist sie aber bei Klage- **307** erhebung nicht mehr vorhanden, so muß der Geschädigte nachweisen, daß er die frühere Ersatzmöglichkeit nicht schuldhaft versäumt hat (RGZ 86, 286; 100, 128; 126, 362; 139, 349; 145, 56, 69; 161, 109, 117; HRR 1933 Nr 633, 1321; 1934 Nr 1672; BGHZ 37, 380; BGH LM § 839 Fi Nr 5; VersR 1958, 886; 1966, 238; 1978, 252; WM 1965, 290; NJW 2002, 1266; BayObLGZ 1976, 305).

11. Weitere Verfahrensfragen

308 a) Steht die Höhe des Schadens fest, ist aber die Höhe dessen ungewiß, was dem Geschädigten von anderer Seite als Ersatz zufließen wird oder kann, oder kann der Geschädigte seinen künftigen Schaden nicht übersehen und bleibt deshalb unsicher, ob der Schaden durch eine anderweite Ersatzmöglichkeit voll ausgeglichen werden wird, so ist nach der Rechtsprechung des BGH ein **Feststellungsurteil** möglich, das die grundsätzliche Verpflichtung zum Ersatz „aus dem Gesichtspunkt der Amtspflichtverletzung" feststellt; ein solches Urteil läßt in einem nachfolgenden Leistungsprozeß die Berücksichtigung etwas später eingetretener anderer Ersatzmöglichkeiten offen (BGH VersR 1966, 238; 1969, 422). Eine künftige ungewisse anderweitige Ersatzmöglichkeit ist aber weder gegenüber einer Leistungsklage noch gegenüber einer Feststellungsklage zu berücksichtigen, wenn gegenwärtige Ersatzmöglichkeiten anderer Art nicht bestehen (OLG Celle NJW 1964, 1905).

309 b) Wird eine auf fahrlässige Amtspflichtverletzung gestützte Amtshaftungsklage **rechtskräftig** mit der Begründung abgewiesen, daß vor Klageerhebung eine anderweite Ersatzmöglichkeit bestanden habe, aber fortgefallen sei, weil der Geschädigte schuldhaft ihre rechtzeitige Wahrnehmung versäumt habe, oder daß sie zur Zeit der Klageerhebung bestanden habe und ihr Wegfall im Laufe des Amtshaftungsrechtsstreits auf einem Verschulden des Klägers beruhe, so hat ein solches Urteil die gleiche Rechtskraftwirkung wie ein klageabweisendes Urteil, das den Bestand des Klageanspruchs aus anderen materiellrechtlichen Gründen, zB wegen fehlenden Verschuldens des Beamten, wegen fehlendes Schadens usw verneint (BGH NJW 1962, 1862, 1863).

310 c) Anders liegt es dagegen, wenn eine auf fahrlässige Amtspflichtverletzung gestützte Schadensersatzklage deshalb abgewiesen wurde, weil das Gericht eine anderweite Ersatzmöglichkeit als nicht ausgeschlossen oder als bestehend und durchsetzbar ansah und der Geschädigte einen zumutbaren Versuch, auf diesem Wege Ersatz zu erlangen, bisher nicht unternommen habe: Ein solches Urteil hat – gleichgültig ob das Gericht dies ausdrücklich ausspricht oder nicht – nur die Bedeutung, daß die Klage als zur Zeit unbegründet abgewiesen wird (BGHZ 35, 338; 37, 375; VersR 1963, 1169). Die Klageabweisung hat also insoweit lediglich vorläufigen Charakter (BGHR ZPO vor § 1/Rechtsmittel Schlechterstellung 6), vergleichbar etwa dem Fall, daß die Klage abgewiesen wird, weil die eingeklagte Forderung noch nicht fällig sei. Versucht der Geschädigte nunmehr, anderweitig Ersatz zu erlangen, und mißlingt dieser Versuch, so ist die im ersten Verfahren noch fehlende negative Voraussetzung des Amtshaftungsanspruchs nunmehr erfüllt, und dieser neue Tatbestand ermöglicht eine neue Amtshaftungsklage (BGHZ 35, 338, 340; BGHZ 37, 375 = LM § 839 E Nr 12 m Anm Kreft). Es macht dabei keinen Unterschied, ob der Versuch, anderweit Ersatz zu erlangen, aus rechtlichen Gründen (Abweisung der Klage im späteren Verfahren gegen den Dritten, auch wenn sie nur wegen Beweisschwierigkeiten erfolgt) oder aus tatsächlichen Gründen (Mangel an Zugriffsmöglichkeiten) erfolglos ist, ob die Unmöglichkeit, anderweitig Ersatz zu erlangen, schon zur Zeit der ersten Amtshaftungsklage bestand und erst hinterher festgestellt wurde, oder ob sie erst nachträglich (zB durch Verjährung oder durch Vermögensverfall des Dritten) eingetreten ist; maßgeblich ist vielmehr, daß die Unmöglichkeit erst nachträglich zutage getreten ist (BGHZ 37, 375, 377/378). Von dem Standpunkt aus, daß die Abweisung der Amtshaftungsklage wegen Bestehens anderweiter Ersatzmöglichkeiten stets nur eine Abweisung „als zur Zeit unbegründet" darstellt, steht die Rechtskraft des Urteils im ersten Amtshaftungsprozeß einer erneuten Amtshaftungsklage auch dann nicht entgegen, wenn das erste Urteil, selbst über die Frage eines anderweitigen Ersatzanspruchs entscheidend, ausgesprochen hat, daß ein anderer Ersatzanspruch tatsächlich bestehe und durchsetzbar sei, während das Urteil im Verfahren gegen den Dritten aufgrund anderer rechtlicher Betrachtung oder tatsächlicher Würdigung der Beweise die Klage gegen den Dritten abgewiesen hat. Denn wenn die Klage gegen den Dritten zu Unrecht abgewiesen wurde, so ist ein neuer Sachverhalt gegeben, weil die (nach Auffassung des Urteils im ersten Amtshaftungsprozeß) an sich gegebene anderweite Ersatzmöglichkeit durch die rechtskräftige Abweisung im Verfahren gegen den Dritten jetzt undurchsetzbar geworden ist (BGHZ 37, 375, 379; so auch ZEUNER JZ 1962, 496 zu BGHZ 35, 338). Ist dagegen die Klage gegen den Dritten zu Recht abgewiesen worden, so ist das Mißlingen des Versuchs, anderweit Ersatz zu erlangen, eine neue Tatsache, aufgrund deren die negative Anspruchsvoraussetzung des § 839 Abs 1 S 2 nunmehr erfüllt ist (BGHZ 37, 375).

d) Hat die Vorinstanz die Amtshaftungsklage in Anwendung des Verweisungsprivilegs als zur Zeit unbegründet abgewiesen und legt der Kläger hiergegen Rechtsmittel ein, so ist das Rechtsmittelgericht nicht gehindert, dieses Rechtsmittel mit der Begründung zurückzuweisen, daß ein anderes Tatbestandsmerkmal nicht erfüllt sei und dieses Fehlen zum endgültigen Scheitern des Amtshaftungsanspruchs führen müsse. Der Austausch eines vorläufigen Abweisungsgrundes in einen endgültigen ist im Rechtsmittelverfahren möglich, ohne daß darin ein Verstoß gegen das Verbot der reformatio in peius liegt (BGHR ZPO vor § 1/Rechtsmittel Schlechterstellung 6). **311**

12. Fragen aus dem Bereich der Legalzession

a) Soweit anderweiter Ersatz erlangt werden kann, besteht nach § 839 Abs 1 S 2 **312** kein Amtshaftungsanspruch und kann in Fällen, in denen eine Legalzession der Ansprüche des Geschädigten auf den Ersatz leistenden Dritten vorgesehen ist, folglich auch kein gesetzlicher Übergang des Anspruchs aus Amtspflichtverletzung stattfinden. Unrichtig wäre deshalb, wenn ein Sozialversicherungsträger Ersatz leistet, die Tenorierung eines Grundurteils, es werde „der Anspruch auf Schmerzensgeld und Erstattung des (Vermögens-)Schadens dem Grunde nach zu 80% für gerechtfertigt erklärt, jedoch mit der Beschränkung, daß auf den Bruchteil von 80% die Beträge anzurechnen sind, in deren Höhe die Ersatzansprüche des Klägers auf öffentlich-rechtliche Versicherungsträger übergegangen sind". Statt dessen muß es heißen: „... für gerechtfertigt erklärt, soweit nicht ein Sozialversicherungsträger zu gleichartigen Leistungen verpflichtet ist" (BGH VersR 1966, 662; diese Entscheidung ist insoweit überholt, als sie noch davon ausgeht, daß Ansprüche gegen den Sozialversicherungsträger generell „anderweitige Ersatzmöglichkeiten" iSd § 839 Abs 1 S 2 seien).

b) Wird ein Beamter durch einen Dritten und zugleich durch einen anderen Be- **313** amten im hoheitlichen Bereich verletzt und ist der Dienstherr dem Geschädigten sowohl aus § 839 BGB iVm Art 34 GG wie auch wegen Verletzung der beamtenrechtlichen Fürsorgepflicht durch das von ihm zu vertretende Handeln des Schädigers verpflichtet, so ist der gemäß § 87a BBG, § 52 BRRG übergegangene Anspruch, soweit es sich um die Verletzung der Fürsorgepflicht handelt, beim Ausgleich mit dem dritten Schädiger zu kürzen (BGHZ 43, 178; VersR 1967, 580). Ist § 839 Abs 1 S 2 unanwendbar, weil vorsätzliche Amtspflichtverletzung vorliegt, so kann kraft Legalzession an die Stelle des Geschädigten eine dritte Stelle als anspruchsberechtigt treten. Das gleiche gilt in den Fällen, in denen nach der gewandelten Rechtsprechung das Verweisungsprivileg auch bei fahrlässiger Amtspflichtverletzung nicht durchgreift, sei es weil es von vornherein nicht anwendbar ist, sei es weil bestimmte Leistungen kein „anderweiter Ersatz" sind (s dazu ausführlich Rn 276 ff). Dabei ist zwischen dem Forderungsübergang nach § 116 SGB X (früher § 1542 RVO) auf den Sozialversicherungsträger oder den Träger der Sozialhilfe und dem Rechtsübergang nach § 67 VVG auf den Privatversicherer des Geschädigten zu unterscheiden. Der Rechtsübergang nach § 116 SGB X vollzieht sich dem Grunde nach im Augenblick des Schadensfalles. Dagegen kommt es nach § 67 VVG nicht nur auf die Verpflichtung des Versicherers zur Leistung an den Geschädigten, sondern darauf an, ob er die Versicherungsleistungen tatsächlich auch erbringt. Bevor er leistet, hat er noch keinen Anspruch gegen den schädigenden Beamten oder die nach § 839 BGB iVm Art 34 GG an dessen Stellen haftende Körperschaft, auch nicht einen bedingten. Es besteht vielmehr, wenn mit künftigen Schäden zu rechnen ist, die Versicherungsansprüche auslösen können, zunächst nur ein künftiges Rechtsverhältnis, das den Versicherer nicht berechtigt, gegen den Beamten (die haftende Körperschaft) auf Feststellung der Schadensersatzpflicht hinsichtlich künftiger Versicherungsleistungen zu klagen. Wohl aber ist eine Feststellungsklage des Versicherers gegen den Beamten (die Körperschaft) dahin zulässig, daß der Haftende im Rahmen der zu erbringenden Versicherungsleistungen dem **Geschädigten** Schadensersatz leisten muß, da das festzustellende Rechtsverhältnis nicht unmittelbar zwischen dem Kläger und dem Beklagten zu bestehen braucht (BGH VersR 1966, 876).

XI. Spruchrichterprivileg – Richterspruchprivileg (§ 839 Abs 2 BGB)

314 KARL SCHÄFERS Kommentierung des § 839 Abs 2 BGB in der Vorauflage ist in ihrem wesentlichen Kern bis heute aktuell geblieben. Ich habe sie daher mit einigen Ergänzungen und Kürzungen übernommen; letztere betreffen vor allem die ausführliche Darstellung der Wandlungen im Verfahrensrecht und deren Bedeutung für die Auslegung des § 839 Abs 2 (STAUDINGER/SCHÄFER[12] Rn 436 bis 444), der mE heute nur mehr ein historisches Interesse zukommt.

1. Funktion des Richterprivilegs

315 Von dem Grundsatz des § 839 Abs 1 S 1, daß jede schuldhafte Verletzung der einem „Beamten" einem Dritten gegenüber obliegenden Amtspflichten zum Schadensersatz verpflichtet, macht § 839 Abs 2 S 1 eine Ausnahme zugunsten des sogenannten Spruchrichters: Erfolgt die Amtspflichtverletzung „bei dem Urteil in einer Rechtssache", so tritt die Haftung nur ein, wenn die Pflichtverletzung „in einer Straftat besteht".

316 a) Daß damit, von seltensten Ausnahmefällen abgesehen, die Tätigkeit des „Spruchrichters" „bei dem Urteil in einer Rechtssache" einer Nachprüfung im Amtshaftungsprozeß entzogen ist, wird gemeinhin als „Richterprivileg" bezeichnet. Die abkürzende Umschreibung des Inhalts des § 839 Abs 2 S 1 ist aber insofern mißverständlich, als sie den Eindruck zu erwecken geeignet sein könnte, es sollte dem Richter um seiner Tätigkeit willen – etwa zum Schutz der richterlichen Unabhängigkeit, oder weil er in besonderem Maß Irrtümern ausgesetzt wäre – eine Sonderstellung im Sinne einer Vergünstigung gegenüber anderen Amtsträgern eingeräumt werden. Allerdings wird das „Richterprivileg" vielfach mit dem Schutz der richterlichen Unabhängigkeit in Verbindung gebracht (vgl dazu LEIPOLD JZ 1967, 737, 739). Dieser Schutz bildet aber – entgegen zum Teil im Schrifttum vertretenen Auffassungen (Nachweise bei KREFT Rn 514) – nicht die alleinige Rechtfertigung des „Richterprivilegs". Nach BGHZ 50, 14, 19 f = NJW 1968, 989 dient § 839 Abs 2 **auch** dem Schutz der richterlichen Unabhängigkeit: Der Richter soll im Interesse seiner inneren Freiheit und Unbefangenheit nicht befürchten müssen, daß sein Verhalten ihm als Fehlverhalten angelastet und zur Grundlage eines Ersatzanspruchs gemacht würde. Auf dieser Linie liegt es, daß bei richterlichen Amtspflichtverletzungen **außerhalb** des Anwendungsbereichs des § 839 Abs 2 BGB der Verfassungsgrundsatz der richterlichen Unabhängigkeit zu beachten ist. Soweit in solchen Fällen im Amtshaftungsprozeß darüber zu befinden ist, ob ein Richter bei der Rechtsanwendung und Gesetzesauslegung schuldhaft amtspflichtwidrig gehandelt hat, kann dem Richter in diesem Bereich ein Schuldvorwurf nur bei besonders groben Verstößen gemacht werden (BGHR BGB § 839 Abs 2 Richter 1 mwN; OLG Frankfurt NJW 2001, 3270; inhaltlich läuft das auf eine Haftung für Vorsatz oder grobe Fahrlässigkeit hinaus).

b) Indessen müßte dieser Gesichtspunkt, wäre er **allein** maßgebend, folgerichtig **317** dazu führen, daß **jede** unter richterlicher Unabhängigkeit ausgeübte richterliche Tätigkeit unter das „Richterprivileg" fiele; der Gesetzgeber hat aber lediglich den „Spruchrichter" privilegiert (so schon RGZ 116, 91). Der entscheidende (vom BGH in BGHZ 50, 14, 19 f auch verwertete) innere Rechtfertigungsgrund des § 839 Abs 2 ist vielmehr der: Es soll verhindert werden, daß eine Rechtskraftwirkung, die bei gleichbleibender Sachlage eine erneute Befassung mit der Sache ausschließt (BGHZ 51, 326 = NJW 1969, 876), dadurch umgangen wird, daß durch Erhebung einer Amtshaftungsklage das Urteil und das Verhalten der Richter „bei dem Urteil" zum Gegenstand der Nachprüfung in einem anderen Verfahren gemacht werden, ohne daß die engen Voraussetzungen erfüllt sind, unter denen die Verfahrensvorschriften die Wiederaufrollung eines rechtskräftig abgeschlossenen Verfahrens zulassen. Indem § 839 Abs 2 S 1 solche Umgehungsmöglichkeiten ausschließt, dient die Vorschrift, nicht anders als die Enge der Voraussetzungen für die Wiederaufnahme eines rechtskräftig abgeschlossenen Verfahrens, primär der Rechtssicherheit und der Erhaltung des durch das Urteil geschaffenen Rechtsfriedens (so auch deutlich BGHZ 57, 33, 45 und im Schrifttum die ganz überwiegend vertretene Auffassung, zB STEFFEN DRiZ 1968, 273; LEIPOLD JZ 1967, 737, 739; KÖNDGEN JZ 1979, 246, 248; KREFT Rn 514; PAPIER Rn 319; SOERGEL/VINKE Rn 222). Der Schutz der richterlichen Unabhängigkeit stellt mithin in diesem Bereich nur eine Nebenwirkung dar, und es wäre, wie dies auch schon vorgeschlagen worden ist, richtiger, statt von einem „Spruchrichterprivileg" von einem „Richterspruchprivileg" zu sprechen.

c) Die dem § 839 Abs 2 S 1 zugrundeliegenden Erwägungen führen dazu, das **318** „Richterprivileg" auch auf Enteignungs- und Aufopferungsansprüche auszudehnen, die richterliche Maßnahmen „bei dem Urteil in einer Rechtssache" zur Grundlage haben (BGHZ 50, 14), und weitgehend auch auf die beamtenrechtliche Haftung des Richters gegenüber seinem Dienstherrn in den Fällen, in denen der Dienstherr „wie ein Dritter" durch die richterliche Maßnahme geschädigt worden ist, zB als Prozeßpartei durch eine nachteilige Entscheidung (vgl PENTZ DÖV 1958, 496; STEFFEN DRiZ 1968, 237, 239).

2. Begriff der Pflichtverletzung, die in einer Straftat besteht

319 Nach den Vorschriften der Prozeßgesetze findet eine **Wiederaufnahme** eines durch rechtskräftiges Urteil abgeschlossenen Verfahrens unter anderem statt, wenn bei dem Urteil ein Richter mitgewirkt hat, „der sich in Beziehung auf die Sache (oder „auf den Rechtsstreit") einer strafbaren Verletzung seiner Amtspflichten schuldig gemacht hat" (s insbesondere § 580 Nr 5 ZPO und § 359 Nr 3 StPO). Diese Vereinheitlichung des Wortlauts der Verfahrensvorschriften beruht auf dem EGStGB vom 2.3.1974 (BGBl I 469). Durch dieses Gesetz erhielt auch § 839 Abs 2 S 1 seine jetzige Fassung; bis dahin sprach die Vorschrift von einer Pflichtverletzung, die „mit einer im Wege des gerichtlichen Strafverfahrens zu verhängenden öffentlichen Strafe bedroht ist".

320 a) § 839 Abs 2 S 1 knüpft schon nach seinem neuen Wortlaut an die vorgenannten Verfahrensvorschriften an. Sowohl in diesen Vorschriften als auch in § 839 Abs 2 S 1 sind als „in einer Straftat bestehende" oder als „strafbare" Amtspflichtverletzungen nur solche anzusehen, die im StGB mit Kriminalstrafe bedroht sind; reine Disziplinarverfehlungen scheiden aus. Praktisch kommen nur Straftaten nach §§ 331 Abs 2, 332 Abs 2, 3, 339 StGB („Richterbestechung" und Rechtsbeugung) in Betracht. Auch strafbare Beleidigungen, die der Richter „bei dem Urteil", etwa gegenüber dem Angeklagten oder einer Prozeßpartei, begeht, einzubeziehen, widerspricht – gegen BGHZ 50, 14, 16 – dem Sinn der Vorschrift: Gedacht ist hier offenbar nur an solche strafbaren Amtspflichtverletzungen, die auf das Urteil einwirken oder einwirken können. Dabei ist zu berücksichtigen, daß zum Vorsatz der Rechtsbeugung (§ 339 StGB) das Bewußtsein gehört, das Recht zugunsten oder zuungunsten einer Partei zu beugen, und daß nach der Neufassung des früheren § 336 durch Art 19 Nr 188 EGStGB 1974 – abweichend vom früheren Recht – auch bedingter Vorsatz ausreicht. Die Vorschrift des § 339 StGB betrifft im übrigen nicht jede unrichtige Rechtsanwendung, sondern die Beugung des Rechts. Zweck der Vorschrift ist es, den Rechtsbruch als elementaren Verstoß gegen die Rechtspflege unter Strafe zu stellen; daß die Rechtsbeugung nach dem Recht der Bundesrepublik Deutschland ein Verbrechen ist, indiziert die Schwere des Unwerturteils. Rechtsbeugung begeht deshalb nur der Amtsträger, der sich bewußt in schwerwiegender Weise vom Gesetz entfernt und sein Handeln als Organ des Staates statt an Recht und Gesetz an seinen eigenen Maßstäben ausrichtet (BGHSt 38, 381, 383; 40, 169, 178; 41, 247, 251; 43, 183, 190). Das muß auch für die zivilrechtliche Haftung gelten, wenn ein Amtshaftungsprozeß auf die Behauptung gestützt wird, ein Richter, der beim Erlaß eines rechtskräftig gewordenen Urteils mitwirkte, habe sich der Rechtsbeugung schuldig gemacht. Denn der Zweck des § 839 Abs 2 S 1, rechtskräftige Urteile der Nachprüfung im Amtshaftungsprozeß im Interesse des Rechtsfriedens und der Rechtssicherheit grundsätzlich zu entziehen, verlangt substantiierte Darlegungen, daß der Richter entweder gegen seine Rechtsüberzeugung (Steffen DRiZ 1969, 45) oder unter billigender Inkaufnahme der Unvertretbarkeit der von ihm geäußerten Rechtsüberzeugung gehandelt habe.

321 b) Für die Geltendmachung von Amtshaftungsansprüchen genügt, daß der Tatbestand der Richterbestechung oder Rechtsbeugung nach der objektiven und subjektiven Seite erfüllt ist; es braucht nicht zu einem Strafverfahren gekommen zu sein. Die diesbezüglichen Beschränkungen für die Wiederaufnahme des Verfahrens (§ 581 ZPO und § 364 StPO) gelten im Amtshaftungsprozeß also nicht.

3. Zur Abgrenzung der Begriffe „Beamter" und „Urteil in einer Rechtssache"

a) Die Entstehungsgeschichte des Absatzes 2 belegt, daß der historische Gesetzgeber unter „Urteilen" nur solche in einem Rechtsstreit (einer „Rechtssache") ergangenen behördlichen Entscheidungen verstanden hat, die nach gesetzlicher Vorschrift unter der technischen Bezeichnung „Urteil" zu ergehen hatten (einschließlich der Ausschlußurteile nach §§ 952 ff ZPO). Als „Urteil" bezeichnete der Antragsteller im Reichstag (vgl MUGDAN 1397, 1402, 1409) „diejenigen Entscheidungen, durch welche das Prozeßrechtsverhältnis für die Instanz beendet wird, also bei Strafsachen die Endurteile, bei Zivilsachen auch noch die Zwischenurteile und die Teilurteile". Maßgeblich war dabei die Erwägung, daß diese Urteile der materiellen Rechtskraft fähig sind. Zur Abhilfe gegen Fehler und Versagen der „Beamten" sollten zunächst die zulässigen Rechtsmittel dienen; nach Eintritt der Rechtskraft, die grundsätzlich alle Fehler „heilt", sollte grundsätzlich nur die Wiederaufnahme des Verfahrens zur Verfügung stehen und die Nachprüfung in einem Amtshaftungsprozeß auf den extremen Fall der Rechtsbeugung oder Richterbestechung beschränkt werden. Entscheidungen, die nach den für die Rechtssache maßgebenden Verfahrensvorschriften keine Urteile im technischen Sinne waren, sollten nicht in den Anwendungsbereich des Absatzes 2 fallen (vgl auch PLANCK/GREIFF BGB [4. Aufl 1928] § 839 Nr 6 mwN aus der zeitgenössischen Rechtsliteratur).

b) „Urteile" in diesem technischen Sinne konnten **nach der damaligen Gesetzeslage** nicht nur die staatlichen Organe, die die Bezeichnung „Gericht" trugen, fällen; „Urteile in Rechtssachen" im Sinne des § 839 Abs 2 waren vielmehr zB auch die in der seinerzeitigen RVO als „Urteil" bezeichneten Entscheidungen im Spruchverfahren des Spruchausschusses beim Versicherungsamt und die Rechtsmittelentscheidungen des Ober- und Reichsversicherungsamts, in der Knappschaftsversicherung nach dem Reichsknappschaftsgesetz die im Rechtsmittelzug ergehenden „Urteile" des Knappschaftsoberversicherungsamts und des Reichsversicherungsamts.

c) Für die Auslegung der Begriffe „Beamter" und „Urteil in einer Rechtssache" müssen angesichts der seit der Schaffung der Vorschrift eingetretenen Veränderung der Rechtslage folgende Überlegungen maßgebend sein: Die rechtsprechende Gewalt ist nach Art 92 GG bei den Gerichten monopolisiert. Organe der vollziehenden Gewalt können in „Rechtssachen" keine abschließenden Entscheidungen treffen, die der richterlichen Nachprüfung entzogen wären, denn nach Art 19 Abs 4 GG unterliegen grundsätzlich alle Maßnahmen der öffentlichen Gewalt, wenn der dadurch Betroffene sich in seinen Rechten verletzt glaubt, der Nachprüfung im Rechtswege. Aus dem Zweck des § 839 Abs 2, „Urteile in Rechtssachen", die nach Erschöpfung der gesetzlichen Anfechtungsmöglichkeiten rechtskräftig geworden sind (vom Fall der „Bestechung" und Rechtsbeugung abgesehen), einer richterlichen Nachprüfung nach der Richtung zu entziehen, ob eine schadenverursachende Amtspflichtverletzung vorliegt, ergibt sich, daß unter „Beamten" nur Richter der staatlichen Gerichte bei Ausübung der Rechtsprechung zu verstehen sind (BGHZ 10, 57; BGH NJW 1962, 1500; VersR 1966, 1053). Ein staatliches Gericht ist ein von der Staatsgewalt eingesetztes Organ, das dazu berufen ist, einen Rechtsstreit, dh einen Streit um geltend gemachtes oder bestrittenes Recht oder eine Straf-, Dienststraf-, Anwalts- oder Berufsgerichtssache unter Anwendung des Gesetzes in einem gesetzlich geregelten Verfahren durch unparteiische, dh unbeteiligte, vom Staat ernannte, unter richterlicher Unabhängigkeit handelnde und mit einem Mindestmaß von Garantien für die persönliche Unabhängigkeit ausgestattete Dritte zu entscheiden (BVerfG NJW 1955, 18; 1956, 137; 1962, 1611; MDR 1965, 544; BGH VersR 1966, 1053; NJW 1969, 876).

325 d)   Zu den „Beamten", die bei dem Urteil „in einer Rechtssache" mitwirken, gehören nicht nur die Berufsrichter, dh die Richter auf Lebenszeit, auf Zeit, auf Probe oder kraft Auftrags (§ 8 DRiG), sondern nach der Legaldefinition des Begriffs „Richter" in § 11 Abs 1 Nr 3 StGB die entsprechend gesetzlicher Vorschrift bei dem „Urteil" mitwirkenden ehrenamtlichen Richter (die Schöffen und Handelsrichter im Sinne des GVG sowie die im Bereich der Arbeits-, allgemeinen und besonderen Verwaltungsgerichtsbarkeit und bei sonstigen Gerichten nach gesetzlicher Vorschrift neben Berufsrichtern mitwirkenden ehrenamtlichen Richter). Denn die rechtsprechende Gewalt wird nach § 1 DRiG durch Berufsrichter und durch ehrenamtliche Richter ausgeübt, und diese wirken bei den „Urteilen" mit gleichen Rechten und Pflichten und in richterlicher Unabhängigkeit wie die Berufsrichter mit (§ 45 DRiG; vgl zB KREFT Rn 516 und bezüglich der Schöffen RG JW 1924, 192).

326 e)   Andere vom Staat eingesetzte oder mit staatlicher Ermächtigung tätige Organe, die nicht den vorgenannten Anforderungen an die Eigenschaft als Gericht und Richter entsprechen, sind auch dann nicht im Sinne des § 839 Abs 2 „Beamte" und ihre Entscheidungen nicht „Urteile in einer Rechtssache", wenn sie über geltend gemachte Rechtsansprüche in einem durch Rechtsvorschriften geordneten Verfahren und – entsprechend dem Grundsatz der Gesetzmäßigkeit der Verwaltung – unter Bindung an Gesetz und Recht und frei von Weisungen entscheiden und solche Entscheidungen bei Nichtanfechtung mit den vorgesehenen Rechtsbehelfen der Rechtskraft fähig und Vollstreckungstitel sind. Hier handelt es sich vielmehr um Verwaltungsentscheidungen der Exekutive, die unter § 839 Abs 1 fallen. Das gilt auch dann, wenn Entscheidungen nichtrichterlicher Behörden in einem den Vorschriften der ZPO oder StPO oder einer anderen gerichtlichen Verfahrensordnung angenäherten Verfahren (wie zB im förmlichen Verwaltungsverfahren nach § 63 ff VwVfG) ergehen (RG JW 1928, 2534; BGHZ 10, 55, 57 = NJW 1953, 1298; BGH NJW 1962, 1500; OLG Schleswig NJW 1958, 2019). Nicht unter § 839 Abs 2 fallen daher die Vorbescheide der Gemeindebehörden, durch die nach Maßgabe der landesrechtlichen Ausführungsbestimmungen zum Bundesjagdgesetz (vgl zB § 34 HessAusfG zum BJagdG in der Fassung vom 24. 5. 1968 HessGVBl I 286) der Umfang des Wildschadens – vorbehaltlich der Anrufung des ordentlichen Gerichts – festgesetzt wird (unzutreffend OLG Frankfurt als Vorinstanz in dem der Entscheidung BGH VersR 1962, 443 zugrundeliegenden Fall). Ebensowenig gilt § 839 Abs 2 für Bußgeldbescheide der Verwaltungsbehörden nach Maßgabe des OWiG, durch die Geldbußen und andere Nebenfolgen wegen Ordnungswidrigkeiten festgesetzt werden und die in Rechtskraft erwachsen und Vollstreckungstitel bilden, wenn der Betroffene nicht fristgemäß durch Einspruch die Nachprüfung durch den Strafrichter herbeiführt.

4.   „Urteile" und „urteilsvertretende Entscheidungen"

327 Rechtssachen sind alle dem Gericht unterbreiteten Angelegenheiten, die Gegenstand einer Entscheidung des Gerichts in Ausübung der rechtsprechenden Gewalt sind (Gegensatz: Justizverwaltungsaufgaben, deren Erledigung nicht unter § 839 Abs 2 fällt).

a) Das Reichsgericht hat im Anschluß an die parlamentarischen Erörterungen (s Rn 322) grundsätzlich als Urteile nur solche Entscheidungen angesehen, die aufgrund obligatorischer mündlicher Verhandlung ergehen, den Rechtsstreit für die Instanz ganz oder teilweise beenden (End-, Teil- und Zwischenurteile), und die in den Prozeßordnungen als „Urteil" bezeichnet werden, einschließlich der Versäumnis- und Anerkenntnisurteile. Eine ausdehnende Auslegung dieses Begriffs wurde als nach Wortlaut und Entstehungsgeschichte der Vorschrift ausgeschlossen bezeichnet (vgl RGZ 62, 367, 369; 89, 14; 116, 90; 156, 44; 170, 333, 338). Eine Ausnahme sollte nur für solche Entscheidungen gelten, die zwar nach der Prozeßordnung nicht unter der Bezeichnung als Urteil ergehen, die aber ihrem Wesen nach Bestandteile des Urteils seien wie der gemäß § 319 ZPO erlassene Beschluß auf Berichtigung eines Urteils (RGZ 90, 228; PLANCK/GREIFF § 839 Nr 6).

b) Der Bundesgerichtshof stellt – im Gegensatz zum Reichsgericht – nicht mehr **328** auf die formale Bezeichnung der Entscheidung als „Urteil" ab; er zieht mit Recht dem Begriff des „Urteils" im Sinne des § 839 Abs 2 S 1 weitere Grenzen. „Urteile" sind danach auch alle diejenigen in Beschlußform ergehenden Entscheidungen, die „urteilsvertretende Erkenntnisse" darstellen (BGHZ 10, 55, 60; 13, 144; 36, 379, 384; 57, 33, 45; 64, 347; aus dem Schrifttum zustimmend zB: KREFT Rn 520; PAPIER Rn 321; SOERGEL/VINKE Rn 224). Das sind Entscheidungen, die (a) in einem Erkenntnisverfahren, dh einem Verfahren über den Bestand von Rechten, das Prozeßverhältnis abschließen oder wenigstens die Instanz beenden, und zwar unter Selbstbindung des Gerichts, so daß sie also nicht nur formeller, sondern auch materieller Rechtskraft fähig sind; (b) ferner einem Urteil im technischen Sinne in allen wesentlichen Voraussetzungen – Gewährung des rechtlichen Gehörs, gegebenenfalls Erhebung von Beweisen, Begründung des Spruchs – gleichzusetzen sind (BGHZ 36, 379; BGH JZ 1962, 59; BGH NJW 1964, 2402; BGHZ 46, 106; 50, 14; 57, 33, 45; 64, 347). Im Sinne der Rechtsprechung des BGH bezeichnete auch § 5 Abs 1 S 1 des (vom BVerfG wegen fehlender Gesetzgebungskompetenz des Bundes für verfassungswidrig erklärten) Staatshaftungsgesetzes vom 26.6.1981 als Gegenstand des „Spruchrichterprivilegs" eine solche „Entscheidung der rechtsprechenden Gewalt, die ein gerichtliches Verfahren mit bindender Wirkung beenden soll" oder „eine gerichtliche Maßnahme, durch die die Grundlagen der Entscheidung gewonnen werden sollen".

c) Beispiele für die Anerkennung als „urteilsvertretende Erkenntnisse": **329**

Im Bereich der **Zivilprozeßordnung:** Die gemäß § 91a ZPO ergehende isolierte Entscheidung über die Kosten des von den Parteien in der Hauptsache für erledigt erklärten Rechtsstreits, weil die Kostenentscheidung grundsätzlich gemäß § 308 Abs 2 ZPO einen Bestandteil des Urteils bildet (BGHZ 13, 142; 21, 298, 300; JZ 1962, 59). Der im früheren Entmündigungsverfahren die Entmündigung wegen Geistesschwäche aussprechende oder ablehnende Beschluß nach § 645 ZPO aF (BGHZ 46, 106); Entsprechendes gilt für die Anordnung einer Betreuung nach § 1896 BGB nF (COEPPICUS NJW 1996, 1947). Die die Berufung oder die Revision als unzulässig verwerfenden Beschlüsse nach §§ 519b Abs 2, 554a Abs 2 ZPO aF; die Nichtannahmebeschlüsse nach § 554b Abs 3 ZPO aF. Nach neuem Verfahrensrecht: Die die Berufung durch einstimmigen Beschluß zurückweisenden Beschlüsse nach § 522 Abs 2 ZPO nF. Die die Nichtzulassungsbeschwerde zurückweisenden Beschlüsse des Revisionsgerichts nach § 544 Abs 4 ZPO nF.

330 Im Verfahren nach der **Verwaltungsgerichtsordnung**: Der Gerichtsbescheid nach § 84 VwGO.

Im Verfahren über die Verfassungsbeschwerde: Die Kammerbeschlüsse nach §§ 93b und 93c BVerfGG (vgl für die Entscheidungen der früheren Richterausschüsse: BGH NJW 1966, 246).

331 Im Bereich der **Strafprozeßordnung** sind „Urteile" die Verwerfungsbeschlüsse des Revisionsgerichts nach § 349 StPO (BGH VersR 1966, 388), die Beschlüsse, durch die die Eröffnung des Hauptverfahrens abgelehnt oder die Privatklage zurückgewiesen wird (BGHZ 51, 326 [im Hinblick auf die Konsumtionswirkung solcher Beschlüsse nach § 211 StPO]); Beschlüsse über die Tragung der notwendigen Auslagen des Verfahrens nach § 464 StPO und über die Entschädigung für Strafverfolgungsmaßnahmen nach § 6 StrEG (BGHZ 57, 33, 45); Einstellungsbeschlüsse nach § 153 Abs 2 StPO (BGHZ 64, 347).

332 Daß auch im Verfahren nach der **freiwilligen Gerichtsbarkeit** urteilsvertretende Beschlüsse, also Urteile im Sinne des § 839 Abs 2 möglich sind, hat BGHZ 36, 379 unter Aufgabe der noch von BGH NJW 1956, 1716; JZ 1962, 59 vertretenen gegenteiligen Auffassung mit Recht anerkannt. Dem steht nicht entgegen, daß in dem Verfahren nach dem FGG (grundsätzlich) eine mündliche Verhandlung nicht vorgeschrieben ist. Auch die neuere Prozeßgesetzgebung (vgl § 128 ZPO, § 101 VwGO) läßt Entscheidungen unter der Bezeichnung „Urteil" zu, ohne daß eine mündliche Verhandlung vorangegangen ist; den erforderlichen Ausgleich bringt der allgemein geltende Anhörungsgrundsatz. Allerdings deutet, wenn ein Verfahren sich nach den Vorschriften des FGG richtet, der erste Anschein darauf hin, daß es sich bei der Entscheidung nicht um ein urteilsvertretendes Erkenntnis handelt. Für die Beurteilung, ob ein urteilsvertretender Beschluß vorliegt, sind stets der materielle Gehalt des Streitgegenstandes und die materielle Bedeutung der Entscheidung maßgeblich. Eine urteilsvertretende Entscheidung ist anzunehmen, wenn nach Sinn und Zweck der Regelung eine jederzeitige erneute Befassung des Gerichts (von Amts wegen oder auf Antrag eines Beteiligten) mit der formell rechtskräftig entschiedenen Sache ausgeschlossen ist, die Entscheidung vielmehr eine Sperrwirkung in dem Sinne entfaltet, daß eine erneute Befassung nur unter entsprechenden Voraussetzungen in Betracht kommt wie bei einer rechtskräftig durch Urteil abgeschlossenen Sache (dh wenn die Voraussetzungen einer Wiederaufnahme des Verfahrens vorliegen), oder wenn eine wesentliche Veränderung des Sachverhalts eintritt, die nach besonderer gesetzlicher Vorschrift eine erneute Entscheidung rechtfertigt.

333 d) Beispiele für die Verneinung eines urteilsvertretenden Erkenntnisses: Keine Urteile im Sinne des § 839 Abs 2 sind – von lediglich prozeßleitenden Verfügungen ganz abgesehen – die in Beschlußform ergehenden Entscheidungen, die der die Instanz im Erkenntnisverfahren abschließenden Entscheidung vorausgehen oder als sogenannte Nachtragsentscheidungen nachfolgen. Dies gilt zB für die Beschlüsse im Streitwertfestsetzungsverfahren nach §§ 8 ff ZPO, § 24 GKG, § 9 Abs 2 BRAGO (vgl BGHZ 36, 144, 146; BGH VersR 1964, 146). Es gilt aber auch für die im Kosten- oder Auslagenfestsetzungsverfahren (§§ 104 ff ZPO, § 464b StPO) ergehenden gerichtlichen Entscheidungen. Denn sie konkretisieren zwar die im Urteil (oder in einem urteilsvertretenden Beschluß) getroffene Entscheidung über die Kostentragungs- oder Auslagenerstattungspflicht, jedoch ist dieses Verhältnis nicht mit dem eines

Betrags- zum Grundurteil zu vergleichen (BGH NJW 1962, 36 und hierzu: KREFT LM § 839 G Nr 7).

Entscheidungen im Prozeßkostenhilfeverfahren, insbesondere Beschlüsse, durch die ein Prozeßkostenhilfegesuch zurückgewiesen wird (OLG Frankfurt NJW 2001, 3270).

Keine „Urteile" sind ferner der Haft- oder Unterbringungsbefehl nach §§ 112 ff, 126a **334** StPO (RGZ 62, 367; 89, 14; BGHZ 27, 338, 346; vgl ferner BGHZ 122, 268, 271) sowie der Beschluß über die vorläufige Entziehung der Fahrerlaubnis nach § 111a StPO (BGH NJW 1964, 2402). Denn bei diesen Maßnahmen handelt es sich, nicht anders als etwa bei Beschlagnahme- und Durchsuchungsbeschlüssen (§§ 98, 105 StPO) nur um vorläufige, jederzeit abzuändernde Sicherungsmaßregeln des Gerichts (BGH NJW 1964, 2402). Auch die im Zuge der Zwangs- oder Strafvollstreckung erforderlichen Entscheidungen (§ 793 ZPO, § 462 StPO) sind grundsätzlich keine „Urteile" (BGHZ 36, 379), soweit nicht, wie nach §§ 767, 771 ZPO, neue Erkenntnisverfahren erforderlich werden.

Da es sich bei dem Konkurs (jetzt: Insolvenzverfahren) um eine Generalexekution **335** handelt, sind (wie bei der Singularzwangsvollstreckung) auch die im Konkursverfahren (jetzt: Insolvenzverfahren) ergehenden Entscheidungen (§ 73 KO, § 5 InsO) keine „Urteile" (BGHZ 32, 208).

Wegen weiterer Einzelheiten wird auf den Abschnitt „Rechtspflege" (Rn 624 ff) verwiesen.

e) Offene und zweifelhafte Fälle: Auch nach dem vorstehend dargestellten Wan- **336** del der Rechtsprechung bleiben noch manche Zweifelsfragen offen. Das liegt in der Natur der Sache. Denn immer, wenn eine zwar eindeutige, aber formale Grenzziehung durch eine materielle Grenze ersetzt werden soll, wird zwar der „Schmerz der Grenze" beseitigt, aber um den Preis neuer Zweifel über den Grenzverlauf im einzelnen. So fragt sich zB, ob es wirklich – wie BGHZ 10, 55, 60 und KREFT Rn 522 im Anschluß an RG WarnR 1930 Nr 159 meinen – noch gerechtfertigt ist, bei **Arresten und einstweiligen Verfügungen** einen Unterschied zu machen, je nachdem ob diese Maßnahmen durch Beschluß oder durch Urteil angeordnet sind. Allerdings beendet ein Beschluß die Instanz insofern nicht, als auf Widerspruch des Betroffenen das Verfahren in der Instanz seinen Fortgang nimmt. Aber auch ein Versäumnisurteil – anerkanntermaßen ein Urteil im Sinne des § 839 Abs 2 – ist insofern nicht instanzbeendend, als der – freilich im Gegensatz zum Widerspruch fristgebundene – Einspruch zur Weiterführung des Verfahrens in der Instanz führt. Andererseits unterliegt auch ein (anordnendes oder bestätigendes) **Urteil** im weit stärkeren Maße als andere Urteile der Abänderung (§§ 927, 936 ZPO) und bei strenger Durchführung des Gedankens, daß die materielle Rechtskraftwirkung, die endgültig streiterledigende Bedeutung des Spruchs den inneren Rechtfertigungsgrund des „Richterprivilegs" bilde, müßte es folgerichtig von der Einbeziehung in § 839 Abs 2 S 1 ausgeschlossen bleiben (so in der Tat LEIPOLD JZ 1967, 737, 740). Zieht man diese Folgerung aber nicht und berücksichtigt man, daß heute bei Unterlassungsbegehren in weitestem Umfang die prozessuale Durchsetzung nur im Wege der einstweiligen Verfügung erfolgt und der Verfügungsgegner in einem großen Teil der Fälle widerspruchslos die durch Beschluß angeordnete einstweilige Verfügung hinnimmt, diese alsdann tatsächlich streitbeendigende Bedeutung besitzt, so spricht vieles dafür, der einstweiligen Verfügung in Beschlußform urteilsvertretende Bedeutung beizumessen. Ähnliches gilt für amtsrichterliche Strafbefehle, mit denen die Masse der Bagatellstraffälle erledigt wird, und die nur in einem verhältnismäßig geringen Teil der Fälle mit Einspruch angegriffen werden, so daß ein Urteil aufgrund einer Hauptverhandlung ergehen muß. Hier kommt hinzu, daß gegen Strafbefehle nach § 373a StPO die Wiederaufnahme des Verfahrens vorgesehen ist. Erst recht müssen als urteilsvertretende Erkenntnisse Beschlüsse in solchen Fällen anerkannt werden, in denen es im Ermessen des Gerichts oder des Betroffenen bzw. der Beteiligten steht, ob die die Instanz abschließende Entscheidung in der Form eines Urteils oder eines Beschlusses getroffen wird; dies läßt sich auch mit der Erwägung begründen, daß die Beteiligten, die von ihrem Recht eine Entscheidung durch Urteil nach vorausgegangener Hauptverhandlung herbeizuführen, keinen Gebrauch machen und sich mit einer Entscheidung durch Beschluß begnügen, im Beschlußverfahren eine gleichgroße Gewähr für einen richtigen Spruch sehen wie in einem Urteilsverfahren.

5. „Bei dem Urteil in einer Rechtssache"

337 a) Die Privilegierung nach § 839 Abs 2 tritt ein, wenn „**bei** dem Urteil" die Pflichtverletzung begangen wird. Durch diese erweiternde Fassung („**bei** einem Urteil", nicht: „**durch** ein Urteil") werden nicht nur sachlich- oder verfahrensrechtliche Mängel erfaßt, die in dem Urteil selbst liegen – wie zB auch unrichtige Bezeichnung der Parteien oder ihrer Vertreter im Urteilskopf (RG SeuffA 86 Nr 179) und unrichtige Angaben im Tatbstand – oder die unmittelbar bei seinem Erlaß begangen werden wie zB der Erlaß eines Versäumnisurteils ohne genügende Prüfung der Klagezustellung oder vor der Terminsstunde (vgl RG JW 1914, 85). Vielmehr ist privilegiert die gesamte Tätigkeit, die Gesamtheit aller Maßnahmen, die objektiv darauf gerichtet sind, die Rechtssache durch Urteil zu entscheiden, dh die Grundlage für die Sachentscheidung zu gewinnen (BGH LM § 839 G Nr 5 und 10; BGH DRiZ 1966, 28; BGHZ 50, 14 = NJW 1968, 989 = JZ 1968, 358 m Anm Leipold 463). An diese Formulierung knüpfte auch § 5 des (vom BVerfG für nichtig erklärten) Staatshaftungsgesetzes 1981 an (so Rn 328). Amtspflichtverletzungen „**bei** dem Urteil" sind also auch dem Urteil vorausgehende Verfahrensfehler, die sich nur im Zusammenhang mit dem Urteil nachteilig für den Betroffenen auswirken können wie zB die Versagung des rechtlichen Gehörs, etwa durch Erlaß der Entscheidung, ohne einen angekündigten Schriftsatz abzuwarten (vgl BGH DRiZ 1966, 28), mangelnde Sachaufklärung – Verletzung des § 139 ZPO – (RG HRR 1933 Nr 651), die Behandlung streitiger Parteibehauptungen als unstreitig, das Übergehen erheblicher Beweisangebote (BGH LM § 839 G Nr 5) oder die Entscheidung über einen Aussetzungsantrag nach § 148 ZPO (BGH VersR 1964, 92). Der einzelne Verfahrensfehler ist also „privilegiert", wenn er nicht als solcher, sondern erst im Zusammenhang mit dem „Urteil" zu einem Eingriff in die Rechtssphäre des Betroffenen führen kann (BGHZ 10, 55, 62; JZ 1962, 59); dies gilt auch dann, wenn es im Einzelfall später nicht zu einem Urteil kommt (RG HRR 1933 Nr 651; BGH LM § 839 G Nr 5). § 839 Abs 2 ist demgemäß zB **unanwendbar** bei Fehlern im Kostenfestsetzungsverfahren, da sich ein solcher Fehler nicht kraft seines Zusammenhangs mit dem Urteil auswirkt, der fehlerhafte Kostenfestsetzungsbeschluß vielmehr ein selbständiger Vollstreckungstitel ist (BGH JZ 1962, 59). Zu den Voraussetzungen einer Amtspflichtverletzung durch vorschriftswidrige Besetzung einer Richterbank vgl BGH MDR 1978, 1006 = LM § 839 Fi Nr 35.

b) Offengelassen hat der BGH, ob das Spruchrichterprivileg – entsprechend einem **338** Vorschlag von HAGEN (NJW 1970, 1017, 1023) – bereits de lege lata für solche Justizschäden einzuschränken ist, die in grob fahrlässig verursachten außergerichtlichen Mehrkosten bestehen (Beschluß vom 25. 1. 1990, unveröffentlicht; mitgeteilt von SCHWAGER/KROHN DVBl 1990, 1077, 1085 Nr 5 mit Fn 77); diese Frage dürfte jedoch eher zu verneinen sein.

c) Ob das fehlerhafte Verhalten „bei einem Urteil" seinen Grund in ethischem **339** oder intellektuellem Versagen hat, ist für die Anwendbarkeit des § 839 Abs 2 ohne Bedeutung (BGH LM § 839 G Nr 5).

d) Das „Richterprivileg" greift nach der Rechtsprechung nicht nur gegenüber **340** Schadensersatzansprüchen der an der Rechtssache Beteiligten, sondern auch dann durch, wenn – ausnahmsweise – ein an der Rechtssache nicht unmittelbar Beteiligter als Geschädigter in Betracht kommt, so zB wenn in einem Strafverfahren der Vorsitzende einen – später auch im Urteil verwerteten – Bericht verliest, der Mitteilungen über bereits getilgte Vorstrafen eines an dem Verfahren nicht Beteiligten enthält (BGHZ 50, 14). Das ist, obwohl dem Nichtbeteiligten die Möglichkeit fehlt, den Auswirkungen solcher Pflichtverletzungen alsbald zu begegnen, doch gerechtfertigt, da es nach dem Zweck des § 839 Abs 2 S 1, im Interesse der Rechtssicherheit und des Rechtsfriedens die Nachprüfung rechtskräftiger Urteile und der richterlichen Maßnahmen „bei dem Urteil" im Amtshaftungsprozeß auszuschließen, nicht darauf ankommen kann, ob der Fehler gegenüber einem Verfahrensbeteiligten oder einem nicht Beteiligten begangen wird (STEFFEN DRiZ 1968, 237, 239; KREFT Rn 525; anderer Meinung: LEIPOLD JZ 1968, 465; MERTEN, in: FS Wengler [1973] II 519, 539). In einem solchen Fall versagen auch Ansprüche des Betroffenen aus Aufopferung oder enteignungsgleichem Eingriff (BGHZ 50, 14).

6. Schiedsrichter, Sachverständige im schiedsrichterlichen Verfahren, Schiedsgutachter

a) Schiedsrichter (§§ 1025 ff ZPO) sind keine „Beamten" im Sinne des § 839 **341** Abs 2, denn sie fällen den Schiedsspruch nicht kraft übertragener staatlicher Gewalt, sondern kraft privaten Auftrags (RGZ 65, 175; RG JW 1933, 217; BGHZ 15, 12). Auch eine **entsprechende** Anwendung des § 839 Abs 2 ist mit der Beschränkung dieser Vorschrift auf den staatlichen Richter unverträglich (BGHZ 15, 12). Indessen muß es als stillschweigend von den Parteien des Schiedsvertrags vereinbart angesehen werden, daß Schiedsrichter aus Vertrag nicht schärfer haften sollen als die Richter staatlicher Gerichte nach § 839 Abs 2. Denn es entspricht der Lebenserfahrung, daß die Beteiligten davon ausgehen werden, schon zur Wahrung ihrer Unabhängigkeit bedürften die Schiedsrichter des besonderen Schutzes gegen eine Inanspruchnahme wegen eines Versehens, das ihnen unterlaufen sollte; ohne einen solchen Haftungsausschluß würden die Schiedsrichter regelmäßig den Auftrag überhaupt nicht annehmen (RGZ 65, 175; RG JW 1927, 1484; BGHZ 15, 12; 42, 313, 317; BGH MDR 1965, 569).

b) Zu den Sachverständigen im schiedsrichterlichen Verfahren s § 839a Rn 8.

c) Ähnliche Erwägungen, wie sie die Beschränkung der Haftung der Schiedsrich- **342** ter und der vom Schiedsgericht beauftragten Sachverständigen rechtfertigen, führen auch beim **Schiedsgutachter** zu einer Beschränkung seiner vertraglichen Haftung:

Diese Haftung ist nach dem Willen der Parteien in der Weise als beschränkt anzusehen, daß Ansprüche gegen ihn aus Fehlern des Schiedsgutachtens nur dann hergeleitet werden können, wenn das Schiedsgutachten offenbar unrichtig ist (BGH MDR 1965, 569). In diesem Fall haftet der Schiedsgutachter aber auch gemäß §§ 675, 611, 276 BGB für Fahrlässigkeit, denn seine Stellung unterscheidet sich von der des Sachverständigen dadurch, daß er selbst entscheidet, ohne daß ihm auch die Stellung eines Schiedsrichters eingeräumt ist (RG JW 1933, 217; BGHZ 22, 343, 345; 42, 313, 317).

7. Pflichtwidrige Verweigerung oder Verzögerung der Ausübung des Amtes (§ 839 Abs 2 S 2)

343 Nach § 839 Abs 2 Satz 2 ist die Privilegierung des Spruchrichters ausgeschlossen bei einer pflichtwidrigen Verweigerung oder Verzögerung der Ausübung des Amtes. Damit besagt die Vorschrift etwas Selbstverständliches, denn pflichtwidrige Untätigkeit des Richters (iustitia denegata vel protracta) ist gerade keine fehlerhafte Tätigkeit „bei einem Urteil". Justizverweigerung durch pflichtwidrige (grundlose) Nichterledigung einer anhängigen Sache kann auch unter das Verbot der Richterentziehung (Art 101 Abs 1 Satz 2 GG) fallen und demgemäß die Verfassungsbeschwerde zum BVerfG begründen.

XII. Vorrang des Primärrechtsschutzes (§ 839 Abs 3 BGB)

1. Verhältnis von Primärrechtsschutz und Schadensausgleich

344 Die Ersatzpflicht tritt nicht ein, wenn der Verletzte vorsätzlich oder fahrlässig unterlassen hat, den Schaden durch Gebrauch eines Rechtsmittels abzuwenden. Diese in § 839 Abs 3 BGB enthaltene Regelung betrifft das Verhältnis von Primärrechtsschutz und Schadensausgleich im Amtshaftungsrecht.

a) Das Spannungsverhältnis zwischen beiden Rechtsinstituten wird durch § 839 Abs 3 in dem Sinne geregelt, daß der Primärrechtsschutz grundsätzlich Vorrang vor dem Schadensausgleich hat. Im Amtshaftungsrecht steht dem Verletzten nicht etwa ein Wahlrecht der Art zu, daß er von einer Anfechtung ihn rechtswidrig belastender Maßnahmen folgenlos absehen und sich auf einen Schadensersatzanspruch wegen Amtspflichtverletzung beschränken darf (BGHZ 98, 85; 113, 17, 22). Das Prinzip des „dulde und liquidiere" gilt insoweit nicht. Ebenso wie das Verweisungsprivileg des § 839 Abs 1 S 2 diente auch der Wegfall des Amtshaftungsanspruchs bei schuldhafter Rechtsmittelversäumung in Absatz 3 ursprünglich dem persönlichen Schutz des Beamten. Mit der insbesondere in der neueren Rechtsprechung betonten objektivierten Zielrichtung, den durch eine Amtspflichtverletzung Betroffenen zu zwingen, sich vorrangig gegen diese selbst zu wenden, dh Primärrechtsschutz in Anspruch zu nehmen, behält die in Absatz 3 getroffene Regelung auch nach der Haftungsverlagerung auf den Staat ihren guten Sinn (Papier Rn 326; Soergel/Vinke Rn 229).

345 b) In der Sache selbst stellt Absatz 3 eine Sonderregelung des mitwirkenden Verschuldens gegenüber der allgemeinen Vorschrift des § 254 BGB dar. Anders als in § 254 Abs 1 ist jedoch im Rahmen des § 839 Abs 3 eine Abwägung des Grades von Verursachung und Verschulden ausgeschlossen. Stattdessen tritt in dem Umfang, in dem das versäumte Rechtsmittel den Schaden verhindert hätte, ein Totalverlust des

Ersatzanspruchs ein. Allerdings gilt der für den allgemeinen Mitverschuldenseinwand entwickelte Grundsatz, daß dem Schädiger ausnahmsweise dieser Einwand verwehrt ist, wenn das jenen Vorwurf begründende Verhalten des Geschädigten vom Schädiger veranlaßt worden ist oder der Einwand des Mitverschuldens sonst gegen § 242 BGB verstößt, auch im Rahmen des § 839 Abs 3. So kann es einer Gemeinde wegen widersprüchlichen Verhaltens verwehrt sein, sich in einem auf Ersatz von Aufwendungen zur Erfüllung eines Beitragsbescheides gerichteten Amtshaftungsprozeß auf den Haftungsausschluß des Nichtgebrauchs von Rechtsmitteln zu berufen, wenn der Beitragsschuldner in einem Vergleich mit der Gemeinde den Widerspruch gegen den Bescheid zurückgenommen hatte, die Gemeinde sodann aber den Bescheid aufhob und durch einen anderen ersetzte (BayObLGZ 1988, 216, 219 f).

c) Absatz 3 gilt sowohl für die Fälle des Absatzes 1 wie die des Absatzes 2. Auch ist es ohne Bedeutung, ob die Amtspflichtverletzung vorsätzlich oder fahrlässig begangen wurde. Im Extremfall kann dies also bedeuten, daß bereits eine leicht fahrlässige Rechtsmittelversäumung zum Nichtentstehen eines Schadensersatzanspruchs sogar bei einer vorsätzlichen Amtspflichtverletzung führt (Soergel/Vinke Rn 228). **346**

2. Begriff des „Rechtsmittels"

a) „Rechtsmittel" im Sinne des § 839 Abs 3 sind nicht nur die in Verfahrensvorschriften vorgesehenen und dem prozeßtechnischen Begriff eines Rechtsmittels unterfallenden Behelfe (Berufung, Revision, Beschwerde), sondern alle rechtlich möglichen und geeigneten, förmlichen oder formlosen Rechtsbehelfe, die sich unmittelbar gegen die schädigende Vornahme oder Unterlassung der Amtshandlung selbst richten und nach gesetzlicher Ordnung ihre Beseitigung oder Berichtigung bezwecken und ermöglichen (BGHZ 123, 1, 7; 137, 11, 23). Besteht die Pflichtverletzung in der rechtswidrigen Ablehnung oder Unterlassung einer Maßnahme, so muß das Rechtsmittel geeignet sein, die Vornahme der betreffenden Amtshandlung zu erwirken. Unter den somit weit zu fassenden Begriff des Rechtsmittels fallen etwa: Gegenvorstellungen, Erinnerungen an die Erledigung eines Antrags, Beschwerden und Dienstaufsichtsbeschwerden, beispielsweise in Grundbuchsachen (BGHZ 28, 104; BGH WM 1960, 982, 984; BGH NJW 1974, 639, 640; BGH VersR 1986, 180; zusammenfassend: BGHZ 123, 1, 7 f). **347**

b) Der Rechtsbehelf muß sich **unmittelbar** gegen die schädigende Amtshandlung oder Unterlassung selbst richten und ihre Beseitigung oder Vornahme bezwecken und ermöglichen (BGH VersR 1978, 641). Solange eine Amtspflichtverletzung nicht begangen ist, kann insoweit kein „Rechtsmittel" eingelegt werden; die Unterlassung eines Hinweises auf eine erst zu befürchtende Amtspflichtverletzung kann nur nach § 254 beurteilt werden (BGH VersR 1982, 953). Aus dem Erfordernis der Unmittelbarkeit folgt, daß, soweit mehrere Beamte einen Schaden verursacht haben, das Rechtsmittel gegen die Amtshandlung des gerade in Anspruch genommenen Beamten eingelegt sein muß (BGH NJW 1960, 1718). Sollen durch einen neuen Antrag die Folgen einer abgeschlossenen Amtspflichtverletzung abgewendet werden, sind der Widerspruch gegen die Ablehnung des neuen Antrags (§ 69 VwGO) und die verwaltungsgerichtliche Klage nach ablehnendem Widerspruchsbescheid keine Rechtsbehelfe im Sinne des § 839 Abs 3, da sie nicht mehr unmittelbar gegen die schädigende ursprüngliche Amtshandlung gerichtet sind (BGH VersR 1964, 387, s auch im folgenden Rn 354). **348**

3. Förmliche Rechtsbehelfe

349 **a)** Im verwaltungsrechtlichen und verwaltungsgerichtlichen Verfahren, dem praktisch wichtigsten Anwendungsfall für den Vorrang des Primärrechtsschutzes, sind als förmliche Rechtsmittel im Sinne des § 839 Abs 3 BGB anerkannt: der Widerspruch nach § 69 VwGO (BGH NVwZ 2001, 468); die verwaltungsgerichtliche Anfechtungsklage mit dem Ziel, die Beseitigung eines belastenden Verwaltungsakts zu erwirken (§ 42 Abs 1 erste Alternative VwGO; BGHZ 113, 17, 20); ebenso die auf Erlaß eines abgelehnten oder unterlassenen (begünstigenden) Verwaltungsakts gerichtete Verpflichtungsklage (§ 42 Abs 1 zweite Alternative VwGO; BGHZ aaO unter Hinweis auf BGHZ 90, 17, 23, 31 f); die verwaltungsgerichtliche Untätigkeitsklage (§ 75 VwGO; BGHR § 839 Abs 3 Primärrechtsschutz 5 und 9). Des weiteren gehören in diesen Zusammenhang auch die Rechtsbehelfe des einstweiligen Rechtsschutzes nach §§ 80, 80a und 123 VwGO. Beispiele: Antrag auf Wiederherstellung der aufschiebenden Wirkung eines Antrags auf gerichtliche Entscheidung gegen einen Besitzeinweisungsbeschluß (BGH NJW 1986, 1107, 1108); Antrag auf einstweilige Anordnung mit dem Ziel, den Abriß einer Lagerhalle zu unterbinden (BGHR § 839 Abs 3 Primärrechtsschutz 13); Antrag auf Erlaß einer einstweiligen Anordnung mit dem Ziel, die Behörde zu verpflichten, eine Wohnung, in die ein Obdachloser eingewiesen gewesen war, nach Ablauf der Einweisungsfrist geräumt herauszugeben (BGHZ 130, 332, 338). Kein taugliches Rechtsmittel ist hingegen ein Antrag auf einstweilige Anordnung gegen die Bundesrepublik Deutschland auf Unterbindung von NATO-Tiefflügen (BGHZ 122, 363, 371 [eine derartige Maßnahme kommt wegen der vertraglichen Bindungen der Bundesrepublik nicht in Betracht]). Offen geblieben ist bisher, ob ein Antrag auf einstweilige Anordnung im Normenkontrollverfahren, betreffend einen Bebauungsplan (§ 47 Abs 6 VwGO), als Rechtsmittel im Sinne von § 839 Abs 3 BGB anzusehen ist. Jedoch ist in diesem Zusammenhang zu prüfen, ob die einzelnen aufgrund des Bebauungsplans erteilten Baugenehmigungen von den Antragstellern, die sich durch sie beeinträchtigt fühlen, angefochten werden können (BGHR § 839 Abs 3 Primärrechtsschutz 8). Der Geltendmachung des sozialrechtlichen Herstellungsanspruchs wird nach inzwischen gefestigter Rechtsprechung des Bundesgerichtshofs zwar verjährungsunterbrechende Wirkung analog § 209 Abs 1 aF auch für den Amtshaftungsanspruch zuerkannt; die Frage, ob der Herstellungsanspruch zugleich ein „Rechtsmittel" im Sinne des § 839 Abs 3 ist, ist damit jedoch noch nicht abschließend beantwortet (BGHZ 103, 242; BGHR BGB § 839 Abs 3 Primärrechtsschutz 2 und 4).

350 **b)** Im finanzgerichtlichen Verfahren kommen als Rechtsmittel im Sinne des § 839 Abs 3 BGB in Betracht: die auf Nichtigkeit eines Gewinnfeststellungsbescheides gerichtete finanzgerichtliche Klage (BGHR § 839 Abs 3 Primärrechtsschutz 12); der Antrag auf Aussetzung der Vollziehung nach §§ 361 Abs 2 AO, 69 Abs 2 FGO (BGH VersR 1984, 947).

351 **c)** Weitere Beispiele für förmliche Rechtsbehelfe aus anderen Verfahrensordnungen:

Zu den „Rechtsmitteln" im Sinne des § 839 Abs 3 gehören: der Antrag auf gerichtliche Entscheidung gegen einen Justizverwaltungsakt nach § 23 EGGVG und der nach § 24 Abs 2 EGGVG vorgesehene andere förmliche Rechtsbehelf im Verwaltungsverfahren; der Widerspruch gegen Arrestbefehle und einstweilige Verfügungen;

der Antrag auf richterliche Entscheidung gegen eine ohne richterliche Anordnung erfolgte Beschlagnahme (§ 98 Abs 2 StPO); der Einspruch gegen den Bußgeldbescheid der Verwaltungsbehörde (§ 67 OWiG); die Klage gegen den Vorbescheid der Verwaltungsbehörde in Wild- und Jagdschadenssachen (§ 35 BJagdG; BGHR VersR 1962, 443, 444); der Einspruch gegen Strafbefehle oder gegen Versäumnisurteile oder Vollstreckungsbescheide; die Erinnerung nach § 766 ZPO; der Widerspruch gegen den Teilungsplan in der Zwangsversteigerung; die befristete Erinnerung nach § 74a Abs 5 S 3 ZVG iVm § 11 Abs 1 RPflG gegen den Beschluß über die Festsetzung des Grundstückswertes (BGHR § 839 Abs 3 Zwangsversteigerung 1); allgemein die Erinnerung gegen Entscheidungen des Rechtspflegers in den ihm zur selbständigen Erledigung übertragenen Geschäften nach § 11 RPflG.

4. Formlose Rechtsbehelfe

a) Außer diesen förmlichen Rechtsbehelfen sind Rechtsmittel im Sinne des § 839 Abs 3 aber auch alle nicht förmlichen, rechtlich zulässigen Abhilfemöglichkeiten, wie die Anregung zur Eintragung eines Amtswiderspruchs im Grundbuch (RGZ 138, 114) oder zur Amtslöschung (RGZ 163, 125), die formlose Erinnerung – auch in Form einer Sachstandsanfrage – an die Erledigung eines Antrags (RG JW 1935, 772; BGHZ 28, 104; NJW 1960, 1718; 1974, 640; VersR 1982, 984) oder einer sonstigen Amtspflicht (BGH NJW 1976, 848); eine mündliche oder schriftliche Gegenvorstellung (BGH WM 1960, 982; VersR 1982, 984). Erinnerungen als das schwächste „Rechtsmittel" sind aber dann nicht mehr ein hinreichendes Rechtsmittel im Sinne des § 839 Abs 3, wenn ihre Erfolglosigkeit erkenntlich wird (BGH WM 1963, 841, 842). Ein Rechtsbehelf liegt auch vor, wenn der Behörde Kenntnis von Umständen gegeben wird, die sie zur Änderung ihrer Amtshandlung veranlassen könnten, so daß die Unterlassung des Gebrauchs eines Rechtsmittels auch zum Beispiel gegeben ist, wenn der Gemeinschuldner davon Kenntnis hat, daß der zum Konkursverwalter Bestellte (der sich später an der Konkursmasse vergreift) bereits wegen Veruntreuung vorbestraft ist, und es unterläßt, dem Konkursrichter davon Mitteilung zu machen (BGH DRiZ 1965, 378). Entsprechendes gilt für das jetzige Insolvenzverfahren. Auch ein Antrag nach § 6 Abs 3 GrdstVG an die Behörde, den Eintritt der Genehmigungsfiktion zu bescheinigen, stellt, verbunden mit einem Hinweis auf den verspätet ergangenen Zwischenbescheid, ein Rechtsmittel im Sinne des § 839 Abs 3 BGB dar (BGHZ 123, 1). Mit der Auskunft, die ein Rentenversicherungsträger nach § 53b Abs 2 S 2 FGG im familiengerichtlichen Verfahren zum Versorgungsausgleich erteilt, erfüllt er zugleich eine ihm gegenüber dem Versicherten und dessen Ehegatten obliegende Amtspflicht. Als Rechtsmittel, die einem betroffenen Ehegatten gegen eine fehlerhafte Auskunft zu Gebote stehen, kommen im Sinne des § 839 Abs 3 BGB auch Einwendungen in Betracht, die im Rahmen des familiengerichtlichen Verfahrens gegen die Richtigkeit der Auskunft erhoben werden (BGHZ 137, 11). Soweit es um die Abwehr zukünftiger Beeinträchtigungen durch die (weitere) Durchführung eines Strafverfahrens geht, kann in dem Verteidigungsvorbringen des Angeschuldigten/Angeklagten ein nach § 839 Abs 3 BGB gebotenes „Rechtsmittel" liegen (BGHZ 138, 247, 251 f). Als Rechtsbehelf kommt schließlich auch eine formlose, mündlich oder schriftlich angebrachte Dienstaufsichtsbeschwerde in Betracht (RGZ 150, 348; BGHZ 28, 104; BGH VersR 1963, 849; 1982, 984; BGH WM 1985, 336, 338; BGH VersR 1985, 358, 359; BGH NJW 1986, 1924), deren Nichtgebrauch jedoch nur dann fahrlässig ist, wenn die Annahme einer Amtspflichtverletzung dringlich naheliegt (RG JW 1927, 1412; BGHZ 28, 104, 106 betreffend Grundbuchamt;

WM 1963, 841, 843; NJW 1974, 639). Soweit es sich um richterliche Amtshandlungen handelt, sind die der Dienstaufsicht gezogenen Grenzen (vgl § 26 DRiG) zu berücksichtigen.

353 b)   Anerkannt ist, daß der Ausnahmecharakter der Verfassungsbeschwerde es allgemein verbietet, diese als „Rechtsmittel" im Sinne des § 839 Abs 3 BGB zu betrachten (BGHZ 30, 19, 28; OSSENBÜHL 94).

5.   Unterlassung von Wiedergutmachungsmaßnahmen

354 a)   Die Bestimmung des § 839 Abs 3 BGB richtet sich nur gegen den schuldhaften Nichtgebrauch solcher Rechtsbehelfe, die darauf gerichtet und dazu geeignet sind, einen Schaden durch eine bereits erfolgte Amtspflichtverletzung (pflichtwidriges Tun oder Unterlassen) dadurch abzuwenden oder zu mindern (dh die Entstehung eines Schadens ganz oder teilweise abzuwehren), daß das schädigende Verhalten beseitigt oder berichtigt wird. Sie betrifft dagegen nicht den Fall, daß der Geschädigte es schuldhaft unterläßt, Maßnahmen zu ergreifen, die auf Ersatz eines bereits entstandenen Schadens gerichtet sind. Die Unterlassung geeigneter Wiedergutmachungsmaßnahmen ist vielmehr – soweit ihr nicht ein Verschulden im Sinne des § 839 Abs 3 vorausgegangen und dadurch bereits jeder Erstattungsanspruch verwirkt ist – lediglich nach der allgemeinen Vorschrift des § 254 BGB zu bewerten. Keine Rechtsmittel im Sinne des § 839 Abs 3 sind dementsprechend Maßnahmen zur Ingangsetzung neuer selbständiger Verfahren, die einen drohenden Schaden abwenden oder gar einen entstandenen Schaden wiedergutmachen sollen. Dies gilt zB für die Verfolgung eines anderweiten Ersatzanspruchs gemäß § 839 Abs 1 S 2 (RGZ 150, 323), für Unterlassungsklagen (RG JW 1938, 1029), für Anträge auf Erlaß eines Arrestes oder einer einstweiligen Verfügung (RG HRR 1934 Nr 1452), für den Antrag auf Eintragung einer Vormerkung im Grundbuch (RG HRR 1931 Nr 1543, JW 1937, 222), für den Antrag des Berufungsklägers auf einstweilige Einstellung der Zwangsvollstreckung (RG JW 1937, 2038) und wohl auch für die Nichtigkeits- oder Restitutionsklage im Zivilprozeß und den Antrag auf Wiederaufnahme im Strafprozeß (**aM** KREFT Rn 529). § 839 Abs 3 ist auch unanwendbar, wenn der Betroffene es unterläßt, gegen einen Verwaltungsakt, der den sachlichen Inhalt eines vorher erlassenen und von ihm angefochtenen Verwaltungsakts lediglich wiederholt, erneut ein Rechtsmittel einzulegen (BGHZ 56, 57).

355 b)   Auch die Bauvoranfrage, mit der ein Antragsteller die verbindliche Klärung zu einzelnen Fragen eines beabsichtigten Bauvorhabens erstrebt, ist kein Rechtsmittel im Verhältnis zu vorangegangenen formlosen Erklärungen oder Erörterungen mit der Behörde. Dies gilt nach beiden Richtungen: Glaubt sich der Antragsteller dadurch benachteiligt, daß die Behörde ihm bei derartigen vorangegangenen Besprechungen amtspflichtwidrig zu verstehen gegeben hat, das von ihm angestrebte Maß der baulichen Nutzung des Grundstücks sei unzulässig, so führt es nicht zum Totalverlust des etwaigen Amtshaftungsanspruchs nach § 839 Abs 3 BGB, wenn er auf die Stellung einer förmlichen Bauvoranfrage verzichtet; die Unterlassung eines solchen Antrags ist nur nach § 254 BGB zu beurteilen (BGH NJW 1978, 1522, 1523). Auch im umgekehrten Fall, daß dem Antragsteller die ihm günstige Falschauskunft erteilt wurde, das Grundstück sei in einem höheren Maße baulich nutzbar als es tatsächlich der Fall war, braucht sich der Antragsteller nicht unter dem Gesichtspunkt des § 839 Abs 3 BGB durch Einholung eines Bauvorbescheides weiter abzusichern (BGH NJW

1980, 2576, 2577). Ebensowenig fällt es in den Anwendungsbereich des § 839 Abs 3, wenn der Antragsteller versucht, eine in Übereinstimmung mit einem ihm günstigen unrichtigen Bauvorbescheid stehende endgültige Baugenehmigung zu erwirken (BGHZ 122, 317, 324). Aus diesen Rechtsprechungsgrundsätzen ist allgemein die Folgerung zu ziehen, daß bei amtspflichtwidrigen Falschauskünften Anträge entweder auf Erteilung eines der Auskunft konformen begünstigenden Verwaltungsakts (BGHR § 852 Amtshaftung 2; BGHZ 122, 317, 324) oder auf Beseitigung eines in Widerspruch zu jener Auskunft ergangenen belastenden Verwaltungsakts (BGH NVwZ 2001, 468) keine „Rechtsmittel" im Sinne des § 839 Abs 3 darstellen, sondern ausschließlich nach § 254 BGB zu beurteilen sind.

6. „Gebrauch" eines Rechtsmittels

„Gebrauch" eines Rechtsmittels ist, soweit Formen und Fristen vorgesehen sind, nur die ordnungsgemäße Einlegung. Kein „Gebrauch" liegt vor, wenn das Rechtsmittel nur „formell", dh ohne Absicht ernstlicher Durchführung und daher auch ohne sachdienliche Begründung eingesetzt wird (RGZ 138, 311; BGHZ 56, 57). Zum „Gebrauch eines Rechtsmittels" im Sinne des § 839 Abs 3 gehört es nicht, daß der Bauherr, der gegen eine Baustillegungsverfügung Widerspruch eingelegt hat, wegen dessen aufschiebender Wirkung die bereits begonnenen Bauarbeiten fortsetzt (BGH, NVwZ 2002, 122). **356**

7. Verschulden

Der Verlust des Ersatzanspruchs setzt voraus, daß den Verletzten an dem Unterlassen eines Rechtsmittels ein Verschulden trifft. Dazu genügt auch der Vorwurf **leichter** Fahrlässigkeit; sogar dann, wenn die Amtspflichtverletzung selbst grob fahrlässig oder gar vorsätzlich begangen worden ist (so Rn 346). **357**

a) Nach ständiger Rechtsprechung des BGH ist bei der Prüfung, ob der Verletzte es schuldhaft unterlassen hat, ein Rechtsmittel einzulegen, unter Berücksichtigung der Umstände des Einzelfalls auf die Verhältnisse des Verkehrskreises, dem der Verletzte angehört, mithin darauf abzustellen, welches Maß an Umsicht und Sorgfalt von Angehörigen dieses Kreises verlangt werden muß (BGHZ 113, 17, 25; BGHR § 839 Abs 3 Zwangsversteigerung 1; Primärrechtsschutz 13; Verschuldensmaßstab 2). Die Frage, ob der Geschädigte fahrlässig den Gebrauch eines Rechtsmittels unterlassen hat, hängt davon ab, ob er die nach den gegebenen Umständen sowie die nach seinem Bildungsstand und seiner Geschäftsgewandtheit gebotene Sorgfalt nicht beachtet hat (BGHR § 839 Abs 3 Primärrechtsschutz 13; Verschulden 2). Nach allgemeinen Rechtsgrundsätzen kann Fahrlässigkeit auch dadurch ausgeschlossen sein, daß der Verletzte bei Wahrung verkehrserforderlicher Sorgfalt einem entschuldbaren Rechtsirrtum unterlegen ist (RGZ 146, 133, 144; 156, 113, 120; BGH LM BGB § 285 Nr 1). Ist die Amtshandlung rechtsfehlerhaft, so gilt, daß sich ein Rechtsunkundiger im allgemeinen darauf verlassen darf, Gerichte und Behörden wendeten das Recht richtig an. Insbesondere ist Verschulden zu verneinen, wenn die rechtlichen Mängel der Amtshandlung für einen Laien nicht erkennbar sind (BGH VersR 1964, 289). Auf Belehrungen und Erklärung eines Beamten ihm gegenüber darf der Staatsbürger grundsätzlich vertrauen und es kann ihm in der Regel nicht zum Verschulden gereichen, wenn er nicht klüger ist als der Beamte (st Rspr; zB BGHZ 113, 17, 25; 108, 224, 230; BGH WM 1963, 841; BGH VersR 1964,

269; vgl auch KREFT Rn 535). Jedoch ist mangelnde Rechtskenntnis allein nicht schlechthin ein genügender Entschuldigungsgrund. So muß auch ein Rechtsunkundiger Rechtsrat einholen, wenn er sich nicht allein über die Möglichkeiten der Anfechtung einer Entscheidung unterrichten kann (RGZ 166, 256). Den Angehörigen bestimmter Berufs- und Interessengruppen obliegen Nachprüfungspflichten, so zB den Kaufleuten die Nachprüfung auf Richtigkeit und Vollständigkeit der Mitteilungen des Registergerichts über Eintragungen im Handelsregister (RGZ 131, 12; HRR 1931 Nr 501; JW 1938, 593), den Beteiligten bezüglich der Mitteilungen des Grundbuchamts über Vorgänge im Grundbuch (RGZ 138, 114; JW 1936, 1891; BGHZ 128, 104), den Beteiligten am Zwangsversteigerungsverfahren bezüglich wesentlicher Verfahrensvorgänge wie Zuschlagsbeschluß und Teilungsplan (RGZ 166, 249; HRR 1934 Nr 131, vgl in diesem Zusammenhang auch BGHR § 839 Abs 3 Zwangsversteigerung 1, wo der BGH einem Steuerberater als dem Eigentümer eines in der Zwangsversteigerung befindlichen Grundstücks die Obliegenheit auferlegt hat, eine vermeintlich zu niedrige Wertfestsetzung anzufechten). Längeres Ausbleiben einer Nachricht über beantragte Maßnahmen (zB Eintragung im Handelsregister oder Grundbuch) kann Anlaß zu Nachfragen oder Erinnerungen geben (s RG JW 1935, 772; BGH NJW 1958, 1532). Im Einzelfall kann ein Verschulden hinsichtlich des Nichtgebrauchs eines Rechtsmittels für den Verletzten darin liegen, daß er im Vorprozeß gegen einen Unfallbeteiligten auf die Richtigkeit tatsächlicher prozeßentscheidender Angaben des Gegners vertraut und nicht versucht hat, die Richtigkeit durch eigene sachgemäße Erkundigungen festzustellen (RGZ 126, 81, 95). Schuldhaft kann auch handeln, wer zwar ein Rechtsmittel ergreift, sich bei dessen Erfolglosigkeit aber nicht eines zur Verfügung stehenden „stärkeren" Rechtsmittels bedient. Dieser Vorwurf trifft im allgemeinen – aber nicht regelmäßig – den, der sich mit der bloßen Erinnerung als dem schwächsten Rechtsbehelf begnügt, wenn ihre Erfolglosigkeit erkenntlich wird (BGH WM 1963, 841, 842). Allgemeine Grundsätze, wann es einem Verletzten zum Verschulden gereicht, daß er den Gebrauch eines stärkeren Rechtsmittels unterlassen hat, lassen sich im übrigen aber nicht aufstellen; es kommt auf die besonderen Umstände des Einzelfalls an, ob und inwieweit dem Verletzten der Gebrauch eines stärkeren Rechtsbehelfs zuzumuten war (BGH WM 1963, 841, 842), wobei zu berücksichtigen ist, daß die Unterlassung einer Dienstaufsichtsbeschwerde nur vorwerfbar ist, wenn die Annahme einer Amtspflichtverletzung dringlich nahelag (so), und daß die Untätigkeitsklage (§ 75 VwGO) die ultima ratio ist (BGHZ 15, 305, 312), so daß kein Verschulden darin liegt, wenn der Verletzte nicht alsbald von ihr Gebrauch macht und zunächst zu schwächeren Rechtsmitteln greift. Einem Betroffenen, dessen Dienstaufsichtsbeschwerde an die vorgesetzte Dienststelle erfolglos blieb, ist nicht zuzumuten, den Instanzenweg bis zur Ministerialinstanz weiterzuverfolgen (KREFT Rn 535).

358 b) Kein Verschulden beim Nichtgebrauch liegt vor, wenn die Erfolgsaussicht des Rechtsmittels so gering oder zweifelhaft ist, daß dem Verletzten dessen Gebrauch nicht zuzumuten ist (BGH NJW 1980, 1679, 1680). Gegenüber einer fehlerhaften Kostenentscheidung nach § 91a ZPO gereicht das Nichteinlegen eines Rechtsmittels dem Geschädigten regelmäßig nur zum Verschulden, wenn besondere Umstände den Erfolg einer Anfechtung nahelegen (BGH VersR 1985, 358). Andererseits kann die Wichtigkeit der Sache und eine die Erfolgschancen nicht ausschließende Zweifelhaftigkeit die Nichteinlegung als fahrlässig erscheinen lassen (OLG Hamm OLGZ 30, 115). Die Zumutbarkeit, verwaltungsgerichtlichen Rechtsschutz in Form einer einstweiligen Anordnung auf Freimachung einer beschlagnahmten Wohnung in Anspruch zu nehmen, wurde in einem Fall verneint, in dem eine derartige Verfahrensweise aus der Sicht des Geschädigten unsicher war und ihm andererseits ein einfacherer Weg der Vollstreckung aus einem privatrechtlichen Räumungstitel zur Verfügung stand (BGHZ 130, 332, 338 ff).

c) Zum Verschuldensmaßstab beim Nichtgebrauch eines Rechtsmittels im Sinne des § 839 Abs 3 in einer politischen Umbruchsituation (dort: im Frühjahr 1991 im Lande Brandenburg), s BGHR § 839 Abs 3 Primärrechtsschutz 13.

d) Ein Antragsteller, dessen Antrag (zB Baugesuch) von der Behörde nicht statt- **359** gegeben, aber auch nicht förmlich abgelehnt wird, hat vielfach die Wahl, alsbald Rechtsmittel im Sinne von § 839 Abs 3 BGB einzulegen oder zunächst zu versuchen, die Behörde im Verhandlungsweg dazu zu bewegen, dem Antrag doch stattzugeben. In diesem Fall handelt er grundsätzlich nicht schuldhaft, wenn er nicht sogleich förmliche Rechtsmittel ergreift. Etwas anderes gilt jedoch, wenn die Behörde bereits zu erkennen gegeben hat, daß sie dem Antrag auch nach geführten Verhandlungen nicht stattgeben will. In diesem Fall darf der Antragsteller nicht unbegrenzt weiterverhandeln, sondern muß sich zur Vermeidung der aus § 839 Abs 3 BGB sich ergebenden Rechtsnachteile zur Ergreifung eines gegebenen Rechtsbehelfs entschließen (BGHR BGB § 839 Abs 3 Verschulden 1).

e) Die Verpflichtung zur Schadensabwendung nach § 839 Abs 3 ist eine Verbind- **360** lichkeit im Sinne des § 278, so daß der Minderjährige für die schuldhafte Unterlassung eines Rechtsmittels durch den gesetzlichen Vertreter, die Partei für eine solche ihres Anwalts, eine geschädigte Körperschaft für diejenige des berufenen Beamten einzustehen hat (RGZ 138, 117; 163, 124; BGHZ 33, 136; BGH JZ 1984, 537). Auch der mit dem Vollzug eines Grundstückskaufvertrages, auch durch Vertretung der Beteiligten bei Verwaltungsbehörden, beauftragte beurkundende Notar kann in diesem Sinne Erfüllungsgehilfe sein mit der Folge, daß die Auftraggeber sich schuldhafte Rechtsmittelversäumnisse zurechnen lassen müssen (BGHZ 123, 1, 13).

8. Ursachenzusammenhang

a) Die Folge des § 839 Abs 3 tritt nur ein, wenn die Nichteinlegung des Rechts- **361** mittels für den Schadenseintritt ganz oder teilweise ursächlich geworden ist (RGZ 163, 125). Aus diesem Grundsatz kann nicht etwa – wie es das Berufungsgericht in dem der Entscheidung des BGH NJW 1986, 1924, zugrundeliegenden Fall unter Berufung auf BGB-RGRK/KREFT Rn 534 getan hatte – die Konsequenz gezogen werden, daß dem Geschädigten auch dann, wenn ein Rechtsbehelf den Schaden nur teilweise hätte abwenden können, gemäß § 839 Abs 3 BGB jeder Ersatzanspruch versagt wird. Die Ersatzpflicht entfällt vielmehr nur, **soweit** die schuldhafte Nichteinlegung eines Rechtsmittels für den eingetretenen Schaden ursächlich geworden ist. Hätte zB die Einlegung eines Rechtsbehelfs erst von einem bestimmten Zeitpunkt an weitere Schäden verhindert, entfällt der Schadensersatzanspruch nur für jene späteren Schäden, bleibt jedoch für die bereits vorher entstandenen bestehen (BGH NJW 1986, 1924). Die Kausalität der Unterlassung kann entfallen, wenn nach gesetzlicher Vorschrift die Vollziehung einer Entscheidung durch ein Rechtsmittel nicht gehindert wird (vgl BGH MDR 1982, 554). Der Beweis des Kausalzusammenhangs obliegt dem Ersatzpflichtigen (RG JW 1927, 2457). An der Ursächlichkeit fehlt es, wenn durch den unterlassenen Rechtsbehelf zwar die Beseitigung der schädlichen Amtshandlung, aber nicht die Abwendung des Schadens erreicht worden wäre; es hierfür vielmehr der Einleitung eines neuen (selbständigen) Verfahrens bedurft hätte.

362 b)   Die Prüfung der Kausalität erfordert bei § 839 Abs 3 BGB im Ansatz ähnliche Überlegungen wie zu Absatz 1: Ebenso wie dort zu fragen ist, wie die Vermögenslage des Verletzten sich ohne die Amtspflichtverletzung gestaltet hätte, sind auch hier Feststellungen über den hypothetischen Geschehensablauf bei Einlegung des Rechtsbehelfs zu treffen. Dabei lassen sich jedoch nicht alle Grundsätze, die für die Ursächlichkeitsprüfung im Bereich des Absatzes 1 gelten, uneingeschränkt auf Absatz 3 übertragen: Insbesondere kann im Bereich des Absatzes 3 der Grundsatz, daß allein auf die sachlich richtige, nicht auf die tatsächliche Entscheidung abzustellen ist (so zum Abschnitt „rechtmäßiges Alternativverhalten" Rn 238), nicht uneingeschränkt gelten. Der Schädiger, der grundsätzlich für die Kausalität zwischen Nichteinlegung des Rechtsbehelfs und Schadenseintritt beweispflichtig ist (s Rn 424), kann sich nicht in jedem Falle darauf stützen, wie über den Rechtsbehelf hätte richtigerweise entschieden werden müssen. Dies gilt insbesondere, wenn es nicht um die Anrufung eines Gerichts gegen einen Verwaltungsakt geht, sondern nur darum, daß eine Verwaltungsbehörde – durch Gegenvorstellungen oder Dienstaufsichtsbeschwerde – zur Überprüfung ihres eigenen Handelns veranlaßt werden sollte. Ist in einem solchen Fall die Feststellung möglich, daß der pflichtwidrig handelnde Beamte auch auf eine Gegenvorstellung hin seine Rechtsauffassung oder sein tatsächliches Verhalten nicht geändert hätte oder daß auch eine Dienstaufsichtsbeschwerde seinen Dienstvorgesetzten nicht veranlaßt hätte, das Fehlverhalten des Untergebenen zuzugeben und zu korrigieren, so ist es nicht gerechtfertigt, trotzdem die Kausalität zwischen Nichteinlegung des Rechtsbehelfs und Schadenseintritt zu bejahen und dem Geschädigten den Ersatzanspruch aus § 839 BGB iVm Art 34 GG zu versagen (st Rspr; zB BGH NJW 1986, 1924, 1925 [grundlegend]; BGHR § 839 Abs 3 Kausalität 1 und 2).

9. Kosten eines erfolglosen Rechtsmittels

363 Die Kosten eines erfolglosen Rechtsmittels, das der Verletzte ergriffen hat, um dem Vorwurf aus § 839 Abs 3 zu entgehen, sollen nach RG WarnR 1912 Nr 390 nicht zu dem ihm zu ersetzenden Schaden gehören (STAUDINGER/SCHÄFER[12] Rn 477). Da nach inzwischen gewandelter Rechtsauffassung die innere Rechtfertigung des § 839 Abs 3 in der Sicherstellung des Vorrangs des Primärrechtsschutzes erblickt wird (s eingangs Rn 344), kann diese Auffassung heute nicht mehr akzeptiert werden. Insbesondere dann, wenn die Rechtslage keineswegs eindeutig ist und dem Geschädigten zugebilligt werden muß, zu versuchen, vorrangig den Weg des Primärrechtsschutzes zu beschreiten, bestehen mE keinerlei Bedenken dagegen, auch die hierdurch entstehenden Kosten als ersatzfähige Schadenspositionen in den Amtshaftungsanspruch einzustellen (vgl zu einer ähnlichen Fallkonstellation BGHZ 117, 363, 367 f s auch Rn 250).

XIII. Beschränkungen der Staatshaftung durch Sondervorschriften

1.   Grundsätzliche Fortgeltung der Beschränkungen der Staatshaftung

364 Nach Art 34 GG trifft, wenn ein Amtsträger in Ausübung eines ihm anvertrauten öffentlichen Amtes die ihm einem Dritten gegenüber obliegende Amtspflicht verletzt, die Verantwortlichkeit „grundsätzlich" den Staat oder die Körperschaft, in deren Dienst er steht. Indem Art 34 die Staatshaftung (lediglich) als Grundsatz vorsieht, läßt er zu, daß der zuständige Einzelgesetzgeber (vgl dazu Art 77 EGBGB) Ausnahmen von der Staatshaftung statuiert. Demgemäß bleiben auch die Ausnahmen bestehen, die in den schon bei Inkrafttreten des Art 131 WeimVerf und des Art 34 GG geltenden Gesetzen vorgesehen waren (vgl dazu insbesondere BVerfGE 61, 149, 199 = NJW 1983, 25, 29 f). Die beschränkenden oder ausschließenden Regelungen sind allerdings als Ausnahmen von dem Verfassungsgrundsatz eng auszulegen und nur insoweit zulässig, als sie von der Sache her gerechtfertigt werden können; sie dürfen nicht willkürlich getroffen werden, müssen auf sachgerechten Erwägungen beruhen und sich an der Grundentscheidung der Verfassung ausrichten (BGHZ 99, 62, 64; 25, 231, 237; 62, 372, 377 f). Ein Haftungsausschluß durch kommunale Satzung kommt im Rahmen eines öffentlich-rechtlichen Schuldverhältnisses unter bestimmten Voraussetzungen, jedoch grundsätzlich nicht für Amtshaftungsansprüche in Betracht (BGH NJW 1984, 615, 617; BGHZ 61, 7, 14 f; 54, 299, 304 f). Der Nichteintritt der Staatshaftung hat die allgemeine Konsequenz, daß es bei der persönlichen Eigenhaftung des Beamten gegenüber dem Geschädigten verbleibt; dies gilt im Rahmen der Ausübung eines anvertrauten öffentlichen Amtes auch für Amtsträger, die nicht Beamte im staatsrechtlichen Sinne sind (s Rn 41, 42).

2. Gebührenbeamte

Nach § 5 Nr 1 des Gesetzes über die Haftung des Reiches für seine Beamten – RBHG – vom 22. 5. 1910 (RGBl 798) und nach § 3 Abs 3 des Preußischen Gesetzes über die Haftung des Staates und anderer Verbände für Amtspflichtverletzungen von Beamten bei Ausübung öffentlicher Gewalt vom 1. 8. 1909, das in den ehemals preußischen Teilen der alten Bundesländer weitgehend als Landesrecht fortgilt (PrStHG; vgl zB SGV NW 40), entfällt die Staatshaftung bei Amtspflichtverletzungen von „Gebührenbeamten", dh von Amtsträgern, die ausschließlich auf den Bezug von Gebühren für ihre Amtshandlungen angewiesen sind (so die reichsrechtliche und die preußische Regelung übereinstimmend), und von anderen „Beamten", soweit sie für bestimmte Amtshandlungen eine besondere Vergütung durch Gebühren von den Beteiligten beziehen (so die preußische Regelung).

a) Für den Begriff des Gebührenbeamten ist es ohne Bedeutung, ob er die Gebühren aus einer öffentlichen Kasse oder unmittelbar von den Beteiligten erhält (RGZ 88, 256; 134, 178; BGHZ 63, 372, 379). Wesentlich ist aber, ob die Gebühr danach bemessen oder dazu bestimmt ist, die amtliche Tätigkeit abzugelten (BGHZ 36, 195). Den Hauptfall der „Gebührenbeamten" bilden die Notare, die nicht Beamte im Sinne der Beamtengesetze sind und deren Rechtsverhältnisse durch die Bundesnotarordnung geregelt werden. Eine Haftung des Staates anstelle des Notars wird durch § 19 Abs 1 S 4 BNotO ausdrücklich ausgeschlossen. Dieser Ausschluß ist mit dem Grundgesetz vereinbar (BGHZ 135, 354, 356; 9, 289). Für die Notare in Baden-Württemberg gelten besondere Vorschriften (vgl §§ 114, 115 BNotO). Gebührenbeamter ist ferner der Bezirksschornsteinfegermeister bei der Bauabnahme und der Feuerstättenschau (BGHZ 62, 372; OLG Hamm NJW 1972, 2088 m Anm BURRICHTER NJW 1973, 192).

b) Keine Gebührenbeamten im Sinne der Staatshaftungsvorschriften sind: Gerichtsvollzieher (BGH NJW 2001, 434); Schiedsmänner (BGHZ 36, 195); Mitglieder der

Ortsgerichte in Hessen (BGHZ 113, 71); Lotsen (RGZ 93, 38); Bürgermeister bei Errichtung eines Nottestaments nach § 2249 BGB (RG JW 1938, 810; BGH LM § 839 Ff Nr 3); auch nicht ein auf den Bezug von Gebühren angewiesener, im übrigen freiberuflicher Prüfingenieur für Baustatik, dem die Baugenehmigungsbehörde mit der Prüfung der statischen Berechnung eines Baugesuchs im Einzelfall beauftragt hat (BGHZ 39, 358).

3. Auswärtiger Dienst

368 Nach § 5 Nr 2 RBHG tritt die Staatshaftung nicht ein, soweit es sich um das Verhalten eines mit Angelegenheiten des auswärtigen Dienstes befaßten Beamten handelt und dieses Verhalten nach einer amtlichen Erklärung des Reichskanzlers politischen oder internationalen Rücksichten entsprochen hat. Gegen die Fortgeltung dieser Bestimmung werden gewichtige verfassungsrechtliche Bedenken erhoben, da der Haftungsausschluß durch sachliche Gründe des öffentlichen Wohls nicht gerechtfertigt sei und deshalb gegen Art 34 GG verstoße (so insbesondere PAPIER Rn 339). Überwiegend wird indessen von der Weitergeltung auch dieser Beschränkung ausgegangen (OSSENBÜHL 98; GALKE DÖV 1992, 53, 58). An die Stelle des Reichskanzlers ist der Bundeskanzler getreten (Art 129 Abs 1 S 1 GG; OSSENBÜHL 97; GALKE aaO; anders noch STAUDINGER/SCHÄFER¹² Rn 41: der Bundesminister des Auswärtigen). Ob im Anwendungsbereich dieser Bestimmung eine persönliche Haftung des Beamten nach § 839 BGB stattfindet (so RGZ 102, 166, 173), ist zweifelhaft. Denn das Verhalten eines Beamten, das politischen oder internationalen Rücksichten entsprochen hat, dürfte nicht pflichtwidrig gewesen sein (GALKE aaO mwN).

4. Weitere Fälle

369 Keine Staatshaftung besteht auf dem Gebiet des Schiffahrtsrechts in den Fällen der Art 7 EGHGB, §§ 485, 486, 735 HGB (RGZ 151, 271; JW 1936, 2653; BGHZ 3, 321, 328; 29, 237; OLG Köln VersR 1957, 716) und der §§ 3, 4 des Binnenschiffahrtsgesetzes (RGZ 149, 167; 151, 271). Über völkerrechtliche Haftung für Weltraumschäden vgl BUECKLING VersR 1984, 6.

5. Haftung gegenüber Ausländern

370 a) Insbesondere hatten nach Inkrafttreten des Art 34 GG zunächst auch diejenigen vorkonstitutionellen – reichs- und landesrechtlichen – Rechtsvorschriften ihre Geltung behalten, die die unmittelbare Staatshaftung gegenüber Ausländern einschränkten. Für Bundesbeamte galt § 7 RBHG, wonach der Bund bei Amtspflichtverletzungen gegenüber Ausländern nur haftete, wenn durch den Bundesminister der Justiz im Bundesgesetzblatt amtlich bekannt gemacht war, daß durch die Gesetzgebung des ausländischen Staates oder durch Staatsvertrag die Gegenseitigkeit verbürgt war. Eine analoge Regelung traf § 7 PrStHG mit der Maßgabe, daß in den ehemaligen preußischen Gebieten an die Stelle des Bundesministers der Justiz die jeweilige Landesregierung und an die Stelle der Bekanntmachung im Bundesgesetzblatt diejenige im Landesgesetzblatt trat. Die Einschränkung der Staatshaftung in den nicht preußischen Teilen des Bundesgebietes war unterschiedlich ausgestaltet (vgl etwa BGH VersR 1961, 857 für Württemberg; BGHZ 76, 375, 377 für Bayern). Alle diese Regelungen wurden jedoch in ständiger Rechtsprechung des Bundesgerichtshofs als wirksam angesehen (zB BGHZ 76, 375, 376; 99, 62, 64 f; BGH NJW 1985, 1257; BGHR GG

Art 34 Ausländer 1) und auch vom Bundesverfassungsgericht als verfassungsgemäß bestätigt (NVwZ 1983, 89).

b) Durch Gesetz vom 28. 7. 1993 (BGBl I 1394) ist § 7 RBHG wie folgt neu gefaßt worden: **371**

> **(1) Die Bundesregierung kann zur Herstellung der Gegenseitigkeit durch Rechtsverordnung bestimmen, daß einem ausländischen Staat und seinen Angehörigen, die im Geltungsbereich dieses Gesetzes keinen Wohnsitz oder ständigen Aufenthalt haben, Ansprüche aus diesem Gesetz nicht zustehen, wenn der Bundesrepublik Deutschland oder Deutschen nach dem ausländischen Recht bei vergleichbaren Schädigungen kein gleichwertiger Schadensausgleich von dem ausländischen Staat geleistet wird. Angehörigen eines ausländischen Staates stehen juristische Personen sowie Gesellschaften und Vereinigungen des bürgerlichen Rechts oder des Handelsrechts gleich; an die Stelle des Wohnsitzes oder des ständigen Aufenthaltsortes tritt bei ihnen der tatsächliche und, wenn ein solcher bestimmt ist, der satzungsmäßige Sitz.**
>
> **(2) Absatz 1 gilt nicht für die Mitgliedstaaten der Europäischen Gemeinschaften und ihre Angehörigen und für die sonstigen Fälle, in denen kraft des Rechts der Europäischen Gemeinschaften eine Gleichbehandlung mit Deutschen erfolgen muß.**

Eine entsprechende Regelung besteht im Gesetz zur Regelung von Entschädigungsansprüchen im Land Sachsen-Anhalt. Verordnungen aufgrund dieser Bestimmungen sind bisher nicht erlassen worden; daher gibt es derzeit für Amtspflichtverletzungen von Bundesbeamten keine Einschränkung der Staatshaftung gegenüber Ausländern; vielmehr gilt insoweit Art 34 GG unmittelbar.

c) In den alten Bundesländern sind durch die jeweilige Landesgesetzgebung die landesrechtlichen Beschränkungen der Staatshaftung gegenüber Ausländern weitgehend abgebaut worden. In den neuen Bundesländern hatte ohnehin keine Einschränkung bestanden (vgl wegen der Einzelheiten Papier Rn 341 und Rn 92). **372**

Landesrechtliche Beschränkungen der Staatshaftung gegenüber Ausländern bestehen derzeit nur noch in Schleswig-Holstein, wo § 7 PrStHG fortgilt, und in Bremen, § 5 des Gesetzes, betreffend die Haftung des Staates und der Gemeinden für Amtspflichtverletzungen von Beamten bei Ausübung der öffentlichen Gewalt vom 19. 3. 1921 (BremGBl 101 = Sammlung des Bremischen Rechts Nr 402-c-1). Nach beiden Vorschriften steht den Angehörigen eines ausländischen Staates ein Ersatzanspruch nur insoweit zu, als nach einer in dem jeweiligen Gesetz- und Verordnungsblatt enthaltene Bekanntmachung der schleswig-holsteinischen Landesregierung bzw. des Bremischen Senats durch die Gesetzgebung des ausländischen Staates oder durch Staatsvertrag die Gegenseitigkeit verbürgt ist. Derartige Bekanntmachungen bestehen in beiden Bundesländern für die Niederlande, Griechenland, Belgien, Japan, Frankreich, Dänemark und Norwegen; in Bremen außerdem für Spanien. Die Beschränkung der Staatshaftung ist – anders als beispielsweise früher in Bayern (s dazu BGHZ 76, 375, 377) – nicht etwa als Leistungsverweigerungsrecht des Staates ausgestaltet, sondern führt dazu, daß der Staatshaftungsanspruch von vornherein erst gar nicht entsteht. Das Fehlen der Bekanntmachung bewirkt, daß die Staatshaftungsklage schon aus diesem Grunde abzuweisen ist, auch wenn die Gegenseitigkeit tatsächlich doch besteht. Umgekehrt ist der Richter auch bei vorliegender Bekanntmachung nicht gehindert, die Klage mangels tatsächlicher Gegenseitigkeitsverbürgung abzuweisen (PAPIER Rn 347).

373 aa) „Ausländer" im Sinne der Haftungsbeschränkungen ist auch der ausländische Staat selbst in seiner Eigenschaft als Fiskus (RGZ 111, 375). Ausländer sind auch ausländische juristische Personen (BGHZ 76, 375); eine juristische Person (GmbH) mit Sitz im Inland ist aber nicht deshalb „Ausländer", weil die Inhaber (Gesellschafter) und Vertretungsorgane (Geschäftsführer) Ausländer sind und die Geschäftsführung vom Ausland her betrieben wird (RG HRR 1935 Nr 9). Staatenlose werden, da nicht Angehörige eines „ausländischen Staates" von den Haftungsbeschränkungen gegenüber Ausländern nicht betroffen. Das gleiche gilt für heimatlose Ausländer im Sinne des Gesetzes vom 25. 4. 1951 (BGBl I 269 [vgl dort § 5]). Für Flüchtlinge gilt Art 7 des Abkommens vom 28. 7. 1951/1. 9. 1953 (BGBl II 1953 559).

374 bb) Nach der bisherigen Rechtsprechung des BGH (NJW 1985, 1287, 1288 = VersR 1984, 1069; BGH VersR 1988, 1047, 1048) gehört die Regelung des Staatshaftungsgesetzes nicht zum Anwendungsbereich des EG-Vertrages und ist deshalb nicht an dem Diskriminierungsverbot des Art 12 (früher Art 7) EGV zu messen. Andererseits hat der EuGH später entschieden, daß ein Mitgliedstaat die Gewährung einer staatlichen Entschädigung für eine mit einer Körperverletzung verbundene Gewalttat nicht von der Staatsangehörigkeit des Verletzten abhängig machen darf, wenn dieser in Ausübung der Dienstleistungsfreiheit eingereist ist (Slg 1989, 195, 202 f; dazu OSSENBÜHL 100; PAPIER Rn 344). Wegen der im Anschluß an diese Entscheidung im wissenschaftlichen Schrifttum erhobenen gewichtigen Bedenken gegen die Vereinbarung der Haftungsbeschränkung mit dem Diskriminierungsverbot (OSSENBÜHL, PAPIER jew aaO mwN) und unter Berücksichtigung des Umstandes, daß der Bundesgesetzgeber diesen Bedenken durch Schaffung des neuen § 7 Abs 2 RBHG Rechnung getragen hat (s Rn 371), wird sich der in VersR 1988, 1047, 1048 eingenommene Standpunkt des BGH nicht aufrechterhalten lassen, eine Vorlage an den EuGH zur Vorabentscheidung der Frage, ob die Gegenseitigkeitsklausel gegen das Diskriminierungsverbot des Art 12 EGV verstößt, sei nicht geboten.

375 cc) Die Haftungsbeschränkung entfällt, wenn der geschädigte ausländische Staatsangehörige nachträglich die deutsche Staatsangehörigkeit erwirbt; offen ist allerdings, ob dies unbegrenzt auch dann gilt, wenn er die deutsche Staatsangehörigkeit erst längere Zeit nach der Amtspflichtverletzung erworben hat (BGHZ 77, 11). Die Haftungsbeschränkung wird aber nicht dadurch berührt, daß der geschädigte Ausländer die Forderung an einen Inländer abtritt oder diese im Wege des Erbgangs auf einen Ausländer übergeht (BGH NJW 1956, 1836). Dagegen unterliegt der einem Inländer zustehende Staatshaftungsanspruch nicht den Haftungsbeschränkungen, wenn er ihn an einen Ausländer abtritt (RGZ 111, 294). Die Haftung des Staates oder sonstigen Körperschaft, in deren Dienst ein Amtsträger steht, der eine ihm einem Ausländer gegenüber obliegende Amtspflicht verletzt hat, ist auch beim Fehlen der Gegenseitigkeit im Verhältnis zu dem Heimatstaat des Geschädigten nicht ausgeschlossen, wenn und soweit der Schadensersatzanspruch des Verletzten nach

§ 116 SGB X auf einen inländischen Sozialversicherungsträger übergegangen ist (BGHZ 99, 62).

dd) Ob Verbürgung der Gegenseitigkeit und deren amtliche Bekanntmachung gegeben sind, richtet sich nach den Verhältnissen im Zeitpunkt der Entstehung des Anspruchs, so daß auch eine nach der Tat erfolgte Verbürgung der Gegenseitigkeit die Staatshaftung nicht entstehen läßt (BGH LM GG Art 34 Nr 60; BGHZ 77, 11, 13), es sei denn, daß die spätere Verbürgung auch vorher liegende Amtspflichtverletzungen umfaßt (RGZ 128, 238).

d) Soweit die Haftung des Staates gegenüber dem verletzten Ausländer ausgeschlossen ist, haftet der Beamte aus § 839 BGB persönlich (RGZ 128, 238; BVerfG NVwZ 1983, 89; BGHZ 76, 375, 381; 76, 389; BGH NJW 1980, 2457; VersR 1961, 857). Auf diese Weise kann das gleiche amtspflichtwidrige Verhalten für den Beamten verschiedene Rechtsfolgen auslösen, je nachdem ob seine amtliche Tätigkeit einem Ausländer gilt, für dessen Heimatstaat die Gegenseitigkeit verbürgt ist, oder einem Ausländer, bei dem es an einer solchen Verbürgung fehlt. Das durch die persönliche Haftung dem einzelnen Beamten im Allgemeininteresse abverlangte Opfer trifft ihn mehr oder minder „zufällig". Dieser Sachverhalt kann es rechtfertigen oder gar erfordern, den so betroffenen Beamten durch Maßnahmen der Fürsorge seines Dienstherrn (unter anderem Gewährung von Rechtsschutz, von Freistellungs- oder Ausgleichsansprüchen, die nicht zugunsten des Geschädigten pfändbar sind) den anderen Beamten weitgehend gleichzustellen.

e) Auch wenn eine Staatshaftung wegen fehlender Gegenseitigkeit ausgeschlossen ist, bleiben Ansprüche auf Entschädigung wegen rechtswidrigen enteignungsgleichen Eingriffs unberührt (BGHZ 76, 375; BGHZ 76, 387, 392).

f) Es verstößt nicht gegen die deutsche öffentliche Ordnung, wenn ein ausländisches Gericht einen deutschen Beamten wegen einer im Ausland begangenen Amtspflichtverletzung persönlich zum Ersatz von Sachschäden verurteilt (BGHZ 123, 268).

6. Haftungsbeschränkungen nach dem Beamtenversorgungsgesetz, dem Soldatenversorgungsgesetz und ähnlichen Regelungen

a) Nach § 46 Abs 1 S 1 BeamtVG haben der verletzte Beamte und seine Hinterbliebenen aus Anlaß eines Dienstunfalls gegen den Dienstherrn nur die in den §§ 30–43a und 46a geregelten Ansprüche (zu denen ein Schmerzensgeldanspruch nicht gehört). Weitergehende Ansprüche aufgrund allgemeiner gesetzlicher Vorschriften können gegen einen öffentlich-rechtlichen Dienstherrn im Geltungsbereich des BeamtVG oder gegen die in seinem Dienst stehenden Personen nur dann geltend gemacht werden, wenn der Dienstunfall durch eine vorsätzliche unerlaubte Handlung einer solchen Person verursacht worden ist. Jedoch findet das Gesetz über die erweiterte Zulassung von Schadensersatzansprüchen bei Dienst- und Arbeitsunfällen vom 7. 12. 1943 (RGBl I 674 in der im Bundesgesetzblatt Teil III Gliederungsnummer 2030-2-219 veröffentlichten bereinigten Fassung) Anwendung. Die gleiche Regelung trifft § 91a SVG für Versorgungsansprüche nach jenem Gesetz, also insbesondere für die Ansprüche von geschädigten Soldaten. Für sonstige Arbeitnehmer des öffentlichen Dienstes gelten die §§ 104, 105 SGB VII (früher: §§ 636, 637 RVO), ebenso für Schulunfälle (s Rn 731).

381 b)   Diese Haftungsvorschriften sind mit dem Grundgesetz vereinbar (BVerfGE 31, 212; 85, 176; BGHZ 120, 176, 182 ff). Sie beseitigen die materiellen Ersatzansprüche nach allgemeinen Vorschriften gegen den Dienstherrn nicht von Grund auf, sondern schränken sie lediglich der Höhe nach in der Hand des verletzten Beamten, Soldaten, Arbeitnehmers oder der sonstigen ersatzberechtigten Person ein (BGHZ 120, 176, 182). Diese Beschränkungen finden ihre innere Berechtigung darin, daß der Dienstherr die betreffenden Versorgungsansprüche unabhängig vom Verschulden der beteiligten Personen, einschließlich des eigenen Mitverschuldens des Geschädigten, (abgesehen vom Vorsatz des Verletzers) zu gewähren hat, daß diese Versorgungsansprüche im Gesetz so umschrieben sind, daß ihre Höhe im Einzelfall (infolge der Pauschalierung) leicht und sofort errechenbar ist und daß aufgrund dieser klaren Rechtslage der Geschädigte ohne Verzögerung in den Genuß der Leistungen kommt. Daß die Betroffenen dabei unter Umständen im Einzelfall weniger erhalten können, als ihnen gegebenenfalls aufgrund allgemeiner Schadensersatzansprüche zustünde, ergibt sich aus dem notwendig pauschalierenden und typisierenden Charakter der Versorgungsansprüche. Diese Erwägungen treffen auch dann zu, wenn die Anwendung der Haftungsbeschränkung zu dem Ergebnis führt, daß dem Geschädigten im konkreten Fall überhaupt kein Anspruch verbleibt (BGHZ 120, 176, 183).

382 c)   Wichtig ist, daß nach §§ 46 BeamtVG, 91a SVG gewissermaßen alle öffentlich-rechtlichen Dienstherrn im Bundesgebiet ein Unternehmen darstellen und alle in ihrem Dienst stehenden Personen als Angehörige „desselben Betriebes" behandelt werden (STAUDINGER/SCHÄFER[12] § 847 Rn 27 mwN). Die Entscheidung der Verwaltungsbehörde über das Vorliegen eines Dienstunfalls bindet auch die Gerichte, die über Schadensersatzansprüche aus Anlaß des Unfalls zu entscheiden haben (BGHZ 121, 131).

383 d)   Eine **vorsätzliche** Amtspflichtverletzung, bei deren Vorliegen die vorgenannten Haftungsbeschränkungen entfallen, kommt auch in Betracht, wenn dem die Amtspflicht verletzenden Beamten hinsichtlich der körperlichen Schädigung des Dienstunfallverletzten nur Fahrlässigkeit zur Last fällt oder ein Schuldvorwurf nicht zu erheben ist; es reicht mithin aus, wenn sich der Vorsatz auf die Verletzung der Amtspflicht als solcher bezieht (s BGHZ 34, 375, 381, betreffend die Verletzung von Dienstvorschriften beim Entladen einer Dienstwaffe; ferner BGHR § 839 Abs 1 S 1 Vorsatz 3 betreffend Verletzung von Dienstvorschriften zur Einhaltung der inneren Sicherheit bei militärischen Schießübungen).

384 e)   Die Haftungsbeschränkung findet ferner nicht statt, wenn sich der Dienstunfall bei der Teilnahme am allgemeinen Verkehr ereignet hat (§ 1 des sowohl in § 46 BeamtVG als auch in § 91a SVG für anwendbar erklärten Gesetzes über die erweiterte Zulassung von Schadensersatzansprüchen bei Dienst- und Arbeitsunfällen, s Rn 380). „Allgemeiner Verkehr" in diesem Sinne ist nicht gleichbedeutend mit dem „öffentlichen Straßenverkehr". Ob ein Beamter bei Erleiden eines Dienstunfalls am allgemeinen Verkehr teilgenommen hat, ist nach der besonderen Lage des Einzelfalls danach zu entscheiden, ob der Verletzte den Unfall in einem Gefahrenkreis erlitten hat, für den seine Zugehörigkeit zum Organisationsbereich des für den Unfall verantwortlichen Dienstherrn im Vordergrund steht oder ob der Unfall nur in einem losen, äußerlichen Zusammenhang mit dem dienstlichen Organisationsbereich steht, der Verletzte also „wie ein normaler Verkehrsteilnehmer" verunglückt ist (BGHZ 121, 136 mwN). Eine Teilnahme am allgemeinen Verkehr in diesem Sinne wurde dementsprechend verneint für einen Verkehrsunfall, den ein Bundeswehrsoldat (Angehöriger des Feldheeres) beim Einsatz auf einem Truppenübungsplatz durch Verschulden eines ebenfalls dort im Einsatz befindlichen Angehörigen der territorialen Verteidigung erlitten hatte (BGH VersR 1979, 32). In Abgrenzung dazu hat der BGH eine „Teilnahme am allgemeinen Verkehr" bejaht bei einem Verkehrsunfall, den ein Bundeswehrsoldat beim Transport zu einem Truppenübungsplatz durch Verschulden eines Panzerfahrers erlitten hatte, dessen Einsatz in keinem dienstlichen Zusammenhang mit diesem Transport gestanden hatte (VersR 1990, 222). Allgemeiner Verkehr ist ferner verneint worden für einen Unfall auf einem Behördenparkplatz (BGH NJW 1995, 1558); ebenso bei dem Unfall eines emeritierten Professors auf dem Weg zu seinem Arbeitszimmer in der Universität (BGHZ 121, 131); ferner bei „ausgeweiteter Schulaufsicht" (Lehrer begleitet Schulkinder zur Bushaltestelle: BGH VersR 1992, 1514).

Zu „Betriebswegen" im Sinne der Schüler-Unfallversicherung s Rn 731. Zur Frage, unter welchen Voraussetzungen die Haftungsprivilegierung des § 106 Abs 3 Fallgruppe 3 SGB VII (vorübergehende betriebliche Tätigkeit auf einer gemeinsamen Betriebsstätte) auch für Amtshaftungsansprüche gilt, s BGH Urt v 27.6.2002 – III ZR 234/01: Die Privilegierung hängt davon ab, ob der schädigende Amtsträger gesetzlich unfallversichert ist; dafür ist sein Dienstherr darlegungs- und beweispflichtig.

Zu Wehrdienstbeschädigungen, die ein Soldat bei einer truppenärztlichen Heilbehandlungsmaßnahme erleidet s BGHZ 120, 176; BGH NJW 1992, 744: hierauf gestützte Amtshaftungsansprüche sind nach Maßgabe des § 91a SVG beschränkt; dies gilt auch, wenn die betreffende Heilbehandlungsmaßnahme in einem zivilen Krankenhaus durchgeführt worden ist (BGH NJW 1996, 2431).

f) Ist an einem schädigenden Ereignis neben einem gemäß §§ 46 BeamtVG, 91a **385** SVG privilegierten Erstschädiger noch ein weiterer nicht privilegierter Zweitschädiger beteiligt, so gelten die Grundsätze des „gestörten Gesamtschuldverhältnisses": Der verletzte Beamte kann einen außerhalb des Dienstverhältnisses stehenden Zweitschädiger nur insoweit auf Schmerzensgeld in Anspruch nehmen, als dieser im Verhältnis zu dem im öffentlichen Dienst beschäftigten Mitschädiger für den Schaden verantwortlich ist (BGH 94, 173). In dem oben bereits angesprochenen Fall BGH VersR 1990, 222 war der Dienstunfall des Soldaten sowohl durch den Fahrer des Transportbusses als auch durch den Panzerfahrer verursacht worden. Im Verhältnis zu dem Busfahrer hatte es sich für den Verletzten nicht um Teilnahme am „allgemeinen Verkehr" gehandelt, wohl aber im Verhältnis zum Panzerfahrer. Deshalb hat der BGH hinsichtlich des schuldhaften Verhalten des Busfahrers den Haftungsausschluß gemäß § 91a SVG eingreifen lassen und gleichzeitig den Schadensersatzanspruch des Geschädigten wegen des schuldhaften Verhaltens des Panzerfahrers nach den Grundsätzen des gestörten Innenausgleichs auf das beschränkt, was auf die beklagte Bundesrepublik im Innenverhältnis zu dem Mitschädiger endgültig entfiele, wenn der Haftungsausschluß nicht Platz griffe. Dieser Kürzung des Anspruchs gegen den Zweitschädiger steht § 46 Abs 3 BeamtVG nicht entgegen, wonach Ersatzansprüche gegen andere Personen unberührt bleiben. Diese Vorschrift dient nur der

Klarstellung, daß der Haftungsausschluß lediglich die gegen den Dienstherrn und die in seinem Dienst stehenden Personen gerichteten Ersatzansprüche des Geschädigten ergreift. Damit ist aber nichts über die Lösung der durch das Haftungsprivileg bewirkten Störung des Gesamtschuldverhältnisses ausgesagt. Insbesondere läßt sich aus § 46 Abs 3 BeamtVG nicht entnehmen, daß dieser Konflikt zu Lasten des außerhalb des Dienstverhältnisses stehenden Zweitschädigers gelöst werden müßte (BGHZ 94, 173, 179).

XIV. Verjährung

1. Allgemeines

386 a) Der Amtshaftungsanspruch unterlag bis zum 31. 12. 2001 der deliktsrechtlichen Verjährung nach § 852 BGB aF. Er verjährte also in drei Jahren von dem Zeitpunkt an, in welchem der Verletzte von dem Schaden und der Person des Ersatzpflichtigen Kenntnis erlangte, ohne Rücksicht auf diese Kenntnis in 30 Jahren von der Begehung der Amtspflichtverletzung an. Wegen der allgemeinen Verjährungsvoraussetzungen nach altem Recht wird daher auf die bisherigen Kommentierungen zu § 852 verwiesen.

387 b) Durch das Schuldrechtsmodernisierungsgesetz ist § 852 BGB mit Wirkung vom 1. 1. 2002 als eigenständiger deliktsrechtlicher Verjährungstatbestand beseitigt worden. Der Amtshaftungsanspruch unterliegt daher nunmehr der regelmäßigen Verjährungsfrist von drei Jahren nach § 195 BGB. Diese Frist beginnt mit dem Schluß des Jahres, in dem (1.) der Anspruch entstanden ist und – kumulativ – (2.) der Gläubiger von den den Anspruch begründenden Umständen und der Person des Schuldners Kenntnis erlangt oder ohne grobe Fahrlässigkeit erlangen müßte (§ 199 Abs 1 BGB nF). Amtshaftungsansprüche, die auf der Verletzung des Lebens, des Körpers, der Gesundheit oder der Freiheit beruhen, verjähren ohne Rücksicht auf ihre Entstehung und die Kenntnis oder grob fahrlässige Unkenntnis in 30 Jahren von der Begehung der Amtspflichtverletzung an (§ 199 Abs 2 BGB nF). Sonstige Amtshaftungsansprüche, dh solche, die nicht auf der Verletzung der vorgenannten Rechtsgüter beruhen, verjähren (1.) ohne Rücksicht auf die Kenntnis oder grob fahrlässige Unkenntnis in zehn Jahren von ihrer Entstehung an, und (2.) ohne Rücksicht auf ihre Entstehung oder die Kenntnis oder grob fahrlässige Unkenntnis in 30 Jahren von der Begehung der Amtspflichtverletzung an (§ 199 Abs 3 nF). Dies betrifft insbesondere solche Amtshaftungsansprüche, die (lediglich) zu reinen Vermögensschäden geführt haben. Der wesentliche Unterschied zwischen den von Absatz 2 und Absatz 3 erfaßten Amtshaftungsansprüchen besteht also darin, daß für die ersteren die zehnjährige Höchstfrist, die auf die bloße Entstehung ohne Rücksicht auf Kenntnis oder fahrlässige Unkenntnis abstellt, nicht gilt. Eine besonders wichtige und begrüßenswerte Neuerung gegenüber der bisherigen deliktsrechtlichen Verjährung ist, daß nunmehr der Kenntnis die grob fahrlässige Unkenntnis jeweils gleichgestellt ist. Wenn daher im folgenden in den bisherigen Grundsätzen, die zur Verjährung des Amtshaftungsanspruchs entwickelt worden sind, von „Kenntnis" gesprochen wird, ist nach neuem Recht jeweils die grob fahrlässige Unkenntnis hinzuzudenken.

2. Der Verjährungsbeginn

Bei Ansprüchen aus § 839 BGB kann die Verjährung erst beginnen, wenn der Geschädigte weiß, daß die in Rede stehende Amtshandlung widerrechtlich und schuldhaft war und deshalb eine zum Schadensersatz verpflichtende Amtspflichtverletzung darstellt. **388**

a) Es genügt allerdings im allgemeinen, daß der Verletzte die tatsächlichen Umstände kennt, die eine schuldhafte Amtspflichtverletzung als naheliegend, mithin eine Amtshaftungsklage – sei es auch nur als Feststellungsklage – als so aussichtsreich erscheinen lassen, daß dem Verletzten die Erhebung der Klage zugemutet werden kann (BGHZ 138, 247, 252). Dagegen setzte § 852 Abs 1 aF aus Gründen der Rechtssicherheit und Billigkeit grundsätzlich nicht voraus, daß der Geschädigte aus den ihm bekannten Tatsachen auch die zutreffenden rechtlichen Schlüsse zog. Dies gilt uneingeschränkt auch für das neue Recht. Allerdings kann Rechtsunkenntnis im Einzelfall bei unsicherer oder zweifelhafter Rechtslage den Verjährungsbeginn hinausschieben (BGH NJW 1994, 3162, 3164). Spiegelbildlich zu dem oben (Rn 229) wiedergegebenen Grundsatz, daß es für den Amtshaftungsanspruch ausreicht, wenn feststeht, daß irgendein Amtsträger in seiner Person den gesamten Haftungstatbestand verwirklicht hat, und es nicht erforderlich ist, den konkreten Bediensteten namhaft zu machen (BGHZ 116, 312, 314 f), erfordert auch die Kenntnis nicht, daß der Verletzte den konkreten Amtsträger benennen kann. Soweit es um Amtspflichtverletzungen bei bestimmten Maßnahmen der Staatsanwaltschaft geht, die, wie unter anderem die Entschließung über die Erhebung der öffentlichen Klage, im Amtshaftungsprozeß nicht auf ihre „Richtigkeit", sondern nur daraufhin zu überprüfen sind, ob sie vertretbar sind (s Rn 632), muß das notwendige Wissen des Geschädigten die „Unvertretbarkeit" der Maßnahme umfassen (BGHZ 138, 247, 252). Im Falle der Ablehnung der Eröffnung des Hauptverfahrens beginnt die Verjährungsfrist für einen Schadensersatzanspruch wegen Amtspflichtverletzungen der Staatsanwaltschaft im Zusammenhang mit der Erhebung der öffentlichen Klage regelmäßig nicht vor der Rechtskraft der ablehnenden Entscheidung (BGHZ 138, 247). Die Zumutbarkeit, eine Amtshaftungsklage zu erheben, als Element der erforderlichen Kenntnis ist beispielsweise verneint worden, solange für den Geschädigten die aussichtsreiche Möglichkeit bestand, durch Verhandlungen mit der Behörde zwar nicht Schadensersatz im engeren Sinne zu erlangen (dann galt unmittelbar § 852 Abs 2 BGB aF; jetzt § 203 nF), wohl aber eine anderweitige Kompensation, durch die die Vermögenseinbuße ausgeglichen wurde, ohne daß es eines Schadensersatzprozesses bedürfte (BGH NJW 1990, 245, betreffend die Herstellung der Bebaubarkeit eines Grundstücks durch eine in Aussicht genommene Planungsänderung).

b) Dagegen gehört bei Amtspflichtverletzungen in Ausübung öffentlicher Gewalt das Wissen, daß nach Art 34 GG anstelle des Beamten der Staat oder eine sonstige öffentlich-rechtliche Körperschaft haftet, nicht zur Kenntnis von der Person des Ersatzpflichtigen. Denn sonst würde der Ersatzanspruch eines nicht rechtskundigen Verletzten nur in den seltensten Fällen nach §§ 839, 852 aF verjähren können (RGZ 142, 348; HRR 1933 Nr 1921; BGH VersR 1957, 428; 1966, 632, 634). Das gleiche gilt, wenn der Geschädigte eine Rechtsnorm nicht kennt, die ausnahmsweise die Staatshaftung beseitigt und den Rückgriff gegen den Beamten unmittelbar eröffnet (BGH VersR 1966, 632, 634). **389**

390 c)   Bei rechtlichen Zweifeln, welche von mehreren in Betracht kommenden öffentlich-rechtlichen Körperschaften anstelle des Beamten die richtige Beklagte ist, gelten die Grundsätze der Entscheidung BGH NJW 1994, 3162, 3164 (s Rn 388) entsprechend. Zu Zweifeln über die Rechtsform einer behördeneigenen Unternehmung vgl BGH VersR 1962, 636. Durch die Bewilligung der Prozeßkostenhilfe für die Klage gegen eine bestimmte Körperschaft erhält der Geschädigte eine so hinreichende Kenntnis von dem richtigen Beklagten, daß ihm die Erhebung der Klage gegen diese Körperschaft zugemutet werden kann (BGH JZ 1958, 54 = LM § 852 Nr 9).

391 d)   Geht ein Amtshaftungsanspruch bereits im Augenblick seiner Entstehung mit dem Schadensereignis im Wege der Legalzession gemäß § 116 Abs 1 SGB X auf den Träger der gesetzlichen Unfallversicherung über, so kann für den Beginn der Verjährung nur auf dessen Kenntnis abgehoben werden. Sind aber innerhalb der regreßbefugten Berufsgenossenschaft (Körperschaft des öffentlichen Rechts) mehrere Stellen für die Bearbeitung eines Schadensfalls zuständig – nämlich die Leistungsabteilung hinsichtlich der Einstandspflicht gegenüber dem verunglückten Mitglied und die Regreßabteilung bezüglich der Geltendmachung von Schadensersatz- oder Regreßansprüchen gegenüber Dritten –, so kommt es für den Beginn der Verjährung von Regreßansprüchen grundsätzlich auf den Kenntnisstand der Bediensteten der Regreßabteilung an. Das Wissen der Bediensteten der Leistungsabteilung ist demgegenüber regelmäßig unmaßgeblich, und zwar auch dann, wenn die Mitarbeiter dieser Abteilung aufgrund einer behördeninternen Anordnung gehalten sind, die Unfallakte an die Regreßabteilung weiterzuleiten, sofern sich im Zuge der Unfallsachbearbeitung Anhaltspunkte für eine Unfallverursachung Dritter oder eine Gefährdungshaftung ergeben (BGH NJW 2000, 1411; BGH NJW 1992, 1755).

3. Kenntnis (oder grob fahrlässige Unkenntnis) vom Fehlen einer anderweitigen Ersatzmöglichkeit

392 a)   Hängt nach § 839 Abs 1 S 2 die Haftung des Beamten oder des Staates davon ab, daß der Geschädigte nicht auf andere Weise Ersatz erlangen kann, so beginnt die Verjährung erst mit der Kenntnis, daß und in welcher Höhe solcher Ersatz auf andere Weise nicht zu erlangen ist; diese Kenntnis besteht, sofern nach der einschränkenden neuen Rechtsprechung des BGH (Rn 268 ff) anderweitige Ersatzmöglichkeiten rechtlich noch in Betracht kommen, erst, wenn der Geschädigte im Prozeßweg oder auf andere zumutbare Weise sich hinreichende Kenntnis verschaffen konnte, ob und in welchem Umfang ein realisierbarer Ersatzanspruch gegen einen Dritten besteht (BGHZ 121, 65, 71; 102, 246; BGH NJW 1979, 34, 35; WM 1976, 1137, 1141). Die Kenntnis setzt voraus, daß die anderweitige Ersatzmöglichkeit den Schaden mindestens teilweise nicht deckt (BGH NJW 1986, 1866). Bei einem Konkurs des dritten Schuldners beginnt die Verjährung des Amtshaftungsanspruchs erst mit Kenntnis der Höhe des Ausfalls (RGZ 161, 375 unter Aufgabe von RGZ 137, 20). Die Höhe des Ausfalls muß dem Geschädigten insoweit bekannt sein, daß er im Amtshaftungsprozeß eine **Leistungs**klage erheben kann; ob er schon eine Feststellungsklage erheben kann, ist eine für den Beginn der Verjährung nicht ausschlaggebende Frage (BGH NJW 1977, 198).

393 b)   Die Kenntnis vom Fehlen anderweitiger Ersatzmöglichkeiten braucht dabei nicht weiter zu gehen als in dem Fall, daß der Geschädigte Amtshaftungsansprüche gerichtlich geltend macht (s oben Rn 300): Dies bedeutet: Das vermeintliche Vorhandensein einer anderweitigen Ersatzmöglichkeit hindert nicht die Verjährung wegen fahrlässiger Amtspflichtverletzung, wenn die Amtshaftungsklage auch angesichts der für das Bestehen einer anderweitigen Ersatzmöglichkeit sprechenden Umstände so viel Erfolgsaussichten bietet, daß dem Verletzten die Erhebung der Klage zuzumuten ist (BGH MDR 1967, 753). Erst recht wird die Verjährung nicht gehindert, wenn die vom Kläger irrtümlich angenommene anderweitige Ersatzmöglichkeit objektiv nicht besteht (Beispiel: Die rechtswidrige Amtspflichtverletzung zum Nachteil des Klägers besteht in der rechtswidrigen Erteilung der Baugenehmigung für ein benachbartes Bauvorhaben; dieses ist bereits durchgeführt, der Kläger sieht aber eine anderweitige Ersatzmöglichkeit in einem öffentlich-rechtlichen Anspruch auf teilweisen Abriß des errichteten Gebäudes, obwohl diese Möglichkeit nach Lage des Falles ausscheidet, BGH NJW 1979, 35). Ebensowenig kann der Geschädigte durch Untätigbleiben und Nichtausschöpfen der anderweitigen Ersatzmöglichkeit den Beginn der Verjährung des Amtshaftungsanspruchs beliebig hinausschieben. Allgemein kann der Geschädigte sich zur Begründung eines späteren Verjährungsbeginns nicht auf Umstände berufen, die ihn an der Erhebung der Schadensersatzklage aus § 839 BGB tatsächlich in keiner Weise gehindert haben (BGHZ 121, 65, 72 f; LM § 852 Nr 20; ferner RGZ 145, 56, 71, 73).

394 **c)** Soweit sich der Verletzte um Ersatzmöglichkeiten nicht zu kümmern braucht, sei es, daß sich aus dem Sachverhalt selbst keine greifbaren Anhaltspunkte für solche ergeben (oben Rn 306), sei es, daß er sich von diesen keine alsbaldige Verwirklichung versprechen kann, wird auch die Verjährung seines Amtshaftungsanspruchs durch sie nicht verhindert (BGH DVBl 1967, 661). Insbesondere kann der Verletzte den Verjährungsbeginn nicht immer schon damit hinausschieben, daß er in Wirklichkeit nicht vorhandenen Ersatzmöglichkeiten nachgeht und den Verjährungsbeginn erst als gekommen ansieht, wenn er sich in seinen unzutreffenden Vorstellungen von Ersatzmöglichkeiten endgültig widerlegt sieht (BGH MDR 1964, 671 = LM § 839 E Nr 14). Nur in anderen Fällen kann es sich auf den Beginn der Verjährung auswirken, ob andere Ersatzmöglichkeiten vorhanden sind (BGH DVBl 1967, 661).

395 **d)** Erforderlich ist aber, daß der Geschädigte Schritte zur Klärung der Ersatzpflicht des Dritten unternimmt. Die Verjährung des Amtshaftungsanspruchs beginnt, wenn er dies unterläßt, in dem Zeitpunkt, in dem anzunehmenderweise gerichtlich hätte festgestellt werden können, daß von dem Dritten nicht oder nur teilweise Ersatz zu erlangen war.

4. Inanspruchnahme von Primärrechtsschutz

396 Noch in der Vorauflage hatte KARL SCHÄFER in Übereinstimmung mit dem damaligen Stand der Rechtsprechung (BGH NJW 1960, 1811; 1979, 34; LM § 839 B Nr 36) die Auffassung vertreten, daß dann, wenn eine Amtspflichtverletzung durch Erlaß eines rechtswidrigen Verwaltungsakts in Betracht komme, der Geschädigte, der von der Rechtswidrigkeit des Verwaltungsakts überzeugt sei, mit der Erhebung der Amtshaftungsklage nicht warten dürfe, bis ihm seine Überzeugung durch ein rechtskräftiges verwaltungsgerichtliches Urteil bestätigt werde (STAUDINGER/SCHÄFER[12] § 852 Rn 91).

397 **a)** Insoweit ist in der Rechtsprechung des BGH inzwischen ein Wandel eingetreten: Der Inanspruchnahme verwaltungsgerichtlichen (oder sonstigen fachgerichtlichen) Primärrechtsschutzes im Sinne des § 839 Abs 3 BGB wird durchweg verjährungsunterbrechende Wirkung analog §§ 209, 211 BGB aF auch für den Amtshaftungsprozeß beigemessen (BGHZ 95, 238; 97, 97; 103, 242; 122, 317, 323; NJW 1988, 1776; NJW 1995, 2778). Die Unterbrechungswirkung wurde dementsprechend bejaht: für Widerspruch und verwaltungsgerichtliche Klage gegen einen amtspflichtwidrig erlassenen Verwaltungsakt (BGHZ 95, 238); für die Geltendmachung des sozialrechtlichen Herstellungsanspruchs durch Klage vor den Sozialgerichten (obwohl noch nicht abschließend geklärt ist, ob dieser ein „Rechtsmittel" im technischen Sinne des § 839 Abs 3 ist, s oben Rn 349 [BGHZ 103, 242]). Wichtig ist, daß die Anfechtung des Ursprungsverwaltungsaktes die Verjährung auch hinsichtlich solcher Amtshaftungsansprüche unterbricht, die aus dessen amtspflichtwidrigem Vollzug hergeleitet werden (BGHZ 97, 97 betreffend einen Planfeststellungsbeschluß). Erfordert die betreffende Verfahrensordnung die Durchführung eines vorherigen Widerspruchsverfahrens, so unterbricht bereits der Widerspruch die Verjährung (BGH NVwZ 2001, 468).

398 b) Dem früheren Unterbrechungstatbestand des § 209 Abs 1 aF entspricht der nunmehrige Hemmungstatbestand des § 204 Abs 1 Nr 1 nF. Die frühere verjährungsunterbrechende Wirkung der Inanspruchnahme von Primärrechtsschutz wird daher nunmehr durch eine verjährungshemmende Wirkung ersetzt. Insoweit lassen sich die bisherigen Rechtsprechungsgrundsätze uneingeschränkt auf das neue Recht übertragen.

399 c) Besteht die Amtspflichtverletzung im Erlaß eines dem Geschädigten günstigen Verwaltungsakts (etwa eines Bauvorbescheides) oder in der Erteilung einer ihm günstigen Auskunft, so kommt die Inanspruchnahme von Primärrechtsschutz im engeren Sinne nicht in Betracht (vgl oben Rn 355). Dementsprechend hat der BGH eine verjährungsunterbrechende Wirkung im technischen Sinne hinsichtlich solcher Maßnahmen verneint, die auf die Erteilung einer dem Vorbescheid entsprechenden endgültigen Baugenehmigung (BGHZ 122, 317), eines in Übereinstimmung mit der Auskunft stehenden begünstigenden Verwaltungsakts (BGHR § 852 Amtshaftung 2) oder auf Beseitigung eines zu ihr im Widerspruch stehenden belastenden Verwaltungsaktes (NVwZ 2001, 468) gerichtet waren. Die vom Geschädigten insoweit ergriffenen Rechtsbehelfe konnten sich aber dennoch auf den Lauf der Verjährung auswirken, nämlich in der Weise, daß erst der Ausgang des betreffenden verwaltungsgerichtlichen Verfahrens dem Geschädigten die erforderliche Kenntnis verschaffte, ob überhaupt eine Amtspflichtverletzung vorgelegen hatte, bzw ob ein Schaden entstanden war. Der BGH hat daher in BGHZ 121, 317 und NVwZ 2001, 468 die Zumutbarkeit, vor Abschluß des vom Geschädigten betriebenen verwaltungsrechtlichen Verfahrens Amtshaftungsklage zu erheben – und damit den Beginn der Verjährung –, verneint.

400 d) Wird die Rechtswidrigkeit der Verweigerung des gemeindlichen Einvernehmens (§ 36 BauGB) rechtskräftig festgestellt und wird daraufhin das Baugenehmigungsverfahren selbst fortgeführt, so laufen die Verjährung und auch die Ausschlußfrist nach Art 71 BayAGBG weiter (BGHR § 839 Abs 3 Primärrechtsschutz 4).

5. Verjährungshöchstfristen

401 Zur 30jährigen Verjährung nach § 852 Abs 1 HS 2 BGB – entsprechend § 199 Abs 2 und 3 nF – im Amtshaftungsrecht s BGHZ 117, 287, 292 ff: Bei der Frage, ob die beklagte öffentlich-rechtliche Körperschaft durch die Erhebung der Verjährungseinrede gegen Treu und Glauben verstößt, ist bei der 30jährigen Frist zu Lasten des Gläubigers ein besonders strenger Maßstab anzulegen.

XV. Der Rückgriff gegen den Beamten

1. Innenregreß und Eigenhaftung

a) Nach Art 34 S 2 GG bleibt der Rückgriff der aus Satz 1 haftenden Körperschaft **402** gegen den schuldigen Amtsinhaber bei Vorsatz oder grober Fahrlässigkeit „vorbehalten". Das Grundgesetz schließt also Bestimmungen, die einen solchen Rückgriff vorsehen, nicht aus, beschränkt ihn aber auf die Fälle, in denen der Amtsinhaber vorsätzlich oder grob fahrlässig gehandelt hat. Bei leichter oder mittlerer Fahrlässigkeit findet ein Rückgriff grundsätzlich nicht statt.

b) Dieser „Innenregreß" (OSSENBÜHL 119) betrifft die Fälle, in denen der Beamte **403** seinen Dienstherrn dadurch mittelbar schädigt, daß dieser seinerseits einem Dritten ersatzpflichtig wird. Davon zu unterscheiden sind die Fälle einer unmittelbaren Schädigung des Dienstherrn durch den Beamten, etwa dadurch, daß der Beamte das Eigentum oder sonstige geschützte Rechtsgüter des Dienstherrn verletzt. In diesen Fällen kann eine unmittelbare Eigenhaftung des Beamten gegenüber dem Dienstherrn begründet sein, die ihre Grundlage aber nicht in der Amtshaftung und in der durch diese begründeten Regreßmöglichkeit findet.

c) Beide Haftungstatbestände, also sowohl der Innenregreß als auch die Eigen- **404** haftung des Beamten, sind nunmehr in den Haftungsnormen des Beamtenrechts einheitlich und zusammengefaßt geregelt (§ 46 BRRG, § 78 BBG, jeweils in den Fassungen des Neunten Gesetzes zur Änderung dienstrechtlicher Vorschriften vom 11. 6. 1992 BGBl I 1030; inzwischen sind auch die Beamtengesetze der Länder an diese Regelungen angepaßt worden, OSSENBÜHL aaO). Die Unterscheidung zwischen Eigenhaftung und Innenregreß ist nur noch in § 46 Abs 2 S 2 BRRG (entsprechend § 78 Abs 2 S 2 BBG) angesprochen, wonach beim Innenregreß für die Verjährung an die Stelle des Zeitpunktes, in dem der Dienstherr von dem Schaden Kenntnis erlangt, der Zeitpunkt tritt, in dem der Ersatzanspruch des Dritten diesem gegenüber vom Dienstherrn anerkannt oder dem Dienstherrn gegenüber rechtskräftig festgestellt wird. Wichtig ist, daß nunmehr auch die unmittelbare Eigenhaftung des Beamten gegenüber dem Dienstherrn nur noch bei Vorsatz oder grober Fahrlässigkeit eintritt.

2. Der Rückgriffsschuldner

Diese Regelungen betreffen die Beamten im staatsrechtlichen Sinne. Sie gelten für **405** Richter kraft der Verweisungen der §§ 46, 71 DRiG entsprechend. Weitere inhaltsgleiche Bestimmungen finden sich: für Soldaten in § 24 SoldG; für Zivildienstleistende in § 34 ZDG. Für Angestellte gilt § 14 BAT: Entsprechende Anwendung der beamtenrechtlichen Haftungsbestimmungen. Für Arbeiter richten sich die Ansprüche des Dienstherrn nach dem betreffenden Dienst- oder sonstigen Rechtsverhältnis, für Beliehene und Verwaltungshelfer nach dem zwischen ihnen und dem Staat bestehenden verwaltungsrechtlichen Schuldverhältnis (Haftungsgrund ist positive

Forderungsverletzung). Für Parlamentsabgeordnete ist wegen deren Indemnität grundsätzlich kein Rückgriff zulässig (vgl zB Art 46 Abs 1 GG). Für Mitglieder kommunaler Vertretungskörperschaften bieten die Kommunalordnungen der Länder nur vereinzelt entsprechende Regreßgrundlagen (vgl zB § 30 Abs 3 GO NW; § 22 Abs 3 KrO NW; § 39 Abs 4 GO NS). Die hier wiedergegebene Übersicht folgt der Darstellung bei OSSENBÜHL (119 mwN). Durch die vorstehend beschriebenen Regelungen wird der Vorbehalt des Art 34 S 2 GG ausgefüllt. Hingegen ergibt sich die Rückgriffsmöglichkeit noch nicht unmittelbar aus § 839. Denn diese Vorschrift betrifft nur das Verhältnis zwischen dem schuldigen Beamten und einem außenstehenden Dritten, nicht das Innenverhältnis zwischen dem Beamten und der haftenden Körperschaft, die auch nicht dadurch „Dritter" im Sinne des § 839 wird, daß sie die Haftung anstelle des Beamten trifft (vgl schon RGZ 134, 311, 320; 164, 1; 165, 323, 332).

3. Grobe Fahrlässigkeit

406 Der Begriff der groben Fahrlässigkeit im Sinne des Art 34 S 2 GG ist der gleiche wie in anderen gesetzlichen Vorschriften (vgl zB § 277 BGB, § 61 VVG); er entspricht dem Verschuldensgrad, der im Strafrecht als Leichtfertigkeit bezeichnet wird. Grob fahrlässig handelt danach, wer die im Verkehr erforderliche Sorgfalt in besonders schwerem Maße verletzt, wer nicht beachtet, was im gegebenen Fall jedem einleuchten muß, oder wer die einfachsten, ganz naheliegenden Überlegungen nicht anstellt (BVerwG MDR 1965, 230); den schwerwiegenden Vorwurf der groben Fahrlässigkeit rechtfertigen nur solche unentschuldbaren Pflichtverletzungen, die das gewöhnliche Maß **erheblich** übersteigen (BGH VersR 1960, 626 mwN; 1966, 1150). Grob fahrlässig handelt zB ein Polizeibeamter, der beim Hantieren mit der Waffe im Wachdienstraum einen Pistolenschuß auslöst, ohne zuvor die Ladeecke aufzusuchen oder die Waffe zumindest auf den Boden zu richten (BGH VersR 1983, 87). Ob grobe oder leichte Fahrlässigkeit vorliegt, unterliegt grundsätzlich der tatrichterlichen Würdigung; das Revisionsgericht prüft nur, ob das Berufungsgericht den Rechtsbegriff der groben Fahrlässigkeit verkannt hat (BGH LM BGB § 277 Nr 1; MDR 1959, 374; VersR 1963, 1177; 1974, 731; 1966, 776, 877).

4. Rückgriff und Verweisungsprivileg

407 a) Der Staat kann sich im Amtshaftungsprozeß nicht auf § 839 Abs 1 S 2 (das Verweisungsprivileg oder die Subsidiaritätsklausel) berufen, wenn dem Verletzten neben dem Anspruch aus § 839 BGB, Art 34 GG aufgrund des gleichen Sachverhalts ein Anspruch aus Aufopferung oder enteignungsgleichem Eingriff gegen die öffentliche Hand zusteht. Dieser Gesichtspunkt gilt auch dann, wenn ein Beamter einen anderen Beamten in Ausübung öffentlicher Gewalt (zB bei vorschriftswidrigem Hantieren mit der Dienstwaffe) verletzt und dem Beamten gegen seinen Dienstherrn sowohl ein – im Hinblick auf § 46 BeamtVG dem Grunde nach bestehender und nur der Höhe nach begrenzter – Anspruch aus § 839 BGB, Art 34 GG als auch der beamtenrechtliche Anspruch auf Unfallfürsorge zusteht; auch dieser letztere Anspruch ist kein anderweitiger Ersatzanspruch im Sinne des § 839 Abs 1 S 2 (BGH NJW 1963, 2168). Soweit sich danach der haftende Staat nicht auf § 839 Abs 1 S 2 berufen kann, ist auch dem schädigenden Beamten im Rückgriffsprozeß eine Berufung auf die Subsidiarität seiner Haftung versagt (BGH aaO).

b) Der in dem vorgenannten Fall von dem Schädiger zu ersetzende Schaden **408** mindert sich auch nicht um die dem Geschädigten zustehende Versorgung, wie sie sich aus §§ 52 BRRG, 87a BBG ergibt (Übergang der Schadensersatzansprüche eines Verletzten, der Hinterbliebenen eines getöteten Beamten auf den die Dienstbezüge fortzahlenden oder Versorgung gewährenden Dienstherrn), denn diese Vorschriften regeln verneinend die früher streitige Frage, ob die Gewährung von Dienst- und Versorgungsbezügen den durch die Verletzung oder Tötung entstandenen Schaden beseitigt oder mindert (BGH VersR 1963, 1177). Im übrigen ist bei der Verletzung eines Beamten durch einen anderen Beamten in Ausübung öffentlicher Gewalt § 87a BBG unanwendbar; denn da dem Verletzten gegen den Schädiger im Hinblick auf Art 34 GG kein Schadensersatz zusteht, ist eine cessio legis gemäß § 87a ausgeschlossen (§ 78 BBG enthält also für solche Fälle die ausschließlich anwendbare Regelung, BGH aaO).

5. Weitere Einzelfragen

a) Ein Rückgriffsanspruch ist ausgeschlossen, wenn der geschädigte Dritte den **409** Dienstherrn nicht über § 839 BGB, Art 34 GG, sondern aus Gefährdungshaftung nach Sondergesetzen (als Fahrzeughalter nach § 7 StVG oder nach § 1 HaftpflichtG) in Anspruch genommen hat (RGZ 164, 1, 8; LG Berlin VersR 1958, 650; Weimar MDR 1958, 896).

b) Hat der Dienstherr die Möglichkeit, sich etwa auf dem Wege des § 255 Ersatz **410** zu verschaffen, so gebietet es ihm die Fürsorgepflicht (§§ 79 BBG, 48 BRRG), gegen den schuldigen Beamten erst im Rückgriff vorzugehen, wenn solche Ersatzansprüche nicht mehr bestehen oder nicht durchgesetzt werden können (Kreft Rn 134).

c) Ist ein Dienstunfall bei der Teilnahme am allgemeinen Verkehr eingetreten, so **411** hat nach §§ 1, 4 des Gesetzes über die erweiterte Zulassung von Schadensersatzansprüchen bei Dienstunfällen vom 7.12.1943 (RGBl I 674) die öffentliche Verwaltung, die nach den Vorschriften des Versorgungsrechts Leistungen gewährt, keinen Anspruch auf Ersatz dieser Leistung gegen die öffentliche Verwaltung, die zum Schadensersatz verpflichtet ist. In diesem Falle ist der Rückgriff gegen einen Bediensteten der zum Schadensersatz verpflichteten öffentlichen Verwaltung auch dann ausgeschlossen, wenn diese die Freistellung ihrer Bediensteten von solchen Ansprüchen durch Vereinbarung übernommen und zugleich auf ihre Kosten eine Haftpflichtversicherung abgeschlossen hat, die sich auf die persönliche Haftung der Bediensteten erstreckt (BGH VRS 27, 418).

d) Hat ein Beamter in Ausübung des ihm anvertrauten öffentlichen Amtes als **412** Fahrer eines Dienstkraftwagens einen Verkehrsunfall grob fahrlässig verursacht, so kann der Dienstherr wegen der bundesrechtlichen Sonderregelung des § 2 Abs 2 S 4 PflVG gegen den Beamten nur insoweit Rückgriff nehmen, als die Schadensersatzleistungen die Mindestversicherungssummen des Pflichtversicherungsgesetzes übersteigen (BGHZ 96, 50). Grund: Die beamtenrechtliche Fürsorgepflicht verbietet es jedenfalls dem Dienstherrn, aus der mit der versicherungsrechtlichen Freistellung verbundenen Vergünstigung, keine Versicherungsprämie leisten zu müssen, auch noch den weiteren Vorteil zu ziehen, wirtschaftliche Nachteile aus seiner Eigenschaft als „Eigenversicherer" ganz oder zum Teil auf seine Bediensteten abzuwälzen (BGHZ 96, 50, 59/60).

6. Mangelnde wirtschaftliche Leistungsfähigkeit des regreßpflichtigen Beamten

413 Mangelnde wirtschaftliche Leistungsfähigkeit des schädigenden Beamten berührt den Rückgriffsanspruch des Dienstherrn grundsätzlich nicht (RGZ 163, 87, 89). Auch liegt in der Verfolgung des Rückgriffsanspruchs noch keine Verletzung der Fürsorgepflicht des Dienstherrn (BGH VersR 1962, 426). Schließlich verträgt auch der im Arbeitsrecht entwickelte Gedanke, daß im Falle schadens- oder gefahrgeneigter Arbeit bei nur geringem Verschulden des Arbeitnehmers der Arbeitgeber den Schaden nicht ausschließlich dem Arbeitnehmer aufbürden kann (BGHZ 16, 111; 27, 62; BAG NJW 1958, 235; 1959, 1796), keine sinngemäße Ausdehnung auf § 78 BBG, der grobe Fahrlässigkeit voraussetzt (BGH NJW 1963, 2168, 2170; BVerwG NJW 1965, 458). In aller Regel hat der Beamte die gegen ihn bestehenden Schadensersatzansprüche seines Dienstherrn zu erfüllen. Dem Dienstherrn steht bei der Entscheidung der Frage, ob er im Rahmen seiner Fürsorgepflicht unter Heranziehung des Haushaltsrechts auf eine Forderung gegen seinen Beamten ganz oder teilweise verzichtet, grundsätzlich auch in Härtefällen ein Ermessen zu. Eine auch nur teilweise Abstandnahme von der Verfolgung begründeter Forderungen kann nur ausnahmsweise verlangt werden. Ein Anspruch des Beamten hierauf muß auf Sachverhalte beschränkt bleiben, die durch das Vorliegen eines besonders gestalteten Einzelschicksals und seiner Person geprägt sind, mit der Folge, daß er durch eine Belastung mit den Forderungen seines Dienstherrn in ungewöhnlich schwerer Weise getroffen würde (BGHZ 124, 15, 16).

7. Mitwirkendes Verschulden des Dienstherrn

414 Mitwirkendes Verschulden des Dienstherrn, zB durch Überlastung des Beamten, kann gemäß § 254 BGB auch gegenüber dem Rückgriffsanspruch geltend gemacht werden (RGZ 146, 362; RG HRR 1936 Nr 357; sa BVerwG MDR 1970, 444). Macht der Beamte geltend, sein amtspflichtwidriges Verhalten beruhe auf mangelnder Belehrung durch den Dienstherrn, so macht er praktisch einen dem Rückgriffsanspruch des Dienstherrn entgegenstehenden eigenen Anspruch auf Verletzung der beamtenrechtlichen Fürsorgepflicht geltend. Im Rückgriffsprozeß ist das Zivilgericht nach der Neufassung des § 17 Abs 2 GVG nicht gehindert, auch über eine hierauf gestützte Einwendung des Beamten mit zu entscheiden. Für Rückgriffsansprüche (also im Bereich des Innenregresses) darf gemäß Art 34 S 3 GG der ordentliche Rechtsweg nicht ausgeschlossen werden; dh es sind die ordentlichen Gerichte zuständig, gleichviel ob es sich um den Rückgriffsanspruch gegen Beamte im staatsrechtlichen Sinne oder um Nichtbeamte (Beamte im haftungsrechtlichen Sinne) handelt (vgl KREFT Rn 136 mwN). Die Zuständigkeit der ordentlichen Gerichte ist aber nur gegeben, wenn der Dienstherr von dem Geschädigten tatsächlich nach § 839 BGB iVm Art 34 GG in Anspruch genommen worden ist oder er dem Geschädigten aufgrund dieser Vorschriften Ersatz geleistet hat. Gewährt dagegen der Staat einem Beamten, der von einem anderen Beamten verletzt wurde, aufgrund der beamtenrechtlichen Vorschriften (§ 46 BeamtVG) Unfallfürsorge, so ist für den Rückgriffsanspruch nach § 78 Abs 1 BBG der Verwaltungsrechtsweg (§§ 172 BBG, 126 Abs 2 BRRG) auch dann gegeben, wenn der Staat aus Staatshaftung hätte belangt werden oder dem Geschädigten hätte Ersatz leisten können, dies aber tatsächlich nicht geschehen ist (BVerwG NJW 1963, 69). Ebenso ist für den Regreßanspruch des Dienstherrn gegen den Beamten der Verwaltungsrechtsweg gegeben, wenn der Beamte im nicht hoheitlichen

Bereich die Amtspflicht verletzt hat und der Staat den Verletzten nach § 278 oder nach §§ 31, 89, 823, 831 BGB haftete (VG Köln VersR 1964, 394).

8. Die Durchsetzung des Rückgriffsanspruchs

a) Ist der Rechtsweg zu den ordentlichen Gerichten gegeben, so ist nach § 71 Abs 2 Nr 2 GVG das Landgericht zuständig; unter „Beamten" im Sinne dieser Vorschrift sind nach dem Sinn und Zweck der Vorschrift auch die nicht beamteten Amtsinhaber (Beamte im haftungsrechtlichen Sinne) zu verstehen (KREFT Rn 137). **415**

b) Außer im Wege der Klage kann der Rückgriffsanspruch noch durch die zivilrechtlichen Instrumente der Aufrechnung oder der Zurückbehaltung geltend gemacht werden; hingegen scheidet eine Beitreibung im Wege der Verwaltungsvollstreckung aus (OSSENBÜHL 120 f). **416**

Für Ansprüche des Dienstherrn wegen unmittelbarer Schädigung durch den Beamten (also außerhalb des Innenregresses) ist wie folgt zu unterscheiden: Bei Beamten im staatsrechtlichen Sinne kann der Dienstherr gegen den Beamten im Verwaltungsrechtsweg (§ 126 Abs 2 BRRG) Leistungsklage erheben; daneben besteht wahlweise die Möglichkeit, aufzurechnen oder einen Leistungsbescheid zu erlassen. Bei einem Fehlbestand am öffentlichen Vermögen infolge schuldhafter Verletzung von Dienstpflichten bei Kassen- und Rechnungsgeschäften und infolge vorsätzlicher strafbarer Handlungen, die zu einem Vermögensschaden des Dienstherrn geführt haben, ist der Erlaß eines Erstattungsbeschlusses nach dem Erstattungsgesetz vom 18. 4. 1937 in der Fassung der Bekanntmachung vom 24. 1. 1951 möglich. Bei Angestellten und Arbeitern: Leistungsklage vor dem Arbeitsgericht; gegebenenfalls Erlaß eines Erstattungsbeschlusses (OSSENBÜHL 121 mwN). Mit Anerkennung einer privatrechtlich organisierten Beschäftigungsstelle des Zivildienstes nach § 4 ZDG, die als mitwirkungsbedürftiger Verwaltungsakt zu bewerten ist, wird zwischen dem Bund und dem Träger der Beschäftigungsstelle zugleich ein verwaltungsrechtliches Schuldverhältnis gegründet. Die Verletzung der Fürsorgepflicht und der Dienstaufsicht über den Dienstleistenden ist als positive Vertragsverletzung des zwischen dem Bund und dem Träger der Beschäftigungsstelle bestehenden verwaltungsrechtlichen Schuldverhältnisses zu werten. Wird durch ein pflichtwidriges Verhalten des Vorgesetzten der privaten Beschäftigungsstelle eine Zivildienstbeschädigung verursacht, die Aufwendungen des Bundes für Heilfürsorge und Versorgungsleistungen auslöst, kann der Bund gegen den Träger der Beschäftigungsstelle wegen seiner Aufwendungen aufgrund der Verletzung des verwaltungsrechtlichen Schuldverhältnisses Rückgriff nehmen, falls den Verantwortlichen der Beschäftigungsstelle Vorsatz oder grobe Fahrlässigkeit zur Last fällt. Der Rückgriffsanspruch ist der Höhe nach auf den Verantwortungsbeitrag der Beschäftigungsstelle beschränkt; im Umfang eines mitwirkenden Verschuldens des Zivildienstleistenden an der eingetretenen Zivildienstbeschädigung steht dem Bund kein Rückgriffsanspruch zu (BGHZ 135, 341). Dieser Anspruch ist ein Schadensersatzanspruch aus der Verletzung öffentlich-rechtlicher Pflichten, die nicht auf einem öffentlich-rechtlichen Vertrag beruhen, und fällt daher in die Zuständigkeit der ordentlichen Gerichte nach § 40 Abs 2 S 1 VwGO. Die gleichen Grundsätze gelten in allen Rückgriffsfällen bei unmittelbarer Schädigung des Dienstherrn durch einen Beliehenen, Verwaltungshelfer oder dergleichen, sofern das betreffende Beleihungsverhältnis nicht auf einem öffentlich-rechtlichen Vertrag beruht. Besteht dagegen ein solcher öffentlich-rechtlicher Vertrag, ist die Zuständigkeit der Verwaltungsgerichte gegeben.

XVI. Verfahrensfragen

1. Beweislast*

417 a) Der Verletzte hat im Rahmen des Haftungstatbestandes des § 839 Abs 1 S 1 zu beweisen:

– daß eine schuldhafte Amtspflichtverletzung vorliegt. Welche Tatsachen der Geschädigte im einzelnen für das Vorliegen einer Amtspflichtverletzung darlegen und beweisen muß, bestimmt sich nach den für die Beurteilung der Amtspflichtverletzung maßgeblichen Rechtsnormen (BGHZ 37, 333, 337; BGH NJW 1963, 1829). So muß zB bei einer Amtshaftungsklage, die darauf gestützt ist, daß der Kläger trotz fehlender Gemeingefährlichkeit in einer Anstalt untergebracht sei, der Kläger die fehlende Gemeingefährlichkeit beweisen (BayObLG MDR 1968, 149). Der Konkursantrag einer Gemeindefinanzbehörde ist amtspflichtwidrig, wenn ein Konkursgrund nicht vorliegt. Im Amtshaftungsprozeß trägt die Darlegungs- und Beweislast für das Nichtvorliegen des Konkursgrundes der säumige Steuerschuldner (BGHZ 110, 253);

– daß ein Schaden eingetreten ist (RGZ 137, 153, 155; BGHZ 37, 336, 337; VersR 1974, 782; 1978, 282);

– daß eine Kausalbeziehung im Ablauf des Geschehens besteht, das den **konkreten Haftungsgrund** bildet, während über die Frage des Kausalzusammenhangs zwischen dem schadenstiftenden Ereignis und dem eingetretenen Schaden das Gericht unabhängig von der Beweislast gemäß § 287 ZPO nach seiner freien Überzeugung zu entscheiden hat (BGHZ 4, 192; BGH VersR 1968, 988).

418 aa) Für den Beweis einer schuldhaften Amtspflichtverletzung genügt im allgemeinen die Darlegung und gegebenenfalls der Beweis eines Sachverhalts, der nach dem regelmäßigen Ablauf der Dinge die Folgerung begründet, daß ein Beamter schuldhaft seine Amtspflicht verletzt hat (BGH LM § 839 J Nr 1; BGH VersR 1960, 905; OLG Düsseldorf NJW 1969, 1352). Der auch im Amtshaftungsprozeß in Betracht kommende Beweis des ersten Anscheins (BGH VersR 1963, 857) ist für Verschulden zB gerechtfertigt, wenn als Folge des Handelns (oder Unterlassens) des Beamten ein ordnungswidriger Zustand festgestellt wird, der erfahrungsgemäß nur auf Vernachlässigung der erforderlichen Sorgfalt zurückzuführen ist (BGHZ 54, 173; BGH VersR 1976, 762); liegt eine objektiv unrichtige Maßnahme einer Fachbehörde auf ihrem Fachgebiet vor, so spricht eine tatsächliche Vermutung dafür, daß die Maßnahme auf Außerachtlassung der erforderlichen Sorgfalt beruht (BGH VersR 1969, 541; OLG Düsseldorf VersR 1976, 1180). Da hinsichtlich der Entstehung und der Höhe eines Schadens die Beweiserleichterung des § 287 ZPO gilt, wird die Beweislastfrage erst wesentlich, wenn es an greifbaren An-

---

* S wegen weiterer Einzelheiten insbesondere: BAUMGÄRTEL, Handbuch der Beweislast im Privatrecht (2. Aufl 1991) § 839.

haltspunkten zur Bildung einer richterlichen Überzeugung fehlt (BGH VersR 1960, 369; 1961, 155, 183). Für den ursächlichen Zusammenhang zwischen Amtspflichtverletzung und Schadenseintritt spricht, wenn eine Amtspflichtverletzung und ein zeitlich nachfolgender Schaden feststehen, der möglicherweise durch die Amtspflichtverletzung verursacht ist, im allgemeinen eine Vermutung, deren Ausräumung Sache des Beamten (der haftenden Körperschaft) ist (RG HRR 1934 Nr 255; BGH VersR 1961, 610; WM 1963, 60, 63; DB 1974, 915); Voraussetzung ist aber, daß nach der Lebenserfahrung eine tatsächliche Vermutung oder tatsächliche Wahrscheinlichkeit für den Ursachenzusammenhang spricht; ist dies nicht der Fall, so ist der Geschädigte beweispflichtig (BGH NJW 1974, 454; VersR 1978, 283; NJW 1983, 2241). Die Ursachenvermutung kommt namentlich in Betracht bei Verfahrensfehlern wie fehlender Sachaufklärung und Verletzung des rechtlichen Gehörs (BayObLG MDR 1968, 149) und ähnlichen Fallgestaltungen (vgl BGH NJW 1983, 2241: hypothetische Feststellung des Zivilgerichts über das Ergebnis einer rechtmäßig durchgeführten Prüfung, wenn die vorausgegangene Prüfungsentscheidung vom Verwaltungsgericht wegen Fehlerhaftigkeit [Voreingenommenheit eines Mitglieds des Prüfungsausschusses gegenüber dem Prüfling] aufgehoben worden war). Insbesondere kann, wenn die Amtspflichtverletzung in der Vernachlässigung der Beaufsichtigung und Überwachung der zur Betreuung eines Dritten oder zur Verwaltung einer Vermögensmasse amtlich bestellten Person besteht, und wenn letztere den Betreuten oder die Masse schädigt, ein ursächlicher Zusammenhang zwischen der Verletzung der Aufsichtspflicht und dem schädigenden Verhalten des Betreuers (Verwalters) vermutet werden. Zur Beweisvereitelung durch Beseitigung einer Unfallstelle bei laufender Beweissicherung vgl BGHR ZPO § 444 Beweisvereitelung 3. Die Zeugnisverweigerung des Beamten läßt keinen Rückschluß auf Vorsatz zu (BGH, Beschluß vom 12. 7. 1990 – III ZR 241/89). Besteht die Amtspflichtverletzung in einer Unterlassung, setzt der Ursachenzusammenhang zwischen ihr und einem Schaden voraus, daß dieser bei pflichtgemäßem Handeln mit an Sicherheit grenzender Wahrscheinlichkeit vermieden worden wäre; die bloße Möglichkeit oder Wahrscheinlichkeit der Verhinderung des Schadens genügt nicht (BGHZ 34, 206 215; 64, 51; BGH NJW 1974, 255). Zu weiteren Beweislastfragen, betreffend die Kausalität und den Schaden, s den dortigen Abschnitt (Rn 236 f).

bb) Eine Umkehrung der Darlegungs- und Beweislast kommt auch in Betracht, **419** wenn Amtspflichtverletzungen durch Verletzung der Fürsorgepflicht des Dienstherrn geltend gemacht werden, durch die die Beweissituation des Klägers besonders schwierig geworden ist (BGH LM § 839 Fd Nr 15; BGH MDR 1978, 736; NJW 1983, 2241). S in diesem Zusammenhang auch BGHZ 129, 226, 234 f, betreffend Beweiserleichterungen des unterlegenen Bewerbers für den Nachweis von Amtspflichtverletzungen bei der Besetzung einer Behördenstelle. Gesetzliche Schuldvermutungen (§ 833 S 2 BGB, § 18 StVG) gelten auch im Amtshaftungsprozeß (RGZ 125, 98; BGH NJW 1959, 985; VersR 1972, 1048).

cc) Der dem Verletzten obliegende Beweis einer schuldhaften Amtspflichtverlet- **420** zung umfaßt auch die Rechtswidrigkeit des Verhaltens des Beamten. Dem kommt insofern besondere Bedeutung zu, als – wie für Staatsakte im allgemeinen – für die Maßnahmen einer Verwaltungsbehörde die Vermutung der Rechtmäßigkeit gilt, die der Verletzte widerlegen muß. Wenn jedoch die Art des Eingriffs in die Rechtssphäre des Verletzten, in seine körperliche Unversehrtheit, seine Freiheit, sein Eigentum etc. die Rechtswidrigkeit indiziert, ist es Sache des Beamten (der Körperschaft), die besonderen Voraussetzungen darzulegen (und gegebenenfalls zu beweisen), die nach Sachlage den Eingriff als gerechtfertigt erscheinen lassen können (RGZ 159, 235, 240; RG JW 1930, 3400; RG HRR 1936, 665; BGHZ 24, 28; BGH LM PreußPolVerwG § 14 Nr 5; VersR 1960, 248). Entsprechendes gilt, wenn der Amtsträger im Einzelfall für sich in Anspruch nimmt, daß die Voraussetzungen vorgelegen hätten, unter denen eine grundsätzlich bestehende Regel im Einzelfall durchbrochen werden darf. Kreuzt also zB ein Fahrzeug eines Hoheitsträgers im hoheitlichen Einsatz im Sinne des § 35 StVO (Polizei, Feuerwehr etc) die Fahrbahn eines auf bevorrechtigter Straße fahrenden PKW und kommt es dabei zum Zusammenstoß, so muß der Beklagte beweisen, daß die Voraussetzungen vorlagen, unter denen das an sich bestehende Vorfahrtsrecht des Verletzten nach § 35 StVO „mißachtet" werden durfte (BGHZ 37, 336). Auch hier gelten aber in vollem Umfang die Grundsätze des sogenannten Anscheinsbeweises. Sie können dazu führen, daß der bei einer strafbaren Handlung in der Dunkelheit Betroffene, der sich der Ergreifung widersetzt oder zu entziehen sucht, den Anscheinsbeweis für die Rechtmäßigkeit der ihm von dem Polizeibeamten in Verfolgung der Ergreifungsmaßnahmen zugefügten Verletzungen zu zerstören hat (vgl OLG Düsseldorf MDR 1954, 358; KREFT Rn 547).

421 **dd)** Einen „Gleichklang" von materieller Beweislast im Verwaltungsverfahren und Beweislast im Amtshaftungsprozeß gibt es nicht (vgl zur materiellen Beweislast im Verwaltungsverfahren: BADURA, in: ERICHSEN, Allg VerwRecht [11. Aufl 1998] 506: sie fällt beim belastenden Verwaltungsakt der Behörde, beim begünstigenden Verwaltungsakt dem Antragsteller zu). Der Umstand, daß im Verwaltungsprozeß die Unerweislichkeit einer Tatsache zur Aufhebung eines vom Betroffenen angegriffenen Verwaltungsaktes hätte führen müssen, rechtfertigt daher, solange keine rechtskräftige verwaltungsgerichtliche Entscheidung die Rechtswidrigkeit des betreffenden Verwaltungsakts festgestellt hat, im Amtshaftungsprozeß keine Verschiebung der Beweislast zugunsten des durch den belastenden Verwaltungsakt Geschädigten.

422 **b)** Bei fahrlässiger Amtspflichtverletzung muß der Verletzte im Hinblick auf § 839 Abs 1 S 2 außerdem die Unmöglichkeit, anderweit Ersatz zu erlangen, nachweisen, gegebenenfalls auch, daß er eine vorhanden gewesene Ersatzmöglichkeit nicht schuldhaft versäumt hat (s wegen der Einzelheiten den Abschnitt „Anderweitige Ersatzmöglichkeit" Rn 301 ff).

423 **c)** Im Falle des § 839 Abs 2 S 1 muß der Geschädigte die objektiven und subjektiven Voraussetzungen der von dem Spruchrichter begangenen Straftat beweisen.

424 **d)** Der Ersatzpflichtige hat zu beweisen:

- daß die an sich anzunehmende Widerrechtlichkeit des schädigenden Verhaltens aus besonderen Gründen ausgeschlossen ist;

- das Vorliegen eines den Vorsatz (oder auch das Verschulden insgesamt) ausschließenden Rechtsirrtums (BGHZ 69, 128, 143);

- daß der Verletzte es schuldhaft unterlassen hat, den Schaden durch Gebrauch eines Rechtsmittels abzuwenden (§ 839 Abs 3 BGB);

- ein Mitverschulden des Geschädigten (§ 254 BGB).

2. Rechtsweg und Zuständigkeit

a) Soweit der Beamte persönlich aus § 839 in Anspruch genommen werden kann, **425** ergibt sich die Zuständigkeit der ordentlichen Gerichte aus § 13 GVG, und soweit sich der Anspruch gegen die haftende Körperschaft richtet, unmittelbar aus Art 34 S 3 GG. Ausschließlich sachlich zuständig sind die Landgerichte ohne Rücksicht auf den Wert des Streitgegenstandes (§ 71 Abs 2 Nr 2 GVG). Diese Regelung betrifft zwar ihrem Wortlaut nach nur „Ansprüche gegen Richter und Beamte wegen Überschreitung ihrer amtlichen Befugnisse oder wegen pflichtwidriger Unterlassung von Amtshandlungen"; sie gilt indessen auch für Klagen gegen die nach Art 34 GG haftende Körperschaft. Örtlich zuständig ist das Landgericht des allgemeinen Gerichtsstandes, der bei der öffentlichen Hand durch den Sitz der Behörde bestimmt wird, die berufen ist, die Körperschaft in dem Rechtsstreit zu vertreten (vgl § 18 ZPO). Daneben gilt wahlweise (vgl § 35 ZPO) auch der besondere Gerichtsstand der unerlaubten Handlung nach § 32 ZPO: zuständig ist auch das Gericht, in dessen Bezirk die Handlung begangen worden ist. Klagen gegen die Bundesrepublik, die auf Amtspflichtverletzung gestützt sind, sind keine „Rheinschiffahrtssachen" iSd § 14 BinnenschiffahrtsG (BGH VersR 1966, 656).

b) Nach Art 34 S 3 GG ist auch für den Rückgriff des haftenden Dienstherrn **426** gegen den schuldigen Beamten die Zuständigkeit der ordentlichen Gerichte gegeben, und das gleiche gilt sinngemäß auch für die Ausgleichsansprüche zwischen mehreren öffentlich-rechtlichen Körperschaften, die für denselben auf Amtspflichtverletzung beruhenden Schaden haften (BGHZ 9, 65). Die ausschließliche Zuständigkeit der ordentlichen Gerichte für Amtshaftungsansprüche hat zur Folge, daß solche Ansprüche auch dann nicht im Wege der Widerklage vor Gerichten anderer Gerichtszweige geltend gemacht werden können, wenn die betreffende Amtshandlung sich auf eine Angelegenheit bezieht, für die die Gerichte dieses Gerichtszweigs zuständig sind (BSG VersR 1964, 348). Die Gerichte der anderen Gerichtsbarkeiten befinden auch dann nicht über Amtshaftungsansprüche, wenn mit diesen im Rahmen eines dortigen Prozesses, etwa eines Verwaltungsprozesses, aufgerechnet wird. Nach Auffassung des Bundesverwaltungsgerichts (DVBl 1993, 885) ist in solchen Fällen das betreffende verwaltungsgerichtliche Verfahren auszusetzen, um dem Aufrechnenden die Klage vor den Zivilgerichten zu ermöglichen (kritisch dazu ERMAN/KÜCHENHOFF/HECKER, BGB [10. Aufl 2000] § 839 Rn 92).

c) Soweit die ordentlichen Gerichte für den Hauptanspruch zuständig sind, folgen **427** auch die Hilfs- und Nebenansprüche auf Auskunftserteilung und Abgabe einer eidesstattlichen Versicherung zwecks Durchsetzung des Hauptanspruchs, obwohl sie auf ein Verwaltungshandeln gerichtet sind, dieser Zuständigkeit, da grundsätzlich auch solche Annexansprüche in der Rechtswegfrage denselben Regeln wie der Hauptanspruch unterfallen (BGHZ 78, 274; 81, 21, 24).

d) Ergänzt wird Art 34 S 3 GG durch § 40 Abs 2 VwGO. Danach ist der ordent- **428** liche Rechtsweg für vermögensrechtliche Ansprüche aus Aufopferung für das gemeine Wohl und aus öffentlich-rechtlicher Verwahrung sowie für Schadensersatzansprüche aus der Verletzung öffentlich-rechtlicher Pflichten, die nicht auf einem öffentlich-rechtlichen Vertrag beruhen, gegeben. Die besonderen Vorschriften des Beamtenrechts sowie über den Rechtsweg bei Ausgleich von Vermögensnachteilen wegen Rücknahme rechtswidriger Verwaltungsakte bleiben unberührt. Aus dieser Rechtswegzuweisung sind demnach Schadensersatzansprüche aus der Verletzung öffentlich-rechtlicher Verträge (§ 54 ff VwVfG) ausdrücklich ausgeklammert. Für derartige Ansprüche, einschließlich solcher aus culpa in contrahendo, ist somit der Rechtsweg zu dem jeweils zuständigen Fachgericht eröffnet.

429 e) Nach § 17 Abs 2 GVG (in der Fassung des Gesetzes zur Neuregelung des verwaltungsgerichtlichen Verfahrens vom 17. 12. 1990 BGBl I 2809) entscheidet das Gericht des zulässigen Rechtswegs den Rechtsstreit unter allen in Betracht kommenden rechtlichen Gesichtspunkten. Art 14 Abs 3 S 4 und Art 34 S 3 des Grundgesetzes bleiben unberührt. Dies hat die Konsequenz, daß die Zuständigkeit der ordentlichen Gerichte im Amtshaftungsprozeß auch auf die Prüfung der nach § 40 Abs 2 VwGO an sich den Verwaltungs- oder sonstigen Fachgerichten vorbehaltenen Ansprüche, also insbesondere Schadensersatzansprüche aus der Verletzung öffentlich-rechtlicher Verträge oder der beamtenrechtlichen Fürsorgepflicht, erweitert wird. Dies gilt indessen nur, wenn und soweit Einheitlichkeit des Streitgegenstandes besteht, insbesondere also, wenn aus ein- und demselben Lebenssachverhalt sowohl ein Amtshaftungsanspruch als auch ein mit diesem konkurrierender vertraglicher oder vertragsähnlicher öffentlich-rechtlicher Schadensersatzanspruch oder ein solcher aus Verletzung der beamtenrechtlichen Fürsorgepflicht hergeleitet werden kann (zu weiteren Einzelfragen des Streitgegenstandes im Amtshaftungsprozeß s unten Rn 434 f). Davon zu unterscheiden sind Fälle, in denen mehrere selbständige Ansprüche im Wege der objektiven Klagehäufung (§ 260 ZPO) geltend gemacht werden. Bei einer derartigen Mehrheit prozessualer Ansprüche ist das Gericht nicht gehindert, für einen dieser Ansprüche die Zulässigkeit des beschrittenen Rechtswegs zu verneinen (BGHZ 114, 1, 2). Besteht hingegen jene Einheitlichkeit des Streitgegenstandes, so können nach Beschreiten des ordentlichen Rechtswegs die öffentlich-rechtlichen Klagegründe nicht mehr im Verwaltungsrechtsweg geltend gemacht werden; einer späteren verwaltungsgerichtlichen Klage stünden die Prozeßhindernisse der anderweitigen Rechtshängigkeit der Sache bei den Zivilgerichten oder der Rechtskraft der zivilgerichtlichen Entscheidung entgegen (PAPIER Rn 373 mwN).

430 f) Wird umgekehrt zunächst ein Verwaltungsgericht wegen eines Schadensersatzanspruchs aus der Verletzung eines öffentlich-rechtlichen Vertrages oder der beamtenrechtlichen Fürsorgepflicht angerufen, so ist ihm die Entscheidung über einen konkurrierend in Betracht kommenden Amtshaftungsanspruch verwehrt (§ 17 Abs 2 S 2 GVG); das gilt auch, wenn ein Amtshaftungsanspruch im verwaltungsgerichtlichen Verfahren zur Aufrechnung gestellt wird (so Rn 426).

431 g) Die Zuständigkeit der ordentlichen Gerichte wird nicht schon dadurch eröffnet, daß der Kläger sich zur Begründung seines Klagebegehrens auf § 839 BGB iVm Art 34 GG beruft.

aa) Der ordentliche Rechtsweg ist vielmehr unzulässig, wenn mit der Klage in Wahrheit der Ausübung von Hoheitsrechten oder der Vornahme von Verwaltungsakten entgegengetreten werden soll, oder wenn aus öffentlich-rechtlichen Maßnahmen nur deshalb Schadensersatzansprüche erhoben werden, weil der Kläger auf diese Weise die Nachprüfung öffentlich-rechtlicher Rechtsverhältnisse durch die ordentlichen Gerichte erreichen will (BGHZ 14, 294, 297). Der Weg zu den Zivilgerichten ist also verschlossen, wenn im formalen Gewand einer Amtshaftungsklage unter dem Gesichtspunkt des Schadensersatzes in Wahrheit die Aufhebung von hoheitlichen Verwaltungsakten oder die Vornahme oder Unterlassung von Amtshandlungen verlangt wird. Das gleiche gilt, wenn bei einem auf § 1004 oder § 861 BGB gestützten Anspruch schon nach dem Klagevortrag die abzuwehrenden Eingriffe oder Beeinträchtigungen auf der Ausübung der Herrschaftsgewalt des Staates beruhen oder auf die Ausübung einer hoheitlich bestimmten Tätigkeit zurückgehen und die Vollstreckung des stattgebenden Urteils zur Aufhebung oder Änderung einer hoheitlichen Maßnahme führen oder hoheitliches Handeln behindern würde. Solche öffentlich-rechtlichen Streitigkeiten gehören vor die dazu berufenen Verfassungs-, die allgemeinen oder besonderen Verwaltungsgerichte oder sind gemäß §§ 23 ff EGGVG zu verfolgen (RGZ 93, 255; BGHZ 12, 52, 69; 14, 222; 34, 99, 105; 41, 264, 266; 48, 239; 49, 347; MDR 1965, 196; LM ZPO § 549 Nr 29; WM 1967, 124 mwN).

bb) Beispiele unzulässiger Klagen: Wenn die Amtshaftungsklage nur dazu herhalten soll, um andere Ansprüche durchzusetzen, für die der ordentliche Rechtsweg nicht gegeben ist (RGZ 143, 84; 146, 369; 159, 247; 162, 230; 168, 143, 163; BGHZ 4, 77, 84; 24, 302, 305; 67, 92, 100), wenn der Kläger sich nur auf § 839 BGB, Art 34 GG beruft, um in Wahrheit einen nach seiner Auffassung bestehenden Anspruch auf Übertragung eines öffentlichen Amtes oder auf eine Beförderung durchzusetzen (RGZ 110, 265; 146, 369; 159, 247; BGHZ 21, 256), wenn die Amtshaftungsklage bezweckt, die Gültigkeit einer Polizeiverordnung nachprüfen zu lassen (RGZ 144, 253) oder die Rechtmäßigkeit einer behördlichen Inanspruchnahme aufgrund des Bundesleistungsgesetzes (vgl RG DR 1943, 193) oder die Verteilung öffentlicher Mittel zur Durchführung öffentlicher Aufgaben zwischen verschiedenen öffentlichen Körperschaften (BGHZ 24, 302). **432**

cc) Die Schlüssigkeit einer Amtshaftungsklage erfordert es, daß ein Sachverhalt dargelegt wird, der in seinen tatsächlichen Zusammenhängen, die Behauptung des Klägers als richtig unterstellt, sämtliche Merkmale des § 839 BGB iVm Art 34 GG als gegeben ausweist (BGHZ 13, 145, 152). Es müssen also die vom Kläger vorgetragenen tatsächlichen Behauptungen bei Unterstellung ihrer Richtigkeit objektiv und unabhängig von der Rechtsauffassung des Klägers geeignet sein, die Annahme einer schuldhaften Amtspflichtverletzung im Sinne des § 839 BGB iVm Art 34 GG zu rechtfertigen, also wenigstens die Möglichkeit der Haftung der öffentlich-rechtlichen Körperschaft hinreichend deutlich erkennen lassen (RGZ 144, 253; 146, 257; 157, 197; 165, 323, 329; 170, 54, 57; BGHZ 9, 65, 66; 13, 145, 152; 15, 185; 21, 359; 67, 92, 100). Bieten sich als Rechtsgrundlagen, nach denen das Klagebegehren seinem wahren inneren Gehalt nach zu würdigen ist, ungezwungen Rechtsgrundsätze des öffentlichen Rechts an, während der vom Kläger angeführte Klagegrund der Amtspflichtverletzung fernliegt und das rechtliche Bild des Sachverhalts nicht entscheidend formt, so ist der Rechtsweg vor den Zivilgerichten ausgeschlossen (BGH NJW 1962, 1204). Er ist aber zum Beispiel gegeben, wenn Gegenstand des Rechtsstreits nicht die unterlassene Anstellung und der Beförderung als solche ist, auf die kein Rechtsanspruch besteht, sondern nur die Verletzung der Amtspflichten, die in diesem Zusammenhang dem Bewerber gegenüber oblagen (BGHZ 21, 256; BGH VersR 1964, 289). **433**

h) Weitere Einzelfragen zum Streitgegenstand **434**
aa) Der BGH bejaht eine Einheitlichkeit des Streitgegenstands im Verhältnis zwischen dem Amtshaftungsanspruch und dem Anspruch aus enteignungsgleichem Ein-

griff. In einem Fall, in dem der Kläger als Grundlage für sein Schadensersatzbegehren lediglich die Amtshaftung herangezogen hatte, sind die Gerichte daher berechtigt und verpflichtet, den Prozeßstoff auch unter dem rechtlichen Gesichtspunkt des enteignungsgleichen Eingriffs zu würdigen (BGH NVwZ 1992, 1119; BGHZ 136, 182, 184). Das gleiche gilt für das Verhältnis der Amtshaftung zu dem Anspruch nach § 68 des rheinland-pfälzischen Polizeiverwaltungsgesetzes (BGH NJW 1995, 620). Deshalb konnte die Zulassung der Revision nicht wirksam auf den Anspruch nach dem Polizeiverwaltungsgesetz beschränkt werden. Kann aus demselben Lebenssachverhalt ein Amtshaftungsanspruch und hilfsweise ein Anspruch wegen rechtmäßiger Inanspruchnahme (dort: nach § 59 Abs 1 Nr 1 BerlASOG) hergeleitet werden, so handelt es sich ebenfalls um einen einheitlichen Streitgegenstand (BGH NJW 1996, 3151). In einem gewissen Gegensatz zu dieser gefestigten späteren Rechtsprechung steht es, wenn der BGH in einer früheren Entscheidung eine Einheitlichkeit des Streitgegenstandes bei einem Anspruch aus öffentlich-rechtlicher Aufopferung einerseits gegenüber Ansprüchen aus Gefährdungshaftung (nach dem Luftverkehrsgesetz) und aus Amtspflichtverletzung andererseits verneint hat (BGH NJW 1993, 2173, insoweit in BGHZ 122, 363 nicht abgedruckt).

435 **bb)** Leitet der Kläger einen Amtshaftungsanspruch daraus her, daß die Rücknahme eines ihm erteilten Bauvorbescheides rechtswidrig sei, so muß das Gericht, das die Rücknahme für rechtmäßig hält, weil der erteilte Vorbescheid rechtswidrig gewesen sei, auch prüfen, ob der Amtshaftungsanspruch sich aus dem Erlaß des Vorbescheides herleiten läßt (BGH NJW 1987, 1663). Ähnliches gilt, wenn der Kläger einen Amtshaftungsanspruch darauf stützt, daß sein Bauvorhaben trotz einer erteilten Baugenehmigung stillgelegt worden ist: Das Gericht, das die Stillegung für rechtmäßig hält, weil die erteilte Baugenehmigung rechtswidrig gewesen sei, muß prüfen, ob der Amtshaftungsanspruch sich aus dem Erlaß der Baugenehmigung herleiten läßt (BGH, Urteil vom 5. 7. 2001 – III ZR 11/00).

cc) Die Rechtskraft der Abweisung einer Schadensersatzklage hindert den Kläger, in einem nachfolgenden Rechtsstreit gegen denselben Beklagten über eine andere Forderung, die das Bestehen des abgewiesenen Schadensersatzanspruchs voraussetzt, geltend zu machen, der Vorprozeß sei unrichtig entschieden. Ist die Entscheidung des Vorprozesses durch eine dem Beklagten zuzurechnende Amtspflichtverletzung (dort: erteilte falsche Auskunft) beeinflußt worden, so hängt es von dem Gewicht der Amtspflichtverletzung ab, ob die Berufung auf die Rechtskraft gegen Treu und Glauben verstößt (BGH NJW 1993, 3204).

3. Umfang der Nachprüfung von Verwaltungsakten im Amtshaftungsprozeß

436 Von der Frage der Zulässigkeit des Rechtswegs zum ordentlichen Gericht ist die Frage zu unterscheiden, in welchem Umfang das Gericht, wenn der Rechtsweg zu ihm nach dem vorstehend Ausgeführten zu bejahen ist, dazu berufen ist, Maßnahmen der Verwaltungsbehörden, insbesondere Verwaltungsakte, auf ihre Rechtmäßigkeit und ihre Rechtswirksamkeit zu prüfen.

a) Auch mit Mängeln behaftete (rechtsfehlerhafte) Verwaltungsakte sind wegen der Vermutung, die für die Gültigkeit staatlicher Hoheitsakte spricht, grundsätzlich nicht nichtig, sondern lediglich anfechtbar und mithin bis zu ihrer etwaigen Zurücknahme oder Aufhebung durch die zuständige Stelle rechtswirksam. Ihre Zurücknahme oder Aufhebung ist Sache der Verwaltungsbehörden und -gerichte, soweit dem ordentlichen Gericht nicht durch besondere Gesetze (zB Art 19 Abs 4 S 2 GG, §§ 217 ff BauGB) die Entscheidung über den Verwaltungsakt selbst zugewiesen ist. Für die Amtshaftung kommt es indessen nicht auf die Rechtswirksamkeit, sondern auf die Rechtmäßigkeit der Amtshandlung an. Die Feststellung, daß ein Verwaltungsakt eine Amtspflichtverletzung darstellt, setzt daher nicht voraus, daß der Verwaltungsakt nichtig ist oder wegen seiner Anfechtbarkeit zurückgenommen oder aufgehoben wurde; auch ist das Amtshaftungsgericht an die Gründe, aus denen die Verwaltungsbehörde den Verwaltungsakt später zurückgenommen hat, nicht gebunden (BGH NJW 1980, 2580). Wird der Amtshaftungsanspruch darauf gestützt, daß die Amtspflichtverletzung im Erlaß eines rechtswidrigen Verwaltungsakts bestehe, so haben die Zivilgerichte die Rechtmäßigkeit dieses Verwaltungsakts ohne Rücksicht auf seine Bestandskraft zu überprüfen. Dies gilt auch für Verwaltungsakte, die öffentliche Abgaben festsetzen (BGHZ 113, 17 m zahlr wN; vgl dazu auch die im Ergebnis zustimmenden Besprechungen von SCHRÖDER DVBl 1991, 751 und NIERHAUS JZ 1992, 209; BGHZ 127, 223, 225). Noch nicht abschließend geklärt ist, ob es Fallgruppen geben kann, bei denen auch im Amtshaftungsprozeß eine Nachprüfung des bestandskräftig gewordenen Verwaltungsakts mit Rücksicht auf dessen verfahrensmäßige Ausgestaltung und umfassende rechtsgestaltende Wirkung ausgeschlossen oder eingeschränkt ist (wie es der BGH in BGHZ 98, 85, 88 für den Flurbereinigungsplan in Erwägung gezogen hat; vgl auch BROSS VerwArchiv 1987, 91, 106, 110 für Planfeststellungsbeschlüsse). Eine derartige Einschränkung kann allenfalls für solche Verwaltungsakte gelten, die in einem mit den Garantien des gerichtlichen Rechtsschutzes vergleichbaren Verwaltungsverfahren ergehen, welches etwaige Fehlerquellen auf ein solches Maß zurückführt, daß sie von dem betroffenen Bürger im Interesse der Rechtssicherheit hingenommen werden müßten (BGHZ 113, 17, 23 unter Hinweis auf BGHZ 9, 129, 133).

b) Anzumerken ist jedoch, daß die Nachprüfbarkeit bestandskräftiger Verwaltungsakte unter dem Vorbehalt des Vorrangs des Primärrechtsschutzes steht: Hat es der Betroffene schuldhaft versäumt, den Verwaltungsakt mit dem dafür vorgesehenen Rechtsbehelf anzufechten, so führt dies nach § 839 Abs 3 BGB zum Verlust des Amtshaftungsanspruchs, ohne daß dann noch in eine Prüfung der Rechtmäßigkeit eingetreten werden könnte (BGHZ 113, 17).

c) Auch im Amtshaftungsprozeß kann – nicht anders als im Verwaltungsrechtsstreit – die Verwaltungsbehörde im allgemeinen zur Begründung eines Verwaltungsakts Rechtsgründe und Tatsachen, die bereits bei seinem Erlaß vorlagen, „nachschieben". Ein solches Nachschieben ist aber nicht zulässig, wenn hierdurch der Verwaltungsakt in seinem Wesensgehalt und seinem Ausspruch geändert und der Geschädigte in seiner Rechtsverteidigung beeinträchtigt wird (BGH VersR 1963, 1157, betreffend Amtshaftungsprozeß).

d) Hat bereits ein Verwaltungsgericht durch Sachurteil rechtskräftig über Rechtmäßigkeit und Rechtswirksamkeit eines Verwaltungsakts entschieden, so bindet ein solches Urteil nach § 121 VwGO die Beteiligten und ihre Rechtsnachfolger so weit, als über den Streitgegenstand entschieden worden ist. Aber auch der Amtshaftungsrichter ist wegen der grundsätzlichen Gleichwertigkeit der Gerichtszweige an eine solche Entscheidung gebunden, soweit der Streitgegenstand der gleiche ist (BGH NJW

1979, 2097; 1980, 2577; BGHZ 119, 365, 368). Allerdings entfalten verwaltungsgerichtliche Eilentscheidungen, die im Aussetzungsverfahren nach § 80 Abs 5 VwGO getroffen werden und vom Verwaltungsgericht nach § 80 Abs 7 VwGO jederzeit geändert oder aufgehoben werden können, im Amtshaftungsprozeß keine Bindungswirkung. Dies gilt auch dann, wenn das amtspflichtwidrige Verhalten nicht im Erlaß des Verwaltungsaktes selbst, sondern nur in der Anordnung der sofortigen Vollziehbarkeit durch die Behörde nach § 80 Abs 2 S 1 Nr 4 VwGO gesehen werden kann (BGH NVwZ 2001, 452 = LM § 839 J Nr 15 mit kritischer Anmerkung OSSENBÜHL).

440 **aa)** Nach ständiger Rechtsprechung des BGH enthält das rechtskräftige Urteil eines Verwaltungsgerichts, durch das auf Anfechtungsklage ein Verwaltungsakt aufgehoben worden ist, zugleich die rechtskräftige Feststellung der Rechtswidrigkeit dieses Verwaltungsakts. Die Zivilgerichte sind an diese Feststellung im Rahmen ihrer Rechtskraftwirkung gebunden, wenn sie unter denselben Parteien über einen Anspruch auf Entschädigung wegen dieses Verwaltungsakts zu entscheiden haben (BGHZ 9, 329; 10, 220; 20, 382, 72, 275; BGH VersR 1963, 1080; 1968, 523; 1975, 450; 1984, 41; JR 1969, 181; NJW 1979, 209; 1923, 2241; WM 1985, 1349, 1350; BGHZ 103, 242, 245; NJW 1994, 1950; BGHZ 134, 268, 273). Jedoch wird von der Bindung des Zivilgerichts an das einen Verwaltungsakt aufhebende Urteil des Verwaltungsgerichts nicht die von diesem gegebene Begründung, warum der Verwaltungsakt rechtswidrig sei, umfaßt (BGHZ 134, 268, 273 f; BGH NJW 1983, 2241). Deswegen ist das Zivilgericht auch bei der Frage, ob durch den vom Verwaltungsgericht bindend als rechtswidrig festgestellten Verwaltungsakt ein Schaden entstanden ist, nicht an die Gründe gebunden, aus denen das Verwaltungsgericht die Rechtswidrigkeit des Verwaltungsakts hergeleitet hat (BGHZ 20, 379). Ergibt sich aus einer rechtskräftigen verwaltungsgerichtlichen Entscheidung, daß die Baugenehmigungsbehörde verpflichtet war, bis zum Inkrafttreten einer Veränderungssperre im Bereich eines Bebauungsplans die beantragte Baugenehmigung zu erteilen, so ist im Amtshaftungsprozeß der Einwand abgeschnitten, die Baugenehmigungsbehörde sei nach § 15 BauGB berechtigt gewesen, die Entscheidung über den Baugenehmigungsantrag bis zu fünf Monaten auszusetzen (BGH NVwZ-RR 1996, 65; SCHLICK/RINNE aaO). Zur Bindungswirkung einer Entscheidung des Landwirtschaftsgerichts, durch die eine – vom Landwirtschaftsamt rechtswidrig versagte – Genehmigung nach dem Grundstückverkehrsgesetz erteilt wird, s BGHZ 136, 182. Dieselbe materielle Rechtskraft und damit Bindungswirkung wie einem inhaltsgleichen verwaltungsgerichtlichen Urteil kommt dem Feststellungsausspruch eines OLG-Strafsenats im Verfahren nach §§ 23 ff EGGVG zu. Daß hierbei im Beschlußverfahren und ohne mündliche Verhandlung entschieden wird, ändert daran ebensowenig wie der Umstand, daß grundsätzlich nur eine Instanz in Anspruch genommen werden kann (BGH NJW 1994, 1950; SCHLICK/RINNE aaO).

441 **bb)** Die Frage, ob der betreffende Amtswalter schuldhaft gehandelt hat, wird durch die vorangegangene Entscheidung eines Verwaltungs-, Sozial-, Finanz- oder sonstigen Fachgerichts nicht präjudiziert (BGHZ LM PreußPVG § 14 Nr 46; BGH VersR 1963, 1080; BGH NVwZ 1998, 878; BGHZ 136, 182).

442 **cc)** Umgekehrt bindet, wenn eine rechtskräftige verwaltungsgerichtliche Entscheidung nach sachlicher Prüfung die Wirksamkeit und Rechtmäßigkeit eines Verwaltungsaktes bejaht, zB aus sachlichen Gründen eine Anfechtungsklage abweist, auch eine solche Entscheidung im Rahmen ihrer Rechtskraftwirkung den Zivilrichter (vgl

BGHZ 9, 329; 10, 220; 15, 17, 19; 20, 379; BGH JZ 1962, 252; VersR 1964, 289; 1983 86; BGH MDR 1980, 38; 1981, 473; BVerwG MDR 1963, 706; BGHZ 113, 17, 20). Die auf das Vorliegen einer amtspflichtwidrig herbeigeführten Wehrdienstbeschädigung gestützte Amtshaftungsklage kann daher keinen Erfolg haben, wenn das Sozialgericht rechtskräftig entschieden hat, daß die geltend gemachten gesundheitlichen Beeinträchtigungen nicht Folgen einer Wehrdienstbeschädigung gewesen sind (SCHLICK, in: RINNE/SCHLICK NVwZ Beilage Nr II/2000, 29 mwN). Dagegen kann eine (objektive) Amtspflichtverletzung eines Trägers der gesetzlichen Rentenversicherung wegen unzureichender Beratung des Versicherten nicht schon deshalb abgelehnt werden, weil die Sozialgerichte rechtskräftig den bei ihnen geltend gemachten sozialrechtlichen Herstellungsanspruch verneint haben. In jenem Verfahren war die Frage, ob sich die Mitarbeiter des Rentenversicherungsträgers pflichtgemäß oder pflichtwidrig verhalten hatten, lediglich eine Vorfrage, auf die sich die Rechtskraftwirkung des sozialgerichtlichen Urteils nicht erstreckte (BGH NVwZ 1997, 1243; SCHLICK aaO). Auch bei einer die Rechtmäßigkeit eines Verwaltungsakts bejahenden verwaltungsgerichtlichen Entscheidung ist der Amtshaftungsrichter an deren Gründe nicht gebunden (BGHZ 20, 379, 383; 66, 118, 122; MDR 1980, 1913; 1981, 473; NJW 1983, 2241). Nimmt eine Verwaltungsbehörde einen Verwaltungsakt zurück, weil er dem bestehenden Recht widerspreche, und wird die dagegen erhobene Anfechtungsklage rechtskräftig vom Verwaltungsgericht abgewiesen, so steht für den Zivilrichter rechtskräftig fest, daß die Zurücknahme rechtmäßig und der zurückgenommene Verwaltungsakt rechtswidrig war (so – mE mit Recht – BGH JR 1969, 181; anders jetzt möglicherweise aber BGH NJW 1994, 2087 f).

4. Weitere Einzelfragen

a) Besteht Streit, ob eine behördliche Willenserklärung einen unmittelbar in die Rechtssphäre eingreifenden Verwaltungsakt darstellt oder nicht (zB ob die Festsetzung einer Baulinie oder nur die Stellungnahme der Behörde zu einem Antrag der Anlieger auf Baulinienänderung vorliegt), so ist die Auslegung Sache des ordentlichen Gerichts (BGH VersR 1967, 356). Bei der Auslegung sind die §§ 133, 157 BGB entsprechend anzuwenden. Maßgebend ist danach nur der erklärte Wille, also das, was als Wille für den Empfänger erkennbar ist, wie er die Erklärung auffassen durfte. Rechtliche Erwägungen darüber, ob die Erklärung je nach der gewählten Auslegung Mängel aufweist, die sie nichtig oder wenigstens fehlerhaft machten, treten bei der Auslegung in den Hintergrund. Einzelne Mängel, die den Bescheid, wie er sich nach der Auslegung darstellt, fehlerhaft erscheinen lassen, verwehren diese Auslegung erst dann, wenn sie diese Maßnahme begrifflich ausschließen (BGH VersR 1967, 356).

b) Die Vermutung der Rechtswirksamkeit eines Verwaltungsakts entfällt, wenn er bestimmte schwere Mängel aufweist. Die Voraussetzungen der Nichtigkeit eines Verwaltungsakts sind durch § 44 VwVfG gesetzlich geregelt. Einem nichtigen Verwaltungsakt kann jedermann die Anerkennung versagen; er kann und muß daher auch vom Zivilgericht als unverbindlich behandelt werden (BGHZ 2, 209); nach § 44 Abs 5 VwVfG kann auch „die Behörde" die Nichtigkeit jederzeit von Amts wegen feststellen. Auf Antrag muß sie festgestellt werden, wenn der Antragsteller hieran ein berechtigtes Interesse hat. Auch wenn er nicht nichtig ist, kann das Gericht einen Verwaltungsakt dann unbeachtet lassen, wenn dieser das überhaupt nicht erreichen konnte, was er erzielen wollte, zB wenn der Akt eine nicht mehr laufende Frist verlängerte und nach deren Ablauf ein nach einer anderen gesetzlichen Bestimmung zu beurteilendes Rechtsverhältnis entstanden war, das der Verwaltungsakt nicht betraf (BGHZ 14, 240, 245).

B. Staatshaftung außerhalb der Amtshaftung

I. Enteignungsgleicher und enteignender Eingriff

1. Historischer Überblick

445 a) Das Haftungsinstitut des enteignungsgleichen Eingriffs ist in der Rechtsprechung des Bundesgerichtshofs entwickelt worden, um die Haftungslücke zu schließen, die zwischen der Amtshaftung als einer umfassenden Haftung für durch schuldhafte Amtspflichtverletzungen verursachte Schäden einerseits und der Haftung für rechtmäßige hoheitliche Zugriffe auf individuell geschützte Rechtsgüter andererseits bestand: nämlich Entschädigungsansprüchen wegen Enteignung als des gesetzmäßigen, insbesondere den Erfordernissen des Art 14 Abs 3 GG, namentlich der Junktimklausel des Satzes 2, genügenden Eingriffs in vermögenswerte Rechtspositionen und wegen Aufopferung als des Eingriffs in nichtvermögenswerte Schutzgüter wie Freiheit, Leben und Gesundheit. Der allgemeine Aufopferungsgedanke findet seinen gesetzlichen Niederschlag in §§ 74, 75 der Einleitung zum Allgemeinen Preußischen Landrecht (EinlALR) und ist in der ganzen Bundesrepublik, also auch außerhalb des eigentlichen früheren Geltungsbereichs jenes Gesetzbuchs, Gewohnheitsrecht (BGHZ 6, 270, 275; BGH NJW 1957, 1595; BGHZ 90, 17, 29). Diese Dichotomie zwischen verschuldensabhängiger Unrechtshaftung und Entschädigungspflicht für rechtmäßige Beeinträchtigungen stellte – isoliert betrachtet – indessen kein brauchbares Entschädigungsinstrumentarium zur Verfügung, wenn die Schädigung durch einen zwar rechtswidrigen, aber schuldlosen Eingriff bewirkt worden war. Einen ersten wichtigen Schritt, um diese Haftungslücke zumindest teilweise zu schließen, tat der Große Senat für Zivilsachen in seinem Beschluß vom 10. 6. 1952 (BGHZ 6, 270). Der BGH hat dort ausgeführt: „Es ist aber geboten, unrechtmäßige Eingriffe der Staatsgewalt in die Rechtssphäre eines einzelnen dann wie eine Enteignung zu behandeln, wenn sie sich für den Fall ihrer gesetzlichen Zulässigkeit sowohl nach ihrem Inhalt wie nach ihrer Wirkung als eine Enteignung darstellen würden und wenn sie in ihrer tatsächlichen Wirkung dem Betroffenen ein besonderes Opfer auferlegt haben. Die Beschränkung des Tatbestandes der Enteignung in Art 153 WeimVerf und in Art 14 GrundG auf rechtmäßige Eingriffe des Staates bedeutet ihrem Sinn nach eine Beschränkung für die Zulässigkeitsvoraussetzungen eines solchen Eingriffs, nicht aber eine Beschränkung für die Zubilligung eines Entschädigungsanspruchs. Der entscheidende Grundgedanke für die Zubilligung eines Entschädigungsanspruchs ist bei einem unrechtmäßigen Staatseingriff, der in seiner Wirkung für den Betroffenen einer Enteignung gleichsteht, mindestens in dem gleichen Maße gegeben wie bei einer rechtmäßigen, also gesetzlich zulässigen Enteignung". In Ergänzung hierzu entschied der III. Zivilsenat (übrigens in einer der Sachen, in denen er die vorbezeichnete Entscheidung des Großen Senats eingeholt hatte), der durch einen rechtswidrigen enteignungsgleichen Eingriff von hoher Hand Geschädigte habe nicht nur dann einen Anspruch auf Entschädigung, wenn der Eingriff schuldlos, sondern auch dann, wenn er schuldhaft gewesen sei (BGHZ 7, 296). In dem weiteren Beschluß des Großen Senats für Zivilsachen vom 12. 4. 1954 (BGHZ 13, 88, 92) wird ausgeführt, der tragende Grundgedanke, der zu einer entschädigungsrechtlichen Gleichbehandlung von rechtmäßigen und rechtswidrigen Eingriffen von hoher Hand in die Rechtssphäre des einzelnen zwinge, werde darin erblickt, daß beide Eingriffe den Betroffenen in ganz der gleichen Weise mit einem Sonderopfer belasteten. An dieser Opferlage des Betroffenen ändert sich nichts dadurch, daß zu der Rechtswidrigkeit des Eingriffs ein Verschulden des handelnden Beamten hinzutritt. Wenn bereits der schuldlos enteignungsgleiche Eingriff dem Geschädigten einen Anspruch auf Entschädigung nach Enteignungsgrundsätzen gewährt, muß dies erst recht dann gelten, wenn der Eingriff nicht nur rechtswidrig, sondern auch schuldhaft war.

b) Diese Gedankenfolge: Wenn schon Entschädigung für rechtmäßige Eingriffe, dann erst recht für rechtswidrige; wenn schon für rechtswidrig-schuldlose, dann erst recht für rechtswidrig-schuldhafte, ist im wissenschaftlichen Schrifttum ironisch als „Erst-Recht-Logik" apostrophiert worden (FORSTHOFF, Verwaltungsrecht [10. Aufl 1973] 357). Die Entwicklung hat – wie auch der BGH anerkennt – in der Tat dazu geführt, daß der Entschädigungsanspruch aus enteignungsgleichem Eingriff sich von dem dem Recht der unerlaubten Handlung angehörenden Schadensersatzanspruch wegen Amtspflichtverletzung (§ 839 BGB iVm Art 34 GG) – abgesehen vom Umfang der Leistungspflicht – im wesentlichen nur in der Frage des Verschuldens unterscheidet. Dementsprechend können beide Ansprüche nebeneinander geltend gemacht werden. Darüber hinaus hat der III. Zivilsenat sogar die Verurteilung aus wahlweisem Haftungsgrund insoweit zugelassen, als sich die Ansprüche decken (BGHZ 14, 363, 364). Tatsächlich kommt es immer wieder zu Grenzfällen, in denen eine schuldhafte Amtspflichtverletzung schwer feststellbar, ein enteignungsgleicher Eingriff dagegen weniger zweifelhaft ist (vgl zB BGH NJW 1964, 198; aufschlußreich für das Zusammenspiel von Haftungstatbeständen verschiedenster Art im Bereich der öffentlichen Hand auch BGHZ 54, 332). Schließlich werden auf den Entschädigungsanspruch wegen enteignungsgleichen Eingriffs in nicht unerheblichem Umfang Grundgedanken des Schadensersatzrechts angewendet, etwa der der Berücksichtigung eigenen Verschuldens des Betroffenen bei der Abwehr oder der Minderung der Folgen des Eingriffs (s dazu im folgenden Rn 489). Das alles zeigt, daß – bei durchaus anzuerkennender Verschiedenheit in Voraussetzung und Umfang – zwischen den Entschädigungsansprüchen wegen enteignungsgleichen Eingriffs und Schadensersatzansprüchen aus unerlaubter Handlung eine enge innere Verwandtschaft besteht. Sie ergibt sich vor allem aus dem mit beiden Ansprüchen verfolgten Zweck, dem Betroffenen einen gerechten Ausgleich für den erlittenen Nachteil zu gewähren, der einmal als das ihm abgenötigte Sonderopfer, das andere Mal als der ihm entstandene Schaden bezeichnet wird, sich aus der Sicht des Betroffenen aber jeweils gleich darstellt. Für die entschädigungspflichtige Körperschaft ist es ebenso. Auch für sie bedeutet der im Einzelfall zu zahlende Betrag ohne Rücksicht auf den Rechtsgrund stets eine sich wie ein Schaden auswirkender Einbuße (BGHZ 57, 335, 336 f).

c) Das Haftungsinstitut des enteignungsgleichen Eingriffs bildete in der Folgezeit den Grundstein für den „weiten Enteignungsbegriff", der es dem Bundesgerichtshof ermöglichte, in den Fällen, in denen die hoheitliche Gewalt in eine eigentumsmäßig geschützte Rechtsposition rechtswidrig eingegriffen hatte, dem Geschädigten eine Entschädigung ohne Rücksicht darauf zuzuerkennen, auf welchem Grund die Rechtswidrigkeit des Eingriffs beruhte. Der Bundesgerichtshof ging (bis zum Naßauskiesungsbeschluß des Bundesverfassungsgerichts vom 15. 7. 1981 = BVerfGE 58, 300 = NJW 1982,

745) von einem weiten Enteignungsbegriff aus. Danach lag ein entschädigungspflichtiger Enteignungstatbestand vor, wenn durch einen hoheitlichen Eingriff, der nicht als Ausprägung der Inhalts- und Schrankenbestimmung (Art 14 Abs 1 S 2 GG) oder als sonstige Konkretisierung der Sozialpflichtigkeit (Art 14 Abs 2 GG) des Eigentums zu rechtfertigen war, auf eine als Eigentum geschützte Rechtsposition nachteilig eingewirkt wurde (vgl BGHZ 54, 293, 295; 57, 359, 363; 80, 111, 114). Innerhalb dieses weit gefaßten Enteignungsbegriffs unterschied der BGH zwischen der (rechtmäßigen) Enteignung im Sinne des Art 14 Abs 3 GG, dem (rechtswidrigen) enteignungsgleichen Eingriff und dem enteignenden Eingriff, der die unzumutbaren – meist atypischen und unvorhergesehenen – Nebenfolgen eines an sich rechtmäßigen Eingriffs erfaßte. Demgegenüber legt das Bundesverfassungsgericht nunmehr einen engen, stark formalisierenden Begriff der Enteignung im Sinne des Art 14 Abs 3 GG zugrunde (vgl insbesondere BVerfGE 52, 1, 27 und 58, 300, 331). Inhalts- und schrankenbestimmende Vorschriften (Art 14 Abs 1 S 2 GG), die die durch die Verfassung gezogenen Grenzen überschreiten, schlagen nicht in eine Enteignung um. Eine verfassungswidrige Inhaltsbestimmung kann nicht in eine Enteignung umgedeutet werden; der Verfassungsverstoß läßt sich nicht durch Zubilligung einer gesetzlich nicht vorgesehenen Entschädigung „heilen". Das Bundesverfassungsgericht sieht die Enteignung als eine zweckgerichtete (finale) Maßnahme an. Sie ist auf die vollständige oder teilweise Entziehung konkreter subjektiver Rechtspositionen, die durch Art 14 Abs 1 S 1 GG geschützt werden, gerichtet (vgl BVerfGE 52, 1, 27; 56, 259, 260; 58, 300, 331). Dieser Enteignungsbegriff, von dem seither auch die Rechtsprechung der ordentlichen Gerichte auszugehen hat, gestattet dem Gesetzgeber in aller Regel eine vorausschauende Beurteilung, ob sich Eingriffe aufgrund des Gesetzes als entschädigungspflichtige Enteignungen im Sinne des Art 14 Abs 3 GG darstellen. Da sich die Junktimklausel nur auf Enteignungen in diesem (engen) Sinne bezieht, findet sie auf enteignungsgleiche und enteignende Eingriffe, für deren Verwirklichung ein hoheitlicher Realakt genügt, keine Anwendung. Diese beiden Haftungsinstitute hat der Bundesgerichtshof wegen der Rechtsprechung des Bundesverfassungsgerichts von der Enteignung im Sinne des Art 14 Abs 3 GG „abgekoppelt". Der BGH findet ihre Rechtsgrundlage im allgemeinen Aufopferungsgrundsatz der §§ 74, 75 EinlALR (BGHZ 90, 17, 29 f und 91, 20, 26; die vorstehende Skizze der Rechtsentwicklung insbesondere nach BGHZ 99, 24, 27–29).

448 d) Der Naßauskiesungsbeschluß des Bundesverfassungsgerichts hatte eine lebhafte wissenschaftliche Kontroverse darüber ausgelöst, ob die richterrechtlich entwickelten Haftungsinstitute des enteignenden und des enteignungsgleichen Eingriffs überhaupt noch fortbestehen konnten (umfassende Nachweise bei OSSENBÜHL 222: für den Fortbestand Fn 21; dagegen Fn 20). Auf eine ins einzelne gehende Darstellung des seinerzeitigen Meinungsstandes und der pro und contra sprechenden Argumente kann hier indessen verzichtet werden, weil jene Diskussion durch die Rechtswirklichkeit überholt worden ist. Beide Haftungsinstitute sind nach wie vor äußerst lebendig, wie die zahlreichen Nachweise aus der Rechtsprechung des BGH in BGHR unter den Fundstellen GG vor Art 1/enteignender Eingriff und GG vor Art 1/enteignungsgleicher Eingriff belegen, die Jahr für Jahr um weitere Entscheidungen vermehrt und inhaltlich angereichert werden. Auch das Bundesverfassungsgericht anerkennt den enteignungsgleichen Eingriff als Rechtsinstitut des einfachen Rechts, das von der Zivilrechtsprechung ergänzend zu den positivrechtlich normierten deliktischen Haftungstatbeständen entwickelt worden ist (BVerfG NJW 1992, 36, 37). In seinem

Beschluß vom 26. 5. 1998 (NJW 1998, 3264), durch den die Verfassungsbeschwerde gegen das Waldschäden-Urteil BGHZ 102, 350 nicht angenommen worden ist, hat das Bundesverfassungsgericht die Existenz auch des enteignenden Eingriffs als Rechtsinstitut nicht in Frage gestellt (RINNE NVwZ Beilage II/2000, 6). Der einfache Bundesgesetzgeber hat den enteignungsgleichen Eingriff in seiner dem Naßauskiesungsbeschluß zeitlich nachfolgenden Gesetzgebung behandelt (§ 232 BauGB), wie zuvor schon im (Bundes-)Verwaltungsverfahrensgesetz (§ 48 Abs 6; inzwischen durch Gesetz vom 2. 5. 1996 – BGBl I 656 – aufgehoben). Daß die Ausgestaltung des enteignungsgleichen Eingriffs – gleiches gilt für den enteignenden – nach Tatbestandsvoraussetzungen und Rechtsfolgen im einzelnen auf der Ebene des einfachen Rechts liegt, war in der Rechtsprechung des Bundesgerichtshofs schon vor dem Naßauskiesungsbeschluß anerkannt (BGHZ 76, 375, 384) und ist in der Zeit danach bestätigt worden (BGHZ 90, 17, 30; s dazu insgesamt OSSENBÜHL 225).

e) Dem entspricht es, daß auch Versuche, die Begriffe „enteignungsgleicher Eingriff" und „enteignender Eingriff" durch solche zu ersetzen, die die „Abkoppelung" beider Haftungsinstitute von Art 14 Abs 3 GG deutlicher machen sollen (Vorschläge: „Eigentumsaufopferung" für beide Haftungsinstitute [LEGE NJW 1990, 864, 872], „Eigentumsunrechtshaftung" für den enteignungsgleichen, „Unfallhaftung" für den enteignenden Eingriff [ders NJW 1993, 2565, 2569 f]), sich nirgends haben durchsetzen können. **449**

2. Begriffsbestimmung

In seiner neueren Rechtsprechung führt der BGH die „Abkoppelung" des enteignungsgleichen und des enteignenden Eingriffs von Art 14 Abs 3 GG und die Fundierung beider Haftungsinstitute in dem allgemeinen Aufopferungsgedanken der §§ 74, 75 EinlALR konsequent fort (BGHZ 90, 17, 29; 99, 24, 29; 100, 136, 145; 102, 350, 357; 111, 349, 352). Dabei beachtet er die durch den Naßauskiesungsbeschluß gezogenen Schranken, insbesondere den Grundsatz, daß eine verfassungswidrige Inhaltsbestimmung nicht in eine Enteignung umgedeutet werden kann und der Verfassungsverstoß sich nicht durch Zubilligung einer gesetzlich nicht vorgesehenen Entschädigung „heilen" läßt. Außerdem besteht – ähnlich dem Amtshaftungstatbestand (§ 839 Abs 3 BGB) – auch beim enteignungsgleichen Eingriff der Vorrang des Primärrechtsschutzes (s dazu im folgenden Rn 489). Auf dieser Grundlage definiert der BGH – wie schon früher – die Anspruchsvoraussetzungen beider Haftungsinstitute wie folgt: **450**

Ein Entschädigungsanspruch aus enteignungsgleichem Eingriff setzt voraus, daß rechtswidrig in eine durch Art 14 GG geschützte Rechtsposition von hoher Hand unmittelbar eingegriffen wird, die hoheitliche Maßnahme also unmittelbar eine Beeinträchtigung des Eigentums herbeiführt, und dem Berechtigten dadurch ein besonderes, anderen nicht zugemutetes Opfer für die Allgemeinheit auferlegt wird (BGHZ 111, 348, 355; 117, 240, 252; 125, 258, 264).

Ein Entschädigungsanspruch aus enteignendem Eingriff kommt in Betracht, wenn rechtmäßige hoheitliche Maßnahmen bei einem Betroffenen zu Nachteilen führen, die er aus rechtlichen oder tatsächlichen Gründen hinnehmen muß, die aber die Schwelle des enteignungsrechtlich Zumutbaren übersteigen (BGHZ 117, 236, 252). Nicht anders als ein Entschädigungsanspruch wegen enteignungsgleichen erfordert auch ein solcher wegen enteignenden Eingriffs weiter, daß dem Eigentümer durch den Eingriff ein Sonderopfer auferlegt worden ist, das die Schwelle des enteignungsrechtlich Zumutbaren überschreitet (BGHR GG vor Art 1/enteignender Eingriff Wildschaden 1).

Hinsichtlich der Anspruchsvoraussetzungen „geschützte Rechtsposition", „Sonderopfer", sowie hinsichtlich des Umfangs der Entschädigungsansprüche sind also beide Haftungsinstitute kongruent; sie unterscheiden sich auch nicht hinsichtlich des Eingriffstatbestandes als solchen, sondern nur darin, ob der Eingriff rechtswidrig oder rechtmäßig gewesen war. Dies hat die praktische Konsequenz, daß mitunter im Einzelfall dahingestellt bleiben kann, ob die streitigen Maßnahmen der öffentlichen Gewalt als (rechtswidriger) enteignungsgleicher oder als (rechtmäßiger) enteignender Eingriff zu werten sind (vgl zB BGHZ 117, 240, 253).

3. Die geschützte Rechtsposition

a) Allgemeine Grundsätze

451 Sowohl der enteignungsgleiche als auch der enteignende Eingriff setzen eine Einwirkung auf eine konkrete subjektive, von der Eigentumsgarantie des Art 14 Abs 1 GG umfaßte Rechtsposition voraus (BGHZ 94, 373, 374 f m zahlr wN). Als solche kommen nicht nur das Eigentum an Grundstücken oder beweglichen Sachen in Betracht, sondern auch sonstige dingliche oder obligatorische Rechte. Nicht erforderlich ist, daß auf die Rechtsstellung selbst in ihrem rechtlichen Bestand eingewirkt wird; vielmehr genügen auch rein tatsächliche Einwirkungen, die die Rechte in den Grenzen der geschützten Rechtsposition faktisch beeinträchtigen (BGHZ 84, 261, 266; 94, 373, 374). Allerdings sind nur solche Nachteile und Beeinträchtigungen bedeutsam, die den Eigentümer in seiner **Rechts**position treffen. Denn nur sie ist „Eigentum" im Sinne der Verfassungsgarantie des Art 14 GG. Ein enteignungsgleicher oder enteignender Eingriff, der einen Entschädigungsanspruch begründet, ist nicht schon dann gegeben, wenn eine Maßnahme der öffentlichen Hand irgendwelche dem Eigentümer nachteilige Auswirkungen hat, sondern erst dann, wenn der Eigentümer in seiner aus seinem Eigentum sich ergebenden Rechtsposition betroffen und beeinträchtigt worden ist (BGHZ 72, 211, 218; 80, 360, 362; 94, 373, 374 f). Art 14 GG schützt grundsätzlich nur konkrete subjektive Rechtspositionen, die einem Rechtsträger bereits zustehen, nicht dagegen Chancen und Aussichten, auf deren Verwirklichung ein rechtlich gesicherter Anspruch nicht besteht (BGH MDR 1986, 736; Schwager/Krohn WM 1991, 33). Dementsprechend liegt in der Auferlegung einer Geldleistung, die lediglich das Vermögen als solches belastet, noch kein Eingriff in Rechte, die durch die Eigentumsgarantie geschützt sind (BGHZ 83, 190, 195 – Bardepot). Der Schutzbereich des Art 14 GG wird vielmehr erst berührt, wenn die erzwungene Geldleistung von solcher Art ist, daß auch die hinter dem Vermögen stehenden Eigentumsrechte nicht nur wirtschaftlich-faktisch betroffen, sondern in rechtlich relevanter Weise angegriffen und ausgehöhlt werden. Erst bei einer solchen Eingriffsintensität kann der Zugriff auf das Vermögen in seiner Gesamtheit – das als solches nicht Schutzobjekt der Eigentumsgarantie ist – einem unmittelbaren Eingriff in eine Rechtsposition gleichgesetzt werden (aaO 195).

b) Einzelfälle, in denen eine eigentumsmäßig geschützte Rechtsposition verneint worden ist

452 Nach diesen Grundsätzen hat der BGH in folgenden Fällen Entschädigungansprüche wegen enteignungsgleichen oder enteignenden Eingriffs bereits deswegen versagt, weil keine eigentumsmäßig geschützte Rechtsposition tangiert gewesen war: BGHZ 94, 373: keine Entschädigungspflicht des Staates, wenn die Inbetriebnahme einer dem überörtlichen Verkehr dienenden Flußbrücke dazu führt, daß ein 3 km entfernter Fährbetrieb zum Erliegen kommt. Die Fährgerechtigkeit gewährte ihrem Inhaber keinen Anspruch und auch kein schutzwürdiges Vertrauen darauf, daß das Straßennetz in der Nähe der Fähre auf diese „ausgerichtet" blieb und diese vorteilhafte Situation nicht durch den Bau einer etwa 3 km entfernten Flußbrücke beeinträchtigt wurde (aaO 377). Eine vom Schutz des Art 14 GG umfaßte, nur gegen Entschädigung entziehbare Rechtsposition liegt nicht vor, wenn eine in einem fremden Grundstück verlegte Fernwasserleitung aufgrund eines lediglich obligatorischen Nutzungsrechts betrieben wird, das als Leihe oder der Leihe ähnlich anzusehen ist und von dem Vertragspartner durch Kündigung oder in anderer Weise beendet werden kann (BGHZ 125, 293). Unzulässige Errichtung eines Wohnhauses in der vorbelasteten Lärmschutzzone I eines Militärflughafens: Die Nutzbarkeit jenes Grundstücks zu Wohnzwecken war nicht Bestandteil einer eigentumsrechtlich geschützten Rechtsposition (BGHR GG vor Art 1/enteignender Eingriff Fluglärm 1). Ähnlich BGHZ 129, 124 Leitsatz a: Wer in der Schutzzone 1 des festgesetzten Lärmbereichs eines militärischen Flugplatzes ein Wohnhaus errichtet, hat keinen Anspruch auf Entschädigung aus enteignendem Eingriff wegen der von dem Flugplatz ausgehenden Fluglärmimmission auf das neu geschaffene Wohnanwesen; das gilt auch dann, wenn es sich um ein in einem Wohngebiet gelegenes baureifes Grundstück handelt. Ein Entschädigungsanspruch nach den Grundsätzen des enteignenden Eingriffs wegen Beeinträchtigung der für Zwecke des Gartenbaubetriebs berechtigterweise ausgeübten Grundwassernutzung durch den winterlichen Streudienst auf einer benachbarten Bundesstraße wurde verneint, weil die wasserrechtliche Position des Klägers insoweit vom Eigentumsschutz des Art 14 GG nicht erfaßt wurde (BGHZ 124, 394, 400). Kein Entschädigungsanspruch eines Sportvereins, der im Einvernehmen mit den betroffenen Grundstückseigentümern eine überregionale Skilanglaufloipe unterhielt, die bei Manöverübungen beschädigt worden war. Durch die Erlaubnis der Eigentümer zur Anlage der Langlaufloipe hatte der Sportverein kein eigenständiges, gegenüber Dritten rechtlich geschütztes Nutzungsrecht erhalten (BGHR GG vor Art 1/ enteignender Eingriff Loipe 1).

c) Beispiele für geschützte Rechtspositionen
Wird die Giebelwand eines denkmalgeschützten Gebäudes durch Straßenbauarbeiten der öffentlichen Hand beschädigt, so ist Objekt des enteignenden Eingriffs das Eigentum an der Giebelwand in deren konkreter Ausgestaltung, dh einschließlich des die Denkmalschutzwürdigkeit begründenden Fassadenschmucks. Das bedeutet, daß auch der Fassadenschmuck in den unmittelbaren Schutzbereich der Eigentumsgarantie des Art 14 GG fällt. Der Substanzverlust, den der Eigentümer erlitten hat, wird daher nicht etwa schon dadurch ausgeglichen, daß das Gebäude nunmehr mit einer Fassade in einfacher Bauart versehen wird, sondern erfordert – zumindest im Grundsatz – auch eine Wiederherstellung der den optischen Reiz des Gebäudes ausmachenden Stuck- und Putzgliederungen (BGHZ 140, 200, 204). Muß wegen des Neubaus einer Bundesfernstraße die aufgrund privatrechtlichen Gestattungsvertrages in einem Grundstück verlegte Erdöl- und Salzwasserleitung verändert werden, so kann dies einen nach enteignungsrechtlichen Grundsätzen zu beurteilenden Entschädigungsanspruch auslösen (BGHZ 123, 166; 125, 293). Die Frage, ob von einem militäri-

schen Flugplatz ausgehende Fluglärmimmissionen auf ein noch unbebautes, aber baureifes Grundstück in einem Wohngebiet einen Anspruch auf Entschädigung aus enteignendem Eingriff begründen können, wurde im Grundsatz bejaht (BGHZ 129, 124 Leitsatz b).

Von besonderer praktischer Bedeutung ist, daß zu den durch Art 14 Abs 1 GG geschützten Rechtspositionen auch die aus dem Grundeigentum fließende Befugnis zu bauen gehört (Grundsatz der Baufreiheit). Die Einzelfragen werden im folgenden Abschnitt, beim Eingriffstatbestand, zusammenfassend mitbehandelt (Rn 467–471).

d) Der eingerichtete und ausgeübte Gewerbebetrieb als geschützte Rechtsposition

454 Auch der eingerichtete und ausgeübte Gewerbebetrieb ist eine Rechtsposition, die durch Art 14 Abs 1 S 1 GG geschützt ist (vgl dazu insbesondere BOUJONG, in: FS Rudolf Nirk [1992] 61 bis 73, und RINNE, Entschädigungsfragen beim eingerichteten und ausgeübten Gewerbebetrieb, DVBl 1993, 869 bis 872). Ein enteignender Eingriff in einen Gewerbebetrieb als Eigentum im Sinne des Art 14 GG liegt allerdings nur vor, wenn in die **Substanz** dieses Betriebes eingegriffen wird. Zwar umfaßt die Substanz des eingerichteten und ausgeübten Gewerbebetriebes (als „Eigentum" im Sinne des Art 14 GG) nicht nur den gegenständlichen Bestand des Betriebes, sondern den Betrieb als „Sach- und Rechtsgesamtheit", kurz alles, was zusammengenommen den wirklichen Wert des Betriebes ausmacht. Indessen ist die „Substanz" eines Gewerbebetriebes nur berührt, wenn in die den Betrieb darstellende Sach- und Rechtsgesamtheit als solche, in den Betrieb als wirtschaftlichen Organismus eingegriffen und damit das ungestörte Funktionieren dieses Organismus unterbunden oder beeinträchtigt, wenn mit anderen Worten der „Eigentümer" gehindert wird, von dem Gewerbebetrieb als der von ihm aufgebauten und aufrechterhaltenen Organisation sachlicher und persönlicher Mittel den bestimmungsgemäßen Gebrauch zu machen (BGH NJW 1967, 1857 – „Saatgut"; BGHZ 111, 349, 356 – „Kakaoverordnung").

455 aa) Dementsprechend können Beeinträchtigungen des Gewerbebetriebs eines Straßenanliegers infolge des Baus einer Untergrundbahn enteignenden Charakter haben (BGHZ 57, 359 – „Frankfurter U-Bahn"; BGH NJW 1965, 1907 m Anm EGON SCHNEIDER – „Buschkrugbrücke"; NJW 1976, 1312 und 1977, 1817 – „Münchener S-Bahn"). Zur Frage, unter welchen Voraussetzungen Beeinträchtigungen des Gewerbebetriebs eines Straßenanliegers infolge der Untertunnelung der Straße und der Anlage einer Fußgängerzone enteignenden Charakter haben, s BGH NJW 1980, 2703 mit zusammenfassender Darstellung der enteignungsrechtlichen Grundsätze für Fälle der Schädigung des Gewerbes eines Straßenanliegers durch hoheitlich durchgeführte Straßenarbeiten.

456 bb) Die Eigentumsgarantie schützt den Betriebsinhaber nicht davor, daß sich die allgemeinen Gegebenheiten für seine unternehmerische Tätigkeit zu seinem Nachteil ändern. Derartige „Umfeldbedingungen" können zwar für die Gewinnchancen und Risiken des Unternehmers von erheblicher Bedeutung sein, sie werden aber von der Rechtsordnung nicht dem geschützten Bestand des einzelnen Unternehmens zugerechnet (vgl wegen der Einzelheiten BOUJONG aaO 71 f m zahlr wN).

457 cc) Auch die enteignende Wirkung von normativen (rechtmäßigen) Einwirkungen auf das „Umfeld" des Gewerbebetriebes wird vom Bundesgerichtshof in ständiger

Rechtsprechung verneint (vgl zB BGH LM JugendschutzG Nr 1 – „Märchenfilm"; BGHZ 45, 83 – „Knäckebrot"; NJW 1968, 293 – „Kfz-Ausrüstung"; LM GG Art 12 Nr 29 – „Frachtverteilung"). Eine Ausnahme läßt der BGH nur dort zu, wo ein Vertrauenstatbestand begründet worden war, aufgrund dessen der Unternehmer sich auf das unveränderte Fortbestehen der bisherigen Rechtslage verlassen und einrichten durfte (BGHZ 25, 266, 269; vgl auch BGHZ 45, 83, 87; 78, 41, 45).

dd) Andererseits hat der Bundesgerichtshof die enteignungsgleiche Wirkung eines **458** gegen Art 12 Abs 1 GG verstoßenden (absoluten) Verbots (Rechtsverordnung) von innerörtlichen reinen Werbefahrten für Unternehmen bejaht, die sich auf eine solche gewerbliche Tätigkeit eingerichtet hatten; als Verbot einer weiteren bestimmten Verwendung vorhandener Vermögensgüter in ihrer unternehmensrechtlichen Zusammenfassung berührte die betreffende Regelung nicht nur den Schutzbereich des Art 12, sondern auch denjenigen des Art 14 GG (BGHZ 78, 41, 46).

ee) Von einem Eingriff in die Substanz des Gewerbetriebes kann nicht gesprochen **459** werden, wenn im Rahmen der die Produktionsverhältnisse regelnden Normen lediglich auf die Ausgestaltung eines einzelnen Produktes Einfluß genommen wird, und dort auch nur auf das „Wie", nicht dagegen auf das „Ob" der Herstellung (dort: verfassungswidriges [BVerfGE 53, 135] absolutes Verkehrsverbot für mit kakaohaltiger Fettglasur hergestellte Puffreiserzeugnisse; BGHZ 111, 349, 356). Dem Eigentum kommt im Gefüge der Grundrechte die Aufgabe zu, dem Träger des Grundrechts einen Freiheitsraum im vermögensrechtlichen Bereich sicherzustellen und ihm damit eine eigenverantwortliche Gestaltung des Lebens zu ermöglichen. Die Gewährleistung des Eigentums ergänzt insoweit die Handlungs- und Gestaltungsfreiheit, indem sie dem einzelnen vor allem den durch eigene Arbeit und Leistung erworbenen Bestand an vermögenswerten Gütern anerkennt. Mit dieser „objektbezogenen" Gewährleistungsfunktion schützt Art 14 Abs 1 GG jedoch nur Rechtspositionen, die einem Rechtssubjekt bereits zustehen, insbesondere schützt er keine Chancen und Verdienstmöglichkeiten; Art 14 Abs 1 schützt – anders ausgedrückt – das Erworbene, das Ergebnis der Betätigung, Art 12 Abs 1 dagegen den Erwerb, die Betätigung selbst. Greift somit ein Akt der öffentlichen Gewalt eher in die Freiheit der individuellen Erwerbs- und Leistungstätigkeit ein, so ist der Schutzbereich des Art 12 Abs 1 GG berührt; begrenzt er mehr die Innehabung und Verwendung vorhandener Vermögensgüter, so kommt der Schutz des Art 14 GG in Betracht. Im enteignungsrechtlichen Sinne stellte sich mithin das Verkehrsverbot lediglich als das Vorenthalten der Möglichkeit dar, in einer bestimmten Weise Gewinn zu erzielen; diese Beeinträchtigung einer bloßen Chance hatte an dem eigentumsmäßigen Schutz der personellen und gegenständlichen Grundlagen des Gewerbebetriebes keinen Anteil. Auch die Strafsanktionen, die der Durchsetzung des in der verfassungswidrigen Kakaoverordnung enthaltenen absoluten Verkehrsverbotes dienten, mußten nach den gleichen Maßstäben beurteilt werden, die bei dem Verkehrsverbot selbst angewandt worden waren. Ebenso wie das Verkehrsverbot selbst beeinträchtigten daher die Straf- und Ermittlungsverfahren lediglich bestimmte Gewinnchancen der gewerbetreibenden Firma, nicht dagegen den eigentumsmäßig geschützten Gewerbebetrieb als solchen (BGHZ 111, 349, 357 f, 360; bestätigt durch BVerfG NJW 1992, 36). In gleicher Weise wurden die Chancen einer französischen Brauerei, ihre Erzeugnisse auf dem deutschen Markt absetzen zu können, von der deutschen Rechtsordnung nicht dem geschützten Bestand des Unternehmens zugeordnet (BGHZ 134, 30, 33 – „Brasserie du Pêcheur"). Auch ein auf eine EWG-Verordnung gestütztes Vertriebsverbot für Traubenkernöl beeinträchtigte die eigentumsmäßig geschützte Substanz des Gewerbebetriebes des betroffenen Winzers nicht, soweit dadurch lediglich die Chance vereitelt wurde, weiterhin Traubenkernöl aus Italien zu importieren. Insoweit ging es nämlich lediglich um das Vorenthalten der Möglichkeit, in einer bestimmten Weise Gewinn zu erzielen; diese Beeinträchtigung einer bloßen Chance hatte an dem eigentumsmäßigen Schutz der personellen und gegenständlichen Grundlagen des Gewerbebetriebs keinen Anteil. Sie betraf lediglich den Schutzbereich des Art 12 Abs 1 GG, nicht dagegen denjenigen des Art 14 Abs 1 GG. Anders verhielt es sich indessen hinsichtlich derjenigen Bestände an Traubenkernöl, die bereits in den Gewerbebetrieb des Winzers einbezogen waren und damit zu dessen eigentumsrechtlich geschützter „Substanz" gehörten. Insbesondere betraf dies die vom Winzer durch Lieferung an seine Abnehmer bereits vermarktete Ware. Hierbei ging es nicht nur um die Vereitelung künftiger Gewinnchancen, sondern um bereits erwirtschaftete Gewinne, die zum „Erworbenen" im Sinne der Grundsätze des Urteils BGHZ 111, 349, 357 zählten. Dies bedeutete, daß nicht nur die Kosten der Rückrufaktion für das Traubenkernöl, sondern auch die Rückgängigmachung etwaiger aus dem Verkauf bereits erzielter Gewinne in den Schutzbereich der Haftung wegen enteignungsgleichen Eingriffs fallen konnten (BGHR GG vor Art 1/enteignungsgleicher Eingriff Gewerbebetrieb 3).

460 ff) Die im Jahre 1993 vorgenommene Neugliederung der Einzugsbereiche der Tierkörperbeseitigungsanstalten im Lande Thüringen und die dadurch bewirkte Stilllegung bisheriger Tierkörperbeseitigungsanstalten stellte keinen entschädigungspflichtigen Eingriff in den bestandsgestützten Gewerbebetrieb der von der Stillegung betroffenen, in der Rechtsform der GmbH geführten Tierkörperbeseitigungsanstalten dar (BGHZ 133, 265). Auch die durch Rechtsverordnung auf der Grundlage des § 6 NW AG TierKBG vorgenommene Neugliederung der Einzugsbereiche von Tierkörperbeseitigungsanstalten konnte keinen Entschädigungsanspruch des Unternehmers auslösen, dem die Aufgabe der Tierkörperbeseitigung durch Beleihungsakt übertragen worden war und der durch die Neugliederung an der Fortführung der von ihm betriebenen Tierkörperbeseitigungsanstalt gehindert worden war (BGH WM 2001, 1734).

461 gg) Auch die Praxis des zugelassenen Kassenarztes wird durch die Eigentumsgarantie (Art 14 Abs 1 GG) geschützt (BGHZ 81, 21). Geschützter Gewerbebetrieb im Sinne des Enteignungsrechts ist die eingerichtete und ausgeübte Arztpraxis als Gesamtheit alles dessen, was die gegenständliche und personelle Grundlage der Tätigkeit des praktizierenden Arztes bei der Erfüllung der ihm obliegenden Aufgaben bildet (BGH aaO 33). Dementsprechend wurde ein enteignungsgleicher Eingriff, der sich unmittelbar auf den „Zulassungsstatus" des betroffenen Arztes auswirkte, darin erblickt, daß dieser durch rechtswidrige Maßnahmen der Kassenärztlichen Vereinigung gehindert worden war, von seiner Zulassung, dh dem Recht, Patienten auch ohne vorherige Überweisung kassenärztlich zu behandeln, vollen Gebrauch zu machen. Die geplante Expansion einer Arztpraxis durch Anschaffung eines Computertomographen ist dagegen nicht dem eigentumsmäßig geschützten Gewerbebetrieb im Sinne des Art 14 GG, sondern ausschließlich der Berufsfreiheit im Sinne des Art 12 zuzuordnen. Der Tatbestand eines enteignungsgleichen Eingriffs wurde daher bei der rechtswidrigen Weigerung einer Kassenärztlichen Vereinigung verneint, der Erbringung kassenärztlicher Leistungen mit dem anzuschaffenden Computertomographen zuzustimmen (BGHZ 132, 181, 186). Dies steht im Einklang mit der Rechtsprechung des Bundesgerichtshofs, daß nur das Recht auf Fortsetzung des Betriebes im bisherigen Umfang nach den schon getroffenen betrieblichen Maßnahmen eigentumsmäßig geschützt ist und daß zu den künftigen Chancen und Erwerbsmöglichkeiten, auf die sich die geschützte Rechtsposition des Inhabers eines eingerichteten und ausgeübten Gewerbebetriebs nicht erstreckt, auch beabsichtigte Betriebserweiterungen gehören (BGHZ 98, 341, 351; 92, 34, 46; 34, 188, 190; BGH NJW 1980, 387).

hh) Eigentumsmäßig geschützt ist auch die Praxis eines Rechtsanwalts (BGHZ 97, **462** 204, 209; 127, 58, 67). Dementsprechend hat der BGH den Tatbestand eines enteignungsgleichen Eingriffs in einem Fall bejaht, in dem die Justizverwaltung einer Rechtsanwältin durch rechtswidrige Drohung den Verzicht auf die Anwaltszulassung abgenötigt hatte (BGH DRiZ 1974, 163).

ii) Eine rechtswidrige Prüfungsentscheidung (bei einer Medizinprüfung) tangiert **463** keine eigentumsmäßig geschützte Rechtsposition des Betroffenen. Berührt wird allenfalls sein Grundrecht auf Art 12 Abs 1 GG, nicht jedoch dasjenige des Art 14 GG (BGH NJW 1994, 2229; bestätigt durch BVerfG NVwZ 1998, 271 = LM GrundG Art 34 Nr 195 a). Auch die Chance, aufgrund der Ausbildung im Rahmen einer Umschulungsmaßnahme einen Arbeitsplatz zu erhalten, ist nicht eigentumsmäßig geschützt (BGH Beschluß vom 16. 2. 1989 – III ZR 28/88, unveröffentlicht, mitgeteilt von SCHWAGER/KROHN WM 1991, 33, 35 Fn 13).

4. Der Eingriffstatbestand beim enteignungsgleichen Eingriff

a) Allgemeines

Ein Entschädigungsanspruch aus (rechtswidrigem) enteignungsgleichem Eingriff er- **464** fordert, daß in eine solchermaßen durch Art 14 Abs 1 GG geschützte Rechtsposition von hoher Hand unmittelbar rechtswidrig eingegriffen wird. Die rechtswidrige hoheitliche Maßnahme muß also unmittelbar eine Beeinträchtigung des Eigentums herbeigeführt haben.

Ein Eingriff im enteignungsrechtlichen Sinne setzt ein positives Handeln der öffentlichen Gewalt voraus. Ein reines Unterlassen und Untätigbleiben der öffentlichen Hand erfüllt grundsätzlich nicht die Merkmale eines Eingriffs. Nur dann gilt etwas anderes, wenn sich das Unterlassen ausnahmsweise als ein in den Rechtskreis des Betroffenen eingreifendes Handeln qualifizieren läßt (BGHZ 102, 350, 364 f; BGH NVwZ 1992, 913, 914; auf die Einzelheiten wird später zurückgekommen, s Rn 476).

b) Legislatives und normatives Unrecht

aa) Das richterrechtlich geprägte und ausgestaltete Haftungsinstitut des enteig- **465** nungsgleichen Eingriffs gewährt indessen grundsätzlich keinen Ausgleich von Nachteilen, die unmittelbar oder mittelbar durch „legislatives Unrecht" im engeren Sinne, dh durch ein gegen höherrangiges Recht – etwa gegen das Grundgesetz oder gegen EG-Recht – verstoßendes formelles Parlamentsgesetz des Bundes oder eines Bundeslandes herbeigeführt worden sind (st Rspr; s etwa: BGHZ 100, 136, betreffend die durch BVerfGE 52, 1 = NJW 1980, 985 festgestellte teilweise Verfassungswidrigkeit des geltenden Kleingartenrechts; ferner BGH NJW 1989, 101, betreffend schädigende Auswirkungen des durch BVerfGE 67, 256 für verfassungswidrig erklärten Investitionshilfegesetzes; BGHZ 134, 30, 32 f, betreffend das gegen EG-Recht verstoßende Reinheitsgebot des Biersteuergesetzes). Diese Haftungsbeschränkung betrifft nicht nur die Auswirkungen des betreffenden gegen höherrangiges Recht verstoßenden Gesetzes selbst, sondern auch diejenigen seines Vollzuges, insbesondere der auf seiner Grundlage ergangenen untergesetzlichen Normen (Rechtsverordnungen), Verwaltungsakte oder sonstigen Maßnahmen, sofern sie nicht an eigenen, von der gesetzlichen Grundlage unabhängigen Rechtsmängeln leiden (BGHZ 100, 136, betreffend die Festsetzung von Höchstbeträgen für den Pachtzins auf der Grundlage des verfassungswidrigen Kleingartenrechts; BGH DVBl 1993, 717, betreffend eine Bestimmung der Milchgarantiemengenverordnung, die der Umsetzung einer später vom Europäischen Gerichtshof für rechtswidrig erklärten Norm des EG-Rechts diente; ferner BGHZ 125, 27, betreffend die Umsetzung des europarechtlichen Irak-Embargos).

In Betracht kommen Entschädigungsansprüche aus enteignungsgleichem Eingriff allerdings bei Einzelfall- oder Maßnahmegesetzen und deren Vollzug. Insoweit besteht eine Parallele zur Amtshaftung (s dort Rn 181). Allgemein sind bei formellen innerstaatlichen Parlamentsgesetzen, die gegen höherrangiges EG-Recht verstoßen, gemeinschaftsrechtliche Staatshaftungsansprüche denkbar (s dort Rn 531); dies betrifft aber nicht das Haftungsinstitut des enteignungsgleichen Eingriffs.

466 bb) Der enteignungsgleiche Eingriff bildet jedoch eine geeignete Grundlage für eine Staatshaftung für rechtswidrige untergesetzliche Normen, die an eigenen, nicht auf ein Parlamentsgesetz zurückgehenden Nichtigkeitsgründen leiden. Rechtsverordnungen und Satzungen gehören nicht zur Gesetzgebung im formellen Sinne, sondern sind der vollziehenden Gewalt zuzuordnen. Es ist anerkannt, daß sich das Haftungsinstitut des enteignungsgleichen Eingriffs auch auf Eingriffe durch derartige rechtswidrige Rechts(setzungs)akte bezieht (BGHZ 111, 349, 353; BOUJONG, in: FS Willi Geiger [1989] 430, 442).

Der Tatbestand des enteignungsgleichen Eingriffs wurde dementsprechend bejaht bei dem in § 33 Abs 1 S 3 StVO 1970 enthaltenen (absoluten) Verbot von innerörtlichen reinen Werbefahrten für Unternehmen, die sich auf eine solche gewerbliche Tätigkeit eingerichtet hatten (BGHZ 78, 41). Jene Bestimmung war vom Bundesverfassungsgericht wegen Verstoßes gegen Art 12 Abs 1 GG für nichtig erklärt worden (BVerfGE 40, 371). Durch den Erlaß der vom Bundesverwaltungsgericht (BVerwGE 81, 49) für verfassungswidrig erklärten Bestimmung des § 6 Abs 6 Milchgarantiemengen-VO aF hatte der Verordnungsgeber zwar keine drittgerichteten Amtspflichten zu Lasten der betroffenen Milcherzeuger verletzt. In Betracht kam jedoch, daß diesen ein Entschädigungsanspruch wegen enteignungsgleichen Eingriffs zustand (BGH DVBl 1993, 718; nicht zu verwechseln mit der ebenfalls die Milchgarantiemengen-VO betreffenden Entscheidung DVBl 1993, 717). Ebenso hat der BGH den Erlaß eines nichtigen, aber vollzogenen Bebauungsplans als einer untergesetzlichen Rechtsnorm, nämlich einer Satzung (§ 10 BauGB), mit schweren und unerträglichen Folgewirkungen für einen immissionsempfindlichen Landwirtschaftsbetrieb als enteignungsgleichen Eingriff eingestuft (BGHZ 92, 34, 36; BOUJONG 442).

In einem schlichten Untätigbleiben des Verordnungs- oder Satzungsgebers, also in einem bloßen Unterlassen, kann ein Enteignungstatbestand grundsätzlich nicht gefunden werden (BGHZ 56, 40, 42).

c) Rechtswidrige Verwaltungsakte oder sonstige behördliche Maßnahmen

Die praktisch wichtigeren Tatbestände des enteignungsgleichen Eingriffs liegen indessen unterhalb der Ebene der Normsetzung; sie bestehen insbesondere in rechtswidrigen Verwaltungsakten oder sonstigen behördlichen Maßnahmen, einschließlich Realakten. **467**

aa) Dies gilt vor allem für rechtswidrige „faktische Bausperren". Eine solche stellt einen Anwendungsfall des enteignungsgleichen Eingriffs dar. Sie liegt vor, wenn eine nach allgemeinem Bau- und Bodenrecht an sich zulässige Bebauung tatsächlich verhindert wird (BGHZ 58, 124). Dies setzt voraus, daß der Eigentümer das betreffende Grundstück entweder selbst hätte bebauen wollen oder können oder es doch im Wege der Veräußerung einer baulichen Nutzung hätte zuführen wollen und können (BGH GG vor Art 1/enteignungsgleicher Eingriff Bausperre 1). Der Eingriffstatbestand setzt nicht notwendig voraus, daß eine Bauvoranfrage oder ein Bauantrag des Eigentümers ablehnend beschieden wird; eine faktische Bausperre kann auch dann gegeben sein, wenn ein Grundstückseigentümer mit Rücksicht auf entsprechende Erklärungen der zuständigen Behörde vernünftigerweise davon absieht, ein förmliches Baugesuch einzureichen. Dabei ist aber ein eindeutiges Verhalten der Behörde zu verlangen, das als Ausdruck ihrer in dieser Frage verbindlichen Haltung aufgefaßt werden kann (BGHZ 58, 124; BGH GG vor Art 1/enteignungsgleicher Eingriff Bausperre 1 und 5). Der Eigentümer muß grundsätzlich seine Nutzungsvorstellungen, soweit sie nicht offen zutage liegen, der Behörde so verdeutlichen, daß diese zur Prüfung des konkreten Vorhabens in der Lage ist (BGHZ 58, 124, 129; DVBl 1981, 391, 394 – insoweit in BGHZ 78, 152 nicht abgedruckt –; BGHR GG vor Art 1/enteignungsgleicher Eingriff Bausperre 5). Dementsprechend ist ein Eingriffstatbestand erst recht dann gegeben, wenn die Nutzung oder Veräußerung eines Grundstücks zu Bauzwecken durch rechtswidrige formelle Ablehnung eines an sich im positiven Sinne entscheidungsreifen Baugesuchs vereitelt wird (vgl BGHZ 65, 182, 188 f). Auch die rechtswidrige Ablehnung eines Bauvorbescheides ist als enteignungsgleicher Eingriff zu werten. Wird ein Vorbescheid, auf dessen Erteilung der Eigentümer Anspruch hat, rechtswidrig versagt, so wird dadurch in die durch Art 14 Abs 1 GG geschützte Baufreiheit, die aus dem Grundeigentum abzuleiten ist, eingegriffen (BGHZ 125, 258, 264). Auch die Verzögerung bei der Erteilung einer Baugenehmigung oder eines Bauvorbescheides kann ebenso einen enteignungsgleichen Eingriff darstellen wie eine förmliche, dem geltenden Recht widersprechende Ablehnung einer Bauerlaubnis (BGH GG vor Art 1/enteignungsgleicher Eingriff Bausperre 6).

Hat die rechtswidrige Versagung des Einvernehmens der Gemeinde nach § 36 BauGB zu einer Ablehnung oder zu einer verzögerten Erteilung der Baugenehmigung durch die Bauaufsichtsbehörde geführt, so kann darin ein zur Entschädigung verpflichtender enteignungsgleicher Eingriff zu Lasten des bauwilligen Grundeigentümers gefunden werden, jedenfalls wenn dieser selbst den Bauantrag oder die Bauvoranfrage gestellt hatte (BGHZ 65, 182, 188/189; 118, 253). Allerdings ist in diesem Zusammenhang zu beachten, daß die Bundesländer in ihrer Mehrzahl von der durch das BauROG geschaffenen Möglichkeit Gebrauch gemacht haben, wonach die nach Landesrecht zuständige Behörde – meistens die Bauaufsichtsbehörde – ein rechtswidrig versagtes Einvernehmen der Gemeinde ersetzen kann (§ 36 Abs 2 S 3 BauGB; vgl wegen der Einzelheiten den Abschnitt „Öffentliches Baurecht" Rn 587 ff). Soweit diese Möglichkeit besteht, ist die Versagung des gemeindlichen Einvernehmens ein rein **468** behördeninterner Vorgang ohne Bindungswirkung. Dies hat die Konsequenz, daß der Eingriffstatbestand nunmehr allein im außengerichteten Handeln der Bauaufsichtsbehörde zu erblicken ist und – nicht anders als bei der Amtshaftung – diese die Alleinverantwortung trifft.

469 Der Tatbestand eines „Eingriffs" scheidet von vornherein aus, wenn ein Baugesuch des antragstellenden Eigentümers rechtswidrig **positiv** beschieden worden ist. In solchen Fällen fehlt es an einem Eingriff in eine durch Art 14 Abs 1 GG geschützte Rechtsposition des Eigentümers. Ihm wird nichts an Eigentumssubstanz genommen, sondern es wird nur unberechtigtes Vertrauen erzeugt. Das Grundeigentum gewährt keinen Anspruch auf eine materiell illegale Bebauung (BOUJONG WiVerw 2/91, 61, 104; RINNE/SCHLICK NVwZ-Beilage II/2000, 7). Ob die Erteilung einer rechtswidrigen Baugenehmigung einen enteignungsgleichen Eingriff zum Nachteil des betroffenen Nachbarn enthalten kann, hängt davon ab, ob die verletzte Rechtsnorm nachbarschützenden Charakter hatte.

470 Die Versagung eines baurechtlichen oder sonstigen **Dispenses** stellt grundsätzlich keinen entschädigungspflichtigen Eingriff in das Eigentum dar; denn wenn auch jedermann einen Anspruch darauf hat, daß sein Baugesuch ordnungsgemäß erledigt wird, so wird doch seine geschützte Rechtsposition – die Befugnis, das Grundstück nach den allgemein geltenden Bestimmungen der Bauordnung zu bebauen – durch die Ablehnung eines Dispenses nicht beeinträchtigt (BGH NJW 1980, 1567, 1570 mwN; insoweit in BGHZ 76, 375 nicht abgedruckt; BGH NJW 1998, 1398 f).

Die Ablehnung des Bauantrages oder der Bauvoranfrage eines Dritten beeinträchtigt grundsätzlich nicht die Rechtsstellung des am Verfahren selbst nicht beteiligten Grundstückseigentümers (BGHZ 125, 258, 267 f).

471 Geschützt ist ferner die Befugnis des Eigentümers, sein Eigentum ganz oder teilweise zu veräußern. Bedarf eine derartige Veräußerung zu ihrer Wirksamkeit einer behördlichen Genehmigung, so kann deren rechtswidrige Versagung einen enteignungsgleichen Eingriff darstellen. Beispiele: BGHZ 134, 316: Versagung einer Teilungsgenehmigung nach §§ 19, 20 BauGB; BGHZ 136, 182: Versagung einer Genehmigung nach § 9 Grundstückverkehrsgesetz; BGH NVwZ 2001, 1074: Versagung einer sanierungsrechtlichen Genehmigung nach §§ 144, 145 BauGB.

472 bb) Wegen enteignungsgleicher Eingriffe in den Gewerbebetrieb s den Abschnitt „Geschützte Rechtsposition" (Rn 454 bis 463).

cc) Auch eine rechtswidrige Beschlagnahme im Rahmen eines staatsanwaltschaftlichen Ermittlungsverfahrens (§§ 111b, 111c StPO) kann einen Entschädigungsanspruch wegen enteignungsgleichen Eingriffs begründen. Allerdings ist Kriterium für die Rechtswidrigkeit des Eingriffs nicht die „Richtigkeit" der betreffenden Maßnahme, sondern allein deren Vertretbarkeit (BGH GG vor Art 1/enteignungsgleicher Eingriff Staatsanwalt 1 und Strafprozeß 1).

473 dd) Bei Schädigung von Anliegergrundstücken durch öffentlich-rechtlich organisierte Straßenbauarbeiten kommen bei rechtswidrig-schuldhaftem Verhalten Schadensersatzansprüche aus Amtspflichtverletzung, bei rechtmäßigem Verhalten Entschädigungsansprüche wegen enteignenden und bei rechtswidrigem Verhalten solche wegen enteignungsgleichen Eingriffs in Betracht (BGHZ 72, 289, 292; 101, 106, 110; KROHN/LÖWISCH, Eigentumsgarantie, Enteignung, Entschädigung [3. Aufl 1984] Rn 224 ff, 235 a, 236; NÜSSGENS/BOUJONG, Eigentum, Sozialbindung, Enteignung [1987] Rn 237 bis 240, jew mwN).

ee) Auch in Fällen, in denen eine Überschwemmung durch eine rechtswidrige hoheitliche Maßnahme verursacht worden ist, können Entschädigungsansprüche wegen enteignungsgleichen Eingriffs begründet sein (st Rspr, vgl etwa BGHZ 125, 19, 21; 117, 240, 252; vor allem BGH WM 1987, 1316, 1317 mit dem – im folgenden wiedergegebenen – Überblick über die Fallgruppen, in denen eine Haftung wegen enteignungsgleichen Eingriffs für Überschwemmungsschäden bejaht worden ist): wasserbautechnisch unsachgemäße Veränderungen an einem Wasserlauf III. Ordnung (BGH LM GG Art 14 [Cc] Nr 26); fehlerhafte Dimensionierung des Rohrsystems eines Baches (BGH LM BGB § 839 Fe Nr 66 und VersR 1980, 719); unsachgemäße Verrohrung eines Vorflutgrabens (BGH NJW 1982, 1277); unsachgemäße Verlegung eines Gewässerbettes (BGH VersR 1985, 492); Errichtung unzureichender Entwässerungsanlagen im Rahmen von Straßenbaumaßnahmen (BGH VersR 1976, 1985; NVwZ 1982, 700; NJW 1985, 496). Der BGH hat ferner Entschädigungsansprüche aus enteignendem Eingriff zugebilligt, wenn zur Verbesserung des Hochwasserschutzes Seedeiche erhöht und dadurch die im Vordeichgelände gelegenen Grundstücke in verstärktem Maße Überschwemmungsgefahren ausgesetzt werden (BGHZ 80, 111; BGHR GG Art 14 Abs 2 Sozialbindung 1). Zur Frage der Entschädigungspflicht aus dem Gesichtspunkt des enteignungsgleichen oder enteignenden Eingriffs, wenn ein landwirtschaftlich genutztes Grundstück, das infolge seiner Lage an einem Gewässer künstlich entwässert wird, zum Schutz der Allgemeinheit vor Hochwasser durch Absperrung eines Zuflußgrabens zu einem Schöpfwerk nicht nur vorübergehend überschwemmt wird, s BGHZ 117, 240. Verneint wurde die Haftung einer Gemeinde aus enteignungsgleichem Eingriff für Überschwemmungsschäden, die dadurch entstanden waren, daß der Abfluß des Oberflächenwassers durch die Ausweisung umfangreicher Baugebiete und die dadurch bewirkte „Bodenversiegelung" verändert worden war (BGH WM 1987, 1316); auch in einem Fall, in dem Überschwemmungsschäden dadurch entstanden waren, daß der Abfluß des Oberflächenwassers durch die Ausweisung umfangreicher Baugebiete und die dabei bewirkte „Bodenversiegelung" verändert worden war, konnte aus der im Rahmen der kommunalen Bauleitplanung nach § 4 BauGB abgegebenen Stellungnahme des (staatlichen) Wasserwirtschaftsamtes keine Haftung des Landes aus dem Gesichtspunkt des enteignenden oder enteignungsgleichen Eingriffs hergeleitet werden (BGH GG vor Art 1/enteignungsgleicher Eingriff Überschwemmung 2). Mangels Unmittelbarkeit wurde der Tatbestand eines enteignungsgleichen Eingriffs bei einem Schaden verneint, den ein auf einem Rohrbruch in einer gemeindlichen Wasserleitung beruhender Wassereinbruch einem Sacheigentümer verursacht hatte (BGHZ 55, 229). Auch bei einer Überschwemmung, die dadurch verursacht worden war, daß in die Kanalisation eingedrungenes Oberflächenhochwasser infolge der Fehlkonstruktion eines Abwasserpumpwerks nicht abgepumpt werden konnte, fehlte es an der Unmittelbarkeit des Eingriffs: Das Abwasserpumpwerk diente lediglich der Abwasserbeseitigung und nicht dem Hochwasserschutz (BGHZ 125, 19, 22 f). Beruht die Überschwemmung hingegen darauf, daß das Abwasser selbst (im Gegensatz zum zuvor erörterten Oberflächenhochwasser) nicht ordnungsgemäß beseitigt wird, ist eine Haftung der öffentlichen Hand für fehlerhafte Abwasseranlagen unter dem

Gesichtspunkt des enteignungsgleichen Eingriffs denkbar (BGH GG vor Art 1/enteignungsgleicher Eingriff Abwasserbeseitigung 1).

475 ff) Zum Versagen einer Verkehrssignalanlage hatte der BGH früher die Auffassung vertreten, daß eine Haftung wegen enteignungsgleichen Eingriffs nicht eintrete (BGHZ 54, 332). In BGHZ 99, 249 hat er indessen entschieden, daß die Abgabe einander widersprechender Lichtzeichen durch eine Lichtzeichenanlage (sogenanntes „feindliches Grün") den Verkehrsteilnehmern gegenüber eine rechtswidrige Maßnahme im Sinne des § 39 Abs 1 Buchst b OBG NW sein könne, und zugleich klargestellt, daß er an der früheren Verneinung des enteignungsgleichen Eingriffs für solche Fälle nicht festhalte (aaO 256).

d) Unterlassen und Untätigbleiben als „Eingriff"

476 Ein Eingriff im enteignungsrechtlichen Sinne erfordert ein positives Handeln der öffentlichen Gewalt. Ein reines Unterlassen und Untätigbleiben der öffentlichen Hand erfüllt grundsätzlich nicht die Merkmale eines Eingriffs. Ein Eingriff ist jedoch zu bejahen, wenn sich das Unterlassen ausnahmsweise als ein in den Rechtskreis des Betroffenen eingreifendes Handeln qualifizieren läßt (BGHZ 56, 40, 42; BGH VersR 1986, 372, 374). Ein derartiges qualifiziertes Unterlassen ist beispielsweise anzunehmen, wenn entgegen einem Anspruch auf Genehmigungserteilung eine Bauerlaubnis oder eine gewerberechtliche Erlaubnis für Ersatz- oder Anpassungsinvestitionen förmlich versagt oder faktisch vorenthalten wird; in diesen Fällen wird in konkrete, vom Schutz des Art 14 Abs 1 GG umfaßte Rechtspositionen des Eigentümers, nämlich in die aus dem Grundeigentum abzuleitende Baufreiheit oder in den eingerichteten und ausgeübten Gewerbebetrieb, eingegriffen (BGHZ 102, 350, 364 f mwN). Auch die fortgesetzte Weigerung einer Gemeinde, im Rahmen eines laufenden Verwaltungs- oder verwaltungsgerichtlichen Verfahrens das Einvernehmen nach § 36 BauGB zu erteilen, obwohl die planungsrechtlichen Voraussetzungen dafür inzwischen geschaffen worden waren, ist als qualifiziertes Unterlassen in diesem Sinne eingestuft worden (BGHZ 118, 253, 261). Ebenso ist die Aufrechterhaltung einer Beschlagnahme (§§ 111b, 111c StPO) auf die Beschwerde des Betroffenen hin nicht als bloßes Untätigbleiben der Strafverfolgungsorgane zu bewerten, sondern erfüllt die Merkmale eines Eingriffs im enteignungsrechtlichen Sinne (BGHR GG vor Art 1/enteignungsgleicher Eingriff Unterlassen 3).

Ein reines Untätigbleiben, das nicht die Merkmale eines qualifizierten Unterlassens erfüllt, ist beispielsweise bejaht worden beim Unterbleiben von Hochwasserschutzmaßnahmen (BGHZ 120, 124, 132), auch beim Unterlassen von Maßnahmen nach einer „Bodenversiegelung" (BGHR GG vor Art 1/enteignungsgleicher Eingriff Hochwasserschutz 2).

Allgemein kann von einem qualifizierten Unterlassen nicht gesprochen werden, wenn nicht eindeutig feststeht, welches konkrete Verhalten der öffentlichen Hand nach öffentlichem Recht geboten ist. In den genannten Anwendungsfällen des qualifizierten Unterlassens lag offen zutage, zu welchem Verhalten die öffentliche Hand verpflichtet war; sie war gehalten, die bau- oder gewerberechtlichen Genehmigungen bei Vorliegen der gesetzlichen Voraussetzungen zu erteilen oder die Beschlagnahme aufzuheben. Im Waldschäden-Urteil wurde hingegen ein qualifiziertes Unterlassen schon deswegen verneint, weil mehrere Lösungen, nämlich ein Tätigwerden der öffentlichen Hand zur weiteren Schadensverhütung oder zur Schaffung wirksamerer

Ersatz- oder Ausgleichsansprüche der Geschädigten denkbar war, wobei innerhalb dieser beiden Fallgruppen wiederum unterschiedliche Gestaltungsmöglichkeiten bestanden (BGHZ 102, 350, 365).

e) Unmittelbarkeit des Eingriffs
In frühen Entscheidungen hatte der Bundesgerichtshof zunächst als weiteres Merkmal des Eingriffstatbestandes gefordert, daß der Eingriff final vorgenommen worden sein müsse: „Eingriff ist nur, was eingreifen soll, nicht, was zufällig geschieht" (BGHZ 12, 52, 57 unter Bezugnahme auf FORSTHOFF, Verwaltungsrecht [2. Aufl] 271). Seit BGHZ 37, 44, 47 läßt der BGH es für die Annahme eines „Eingriffs" im enteignungsrechtlichen Sinne in jedem Falle genügen, daß eine hoheitliche Maßnahme „unmittelbar" – nicht nur mittelbar mit Ausnahme der rechtsähnlichen Fälle der §§ 844, 845 BGB – Auswirkungen auf das Eigentum im Sinne des Enteignungsrechts, mithin auf das Eigentum in all seinen Ausstrahlungen hat (s zur Entwicklung der Rechtsprechung insbesondere KREFT, Öffentlich-rechtliche Ersatzleistungen [2. Aufl 1998] Rn 108). Hierin liegt ein Abgrenzungskriterium gegenüber sonstigen sich für einen Dritten nachteilig auswirkenden hoheitlichen Maßnahmen. Das Kriterium der Unmittelbarkeit ist kein formales, sondern betrifft die Zurechenbarkeit der hoheitlichen Maßnahme. Nötig ist daher ein innerer Zusammenhang mit dieser Maßnahme, dh es muß sich eine besondere Gefahr verwirklichen, die bereits in der hoheitlichen Maßnahme selbst angelegt ist. In diesem Sinne ist das Tatbestandsmerkmal der Unmittelbarkeit ein Kriterium für die wertende Zurechnung der Schadensfolgen nach Verantwortungsbereichen und Risikosphären (BGHZ 125, 19, 21 mwN).

In allen bereits dargestellten Fällen, in denen die Beeinträchtigung einer eigentumsmäßig geschützten Rechtsposition und das Vorliegen eines Eingriffstatbestandes für möglich gehalten worden sind, ist jeweils auch die Unmittelbarkeit in diesem Sinne bejaht worden. Außerdem sind hier noch folgende Fälle zu nennen (nach der Übersicht bei KREFT aaO Rn 112): Ablagerung von Hausmüll auf einer schlicht hoheitlich betriebenen Mülldeponie, wodurch Scharen von nahrungssuchenden Krähen und Möwen angelockt wurden, die auf benachbarten Feldern an der jungen Saat erhebliche Schäden anrichteten (BGH NJW 1980, 770); Beeinträchtigung von Gewerbebetrieben, die auf die ordnungsmäßige Durchführung der Flugsicherung angewiesen waren, durch einen Fluglotsenstreik (BGHZ 76, 387, 392); Ausschachtungsarbeiten, die die Standfestigkeit eines benachbarten Gebäudes beeinträchtigt hatten (BGH NJW 1981, 1663); Beeinträchtigung eines Forstbetriebes durch Einwirkungen von Schießübungen auf einem in der Nähe gelegenen Truppenübungsplatz (BGHZ 87, 321, 336); Versagung einer Bodenabbaugenehmigung (BGHZ 90, 17, 22 ff); Beeinträchtigung von Waldeigentum durch von der Jagdbehörde zu niedrig festgesetzte Abschußzahlen für Rotwild (BGHZ 92, 34, 41); Beeinträchtigung von Straßenanliegereigentum durch übermäßige Straßenverkehrsimmissionen (BGH NJW 1988, 900, 901).

Hingegen stellt die Einbeziehung eines Grundstücks in einen militärischen Schutzbereich für sich allein genommen noch keine zur Entschädigung verpflichtende Einwirkung auf das Vermögen des Grundstückseigentümers dar, solange sie diesem noch kein fühlbares Opfer abverlangt hat. Eine Schutzbereichserklärung oder andere „Gebietserklärungen" bilden im allgemeinen nur die Grundlage bzw die Ermächtigung dafür, durch Einzelakt bestimmte eigentumsbeschränkende Maßnahmen zu erlassen (BGHZ 57, 278, 283 mwN, auch aus der übereinstimmenden Rechtsprechung des Bundesverwaltungsgerichts). Auch im „Waldschadens-Urteil" wurde ein unmittelbarer Eingriff durch Maßnahmen der öffentlichen Hand in das Waldeigentum verneint (BGHZ 102, 350, 357/358). Der BayVerwGH hat mit Recht die Entscheidung eines Strafgerichts, ein strafgerichtliches Hauptverfahren nicht zu eröffnen, nicht als Eingriff in das – von dem Beschuldigten verletzte – Eigentum des Anzeigeerstatters gewertet (NJW 1983, 2436; KREFT aaO Rn 113).

5. Der Eingriffstatbestand beim enteignenden Eingriff

478 a) Der **enteignende** Eingriff besteht darin, daß eine an sich rechtmäßige hoheitliche Maßnahme auf eine Rechtsposition des Eigentümers einwirkt und im konkreten Fall bei einzelnen Betroffenen zu – meist atypischen und unvorhergesehenen – Nebenfolgen und Nachteilen führt, die die Schwelle des enteignungsrechtlich Zumutbaren überschreiten (BGHZ 91, 20, 26 f; 94, 373, 374 f; 100, 335, 337; 102, 350, 361). Solche Nachteile können ein entschädigungspflichtiges Sonderopfer darstellen, wenn sie in einem inneren Zusammenhang mit der hoheitlichen Maßnahme stehen. Dafür genügt es nicht, daß sie deren adäquat kausale Folge sind; das würde auf die Annahme einer allgemeinen Gefährdungshaftung der öffentlichen Hand hinauslaufen, für die das geltende Recht keine Grundlage bietet (BGHZ 55, 229, 232 f; 60, 303, 307 f, 311; 100, 335, 338). Erforderlich ist vielmehr, daß sich eine besondere Gefahr verwirklicht, die bereits in der hoheitlichen Maßnahme selbst angelegt ist, so daß sich der im konkreten Fall eintretende Nachteil aus der Eigenart dieser Maßnahme ergibt (BGHZ 28, 310, 313; 60, 302, 310 f; 100, 335, 338 f). In diesem Sinne ist das Merkmal der Unmittelbarkeit des Eingriffs für den enteignenden Eingriff ebenso erforderlich wie für den enteignungsgleichen (BGHZ 102, 350, 358).

479 b) Der Bundesgerichtshof hat eine Haftung aus dem Rechtsinstitut des enteignenden Eingriffs beispielsweise bejaht, wenn es um einzelfallbezogene Eigentumsbeeinträchtigungen durch hoheitliche Realakte, straßenrechtliche Planfeststellungsbeschlüsse (im Zusammenhang mit Verkehrsimmissionen) oder Verwaltungsakte (zB straßenrechtliche Widmung) ging (BGHZ 102, 350, 361). Dagegen hat der BGH eine derartige Entschädigungspflicht bei dem in einer Vielzahl von Fällen auftretenden nachteiligen Auswirkungen eines Gesetzes auf durch Art 14 Abs 1 GG geschützte Eigentümerpositionen noch nicht bejaht. Bei einem solchen Sachverhalt können die Gerichte nur dann Entschädigungsansprüche oder Ausgleichsleistungen im Anwendungsbereich des Art 14 Abs 1 S 2 GG zuerkennen, wenn das Gesetz eine entsprechende Regelung enthält. Offengeblieben ist, ob das Rechtsinstitut des enteignenden Eingriffs Anwendung findet, wenn ein Gesetz im Einzelfall zu Eigentumseinbußen führt, die Ausnahmecharakter tragen und nur unter besonderen Umständen entstehen (BGHZ 102, 350, 361). Im Waldschäden-Urteil hat der BGH das Vorliegen eines enteignenden Eingriffs, auch soweit es um das Verhalten des Gesetzgebers ging, insgesamt verneint (aaO).

480 c) Nach diesen Grundsätzen kommt ein enteignender Eingriff in Betracht, wenn bei hoheitlich durchgeführten Straßenbauarbeiten Anliegergrundstücke beschädigt werden (vgl etwa BGHZ 140, 200: Beschädigung eines denkmalgeschützten Gebäudes). Ein gewerbetreibender Straßenanlieger, der den Gemeingebrauch an einer Straße für seinen Gewerbebetrieb nutzt, ist insofern mit dem Schicksal der Straße verbunden, als er als Ausfluß der Sozialpflichtigkeit seines Anlieger-Eigentums Arbeiten, die der

Erhaltung, Verbesserung und Modernisierung der Straße dienen, bis zu einer verhältnismäßig hoch anzusetzenden Opfergrenze entschädigungslos dulden muß. Auch bei ordnungsgemäß durchgeführten Bauarbeiten zur Modernisierung und Anpassung der Anliegerstraße an gestiegene Verkehrsbedürfnisse kann indessen die Grenze von der entschädigungslos hinzunehmenden Sozialbindung des Anlieger-Eigentums zum entschädigungspflichtigen enteignenden Eingriff überschritten werden, wenn die Arbeit nach Art und Dauer sich besonders einschneidend, gar existenzbedrohend, auf den Anliegergewerbebetrieb ausgewirkt haben (zB BGH WM 1980, 1179; BGHR GG vor Art 1/enteignender Eingriff Straßenbau 1). Bei der Beeinträchtigung von Anlieger-Gewerbebetrieben durch Arbeiten, die der Anlage einer U-Bahn dienen, setzt der BGH die Opfergrenze dagegen niedriger an und stellt darauf ab, ob die Folgen des Eingriffs für den Anlieger nach Dauer, Intensität und Auswirkungen so erheblich sind, daß ihm eine entschädigungslose Hinnahme nicht mehr zuzumuten ist (BGHZ 83, 61, 65; BGHR GG vor Art 1/enteignender Eingriff U-Bahn-Bau 1). Für die Bestimmung der Opfergrenze kommt es nicht auf den Gewinnverlauf einer einzelnen betroffenen Filiale, sondern auf denjenigen des Gesamtunternehmens an. Diese Betrachtungsweise trägt gerade der Tatsache Rechnung, daß beim eingerichteten und ausgeübten Gewerbebetrieb Schutzobjekt der Eigentumsgarantie alles ist, was in seiner Gesamtheit den Betrieb zum Wirken in der Wirtschaft befähigt und seinen wirtschaftlichen Wert ausmacht (BGHR GG vor Art 1/enteignender Eingriff Straßenbau 4).

d) Auch Verkehrsimmissionen, die von einer Betrieb genommenen öffentlichen **481** Straße ausgehen, sind als öffentlich-rechtliche Einwirkungen zu beurteilen. Die Beeinträchtigung betroffener Anliegergrundstücke durch Verkehrsimmissionen ist die unmittelbare Folge der Bestimmung der vorbeiführenden Straße für den Kraftverkehr. Diese Zweckbestimmung beruht auf der Widmung der Straße für diesen Gebrauch. Dazu wird zugleich die Pflicht der Anlieger begründet, die von der Straße ausgehenden Verkehrsimmissionen zu dulden. Die Verkehrslärmeinwirkungen bilden daher einen unmittelbaren hoheitlichen Eingriff in das Anliegereigentum (BGHZ 64, 220, 222; 97, 361, 394; BGHR GG vor Art 1/enteignender Eingriff Verkehrslärm 4). Den Betroffenen steht ein öffentlich-rechtlicher Anspruch auf Entschädigung zu, wenn Verkehrsimmissionen von hoher Hand, deren Zuführung nicht untersagt werden kann, sich als ein unmittelbarer Eingriff in nachbarliches Eigentum darstellen und die Grenze dessen überschreiten, was ein Nachbar nach § 906 BGB entschädigungslos hinnehmen muß. Dieser Entschädigungsanspruch ist unabhängig davon, ob der betroffene Anlieger zum Ausbau der Straße einen Teil seines Grundstücks hat abtreten müssen oder nicht. Er besteht grundsätzlich in einem Geldausgleich für Schallschutzeinrichtungen auf dem betroffenen Grundstück. Eine Entschädigung für einen Minderwert des Grundstücks kommt erst in Betracht, wenn Schutzeinrichtungen keine wirksame Abhilfe versprechen oder unverhältnismäßige Aufwendungen erfordern. Der Entschädigungsanspruch setzt, wenn keine (Teil-)Enteignung von Grundeigentum für den Straßenbau erfolgt ist, weiter voraus, daß die zugelassene Nutzung des Straßengrundstücks die vorgegebene Grundstückssituation nachhaltig verändert und dadurch das benachbarte Wohneigentum schwer und unerträglich trifft (BGHZ 64, 220, 229; 97, 114, 16; 97, 361, 362 f; 140, 285, 298; BGHR GG vor Art 1/enteignender Eingriff Verkehrslärm 2 und 4). Für die Erreichung der Enteignungsschwelle kann nicht danach unterschieden werden, ob die Verkehrsimmissionen von Altstraßen oder neuen Straßen ausgehen. Der Maßstab der schweren und unerträglichen Betroffenheit des Eigentums ist in beiden Fällen gleich. In sogenannten „Altfällen" kann allerdings dem Gesichtspunkt der Geräuschvorbelastung erhöhte Bedeutung zukommen. Eine normative Festlegung der Enteignungsschwelle fehlt. Die enteignungsrechtliche Zumutbarkeitsschwelle läßt sich nicht im Wege der Rechtsanwendung in einem für alle Fallgestaltungen zutreffenden bestimmten Geräuschpegel ausdrücken. Es ist vielmehr auf die Umstände des Einzelfalls abzustellen. Dabei können allerdings Richtwerte, die in Verwaltungsvorschriften angegeben oder im einschlägigen Schrifttum befürwortet werden, eine Orientierungshilfe bieten, ohne jedoch den Richter der eigenverantwortlichen Feststellung des Ausmaßes der Lärmbelästigung und der enteignungsrechtlichen Zumutbarkeitsschwelle zu entheben (BGHZ 97, 361, 365). Von der „enteignungsrechtlichen Zumutbarkeitsschwelle" ist die „fachplanungsrechtliche Vorsorgeschwelle" zu unterscheiden. Deren Überschreitung begründet eine einfachgesetzliche (§ 74 Abs 2 S 3 VwVfG) Billigkeitsentschädigung im Vorfeld enteignender Eingriffe, dh für solche nachteiligen Einwirkungen des straßenrechtlichen Planvorhabens, die unterhalb der enteignungsrechtlichen Zumutbarkeitsschwelle bleiben (BGHZ 97, 114, 117). Die „fachplanungsrechtliche Vorsorgeschwelle" ist in § 2 der Verkehrslärmschutzverordnung – 16. BImSchV vom 12.6.1990 (BGBl I 1036) – geregelt und sieht für reine und allgemeine Wohngebiete Immissionsgrenzwerte von 59 dB(A) am Tag und 49 dB(A) in der Nacht vor. Nach der Rechtsprechung des Bundesgerichtshofs ist die enteignungsrechtliche Zumutbarkeitsschwelle für Verkehrslärmimmissionen in Wohngebieten im allgemeinen bei Werten von 70 bis 75 dB(A) tagsüber und von 60 bis 65 dB(A) nachts anzusetzen (vgl BGHZ 122, 76, 81 m zahlr wN). Die Überschreitung der enteignungsrechtlichen Zumutbarkeitsschwelle ist bereits ein Tatbestandsmerkmal des die Entschädigungspflicht auslösenden Eingriffs selbst, gleichgültig, ob Anspruchsziel der Aufwendungsersatz für passive Schallschutzeinrichtungen oder der Ausgleich der verbleibenden Wertminderung ist (BGHZ 122, 76, 79; BGH, Beschluß vom 20.9.2001 – III ZR 210/00).

482 Allgemein muß der Betroffene als Ausfluß der Inhalts- und Schrankenbestimmung seines Eigentums die – den Wert seines Grundstücks mindernden – Verkehrslärmimmissionen insoweit entschädigungslos hinnehmen, als sie ihn auch betroffen hätten, wenn die dem öffentlichen Verkehr gewidmete Autobahn aufgrund einer ordnungsgemäßen Planfeststellung in zumutbarem Abstand von dem Wohngrundstück errichtet worden wäre. Zu der durch Art 14 geschützten Rechtsposition des Eigentümers gehört nicht, was ihm im Wege einer zulässigen Inhaltsbestimmung an Nachteilen rechtmäßig auferlegt werden kann (BGHZ 78, 41, 51 f; 92, 34, 50; BGHR GG vor Art 1/enteignender Eingriff Verkehrslärm 3). Andererseits kann ein Entschädigungstatbestand auch darin liegen, daß die tatsächliche Straßenführung im Vergleich zu dem Zustand, der bestände, wenn die Straße im Wege einer „Parallelverschiebung" an der Grundstücksgrenze vorbeigeführt worden wäre, hinsichtlich der Lärmeinwirkung auf das Restgrundstück eine „fühlbare" Verschlechterung darstellt (BGH NJW 1978, 318; 1986, 2424; GG vor Art 1/enteignender Eingriff Verkehrslärm 7).

Der Anlieger einer Straße, die auf der Grundlage eines bestandskräftigen Planfeststellungsbeschlusses errichtet oder ausgebaut worden ist, kann nicht unter dem Gesichtspunkt des enteignenden Eingriffs einen Geldausgleich für im Planfeststellungsbeschluß nicht vorgesehene Schallschutzeinrichtungen auf dem betroffenen Grundstück verlangen (BGHZ 140, 285 in teilweiser Abweichung von BGHZ 97, 117). Im konkreten Fall scheiterte ein solcher Anspruch schon an der Bestandskraft des Planfeststellungsbeschlusses, in dem die Notwendigkeit weitergehender Lärmschutzmaßnahmen als der vorgesehenen (aktiven) Schallschutzanlage verneinet worden war. Weitergehende Schallschutzvorkehrungen oder Entschädigungen auf diesen gesetzlichen Grundlagen hätten die Betroffenen gegebenenfalls nur durch Anfechtung des Planfeststellungsbeschlusses mit dem Ziel einer Ergänzung desselben in diesem Punkte und durch eine entsprechende Klage vor dem Verwaltungsgericht erzwingen können. Ist dagegen der Planfeststellungsbeschluß unanfechtbar geworden und treten nicht voraussehbare Wirkungen des Vorhabens oder der dem festgestellten Plan entsprechenden Anlagen auf das Recht eines anderen erst nach Unanfechtbarkeit des Planes auf, so kann der Betroffene Vorkehrungen oder die Errichtung und Unterhaltung von Anlagen verlangen, welche die nachteiligen Wirkungen ausschließen (BGHZ 140, 285, 296).

Bei der (tatsächlichen) Geräuschvorbelastung handelt es sich um situationsbedingte **483** Lärmeinwirkungen, denen das betroffene Grundstück von seiner Umgebung her ausgesetzt ist. Diese Vorbelastung haftet dem Grundstück kraft seiner Situationsgebundenheit an und muß von dem jeweiligen Eigentümer – unabhängig von dem Zeitpunkt seines Erwerbs und von seiner Kenntnis der Vorbelastung – hingenommen werden. Die (faktische) Geräuschvorbelastung erhöht die Zumutbarkeitsschwelle für den durch Verkehrslärm beeinträchtigten Eigentümer; die Vorbelastung muß grundsätzlich entschädigungslos geduldet werden. Ausgleichs- und/oder Entschädigungsansprüche bestehen grundsätzlich nur insoweit, als das Hinzutreten der Verkehrsgeräusche zu der Geräuschvorbelastung den Pegel des Gesamtgeräuschs in beachtlicher Weise erhöht und gerade in dieser Erhöhung eine zusätzliche unzumutbare Belastung liegt (BGHR GG vor Art 1/enteignender Eingriff Verkehrslärm 6 mwN, auch aus der Rechtsprechung des Bundesverwaltungsgerichts).

Diese zum Verkehrslärm entwickelten allgemeinen Grundsätze gelten in ihrem wesentlichen Kern auch für Einwendungen durch hoheitlichen Fluglärm, insbesondere für Fluglärmimmissionen, die von Militärflughäfen ausgehen (s wegen der Einzelheiten BGHZ 122, 76; 129, 124).

e) Wird ein Kraftfahrzeug im Zuge strafrechtlicher Ermittlungen als Beweismittel **484** sichergestellt und in Verwahrung genommen, so steht dem Eigentümer für Schäden, die durch vorsätzliche Fremdeinwirkung („Vandalismus") an dem Fahrzeug entstehen, keine Entschädigung aus dem Gesichtspunkt des enteignenden Eingriffs zu. Die Unterstellung eines – rechtmäßig – sichergestellten und in Verwahrung genommenen Kraftfahrzeugs in der verschlossenen Halle eines Kraftfahrzeugbetriebes begründet nicht typischerweise die Gefahr, daß sich Dritte gewaltsam Zutritt verschaffen und das Fahrzeug vorsätzlich beschädigen. Wenn sich gleichwohl einmal ein solcher Schadensfall ereignet, so trifft dies den Eigentümer unabhängig davon, aus welchem Anlaß sein Fahrzeug in der Halle untergestellt ist. In einem solchen Fall verwirklicht sich eine Gefahr, die nicht schon in der Sicherstellung und Inverwahrungnahme selbst angelegt ist, also nicht aus deren Eigenart folgt. Vielmehr ist das Eigentum des Geschädigten dann durch ein außerhalb der hoheitlichen Maßnahme liegendes selbständiges Ereignis betroffen, das jederzeit auch zu anderer Gelegenheit hätte eintreten können und mit dem sich nur ein allgemein zu tragendes Risiko verwirklicht. Daß der Betroffene sein Fahrzeug möglicherweise besonders sorgfältig geschützt und damit schädigenden Einwirkungen Dritter entzogen hätte, ist angesichts der gebotenen typisierenden Betrachtungsweise unerheblich (BGHZ 100, 335, 339).

6. Das Sonderopfer für die Allgemeinheit

485 Das „Sonderopfer für die Allgemeinheit", das Tatbestandsvoraussetzung sowohl des enteignungsgleichen als auch des enteignenden Eingriffs ist, wird bereits in der grundlegenden Entscheidung des Großen Senats für Zivilsachen vom 10. 6. 1952 (BGHZ 6, 270, 280) wie folgt umschrieben: als zwangsweiser staatlicher Eingriff in das Eigentum, „sei es in der Gestalt der Entziehung oder Belastung, der die betroffenen Einzelnen oder Gruppen im Vergleich zu anderen ungleich, besonders trifft und sie zu einem besonderen, den übrigen nicht zugemuteten Opfer für die Allgemeinheit zwingt, und zwar zu einem Opfer, das gerade nicht den Inhalt und die Grenzen der betroffenen Rechtsgattung allgemein und einheitlich festlegt, sondern das aus dem Kreise der Rechtsträger Einzelne oder Gruppen von ihnen unter Verletzung des Gleichheitssatzes besonders trifft". Dementsprechend hat der BGH wiederholt zum Ausdruck gebracht, von dem „Abverlangen eines Sonderopfers" könne dann keine Rede sein, wenn der nachteilig Betroffene sich freiwillig in die Gefahr begeben habe, die ganz allgemein von ihm grundsätzlich selbst zu tragen und von ihm herbeigeführt worden sei (BGHZ 5, 144, 152; 17, 172, 175 f; 31, 1, 4; vgl auch 37, 44, 48; BGH NJW 1976, 1204, 1205; BGHZ 129, 124, 129). Rechtswidrige Vollstreckungsmaßnahmen, auch solche, zur Durchsetzung von Steuerforderungen, können keine Entschädigungsansprüche wegen enteignungsgleichen Eingriffs begründen, weil hier das Schadensbild und seine Ausgleichung nicht von einem zu Unrecht abverlangten „Sonderopfer im Interesse des Allgemeinwohls" geprägt wird (BGHZ 30, 123; 32, 240; BGH WM 1984, 1240; 1986, 204, 207; BGHR GG vor Art 1/enteignungsgleicher Eingriff Vollstreckungsmaßnahme 1 = NVwZ 1998, 878).

7. Die Entschädigung

486 a) Die Höhe der Entschädigung wegen (enteignenden oder) enteignungsgleichen Eingriffs richtet sich nach den Grundsätzen, die für die Bemessung der Enteignungsentschädigung gelten; denn anders als bei der verschuldensabhängigen Amtshaftung nach § 839 BGB iVm Art 34 GG führen die richterrechtlich entwickelten Institute des enteignungsgleichen und des enteignenden Eingriffs nicht zu einem Schadensersatz-, sondern zu einem Entschädigungsanspruch, dessen Ausgestaltung sich an das Enteignungsrecht anlehnt (BGHR GG vor Art 1/enteignungsgleicher Eingriff Entschädigung 1; BGH NJW 1975, 1880, 1881). Der Anspruch ist seiner Funktion nach darauf gerichtet, dem Eigentümer einen Ausgleich für das Genommene, die entzogene Vermögenssubstanz, zu gewähren. Der Betroffene soll durch die Entschädigung in den Stand gesetzt werden, sich eine Sache oder ein Recht gleicher Art und Güte zu verschaffen (BGHR GG vor Art 1/enteignungsgleicher Eingriff Gewinnentgang 1).

487 b) Der Substanzverlust, den der Eigentümer eines infolge hoheitlicher Straßenbauarbeiten beschädigten denkmalgeschützten Gebäudes erlitten hatte, wurde nicht schon dadurch ausgeglichen, daß das Gebäude nunmehr mit einer Fassade in einfacher Bauart versehen wurde, sondern erforderte – zumindest im Grundsatz – auch eine Wiederherstellung der den optischen Reiz des Gebäudes ausmachenden Stuck- und Putzgliederung aus der Jugendstilepoche. Die öffentliche Hand mußte daher die hierdurch verursachten Mehraufwendungen ersetzen, obwohl der Eigentümer selbst möglicherweise nach dem einschlägigen Landesrecht nicht verpflichtet gewesen wäre, diese Instandsetzungen auf eigene Kosten durchzuführen (BGHZ 140, 200, 204;

auch zur Methode der Berechnung des „Substanzverlustes" im einzelnen [205 ff]). Bei einer „faktischen Bausperre" besteht der „Substanzverlust" darin, daß der Eigentümer in der baulichen Ausnutzung seines Grundstücks zeitweise behindert worden ist. Für den Ausgleich dieses Verlustes ist regelmäßig auf die „Bodenrente" abzustellen (BGHZ 65, 182, 188). Für deren Bemessung bietet sich der Betrag an, den ein Bauwilliger für die Erlaubnis zeitlicher baulicher Nutzung gezahlt haben würde (Miet-, Pacht- oder Erbbauzins); sie wird sich weitgehend mit einer angemessenen Verzinsung des bei endgültiger Teilenteignung für die entzogene Substanz geschuldeten Kapitals decken. Auf eine „Teilenteignung" und nicht auf eine Vollenteignung ist deshalb abzustellen, weil ihr Gegenstand nicht das Eigentum am Grundstück selbst, sondern nur die daraus fließende Befugnis ist, das Grundstück bebauen zu können. Ist aber gerade die Bebaubarkeit der wesentliche wert- und preisbildende Faktor des Grundstücks, so liegt es nicht fern, daß das zu verzinsende Kapital die volle Höhe des Grundstückswertes (oder bei einer gescheiterten Veräußerung: des Kaufpreises) erreichen kann (BGHR GG vor Art 1/enteignungsgleicher Eingriff Bausperre 6). Allerdings rechtfertigt sich aus diesem Grundsatz indessen keineswegs gleichsam „automatisch" der Rückschluß, daß die Bodenrente jährlich 6 vH des in dem betreffenden Kaufvertrag vereinbarten Preises ausmachen müsse. Vielmehr kommt es auf die objektiven Gegebenheiten des gesunden Grundstücksmarktes an; insbesondere hat der entgangene Gewinn des Eigentümers grundsätzlich außer Betracht zu bleiben (BGHZ 134, 316, 324 f). Denn ein über den Substanzverlust hinausgehender Gewinnentgang, den der Eigentümer dadurch erlitten hat, daß infolge des Eingriffs die Veräußerung des betroffenen Vermögensgegenstandes gescheitert ist, ist nicht entschädigungsfähig (BGHR GG vor Art 1/enteignungsgleicher Eingriff Gewinnentgang 1). Auch mit der rechtswidrigen Versagung einer Grundstückverkehrsgenehmigung (§ 9 GrdstVG), die den Eigentümer vorübergehend an der Veräußerung seines Grundstücks hindert, wird ihm dessen wirtschaftlicher Gegenwert in Gestalt des Veräußerungserlöses zeitweise vorenthalten. Dieser Erlös tritt – eigentumsrechtlich gesehen – an die Stelle des Grundstücks, jedoch der Höhe nach nur bis zu dessen objektivem Wert. „Genommen" wird dem Eigentümer damit die Möglichkeit der Nutzung dieses an die Stelle des Grundstücks tretenden Kapitals, also der Zins. Der ihm insoweit entstehende Nachteil wird sich in der Regel dadurch vermindern, daß dem Eigentümer die Möglichkeit verbleibt, das Grundstück bis zur endgültigen Veräußerung weiterhin zu nutzen, mag auch sein Interesse an der Nutzung im Hinblick auf den beabsichtigten Verkauf geringer zu bewerten sein. Der so ermittelte Kapitalnutzungswert wird der Höhe nach regelmäßig der – wegen der vorübergehend verbliebenen Nutzungsmöglichkeit um einen Abschlag verminderten – Bodenrente entsprechen (BGHZ 136, 182, 186 f). Zur Frage, ob und in welcher Weise bei der Entschädigung für Verkehrsimmissionen zu berücksichtigen ist, daß das betroffene Grundstück zwischenzeitlich veräußert worden ist, siehe BGH GG vor Art 1/enteignender Eingriff Steigerungsrechtsprechung 1. Ist der Eigentümer/Erbbauberechtigte wegen einer rechtswidrigen Versagung einer Nutzungsänderungsgenehmigung – vorübergehende Bau- bzw. Nutzungssperre – zu entschädigen, so kann er aus dem Gesichtspunkt des enteignungsgleichen Eingriffs nicht Erstattung des Mindererlöses verlangen, den er bei einem Verkauf des Grundstücks während der Sperre mit Rücksicht auf dessen eingeschränkte Nutzbarkeit hinnehmen mußte (BGHR GG vor Art 1/ enteignungsgleicher Eingriff Nutzungsbeschränkung 1): Hierbei handelt es sich um eine rein tatsächliche nachteilige Eingriffsfolge, die den Eigentümer nicht in seinem allein eigentumsrechtlich geschützten Interesse trifft, in der ungestörten Nutzung des Objekts nicht, wenn auch nur vorübergehend, beeinträchtigt zu werden. Der nicht auf der Eigenart der hoheitlichen Maßnahme beruhende, allein in der ungünstigen wirtschaftlichen Lage des Eigentümers angelegte Umstand, daß das Erbbaurecht gerade während der zeitweiligen Nutzungsminderung veräußert werden mußte, ohne daß dabei der volle Wert des Rechts erzielt werden konnte, berührte kein entschädigungsrechtlich erhebliches Interesse. Im Entschädigungsprozeß ist es erforderlich, daß der Anspruch des Eigentümers dem „Substanzverlust" zugeordnet werden kann. Ist dies nicht möglich – etwa weil der Kläger seinen Schaden nach der Gesamtvermögenslage, die ohne das schädigende Ereignis bestehen würde, berechnet und sein etwaiger Anspruch auf Bodenrente sich keiner der bezifferten Schadenspositionen zuordnen läßt –, kann der Entschädigungsanspruch schon aus diesem Grunde der Abweisung verfallen (BGHR GG vor Art 1/enteignungsgleicher Eingriff Bausperre 9). Wird durch eine rechtswidrige faktische Bausperre die beabsichtigte Veräußerung des Grundstücks verzögert, dann muß der Eigentümer sich auf die ihm zustehende Entschädigung (Bodenrente) als auszugleichenden Vorteil die Wertsteigerung des Grundstücks anrechnen lassen, die er durch die Verzögerung erlangt. Wird durch eine rechtswidrige faktische Bausperre die beabsichtigte Vermietung des geplanten Gebäudes verhindert, dann muß der Eigentümer sich auf die ihm zustehende Entschädigung als auszugleichenden Vorteil anrechnen lassen, daß ihm mit der Vermietung verbundene Verluste erspart geblieben sind (BGHR GG vor Art 1/enteignungsgleicher Eingriff Bausperre 2).

Zur Berechnung der Entschädigung für Eingriffe in lediglich obligatorische Nutzungsrechte (Miete, Pacht, Leihe) vgl BGHR GG vor Art 1/enteignender Eingriff Entschädigung 1 bis 3).

488 c) Der Entschädigungsanspruch richtet sich gegen den „Begünstigten" des Eingriffs im enteignungsrechtlichen Sinn. Allerdings wird der Begriff der „Begünstigung" in diesem Sinn zu eng gefaßt, wenn man ihn dahingehend versteht, daß dem betroffenen Hoheitsträger unmittelbare Vorteile aus der den Eingriffstatbestand darstellenden Maßnahme zugeflossen sein müssen. Entschädigungspflichtig ist der Hoheitsträger, dessen Aufgaben wahrgenommen wurden oder dem die Vorteile des Eingriffs zugeflossen sind. Deswegen kann eine „Begünstigung" auch darin liegen, daß – entsprechend der ersten Alternative des vorstehend bezeichneten Grundsatzes – mit der Maßnahme eigene Aufgaben des betroffenen Hoheitsträgers wahrgenommen worden sind (BGHZ 134, 316, 321; vgl auch BGH NJW 1980, 387). Haben daher an einem Eingriff mehrere Hoheitsträger mitgewirkt (Beispiel: die Gemeinde versagt rechtswidrig das erforderliche Einvernehmen nach § 36 BauGB; die Bauaufsichtsbehörde lehnt daraufhin rechtswidrig die beantragte Baugenehmigung ab), so kommt eine gesamtschuldnerische Haftung der Gemeinde und des Trägers der Bauaufsichtsbehörde in Betracht.

8. Vorrang des Primärrechtsschutzes; Mitverschulden

489 Ähnlich wie im Amtshaftungsrecht (§ 839 Abs 3 BGB) besteht auch beim enteignungsgleichen Eingriff ein Vorrang des Primärrechtsschutzes. Unterläßt der Betroffene es schuldhaft, den Eingriff mit den zulässigen Rechtsmitteln abzuwehren, so kann er in entsprechender Anwendung des § 254 BGB regelmäßig eine Entschädigung für solche Nachteile nicht verlangen, die er durch den Gebrauch der Rechtsmittel hätte vermeiden können (BGHZ 90, 17, 31, 32; 110, 112; 113, 17, 23; vgl auch BGH VersR 1985, 492, 494, wo ausdrücklich hervorgehoben wird, daß die Frage nach der Anwendbarkeit des § 254 BGB beim enteignungsgleichen Eingriff der Problematik des § 839 Abs 3 BGB im Amtshaftungsrecht vergleichbar ist). Im übrigen kann sich ein mitwirkendes Verschulden auch außerhalb des Bereichs der Unterlassung von Rechtsbehelfen sowohl beim enteignenden als auch beim enteignungsgleichen Eingriff anspruchsmindernd auswirken.

9. Weitere Einzelfragen

a) Zur Darlegungs- und Beweislast, wenn ein Straßenanlieger wegen Beeinträchtigungen seines Gewerbebetriebs durch Straßenarbeiten Schadensersatz- bzw Entschädigungsansprüche geltend macht, vgl BGHR GG vor Art 1/enteignungsgleicher Eingriff Straßenbau 2. **490**

b) Entschädigungsansprüche wegen enteignungsgleichen oder enteignenden Eingriffs verjährten nach bisherigem Recht grundsätzlich in 30 Jahren (§ 195 BGB aF; BGHZ 117, 287, 294; KREFT Rn 342). Allerdings waren insoweit vorrangige, insbesondere landesrechtliche, Spezialregelungen zu beachten (s dazu im folgenden Rn 493). Durch das Schuldrechtsmodernisierungsgesetz ist die regelmäßige Verjährungsfrist auf drei Jahre abgekürzt worden (§ 195 BGB nF; in Kraft seit dem 1. 1. 2002). Sie beginnt nach § 199 Abs 1 nF mit dem Schluß des Jahres, in dem (1.) der Anspruch entstanden ist, und – kumulativ – (2.) der Gläubiger von den den Anspruch begründenden Umständen und der Person des Schuldners Kenntnis erlangt oder ohne grobe Fahrlässigkeit erlangen müßte. Mit Rücksicht auf die enge innere Verwandtschaft zwischen dem Entschädigungsanspruch und einem Schadensersatzanspruch erscheint es gerechtfertigt, die für Schadensersatzansprüche geltenden Höchstfristen des § 199 Abs 3 nF auf den Entschädigungsanspruch entsprechend anzuwenden. Hingegen kommt eine entsprechende Anwendung des § 199 Abs 2 nF nicht in Betracht, da die dort in Rede stehenden Rechtsgüter (Leben, Körper, Gesundheit oder Freiheit) außerhalb des Anwendungsbereichs des enteignungsgleichen oder enteignenden Eingriffs liegen. Wichtig ist, daß nach der Verkürzung der Verjährungsfristen die zum Amtshaftungsrecht entwickelten Grundsätze über die verjährungshemmende (früher: verjährungsunterbrechende) Wirkung der Inanspruchnahme von Primärrechtsschutz (s Rn 396 ff) nunmehr auch beim enteignungsgleichen oder enteignenden Eingriff praktische Bedeutung erlangen können. **491**

c) Zwischen dem Amtshaftungsanspruch (§ 839 BGB iVm Art 34 GG) und dem Entschädigungsanspruch aus enteignungsgleichem Eingriff kann Anspruchskonkurrenz bestehen. Unerheblich ist, ob der Kläger im Amtshaftungsprozeß die Klage auch ausdrücklich auf enteignungsgleichen Eingriff gestützt hat. Entscheidend ist vielmehr, ob sich auf der Grundlage des vorgetragenen Sachverhalts die begehrte Rechtsfolge auch aus enteignungsgleichem Eingriff herleiten läßt; ist dies der Fall, so sind die Gerichte berechtigt und verpflichtet, den Prozeßstoff auch unter diesem rechtlichen Gesichtspunkt zu würdigen (BGHZ 136, 182, 184; BGH NVwZ 1992, 1119). Das Verweisungsprivileg (§ 839 Abs 1 S 2) gilt beim allgemeinen enteignungsgleichen Eingriff nicht (so Rn 278). **492**

Landesrechtliche Spezialregelungen über eine verschuldensunabhängige Behördenhaftung für rechtswidrige Maßnahmen (insbesondere § 39 Abs 1 Buchst b OBG NW) **493** gehen in ihrem Anwendungsbereich dem allgemeinen Haftungsinstitut des enteignungsgleichen Eingriffs vor. Dementsprechend hat der Bundesgerichtshof entschieden, daß im Geltungsbereich des nordrhein-westfälischen Ordnungsbehördengesetzes ein Anspruch aus enteignungsgleichem Eingriff wegen einer sogenannten faktischen Bausperre dann ausscheide, wenn die Bauaufsichtsbehörde die beabsichtigte Bebauung nicht (nur) tatsächlich verhindere, sondern durch formellen Bescheid den beantragten Vorbescheid versage. Bei dieser Sachlage komme eine Haftung nur aus dem Gesichtspunkt der ordnungsbehördlichen Spezialvorschriften und wegen Amtshaftung in Betracht (BGHR GG vor Art 1/enteignungsgleicher Eingriff Bausperre 3; BGHZ 125, 258, 264). Fehlt es hingegen an einer derartigen landesrechtlichen Spezialregelung, so steht einem Rückgriff auf das allgemeine Haftungsinstitut des enteignungsgleichen Eingriffs nichts im Wege (BGHZ 125, 258, 264).

Auch § 59 (früher § 37) ASOG Berlin enthält eine erschöpfende Regelung der Ansprüche aus Aufopferung und aus enteignungsgleichem Eingriff (BGH GG vor Art 1/ enteignungsgleicher Eingriff Konkurrenzen 1). Ebenso geht die Haftung nach dem DDR-StHG, soweit ihr Anwendungsbereich reicht, als spezialgesetzliche Konkretisierung den allgemeinen, auf Richterrecht beruhenden Grundsätzen über den enteignungsgleichen Eingriff vor (BGHR GG vor Art 1/enteignungsgleicher Eingriff Konkurrenzen 2).

Im Umfang derartiger Spezialregelungen sind auch die für diese geltenden Verjährungsregelungen maßgeblich (§ 4 StHG: ein Jahr; § 43 OBG NW: drei Jahre [BGHR GG vor Art 1/enteignungsgleicher Eingriff Konkurrenzen 2; BGHZ 72, 273]).

In Bayern erlöschen auch Ansprüche aus allgemeinem enteignungsgleichen Eingriff nach Art 71 Abs 1 BayAGBGB in drei Jahren (BGHZ 118, 253, 263). Diese Fristen werden allerdings durch Inanspruchnahme verwaltungsgerichtlichen Primärrechtsschutzes in gleicher Weise unterbrochen wie bei der Amtshaftung (s Rn 396 ff).

494 Beim enteignenden Eingriff besteht ein entsprechender Vorrang der spezialgesetzlichen Haftungsinstitute für rechtmäßige behördliche Maßnahmen, beispielsweise für die Inanspruchnahme des Nichtstörers nach § 39 Abs 1 Buchst a OBG NW. Ebenso enthält das Bundesleistungsgesetz eine abschließende, dem enteignenden Eingriff vorgehende Regelung für Manöverschäden, soweit sie den Schadenstatbeständen dieses Gesetzes unterfallen (BGHZ 112, 392).

10. Anhang: Die ausgleichspflichtige Inhaltsbestimmung

495 a) Nach Auffassung des Bundesverfassungsgerichts muß wegen der Junktimklausel des Art 14 Abs 3 S 2 GG jedes nach Inkrafttreten des Grundgesetzes erlassene Enteignungsgesetz ohne Rücksicht darauf, ob sein Enteignungscharakter ohne weiteres erkennbar ist oder nicht, eine Regelung über Art und Ausmaß der Entschädigung enthalten (BVerfGE 4, 219, 230). Unter der Geltung des – vorstehend beschriebenen (Rn 447) – weiten Enteignungsbegriffs (dh bis zum Naßauskiesungsbeschluß) ergaben sich für den Gesetzgeber bei einer strikten Anwendung der Junktimklausel erhebliche Schwierigkeiten, weil häufig nicht oder kaum vorhersehbar war, ob gesetzeskonforme Eingriffe sich im Einzelfall für den betroffenen Bürger enteignend auswirkten und Entschädigungsansprüche auslösten. Diesen Schwierigkeiten begegnete der Gesetzgeber, indem er sogenannte „salvatorische Entschädigungsklauseln" erließ (BGHZ 99, 24, 27). Diese finden sich insbesondere im Natur-, Landschafts-, Umwelt- und Denkmalschutzrecht. Sie lauten sinngemäß: „Stellen Maßnahmen aufgrund dieses Gesetzes eine Enteignung dar, ist eine angemessene Entschädigung in Geld zu leisten" (vgl die Beispielsfälle BGHZ 99, 24, 27 f zum Denkmalschutzrecht). Ähnlich Art 36 Abs 1 BayNatSchG: „Hat eine Behörde aufgrund dieses Gesetzes eine Maßnahme getroffen, die eine Enteignung darstellt oder einer solchen gleichkommt, insbesondere weil sie eine wesentliche Nutzungsbeschränkung darstellt, so ist ... Entschädigung in Geld zu leisten" (BGHZ 126, 382); ThürTierKBG § 7: „Stellen Bestimmungen dieses Gesetzes oder der auf ihm beruhenden Rechtsverordnungen oder Maßnahmen aufgrund dieser Rechtsvorschriften eine wirtschaftliche Belastung für den Eigentümer dar, die die Grenzen zumutbarer inhaltlicher Festlegungen des Eigentums überschreitet, ist eine angemessene Entschädigung in Geld zu leisten." (BGHZ 133, 265, 266). Gesetzestechnisch sind sie häufig durch Angabe typischer Beispielsfälle angereichert, zB die wesentliche Nutzungsbeschränkung und den Eingriff in einen bestehenden Gewerbebetrieb in § 37 Abs 1 des Saarländischen Naturschutzgesetzes (BGHZ 121, 328, 334) oder die drei Fallgruppen in § 50 Abs 2 NdsNatSchG. Damit ist jeweils indessen keine abschließende Umgrenzung der Entschädigungstatbestände gemeint. Andere gesetzliche Regelungen verzichten auf die Angabe derartiger Regelbeispiele, stellen also „reine" salvatorische Entschädigungsklauseln dar (vgl auf bundesrechtlicher Ebene insbesondere § 19 Abs 3 S 1 WHG und dazu BGHZ 133, 271; ferner § 7 des Nordrhein-Westfälischen Landschaftsgesetzes und dazu BGHZ 126, 379).

b) Die zur Entschädigungspflicht nach diesen gesetzlichen Vorschriften führenden **496** Maßnahmen des Natur-, Landschafts-, Umwelt- und Denkmalschutzes zielen im Lichte der inzwischen gewandelten höchstrichterlichen Rechtsprechung nicht mehr auf eine Enteignung im Sinne des Art 14 Abs 3 GG ab, sondern stellen lediglich eine Inhaltsbestimmung des Eigentums im Sinne von Art 14 Abs 1 S 2 GG dar. Sie sind nicht auf den Entzug konkreter Rechtspositionen gerichtet, sondern bestimmen Inhalt und Umfang des Eigentums und aktualisieren damit dessen Sozialpflichtigkeit (BGHZ 133, 271, 274 mwN). Auch die Entschädigungsregelungen selbst gewähren daher keine Enteignungsentschädigung, sondern dienen als Ausgleichsregelungen im Rahmen der Inhaltsbestimmung des Eigentums dem Zweck, eine dem Eigentümer durch naturschutzrechtliche oder sonstige Maßnahmen im Einzelfall auferlegte besondere Belastung durch eine Geldleistung auf ein zumutbares Maß herabzumindern und die andernfalls eintretende Folge der Verfassungswidrigkeit zu vermeiden. Ausgleichspflichtig ist danach eine Beeinträchtigung einer Rechtsposition, durch die der Eigentümer unverhältnismäßig oder im Verhältnis zu anderen ungleich in unzumutbarer Weise belastet wird (BGHZ 126, 379, 382 mwN). Die Ausgleichsregelungen sind daher insbesondere **nicht** an Art 14 Abs 3 zu messen (BGHZ 121, 73, 78; 121, 328, 332; 123, 242, 244; 126, 379, 381; 133, 265, 267; 133, 271, 274). Auch in ihrer Ausgestaltung als generalklauselartige „reine" salvatorische Klauseln genügen sie dem verfassungsrechtlichen Bestimmtheitsgebot und den Anforderungen des Art 14 Abs 1 S 2 GG (BGHZ 133, 271, 274 mwN).

Unabdingbare Voraussetzung für eine Entschädigung ist, daß die Zubilligung einer Ausgleichsleistung von Gesetzes wegen festgelegt ist. Wenn sich keine einschlägige Vorschrift findet, ist es nicht zulässig, einen derartigen Ausgleichsanspruch kraft Richterrechts zu gewähren (BGHR 102, 350, 360).

497 c) Wenn eine inhalts- und schrankenbestimmende Vorschrift sich nicht mehr innerhalb der durch die Verfassung gezogenen Grenzen hält, so ist die gesetzliche Regelung unwirksam und nicht eine Enteignung im Sinne des Art 14 Abs 3 GG. Eine verfassungswidrige Inhaltsbestimmung kann auch nicht in eine Enteignung umgedeutet und der Verfassungsverstoß nicht durch Zubilligung einer gesetzlich nicht vorgesehenen Entschädigung „geheilt" werden. Die Anwendung einer solchen Regelung seitens der Behörden bleibt in jedem Falle bloßer Gesetzesvollzug, der allerdings mit Rechtsbehelfen angegriffen werden kann (BGHZ 100, 136, 144; BVerfGE 58, 300, 320).

498 d) Offen ist, ob eine Maßnahme, die aufgrund einer – an sich gültigen – „inhaltsbestimmenden" Regelung ergangen ist, aber an einem eigenen, die Wirksamkeit der gesetzlichen Grundlage selbst nicht tangierenden Rechtswidrigkeitsgrund leidet, gleichwohl einen Ausgleichsanspruch begründen kann. Diese Frage dürfte mE zu bejahen sein, sofern die vorrangige Obliegenheit des Geschädigten beachtet worden ist, die gesetzwidrige Maßnahme mit dem zulässigen Rechtsbehelf des Primärrechtsschutzes anzufechten.

499 e) Allgemein gestatten die Kompensationsmöglichkeiten es nicht, auch besonders schwerwiegende in die Substanz des Eigentums eingreifende Belastungen noch als verfassungsrechtlich unbedenkliche Inhaltsbestimmungen im Sinne des Art 14 Abs 1 S 2 GG anzusehen. Eine zulässige Inhaltsbestimmung kann daher bei besonders einschneidenden, existenzbedrohenden oder gar existenzvernichtenden Eingriffen in einen bestandsgeschützten Gewerbebetrieb zu verneinen sein (BGHZ 121, 328, 337 f; 133, 265, 267).

500 f) Das vorläufige Ergebnis der Rechtsprechung des Bundesgerichtshofs zur ausgleichspflichtigen Inhaltsbestimmung hat der Vorsitzende des III. Zivilsenats in folgenden sechs Kernaussagen prägnant zusammengefaßt (RINNE, in: RINNE/SCHLICK NVwZ Beilage II/2000, 5):

Ausgleichspflichtig ist die Beeinträchtigung einer als Eigentum geschützten Rechtsposition, durch die – wenn kein Ausgleich in Geld erfolgt – der Eigentümer unverhältnismäßig oder im Verhältnis zu anderen ungleich in unzumutbarer Weise belastet wird. Im einzelnen:

(1) Die im konkreten Fall getroffene Maßnahme kann nur dann einen Ausgleichsanspruch auslösen, wenn sie eine Rechtsposition beeinträchtigt, die den Schutz des Art 14 Abs 1 S 1 GG genießt. Zur Rechtsposition in diesem Sinne zählen nicht nur ausgeübte Nutzungen, sondern auch zulässige Nutzungsmöglichkeiten, die sich nach Lage und Beschaffenheit des betroffenen Grundstücks objektiv anbieten.

(2) Die Rechtsposition muß durch die Maßnahme beeinträchtigt sein (der BGH spricht insoweit bewußt nicht von einem „Eingriff").

(3) Ausgleichspflichtig sind nur solche Beeinträchtigungen eigentumsmäßig geschützter Rechtspositionen, die den Eigentümer, sofern ihm ein Ausgleich versagt wird, unzumutbar belasten. Ob dabei im Einzelfall die Unverhältnismäßigkeit der Maßnahme als solche oder aber der Gesichtspunkt der Ungleichbehandlung im

Vordergrund steht, ist aus der Sicht des materiellen Rechts von untergeordneter Bedeutung. Das Erfordernis der Unzumutbarkeit verdeutlicht den verfassungsrechtlichen Ansatz, demzufolge selbst schwerwiegende inhaltsbestimmende Maßnahmen vom Eigentümer hinzunehmen sind, sofern nur die Belastung durch eine Geldleistung auf ein zumutbares Maß herabgemindert wird. Der Gesichtspunkt der Unzumutbarkeit bedarf in zwei Richtungen der Konkretisierung: Einerseits muß die Belastung, um die Ausgleichspflicht auszulösen, ein gewisses Maß an Intensität erreichen. Eigentumsbeschränkungen, die unterhalb dieser Schwelle bleiben, sind im Blick auf die Sozialpflichtigkeit ohne Ausgleich hinzunehmen. Auf der anderen Seite darf die unzumutbare Belastung aber nicht so schwer wiegen, daß sie für den Eigentümer ungeachtet einer etwaigen Ausgleichsleistung überhaupt nicht hinnehmbar ist. In solchen Fällen ist der Bereich zulässiger Inhaltsbestimmung überschritten und der Interessenkonflikt zugunsten der öffentlichen Belange nur im Enteignungswege lösbar. Liegt ein solcher Fall vor, dann ist die in Frage stehende Maßnahme rechtswidrig, was im Falle einer Verordnung zur Nichtigkeit, im Falle eines Verwaltungsakts zur Anfechtbarkeit führt. Ob die salvatorische Klausel auch in solchen Fällen einen Ausgleichsanspruch gewährt, kann eine Frage der Gesetzesauslegung sein.

(4) Für die Beurteilung, ob im konkreten Fall die Maßnahme ohne Gewährung eines Ausgleichs eine für den Eigentümer unzumutbare Belastung bewirkt, zieht der BGH die Grundsätze sinngemäß heran, die er seinerzeit unter der Geltung eines umfassenden Enteignungsbegriffs zur Abgrenzung der (entschädigungslosen) Sozialbindung des Eigentums von entschädigungspflichtigen Eingriffen mit „enteignender" Wirkung unter dem Stichwort „Situationsgebundenheit" entwickelt hat.

(5) Die Prüfung, ob durch die Maßnahme eigentumsmäßig geschützte Rechtspositionen des Grundeigentümers betroffen sind, muß auf den Zeitpunkt der behaupteten Beeinträchtigung abstellen. Es kommt darauf an, welche im Eigentum wurzelnden Befugnisse dem Eigentümer zugestanden haben, als das Grundstück von der Maßnahme betroffen wurde.

(6) Der zu leistende Ausgleich besteht in einer Entschädigung nach Enteignungsgrundsätzen.

g) Mit Beschluß vom 2. 3. 1999 hat das Bundesverfassungsgericht die verfassungsrechtlichen Anforderungen an Ausgleichsregelungen im Anwendungsbereich des Art 14 Abs 1 S 2 GG wie folgt präzisiert (BVerfGE 100, 226 = NJW 1999, 2877, 2879):

Ausgleichsregelungen im Anwendungsbereich des Art 14 Abs 1 S 2 GG müssen den folgenden Anforderungen entsprechen:

Sie bedürfen einer gesetzlichen Grundlage. Inhalt und Schranken zu bestimmen, ist grundsätzlich Sache des Gesetzgebers. Er ist gehalten, die verfassungsrechtlichen Grenzen inhaltsbestimmender Gesetze zu wahren, und darf, wenn er ein zwingendes Verbot ausspricht, nicht darauf vertrauen, daß die Verwaltung oder die Gerichte Verletzungen der Eigentumsgarantie durch ausgleichende Vorkehrungen oder Geldleistungen vermeiden. Soweit kompensatorische Entschädigungsansprüche begründet werden sollen, kann dies ohnehin, auch mit Rücksicht auf das Budgetrecht des Parlaments, nur durch ein Gesetz geschehen.

Ausgleichsregelungen, die den Grundsatz der Verhältnismäßigkeit in besonderen Härtefällen wahren sollen, sind unzulänglich, wenn sie sich darauf beschränken, dem Betroffenen einen Entschädigungsanspruch in Geld zuzubilligen. Die Bestandsgarantie des Art 14 Abs 1 S 1 GG verlangt, daß in erster Linie Vorkehrungen getroffen werden, die eine unverhältnismäßige Belastung des Eigentümers real vermeiden und die Privatnützigkeit des Eigentums so weit wie möglich erhalten. Als Instrumente stehen dem Gesetzgeber hierfür Übergangsregelungen, Ausnahme- und Befreiungsvorschriften sowie der Einsatz sonstiger administrativer und technischer Vorkehrungen zur Verfügung. Ist ein solcher Ausgleich im Einzelfall nicht oder nur mit unverhältnismäßigem Aufwand möglich, kann für diesen Fall ein finanzieller Ausgleich in Betracht kommen, oder es kann geboten sein, dem Eigentümer einen Anspruch auf Übernahme durch die öffentliche Hand zum Verkehrswert einzuräumen.

Wie der Gesetzgeber auf normativer Ebene mit der Bestimmung von Inhalt und Schranken des Eigentums auch Voraussetzungen, Art und Umfang des Ausgleichs sonst unverhältnismäßiger Belastungen zu regeln hat, so muß die Verwaltung bei der Aktualisierung der Eigentumsbeschränkung zugleich über den gegebenenfalls erforderlichen Ausgleich zumindest dem Grunde nach entscheiden.

Ein Eigentümer, der einen ihn in seinem Grundrecht aus Art 14 Abs 1 S 1 GG beeinträchtigenden Verwaltungsakt für unverhältnismäßig hält, muß ihn im Verwaltungsrechtsweg anfechten. Läßt er ihn bestandskräftig werden, so kann er eine Entschädigung auch als Ausgleich im Rahmen von Art 14 Abs 1 S 2 GG nicht mehr einfordern (vgl BVerfGE 58, 300 [324] = NJW 1982, 745). Der Betroffene muß sich daher entscheiden, ob er den die Eigentumsbeschränkung aktualisierenden Eingriffsakt hinnehmen oder anfechten will. Diese Entscheidung kann er sinnvoll nur treffen, wenn er weiß, ob ihm ein Ausgleich zusteht. Es ist dem Betroffenen nicht zuzumuten, einen Verwaltungsakt, den er für unvereinbar mit der Eigentumsgarantie des Grundgesetzes hält, in der unsicheren Erwartung eines nachträglich in einem anderen Verfahren zu bewilligenden Ausgleichs bestandskräftig werden zu lassen. Auch die Verwaltungsgerichte müssen, um die Rechtmäßigkeit eines in Eigentumspositionen eingreifenden Verwaltungsaktes abschließend beurteilen zu können, wissen, ob und in welcher Weise eine anderenfalls unzumutbare Belastung ausgeglichen wird.

Der Gesetzgeber hat seine materiellrechtlichen Ausgleichsregelungen deshalb durch verwaltungsverfahrensrechtliche Vorschriften zu ergänzen, die sicherstellen, daß mit einem die Eigentumsbeschränkung aktualisierenden Verwaltungsakt zugleich über einen dem belasteten Eigentümer gegebenenfalls zu gewährenden Ausgleich entschieden wird; bei finanzieller Kompensation ist zumindest dem Grunde nach über das Bestehen des Anspruchs zu entscheiden. (Anmerkung: Dementsprechend hat der Gesetzgeber inzwischen die Streitigkeiten über das Bestehen und die Höhe eines Ausgleichsanspruchs im Rahmen des Art 14 Abs 1 S 2 GG den Verwaltungsgerichten zugewiesen [§ 40 Abs 2 S 1 Halbs 2 VwGO idF des Gesetzes vom 20. 12. 2001 BGBl I 3987].)

502 h) Mit diesen Grundsätzen werden zwar der Vorrang des unmittelbaren Eigentumsschutzes vor der Ausgleichspflicht und dementsprechend deren Charakter als „ultima ratio" betont, die oben wiedergegebenen Kernaussagen der Rechtsprechung des Bundesgerichtshofs jedoch nicht in Frage gestellt. Im übrigen weist RINNE (RINNE/SCHLICK NVwZ-Beilage II/2002, 3) mit Recht darauf hin, daß die Bedenken des Bundesverfassungsgerichts gegen den Fortbestand salvatorischer Entschädigungsklauseln es unberührt lassen, daß solche Klauseln während früherer Zeiträume nach der auf der Grundlage der Rechtsprechung des BGH entwickelten gerichtlichen Praxis als geeignete Anspruchsgrundlagen für einen Geldausgleich wegen dem Betroffenen unzumutbarer – als solche nicht mehr vermeidbarer – den Inhalt des Eigentums bestimmender behördlicher Maßnahmen zur Verfügung standen. Mithin ist das Gericht im Haftungsprozeß nicht gehindert, bei der hypothetischen Prüfung, ob dem Betroffenen nach der im damaligen Zeitraum maßgebenden Rechtslage ein Anspruch auf Entschädigung im Rahmen der Inhaltsbestimmung des Eigentums zugestanden hätte, auf die betreffende gerichtliche Praxis abzustellen (BGH DVBl 2001, 370). Auch im übrigen neigt der BGH der Auffassung zu, daß salvatorische Klauseln in „Altfällen" nach wie vor anwendbar sind (BGH WM 2001, 1734 – RINNE aaO).

II. Aufopferung

1. Aufopferung und aufopferungsgleicher Eingriff

a) Die Rechtsprechung des Reichsgerichts entwickelte aus § 75 EinlALR den allgemeinen Rechtsgedanken, daß bei rechtmäßigen beeinträchtigenden Eingriffen der Staatsgewalt, die im Allgemeininteresse in nichtvermögenswerte Lebensgüter des einzelnen in Form der Auferlegung eines Sonderopfers (Aufopferung im engeren Sinne) erfolgen, ein Aufopferungsanspruch gegen den Staat gegeben sei (vgl RGZ 102, 390, 391). Dieser Rechtsgedanke fand auch in der Rechtsprechung des BGH Anerkennung, wobei zunächst Impfschäden im Vordergrund standen (vgl BGHZ 6, 270, 275; 7, 331; 9, 83; 25, 238; 31, 187; 34, 24). Die Gewährung des Aufopferungsanspruchs gründet sich dabei auf die Überlegung, daß Sonderopfer an nichtvermögenswerten Gütern, wie Freiheit und körperliche Integrität, nicht weniger ausgleichsbedürftig seien als Einbußen an Vermögenswerten. Eine Rechtsgrundlage des Aufopferungsanspruchs in Form einer Blankettvorschrift enthält jetzt **§ 5 SGB-AT** (in Kraft seit 1.1.1976):

> **Wer einen Gesundheitsschaden erleidet, für dessen Folgen die staatliche Gemeinschaft in Abgeltung eines besonderen Opfers oder aus anderen Gründen nach versorgungsrechtlichen Grundsätzen einsteht, hat ein Recht auf 1. die notwendigen Maßnahmen zur Erhaltung, zur Besserung und zur Wiederherstellung der Gesundheit und der Leistungsfähigkeit und 2. angemessene wirtschaftliche Versorgung.**

b) Nachdem die Rechtsentwicklung dazu geführt hatte, einen Entschädigungsanspruch auch bei schuldlos-rechtswidrigen enteignungsgleichen Eingriffen in Vermögenswerte zuzubilligen, lag es in der Konsequenz des Gedankens der Gleichwertigkeit von Vermögenswerten und Nichtvermögenswerten, einen entsprechenden Entschädigungsanspruch auch bei aufopferungsgleichen Eingriffen, dh bei rechtswidrigen Eingriffen der Organe der Staatsgewalt in nichtvermögenswerte Persönlichkeitsgüter zuzulassen. Dieser Schritt ist – im Gegensatz zur Rechtsprechung des Reichsgerichts (RGZ 126, 356, 361; 140, 276, 287) – in der Rechtsprechung des BGH (vgl

BGHZ 13, 88, 92; 23, 157; 36, 379, 391; VersR 1966, 388) vollzogen worden. Voraussetzung des Entschädigungsanspruchs ist, nicht anders als beim rechtmäßigen Eingriff, ein dem Betroffenen im öffentlichen Interesse abverlangtes, ihn ungleich treffendes Sonderopfer, und zwar ein solches, das ihm unmittelbar abverlangt oder auferlegt worden ist (BGH NJW 1966, 1859, 1860; BGHZ 50, 14, 18). Die Voraussetzung, daß das Sonderopfer im öffentlichen Interesse abverlangt wird, kann auch bei irrtümlich angeordneten Eingriffen gegeben sein, da es nicht entscheidend ist, ob der Allgemeinheit tatsächlich aus dem Eingriff ein Vorteil erwachsen ist (BGHZ 13, 88, 92; 36, 179). Das gleiche gilt regelmäßig bei rechtswidrigen Eingriffen, da die Machtbefugnis zu hoheitlichen Eingriffen schlechthin nur aus dem vermeintlichen Interesse der Allgemeinheit herzuleiten ist (vgl BGHZ 13, 88, 92; 36, 179).

505 c) Dementsprechend ist die Tatbestandsstruktur der Aufopferung (einschließlich des aufopferungsgleichen Eingriffs) mit der des enteignungsgleichen Eingriffs deckungsgleich (OSSENBÜHL 134). Beide Haftungsinstitute unterscheiden sich nur hinsichtlich des Eingriffsobjekts, das beim enteignungsgleichen Eingriff als einem Spezialfall der allgemeinen Aufopferung im Eigentum oder in einer sonstigen durch Art 14 GG geschützten Rechtsposition besteht, während bei der Aufopferung nichtvermögenswerte Rechtsgüter, wie Gesundheit, Freiheit, körperliche Unversehrtheit, Ehre, Privatsphäre (OSSENBÜHL 134) in Betracht kommen. Keine wesentlichen Unterschiede bestehen dagegen hinsichtlich der Merkmale, daß der betreffende Eingriff von hoher Hand vorgenommen worden sein muß, hinsichtlich des Erfordernisses der Unmittelbarkeit und hinsichtlich der Auferlegung eines Sonderopfers zum Wohle der Allgemeinheit. Ein Vorschlag für eine normative Fassung der Tatbestandsstruktur der Aufopferung einschließlich des aufopferungsgleichen Eingriffs findet sich bei OSSENBÜHL 134 f.

506 d) Der BGH lehnt es jedoch weiterhin ab, die rechtswidrige Beeinträchtigung von Rechtspositionen, die ausschließlich in den Schutzbereich des Art 12 GG fallen, in eine etwaige Haftung wegen aufopferungsgleichen Eingriffs einzubeziehen (BGH NJW 1994, 2229; bestätigt durch BVerfG NVwZ 1998, 271 = LM GrundG Art 34 Nr 195 a).

507 e) Die wichtigsten bisherigen Anwendungsfelder des allgemeinen Aufopferungsanspruchs (Beispiele bei OSSENBÜHL 132) sind inzwischen spezialgesetzlich geregelt (insbesondere Impfschäden, Schäden durch rechtswidrige oder rechtmäßige ordnungs- oder polizeirechtliche Maßnahmen, rechtswidrige Inhaftierungen, Schulunfälle). Da der Aufopferungsanspruch als äußerster Rechtsbehelf zurücktritt, soweit der Staat den Betroffenen für das erlittene Sonderopfer bereits auf andere Weise hinreichend entschädigt (BGH LM PreußALR Einl § 74 Nr 7), sind gerichtliche Entscheidungen, in denen ein reiner Aufopferungsanspruch zuerkannt wird, „heutzutage eine Rarität" (OSSENBÜHL 132 mwN). Auch die folgenden Ausführungen zum allgemeinen Aufopferungsanspruch stehen daher unter dem Vorbehalt, daß die Tatbestandsvoraussetzungen etwaiger Spezialvorschriften jeweils vorrangig zu prüfen sind.

2. Das Sonderopfer

508 a) Bei rechtmäßigen Eingriffen auf gesetzlicher Grundlage liegt ein Sonderopfer nicht vor, wenn das Gesetz für alle Bürger oder einen unbestimmten Kreis von ihnen die gleiche Pflichtenlage geschaffen und bestimmte Opfer gefordert und gewollt hat, wie etwa grundsätzlich beim Wehrdienst (BGHZ 9, 83; 20, 64; 65, 196, 206 ff; 66, 118). Nur Nachteile, die über das hinausgehen, was nach dem Willen des Gesetzes der einzelne hinzunehmen hat, die also die allgemeine Opfergrenze überschreiten, können danach als ein einen Entschädigungsanspruch begründendes Sonderopfer angesehen werden, wie zB schwere Körper- und Gesundheitsschäden, die der im Krieg verwundete Soldat aus einer neuen und selbständigen Opferlage – ärztliche Behandlung zu Forschungszwecken – erleidet (BGHZ 20, 61), oder solche Schäden als Folgen einer allgemein angeordneten Schutzimpfung (hier erfolgt die Entschädigung in Form einer Versorgung nach §§ 51 ff BSeuchG; jetzt § 60 IfSG), oder einer Untersuchung nach § 372a ZPO, weil diese Eingriffe normalerweise mit solchen Schädigungen nicht verbunden sind. Bei erzwingbaren gesetzlichen Verpflichtungen macht es keinen Unterschied, ob der Schaden aus einer erzwungenen Impfung oder ärztlichen Behandlung usw erwächst, oder ob der Betroffene der gesetzlichen Pflicht „freiwillig" nachkommt (BGHZ 25, 238, betreffend Salvarsanbehandlung). Ein „Abfordern" liegt aber auch vor, wenn der Betroffene einer behördlichen Empfehlung folgt, ohne daß ein gesetzlicher Befolgungszwang besteht (behördliches Anraten einer Schutzimpfung), sei es, daß er unter Gewissenszwang steht, weil ihm die eigene Entschließung nur noch der Form nach zukommt, sei es, daß er dem Rat vertraut und sich der Rücksicht auf das Gemeinwohl fügt – behördlicher Rat = „psychologisches Abfordern" – (BGHZ 24, 25; 31, 187). Diese Grundsätze müssen auch bei objektiv rechtswidrigen Maßnahmen gelten (vgl zu alledem BGHZ 25, 238, 240, 242; 36, 379, 388). Es macht dabei keinen Unterschied, ob der rechtswidrige Eingriff schuldlos oder schuldhaft-rechtswidrig erfolgt ist, da für den aufopferungsgleichen Eingriff insoweit nichts anderes gelten kann als für den enteignungsgleichen Eingriff. Es ist dabei auch ohne Bedeutung, ob der Eingriff, der objektiv rechtswidrig ist, weil seine gesetzlichen Voraussetzungen objektiv nicht gegeben waren, auf verwaltungsmäßig hoheitlichem Handeln oder auf einer gerichtlichen Anordnung (zB Impfung aufgrund verwaltungsgerichtlicher Entscheidung) beruht (BGHZ 36, 379, 390). Bedeutungslos ist auch, ob es sich um eine „gezielte" oder eine „zufällige" Beeinträchtigung handelt.

b) Bei der Enteignung bereitet es im Einzelfall Schwierigkeiten, die Grenze zu ziehen zwischen Einbußen, die der Betroffene kraft der Inhaltsbeschränkung und Sozialgebundenheit des Eigentums hinnehmen muß, und Eingriffen, die eine einen Entschädigungsanspruch auslösende Sonderbelastung darstellen. In gleicher Weise ergeben sich auch bei der Aufopferung im engeren Sinne Schwierigkeiten, im Einzelfall die Opfergrenze festzulegen, nämlich die Grenze zwischen den Einbußen an Freiheit, Leben, Gesundheit, die das Gesetz dem einzelnen hinzunehmen zumutet, und den diese Grenze überschreitenden Sondereinbußen (vgl die Rechtsprechungsnachweise in BGH NJW 1962, 1500, 1504). Es gilt dabei, die Fälle auszuscheiden, in denen zwar zwischen staatlichem Zwang und einer besonders schweren Einbuße ein innerer Zusammenhang besteht, der staatliche Zwang aber nicht eine besondere Gefahrensituation „künstlich" geschaffen hat, sondern die Einbuße in den „vorgegebenen" Bereich des allgemeinen Lebensrisikos fällt, weil der Betroffene von der Schädigung in ähnlicher Weise allgemein auch unabhängig von dem staatlichen Zwang bedroht war und das allgemeine Lebensrisiko nur unter der Einwirkung des Zwanges in anderer Weise konkretisiert wurde.

c) Dementsprechend ist ein Sonderopfer bejaht worden, wenn durch den abirrenden Schuß des Polizeibeamten, der bei der Verfolgung eines fliehenden Verbrechers von der Schußwaffe Gebrauch macht, ein unbeteiligter Dritter verletzt wird (vgl BGHZ 20, 81; 50, 18; VersR 1960, 248), oder wenn die Mutter sich bei Betreuung ihres pockengeimpften Kindes ansteckt (BGHZ 45, 290). Das gleiche gilt, wenn ein Feuerwehrmann, der zum seuchenpolizeilichen Absperrdienst herangezogen wurde, sich an spinaler Kinderlähmung infiziert. Der Tatbestand eines Sonderopfers wurde ferner bejaht bei einer Sprunggelenkverletzung, die sich ein Mitglied der freiwilligen Feuerwehr bei einem Hochwassereinsatz zugezogen hatte; allerdings wurde dort der Aufopferungsanspruch im Ergebnis verneint, weil zugunsten des Geschädigten Versicherungen der öffentlichen Hand bestanden hatten, die die speziellen, mit seiner Inanspruchnahme verbundenen Risiken abdeckten (BGH LM PreußALR Einl § 74 Nr 7).

511 d) Die in STAUDINGER/SCHÄFER[12] (dort: Vorbemerkung zu § 839 Rn 23 a) ausführlich erörterten Fälle BGHZ 17, 172 (Tötung eines Strafgefangenen durch einen geisteskranken Mithäftling) und 60, 302 (schwere Verletzung eines Untersuchungshäftlings durch einen Mithäftling) haben inzwischen – wie KARL SCHÄFER (aaO) selbst eingeräumt hat – dadurch an Bedeutung verloren, daß für derartige Vorfälle heute das Gesetz über die Entschädigung für Opfer von Gewalttaten einen Ausgleich gewähren würde. Im ersteren Fall hatte der BGH einen Aufopferungsanspruch mit der Begründung verneint, die sich aus dem ordnungsgemäßen Vollzug der Gemeinschaftshaft ergebende erhöhte Gefahr treffe alle Häftlinge gleichermaßen; ein aus dieser Gefahr entspringender Schaden stelle kein Sonderopfer dar. Im zweiten Fall war nach Auffassung des BGH danach zu differenzieren, ob der Geschädigte die Anordnung der gegen ihn verhängten Untersuchungshaft in einer ihm zurechenbaren Weise veranlaßt hatte, ob er also „schuldig" oder „unschuldig" gewesen war. Nur im letzteren Falle hielt der BGH einen Aufopferungsanspruch für möglich; im ersteren galten dagegen die allgemeinen Grundsätze der Entscheidung BGHZ 17, 172.

512 e) Vgl in diesem Zusammenhang auch BGH NJW 1971, 1881, betreffend die Verletzung eines zwangsweise untergebrachten Patienten durch einen Geisteskranken in einer Heil- und Pflegeanstalt; dort wurde ein Aufopferungsanspruch für möglich gehalten.

513 f) Die frühere Rechtsprechung des BGH, die bei „zufälligen" Unfällen eines Schülers im Zusammenhang mit dem Schulbetrieb – zB wenn ein Schüler bei Turnübungen im Rahmen des Turnunterrichts Schädigungen erlitt, ohne daß Amtshaftungsansprüche aus Fehlverhalten des Lehrers begründet waren – einen Aufopferungsanspruchs verneinte, weil der Schulzwang als solcher kein Sonderopfer sei (vgl BGHZ 46, 327), ist aufgrund des Gesetzes über die Unfallversicherung von Schülern usw vom 18. 3. 1971 (BGBl I 327) für Unfälle, die sich seit Inkrafttreten dieses Gesetzes (1. 4. 1971) ereignet haben, nicht mehr aktuell. Inzwischen gilt § 2 Abs 1 Nr 8 SGB VII (Rn 731).

3. Aufopferungsansprüche bei unrichtigen gerichtlichen Entscheidungen

514 Eine allgemeine Gefahren- und Opfergrenze besteht nach BGHZ 36, 379 und 50, 14, 18 darin, daß jeder Staatsbürger ein objektiv unrichtiges gerichtliches „Urteil in einer Rechtssache", das nach § 839 Abs 2 BGB der Nachprüfung in einem Amtshaftungsprozeß entzogen ist, und die fehlerhafte Tätigkeit des Spruchrichters „bei" einem solchen Urteil hinnehmen muß. Entschädigungsansprüche kommen danach nur unter den in dem Gesetz über die Entschädigung für Strafverfolgungsmaßnahmen vom 8.3. 1971 (BGBl I 157 – StrEG) bestimmten Voraussetzungen und nur in dem dort bestimmten Umfang in Betracht (s wegen der Einzelheiten: GALKE, Die Entschädigung nach dem StrEG – ein Fall verschuldensunabhängiger Staatshaftung, DVBl 1990, 145). Sind Ansprüche nach diesen Vorschriften nicht gegeben, so kann eine Entschädigung nicht aus Aufopferung begehrt werden, so zB nicht, wenn jemand dadurch Schaden erleidet, daß in der Hauptverhandlung eines Strafverfahrens das Gericht zu Unrecht seine Vorstrafen bekannt gibt (BGHZ 50, 14, 18). Begründet wird diese Auffassung damit, daß die genannten Entschädigungsgesetze eine abschließende Regelung der Ansprüche wegen der Schädigung durch objektiv unrichtige Urteile darstellen, aber auch damit, daß die gleichen Gründe, aus denen gemäß § 839 Abs 2 BGB das rechtskräftige Urteil und die Tätigkeit des Richters „bei" dem Urteil einer Nachprüfung in einem Amtshaftungsprozeß entzogen sind – Beschränkung der Wiederaufrollung rechtskräftig erledigter Verfahren im Interesse der Rechtssicherheit und des Rechtsfriedens auf die Nachprüfung im Wiederaufnahmeverfahren –, es ausschließen, daß die Richtigkeit des rechtskräftigen Urteils den Gegenstand der Nachprüfung in einem Verfahren bildet, in dem über geltend gemachte Aufopferungsansprüche entschieden wird. Dem ist zuzustimmen.

4. Ansprüche aus der Menschenrechtskonvention

a) Nach Art 5 Abs 5 der Konvention zum Schutze der Menschenrechte und Grundfreiheiten vom 4.11. 1950 (BGBl 1952 II 685, 953), der die Bundesrepublik beigetreten ist, hat jeder, der entgegen den Vorschriften des Art 5 Absätze 1 bis 4 von Festnahme oder Freiheitsentziehung betroffen wird, einen unmittelbaren klagbaren Anspruch auf „Schadensersatz" – also nicht nur auf „Entschädigung" –, wenn der Eingriff auf Maßnahmen von Organen der Bundesrepublik beruht (BGHZ 45, 58). Dieser Anspruch umfaßt auch den Ersatz immateriellen Schadens (Schmerzensgeld; BGHZ 122, 268). Art 5 Abs 5 MRK betrifft im wesentlichen den Fall, daß die formalen, nach nationalem Recht zu beurteilenden Voraussetzungen einer rechtmäßigen Freiheitsentziehung nicht vorlagen, nicht aber auch den den Gegenstand des StrEG bildenden Fall, daß die Strafverfolgung zunächst rechtmäßig betrieben wird, nachträglich aber ihre Voraussetzungen durch Wiederaufnahme des Verfahrens, Beendigung des Verfahrens durch Freispruch oder Einstellung des Verfahrens entfallen. Art 5 Abs 5 MRK ist daher zB unanwendbar, wenn eine verurteilende Entscheidung auf dem innerstaatlich vorgeschriebenen Weg rechtskräftig und vollstreckbar wird, auch wenn sich später herausstellt, daß dem Gericht Verfahrensverstöße oder Rechtsfehler unterlaufen sind, die aber nicht zur Aufhebung des Urteils geführt haben oder führen konnten. Denn auch ein solches Urteil ist noch „auf dem gesetzlich vorgeschriebenen Wege" erwirkt (BGHZ 57, 34, 43). Anwendbar ist Art 5 Abs 5 dagegen, wenn der Vollzug einer aufgrund eines an sich rechtmäßigen Haftbefehls oder einer rechtmäßigen Verurteilung angeordneten Untersuchungs- oder Strafhaft bei einem Beschuldigten (Verurteilten) deswegen rechtswidrig wird, weil dessen Haftfähigkeit durch die Folgen einer schweren Erkrankung beeinträchtigt ist (BGHZ 122, 268). Der Anspruch aus Art 5 Abs 5 ist im System der Ansprüche ein Anspruch aus rechtswidrigem Verhalten der Staatsorgane, der ein Verschulden nicht voraussetzt (BGHZ 45, 48, 66), und zwar wegen seines „deliktsähnlichen Einschlags" ein Anspruch aus Gefährdungshaftung, da er nicht – wie der Anspruch aus Aufopferung oder aufopferungsgleichem Eingriff – (nur) auf angemessene Entschädigung, sondern auf Schadensersatz, einschließlich Schmerzengeldes, geht (BGHZ 45, 58, 64; 122, 268). Der Anspruch unterlag des „deliktsähnlichen Einschlags" wegen früher nicht der grundsätzlich 30jährigen Verjährungsfrist des Anspruchs aus Aufopferung oder aufopferungsgleichem Eingriff, sondern der dreijährigen Verjährungsfrist des § 852 BGB aF (BGHZ 45, 58, 75; inzwischen gelten §§ 195, 200 Abs 2 BGB nF). Selbst wenn man den Anspruch aus Art 5 Abs 5 MRK seiner Natur nach als Anspruch aus Aufopferung oder aufopferungsgleichem Eingriff charakterisieren wollte, wäre ein Rückgriff auf die allgemeinen für solche Ansprüche entwickelten Grundsätze ausgeschlossen, da Art 5 Abs 5 eine besondere Regelung für das Sonderopfer enthält.

516 b) Entscheidet der Europäische Gerichtshof für Menschenrechte, daß eine Entscheidung oder Maßnahme einer gerichtlichen oder sonstigen Behörde eines Vertragsstaates ganz oder teilweise mit den Verpflichtungen aus der MRK in Widerspruch steht, und gestatten die innerstaatlichen Gesetze des betreffenden Vertragsstaates nur eine unvollkommene Wiedergutmachung für die Folgen dieser Entscheidung oder Maßnahme, so hat der Europäische Gerichtshof für Menschenrechte der verletzten Partei gegebenenfalls eine gerechte Entschädigung zuzubilligen (Art 50 MRK). Denkbar ist eine derartige Entschädigung beispielsweise wegen Verletzung der Pflicht aus Art 6 Abs 1 MRK, die Sache innerhalb angemessener Frist zu hören (BGH NJW 1998, 2288). Über eine solche Entschädigung hat indessen ausschließlich der EGMR zu befinden, nicht jedoch ein Gericht der Mitgliedstaaten (BGH aaO).

5. Weitere Einzelfragen

517 a) Der allgemeine Anspruch aus Aufopferung (aufopferungsgleichem Eingriff) geht – nicht anders als der Anspruch aus Enteignung oder enteignungsgleichem Eingriff – grundsätzlich nicht auf Schadensersatz, dh auf volle Wiedergutmachung, sondern im Regelfall nur auf billige oder angemessene Entschädigung in Geld, also auf einen die Belange des Betroffenen wie der Allgemeinheit berücksichtigenden angemessenen Ausgleich der erlittenen materiellen Schäden, wie Kosten der Heilbehandlung oder verminderte Erwerbs- oder Heiratsaussichten, die unselbständige Elemente, bloße Berechnungsgrundlagen des einheitlichen Aufopferungsanspruchs sind (BGHZ 22, 43; 28, 297; VersR 1966, 393). An die Stelle der Entschädigung in Geld können Ansprüche auf Versorgung treten (s als Beispiel einer solchen Regelung: §§ 51 ff BSeuchG; jetzt §§ 56 ff IfSG). „Begünstigter" Entschädigungspflichtiger ist bei Impfschäden regelmäßig das Land als Träger der Gesundheitspflege (BGHZ 29, 95). Hinsichtlich der Art und des Umfangs der Entschädigung ist bei rechtswidrigen enteignungs- und aufopferungsgleichen Eingriffen der Betroffene nicht auf die Geltendmachung der Ansprüche beschränkt, die ihm bei rechtmäßigem Vorgehen ein Sondergesetz geben würde (BGHZ 13, 3, 95, 397; 23, 157, 171; 32, 208, 212). Die Verjährungsfrist betrug früher, falls nicht Sondervorschriften eingriffen, 30 Jahre (BGHZ 36, 387; 72, 273, 275; BGH NJW 1985, 496), inzwischen gelten §§ 195, 200 Abs 2 BGB nF. Die §§ 844, 845 BGB sind entsprechend anwendbar. Nach § 52 Abs 1 BSeuchG (jetzt: § 60 Abs 1 iVm § 2 Nr 11 HS 2 IfSG) kann bei Impfungen mit lebenden Erregern auch eine andere als die geimpfte Person Versorgung verlangen, wenn sie durch diese Erreger einen Gesundheitsschaden erleidet. Schmerzensgeld (§ 253 Abs 2 BGB nF) kann nach der Rechtsprechung nicht verlangt werden.

518 b) Entschädigungsberechtigt ist – von den Fällen der §§ 844, 845 BGB abgesehen

– grundsätzlich nur der unmittelbar Geschädigte, nicht auch der mittelbar Geschädigte, der durch die Auswirkung der Maßnahmen gegen den unmittelbar Betroffenen nachteilig berührt wird (BGHZ 23, 235, 240). Der Erbe eines Getöteten ist auf die Ansprüche beschränkt, die der Erblasser schon zu Lebzeiten gegen den Eingreifenden oder Haftenden hätte geltend machen können (BGH VersR 1968, 554).

c) Treffen Ansprüche aus Amtshaftung (§ 839 BGB iVm Art 34 GG) mit Ansprüchen aus Aufopferung oder aufopferungsgleichem Eingriff aufgrund des gleichen Sachverhalts zusammen, so bestehen sie selbständig nebeneinander (vgl BGHZ 63, 167, 171). Es entfällt die Möglichkeit, gegenüber dem Amtshaftungsanspruch gemäß § 839 Abs 1 S 2 auf den Aufopferungsanspruch als anderweite Ersatzmöglichkeit zu verweisen, das ist zB in § 54 Abs 4 BSeuchG (§ 63 Abs 2 IfSG) ausdrücklich ausgesprochen und entspricht einem allgemein geltenden Grundsatz (s dazu auch § 3 des Gesetzes über die Entschädigung für Opfer von Gewalttaten vom 11. 5. 1976). Kommen außer einem Anspruch aus Amtshaftung die Haftung aus enteignungsgleichem Eingriff oder aus culpa in contrahendo in Betracht, so ist zunächst die Amtshaftung zu prüfen, weil diese Anspruchsgrundlage am weitesten reicht; erst nach ihrer Verneinung ist Raum für die Prüfung der anderen Ansprüche (BGH NJW 1981, 2123).

519

d) Im übrigen ergibt sich aus dem subsidiären Charakter des Aufopferungsanspruchs als eines äußersten Rechtsbehelfs (BGH LM PreußALR Einl § 74 Nr 7) – aber nicht etwa aus entsprechender Anwendbarkeit des § 839 Abs 1 S 2 BGB –, daß er entfällt, wenn der Geschädigte auf andere Weise Ersatz zu erlangen vermag. Dies ist in allgemeiner Form für Ansprüche wegen Körper- und Gesundheitsschäden nach dem Bundesleistungsgesetz ausdrücklich in § 28 Abs 1 BLG ausgesprochen und in der Rechtsprechung für die Fälle anerkannt, daß die Sozialversicherung für Ausgleich zu sorgen hat und sorgt (BGHZ 20, 81, 84; 28, 297; VersR 1958, 394; vgl auch BGH LM PreußALR Einl § 74 Nr 7, wonach ein Aufopferungsanspruch dann nicht gegeben ist, wenn zugunsten des Geschädigten Versicherungen der öffentlichen Hand bestehen, die die speziellen, mit seiner Inanspruchnahme verbundenen Risiken abdecken). Aufopferungsansprüche bestehen ferner nicht, wenn das Opfer durch eine tatsächliche Fürsorge in Form einer Familienhilfe ausgeglichen wird, die geldliche Leistungen nicht erfordert und den Angehörigen zuzumuten ist (BGH VersR 1957, 394; 1966, 394), oder wenn der Betroffene zugleich realisierbare vertragliche Schadensersatzansprüche hat (vgl BGHZ 28, 297; LG Kiel NJW 1957, 994).

520

e) Auf den Aufopferungsanspruch ist der Rechtsgedanke des § 254 BGB sinngemäß anzuwenden (BGHZ 45, 290, 297; 56, 57, 64; 57, 336). Dieser Grundsatz hat in einer Reihe von Sondergesetzen, die Aufopferungsansprüche regeln, seinen Niederschlag gefunden, insbesondere in §§ 5 Abs 2 und 3, 6 Abs 1 Nr 1 StrEG, § 32 Abs 2 BLG. Nach § 2 des Gesetzes über die Entschädigung für Opfer von Gewalttaten vom 11. 5. 1976 (BGBl I 1181) entfällt eine Entschädigung, wenn der Geschädigte den Schaden verursacht hat oder es aus sonstigen, insbesondere in seinem eigenen Verhalten liegenden Gründen unbillig wäre, eine Entschädigung zu gewähren. Nach § 254 BGB ist auch die Frage zu beurteilen, ob es zur Minderung oder zum Wegfall des Aufopferungsanspruchs führt, wenn der Geschädigte es unterlassen hat, gegen eine ihn belastende Maßnahme mit Rechtsmitteln oder Rechtsbehelfen anzugehen. Ein automatischer Totalverlust des Anspruchs nach § 839 Abs 3 BGB findet insoweit jedoch nicht statt. Das ist in § 5 Abs 2 S 2 StrEG ausdrücklich ausgesprochen.

521

522 f) Der für den Schadensersatzanspruch geltende Grundsatz, daß er entfällt, wenn der Schaden auch ohne das schädigende Tun eingetreten wäre (§§ 831 Abs 1 S 2, 832 Abs 1 S 2, 833 S 2, 834 S 2, 848 BGB), gilt als Grundsatz von allgemeingültiger Bedeutung auch für Ansprüche aus Aufopferung, aufopferungs- oder enteignungsgleichem Eingriff (so ausdrücklich § 32 Abs 3 BLG).

523 g) Der gesetzliche Forderungsübergang nach § 116 SGB X erstreckt sich nicht auf Aufopferungsansprüche, da ein Aufopferungsanspruch dem Betroffenen in der Regel nicht zusteht, soweit die ihm entstandenen Nachteile durch bestimmungsgemäße Leistungen der Sozialversicherung ausgeglichen werden (BGHZ 20, 81; BGH NJW 1956, 825). Aber auch beim Impfschadensversorgungsanspruch nach §§ 51 ff BSeuchG findet, obwohl er kein subsidiärer Anspruch ist, kein Forderungsübergang statt, wenn die Sozialversicherung Leistungen erbracht hat; dies entspricht den besonderen Gründen, auf denen die Regelung der §§ 51 ff BSeuchG beruht (BGHZ 51, 3).

III. Der gemeinschaftsrechtliche Staatshaftungsanspruch*

1. Die Grundlagen

a) Deliktische Eigenhaftung der Europäischen Gemeinschaft

524 Die außervertragliche (insbesondere deliktische) Haftung der Europäischen Gemeinschaft findet ihre Grundlage in Art 288 Abs 2 (früher 215 Abs 2) EGV. Danach ersetzt im Bereich der außervertraglichen Haftung die Gemeinschaft den durch ihre Organe oder Bediensteten in Ausübung ihrer Amtstätigkeit verursachten Schaden nach den allgemeinen Rechtsgrundsätzen, die den Rechtsordnungen der Mitgliedstaaten gemeinsam sind. Die näheren Einzelheiten hierzu liegen außerhalb des Rahmens der vorliegenden, auf die Haftung der deutschen öffentlichen Hand beschränkten Kommentierung. Insoweit muß daher auf die zusammenfassende Darstellung von OSSENBÜHL (559–620) und auf das europarechtliche Spezialschrifttum verwiesen werden.

b) Vorrang des europäischen Gemeinschaftsrechts gegenüber dem nationalen deutschen Recht

525 Die Normen des europäischen Gemeinschaftsrechts haben gegenüber dem nationalen deutschen Recht Vorrang. Art 24 Abs 1 GG ermöglicht es von Verfassungs wegen, Verträgen, die Hoheitsrechte auf zwischenstaatliche Einrichtungen übertragen, und dem von solchen Einrichtungen gesetzten Recht Geltungs- und Anwendungsvorrang vor dem innerstaatlichen Recht der Bundesrepublik durch einen entsprechenden innerstaatlichen Anwendungsbefehl beizulegen. Dies ist für die europäischen Gemeinschaftsverträge und das auf ihrer Grundlage von den Gemeinschaftsorganen gesetzte Recht durch die Zustimmungsgesetze zu den Verträgen gemäß Art 24 Abs 1, 59 Abs 2 S 1 GG geschehen (BVerfGE 73, 339, 374/75 = NJW 1987, 577, 580 – „Solange II"). Dies gilt sowohl für das primäre Gemeinschaftsrecht, also das Vertragswerk selbst, als auch für das sekundäre Gemeinschaftsrecht, also diejenigen Rechtsvorschriften und Rechtsakte, die von den Organen der europäischen Gemeinschaften erlassen werden, insbesondere Verordnungen, Richtlinien und Entscheidun-

---

* Die Artikel des EGV werden hier durchgängig nach der Fassung von Amsterdam gezählt. Die frühere Numerierung ist erforderlichenfalls beigefügt.

gen (Art 249, früher 189 EGV). Der Rechtsanwendungsbefehl des Zustimmungsgesetzes begründet einen Anwendungsvorrang auch dieses sekundären EG-Rechts gegenüber dem innerstaatlichen Recht (BVerfGE aaO).

Dementsprechend sind innerstaatliche Rechtsakte, die gegen dieses höherrangige Europarecht verstoßen, schon allein aufgrund dieses Verstoßes rechtswidrig.

c) Entwicklung des gemeinschaftsrechtlichen Staatshaftungsanspruchs in der Rechtsprechung des EuGH

In der Rechtsprechung des Gerichtshofes der Europäischen Gemeinschaften ist, beginnend mit dem Urteil vom 19.11.1991 (Slg I 1991, 5357 = NJW 1992, 165 – „Francovich"), der „gemeinschaftsrechtliche Staatshaftungsanspruch" entwickelt worden, der die haftungsrechtlichen Folgen eines derartigen Verstoßes des einzelnen Mitgliedstaates gegenüber den einzelnen betroffenen natürlichen oder juristischen Personen regelt.

aa) Er beruht auf folgenden tragenden Erwägungen (EuGH Urteil Francovich Tz 31–37; s auch den Vorlagebeschluß des BGH in Sachen „Brasserie du Pêcheur" EuZW 1993, 226 f): Der EWG-Vertrag hat eine eigene Rechtsordnung geschaffen, die in die Rechtsordnungen der Mitgliedstaaten aufgenommen worden und von den nationalen Gerichten anzuwenden ist. Rechtssubjekte dieser Rechtsordnung sind nicht nur die Mitgliedstaaten, sondern auch die einzelnen, denen das Gemeinschaftsrecht, ebenso wie es ihnen Pflichten auferlegt, auch Rechte verleihen soll. Solche Rechte entstehen nicht nur, wenn der Vertrag dies ausdrücklich bestimmt, sondern auch aufgrund von eindeutigen Verpflichtungen, die der Vertrag den einzelnen wie auch den Mitgliedstaaten und den Organen der Gemeinschaft auferlegt. Nach ständiger Rechtsprechung müssen die nationalen Gerichte, die im Rahmen ihrer Zuständigkeiten die Bestimmungen des Gemeinschaftsrechts anzuwenden haben, die volle Wirkung dieser Bestimmungen gewährleisten und die Rechte schützen, die das Gemeinschaftsrecht den einzelnen verleiht. Die volle Wirksamkeit der gemeinschaftsrechtlichen Bestimmungen wäre beeinträchtigt und der Schutz der durch sie begründeten Rechte gemindert, wenn die einzelnen nicht die Möglichkeit hätten, für den Fall eine Entschädigung zu erlangen, daß ihre Rechte durch einen Verstoß gegen das Gemeinschaftsrecht verletzt werden, der einem Mitgliedstaat zuzurechnen ist. Die Möglichkeit einer Entschädigung durch den Mitgliedstaat ist vor allem dann unerläßlich, wenn die volle Wirkung der gemeinschaftsrechtlichen Bestimmungen davon abhängt, daß der Staat tätig wird, und die einzelnen deshalb im Falle einer Untätigkeit des Staates die ihnen durch das Gemeinschaftsrecht zuerkannten Rechte vor den nationalen Gerichten nicht geltend machen können. Der Grundsatz einer Haftung des Staates für Schäden, die dem einzelnen durch dem Staat zurechenbare Verstöße gegen das Gemeinschaftsrecht entstehen, gehört somit untrennbar zu der durch den EWG-Vertrag geschaffenen Rechtsordnung. Die Verpflichtung des Mitgliedstaates zum Erlaß dieser Schäden findet auch in Art 5 EWGV (jetzt: Art 10 EGV) eine Stütze, nach dem die Mitgliedschaften alle geeigneten Maßnahmen allgemeiner oder besonderer Art zur Erfüllung ihrer Verpflichtungen aus dem Gemeinschaftsrecht zu treffen haben. Zu diesen Verpflichtungen gehört auch diejenige, die rechtswidrigen Folgen eines Verstoßes gegen das Gemeinschaftsrecht zu beheben. Es ist nach alledem ein Grundsatz des Gemeinschaftsrechts, daß die Mitgliedstaaten zum Ersatz der Schäden verpflichtet sind, die den einzelnen durch Verstöße gegen das Gemeinschaftsrecht entstehen, die diesen Staaten zuzurechnen sind.

527 bb) Auf dieser Grundlage sind inzwischen folgende weitere Entscheidungen des EuGH zum gemeinschaftsrechtlichen Staatshaftungsanspruch ergangen, auf denen die vorliegende Darstellung dieses Haftungsinstituts beruht: Urteil vom 5. 3. 1996 Slg 1996 I-1029 = NJW 1996, 1267: Brasserie du Pêcheur und Factortame (für die einzelnen Tatbestandsvoraussetzungen grundlegend); Urteil vom 26. 3. 1996 Slg 1996 I-1631 = EuZW 1996, 274: British Telecommunications; Urteil vom 23. 5. 1996 Slg 1996 I-2553 = EuZW 1996, 435: Hedley Lomas; Urteil vom 8. 10. 1996 – Slg 1996 I-4845 = NJW 1996, 3141: Dillenkofer (Pauschalreisen); Urteil vom 17. 10. 1996 Slg 1996 I-5063 = NJW 1997, 119: Denkavit; Urteil vom 1. 6. 1999, EuZW 1999, 635: Konle; Urteil vom 4. 7. 2000, ZIP 2000, 1215: Haim II.

528 cc) Die im Anschluß an die Entscheidung Francovich ausgelöste wissenschaftliche Debatte über die Grenzen der Rechtsfortbildung durch den EuGH, dem vorgeworfen wurde, seine Rechtsprechungskompetenzen überschritten zu haben (s die Übersicht bei Ossenbühl 497 m zahlr wN in Fn 5), hat inzwischen an Bedeutung verloren, da durch diese ständig weiter ausgebaute Rechtsprechung der gemeinschaftsrechtliche Staatshaftungsanspruch als Haftungsinstitut in der Rechtspraxis, auch derjenigen der deutschen Gerichte, fest verankert ist (vgl zB BGHZ 134, 30 [Revisionsentscheidung in Sachen Brasserie du Pêcheur]; ferner BGH NVwZ 2001, 465 = JZ 2001, 456 m Anm Classen; vgl auch OLG Köln VersR 2001, 988).

2. Verhältnis des gemeinschaftsrechtlichen Staatshaftungsanspruchs zu innerstaatlichen Haftungsinstituten

a) Unmittelbare Herleitung des Staatshaftungsanspruchs aus dem Gemeinschaftsrecht

529 Der EuGH hat hervorgehoben, daß die Haftung der Mitgliedstaaten für Verstöße gegen das Gemeinschaftsrecht ihre Grundlage unmittelbar in diesem selbst findet und daß (lediglich) die Folgen des verursachten Schadens im Rahmen des nationalen Haftungsrechts zu beheben sind, wobei dessen Anwendung unter dem Vorbehalt steht, daß die dort festgelegten Voraussetzungen nicht ungünstiger sein dürfen als bei entsprechenden innerstaatlichen Ansprüchen und nicht so ausgestaltet sein dürfen, daß die Erlangung der Entschädigung praktisch unmöglich oder übermäßig erschwert wird (Brasserie du Pêcheur Tz 67). Die unmittelbare Herleitung des Staatshaftungsanspruchs aus dem Gemeinschaftsrecht wird auch dadurch unterstrichen, daß die Tatbestandsvoraussetzungen der Haftung des Staates für Schäden, die dem einzelnen wegen Verstoßes gegen das Gemeinschaftsrecht entstehen, sich nicht ohne besonderen Grund von den Voraussetzungen unterscheiden dürfen, die unter vergleichbaren Umständen für die Haftung der Gemeinschaft selbst gelten. Deshalb hat der EuGH das System, das er gemäß Art 215 Abs 2 EGV aF (jetzt Art 288 Abs 2) speziell für die Haftung für Rechtssetzungsakte der Gemeinschaft entwickelt hat, auf die Haftung der Mitgliedstaaten in der Weise übertragen, daß die Tatbestandsvoraussetzungen für die Haftung eines Mitgliedstaates mit denjenigen für die Haftung der Gemeinschaft selbst kongruent sind (Brasserie du Pêcheur Tz 42; BGHZ 134, 30, 36). Die wissenschaftliche Streitfrage (Papier Rn 98b), ob es sich um einen gemeinschaftsrechtlichen Anspruch sui generis handelt, der neben die Haftungstatbestände des nationalen Rechts tritt und diesen nur für den Bereich der Haftungsausfüllung und verfahrensrechtlichen Durchsetzung Raum läßt (in diesem Sinne: OSSENBÜHL 526), oder ob es um gemeinschaftsrechtliche Mindestvorgaben geht, so daß der Anspruch auf der Grundlage und im Rahmen des jeweiligen nationalen Staatshaftungsrechts geltend zu machen ist, das diesem im Wege der gemeinschaftsrechtskonformen Auslegung oder gegebenenfalls des Anwendungsvorrangs anzupassen ist (hierfür: PAPIER Rn 98b), ist daher für die Rechtspraxis im Sinne der ersten Alternative, nämlich eines eigenständigen Anspruchs, entschieden (so mit Recht: WINDTHORST, in: DETTERBECK/WINDTHORST/ SPROLL Staatshaftungsrecht [2000] 52). Dies schließt es indessen, wie im folgenden noch zu zeigen sein wird, nicht aus, daß bestimmte Regelungen des nationalen Rechts auch zur inhaltlichen Bestimmung der Haftung herangezogen werden können.

b) Anspruchskonkurrenz mit Amtshaftung und enteignungsgleichem Eingriff
Dementsprechend kann zwischen dem gemeinschaftsrechtlichen Staatshaftungsanspruch einerseits und den innerstaatlichen Haftungstatbeständen der Amtshaftung (§ 839 BGB iVm Art 34 GG) und dem enteignungsgleichen Eingriff andererseits Anspruchskonkurrenz eintreten. Denn selbstverständlich kann ein Verstoß gegen höherrangiges Europarecht zugleich den Tatbestand einer Amtspflichtverletzung und – sofern dadurch eine eigentumsmäßig geschützte Rechtsposition tangiert wird – denjenigen des enteignungsgleichen Eingriffs erfüllen. Auf diese mögliche Anspruchskonkurrenz zwischen gemeinschaftsrechtlichem Staatshaftungsanspruch und einer Haftung des Staates auf der Grundlage des nationalen Rechts weist auch der EuGH ausdrücklich hin (Brasserie du Pêcheur Tz 66). 530

c) Haftung für legislatives Unrecht eines Mitgliedstaates
Ein gemeinschaftsrechtlicher Staatshaftungsanspruch kommt grundsätzlich für jeden Fall des Verstoßes eines Mitgliedstaates gegen das Gemeinschaftsrecht in Betracht, unabhängig davon, welches mitgliedstaatliche Organ durch sein Handeln oder Unterlassen den Verstoß begangen hat (Brasserie du Pêcheur Tz 32). Daraus hat der EuGH die für die deutsche Rechtsordnung praktisch besonders wichtige Konsequenz gezogen, daß die Haftung des Mitgliedstaates auch bei legislativem Unrecht eintreten kann. Der gemeinschaftsrechtliche Staatshaftungsanspruch kann daher insbesondere nicht bereits daran scheitern, daß der Gesetzgeber bei seinem Tun oder Unterlassen grundsätzlich keine drittgerichteten Amtspflichten im Sinne des Amtshaftungsrechts wahrnimmt (vgl wegen der Einzelheiten den Abschnitt „Drittgerichtetheit und Schutzweck der Amtspflichten" Rn 181 ff). 531

d) Keine Haftung des Mitgliedstaates, wenn der Verstoß dem europäischen Gemeinschaftsgesetzgeber selbst zuzurechnen ist
Andererseits scheidet eine gemeinschaftsrechtliche Haftung des Mitgliedstaates von vornherein dann aus, wenn der betreffende Verstoß nicht ihm, sondern dem europäischen Gemeinschaftsgesetzgeber selbst zuzurechnen ist. Dies kann etwa der Fall sein, wenn eine Verordnung, Richtlinie oder Entscheidung ihrerseits gegen höherrangiges primäres Gemeinschaftsrecht verstößt und sich das Handeln des nationalen Gesetz- oder Verordnungsgebers darauf beschränkt, dieses Sekundärrecht in nationales Recht umzusetzen, ohne daß der Umsetzungsakt selbst mit weiteren, nicht in der umzusetzenden Rechtsnorm selbst wurzelnden Rechtswidrigkeitsgründen behaftet ist. Solches Unrecht ist weder dem nationalen Gesetz- oder Verordnungsgeber, soweit er sich darauf beschränkt, die europäische Regelung umzusetzen, noch den 532

mit der Anwendung dieser Rechtsnorm befaßten Verwaltungsbehörden anzulasten; vielmehr kommt insoweit ausschließlich eine Haftung der Europäischen Gemeinschaft selbst nach Art 288 Abs 2 in Betracht (EuGH DVBl 1992, 1150; BGH DVBl 1993, 717 [Milchgarantiemengenverordnung]; BGHZ 125, 27 [Irak-Embargo]; BGH NJW 1998, 1398 [Vermarktungsverbot für Elfenbein]).

e) Haftungsschema

533 Verstößt dagegen der betreffende mitgliedstaatliche Rechtsetzungs- oder Realakt selbst gegen das Gemeinschaftsrecht, leidet er also insoweit an einem eigenen, nicht auf die gemeinschaftsrechtliche Vorgabe zurückgehenden Rechtswidrigkeitsgrund, so ergibt sich im deutschen Recht für das Verhältnis von gemeinschaftsrechtlichem Staatshaftungsanspruch und nationalem Amts- oder Staatshaftungsrecht folgendes Haftungsschema:

Legislatives Unrecht (Tun oder Unterlassen des Parlamentsgesetzgebers):

– mangels Drittgerichtetheit der möglicherweise verletzten Amtspflicht grundsätzlich keine Amtshaftungsansprüche (Ausnahme: Einzelfall- oder Maßnahmegesetze);

– ebenso keine Ansprüche wegen enteignungsgleichen Eingriffs (s dort Rn 465);

– aber: gemeinschaftsrechtlicher Staatshaftungsanspruch.

Normatives Unrecht (Rechtsverordnungen oder Satzungen):

– Amtshaftungsansprüche hängen davon ab, ob bei der betreffenden untergesetzlichen Rechtsnorm drittgerichtete Amtspflichten verletzt worden sind; das kann dann der Fall sein, wenn die betreffende Norm einem Einzelfall- oder Maßnahmegesetz ähnelt (etwa bei einem Bebauungsplan), in der Regel jedoch nicht;

– allerdings Ansprüche wegen enteignungsgleichen Eingriffs denkbar (s dort Rn 466);

– gemeinschaftsrechtlicher Staatshaftungsanspruch.

Administratives Unrecht (Verwaltungs- oder Realakte):

– Amtshaftung, enteignungsgleicher Eingriff und gemeinschaftsrechtlicher Staatshaftungsanspruch kommen uneingeschränkt nebeneinander in Betracht.

In der gerichtlichen Praxis kann daher bei einer der Klage stattgebenden Entscheidung die rechtliche Erörterung auf denjenigen Anspruch beschränkt werden, dessen Tatbestandsvoraussetzungen sich im konkreten Fall am einfachsten feststellen lassen. In diesem Sinne hatte in dem der Entscheidung BGH NVwZ 2001, 465 zugrundeliegenden Rechtsstreit das Berufungsgericht allein den von ihm dem Grunde nach für gerechtfertigt gehaltenen gemeinschaftsrechtlichen Staatshaftungsanspruch geprüft.

Wird dagegen die Klage abgewiesen, so müssen jeweils sämtliche in Betracht kommenden Ansprüche erörtert und verneint werden. Dementsprechend hat der BGH in BGHZ 134, 30 festgestellt, daß die Forderung der Brasserie du Pêcheur weder nach den innerstaatlichen Haftungsinstituten der Amtshaftung oder des enteignungsgleichen Eingriffs noch als gemeinschaftsrechtlicher Staatshaftungsanspruch bestand. In NVwZ 2001, 465 ist der BGH, der die Auffassung des Berufungsgerichts über das Bestehen eines gemeinschaftsrechtlichen Staatshaftungsanspruchs nicht teilte, in der Revisionsinstanz in die Prüfung eines Amtshaftungsanspruchs eingetreten.

3. Die Tatbestandsvoraussetzungen im einzelnen

a) Allgemeines

Mit Recht hebt Ossenbühl (499) hervor, daß bei Lichte betrachtet die gesamte Rechtsschöpfung und damit auch die Einzelausformung des Haftungstatbestandes und der Rechtsfolgen unter dem alles beherrschenden Prinzip der vollen Wirksamkeit des Gemeinschaftsrechts steht. Die Haftungsvoraussetzungen werden in ständiger Rechtsprechung des EuGH wie folgt umschrieben: (1) Die Rechtsnorm, gegen die verstoßen worden ist, muß bezwecken, dem einzelnen Rechte zu verleihen, (2) der Verstoß muß hinreichend qualifiziert sein, (3) und zwischen dem Verstoß gegen die dem Staat obliegende Verpflichtung und dem den geschädigten Personen entstandenen Schaden muß ein unmittelbarer Kausalzusammenhang bestehen. Die Beurteilung dieser Voraussetzungen hängt von der jeweiligen Fallgestaltung ab (Haim II Tz 36; Brasserie du Pêcheur Tz 51; British Telecommunications Tz 39 f; Hedley Lomas Tz 25; Dillenkofer Tz 21). Diese drei Voraussetzungen müssen sowohl erfüllt sein, wenn die Schäden, deren Ersatz begehrt wird, auf eine Untätigkeit des Mitgliedstaats zurückgehen, zB bei der Nichtumsetzung einer Gemeinschaftsrichtlinie, als auch dann, wenn sie auf den Erlaß eines gegen das Gemeinschaftsrecht verstoßenden Gesetzgebungs- oder Verwaltungsakts zurückgehen, unabhängig davon, ob dieser vom Mitgliedstaat selbst oder von einer öffentlich-rechtlichen Einrichtung erlassen wurde, die vom Staat rechtlich unabhängig ist (Haim II Tz 37).

b) Individuell begünstigender Schutzzweck der verletzten Rechtsnorm

An den individuell begünstigenden Schutzzweck der verletzten Rechtsnorm werden in der Rechtsprechung des EuGH keine allzu hohen Anforderungen gestellt (Ossenbühl 506). Er wurde in den Sachen Brasserie du Pêcheur, Hedley Lomas und Factortame bei den dort in Rede stehenden Bestimmungen des primären Gemeinschaftsrechts uneingeschränkt bejaht, nämlich Art 30 (jetzt 28) EGV (Verbot mengenmäßiger Einfuhrbeschränkungen und aller Maßnahmen gleicher Wirkung – Brasserie du Pêcheur), Art 34 (jetzt 29) EGV (Verbot mengenmäßiger Ausfuhrbeschränkungen – Hedley Lomas) und Art 52 (jetzt 43) EGV (Abbau der Beschränkungen des Niederlassungsrechts – Factortame). Bei Richtlinien, die zwar für jeden Mitgliedstaat, an den sie gerichtet werden, hinsichtlich des zu erreichenden Ziels verbindlich sind, den innerstaatlichen Stellen jedoch die Wahl der Form und der Mittel überlassen (Art 249 Abs 3 EGV), genügt es, wenn die betreffende Norm die Verleihung individueller Rechte „bezweckt", also auf die Verleihung – wenn auch erst in Zukunft – „gerichtet" ist (Ossenbühl 506 mwN). Aus diesem Grund kann auch der Verstoß gegen das Gebot der ordnungsgemäßen Umsetzung von Richtlinien, die ihrerseits selbst (noch) keine einklagbaren Rechte begründet haben, sondern nur darauf ausgerichtet waren, solche Rechte erst zur Entstehung zu bringen, zur Staatshaftung führen (Ossenbühl aaO; aus der Rechtsprechung des EuGH vgl insoweit insbesondere Francovich und Dillenkofer). Andererseits hat der BGH in NVwZ 2001, 465 trotz einer festgestellten Verletzung des Gemeinschaftsrechts (466) den gemeinschaftsrechtlichen Staatshaftungsanspruch daran scheitern lassen, daß der dortige Kläger kein ihm gemeinschaftsrechtlich verliehenes Recht gehabt habe, von den beanstandeten höheren Gebühren verschont zu bleiben. In ähnlichem Sinne hat das OLG Köln (VersR 2001, 988) die Auffassung vertreten, die EG-Richtlinie vom 10. 5. 1993 über Wertpapierdienstleistungen habe nicht (auch) den Zweck verfolgt, den einzelnen Anlegern in bezug auf die Tätigkeit der Aufsichtsbehörden bestimmte individuelle Rechte zu verleihen. Die teilweise verspätete Umsetzung dieser EG-Richtlinie durch das Gesetz vom 22. 10. 1997 (BGBl I 2518) rechtfertigte daher keinen gemeinschaftsrechtlichen Entschädigungsanspruch einzelner Kunden von Wertpapierdienstleistungsunternehmen gegen die Bundesrepublik Deutschland. Bejaht wurde dagegen ein gemeinschaftsrechtlicher Staatshaftungsanspruch gegen die Bundesrepublik Deutschland wegen nicht rechtzeitiger Umsetzung der Einlagensicherungsrichtlinie vom 30. 5. 1994. Diese war nicht, wie nach ihrem Art 14 Abs 1 geboten, vor dem 1. 7. 1995, sondern erst durch Gesetz vom 16. 7. 1998 (BGBl I 1842) umgesetzt worden. Den durch die fehlende Sicherung ihrer Einlagen geschädigten Anlegern wurde ein gemeinschaftsrechtlicher Staatshaftungsanspruch zuerkannt, allerdings nur in Höhe des in der Richtlinie festgelegten Mindestumfangs von 20 000 ECU (= 39 450 DM = 20 170,46 €; LG Bonn NJW 2000, 815). Die Frage, ob den Geschädigten ein über diesen Mindestbetrag hinausgehender gemeinschaftsrechtlicher Staatshaftungsanspruch oder nationaler Amtshaftungsanspruch zusteht, ist Gegenstand einer Vorlage des BGH an den EuGH (Beschluß vom 16. 5. 2002 WM 2002, 1266; s auch oben Rn 185).

c) Hinreichend qualifizierter Verstoß

536 Das entscheidende Kriterium für die Beurteilung der zweiten Tatbestandsvoraussetzung, nämlich ob ein Verstoß gegen das Gemeinschaftsrecht als hinreichend qualifiziert anzusehen ist, besteht darin, ob ein Mitgliedstaat die Grenzen, die seinem Ermessen gesetzt sind, offenkundig und erheblich überschritten hat. Dies ist zugleich das wesentliche Kriterium für die deliktische Haftung der Gemeinschaft selbst (Art 288 Abs 2 EGV; Brasserie du Pêcheur Tz 55; British Telecommunications Tz 42).

aa) Dementsprechend kann in den Bereichen, in denen der betreffende Mitgliedstaat nur über einen erheblich verringerten oder gar auf Null reduzierten Gestaltungsspielraum verfügte, bereits die bloße Verletzung des Gemeinschaftsrechts ausreichen, um einen hinreichend qualifizierten Verstoß anzunehmen (Hedley Lomas Tz 28 ff, betreffend einen Verstoß gegen das Verbot mengenmäßiger Ausfuhrbeschränkungen in Art 29 [früher 34] EGV). Auch die Nichtumsetzung oder nicht fristgemäße Umsetzung von Richtlinien in das nationale Recht kann bereits als solche einen qualifizierten Verstoß gegen das Gemeinschaftsrecht darstellen (Dillenkofer Tz 26–29). Jedenfalls ist ein Verstoß gegen das Gemeinschaftsrecht offenkundig qualifiziert, wenn er trotz des Erlasses eines Urteils des EuGH, in dem der zur Last gelegte Verstoß festgestellt wird, oder eines Urteils im Vorabentscheidungsverfahren oder aber einer gefestigten einschlägigen Rechtsprechung des EuGH, aus denen sich die Pflichtwidrigkeit des vertraglichen Verhaltens ergibt, fortbestanden hat (Brasserie du Pêcheur Tz 57); andererseits ist ein Urteil des Gerichtshofs, in dem der Verstoß zuvor festgestellt wird, zwar ein wesentliches, sein Vorliegen aber kein unbedingt notwendiges Kriterium dafür, daß diese Voraussetzung erfüllt ist (Brasserie du Pêcheur Tz 93).

bb) Auf Gebieten, in denen der Mitgliedstaat ein weites Ermessen hat, wird die 537 Frage, ob der Verstoß gegen das Gemeinschaftsrecht hinreichend qualifiziert ist, vom EuGH eher restriktiv beurteilt. Dabei läßt sich der EuGH unter anderem von der Erwägung leiten, daß die Wahrnehmung der Rechtsetzungstätigkeit der Mitgliedstaaten nicht jedesmal durch die Möglichkeit von Schadensersatzklagen behindert werden darf, wenn das allgemeine Interesse den Erlaß von Maßnahmen, die die Interessen des einzelnen beeinträchtigen können, durch die Mitgliedstaaten gebietet (Brasserie du Pêcheur Tz 45; British Telecommunications Tz 40). Als Gesichtspunkte für die Beurteilung der Frage, ob der Mitgliedstaat die Grenzen, die seinem Ermessen gesetzt sind, offenkundig und erheblich überschritten hat, kommen nach der Rechtsprechung des EuGH in Betracht: Der Umfang des Ermessensspielraums, den die verletzte Vorschrift den nationalen Behörden beläßt, die Frage, ob der Verstoß vorsätzlich oder nicht vorsätzlich begangen oder der Schaden vorsätzlich oder nicht vorsätzlich zugefügt worden ist, die Entschuldbarkeit oder Unentschuldbarkeit eines etwaigen Rechtsirrtums und der Umstand, daß die Verhaltensweisen eines Gemeinschaftsorgans möglicherweise dazu beigetragen haben, daß nationale Maßnahmen oder Praktiken in gemeinschaftsrechtswidriger Weise unterlassen, eingeführt oder aufrechterhalten wurden (Brasserie du Pêcheur Tz 56). Für die Beurteilung der Frage, ob ein Verstoß gegen das Gemeinschaftsrecht qualifiziert ist, sind auch bestimmte objektive und subjektive Gesichtspunkte von Bedeutung, die im Rahmen des deutschen Amtshaftungsrechtes mit dem Begriff des Verschuldens (Vorsatz oder Fahrlässigkeit) im Sinne des § 839 Abs 1 S 1 in Verbindung gebracht werden können. Eine selbständige Haftungsvoraussetzung, die über den hinreichend qualifizierten Verstoß hinausginge, ist das Verschulden jedoch nicht (Brasserie du Pêcheur Tz 80).

cc) Dementsprechend ist ein gemeinschaftsrechtlicher Staatshaftungsanspruch 538 mangels eines hinreichend qualifizierten Verstoßes verneint worden: im Fall Brasserie du Pêcheur (BGHZ 134, 30 im Anschluß an die Vorgaben des EuGH); im Falle British Telecommunications, wo der EuGH die Auslegung, die das Vereinigte Königreich der umzusetzenden EG-Richtlinie gegeben hatte, für vertretbar ansah (Tz 43); im Falle Denkavit, wo der EuGH Ähnliches für die Auslegung einer umzusetzenden Richtlinie durch die Bundesrepublik Deutschland angenommen hat (Tz 51 ff).

d) Unmittelbarer Kausalzusammenhang
Hinsichtlich der dritten Voraussetzung ist zu prüfen, ob zwischen dem Verstoß gegen 539 die dem Staat obliegende Verpflichtung und dem den geschädigten Personen entstandenen Schaden ein unmittelbarer Kausalzusammenhang besteht (Brasserie du Pêcheur Tz 65). Es ist Sache der nationalen Rechtsordnung der einzelnen Mitgliedstaaten, unter Wahrung der vollen Wirksamkeit des Gemeinschaftsrechts die Haftungsvoraussetzungen der „unmittelbaren Kausalität" in das nationale Recht umzusetzen. Der BGH geht davon aus, daß es insoweit einer wertenden, auf den Haftungstatbestand bezogenen Zurechnung der Haftungsfolgen bedarf, vergleichbar derjenigen Beziehung, die im deutschen Recht durch den Adäquanzgedanken ausgedrückt wird (BGHZ 134, 30, 39 f). Die vom BGH (aaO) offengelassene Frage, ob dabei das Merkmal der Unmittelbarkeit eine engere, etwa an Schutzzweckerwägungen orientierte Betrachtungsweise ermöglicht, dürfte zu bejahen sein (so auch OSSENBÜHL 509). Der Ersatz der Schäden, die dem einzelnen durch Verstöße gegen das Gemeinschaftsrecht entstehen, muß dem erlittenen Schaden angemessen sein, so daß ein effektiver Schutz der Rechte des einzelnen gewährleistet ist. Soweit es auf diesem

Gebiet keine Gemeinschaftsvorschriften gibt, ist es Sache der nationalen Rechtsordnung jedes Mitgliedstaats, die Kriterien festzulegen, anhand deren der Umfang der Entschädigung bestimmt werden kann, wobei diese Kriterien nicht ungünstiger sein dürfen als bei entsprechenden Ansprüchen, die auf nationales Recht gestützt sind; auch dürfen sie keinesfalls so ausgestaltet sein, daß die Entschädigung praktisch unmöglich ist oder übermäßig erschwert wird (Brasserie du Pêcheur Tz 82 f). Dementsprechend ist es nicht zulässig, den gemeinschaftsrechtlichen Staatshaftungsanspruch etwa auf eine Entschädigung für Eingriffe in eigentumsmäßig geschützte Rechtspositionen – etwa in Anlehnung an das Haftungsinstitut des enteignungsgleichen Eingriffs – zu beschränken; vielmehr darf auch der entgangene Gewinn nicht völlig ausgeschlossen werden (Brasserie du Pêcheur Tz 86 f).

4. Weitere Einzelfragen

a) Vorrang des Primärrechtsschutzes

540 Auch beim gemeinschaftsrechtlichen Staatshaftungsanspruch gilt dagegen der Vorrang des Primärrechtsschutzes: Es ist zu prüfen, ob der Geschädigte rechtzeitig von allen ihm zur Verfügung stehenden Rechtsschutzmöglichkeiten Gebrauch gemacht hat. Darüber hinaus ist allgemein das Mitverschulden des Geschädigten anspruchsmindernd zu berücksichtigen; der Geschädigte ist gehalten, sich in angemessener Form um die Verhinderung des Schadenseintritts oder um die Begrenzung des Schadensumfangs zu bemühen (Brasserie du Pêcheur Tz 84).

b) Kein Verweisungsprivileg

541 Die Frage, ob die Subsidiaritätsklausel des § 839 Abs 1 S 2 BGB auch auf den gemeinschaftsrechtlichen Staatshaftungsanspruch übertragen werden kann, ist bisher noch nicht entschieden worden. Mit Rücksicht auf das vorrangige Ziel dieses Haftungsinstituts, die volle Wirksamkeit des Gemeinschaftsrechts zu sichern, dürfte die Frage eher zu verneinen sein (so auch Ossenbühl 517 f).

c) Richterspruchprivileg

542 Der vom EuGH betonte Grundsatz, daß der gemeinschaftsrechtliche Staatshaftungsanspruch unabhängig davon besteht, welches mitgliedstaatliche Organ durch sein Handeln oder Unterlassen den Verstoß begangen hat (Brasserie du Pêcheur Tz 32), könnte zu dem Schluß verleiten, daß er auch den Ausgleich judikativen Unrechts fordert. Gleichwohl ist Ossenbühl darin zuzustimmen, daß das Richterspruchprivileg des § 839 Abs 2 S 1 BGB auch dann in vollem Umfang anzuwenden ist, wenn das betreffende Urteil Gemeinschaftsrecht verletzt (514). Denn die Respektierung der Rechtskraft gerichtlicher Urteile dient der Rechtssicherheit und damit ebenfalls einem tragenden Pfeiler der europäischen Rechtsordnung.

d) Verjährung

543 Ungeklärt ist die Frage, wann der gemeinschaftsrechtliche Staatshaftungsanspruch verjährt. Ossenbühl schlägt eine Verjährungsfrist von fünf Jahren nach Art 43 der Satzung des EuGH vor (520); dies würde einer Harmonisierung mit der Eigenhaftung der EG entsprechen. Denkbar ist indessen auch, daß die innerstaatlichen Verjährungsvorschriften der Mitgliedstaaten anwendbar sind, dh nunmehr § 195 BGB nF. In dieser Frage wird jedoch der EuGH das letzte Wort zu sprechen haben.

e) Haftungssubjekte des gemeinschaftsrechtlichen Staatshaftungsanspruchs

Als Haftungssubjekte des gemeinschaftsrechtlichen Staatshaftungsanspruchs kommen nicht nur die Mitgliedstaaten als die Vertragspartner des europäischen Vertragswerks in Betracht. Zwar sind in erster Linie sie es, die die zentrale Verpflichtung trifft, sicherzustellen, daß dem einzelnen der Schaden ersetzt wird, der ihm durch einen Verstoß gegen Gemeinschaftsrecht entstanden ist, gleichgültig, welche staatliche Stelle diesen Verstoß begangen hat und welche Stelle nach dem Recht des betreffenden Mitgliedstaats diesen Schadensersatz grundsätzlich zu leisten hat. Ein Mitgliedstaat kann sich seiner Haftung nicht dadurch entziehen, daß er auf die Aufteilung der Zuständigkeit und der Haftung auf andere Körperschaften verweist, die nach seiner Rechtsordnung bestehen. Unter diesem Vorbehalt verpflichtet das Gemeinschaftsrecht die Mitgliedstaaten jedoch nicht dazu, die Aufteilung der Zuständigkeit und der Haftung auf die öffentlichen Körperschaften in ihrem Gebiet zu ändern. Den Erfordernissen des Gemeinschaftsrechts ist genügt, wenn die innerstaatlichen Verfahrensregelungen einen wirksamen Schutz der Rechte, die dem einzelnen aufgrund Gemeinschaftsrechts zustehen, ermöglichen und die Geltendmachung dieser Rechte nicht gegenüber derjenigen solcher Rechte erschwert ist, die dem einzelnen nach innerstaatlichem Recht zustehen. Ein bundesstaatlich aufgebauter Mitgliedstaat kann seine gemeinschaftsrechtlichen Verpflichtungen auch erfüllen, wenn nicht der Gesamtstaat den Ersatz der einem einzelnen durch gemeinschaftsrechtswidrige innerstaatliche Maßnahmen entstandenen Schäden sicherstellt (Konle Tz 62–64). Jene Entscheidung des EuGH betraf den Verstoß eines Gesetzes des österreichischen Bundeslandes Tirol gegen Gemeinschaftsrecht. Auf die deutsche Rechtsordnung übertragen, ist aus diesen Grundsätzen zu entnehmen, daß sich die Passivlegitimation für den gemeinschaftsrechtlichen Staatshaftungsanspruch nach denselben Gesichtspunkten beurteilt wie beim Amtshaftungsrecht. Es gilt also Art 34 GG mit der Maßgabe, daß an die Stelle der Verletzung einer drittgerichteten Amtspflicht der qualifizierte Verstoß gegen eine individuell begünstigende Norm des europäischen Gemeinschaftsrechts tritt. In diesem Sinne hat der BGH in NVwZ 2001, 465 die Passivlegitimation der dort beklagten Gemeinde für den gemeinschaftsrechtlichen Staatshaftungsanspruch nicht in Frage gestellt. Ich halte es auch gemeinschaftsrechtlich nicht für geboten, neben der Haftung der nach diesen Grundsätzen zu ermittelnden Körperschaft stets auch eine konkurrierende Haftung der Bundesrepublik selbst zu bejahen. Die in diese Richtung gehende Auffassung von OSSENBÜHL (520 f) scheint mir durch die EuGH-Entscheidung Konle überholt zu sein. In der noch späteren Entscheidung Haim II hat der EuGH es gemeinschaftsrechtlich nicht beanstandet, wenn die Haftung einer öffentlich-rechtlichen Körperschaft auf Ersatz des Schadens, der einem einzelnen durch von ihr unter Verstoß gegen das Gemeinschaftsrecht getroffene Maßnahmen entstanden ist, neben derjenigen des Mitgliedstaats selbst gegeben ist. Dies beruhte indessen auf der entsprechenden Fragestellung des vorlegenden Gerichts. Dadurch wird nicht etwa ausgeschlossen, daß nach Maßgabe der Grundsätze der Entscheidung Konle auch eine Alleinhaftung der anderen öffentlich-rechtlichen Körperschaft eintreten kann.

C. Einzelne Bereiche der Amts- und der Staatshaftung

I. Öffentliches Baurecht

1. Bauleitplanung*

a) Drittgerichtete Amtspflichten bei der Bauleitplanung im allgemeinen

545 aa) Bebauungspläne ergehen als gemeindliche Satzung (§ 10 Abs 1 BauGB; in Berlin, Hamburg und Bremen bestehen Besonderheiten: § 246 BauGB [„Stadtstaatenklausel"]). Bei der Beschlußfassung über den Bebauungsplan werden die Mitglieder des Gemeinderats als „Beamte" im amtshaftungsrechtlichen Sinne tätig (st Rspr; vgl zB BGH VersR 1970, 1007, 1009; WM 1975, 630, 633; BGHZ 84, 292, 298; 92, 34, 51; 106, 323, 330; 110, 1, 8). Die bei der Bauleitplanung zu beachtenden Amtspflichten lassen sich ihrem sachlichen Inhalt nach weitgehend bereits aus den in § 1 BauGB normierten Grundsätzen entnehmen, insbesondere dem Katalog der zu berücksichtigenden Belange in Absatz 5 S 2 Nr 1 bis 10 und dem Abwägungsgebot nach Absatz 6 einschließlich der in die Abwägung einzubeziehenden umweltschützenden Belange nach § 1a BauGB.

546 bb) Die durch einen verbindlichen Bauleitplan betroffenen Grundeigentümer oder sonst dinglich Berechtigten stellen eine durch die räumlichen Grenzen des Plans und durch ihre rechtliche Beziehung zu den erfaßten Grundstücken bestimmte Personengruppe dar, die Adressat dieses Ortsgesetzes (der Satzung) ist.

Damit liegt – ähnlich wie im Falle eines Maßnahmegesetzes – eine Einengung des Kreises der Betroffenen und eine Individualisierung der Rechtsadressaten vor, die eine besondere Beziehung zwischen dem Rechtsetzungsakt und den geschützten Interessen bestimmter Betroffener schafft und diesen Betroffenen daher die Stellung von geschützten „Dritten" im Sinne des § 839 BGB iVm Art 34 GG verleihen kann (BGH WM 1975, 630, 633; BGHZ 84, 292, 300; 92, 34, 51 ff; 106, 323, 330 ff). Jedoch können von den bei der Verabschiedung des Bebauungsplans zu beachtenden Amtspflichten nur solche als drittgerichtet in Betracht kommen, die eine Berücksichtigung konkreter Interessen des einzelnen Bürgers oder einer Gruppe von Bürgern erfordern. Es genügt also nicht, wenn die betreffende Pflicht lediglich im Interesse einer nachhaltigen städtebaulichen Entwicklung und einer dem Wohl der Allgemeinheit entsprechenden sozialgerechten Bodennutzung wahrzunehmen ist (§ 1 Abs 5 S 1 BauGB; vgl BGHZ 109, 380, 388 ff; 110, 1, 9 f). Daraus hat der BGH die Folgerung gezogen, daß insbesondere die Verletzung von Verfahrens- und Formvorschriften, auch wenn sie die Nichtigkeit des Bebauungsplans zur Folge hatte, regelmäßig keine Drittgerichtetheit entfalten konnte. Dies gilt beispielsweise für die Pflichten, die Entwürfe der Bauleitpläne öffentlich auszulegen (§ 3 Abs 2 BauGB; BGH BayVBl 1991, 187 = BGHR BGB § 839 Abs 1 S 1 Dritter 32), die Genehmigung des Bebauungsplans ortsüblich bekanntzumachen (§ 10 Abs 3 BauGB; BGH NJW 1990, 245, 246), den Bebauungsplan aus

---

* Die bauplanungsrechtlichen Vorschriften werden hier durchgängig nach dem Baugesetzbuch idF der Bekanntmachung vom 27. 8. 1997 (BGBl I 2141, ber 1998 I 137) zitiert. Die BGH-Entscheidungen sind dagegen überwiegend noch zu den entsprechenden Bestimmungen des Bundesbaugesetzes (in den Fassungen von 1960 oder 1976/1979) oder zum BauGB idF vom 8. 12. 1986 (BGBl I 2253) ergangen.

einem Flächennutzungsplan zu entwickeln (§ 8 Abs 2 BauGB; BGHZ 84, 292, 300 f). Hiergegen hat PAPIER eingewandt, der Gemeinde, die einen Bebauungsplan „in die Welt setze" und damit Vertrauenstatbestände schaffe, obliege die drittbezogene Amtspflicht, eine Enttäuschung der auf die Normgültigkeit vertrauenden Dritten durch Schaffung rechtsfehlerhaften und daher ungültigen Ortsrechts zu vermeiden. Die Amtspflicht, eine Bekanntmachung der Genehmigung im Sinne des § 10 BauGB ordnungsgemäß vorzunehmen, bestehe daher nicht nur im allgemeinen Interesse an der Gesetzmäßigkeit der Ausübung öffentlicher Gewalt. Mit einer (gesetzeswidrigen) Bekanntmachung werde ein Vertrauenstatbestand geschaffen; das enttäuschte Vertrauen falle daher in den Schutzbereich der Drittbezogenheit (PAPIER Rn 259). Darauf ist zu erwidern, daß nach ständiger Rechtsprechung des BGH ein allgemeiner Anspruch auf Entschädigung für Aufwendungen, die im Vertrauen auf den Bestand eines (nichtigen) Bebauungsplans gemacht worden sind, nicht anzuerkennen ist; insbesondere gibt es keinen umfassenden Plangewährleistungsanspruch. Nur das berechtigte Vertrauen auf den Bestand eines rechtsverbindlichen Bebauungsplans wird in § 39 BauGB geschützt, also gerade nicht dasjenige in einen nichtigen Plan (BGHZ 84, 292, 297; 110, 1, 4 f). Mit diesen Regelungen trifft das Gesetz eine klare Entscheidung, wo die Grenzen des geschützten Vertrauens liegen. Es ist nicht Aufgabe des Amtshaftungsrechts, diese Entscheidung des Gesetzgebers durch einen Abbau oder eine Preisgabe der Erfordernisse der Drittgerichtetheit und des Schutzzwecks der bei der Bebauungsplanung zu beachtenden Amtspflichten zu unterlaufen (BGHZ 109, 380, 391).

cc) Allgemein gilt, daß ein schutzwürdiges Vertrauen in die Festsetzungen eines Bebauungsplans grundsätzlich erst mit der Bekanntmachung der genehmigten Satzung nach § 10 Abs 3 S 4 BauGB entstehen kann; gleiches gilt für einen von der Gemeinde nach §§ 246a Abs 1 Nr 6 BauGB aF; 45 DDR-BauZVO gebilligten Vorhaben- und Erschließungsplan (jetzt: § 12 BauGB; BGHZ 142, 259). Allerdings kann ein derartiges Vertrauen eines Grundstückskäufers auch dann gegeben sein, wenn der Kaufvertrag selbst zwar vor Inkrafttreten des Bebauungsplans abgeschlossen worden ist, aber dem Käufer für den Fall, daß der Bebauungsplan nicht bis zu einem bestimmten Zeitpunkt in Kraft tritt, ein Rücktrittsrecht eingeräumt wird. In diesem Fall kommt als schädliche, die Ersatzpflicht der Gemeinde auslösende Vermögensdisposition nicht der Abschluß des Kaufvertrages selbst, sondern die Nichtausübung des Rücktrittsrechts in Betracht (BGHZ NVwZ 1998, 318; SCHLICK, in: RINNE/SCHLICK NVwZ-Beilage II/2000, 20).

dd) Im Schrifttum ist erwogen worden, in den Fällen, in denen auf der Grundlage eines rechtswidrigen Bebauungsplans eine – ebenfalls rechtswidrige – Baugenehmigung erteilt worden ist, diese bei der amtshaftungsrechtlichen Beurteilung als das schadensstiftende Ereignis zu bewerten, das in überholender Kausalität zwischen den Bebauungsplan als die entferntere Schadensursache und die fehlgeschlagene Bauinvestition als die Schadensfolge trete (GAENTZSCH NVwZ 1990, 505, 510). Indessen hat der BGH bereits in BGHZ 92, 34, 37 geklärt, daß die Erteilung von Baugenehmigungen für Vorhaben im Planbereich jedenfalls auch der Gemeinde in ihrer Eigenschaft als Plangeber zuzurechnen ist, da sie hierfür eine – von den zuständigen Behörden zunächst als gültig angesehene – planungsrechtliche Grundlage geschaffen hat. Dementsprechend verliert der Planungsfehler durch das spätere Hinzutreten der Baugenehmigung nicht seine rechtliche Bedeutung als selbständiger Haftungstatbestand. In den Fällen, in denen die plangebende Gemeinde zugleich auch Bauaufsichtsbehörde ist, besteht daher zwischen den durch beide Haftungstatbestände begründeten Schadensersatzansprüchen Anspruchskonkurrenz. Fallen dagegen plangebende Gemeinde und Bauaufsichtsbehörde auseinander, etwa wenn Bauaufsichtsbehörde der Landkreis ist, so kann eine deliktsrechtliche Gesamtschuldnerschaft beider nach § 840 Abs 1 BGB eintreten (WURM UPR 1990, 201, 203; BOUJONG WiVerw 2/ 91, 59, 94).

b) Das Abwägungsgebot

549 Von den Amtspflichten, die bei der inhaltlichen Gestaltung der Bebauungspläne wahrzunehmen sind, kommt als drittgerichtet – mit Einschränkungen – das Abwägungsgebot des § 1 Abs 6 BauGB in Betracht. Diesem Gebot erkennt der BGH drittschützende Wirkung zu, wenn und soweit konkrete abwägungserhebliche Individualbelange bestimmter Planbetroffener bei der Abwägung nicht oder nicht mit dem ihnen zukommenden Gewicht berücksichtigt werden (BGHZ 92, 34, 53; vgl auch WURM JA 1992, 1, 5). Allerdings muß der Betroffene die Nachteile entschädigungslos hinnehmen, die ihn auch im Falle rechtmäßiger Bauplanung (ohne Entschädigung) getroffen hätten (BGHZ 92, 34, 50).

c) Baugrundrisiken

550 Mit der planerischen Ausweisung von Baugelände erzeugt die Gemeinde grundsätzlich nicht das Vertrauen, daß der Baugrund geologisch oder in sonstiger Weise nach Bodenbeschaffenheit und -struktur für eine Bebauung geeignet ist. Die Bauleitplanung soll nämlich die geordnete städtebauliche Entwicklung sicherstellen, nicht aber den Eigentümern der Grundstücke Baugrundrisiken abnehmen (BGH WM 1988, 200, 202 f; BGHR BGB § 839 Abs 1 S 1 Gemeinderat 3); Ausnahmen gelten insoweit für Verseuchungen durch „Altlasten" oder bei sonstigen Gefahren für die Sicherheit der Wohn- und Arbeitsbevölkerung, etwa aus Tagesbrüchen wegen Bergschäden (s dazu im folgenden Rn 560). Erst recht kann keine Rede davon sein, daß die Bauleitplanung einen Anspruch des Grundstückserwerbers auf ein Grundstück gewährleisten müsse, das jederzeit in jeder Weise nutzbar sei (BGH WM 1993, 1105).

d) Gesunde Wohn- und Arbeitsverhältnisse; insbesondere „Altlasten"-Rechtsprechung

551 Die in § 1 Abs 5 S 2 Nr 1–10 BauGB enthaltenen Planungsleitlinien dienen dem Ziel, eine geordnete städtebauliche Entwicklung zu gewährleisten (§ 1 Abs 5 S 1 BauGB). Die Pflicht, diese Grundsätze zu berücksichtigen, obliegt den Amtsträgern der planenden Gemeinde daher in erster Linie gegenüber der Allgemeinheit. Eine mit der Sanktion des Schadensersatzes bewehrte Amtspflicht gegenüber dem einzelnen planbetroffenen Bürger wird dadurch – zumindest im Grundsatz – nicht geschaffen.

aa) Die aus diesem allgemeinen Schutzzweck herausgehobene Pflicht, auch die Individualinteressen der Planbetroffenen zu wahren, besteht jedoch hinsichtlich des Gebots, bei der Bauleitplanung die Anforderungen an gesunde Wohn- und Arbeitsverhältnisse zu berücksichtigen (§ 1 Abs 5 S 2 Nr 1 BauGB). Dieses Gebot soll nicht nur dem Schutz der Allgemeinheit dienen. Es bezweckt vielmehr auch den Schutz gerade der Personen, die in dem konkreten, von der jeweiligen Bauleitplanung betroffenen Plangebiet wohnen werden. Diese Personen müssen sich darauf verlassen können, daß ihnen zumindest aus der Beschaffenheit von Grund und Boden keine Gefahren für Leben und Gesundheit drohen. Dieser Personenkreis ist daher „Dritter" und Adressat der genannten Amtspflicht (BGHZ 106, 323, 332; 109, 380, 388, 389). Dies ist der tragende Grundgedanke der vom BGH seit 1989 entwickelten „Altlasten"-Rechtsprechung. Dabei geht es um die Haftung von Gemeinden, die mit gesundheitsgefährdenden Schadstoffen belastete Flächen durch Bebauungsplan als Wohngebiete ausgewiesen hatten; teilweise hatten die Gemeinden in ihrer Eigenschaft als Bauaufsichtsbehörden auch Baugenehmigungen für die schadstoffbelasteten Grundstücke erteilt. Nach Aufdeckung der Kontaminationen wurden die Gemeinden von Grundstückserwerbern auf Schadensersatz in Anspruch genommen, die geltend machten, daß die errichteten Häuser unbewohnbar und wertlos seien oder daß die gekauften Grundstücke nicht mehr wie vorgesehen bebaut werden konnten. Zu diesem Problemkreis sind bisher folgende Entscheidungen des BGH ergangen: BGHZ 106, 323 (Fall „Bielefeld"); 108, 224 (Fall „Osnabrück"); 109, 380 (Fall „Dortmund-Dorstfeld"); 113, 367 (Fall „Dinslaken"); 117, 363 (Fall „Bielefeld II"); 121, 65 (Fall „Rosengarten"); WM 1993, 1105 (Fall „Grefrath"); BGHZ 122, 191 (Fall „Recklinghausen"); 123, 363 (gekürzt) = NJW 1994, 253 (vollständig, Fall „Mühlheim aM"); NJW 1993, 384 (Fall „Siegburg"); UPR 1992, 438 (Fälle „Gladbeck"); NVwZ 1998, 318 (Fall „Osnabrück II"). Wegen weiterer Einzelheiten wird auf die Rechtsprechungsübersichten von WURM UPR 1990, 201 und Jahrbuch UTR 1994, 587 verwiesen.

bb) Aus den vorstehend wiedergegebenen Grundgedanken hat die Rechtsprechung **552** des BGH folgende Konsequenzen gezogen: Die Amtsträger einer Gemeinde haben die Amtspflicht, bei der Aufstellung von Bebauungsplänen Gesundheitsgefährdungen zu verhindern, die den zukünftigen Bewohnern des Plangebiets aus dessen Bodenbeschaffenheit drohen. Diese Amtspflicht besteht jedenfalls gegenüber demjenigen als „Dritten", der ein nach der planerischen Ausweisung dem Wohnen dienendes Grundstück mit noch zu errichtendem Wohnhaus erwirbt. Die Haftung wegen einer Verletzung dieser Amtspflicht umfaßt auch Vermögensschäden, die die Erwerber dadurch erleiden, daß sie im Vertrauen auf eine ordnungsgemäße Planung Wohnungen errichten oder kaufen, die nicht bewohnbar sind (BGHZ 106, 323). Damit hat der BGH – ohne Rückgriff auf das Abwägungsgebot – unmittelbar aus der Planungsleitlinie des § 1 Abs 5 S 2 Nr 1 BauGB, wonach bei der Aufstellung der Bauleitpläne insbesondere die allgemeinen Anforderungen an gesunde Wohn- und Arbeitsverhältnisse und die Sicherheit der Wohn- und Arbeitsbevölkerung zu berücksichtigen sind, die Folgerung gezogen, daß Flächen, die die Quelle einer Gesundheitsgefahr sind, nicht zu Wohnzwecken ausgewiesen werden dürfen. Zu den geschützten Dritten zählen nicht nur die Ersterwerber der kontaminierten Grundstücke, sondern in den Grenzen eines überschaubaren Zurechnungszusammenhangs auch spätere Nacherwerber (WURM, UPR 1990, 201, 202). Geschützte „Dritte" sind auch die Mitglieder einer Bauträgergesellschaft, die die Grundstücke nach Bebauung weiterveräußern wollten. Denn diese Bauträgergesellschaft war den zukünftigen Käufern dafür verantwortlich, daß die Gebäude von Gesundheitsgefahren frei waren (BGHZ 108, 224). Bejaht wurde die Drittgerichtetheit auch gegenüber einem Arbeitgeber, der nach § 618 Abs 1 BGB verpflichtet war, seine Arbeitnehmer gegen Gefahren für Leben und Gesundheit zu schützen, die von dem kontaminierten Betriebsgelände ausgehen konnten (NJW 1993, 384). Nicht zu dem Kreis der geschützten Dritten zählen dagegen diejenigen Eigentümer, die überhaupt nicht die Absicht haben, die Grundstücke zu bebauen, bei denen also eine Verantwortlichkeit für die zu errichtenden Bauten von vornherein ausscheidet. Ebensowenig werden solche

Personen geschützt, die zwar an der Verwirklichung einer den Festsetzungen des Plans entsprechenden Bebauung wirtschaftlich beteiligt sind, damit jedoch reine Vermögensinteressen verfolgen, ohne zugleich auch eine nach außen gerichtete Verantwortlichkeit zu übernehmen. Dies betrifft insbesondere die Kreditgeber der Bauträger und -herren, die sich durch Grundpfandrechte an den als Bauland ausgewiesenen Grundstücken absichern lassen. Die Kreditgeber können zwar dadurch geschädigt werden, daß sich die Sicherheiten infolge der Bodenkontamination als nicht werthaltig erweisen. Diese Schädigung begründet jedoch für sich allein noch keine besondere Beziehung zwischen dem Geschädigten und der auf Abwehr von Gesundheitsgefahren und Verhinderung gesundheitsgefährdender Bauten gerichteten Amtspflicht (BGHZ 108, 224, 229). Aus dem Kreis der geschützten Dritten ausgeklammert sind ferner solche Personen, deren Grundstücke von Schadstoffbelastungen und -einwirkungen frei sind und bei denen eine Gesundheitsgefahr nicht besteht, mögen die errichteten Wohnhäuser auch in der Nachbarschaft kontaminierten Geländes liegen und in ihrem Wert gemindert sein (BGHZ 109, 380, 390).

e) Der objektivierte Sorgfaltsmaßstab bei der Aufstellung eines Bebauungsplans

553 Der objektivierte Sorgfaltsmaßstab, den die Gemeinde bei der Aufstellung eines Bebauungsplans einzuhalten hat, wird in den neueren Entscheidungen des BGH wie folgt umschrieben: Die Gemeinde unterliegt nicht etwa einer Gefährdungshaftung für unerkennbare Schadstoffbelastungen. Sie schuldet auch keine uferlose Überprüfung des zu beplanenden Areals gleichsam „ins Blaue hinein". Was die planende Stelle nicht „sieht" und was sie nach den ihr zur Verfügung stehenden Erkenntnisquellen auch nicht zu „sehen" braucht, kann von ihr nicht berücksichtigt werden und braucht von ihr auch nicht berücksichtigt zu werden. Überzogene Anforderungen an die Prüfungspflicht dürfen nicht gestellt werden (BGHZ 113, 367, 371; UPR 1992, 438; NJW 1994, 253). Gegen diese Umschreibung des objektivierten Sorgfaltsmaßstabs könnte eingewendet werden, daß die Abgrenzung rein negativ vorgenommen werde, also danach, was die Gemeinde jeweils nicht zu beachten braucht. Es fehle hingegen an einer positiven Beschreibung der wahrzunehmenden Pflichten. Auf diesen Einwand ist aus revisionsrichterlicher Sicht wie folgt zu antworten: Die Forderung nach der Aufstellung eines positiven Planungspflichtenkataloges ist leichter zu erheben als zu erfüllen. Schließlich hat es Jahre gedauert, bis in der Rechtsprechung die vorgenannten negativen Kriterien herausgebildet und verfestigt werden konnten. Darüber hinaus sind für die Amtshaftung, also im Haftpflichtprozeß, nur diejenigen Amtspflichten zu berücksichtigen, deren Verletzung mit der Sanktion des Schadensersatzes bewehrt ist. Diese Pflichten stellen indessen nur einen Ausschnitt aus den bei der Planung zu beachtenden Anforderungen dar. Daneben gibt es noch eine Reihe weiterer Pflichten, die ausschließlich im öffentlichen Interesse liegen und deren Verletzung daher keine unmittelbaren drittbezogenen Schadensersatzansprüche begründen kann. Diese Pflichten bedürfen aber nichtsdestoweniger selbstverständlich ebenfalls der Beachtung. Deswegen kann aus der Sicht des mit Amtshaftungsfällen befaßten Richters der Gemeinde nur empfohlen werden, sich sorgfältig und gewissenhaft an die gesetzlichen Vorgaben, insbesondere an die schon im Gesetz selbst normierten Grundsätze der Bauleitplanung zu halten. Die Gerichte – auch das Revisionsgericht – haben ausschließlich die jeweiligen, ihnen unterbreiteten Fälle zu entscheiden und in die Urteilsgründe das, aber auch nur das aufzunehmen, was für die konkrete Urteilsfindung notwendig ist. Die Handhabung der

Abgrenzungsformel durch die Rechtsprechung zeigt, daß sie durchaus praktikabel ist und zu berechenbaren Ergebnissen führt.

f) Schutzzweck

aa) Das maßgebliche Kriterium für den Schutzzweck der bei der Bauleitplanung 554 wahrzunehmenden Pflichten besteht in dem Vertrauen, das der Plan bei dem von ihm betroffenen Bürger zu schaffen bestimmt und geeignet ist. Nur soweit diese „Verläßlichkeitsgrundlage" sich als nicht tragfähig erwiesen hat, können die im Vertrauen auf sie getätigten Aufwendungen als ersatzfähige Schadenspositionen in Betracht kommen. In den Altlastenfällen beschränkt sich das schutzwürdige Vertrauen darauf, daß keine Flächen im Plangebiet derart mit Schadstoffen belastet sind, daß für die Wohnbevölkerung Gesundheitsgefahren entstehen können. Dieses Vertrauen wird gerade dadurch legitimerweise begründet, daß die Gemeinde bei der Planung die Frage der Bodenverseuchung in ihre Erwägungen einbeziehen muß (BGHZ 106, 323, 334).

bb) Dementsprechend sind (nur) solche Schäden ersatzfähig, bei denen eine un- 555 mittelbare Beziehung zu der Gesundheitsgefährdung besteht, die – anders ausgedrückt – dadurch verursacht werden, daß die vom Boden ausgehende Gefahr zum völligen Ausschluß der Nutzungsmöglichkeiten der errichteten Wohnungen führt. Ersatzfähig sind daher die fehlgeschlagenen Aufwendungen für den Grundstückserwerb und den Bau des Hauses, abzüglich eines etwa auf dem Grundstücksmarkt noch erzielbaren Preises. Das gleiche gilt für einen Zinsschaden, der darauf beruht, daß der Geschädigte das Grundstück wegen der von ihm ausgehenden Gefahren nicht mehr bestimmungsgemäß verwerten konnte (NVwZ 1998, 318). Zu ersetzen ist ferner auch der Nutzungsausfall, den der Geschädigte in dem Zeitraum zwischen der Räumung des Hauses und dessen Veräußerung erlitten hat; dieser Schaden bestimmt sich nach den (fiktiven) Mieteinnahmen (BGHZ 106, 323, 335). Auch die Aufwendungen für den Erwerb eines überplanten Grundstücks durch eine Bauträgergesellschaft mit dem Ziel, später Wohnbauten zu errichten und zu veräußern, können ersatzfähig sein (BGHZ 108, 224). Ebenso besteht eine Ersatzpflicht für solche Aufwendungen des planbetroffenen Bauherrn, die unmittelbar der Beseitigung der Gesundheitsgefahren dienen. Da die Ersatzpflicht gerade durch die Verletzung des Gebots begründet wird, bei der Planung die Anforderungen an gesunde Wohn- und Arbeitsverhältnisse zu berücksichtigen, ist die nachträgliche Beseitigung dieser Gesundheitsgefahren ein Umstand, der geeignet ist, dem Schadensersatzanspruch (zumindest teilweise) die Grundlage zu entziehen. Führt der geschädigte Bauherr selbst diese Sanierung durch, so erfüllt er damit eine Aufgabe, die an sich der für die fehlerhafte Planung verantwortlichen Gemeinde obliegt. Daher liegen die für die Sanierung erforderlichen Mehraufwendungen innerhalb des Schutzbereichs der verletzten Amtspflicht (BGHZ 123, 363).

cc) Verneint wurde ein Anspruch auf Ersatz der finanziellen Mehraufwendungen, 556 die durch Aushub und Abtransport des Deponieguts – von dem keine Gesundheitsgefahren ausgingen – verursacht worden waren. Diese Mehraufwendungen waren ein reiner Vermögensschaden, der nicht in den Schutzbereich der auf Abwehr von Gesundheitsgefahren gerichteten Amtspflicht fiel. Diese Aufwendungen unterschieden sich nicht wesentlich von solchen, die aus sonstigen Gründen für die Baureifmachung erforderlich werden konnten und bei denen die Rechtsprechung eine Ersatzpflicht stets verneint hat (BGHZ 113, 367). Erst recht wird durch die Pflicht, bei der Bauleitplanung die Anforderungen an gesunde Wohn- und Arbeitsverhältnisse zu berücksichtigen, das bloße Vermögensinteresse nicht geschützt, welches darin besteht, daß ein von Altlasten freies Grundstück einen höheren Marktwert hat als ein belastetes. Im Streitfall war das Haus der Geschädigten nach wie vor bewohnt. Es ging auch nicht um Aufwendungen für Schutzmaßnahmen. Die Geschädigten beanspruchten vielmehr Schadensersatz wegen der „Zahlung eines überhöhten Kaufpreises für ein minderwertiges Grundstück". Bei dieser Schadensposition war eine unmittelbare Beziehung zu der Gesundheitsgefahr nicht erkennbar (BGHZ 121, 65). Ebensowenig erzeugt die Gemeinde mit der planerischen Festsetzung des Geländes zu Wohnzwecken ein allgemeines Vertrauen dahin, daß die betroffenen Grundstücke auch für jede gewünschte gärtnerische Nutzung geeignet sind (WM 1993, 1105).

557 dd) Maßgeblicher Zeitpunkt für die Schadensberechnung ist die letzte mündliche Tatsachenverhandlung (BGHZ 109, 380, 391). Eine bis zu diesem Zeitpunkt durch die Gemeinde bewirkte Sanierung des kontaminierten Gebietes, die zwischenzeitlich zur Herstellung gesunder Wohnverhältnisse in dem Plangebiet geführt hat, betrifft unmittelbar die durch die verletzte Amtspflicht geschützten Belange der Planbetroffenen. Sie muß daher schadensmindernd berücksichtigt werden, wenn feststeht, daß sie dauerhaft zum Erfolg geführt hat (BGHZ 109, 380, 391 f).

g) Mitwirkendes Verschulden

558 Ein mitwirkendes Verschulden (§ 254 BGB) hat der BGH in einem Falle für denkbar gehalten, in welchem dem Geschädigten beim Erwerb des Geländes dessen frühere Nutzung als Mülldeponie bekannt gewesen war. Im Vergleich zu dem Kenntnisstand bei Aufstellung des Bebauungsplans konnte sich inzwischen das Problembewußtsein hinsichtlich der Gefährdung durch Altlasten wesentlich intensiviert haben. Deshalb hätte der Geschädigte möglicherweise nicht mehr blindlings darauf vertrauen dürfen, daß das ehemalige Deponiegelände von Gefährdungspotential frei war, sondern hätte dieser Frage von sich aus sein Augenmerk widmen müssen (BGHZ 108, 224, 229 f). Darüber hinaus kann es mitunter von Umständen, die in der Person des Betroffenen selbst liegen, abhängen, ob das Vertrauen, das er in den Plan setzt, überhaupt schutzwürdig ist. Beispielsweise kann ein Bauträger, der das Altlastengelände erworben hat und bebauen will, als Gläubiger eines Amtshaftungsanspruchs in Betracht kommen. Ein schutzwürdiges Vertrauen in den Plan besteht bei einem Bauträger indessen nicht mehr, wenn und sobald er die positive Kenntnis von der Giftstoffbelastung des Geländes erlangt und er sich nunmehr in einer den Tatbestand der Arglist begründenden Weise über die daraus entstehenden Bedenken gegen die Bebaubarkeit hinwegsetzt und gleichwohl Grundstücksgeschäfte mit Ersterwerbern tätigt. Die Amtspflicht der Gemeinde, bei der Aufstellung von Bebauungsplänen Gesundheitsgefährdungen zu verhindern, die den zukünftigen Bewohnern des Plangebiets aus dessen Bodenbeschaffenheit drohen, hat nicht den Schutzzweck, einen Bauträger vor den haftungsrechtlichen Folgen derartiger Grundstücksgeschäfte zu bewahren. Dies ist – im Unterschied zu der zuvor erörterten Fallkonstellation – nicht (erst) eine Frage des mitwirkenden Verschuldens des Bauträgers im Sinne des § 254 BGB, sondern bereits eine solche der objektiven Reichweite des ihm durch das Amtshaftungsrecht gewährten Vermögensschutzes (BGHZ 117, 363, 371 f; kritisch zu diesem Lösungsansatz des BGH: OSSENBÜHL DÖV 1992, 761, 766 ff, der „die Gefahr der Verformung des Tatbestandes der Amtshaftung" befürchtet).

h) Lösung des Konflikts mit planerischen Mitteln

Allen Fällen, in denen eine Amtshaftung für die Überplanung von Altlasten bejaht 559
wurde, ist gemeinsam, daß eine bauliche Nutzung der Grundstücke wegen der damit verbundenen Gefahren für Leben oder Gesundheit der Bewohner ausgeschlossen ist. Davon zu unterscheiden sind Fallgestaltungen, in denen der Konflikt mit planerischen Mitteln gelöst werden kann. Dementsprechend hat der BGH einen Amtshaftungsanspruch in einem Falle verneint, in dem ein in der Nachbarschaft eines asbestverarbeitenden Gewerbebetriebes belegenes Gelände als Wohngebiet ausgewiesen worden war. Von dem Grund und Boden des betreffenden Wohngebiets gingen selbst keine Gefahren für Leben oder Gesundheit aus. Die Emissionen des Gewerbebetriebs hatten eine Nutzung der Flurstücke nicht schlechthin ausgeschlossen. Eine planerische Ausweisung als Wohngebiet begründete für den Grundstückserwerber kein vermögensschützendes Vertrauen dahin, daß ihm von benachbarten Gewerbebetrieben keine nachteiligen Beeinträchtigungen drohten. Andernfalls würde eine Amtshaftung praktisch auf eine Plangewährleistung hinauslaufen (BGHZ 110, 1, 10 ff). In ähnlichem Sinn hat der BGH eine Amtshaftung wegen der Überplanung eines überschwemmungsgefährdeten Gebiets abgelehnt, weil die Gefahr durch eine ausreichende Abwasserkanalisation gebannt werden konnte (BGHZ 140, 380; allerdings wurde die Haftung unter dem weiteren Gesichtspunkt, daß die dortigen Entwässerungsanlagen unzureichend dimensioniert waren, für möglich gehalten).

i) Bergschäden

In Fortführung seiner „Altlasten"-Rechtsprechung hat der BGH entschieden (BGHZ 560
142, 259), daß die Amtsträger einer Gemeinde die Amtspflicht haben, bei der Aufstellung von Bebauungsplänen auch solche Gefahren für die Sicherheit der Wohn- und Arbeitsbevölkerung zu vermeiden, die aus Tagesbrüchen wegen Bergschäden entstehen können. Dies betrifft die Planungsleitlinie des § 1 Abs 5 S 2 Nr 1 2. Alt BauGB, während die aus Altlasten herrührenden Gefahren eher der ersten Alternative, nämlich den Anforderungen an gesunde Wohn- und Arbeitsverhältnisse, zuzuordnen sind. Der Sachverhalt wurde dadurch geprägt, daß sich in den Baugrund des Plangebiets in einer Tiefe von 50 bis 90 m alte Bergwerksgänge befanden, die die Standsicherheit der zu errichtenden Gebäude gefährdeten. Diese Gefahr war für die Bauherren nicht beherrschbar, weil sie weder bauordnungsrechtlich verpflichtet waren noch es ihnen im eigenen Interesse abverlangt werden konnte, ohne zureichende Anhaltspunkte die Tragfähigkeit des Baugrunds bis zu der erforderlichen Tiefe zu prüfen. Deshalb gehörten diese Gefahren auch in ihrem sachlichen Gehalt zu denjenigen, vor deren Verwirklichung die bei der Aufstellung der Bebauungspläne zu beobachtenden Amtspflichten den Bauherrn bewahren will. Damit hat der BGH zugleich eine Abgrenzung zu den „normalen" Baugrundrisiken vorgenommen, die in den Verantwortungsbereich des Bauherrn fallen (Abgrenzung zu BGHZ 39, 358; 123, 363, 367; WM 1988, 200, 202 f; NJW 1993, 384, 385).

k) Besondere planerische Instrumente

aa) Der Grundsatz, daß es keinen allgemeinen Plangewährleistungsanspruch auf 561
Ersatz von Aufwendungen gibt, die im enttäuschten Vertrauen auf einen scheinbar wirksamen, in Wirklichkeit aber nichtigen Bebauungsplan getätigt worden sind, gilt auch, wenn es sich um einen Plan handelt, der der Verwirklichung eines einzigen Großprojektes dient (OLG Oldenburg, BADK-Information 3/1994, S 101; bestätigt durch nicht mit Gründen versehenen Nichtannahmebeschluß des BGH vom 14. 7. 1994 – III ZR 147/93). Glei-

ches gilt für die Amtshaftung einer Gemeinde für einen nichtigen Vorhaben- und Erschließungsplan (§ 12 BauGB; früher § 7 BauGB-MaßnG; OLG Dresden NVwZ 1998, 993, bestätigt durch nicht mit Gründen versehenen Nichtannahmebeschluß des BGH vom 30. 4. 1998 – III ZR 84/97). Die Begrenzung des räumlichen und sachlichen Geltungsbereichs der entsprechenden Satzung auf ein konkretes Bauvorhaben begründete keine über die allgemeinen Grundsätze der Bauleitplanung hinausgehende Intensivierung möglicher Drittbeziehungen zwischen dem Bauherrn und der Gemeinde. Der Vorhaben- und Erschließungsplan stellt lediglich ein gegenüber der allgemeinen Bauleitplanung vereinfachtes Instrument städtebaulicher Planung dar. Gerade wegen dieses Vereinfachungszwecks kann nicht angenommen werden, daß seine Handhabung ein gegenüber dem allgemeinen Bebauungsplan gesteigertes Haftungsrisiko für die Gemeinde mit sich bringen soll.

562 bb) Nach § 34 Abs 4 BauGB können die Gemeinden durch „Abrundungssatzung" die Grenzen für im Zusammenhang bebaute Ortsteile festlegen und unter bestimmten im einzelnen geregelten Voraussetzungen auch Außenbereichsflächen in die im Zusammenhang bebauten Ortsteile einbeziehen. Der rechtliche Gehalt solcher Abrundungssatzungen erschöpft sich nicht darin, daß einzelne im Außenbereich gelegene Flächen dem unbeplanten bzw nicht qualifizierten Innenbereich zugewiesen werden und so eine klarere Grenzziehung zwischen beiden Bereichen erzielt wird; die Abrundung muß vielmehr auch mit einer geordneten städtebaulichen Entwicklung vereinbar sein. Dies bedeutet, daß die Einbeziehung in den Innenbereich den Ordnungszielen des § 1 BauGB nicht widersprechen darf. Der BGH hat indessen den Kreis der geschützten „Dritten" bei der Aufstellung einer fehlerhaften Abrundungssatzung noch enger gezogen als beim Bebauungsplan. Tragende Erwägung hierfür ist: Auch wenn die Abrundungssatzung materiellrechtlichen Zielvorstellungen wie einer geordneten städtebaulichen Entwicklung Rechnung tragen und die Bestimmbarkeit der zulässigen Nutzung berücksichtigen muß, begründet sie doch nicht selbst die planungsrechtliche Zulässigkeit von Vorhaben im Innenbereich; diese beurteilt sich vielmehr im Einzelfall nach § 34 BauGB, dem insoweit eine planersetzende Funktion zukommt. Der planerische Gehalt von Abrundungssatzungen bleibt danach hinter demjenigen qualifizierter Bebauungspläne deutlich zurück. Abrundungssatzungen sind daher, soweit es um die Zulässigkeit von Vorhaben geht, als Grundlage schutzwürdigen Vertrauens in aller Regel weniger geeignet als rechtsverbindliche Bebauungspläne. Deswegen hat der BGH in einem Fall, in dem das in den Innenbereich einbezogene Grundstück wegen vom Nachbargrundstück ausgehender Gefahren (Steinschlag, umstürzende Gebäude) zur Wohnbebauung ungeeignet und dies den Umständen nach ohne weiteres erkennbar war, eine Amtshaftung der Gemeinde verneint (BGHZ 116, 215).

2. Bauverwaltungsakte

a) Allgemeine Amtspflichten

563 aa) Die Baugenehmigung ist eine „gebundene Erlaubnis"; sie muß auf Antrag erteilt werden, wenn das Vorhaben den öffentlich-rechtlichen Vorschriften, insbesondere des Bauplanungs- und Bauordnungsrechts, entspricht. Gleiches gilt für den Bauvorbescheid, der als Ausschnitt aus dem feststellenden Teil der Baugenehmigung insbesondere die „bodenrechtliche Zulässigkeit eines bestimmten Vorhabens" klärt (BVerwGE 48, 242, 245; 68, 241 = NJW 1984, 1474; 69, 1 = NJW 1984, 1473; vgl zur Amtshaftung speziell bei rechtswidrigen Bauvorbescheiden: STÜER BauR 2000, 1431). Bei der Bearbeitung und Bescheidung eines Antrags auf Baugenehmigung oder Bauvorbescheid sind Amtspflichtverletzungen nach zweierlei Richtungen denkbar: Einmal in **negativer** Hinsicht, also bei einer rechtswidrigen Verweigerung oder Verzögerung der beantragten Erlaubnis, obwohl das Vorhaben zulässig ist; zum anderen in **positiver** Hinsicht, also bei der rechtswidrigen Erteilung des beantragten Bauverwaltungsakts, obwohl das Vorhaben unzulässig ist. Was den Inhalt der der Bauaufsichtsbehörde obliegenden Amtspflichten, insbesondere die einzuhaltenden Prüfungsmaßstäbe, angeht, unterscheiden sich beide Konstellationen kaum; grundlegend anders ist es indessen bei Drittgerichtetheit und Schutzzweck.

bb) Hängt die Entscheidung in der einen oder anderen Richtung davon ab, ob das Vorhaben den Festsetzungen eines Bebauungsplans entspricht, so handelt die Baugenehmigungsbehörde grundsätzlich nicht rechtswidrig, zumindest nicht schuldhaft, wenn sie mangels entgegengesetzter Anhaltspunkte von der Wirksamkeit des Plans ausgeht (BGH NVwZ 1998, 1329). Hat die Behörde hingegen Zweifel an der Gültigkeit des Plans, so darf sie ihn nicht blindlings zur Grundlage ihrer Entscheidungen machen. Ihr steht zwar keine eigene Verwerfungskompetenz zu (BGH NVwZ 1987, 168), wohl aber eine Prüfungskompetenz. Wendet sie einen unwirksamen Plan an, statt den Bauwilligen auf ihre Bedenken gegen dessen Wirksamkeit hinzuweisen, so handelt sie amtspflichtwidrig (BGHZ 84, 272, 302 f; BGH WM 1978, 37). Dasselbe gilt für den Fall, daß für sie Anlaß bestanden hätte, die Wirksamkeit des Plans zu überprüfen, und daß sie bei sachgerechter Beurteilung dessen Nichtigkeit hätte feststellen müssen (BGH NVwZ 1987, 168; NJW 1994, 3158 f). Da die Bauordnungsbehörde andererseits aber auch nicht befugt ist, ihrer Entscheidung die Rechts**un**wirksamkeit des Bebauungsplans zugrunde zu legen, hat sie die Gemeinde und die Kommunalaufsicht von ihrem Bedenken zu unterrichten und das weitere Verfahren über den Bebauungsplan zunächst abzuwarten (BGH NVwZ 1987, 168; BGHR BGB § 839 Abs 1 Baugenehmigung 1). Für das weitere Verfahren liegt es nahe, daß die Genehmigungsbehörde das Genehmigungsverfahren für kurze Zeit analog § 94 VwGO aussetzt, bis die Gemeinde das Aufhebungs- oder Heilungsverfahren bezüglich des Bebauungsplans durchgeführt bzw die Voraussetzungen des § 15 BauGB geschaffen hat. Beharren Gemeinde und/oder Kommunalaufsicht auf der Gültigkeit des Plans und hält der Bauinteressent seinen auf diesen Plan gestützten Antrag aufrecht, so sollte die Genehmigungsbehörde einen Normenkontrollantrag nach § 47 VwGO stellen (BOUJONG WiVerw 2/91 59, 79 mwN). **564**

cc) Entspricht das Vorhaben den öffentlich-rechtlichen Vorschriften, so muß die Genehmigung erteilt werden. Eine ablehnende Entscheidung kann in solchen Fällen eine Amtspflichtverletzung darstellen. Gleiches gilt, wenn die Entscheidung über einen genehmigungsfähigen Antrag pflichtwidrig verzögert wird. Aus der für die verwaltungsgerichtliche Untätigkeitsklage geltenden Drei-Monats-Frist (§ 75 VwGO) kann nicht etwa gefolgert werden, daß erst nach Ablauf dieses Zeitraums eine pflichtwidrige Verzögerung in Betracht kommt. Vielmehr kann auch ein kürzerer Verzögerungszeitraum zu einer Schädigung des Bürgers führen, für die die Verwaltung einzustehen hat, soweit die sonstigen Voraussetzungen einer schuldhaften Pflichtverletzung erfüllt sind (BGH NVwZ 1993, 299). Bloße Planungsabsichten der Gemeinde, die dem betreffenden Vorhaben entgegenstehen, geben der Bauaufsichtsbehörde für sich allein genommen keinen hinreichenden Grund, die Entscheidung **565**

über einen genehmigungsfähigen Antrag zu verweigern oder hinauszuzögern. Entsprechendes gilt für die Verzögerung einer nach Landesrecht erforderlichen Stellungnahme der Gemeinde zu einem planungsrechtlich zulässigen Vorhaben (BayObLGZ 1995, 95). Allerdings ist es nicht grundsätzlich unzulässig, daß eine Gemeinde einen Bauantrag, der nach der bestehenden Rechtslage positiv beschieden werden muß, zum Anlaß nimmt, ändernde Planungsmaßnahmen einzuleiten und diese nach Maßgabe der §§ 14, 15 BauGB zu sichern. So ist es beispielsweise denkbar, daß die Gemeinde den Zeitraum, der für eine ordnungsgemäße Bearbeitung der Bauvoranfrage ohnehin erforderlich ist, zugleich dazu nutzt, derartige Maßnahmen zu ergreifen. Liegt dann in dem Zeitpunkt, zu dem die ordnungsgemäße, ermessensfehlerfreie und zügige Bearbeitung des Gesuchs abgeschlossen sein muß, der Aufstellungsbeschluß für eine geänderte Planung gemäß § 14 BauGB vor, ist die Gemeinde nicht gehindert, beispielsweise eine Zurückstellung des Vorhabens nach § 15 BauGB zu beantragen. Eine derartige Verfahrensweise müßte vom Antragsteller hingenommen werden (BGH aaO). Solange indessen weder eine Veränderungssperre nach § 14 BauGB beschlossen, noch eine Zurückstellung des Baugesuchs nach § 15 BauGB beantragt worden ist, darf der Antrag aus planungsrechtlichen Erwägungen nicht versagt werden. Eine auf solche Erwägungen gestützte bewußte Nichtbearbeitung des Baugesuchs, die im Ergebnis einer Ablehnung gleichkommt, ist amtspflichtwidrig (BGHR BGB § 839 Abs 1 S 1 Baugenehmigung 1; BGH BauR 2001, 1884; BVerwG NVwZ 1999, 523 = UPR 1999, 108). Auch die Berufung auf rechtmäßiges Alternativverhalten ist der Gemeinde in solchen Fällen versagt (BGH BauR aaO; BVerwG aaO; s auch Rn 239). Auch ein noch nicht verkündeter Beschluß über die Aufstellung eines Bebauungsplans vermag für sich allein genommen eine Verzögerung bei der Bearbeitung einer Bauvoranfrage nicht zu rechtfertigen (BGH BauR aaO). Legt der Bauherr gegen die auf § 15 BauGB gestützte Zurückstellung seines Baugesuchs Widerspruch ein, so hat die Bauaufsichtsbehörde mit Rücksicht auf dessen aufschiebende Wirkung die Amtspflicht, die Bearbeitung fortzusetzen, solange kein Sofortvollzug angeordnet wird (BGH BauR 2001, 1887).

b) Rechtswidrige Ablehnung oder Verzögerung

566 aa) Geschützter „Dritter" ist in den Fällen rechtswidriger Ablehnung oder Verzögerung grundsätzlich (nur) der Antragsteller. Sonstigen am Ausgang des Baugenehmigungsverfahrens interessierten Personen gegenüber kommt der Versagung einer Baugenehmigung keine materielle Bestandskraft im Sinne einer Feststellungswirkung zu. Insbesondere berechtigt die bestandskräftige Versagung einer Baugenehmigung die Behörde nicht, einen neuen Bauantrag ohne Sachprüfung abzulehnen. Etwas anderes gilt nur, wenn eine Klage auf Erteilung der Genehmigung rechtskräftig abgewiesen ist, auch dann aber nur zwischen den Beteiligten des Verwaltungsgerichtsverfahrens und ihren Rechtsnachfolgern (§ 121 VwGO).

Hat nicht der Grundeigentümer selbst, sondern eine andere Person den Bauantrag gestellt, so ist der Eigentümer dementsprechend grundsätzlich nicht „Dritter"; sogar wenn er im verwaltungsgerichtlichen Verfahren beigeladen wird (BGH NJW 1994, 2091). Dies gilt beispielsweise für die Bauvoranfrage des Käufers (BGHR § 839 Abs 1 S 1 Dritter 21), den Bauantrag des Mieters (BGHR BGB § 839 Abs 1 S 1 Dritter 3) und für die im eigenen Namen gestellte Bauvoranfrage eines Architekten (BGH NJW 1991, 2696).

Ganz ausnahmsweise kann etwas anderes gelten, wenn die am Baugenehmigungsverfahren formell nicht beteiligte Person eigentlicher Träger an der Verwirklichung eines konkreten Bauvorhabens gewesen ist (BGH NJW 1991, 2696); dies ist beispielsweise bejaht worden für einen Kaufinteressenten, der aufgrund eines vor Antragstellung mit dem Eigentümer abgeschlossenen notariellen Vertrages befugt war, das Grundstück zu bebauen, und dem ein Anspruch auf Übertragung des Eigentums eingeräumt worden war (BGHZ 93, 87). Ebenso hat der BGH als geschützten „Dritten" die Alleingesellschafterin einer antragstellenden Bauherrengemeinschaft angesehen, nachdem das Bauherrenmodell durch ein Erwerbermodell ersetzt und die Verhandlungen über die Erteilung der Baugenehmigung ausschließlich von der Alleingesellschafterin geführt worden waren (BGHZ 119, 365, 368).

bb) In den sachlichen Schutzbereich der Amtshaftung wegen pflichtwidriger Verweigerung oder Verzögerung der beantragten Erlaubnis fallen grundsätzlich alle Nachteile, die bei pflichtgemäßem Handeln der Behörde vermieden worden wären. Der Geschädigte ist also so zu stellen, wie wenn sein Gesuch rechtzeitig und zutreffend beschieden worden wäre. Allerdings muß insoweit ein Bezug zur baulichen Nutzbarkeit des Grundstücks bestehen. Dementsprechend fällt das Provisionsinteresse eines vom Grundstückseigentümer mit der „Baureifmachung" eines Grundstücks beauftragten Architekten nicht in den Schutzbereich der Amtspflichten der Bauaufsichtsbehörde, die bei der Bearbeitung einer von diesem Architekten im eigenen Namen gestellten Bauvoranfrage wahrzunehmen sind (BGHZ 125, 258, 269 f). Der vom BGH entschiedene Fall ist ein anschauliches Beispiel dafür, daß die „Drittgerichtetheit" als Kriterium zur Bestimmung des geschützten Personenkreises und der „Schutzzweck" als Kriterium für die inhaltliche Bestimmung und sachliche Begrenzung der Haftung durchaus nicht immer kongruent zu sein brauchen: Die Pflicht, die Bauvoranfrage nicht rechtswidrig abzulehnen, war sicherlich zugunsten des antragstellenden Architekten drittgerichtet; insoweit stand ihm insbesondere die Klagebefugnis nach § 42 VwGO zu. Hingegen wiesen seine durch Vertrag mit dem Grundstückseigentümer begründeten Provisionsansprüche keinen inneren sachlichen Bezug zu den Amtspflichten der Bauaufsichtsbehörde auf. Die Vertragsparteien hatten es nicht etwa in der Hand, durch eine Vertragsgestaltung wie die damals zu beurteilende den Schutzbereich der Amtspflichten der Bauaufsichtsbehörde uferlos dahin zu erweitern, daß jedes beliebige Vermögensinteresse darunter fiel.

c) Rechtswidrige Erteilung
aa) Bei Pflichtverletzungen nach der anderen Richtung hin, also der Erteilung einer rechtswidrigen (positiven) Baugenehmigung oder eines Bauvorbescheides, ist in der Rechtsprechung des BGH seit langem anerkannt, daß die Amtspflicht, einen solchen, den einschlägigen baurechtlichen Vorschriften widersprechenden Bescheid **nicht** zu erteilen, den Baugenehmigungsbehörden auch dem antragstellenden Bauherrn selbst gegenüber obliegt (BGHZ 60, 112). Der Kreis der geschützten „Dritten" ist bei einem rechtswidrigen positiven Bescheid weiter zu ziehen als bei einer rechtswidrigen Versagung. Im Gegensatz zu jener ist die – positiv erteilte – Baugenehmigung oder der entsprechende Bauvorbescheid nicht an die Person des Antragstellers gebunden, sondern auf das Grundstück und das Bauvorhaben bezogen. Die Feststellung, daß das Vorhaben planungsrechtlich zulässig ist, ist in diesem Sinne „objektbezogen" und nicht (lediglich) personenbezogen. Deshalb ist bei der Erteilung

eines solchen Bescheides nicht nur auf die Interessen des Antragstellers selbst, sondern auch auf diejenigen der Personen Rücksicht zu nehmen, die im berechtigten, schutzwürdigen Vertrauen auf den Bescheid unmittelbar die Verwirklichung des konkreten Bauvorhabens in Anspruch nehmen wollen und zu diesem Zwecke konkrete Aufwendungen für die Planung des Vorhabens tätigen. Dies gilt jedenfalls in den Grenzen eines überschaubaren zeitlichen und sachlichen Zusammenhangs (BGHZ 122, 317, 322). Zu den geschützten Personen gehört daher der Rechtsnachfolger des Antragstellers (BGHZ NJW 1991, 2696, 2697); zB ein künftiger Käufer, der das Grundstück im Vertrauen auf jenen Bescheid von dessen ursprünglichem Adressaten erwirbt (BGH NJW 1994, 130; BGHZ 144, 394, 396).

569 **bb)** Die inhaltliche Bestimmung und sachliche Begrenzung der Amtshaftung für rechtswidrige positive Bauverwaltungsakte beurteilt sich unter dem Gesichtspunkt des Schutzzwecks nach dem Vertrauen, das der jeweilige Bescheid begründen soll. Baugenehmigungen und Bauvorbescheide sollen klären, ob das Bauvorhaben den öffentlich-rechtlichen Vorschriften entspricht bzw ob dem Vorhaben öffentlich-rechtliche Hindernisse entgegenstehen. Der Bauherr darf nicht in die Gefahr gebracht werden, einen vorschriftswidrigen Bau auszuführen, der keinen Bestand haben kann und unter Umständen wieder beseitigt werden muß; insoweit soll ihm eine verläßliche Grundlage für seine wirtschaftlichen Dispositionen verschafft werden (BGHZ 109, 380, 394; zuletzt BGHZ 144, 394). Dementsprechend fallen in den sachlichen Schutzbereich der Amtshaftung beispielsweise Aufwendungen, die ein Käufer im – später enttäuschten – Vertrauen auf die durch einen rechtswidrigen Bauvorbescheid fälschlicherweise bestätigte Baulandqualität für den Erwerb des Grundstücks getätigt hat (BGH NJW 1994, 130, 131). Dieses Vertrauen kann sogar über die formelle Geltungsdauer des Bescheides hinaus schutzwürdig bleiben. Der Bauherr darf grundsätzlich darauf vertrauen, daß die Bebaubarkeit des Geländes erhalten bleibt, solange sich dessen öffentlich-rechtliche Situation nicht ändert. Er trägt somit (lediglich) das Risiko, daß das Grundstück aufgrund einer Änderung der einschlägigen öffentlich-rechtlichen Vorschriften unbebaubar wird. Hingegen trägt er nicht das Risiko, daß die Bebauung aus Gründen scheitert, die schon bei der Erteilung des Ursprungsbescheides vorlagen und gerade die Amtspflichtwidrigkeit der behördlichen Maßnahme begründeten (BGHZ 105, 52, 57 f; BGH NJW 1994, 130, 131; s jedoch auch BayObLGZ 1993, 281).

570 **cc)** Hingegen ist das Baugenehmigungsverfahren nicht dazu bestimmt, dem Bauherrn die allgemeinen wirtschaftlichen und technischen Risiken für die Durchführbarkeit des Bauvorhabens abzunehmen. Deswegen hat die Pflicht der Baugenehmigungsbehörde, die statische Berechnung eines Bauvorhabens ordnungsgemäß zu prüfen, nicht den Schutzzweck, den Bauherr davor zu bewahren, durch einen statisch falsch berechneten Bau nutzlose finanzielle Aufwendungen zu tätigen (BGHZ 39, 358; BayObLGZ 1993, 142; bei der Gefährdung der Standsicherheit durch bergbaubedingte Tagesbrüche ist insoweit eine Sonderbetrachtung geboten [so Rn 560]). Ebenso hat die Amtspflicht der Bauaufsichtsbehörde, die Baugenehmigung für ein Wohnhaus nur dann zu erteilen, wenn eine ausreichende Trinkwasserversorgung gesichert ist, nicht den Schutzzweck, den Bauherrn vor (vermeidbaren) Mehraufwendungen zu bewahren, die durch die spätere Sanierung eines ursprünglich ungeeigneten Trinkwasseranschlusses verursacht werden (BGH WM 1995, 771). Auch das wirtschaftliche Risiko, daß das genehmigte und errichtete Bauvorhaben sich später, was den hinreichenden Feuerschutz

angeht, als unzureichend erweist und durch die nachträgliche Schaffung hinreichender Feuerwehrzufahrten Mehraufwendungen anfallen, hat der Bauherr selbst zu tragen (BGHR BGB § 839 Abs 1 S 1 Baugenehmigung 13). Ebenso fällt die **zivilrechtliche** Realisierbarkeit des Vorhabens ausschließlich in den eigenen Risikobereich des Bauherrn und nicht in denjenigen der Baugenehmigungsbehörde. Die Amtspflicht der Bauaufsichtsbehörde, eine Baugenehmigung nur dann zu erteilen, wenn die Zuwegung zu dem Baugrundstück öffentlich-rechtlich (durch Baulast) gesichert ist, nimmt dem Bauherrn daher nicht das **privatrechtliche** Risiko ab, daß die Nachbarn die Bewilligung dieser Baulast deswegen verweigern, weil die bestehende Grunddienstbarkeit die beabsichtigte Erweiterung der Nutzung nicht abdeckt (BGHZ 144, 394). Eine Haftung der Bauaufsichtsbehörde wegen einer rechtswidrigen, unter Befreiung von den Festsetzungen des Bebauungsplans erteilten Baugenehmigung tritt auch dann nicht ein, wenn der Bauherr bei der Verwirklichung des Vorhabens in wesentlichen Punkten von der genehmigten Planung abweicht. Aufwendungen, die auf wesentlichen Abweichungen von der genehmigten Planung beruhen, liegen grundsätzlich nicht mehr im Schutzbereich der verletzten Amtspflicht. In derartigen Fällen genügt es deshalb für die Haftungsbegründung nicht, daß zwischen der rechtswidrigen Erteilung der Baugenehmigung und den vom Bauherrn getätigten Aufwendungen ein ursächlicher Zusammenhang besteht. Der Bauherr kann sich deshalb auch nicht mit Erfolg darauf berufen, daß ohne den Befreiungsbescheid das Bauvorhaben überhaupt unterblieben wäre (BGHR BGB § 839 Abs 1 S 1 Schutzzweck 11).

dd) Auch und gerade in den „Altlastenfällen" kommt die Erteilung der Baugenehmigung für das schadstoffbelastete Grundstück als Haftungstatbestand in Betracht. In den Fällen einer Schadstoffbelastung des Baugrundstücks kann eine Überschneidung der Amtshaftung wegen rechtswidriger Erteilung der Baugenehmigung mit dem zusätzlichen Amtshaftungstatbestand der planerischen Ausweisung der Altlastenfläche (so 548) stattfinden. Ein Ersatzanspruch kann unter beiden Gesichtspunkten begründet sein. Ist die Gemeinde zugleich Bauaufsichtsbehörde, kann insoweit Anspruchskonkurrenz eintreten. Fallen hingegen die Verantwortlichkeiten für die Aufstellung des Bebauungsplans einerseits und die Erteilung der Baugenehmigung andererseits auseinander, etwa wenn Baugenehmigungsbehörde der Kreis ist, kann eine deliktsrechtliche Gesamtschuldnerschaft beider nach § 840 BGB eintreten (WURM UPR 1990, 201, 203 f). Wie bei der Bauleitplanung und aus den gleichen sachlichen Gründen wie dort ist auch im Baugenehmigungsverfahren den Bauaufsichtsbehörden die drittgerichtete Amtspflicht auferlegt, bei der Entscheidung über die Erteilung der Baugenehmigung die überragenden Belange des Schutzes von Leben und Gesundheit und deren Gefährdung durch Bodenkontaminationen zu berücksichtigen. Das allgemeine Baugrundrisiko, das jeder Bauherr selbst tragen muß, ist insoweit eingeschränkt. Die Verläßlichkeitsgrundlage, die die Baugenehmigung dem Bauherrn verschafft, bezieht sich allerdings nur darauf, daß bei sorgfältiger und gewissenhafter Prüfung des Bauvorhabens insoweit keine Hinderungsgründe für die Erteilung der Genehmigung zutage getreten sind (BGHZ 123, 191, 199). Das Restrisiko, daß trotz einer solchen Prüfung Gefahrenpotentiale unentdeckt geblieben sind, verbleibt dagegen beim Bauherrn (aaO).

ee) Von diesen Grundsätzen ausgehend, hat der BGH die bei der Baugenehmigung einzuhaltenden Sorgfaltsanforderungen nach den gleichen Grundsätzen beurteilt wie bei der Bauleitplanung:

- keine Gefährdungshaftung der Bauaufsichtsbehörde für unerkennbare Schadstoffbelastungen;

- keine uferlose Überprüfung des zu bebauenden Areals gleichsam „ins Blaue hinein";

- keine überzogenen Anforderungen an die Prüfungspflicht (BGHZ 123, 191, 195).

Auch die Drittgerichtetheit und den Schutzzweck der bei der Erteilung der Baugenehmigung wahrzunehmenden Amtspflichten hat der BGH in ganz ähnlicher Weise bestimmt wie bei der Aufstellung des Bebauungsplans. Hier wie dort hängt daher der Amtshaftungsanspruch entscheidend davon ab, ob die Vermögensverluste mit der Unbewohnbarkeit des Geländes unmittelbar zusammenhängen. Fehlt es hingegen an einer Gesundheitsgefährdung, so sind die Geschädigten nicht Opfer der Gefahr geworden, vor der sie die der Bauaufsichtsbehörde obliegende Amtspflicht bewahren soll (BGHZ 109, 380, 394). Im Ergebnis bedeutet dies, daß sowohl hinsichtlich der Prüfungspflichten als auch hinsichtlich der Drittgerichtetheit und des Schutzzwecks bei beiden Amtshaftungstatbeständen eine weitgehende Kongruenz besteht (Wurm, UPR 1990, 201, 204; Boujong WiVerw 2/91, 59, 94).

In Fortführung dieser Rechtsprechung hat der BGH diese Grundsätze auch auf die Erteilung einer wegen drohender Bergschäden rechtswidrigen Baugenehmigung übertragen (BGHZ 142, 259).

573 ff) Zur Feststellung der Rechtswidrigkeit einer Baugenehmigung für ein Vorhaben, bei dem die Gefahr besteht, daß es unzumutbaren Belästigungen oder Störungen durch Geruchsimmissionen ausgesetzt ist (§ 15 BauNVO), vgl BGH BauR 2001, 1566: geplante Wohnbebauung, die an einen bestandsgeschützten Rindermastbetrieb heranrückt.

d) Rechtswidrige Baugenehmigung für ein Nachbargrundstück

574 Wird das Grundstückseigentum dadurch beeinträchtigt, daß für ein Nachbargrundstück eine rechtswidrige Baugenehmigung erteilt worden ist, so kann der betroffene Nachbar Schadensersatz nach Amtshaftungsgesichtspunkten nur dann verlangen, wenn die Rechtswidrigkeit auf der Verletzung baurechtlicher Vorschriften beruht hat, die nachbarschützenden Charakter haben. Der Nachbar ist in seinen eigenen Rechten betroffen, wenn die bei der Erteilung der Baugenehmigung verletzte Norm des Baurechts nicht nur öffentlichen Interessen, sondern – zumindest auch – seinen Individualinteressen zu dienen bestimmt ist. Wenn die baurechtliche Vorschrift, von der bei der Erteilung der Baugenehmigung zum Nachteil des Nachbarn abgewichen wurde, dagegen nicht dessen Individualschutz bezweckt, sondern allein im öffentlichen Interesse an einer geordneten städtebaulichen Entwicklung erlassen wurde, so schützt diese Norm auch nicht das nachbarliche Eigentum gegen Wertminderungen durch rechtswidrig genehmigte Bauvorhaben (BGHZ 86, 356, 361 f).

e) Haftungssubsidiarität

575 In allen Amtshaftungsfällen wegen rechtswidriger Bauverwaltungsakte ist bei Fahrlässigkeit der handelnden Amtsträger das Verweisungsprivileg des § 839 Abs 1 S 2

BGB zu beachten. Macht der Bauherr beispielsweise gegen die Bauaufsichtsbehörde einen Amtshaftungsanspruch geltend, weil ihm für ein fehlerhaft geplantes Bauvorhaben eine rechtswidrige Baugenehmigung erteilt worden ist, so muß er dartun, daß er von dem planenden Architekten nicht anderweitig Ersatz erlangen kann (BGHR BGB § 839 Abs 1 S 2 Architekt 1). Dies gilt jedenfalls, soweit es um die Einhaltung grundlegender Anforderungen des Bauordnungsrechts, beispielsweise der Grenzabstände, geht, die jeder Architekt bei der Planung zu beachten hat. Hingegen kann die Klärung schwieriger Rechtsfragen von einem Architekten nicht verlangt werden, da er einem Rechtsberater des Bauherrn nicht gleichgestellt werden darf (BGH NJW 1985, 1692, 1693, betreffend die Prüfung der Voraussetzungen des § 34 BauGB; vgl auch BGHR BGB § 839 Abs 1 S 2 Bauunternehmer 1, betreffend die Bewältigung immissionsschutzrechtlicher Belange durch einen Bauunternehmer. In diesen beiden letzteren Fällen wurde eine anderweitige Ersatzmöglichkeit verneint).

f) Enteignungsgleicher Eingriff
Zum enteignungsgleichen Eingriff wegen „faktischer Bausperre" (rechtswidrige Verhinderung oder Verzögerung einer nach allgemeinem Bau- und Bodenrecht an sich zulässigen Bebauung durch Versagung oder Verzögerung der Baugenehmigung oder des Bauvorbescheides) s Rn 467–471. **576**

Die rechtswidrige **Erteilung** einer Baugenehmigung oder eines Bauvorbescheides stellt keinen enteignungsgleichen Eingriff gegenüber dem Grundstückseigentümer dar. Es fehlt an einem Eingriff in eine durch Art 14 Abs 1 GG geschützte Rechtsposition des Eigentümers. Diesem wird nichts an Eigentumssubstanz genommen, sondern es wird nur unberechtigtes Vertrauen erzeugt. Das Grundeigentum gewährt keinen Anspruch auf eine materiell illegale Bebauung (BOUJONG WiVerw 2/91, 95, 104; WURM Jahrbuch des Umwelt- und Technikrechts [1994] 587, 602; s auch oben Rn 469).

g) Haftung nach landesrechtlichen Regelungen
aa) Die rechtswidrige Entscheidung über ein Baugesuch kann außerdem landesrechtliche Entschädigungsansprüche für rechtswidriges Handeln der Bauaufsichtsbehörde begründen. In der Rechtsprechung des BGH hat in diesem Zusammenhang die Entschädigungsbestimmung des § 39 Abs 1 Buchst b OBG NW besondere Bedeutung erlangt. Diese Vorschrift lautet: „Ein Schaden, den jemand durch Maßnahmen der Ordnungsbehörden erleidet, ist zu ersetzen, wenn er ... durch rechtswidrige Maßnahmen, gleichgültig, ob die Ordnungsbehörden ein Verschulden trifft oder nicht, entstanden ist." Diese Bestimmung begründet eine verschuldensunabhängige Haftung der Ordnungsbehörde für rechtswidrige Maßnahmen. Der Haftungstatbestand stellt – im Gegensatz zu § 839 BGB – nicht darauf ab, daß durch die betreffende Maßnahme eine Pflicht gegenüber einem konkreten geschützten „Dritten" verletzt worden ist. Um so größere Bedeutung kommt dem Schutzzweck der jeweiligen ordnungsbehördlichen Maßnahme als Kriterium für die inhaltliche Bestimmung und sachliche Begrenzung der Haftung zu. **577**

Die Baugenehmigung ist eine ordnungsbehördliche „Maßnahme" im Sinne des § 39 Abs 1 Buchst b OBG, da die Bauaufsichtsbehörde eine Ordnungsbehörde ist (§ 57 Abs 1 Nr 3 BauO NW). Die (positive) Erteilung der Baugenehmigung hat Maßnahmecharakter auch gegenüber dem antragstellenden Eigentümer selbst (BGHZ 123, 191, 197); um so mehr gilt dies natürlich für die Ablehnung. Der Eintritt der Ordnungsbehördenhaftung hängt davon ab, ob die verletzte Rechtsnorm einen individuell begünstigenden Schutzzweck gehabt hat. Ein solcher wurde beispielsweise in folgenden Fällen **verneint**: im Altlastenfall „Dortmund-Dorstfeld" (BGHZ 109, 380, 395) für Schäden, die nicht unmittelbar mit der möglichen Unbewohnbarkeit des Hauses zusammenhingen; im Altlastenfall „Recklinghausen" (BGHZ 123, 191, 197 ff) für Gefahrenpotentiale, die die Baugenehmigungsbehörde trotz sorgfältiger und gewissenhafter Prüfung im Zeitpunkt der Erteilung der Genehmigung nicht erkennen konnte; in BGHZ 86, 359 für die Verletzung baurechtlicher Vorschriften, die keinen nachbarschützenden Charakter hatten.

578 bb) Die Rechtsprechung des Bundesgerichtshofs zu § 39 Abs 1 Buchst b OBG läßt sich auf das Recht der anderen Bundesländer nicht unbesehen übertragen. Erforderlich ist vielmehr jeweils eine landesrechtliche Zurechnungsnorm, die das Handeln der Bauaufsichtsbehörde der verschuldensunabhängigen Polizei- und Ordnungsbehördenhaftung unterstellt. Dies hat der BGH beispielsweise für § 68 Abs 1 S 2 PVG RhPf aF verneint (BGHZ 125, 258). Offengeblieben – aber wohl zu bejahen – ist dabei, ob eine analoge Anwendung des § 68 Abs 1 S 2 PVG auf rechtswidrige Maßnahmen der Bauaufsichtsbehörde in den Fällen zulässig ist, in denen die Bauaufsichtsbehörde ihr nach der Landesbauordnung verliehene polizeiliche Spezialbefugnisse wahrgenommen hat; dies ist aber beispielsweise bei der bloßen Ablehnung einer Bauvoranfrage nicht der Fall. Seit 1993 gilt in Rheinland-Pfalz das Polizei- und Ordnungsbehördengesetz (POG), das in § 68 Abs 1 S 2 eine Haftung für rechtswidrige Maßnahmen der „allgemeinen Ordnungsbehörden oder der Polizei" vorsieht. Ob die Bauaufsichtsbehörden solche allgemeinen Ordnungsbehörden sind, erscheint zweifelhaft und ist eher zu verneinen, da der Aufbau der Bauverwaltung in der Landesbauordnung eine eigenständige Regelung erfahren hat, die von der allgemeinen Organisation der Ordnungsbehörden im Polizei- und Ordnungsbehördengesetz unabhängig ist, und auch die Rechtsgrundlagen für das Tätigwerden der Bauaufsichtsbehörden nicht auf der im Polizei- und Ordnungsbehördengesetz geregelten allgemeinen Gefahrenabwehr, sondern auf dem Normengefüge der Landesbauordnung beruhen (BGHZ 125, 258, 263).

579 cc) Die zu § 39 Abs 1 S 1 OBG NW entwickelten Schutzzweck-Überlegungen hat der BGH auch zur inhaltlichen Bestimmung der Haftung nach dem DDR-StHG herangezogen (BGHZ 142, 259, 271 f mwN).

3. Das Einvernehmen der Gemeinde (§ 36 BauGB)

a) Allgemeine Grundsätze

580 aa) Das Einvernehmen der Gemeinde nach § 36 Abs 1 S 1 BauGB ist erforderlich bei Baugenehmigungen für solche Vorhaben, die auf Grundstücken im Gemeindegebiet errichtet werden sollen, die nicht oder noch nicht überplant sind, oder für Vorhaben, bei denen von verbindlichen Festsetzungen eines Bebauungsplans abgewichen werden soll (§§ 31, 33, 34 oder 35 BauGB). § 31 betrifft Ausnahmen und Befreiungen von den Festsetzungen eines Bebauungsplans, § 33 Vorhaben während der Planaufstellung, § 34 Vorhaben innerhalb der im Zusammenhang bebauten Ortsteile und § 35 das Bauen im Außenbereich. Die Baugenehmigungsbehörde darf also dem Antrag eines Bauherrn, für ein von dieser Regelung betroffenes Grundstück eine Baugenehmigung zu erteilen, grundsätzlich (vorbehaltlich der im folgenden zu erörternden Neugestaltung des gemeindlichen Einvernehmens durch das BauROG) nur dann stattgeben, wenn zuvor die Gemeinde zugestimmt hat. § 36 Abs 1 BauGB gilt für sämtliche Bauverwaltungsakte, die die planungsrechtliche Zulässigkeit eines dem Einvernehmen unterliegenden Bauvorhabens verbindlich feststellen. Dazu gehören nicht nur die Baugenehmigung selbst, sondern auch der Bauvorbescheid (die Bebauungsgenehmigung) oder die Teilbaugenehmigung (vgl zB BGH BRS 53 Nr 39, betreffend einen Bauvorbescheid; BGH BRS 36 Nr 160, betreffend eine Teilbaugenehmigung). Alleiniger Prüfungsmaßstab für das gemeindliche Einvernehmen ist, ob das Vorhaben nach den planungsrechtlichen Vorschriften der §§ 31, 33, 34 und 35 BauGB zulässig ist. Zustimmung oder Versagung ergehen in diesen Fällen in Anwendung zwingenden Rechts; Ermessensspielraum verbleibt der Gemeinde insoweit nicht (BGHZ 118, 253, 258). Im Außenverhältnis zum antragstellenden Bauherrn ist allein die Baugenehmigungsbehörde berufen, durch Verwaltungsakt über den Anspruch auf Verwirklichung des betreffenden Bauvorhabens zu entscheiden. Das gemeindliche Einvernehmen ist insoweit lediglich ein Verwaltungsinternum; die Versagung ist insbesondere nicht selbständig durch verwaltungsgerichtliche Klage gegen die Gemeinde anfechtbar (BVerwGE 28, 145; BGHZ 118, 253, 263). Entscheidungen der Gemeinde über das Einvernehmen sind auch keine ordnungsbehördlichen „Maßnahmen" iSd § 39 Abs 1 Buchst b OBG NW; denn die Gemeinde wird insoweit nicht etwa als Ordnungsbehörde, sondern ausschließlich in Ausübung ihrer Planungshoheit tätig (BGHZ 99, 262, 272/273).

bb) Amtspflichtverletzungen der für die Entscheidung über das Einvernehmen zuständigen Amtsträger der Gemeinde sind – ähnlich wie im Baugenehmigungsverfahren – an sich nach beiden Richtungen hin denkbar, also sowohl bei einer rechtswidrigen positiven Entscheidung (das Einvernehmen wird erteilt, obwohl das Vorhaben planungsrechtlich unzulässig ist) als auch bei einer negativen Entscheidung (es wird trotz planungsrechtlicher Zulässigkeit des Vorhabens versagt). Die (positive) Erteilung des Einvernehmens durch die Gemeinde bindet die Baugenehmigungsbehörde nicht; diese kann die Baugenehmigung dennoch verweigern. Daraus folgt, daß das positiv erteilte Einvernehmen ein reines Verwaltungsinternum ist und bleibt, das die außengerichtete Alleinverantwortung der Baugenehmigungsbehörde unberührt läßt. Die Gemeinde tritt bei der Erteilung also nicht in eine unmittelbare drittgerichtete Rechtsbeziehung zum Bauherrn (BGH NJW 1994, 253, 255; BGHZ 99, 262). Auch ein Grundstückseigentümer, der sich dadurch beeinträchtigt führt, daß die Bebauung eines Nachbargrundstücks genehmigt worden ist, die er für planungsrechtlich unzulässig hält, ist im Verhältnis zu der Gemeinde, die ihr Einvernehmen mit dieser Bebauung erklärt hat, nicht geschützter „Dritter" (BGHZ 99, 262). Das positiv erteilte Einvernehmen bleibt vielmehr auch in solchen Fällen ein bloßes Verwaltungsinternum und wirkt lediglich als Reflex zu Lasten des beeinträchtigten Eigentümers.

Grundlegend anders verhält es sich hingegen bei der Versagung des Einvernehmens. Der auf der Planungshoheit beruhenden Beteiligung der Gemeinde am Baugenehmigungsverfahren kann im Falle der Versagung eine für den Bauwilligen ausschlaggebende Bedeutung zukommen, weil die Baugenehmigungsbehörde gehindert ist, eine Baugenehmigung auszusprechen, solange die Gemeinde ihr Einvernehmen nicht erklärt hat (übereinstimmende Rechtsprechung des BVerwG und des BGH; vgl zB BVerwGE 22, 342; BVerwG UPR 1992, 234, 235; BGHZ 65, 182, 186; 99, 262, 273; 118, 263, 265). Dies galt früher bundeseinheitlich und gilt auch noch heute in den Bundesländern, die von der Ermächtigung des neu geschaffenen § 36 Abs 2 S 3 BauGB keinen Gebrauch gemacht haben (s dazu im folgenden Rn 587). Vereitelt oder verzögert die Gemeinde im Geltungsbereich der bisherigen Regelung durch unberechtigte Verweigerung des Einvernehmens ein planungsrechtlich zulässiges Bauvorhaben, so berührt dies – sei es auch nur mittelbar – notwendig und bestimmungsgemäß die Rechtsstellung des Bauwilligen. Dies genügt, um eine besondere Beziehung zwischen der verletzten Amtspflicht und dem Bauwilligen zu bejahen. Dessen Interessen werden durch die Amtspflicht, das Einvernehmen nicht zu verweigern, wenn das Bauvorhaben nach den §§ 31, 33, 34 oder 35 BauGB zulässig ist, in individualisierter und qualifizierter Weise geschützt (BGHZ 65, 182, 184–186; seither st Rspr, vgl BGHZ 118, 263, 265/266 mwN). Dabei sind allerdings die allgemeinen Kriterien zu beachten, nach denen der Kreis der geschützten Dritten einzugrenzen ist. So hat die Versagung des Einvernehmens zu einem Bauantrag des Mieters oder Käufers keine Drittgerichtetheit zugunsten des Grundstückseigentümers, solange dieser selbst sich nicht an dem Baugenehmigungsverfahren beteiligt (BGHR BGB § 839 Abs 1 S 1 Dritter 3, 21, 35; s zu diesem Problemkreis bei rechtswidrigen Bauverwaltungsakten auch die vorangegangenen Ausführungen Rn 566).

582 cc) Außerdem kann die rechtswidrige Versagung des Einvernehmens eine Haftung der Gemeinde wegen enteignungsgleichen Eingriffs begründen (BGHZ 65, 182, 188/189; 118, 253; 134, 316; BOUJONG WiVerw 2/91, 59, 105, 109; WURM, in: FS Boujong, 686, 697 f).

b)   Kausalität

583 aa)   Eine Amtshaftung der Gemeinde für die Versagung des Einvernehmens kommt indessen nur in Betracht, wenn diese für die ablehnende Endentscheidung der Bauaufsichtsbehörde oder für die Verzögerung einer solchen Entscheidung ursächlich geworden ist. Dies setzt voraus, daß dem Bauantrag oder der Voranfrage ansonsten hätte stattgegeben werden müssen. Es durften also keine anderweitigen rechtlichen Hinderungsgründe für eine positive Entscheidung bestanden haben. Lagen hingegen derartige andere Hinderungsgründe vor, so ist die – sei es auch rechtswidrige – Versagung des Einvernehmens für die negative Endentscheidung nicht ursächlich geworden, da der Antrag in jedem Falle hätte abgelehnt werden müssen.

584 bb)   Nach der bisherigen Rechtslage kamen daher drei verschiedene Haftungskonstellationen in Betracht:

- Alleinverantwortung und -haftung der Gemeinde. Sie trat ein, wenn die rechtswidrige ablehnende Endentscheidung der Bauaufsichtsbehörde allein auf das fehlende Einvernehmen gestützt war und sonst keine Hinderungsgründe für die Erteilung der Baugenehmigung vorgelegen hätten (BGHZ 65, 182, 186; BGH NJW 1980, 387, 389; BGHR § 839 Abs 1 S 1 Gemeinderat 4 und 8).

- Alleinhaftung der Bauaufsichtsbehörde trotz einer bindenden Verweigerung des Einvernehmens. Dies ist insbesondere dann der Fall, wenn die Ablehnung nicht auf die Versagung des Einvernehmens, sondern auf sonstige Erwägungen gestützt wird, für die im Außenverhältnis zum Antragsteller allein die Baugenehmigungsbehörde die Verantwortung übernimmt. In einem solchen Fall ist die Verweigerung des Einvernehmens für die Ablehnung des

Antrags nicht kausal, da die Entscheidung auch bei einer Zustimmung der Behörde nicht anders ausgefallen wäre (BGHR BauGB § 36 Einvernehmen 2).

– Nebeneinander bestehende Verantwortlichkeit von Bauaufsichtsbehörde und Gemeinde. Eine derartige Konstellation kann eintreten, wenn die ablehnende Endentscheidung sowohl auf eigene Erwägungen der Bauaufsichtsbehörde als auch zusätzlich auf Versagung des gemeindlichen Einvernehmens gestützt wird, also auf zwei nebeneinander bestehende Gründe, von denen aus der Sicht der Behörde jeder für sich allein genommen bereits geeignet ist, das ablehnende Endergebnis zu tragen. Erweist sich in einem solchen Fall die Endentscheidung als insgesamt rechtswidrig – was voraussetzt, daß sowohl die Verweigerung des Einvernehmens als auch die eigenen Erwägungen der Bauaufsichtsbehörde jeweils für sich allein genommen rechtswidrig gewesen sind und auch sonst keine rechtlichen Hinderungsgründe für die Erteilung des beantragten Bescheids vorgelegen haben –, so braucht es der geschädigte Bauherr nicht hinzunehmen, daß im Haftpflichtprozeß die von ihm in Anspruch genommene Körperschaft die Verantwortlichkeit auf die jeweils andere abzuwälzen versucht. Dies bedeutet, daß die Gemeinde, die das Einvernehmen rechtswidrig versagt hat, nicht geltend machen kann, die Versagung sei für die Ablehnung nicht ursächlich geworden, da die Entscheidung der Bauaufsichtsbehörde auch bei einer Zustimmung nicht anders ausgefallen wäre. Umgekehrt kann die Bauaufsichtsbehörde, die die Ablehnung zusätzlich auf eigene, ebenfalls rechtswidrige Erwägungen gestützt hat, dem Schadensersatzbegehren nicht entgegenhalten, sie hätte ohnehin nicht anders entscheiden können, weil sie an die Verweigerung des Einvernehmens gebunden gewesen sei. Vielmehr muß die ablehnende Endentscheidung der Gemeinde und der Bauaufsichtsbehörde in gleicher Weise haftungsrechtlich zugerechnet werden. Dies hat die rechtliche Konsequenz, daß im Außenverhältnis zum Geschädigten eine deliktsrechtliche Gesamtschuldnerschaft beider nach § 840 Abs 1 BGB eintreten kann. Die Gewichtung der beiderseitigen Verantwortungs- und Verursachungsbeiträge muß dann dem internen Ausgleich nach § 426 BGB vorbehalten bleiben und kann nicht im Außenverhältnis auf dem Rücken des geschädigten Bürgers ausgetragen werden (grundlegend BGHZ 118, 263; s auch BGH NJW 1993, 3065).

cc) Eine Amtshaftung der Gemeinde wegen rechtswidriger Versagung kann auch **585** dann eintreten, wenn das Einvernehmen an sich überhaupt nicht erforderlich gewesen war, aber von der Bauaufsichtsbehörde rechtsirrig für erforderlich gehalten wird (BGH NJW 1980, 387, 389; BGHR BGB § 839 Abs 1 S 1 Gemeinderat 4). In einem solchen Fall ist die Bauaufsichtsbehörde an die Versagung nicht gebunden und hätte sich darüber hinwegsetzen können und müssen. Unterläßt sie dies, begeht sie möglicherweise eine eigene, unmittelbare Amtspflichtverletzung gegenüber dem Antragsteller. Dieses Hinzutreten eines eigenen Fehlverhaltens der Bauaufsichtsbehörde vermag indessen den Ursachenzusammenhang zwischen der vorausgehenden rechtswidrigen Versagung des Einvernehmens und der Endentscheidung nicht zu unterbrechen. Im Außenverhältnis zum Geschädigten kann daher auch hier – wie bei der zuvor behandelten Fallgruppe – eine deliktsrechtliche Gesamtschuldnerschaft zwischen Gemeinde und Bauaufsichtsbehörde eintreten.

586 dd) Ein rechtswidrig verweigertes Einvernehmen kann von der Kommunalaufsichtsbehörde im Wege der Rechtsaufsicht ersetzt werden. Eine Verpflichtung zum Einschreiten obliegt der Kommunalaufsichtsbehörde indessen nicht als Amtspflicht zugunsten des Bauherrn als eines geschützten „Dritten". Die Aufsicht gegenüber der Gemeinde in weisungsfreien Angelegenheiten beschränkt sich darauf, die Gesetzmäßigkeit der Verwaltung sicherzustellen. Sie dient damit grundsätzlich nur dem Interesse des allgemeinen Wohls, nicht aber dem Individualinteresse des einzelnen. Dies gilt auch dann, wenn der Träger der Bauaufsichtsbehörde zugleich auch Kommunalaufsichtsbehörde ist (BGHZ 118, 263, 273/274).

c) Rechtslage nach dem BauROG

587 aa) Durch das BauROG 1998 ist in § 36 Abs 2 BauGB der neue S 3 eingefügt worden, durch den die nach Landesrecht zuständige Behörde unmittelbar durch Bundesrecht die Möglichkeit erhalten hat, ein rechtswidrig versagtes gemeindliches Einvernehmen zu einem genehmigungsbedürftigen Bauvorhaben zu ersetzen. Insoweit bedarf es einer Zuständigkeitsregelung durch den Landesgesetz- oder Verordnungsgeber. Von dieser Regelungsbefugnis haben die Bundesländer wie folgt Gebrauch gemacht:

- In Baden-Württemberg, Sachsen-Anhalt und Thüringen ist bisher (noch) keine Regelung getroffen worden.

- In Nordrhein-Westfalen (2. VO zur Änderung der VO zur Durchführung des BauGB vom 20. 10. 1998 [GV NW 645] Art 1 § 2 Abs 3 = § 2 Abs 3 BauGB-DVO) und im Saarland (VO über die Zuständigkeit nach dem BauGB vom 29. 1. 1998 [ABl Saarl 134] § 1 Abs 4) ist der bisherige Rechtszustand lediglich (deklaratorisch) bestätigt worden, indem die Ersetzungsbefugnis – wie bisher schon – der Kommunalaufsicht übertragen worden ist. Gleiches gilt für Schleswig-Holstein, wo die Landrätinnen und Landräte als allgemeine untere Landesbehörden zuständig sind (§ 1 der Landesverordnung zur Übertragung von Zuständigkeiten auf nachgeordnete Behörden idF vom 26. 3. 1998 [GVOBl 165]; insoweit ist meine Angabe in NordÖR 2000, 404, 407, in Schleswig-Holstein sei bislang noch keine Regelung getroffen worden, zu korrigieren).

- In Bayern (BayBauO in der Fassung der Bekanntmachung vom 4. 8. 1997 [BayGVBl 433] Art 74), Niedersachsen (VO zur Änderung der niedersächsischen VO zur Durchführung des BauGB und des Maßnahmengesetzes zum BauGB vom 31. 8. 1999 [NdsGVBl 332] Art 1 Nr 3), Hessen (7. VO zur Änderung der VO zur Durchführung des BauGB vom 18. 2. 1998 [GVBl I 44] Art 1 Nr 3a), Rheinland-Pfalz (LBauO in der Fassung vom 24. 11. 1998 [GVBl RhPf 365] § 71), Sachsen (SächsBauO vom 18. 3 1999 [SächsGVBl 86] § 70a), Brandenburg (BauO Brandenburg in der Fassung vom 25. 3. 1998 [GVBl I 82] § 90) und Mecklenburg-Vorpommern (§ 71a BauO in der Fassung des Bau-, Landesplanungs- und UmweltsrechtsderegulierungsG vom 27. 4. 1998 [GVBl MV 388, 393]) ist die Ersetzung des Einvernehmens der Baugenehmigungsbehörde im bauaufsichtlichen Verfahren übertragen worden. Die Länder Niedersachsen und Hessen haben sich dabei im wesentlichen darauf beschränkt, im Verordnungswege die Zuständigkeit der Bauaufsichtsbehörde festzulegen; die übrigen genannten Bundesländer haben die Ersetzungsbefugnis in die jeweilige Landesbauordnung integriert und um ergänzende, insbesondere verfahrensrechtliche Regelungen angereichert.

bb) Für die Haftung der Gemeinde ergeben sich daraus folgende Konsequenzen: **588**

In den Bundesländern, die von der gesetzlichen Ermächtigung keinen Gebrauch gemacht haben, verbleibt es uneingeschränkt bei der bisherigen Rechtslage. Gleiches gilt für Nordrhein-Westfalen, das Saarland und Schleswig-Holstein.

Anders verhält es sich in den Bundesländern, in denen nunmehr die Ersetzungsbefugnis der Bauaufsichtsbehörde selbst eingeräumt worden ist.

Die Befugnis, das Einvernehmen zu ersetzen, ist in Sachsen zu einer entsprechenden Rechtspflicht der Bauaufsichtsbehörde verdichtet worden: Das fehlende Einvernehmen **ist** zu ersetzen.

Eine ähnliche, aber etwas abgemilderte Regelung besteht in Brandenburg, wo die Ersetzungsbefugnis als Sollvorschrift ausgestaltet ist: Die Bauaufsichtsbehörde **soll** das fehlende Einvernehmen der Gemeinde ersetzen.

In den anderen vorbezeichneten Bundesländern handelt es sich um Kannbestimmungen; der Baugenehmigungsbehörde ist insoweit also ein Ermessen eingeräumt.

Allen diesen Regelungen ist jedoch gemeinsam, daß die Prüfungs- und Entschei- **589** dungskompetenz der Baugenehmigungsbehörde grundlegend erweitert worden ist: Sie hat nicht mehr lediglich zu überprüfen, ob das Einvernehmen erforderlich ist, sondern auch, ob die Verweigerung rechtmäßig ist. Die Verweigerung entfaltet also – anders als bisher – keine Bindungswirkung mehr. Der Fall, daß die Baugenehmigungsbehörde sehenden Auges ein an sich genehmigungsfähiges Vorhaben allein aufgrund ihrer Bindung an das rechtswidrig versagte Einvernehmen ablehnen muß, kann nicht mehr eintreten. Damit entfällt zugleich der wesentliche Grund für die haftungsrechtliche Verantwortlichkeit der Gemeinde im Außenverhältnis zum Bauherrn. Dies gilt nicht nur dort, wo – wie in Sachsen und Brandenburg – der Bauaufsichtsbehörde die Rechtspflicht auferlegt worden ist, das Einvernehmen zu ersetzen, sondern auch in den übrigen Bundesländern, wo der Bauaufsichtsbehörde insoweit – formal – lediglich ein Ermessen eingeräumt worden ist. Denn auch in diesem letzteren Fall wird man der Bauaufsichtsbehörde die Amtspflicht auferlegen müssen, sich über die Rechtmäßigkeit des verweigerten Einvernehmens Klarheit zu verschaffen. Führt diese Prüfung zu dem Ergebnis, daß die Verweigerung rechtswidrig gewesen ist, ist eine rechtmäßige Ermessensausübung anderen Inhalts, als das Einvernehmen zu ersetzen, kaum denkbar; insoweit findet eine entsprechende Ermessensreduzierung statt. Die diesbezüglichen Amtspflichten der Bauaufsichtsbehörde sind auch drittgerichtet, da sie der Verwirklichung des Rechtsanspruchs des Bauherrn dienen, sein Grundstück im Rahmen der Rechtsordnung bebauen zu dürfen. Im Ergebnis bedeutet dies, daß die Entscheidung der Gemeinde über das Einvernehmen nicht nur bei der (positiven) Erteilung, sondern auch bei der (negativen) Versagung ein reines Verwaltungsinternum ist, die Gemeinde im Außenverhältnis aus der haftungsrechtlichen Verantwortung entlassen wird und im Verhältnis zum Antragsteller ausschließlich die Baugenehmigungsbehörde haftet.

590 Nur in Randbereichen – etwa wenn die Gemeinde die trotz des versagten Einvernehmens erteilte Genehmigung ihrerseits mit einem unbegründeten verwaltungsgerichtlichen Rechtsbehelf anficht und dadurch eine Verzögerung eintritt – ist eine unmittelbare Haftung der Gemeinde denkbar. Denn auch der Gebrauch von Rechtsbehelfen zur Durchsetzung amtspflichtwidriger Beschlüsse stellt eine Amtspflichtverletzung dar (BGHR BGB § 839 Abs 1 S 1 Anfechtungsklage 1 s auch Rn 131). Durch eine hierdurch etwa eintretende Verzögerung kann diese Pflichtverletzung den verwaltungsinternen Bereich überschreiten und die zuvor fehlende drittgerichtete Außenwirkung erlangen.

4. Auskünfte in Bausachen

591 Die allgemeine Pflicht eines jeden Amtsträgers, Auskünfte und Belehrungen richtig, klar und unmißverständlich, eindeutig und vollständig zu erteilen, so daß der um sie nachsuchende Bürger als Empfänger der Auskunft entsprechend disponieren kann, gilt auch und gerade für den Bereich des öffentlichen Baurechts (BGHZ 117, 83, 87 f m zahlr wN; so Fn 151 ff).

a) Eine haftungsrechtliche Verantwortlichkeit der auskunfterteilenden Behörde kommt jedoch nur in Betracht, wenn und soweit der auskunftsuchende Bürger auf die Richtigkeit der Auskunft vertrauen durfte (BGHZ 117, 83, 86). Dementsprechend begründet die im Rahmen eines förmlichen Bauvoranfrageverfahrens abgegebene mündliche Erklärung eines Sachbearbeiters, der zuständige Beamte des Bauamtes werde den beantragten Vorbescheid erlassen, kein schutzwürdiges Vertrauen dahin, daß der Vorbescheid entsprechend erlassen werde. Dies gilt auch dann, wenn dem Antragsteller der nicht unterzeichnete Entwurf des Vorbescheides von dem Sachbearbeiter bereits ausgehändigt worden ist. Für den Antragsteller war klar erkennbar, daß die das Bauvoranfrageverfahren abschließende Entscheidung gerade noch nicht ergangen war. Das Schriftstück, das er ausgehändigt erhalten hatte, war nicht der Vorbescheid selbst, sondern lediglich ein – rechtlich völlig unverbindlicher – Entwurf eines solchen. Die zuverlässige Grundlage, die der Antragsteller für seine weiteren Planungen erhalten wollte, konnten ihm durch derartige Mitteilungen, die allenfalls den jeweiligen Stand der behördeninternen Willensbildung offenlegten, nicht verschafft werden. Das Nichtentstehen einer „Verläßlichkeitsgrundlage" ist nicht (erst) eine Frage des mitwirkenden Verschuldens des Antragstellers im Sinne des § 254 BGB, sondern bereits eine solche der objektiven Reichweite des ihm durch das Amtshaftungsrecht gewährten Vermögensschutzes (BGHZ 117, 83, 90 f). Hingegen kann die im Rahmen eines Baugenehmigungsverfahrens an den Antragsteller gerichtete, schriftliche und vom Amtsleiter unterzeichnete Mitteilung der unteren Bauaufsichtsbehörde, daß „gegen das Bauvorhaben keine planungs- und baurechtlichen Bedenken bestehen", geeignet sein, bei dem Adressaten – aber auch bei einem Dritten, der am Erwerb des Objekts zur Durchführung des Bauvorhabens interessiert ist – ein schutzwürdiges Vertrauen in die Richtigkeit der Auskunft zu begründen, das Grundlage für Vermögensdispositionen sein kann. Von der zuvor erörterten Fallkonstellation unterschied sich diese dadurch, daß das Schriftstück nach Anlaß, äußerer Gestaltung und Inhalt – unterschrieben vom Amtsleiter – „nach außen" gerichtet war und der Sache nach eine amtliche Bescheinigung über die bauplanungsrechtliche und die grundsätzliche bauordnungsrechtliche Zulässigkeit des Vorhabens enthielt, die erkennbar den Sinn hatte, den Baubewerbern anstelle eines Vorbescheids eine Grundlage für Vermögensdispositionen – etwa als Dokument bei Bemühungen um eine Veräußerung oder eine Finanzierung des Objekts – an die Hand zu geben. Darin lag aus der Sicht derer, die Anstalten machten, das Bauvorhaben zu verwirklichen, eine einem Bauvorbescheid jedenfalls annähernd vergleichbare Vertrauensgrundlage (BGH NJW 1994, 2087).

b) Für möglich gehalten hat der BGH ferner die Amtshaftung einer Gemeinde für **592** eine unrichtige mündliche Auskunft über die (künftige) bauliche Nutzbarkeit von Grundstücken nach dem derzeitigen Stand der Bauleitplanung (NJW 1980, 2576). Zur Amtshaftung der Gemeinde für eine Falschauskunft des Bürgermeisters, daß die Erschließung eines Baugebiets gesichert sei und die Eigentümer nicht für Erschließungskosten herangezogen würden, s BGH BauR 2001, 1404. Ebenfalls bejaht wurde die Haftung in einem Fall, in dem die Gemeinde, nachdem ihr die durch den Formfehler verursachte Nichtigkeit eines Bebauungsplans bekannt geworden war, es versäumt hatte, diesen Mangel gegenüber einem eine Auskunft begehrenden Bürger offenzulegen. Der zuständige Bedienstete hatte „ohne jedes Wenn und Aber" die Auskunft erteilt, der Bebauungsplan sei in Ordnung und die Bebaubarkeit sei gegeben. Die Gemeinde hatte ihre Pflicht verletzt, dafür zu sorgen, daß ihre Bediensteten, für deren Tätigkeit dies für Bedeutung sein konnte, auf Bedenken gegen die Gültigkeit des Bebauungsplans hingewiesen und mit den erforderlichen Anweisungen versehen wurden. Die hierfür notwendigen organisatorischen Maßnahmen hatte sie nicht getroffen. Dieses Unterlassen begründete – unabhängig vom individuellen Verschulden des die Auskunft erteilenden Bediensteten – einen schuldhaften Organisationsmangel, für den die Gemeinde aus dem Gesichtspunkt der Amtshaftung einzustehen hatte (BGH NJW 1990, 245, 246 f; BGHR BGB § 839 Abs 1 S 1 Auskunft 7 [beide Revisionsentscheidungen betreffen denselben Rechtsstreit]).

c) Bei Auskünften über die zukünftige Entwicklung der Bebaubarkeit von Grund- **593** stücken ist zu beachten, daß eine Auskunft sich auf Tatsachen bezieht, also auf gegenwärtige Gegebenheiten, mithin auf Umstände, die nicht von einer Willensentschließung abhängen (BGH NJW 1978, 371; BGHR BGB § 839 Abs 1 S 1 Auskunft 4). Dies gilt auch dann, wenn die Auskunft als Grundlage für die Beurteilung einer zukünftigen Entwicklung dienen soll. Künftiges Verhalten wurzelt nämlich vielfach in gegenwärtigen Gegebenheiten, nämlich in der bestehenden Absicht, künftig etwas zu tun, und den dazu getroffenen Vorbereitungen. Diese gegenwärtigen Gegebenheiten sind „Tatsachen", die – wie andere Tatsachen auch – Gegenstand einer Auskunft sein können (BGH aaO). Ändern sich die für die Bebaubarkeit maßgeblichen planungsrechtlichen Gegebenheiten nachträglich, so läßt dies allein keinen Rückschluß darauf zu, daß die ursprünglich erteilte zu den späteren Änderungen im Widerspruch stehende Auskunft inhaltlich unrichtig gewesen sei. Die Erklärung eines städtischen Bediensteten, Nachbargrundstücke des Auskunftsuchenden gehörten dem unbebauten Außenbereich an und die Gemeinde werde auch in Zukunft eine Bebauung nicht zulassen, war daher inhaltlich richtig, da dies im Zeitpunkt der Auskunftserteilung tatsächlich der Meinungsstand bei Verwaltung und Gemeinderat war und Anhaltspunkte dafür, daß sich in absehbarer Zukunft daran etwas ändern werde, nicht vorlagen. Hingegen wurde dadurch – dem Antragsteller erkennbar – nicht etwa ein Vertrauen dahin geschaffen, daß dies für alle Zeiten so bleiben werde. Die Möglichkeit, daß der Ortsgesetzgeber seine Planungsabsichten ändern werde, mußte der Antragsteller in Rechnung stellen, ohne daß das erforderlich war, ihm insoweit einen ausdrücklichen Hinweis zu erteilen oder die Auskunft mit einer ausdrücklichen entsprechenden Einschränkung zu versehen (BGHR BGB § 839 Abs 1 S 1 Auskunft 4). Gleiches gilt für die – durch eine entsprechende Auskunft enttäuschte – Erwartung, die Ausweisung eines bestimmtes Geländes als Wohnbaufläche im Flächennutzungsplan und der Aufstellungsbeschluß für einen entsprechenden Bebauungsplan seien nur noch eine Formsache (BGHR BGB § 839 Abs 1 S 1 Auskunft 6). Auch eine „festverbindliche Zusage", daß in direkter Nähe des Grundstücks des Auskunftsuchenden „niemals" eine Querstraße gebaut werde, war von vornherein nicht geeignet, eine verbindliche Verpflichtung der Gemeinde zu begründen, den Bau der Querstraße für alle Zeiten zu unterlassen. Sie gewährte dem Auskunftsuchenden keinen Schutz dagegen, daß sich die Planungsabsichten der Gemeinde später änderten. Aber auch dann, wenn diese Erklärung als (bloße) Auskunft bewertet wurde, war sie nicht geeignet, ein schutzwürdiges Vertrauen des Auskunftsuchenden dahin zu begründen, für alle Zeiten von dem Straßenbau verschont zu werden. Es lagen keine Anhaltspunkte dafür vor, daß jene Erklärung den seinerzeitigen Meinungsstand bei Gemeinderat und Stadtverwaltung etwa nicht richtig wiedergegeben hätte. Deswegen konnten auch die – wenig glücklichen – Formulierungen „festverbindliche Zusage", „niemals" eine Querstraße zu bauen, dem Auskunftsuchenden nicht das allgemeine Risiko abnehmen, daß die ursprünglich vorhandenen tatsächlichen Umstände, auf denen seine Erwartung über den zukünftigen Zustand beruhte, sich nachträglich änderten (BGHR BGB § 839 Abs 1 S 1 Auskunft 10).

5. Weitere Einzelfragen

594 a) Der BGH hat den Tatbestand einer Amtspflichtverletzung bei der (positiven) Erteilung einer rechtswidrigen atomrechtlichen Anlagengenehmigung bejaht, da diese Genehmigung sich auf eine Anlage bezog, die so nicht mehr errichtet werden sollte, und da die im Hinblick auf die geänderte Planung neu aufgeworfene Sicherheitsfrage ungeprüft geblieben war (Fall „Kernkraftwerk Mülheim-Kärlich": BGHZ 134, 268; s auch BVerwGE 80, 207). Dies hatte zur Folge, daß es an einer hinreichenden Grundlage für das zum notwendigen Inhalt einer atomrechtlichen Teilgenehmigung gehörende vorläufige positive Gesamturteil über die Anlage und ihren Betrieb an dem vorgesehenen Standort fehlte (BGHZ 134, 268, 273). Die Amtspflicht, keine rechtswidrige atomrechtliche Teilgenehmigung zu erteilen, ist grundsätzlich zugunsten des antragstellenden energiewirtschaftlichen Unternehmens drittgerichtet (BGHZ 134, 268, 279). Als Gesichtspunkte, die der Annahme haftungsrechtlichen schutzwürdigen Vertrauens auf diese rechtswidrige Anlagengenehmigung – in bereits den Tatbestand des § 839 Abs 1 S 1 BGB ausschließender Weise – entgegenstehen konnten, kamen nicht nur objektive Umstände, sondern auch subjektive Kenntnisse und sich aufdrängende Erkenntnismöglichkeiten des antragstellenden Energieversorgungsunternehmens in Betracht. Diesem war erkennbar, daß sich die Teilgenehmigung auf ein Kernkraftwerk bezog, das nach den Vorstellungen der Genehmigungsbehörde wie auch der Betreiberin so wie in dem Genehmigungsbescheid beschrieben, überhaupt nicht mehr gebaut werden sollte. Damit lag andererseits – ohne weiteres ersichtlich – zum Zeitpunkt der betreffenden Teilgenehmigung eine abschließende Sicherheitsprüfung, die das mit dieser ausgesprochene vorläufige positive Gesamturteil hätte tragen können, nicht vor (BGHZ 134, 268, 293 f). Allerdings konnten im gestuften atomrechtlichen Genehmigungsverfahren bei der Beurteilung, ob Aufwendungen im schutzwürdigen Vertrauen auf einen ersten Genehmigungsbescheid getätigt worden waren, auch solche Genehmigungsakte zu berücksichtigen sein, die dem rechtswidrigen Bescheid nachfolgten. Dies galt insbesondere deswegen, weil die nachträglichen Genehmigungsakte möglicherweise aus damaliger Sicht der Beteiligten die ursprünglich erkennbaren Mängel der ersten Teilgenehmigung geheilt haben konnten. Deshalb konnte die erste Genehmigung **insoweit** als „Vertrauensgrundlage" für nachfolgende Investitionen in Betracht zu ziehen gewesen sein (BGHZ 134, 268, 303).

b) Leitet der Kläger einen Amtshaftungsanspruch daraus her, daß die Rücknahme **595** eines ihm erteilten Bauvorbescheides rechtswidrig sei, so muß das Gericht, das die Rücknahme für rechtmäßig hält, weil der erteilte Vorbescheid rechtswidrig gewesen sei, auch prüfen, ob der Amtshaftungsanspruch sich aus dem Erlaß des Vorbescheides herleiten läßt. Die Frage, ob der Bauvorbescheid selbst oder aber seine Rücknahme rechtswidrig war und deshalb eine Amtspflichtverletzung darstellte, ist lediglich eine solche der rechtlichen Würdigung des gesamten Lebenssachverhalts. Deshalb darf das Gericht sich nicht darauf beschränken, eine in der Rücknahme des Bauvorbescheides liegende Amtspflichtverletzung mangels Rechtswidrigkeit zu verneinen. Es muß auch prüfen, ob in der Erteilung des Bauvorbescheides eine schuldhafte Amtspflichtverletzung zu sehen ist (BGHR BGB § 839 Abs 1 Streitgegenstand 1). Die gleichen Grundsätze gelten, wenn der Kläger einen Amtshaftungsanspruch darauf stützt, daß sein Bauvorhaben trotz einer erteilten Baugenehmigung stillgelegt worden ist: Das Gericht, das die Stillegung für rechtmäßig hält, weil die erteilte Baugenehmigung rechtswidrig gewesen sei, muß auch prüfen, ob der Amtshaftungsanspruch sich aus dem Erlaß der Baugenehmigung herleiten läßt (BGH BauR 2001, 1570).

II. Öffentliches Gesundheitswesen

1. Allgemeine Grundsätze

Wegen der Abgrenzung von Amtshaftung, (persönlicher) Beamtenhaftung und all- **596** gemeiner Deliktshaftung im Bereich des Arztrechts wird auf die Darstellung bei STAUDINGER/HAGER (1999) § 823 Rn I 4, 5 verwiesen.

Die Heilbehandlung von Kranken, auch in Krankenhäusern in öffentlich-rechtlicher Trägerschaft, ist regelmäßig nicht Ausübung eines öffentlichen Amtes im Sinne von Art 34 GG, und zwar selbst dann, wenn die Einweisung in ein Krankenhaus auf Vorgängen des öffentlichen Rechts beruht (st Rspr; BGHZ 108, 230, 233 mwN). Der Kranke tritt dann in ein öffentlich-rechtliches Verhältnis zu der betreffenden Körperschaft, aus dem diese bei bei fehlerhafter Behandlung durch den Arzt entsprechend §§ 278 oder 31, 89, 831 und nicht nach Staatshaftungsgrundsätzen haftet (BGHZ 4, 138, 152; 9, 145; 59, 310, 313; 63, 265, 270). Ein anschauliches Beispiel für einen derartigen „Vorgang des öffentlichen Rechts", bei dem die Amtshaftung gleichwohl verneint worden ist: Kunstfehler durch einen beamteten Arzt als Sachverständigen bei einer Untersuchung im Rahmen einer gerichtlichen Beweisaufnahme (BGHZ 59, 310). Auch die ärztliche Behandlung des Kassenpatienten beruht ungeachtet der öffentlich-rechtlichen Beziehung des Versicherten zum Träger der gesetzlichen Krankenversicherung auf einem privatrechtlichen Behandlungsvertrag mit dem Arzt (BGHZ 108, 230, 233; BGH VersR 1961, 225, 226). Im **stationären** Bereich haftet der im staatsrechtlichen Sinne **beamtete** Krankenhausarzt, sogar wenn er selbst liquidationsberechtigt ist, für

Behandlungsfehler persönlich deliktisch nur nach § 839 BGB (BGHZ 120, 376, 380). Für ihn gilt daher bei Fahrlässigkeit das Verweisungsprivileg des § 839 Abs 1 S 2 BGB; als anderweitige Ersatzmöglichkeit kommt die Inanspruchnahme des Krankenhausträgers nach §§ 31, 89, 823 BGB sowie aus Vertrag in Betracht (BGHZ 85, 393, 395 f). Und zwar ist ein im medizinischen Bereich völlig weisungsfrei arbeitender Chefarzt haftungsrechtlich stets als verfassungsmäßig berufener Vertreter (§§ 31, 89) der das Krankenhaus tragenden Körperschaft anzusehen (BGHZ 77, 74, 79). Eine **ambulante** Behandlung von Privatpatienten durch einen beamteten Arzt gehört dagegen nicht zu dessen Dienstaufgaben, auch wenn sie innerhalb des Krankenhauses erfolgt. Der Arzt haftet also für Schäden aus dabei begangenen Behandlungsfehlern nicht nach § 839 BGB und kann sich nicht auf das Privileg des § 839 Abs 1 S 2 BGB berufen (BGHZ 120, 376, 381, 385). Die ambulante Behandlung von Privatpatienten ist nämlich eine Nebentätigkeit, die außerhalb der Amtspflichten des beamteten Krankenhausarztes stattfindet. Zieht ein solcher Arzt indessen beamtete nachgeordnete Ärzte im Rahmen seiner Weisungsbefugnis und ihrer Dienstaufgaben zu einer solchen ambulanten Behandlung hinzu, so üben diese **keine** Nebentätigkeit aus, wenn sie dabei mitwirken. Ihre Eigenhaftung beurteilt sich daher nach § 839 BGB mit Geltung des Verweisungsprivilegs (BGHZ 120, 376, 386). Bei Kassenpatienten besteht nach §§ 39, 115a, 115b SGB V auch eine Zuständigkeit des Krankenhauses für ambulante Versorgung. Deshalb kann der beamtete selbstliquidierende Arzt insoweit auch im Rahmen seiner Dienstpflichten tätig werden (STAUDINGER/HAGER [1999] Rn I 5 mwN). Auch die deliktische Haftung des beamteten Arztes gegenüber den Kassenpatienten einer vom Krankenhaus getragenen Institutsambulanz beurteilt sich nach § 839 BGB (BGHZ 120, 376, 385; STAUDINGER/HAGER [1999]).

2. Amtshaftung im öffentlichen Gesundheitswesen

597 Die Amtshaftung (§ 839 BGB iVm Art 34 GG) tritt dagegen ein, wenn die ärztliche Maßnahme sich als hoheitliche Zwangsbehandlung darstellt oder der Arzt mit ihr unmittelbar ein ihm übertragenes öffentliches Amt ausübt.

a) Ersteres ist beispielsweise der Fall bei der zwangsweisen Unterbringung in der geschlossenen Abteilung eines psychiatrischen Landeskrankenhauses; der BGH hat wegen der öffentlich-rechtlichen Organisation einer derartigen Anstalt auch deren Beziehungen zu einem freiwillig dort untergebrachten Insassen als Ausübung eines öffentlichen Amtes angesehen (BGHZ 38, 49 = LM BGB § 839 [Fc] Nr 18 m Anm KREFT). Weitere Einzelbeispiele: Amtshaftung wegen mangelhafter Sicherungseinrichtungen eines Landeskrankenhauses: BGHR § 839 Abs 1 S 1 Dritter 8; Sorgfaltspflichten gegenüber suizidgefährdeten Patienten in einem psychiatrischen Krankenhaus: BGH NJW 1994, 794; Amtshaftung des Krankenhausträgers für finanziell nachteilige Vermögensdispositionen, die der Betroffene aufgrund eines im Unterbringungsverfahren erstatteten unrichtigen psychiatrischen Gutachtens vorgenommen hat: BGH NJW 1995, 2412.

b) Die unmittelbare Ausübung eines übertragenen öffentlichen Amtes ist insbesondere bei Amtsärzten der Gesundheitsämter zu bejahen (zahlreiche Einzelbeispiele bei KREFT Rn 343). Zum Schutzzweck der Amtspflichten eines Amtsarztes, der die körperliche und geistige Eignung eines Bewerbers für die Erteilung oder Verlängerung einer Fahrerlaubnis zur Fahrgastbeförderung überprüft (§§ 15e, 15f StVZO); vgl

BGH NJW 1994, 2415: diese dient allein dem Schutz und der Sicherheit der beförderten Fahrgäste und will dem zu Untersuchenden die selbstverantwortliche Vor- und Fürsorge für die eigene Gesundheit nicht abnehmen. Die Durchführung von freiwilligen Schutzimpfungen durch Gesundheitsämter ist Ausübung eines anvertrauten Amtes, auch wenn sie durch nichtbeamtete Ärzte erfolgt (BGH NJW 1990, 2311). Zur Amtshaftung wegen unzureichender Risikoaufklärungen bei solchen Impfungen vgl BGH NJW 1990, 2311 (Schädigung des Impflings selbst); BGHZ 126, 386 (Schädigung einer Kontaktperson des Impflings). Aus den Ermittlungspflichten des Arztes des Gesundheitsamts, gegenüber dem der Verdacht auf eine Impfschädigung geäußert wird, kann sich eine Amtspflicht zur Belehrung ergeben, daß es zur Anerkennung eines Impfschadens einer hierauf gerichteten Antragstellung bedarf (BGH VersR 2001, 1108).

c) Die ärztliche Behandlung eines Soldaten in einem Sanitätszentrum der Bundeswehr ist grundsätzlich Wahrnehmung einer hoheitlichen Aufgabe und damit Ausübung eines öffentlichen Amtes im Sinne des Art 34 GG (BGHZ 108, 230; 120, 176; BGH NJW 1992, 744); dies gilt auch für die Behandlung eines Soldaten, die im Auftrag der Bundeswehr durch Ärzte eines zivilen Krankenhauses durchgeführt wird (BGHR GG Art 34 S 1 Heilbehandlung 4). Amtshaftungsansprüche, die wegen einer dabei erlittenen Gesundheitsschädigung geltend gemacht werden, sind nach Maßgabe des § 91a SVG beschränkt. Diese Beschränkung kann sogar zum vollständigen Wegfall des Anspruchs führen (BGHZ 120, 176). Die Amtspflicht des Musterungsarztes, einen korrekten ärztlichen Untersuchungsbefund über die Tauglichkeit eines Wehrpflichtigen zu erheben, hat nicht den Schutzzweck, den nicht Wehrdienstfähigen davor zu bewahren, durch den Wehrdienst Zeit für Ausbildung und Beruf zu verlieren (BGHZ 65, 197; bestätigt durch das BVerfG, mitgeteilt bei KREFT Rn 246). **598**

d) Der Durchgangsarzt einer Berufsgenossenschaft übt bei der ihm obliegenden Entscheidung, ob für die nach einem Arbeitsunfall dem Verletzten vom Unfallversicherungsträger zu gewährende Heilbehandlung die allgemeine Heilbehandlung ausreicht oder ob eine besondere Heilbehandlung zu erbringen und von wem diese durchzuführen ist, eine öffentlich-rechtliche Funktion aus. Nimmt er die Heilbehandlung des Verletzten in die eigenen Hände, so wird zwischen ihm und dem Patienten ein zivilrechtliches Behandlungsverhältnis begründet (BGHZ 63, 265, 270 ff; 126, 297, 300 f). **599**

3. Rettungs-, Notarzt- und Notfalldienst

a) Der Rettungsdienst ist in den einzelnen Bundesländern unterschiedlich geregelt. Beispielsweise ist er in Nordrhein-Westfalen (BGHR § 839 Abs 1 S 1 Notarzt 1; BGH NJW 1991, 2954; 1997, 2109, 2110) und in Bayern (BGHZ 120, 184, 187) öffentlich-rechtlich organisiert. Dort stellt sich das Führen eines Rettungswagens im rettungsdienstlichen Einsatz als Ausübung eines öffentlichen Amtes im Sinne des Art 34 S 1 GG dar. Das gilt auch dann, wenn der Kraftfahrzeugführer dem Träger des Rettungsdienstes von einer freiwilligen Hilfsorganisation, etwa dem Deutschen Roten Kreuz oder dem Malteser Hilfsdienst, zur Verfügung gestellt worden ist. Daher kommt bei Pflichtverletzungen, die von Rettungssanitätern oder -fahrern im Rahmen dieser Einsätze begangen werden, etwa bei schuldhaft verspätetem Eintreffen beim Notfallpatienten oder bei Verursachung eines Verkehrsunfalls auf der Rettungsfahrt, eine Amtshaftung der für den Rettungsdienst zuständigen kommunalen Körperschaft in Betracht **600**

(BGHR BGB § 839 Abs 1 S 1 Notarzt 1; NJW 1991, 2954; 1997, 2109, 2110). Anders ist es zB in Baden-Württemberg: Dort liegt der Rettungsdienst grundsätzlich in Händen nichtstaatlicher, privatrechtlich organisierter Leistungsträger. Nur soweit die bedarfsgerechte Versorgung der Bevölkerung mit leistungsfähigen Einrichtungen des Rettungsdienstes nicht sichergestellt ist, ist die Versorgung Pflichtaufgabe der Land- und Stadtkreise (BGHZ 118, 304, 306). Nur in diesem letzteren Bereich ist daher Raum für eine Amtshaftung. Anzumerken ist, daß dann, wenn eine Pflichtverletzung von einem im Rettungsdienst eingesetzten Zivildienstleistenden begangen wird, ausnahmslos eine Amtshaftung der Bundesrepublik Deutschland eintritt, gleichgültig in welcher Organisationsform der Rettungsdienst betrieben wird (BGHZ 118, 304; BGH NJW 1997, 2109; NVwZ 2000, 963; 2001, 835). Wird die Genehmigung zu Notfallrettung und Krankentransport einem privaten Unternehmer ohne Verträglichkeitsprüfung mit der Begründung verweigert, es bestehe kein Bedarf, stellt dies eine schuldhafte Amtspflichtverletzung dar (BayObLGZ 2000, 99).

601 b) Von dem „Rettungsdienst" ist der „Notarztdienst" begrifflich und rechtlich zu unterscheiden (LIPPERT NJW 1982, 2089, 2090). Bis zum Inkrafttreten des 2. GKV-Neuordnungsgesetzes vom 23.6.1997 (BGBl I 1520) war die Haftung für notärztliche Kunstfehler bundeseinheitlich wie folgt zu beurteilen, ohne Rücksicht darauf, ob der Rettungsdienst nach dem jeweiligen Landesrecht öffentlich-rechtlich oder privatrechtlich organisiert war: Die ärztliche Behandlung des Notfallpatienten, auch dann wenn es sich um einen Kassenpatienten handelte, der in öffentlich-rechtlicher Beziehung zum Träger der gesetzlichen Krankenversicherung stand, beruhte auf einem privatrechtlichen Rechtsverhältnis, sei es mit dem behandelnden Arzt selbst, sei es mit dem Träger des Krankenhauses, in dessen Dienst dieser stand. Grundlage dieses Rechtsverhältnisses war entweder – bei ansprechbaren Notfallpatienten – ein Behandlungsvertrag oder – bei bewußtlosen Notfallpatienten – die Geschäftsführung ohne Auftrag (BGHR BGB § 839 Abs 1 S 1 Notarzt 1; LIPPERT aaO 2092/2093). Es bewendete insoweit bei dem allgemeinen Grundsatz, daß die Heilbehandlung privatrechtlich ist, auch wenn sie auf Vorgängen des öffentlichen Rechts beruht. Durch das 2. GKV-Neuordnungsgesetz ist die den Inhalt und den Umfang der Sicherstellung der vertragsärztlichen Versorgung konkretisierende Norm des § 75 SGB V dahin geändert worden, daß die Sicherstellung auch die vertragsärztliche Versorgung zu den sprechstundenfreien Zeiten (Notdienst), nicht jedoch die notärztliche Versorgung im Rahmen des Rettungsdienstes umfaßt, es sei denn, Landesrecht bestimmt etwas anderes (§ 75 Abs 1 Satz 2 SGB V nF). Grund dieser Gesetzesänderung war die Erkenntnis, daß die notärztliche Versorgung im Rahmen des Rettungsdienstes keine typischerweise vertragsärztliche Aufgabe ist, sondern diese Leistungen vorrangig als Teil des durch Landesrecht geregelten Rettungsdienstes anzusehen sind (BT-Drucks 13/7264, 63 und 13/6578). Diese Gesetzesänderung hat bewirkt, daß der „Notarzt im Rettungsdienst" nunmehr eine grundsätzlich der Gesetzgebungskompetenz der Länder unterliegende Rechtsfigur ist. Dies hat die Folge, daß die Frage, ob Amtshaftung oder allgemeine Deliktshaftung eintritt, allein danach zu beantworten ist, ob das jeweilige Land den Rettungsdienst im allgemeinen öffentlich-rechtlich oder privatrechtlich organisiert hat. Im ersteren Falle übt der Notarzt unmittelbar ein ihm übertragenes öffentliches Amt aus (im Sinne der oben Rn 597 dargestellten Grundsätze). Dies gilt auch dann, wenn – wie in Bayern – unbeschadet der öffentlich-rechtlichen Ausgestaltung des Rettungsdienstes die notärztliche Behandlung, entsprechend der in § 75 Abs 1 Satz 2 SGB V nF enthaltenen „Rückgabeklausel", Gegenstand der vertragsärztlichen

Versorgung und von der Kassenärztlichen Vereinigung sicherzustellen ist (Art 21 des Bayerischen Rettungsdienstgesetzes). Bei einer privatrechtlichen Ausgestaltung, wie in Baden-Württemberg (so Rn 600), bewendet es dagegen bei den bisherigen Rechtsprechungsgrundsätzen (so).

c) Wird der Notarzt selbst bei einem rettungsdienstlichen Notarzteinsatz durch **602** Verschulden eines hoheitlich handelnden Rettungssanitäters verletzt, etwa durch einen von diesem auf der Rettungsfahrt verursachten Verkehrsunfall, so können ihm Amtshaftungsansprüche gegen die zuständige kommunale Körperschaft zustehen. Dies gilt uneingeschränkt bei frei praktizierenden Ärzten (BGH NJW 1991, 2954). Bei angestellten Krankenhausärzten, die nach § 539 Abs 1 Nr 1 RVO (jetzt § 2 Abs 1 Nr 1 SGB VII) unfallversichert sind, kann ein Haftungsausschluß nach §§ 636, 637 RVO (jetzt: §§ 104 ff SGB VII) stattfinden (BGHR RVO § 637 Notarzt 1).

d) Die Amtspflicht einer in der Rechtsform einer Körperschaft des öffentlichen **603** Rechts bestehenden Kassenärztlichen Vereinigung, aufgrund ihres Sicherstellungsauftrages die zum Einsatz mit Notarztwagen im Rahmen des – öffentlich-rechtlich organisierten – Rettungsdienstes erforderlichen Notärzte zur Verfügung zu stellen, dient auch dem Individualinteresse des einzelnen, durch einen rettungsdienstlichen Notfall betroffenen Versicherten. Diesem können daher Amtshaftungsansprüche gegen die Kassenärztliche Vereinigung zustehen, wenn diese durch einen schuldhaften Organisationsmangel ein verspätetes Eintreffen des Notarztes am Unfallort verursacht hat (BGHZ 120, 184). Vgl in diesem Zusammenhang jedoch auch SOERGEL/ VINKE Rn 173 m Fn 39, der darauf hinweist, daß nach dem Zweiten GKV-Neuordnungsgesetz vom 23. 6. 1997 (BGBl I 1520) in SGB V § 75 Abs 1 S 1 die Sicherstellung des Rettungsdienstes aus dem Pflichtenkatalog des Sicherstellungsauftrages der Kassenärztlichen Vereinigungen ausdrücklich ausgenommen worden ist.

e) Der allgemeine (kassen-)ärztliche Not**fall**dienst stellt im Rahmen des durch die **604** Kassenärztlichen Vereinigungen und die Ärztekammern organisierten ambulanten Notfall- und Bereitschaftsdienstes die ambulante ärztliche Behandlung bei dringenden Behandlungsfällen in solchen Zeiträumen sicher, in denen die in freier Praxis niedergelassenen Ärzte üblicherweise keine Sprechstunden abhalten (BGHZ 120, 184, 186). Die Heranziehung von Kassenärzten und Nicht-Kassenärzten zum Notdienst im Rahmen eines gemeinsamen Notdienstplans von Ärztekammern und Kassenärztlicher Vereinigung stellt jedenfalls insoweit keine drittgerichtete Amtspflichtverletzung zum Nachteil des einzelnen Kassenarztes dar, als dieser sich dadurch beeinträchtigt glaubt, daß er bei der Einteilung in zu geringem Umfang berücksichtigt worden sei, weil auch die Mitwirkung von Ärzten vorgesehen war, die nicht der Kassenärztlichen Vereinigung angehören (BGHR BGB § 839 Abs 1 S 1 Notfalldienst 1). Im umgekehrten Fall einer übermäßigen Heranziehung zum Notfalldienst kommt dagegen eine Amtspflichtverletzung der Kassenärztlichen Vereinigung zu Lasten dieses Mitglieds als eines geschützten „Dritten" im Sinne des § 839 Abs 1 S 1 BGB iVm Art 34 GG in Betracht (BGHR § 839 Abs 1 S 1 Notfalldienst 2).

4. Weitere Beispiele für drittgerichtete Amtspflichten der Kassenärztlichen Vereinigung gegenüber ihren Mitgliedern

Bei der Gestaltung des Verteilungsmaßstabs für die von der Krankenkasse entrich- **605** tete Gesamtvergütung haben die rechtsetzenden Organe der Kassenärztlichen Vereinigung gegenüber den Mitgliedern (Kassenärzten) die Amtpflicht, sich im Rahmen einer Selbstverwaltungszuständigkeit zu halten und nicht in unzulässiger Weise den „Zulassungsstatus" der Mitglieder zu schmälern (BGHZ 81, 21). Auch bei der Vereinbarung des einheitlichen Bewertungsmaßstabs für die ärztlichen Leistungen durch den Bewertungsausschuß (SGB V § 87) obliegen den von der Kassenärztlichen Bundesvereinigung entsandten Mitgliedern Amtspflichten gegenüber den Vertragsärzten, soweit es um die Beachtung und Wahrung ihres Zulassungsstatus geht. Greift der Bewertungsausschuß durch übereinstimmenden Beschluß rechtswidrig in den Zulassungsstatus eines Vertragsarztes ein, haftet die Kassenärztliche Bundesvereinigung für die von ihr in diesen Ausschuß entsandten Mitglieder, die ihren Weisungen unterliegen, nach Amtshaftungsgrundsätzen (BGH WM 2002, 1137). Pflicht der Kassenärztlichen Vereinigung, den ihr gesetzlich zugewiesenen Aufgabenbereich nicht zu überschreiten (dort: durch Honorierung von Leistungen einer ärztlich geleiteten Einrichtung, die an der kassenärztlichen Versorgung überhaupt nicht teilgenommen hatte): BGHR § 839 Abs 1 S 1 Dritter 38. Mögliche Pflichtverletzung durch rechtswidrige Weigerung einer Kassenärztlichen Vereinigung, der Erbringung kassenärztlicher Leistungen mit einem Computertomographen zuzustimmen (BGHZ 132, 181).

5. Testamentserrichtung im Krankenhaus

606 Der Träger eines Krankenhauses ist gehalten, einem Patienten, der ein Testament zu errichten wünscht, zur Erfüllung dieses Wunsches jede mit der Anstaltsordnung zu vereinbarende und zumutbare Unterstützung zu gewähren. Dazu gehört zumindest, daß alles unterlassen wird, was die Errichtung eines wirksamen Testaments gefährden oder verhindern kann. Die pflichtwidrige Mitwirkung von Krankenhauspersonal an der Errichtung eines formunwirksamen Testaments kann daher Schadensersatzansprüche derjenigen Personen begründen, die wegen der Formunwirksamkeit nicht in den Genuß der ihnen zugedachten Zuwendung gelangen (BGH NJW 1989, 2945). Bei einem Krankenhaus in öffentlich-rechtlicher Trägerschaft hat der BGH die Amtshaftung als Grundlage für diesen Schadensersatzanspruch in einem Fall für möglich gehalten, der sein Gepräge dadurch erhalten hatte, daß dort ein kommunaler Beamter als Leiter des Krankenhauses in seiner, noch durch die Führung des Dienstsiegels herausgehobenen amtlichen Eigenschaft tätig geworden war (BGH NJW 1958, 2107). In einer späteren Entscheidung hat der BGH die Anspruchsgrundlage offengelassen und als Alternative zur Amtshaftung in Betracht gezogen, daß der Krankenhausaufnahmevertrag Schutzwirkungen zugunsten Dritter (der durch das Testament zu bedenkenden Personen) entfalten konnte (NJW 1989, 2945).

6. Amtstierärzte

607 S die Rechtsprechungsübersicht bei KREFT Rn 346. Aus den dort nachgewiesenen Entscheidungen sind hervorzuheben: BGH LM § 839 Fc Nr 6: Amtshaftung gegenüber dem einzelnen Viehhalter wegen einer von einem beamteten Tierarzt zu Unrecht verweigerten Marktbescheinigung über Tuberkulosefreiheit der bei einer Viehversteigerung zum Verkauf gestellten Rinder; LM § 839 Fc Nr 7: zur Frage, inwieweit dem beamteten Tierarzt im staatlichen Tuberkulose-Bekämpfungsverfahren Amtspflichten gegenüber den einzelnen Viehhaltern obliegen. LM § 839 B Nr 11: Der Leiter eines öffentlichen Schlachthofes ist berechtigt und verpflichtet, in den

Schlachthof eingeführtes Fleisch, das nach seiner pflichtgemäßen, sachverständigen Überzeugung verdorben ist, vorübergehend „anzuhalten", um eine lebensmittelpolizeiliche Untersuchung und Entschließung der zuständigen Stellen herbeizuführen. Jedoch muß er diese Untersuchung und Entschließung unverzüglich herbeiführen, da er hierbei auch die Interessen und Belange des über das Fleisch Verfügungsberechtigten zu wahren hat.

7. Sonstiges

Die chemischen Untersuchungsämter, die als Kontrollorgane für die öffentliche Gesundheitsaufsicht und -fürsorge eingeschaltet sind, üben bei der Erstattung von Gutachten, auch wenn diese von privater Seite erbeten oder angeregt werden, in der Regel eine schlicht hoheitliche Tätigkeit aus. Für Pflichtverletzungen kann daher die Amtshaftung eintreten. „Dritter" ist auch der, der durch ein unrichtiges oder irreführendes Gutachten im Zusammenhang mit der Untersuchung berührt oder geschädigt werden kann; zB bei einem vom Käufer eines bestimmten Produktes (dort: Wein) eingeholten Gutachten, das zu dem unzutreffenden Ergebnis führt, das betreffende Produkt sei mangelhaft, auch der Lieferant (BGH LM § 839 Fc Nr 19; dort auch zum Umfang der Amtspflichten eines staatlichen Weinkontrolleurs). **608**

III. Polizei- und Ordnungsbehörden

1. Polizei

Die allgemeine Aufgabe der Polizei besteht nach der klassischen Formulierung des § 14 PrPVG darin, „im Rahmen der geltenden Gesetze die nach pflichtmäßigem Ermessen notwendigen Maßnahmen zu treffen, um von der Allgemeinheit oder den einzelnen Gefahren abzuwenden, durch die die öffentliche Sicherheit oder Ordnung bedroht wird". Die entsprechenden Bestimmungen der einzelnen Landespolizeigesetze haben zum Teil einen abweichenden Wortlaut, stimmen aber inhaltlich mit diesem Grundsatz weitgehend überein. **609**

a) Die Pflicht der Polizei (Ordnungsbehörde), von der Allgemeinheit oder dem einzelnen Gefahren abzuwehren, durch die die öffentliche Sicherheit oder Ordnung bedroht wird, bedeutet nach heutiger Auffassung einen umfassenden Auftrag, das Recht zu schützen. Dieser Auftrag umschließt sowohl den Schutz der Rechte und Rechtsgüter des einzelnen als auch den Schutz des Gemeinwesens, seiner Normen und Einrichtungen. Der einzelne ist also nicht mehr nur – reflexartig – über die „Allgemeinheit" geschützt; wo gewichtige und eines polizeilichen (ordnungsbehördlichen) Schutzes bedürftige Individualinteressen auf dem Spiel stehen, ist vielmehr die Ermächtigung der Polizei (Ordnungsbehörde) zum Tätigwerden auch dem Schutz dieser Interessen zu dienen bestimmt. Daß das Gesetz regelmäßig auch das Vorliegen eines öffentlichen Interesses fordert, macht das Individualinteresse nicht zu einem unselbständigen Teil des Allgemeininteresses, sondern besagt nur, daß die Polizei (Ordnungsbehörde) nicht tätig werden soll, wo es ausschließlich um private Belange geht. Wo nach diesen Grundsätzen im Einzelfall die Polizeibehörden (Ordnungsbehörden) **verpflichtet** sind, zum Schutz bedrohter Individualinteressen einzugreifen, handelt es sich um Amtspflichten im Sinne von § 839 Abs 1 BGB, die den Beamten den geschützten Dritten gegenüber obliegen (BGHZ 78, 144, 152 m zahlr wN).

610 b) Insbesondere besteht eine Pflicht der Polizei zur Verhinderung von Straftaten, die ihr gegenüber jedem obliegt, dessen Rechtskreis durch eine Verletzung dieser Pflicht bedroht ist (BGHZ 54, 169; BGH LM § 839 Fg Nr 5; VersR 1966, 1049; vgl auch RGZ 147, 144 betreffend Nichteinschreiten gegen Sachbeschädiger; RGZ 172, 11 betreffend Nichtverhinderung einer drohenden Entfernung vom Unfallort; BGHZ 12, 206 betreffend ungenügende Überwachung eines Asozialenlagers). Auch die an sich im Interesse der Allgemeinheit bestehende Pflicht, von Amts wegen strafbare Handlungen zu erforschen und zu verfolgen (§ 163 StPO), kann eine Amtspflicht darstellen, die der Polizei dem einzelnen gegenüber obliegt. So besteht dem in Verdacht einer strafbaren Handlung Geratenen (dem Beschuldigten) gegenüber die Pflicht, den wirklichen Täter zu ermitteln und Unschuldige vor der Verfolgung zu schützen; einem strafgerichtlich Verurteilten gegenüber besteht die Amtspflicht, später hervortretenden Umständen sorgfältig nachzugehen, die zur Feststellung seiner Unschuld und zur Ermittlung des wirklichen Täters führen könnten (OLG Stuttgart JZ 1967, 534). Auch dem von der Straftat Betroffenen (dem Verletzten) gegenüber obliegen Amtspflichten. So besteht gegenüber einem Bestohlenen die Amtspflicht, für Ermittlung und Rückerlangung des gestohlenen Gutes zu sorgen, jedenfalls dann, wenn der Geschädigte genaue Hinweise über den Aufbewahrungsort des gestohlenen Gutes gegeben hat (RGZ 154, 266; OGHZ 4, 263).

611 c) Bei der Frage, inwieweit bei Gefahr bergenden Veranstaltungen, zB bei Autorennen oder sportlichen Wettkämpfen, die zum Zusammenströmen großer Menschenmengen führen, die Polizei einer Verpflichtung zur Gefahrenabwehr nachkommen muß, ist zu berücksichtigen, daß es eine absolute Gefahrenfreiheit nicht gibt, der Verkehr vielmehr gewisse Grenzen als unvermeidlich hinnehmen muß (BGH NJW 1962, 1245). Es wäre deshalb unzumutbar, von der Polizei zu verlangen, daß sie jede entfernte Möglichkeit eines Schadens in Betracht ziehe. Andererseits darf aber hinsichtlich der Anforderungen an die Sorgfalt bei der Gefahrenabwendungspflicht auch nicht auf eine im Verkehr eingerissene Nachlässigkeit und Unsitte Rücksicht genommen werden (BGHZ 5, 318; NJW 1962, 1245).

612 d) Die Pflicht der Polizei zur Gefahrenabwehr wird auch nicht dadurch ausgeschlossen, daß auch ein anderer rechtlich zur Beseitigung der Gefahrenquelle verpflichtet ist (BGH VersR 1964, 925 betreffend Abwendung von Gefahren für den Verkehr durch Ölverschmutzung einer Straße, wenn eine Beseitigungspflicht auch aufgrund von Verkehrssäuberungs- oder Wegereinigungspflicht besteht; vgl dazu § 32 StVO, s auch OLG Hamm VersR 1994, 726: Pflicht zur Beseitigung einer Ölspur kann Individualinteressen schützen). Ebensowenig wird die Pflicht der Polizei zum Einschreiten dadurch eingeschränkt, daß auch einer anderen Stelle Möglichkeiten zur Beseitigung der Gefahr zur Verfügung stehen (BGH LM LebensmittelG § 13 Nr 1 betreffend Pflicht der Polizei, Gefährdungen aus genußuntauglichen Lebensmitteln durch deren präventivpolizeiliche Sicherstellung zu verhindern, ohne Rücksicht darauf, daß diese auch im Strafverfahren der Einziehung unterliegen).

613 e) Welche Maßnahmen zur Gefahrenabwehr notwendig sind, unterliegt grundsätzlich dem pflichtmäßigen Ermessen. Wegen der Nachprüfung der Ermessensausübung im Amtshaftungsprozeß vgl den Abschnitt „Feuerschutz" (Rn 698 ff). Pflichtwidrig handelt danach ein Polizeibeamter, wenn er überhaupt keine Erwägungen angestellt, sich von sachfremden Erwägungen hat leiten lassen oder sein Vorgehen mit den an eine ordnungsmäßige Verwaltung zu stellenden Anforderungen schlechterdings unvereinbar ist (BGHZ 2, 209, 214; 4, 302, 311; 12, 206, 208; 45, 143, 146). So kann zwar in kritischen Situationen auch ein selbst nicht ungefährliches Eingreifen berechtigt sein, keinesfalls aber eine Maßnahme, die – was Gegenstand der Nachprüfung im Amtshaftungsverfahren ist – objektiv weder zur Abwehr noch zur Minderung der Gefahr geeignet ist, zB wenn eine zur Gefahrenabwehr bestimmte Maßnahme so getroffen wird, daß dem, dessen Schutz bezweckt war, nur ein Schaden erwachsen konnte (BGHZ 45, 143, 148). Besteht eine der Polizei gegenüber dem Gefahrbedrohten obliegende Amtspflicht zum Einschreiten (so Rn 609 ff), so steht die Auswahl der zu ergreifenden Maßnahmen nur insoweit in ihrem Ermessen, als diese noch geeignet sind, den angestrebten Zweck der Gefahrenabwehr hinreichend zu erfüllen (BGH NJW 1962, 1245).

f) Aus dem allgemein geltenden Grundsatz, daß unbeteiligte Dritte, die von einer **614** Amtstätigkeit nicht berührt werden sollen, nicht dadurch beeinträchtigt werden dürfen, folgt, daß die Polizei ihre Gefahrenabwehrmaßnahmen nicht ohne Rücksicht auf die erkennbaren Folgen für unbeteiligte Dritte treffen darf. Sie muß ihre Maßnahmen so einrichten, daß die sich daraus für solche Dritte möglicherweise ergebenden Maßnahmen möglichst gering bleiben. Wiegen die einem Dritten drohenden Nachteile schwerer als die zu beseitigende oder zu verhütende Gefahr, so muß die Polizei von den beabsichtigten Maßnahmen überhaupt absehen (BGHZ 12, 325). Dies gilt besonders für den polizeilichen Schußwaffengebrauch, einschließlich der Abgabe von Warnschüssen, bei der Verfolgung Flüchtender, die sich der Festnahme entziehen wollen; es sind dabei die Gefahren zu erwägen, die mit Abprallern und Querschlägern verbunden sind (vgl RGZ 108, 366; BGH VersR 1964, 534). Bei der Frage, ob es (im Rahmen der Vorschriften über den Waffengebrauch) des Gebrauchs der Waffe bedurfte, ist grundsätzlich ein strenger Maßstab anzulegen (vgl BGHR § 839 Abs 1 S 1 Polizeibeamter 1, wo ein amtspflichtwidriger Schußwaffengebrauch bei einer nächtlichen Verfolgungsfahrt verneint worden ist). Über Aufopferungsansprüche der von der Amtsausübung betroffenen unbeteiligten Dritten vgl den dortigen Abschnitt (Rn 510).

g) Beispiele für Folgerungen aus dem Grundsatz der Verhältnismäßigkeit des **615** Eingriffs: Eine an sich zulässige präventive polizeiliche Beschlagnahme (Sicherstellung) darf nicht zur Vernichtung des beschlagnahmten Gegenstandes führen (vgl RG HRR 1929 Nr 598 betreffend die Beschlagnahme von leicht verderblichem Obst zur Verhinderung eines ungenehmigten Straßenhandels). Die Pflicht, die Folgen des polizeilichen Eingriffs möglichst schonend für den Betroffenen zu gestalten, bewirkt, daß die Polizeibehörde, wenn sie einen Räumungsschuldner zur Vermeidung der Obdachlosigkeit (im polizeilichen Notstand) wieder in einen Teil der Räume einweist, sofort sinnvolle und zweckentsprechende Maßnahmen zu einer möglichst baldigen anderweitigen Unterbringung zu treffen hat (BGHZ 35, 37 in Ergänzung von BGH LM § 839 Fe Nr 18; NJW 1959, 768; s zur entsprechenden Amtspflicht der Ordnungsbehörden auch weiter unten Rn 618). Die Zulässigkeit der Anwendung unmittelbaren Zwangs durch Polizeibeamte schließt die Annahme amtspflichtwidrigen Verhaltens bei der Durchführung der Zwangsmaßnahme nicht aus (BGH VersR 1964, 68). S auch OLG München NJW-RR 1997, 279, betreffend rechtswidriges Festhalten im Polizeigewahrsam.

Ein Eingreifen in rein privatrechtliche Auseinandersetzungen gehört nicht zum Aufgabenbereich der Polizei. Eine Amtspflichtverletzung durch Überschreitung der sachlichen Zuständigkeit liegt aber nicht vor, wenn bei einer privatrechtlichen Auseinandersetzung die Polizei einem Beteiligten einen Polizeibeamten lediglich zu dem

Zweck beigibt, ihn vor tätlichen Angriffen zu schützen (Verhinderung strafbarer Handlungen), ohne sich in die privatrechtlichen Angelegenheiten einzumischen, und der Polizeibeamte sich in diesem Rahmen hält (RG HRR 1930 Nr 900).

616 h) Weitere Einzelfragen: Zur Verletzung der beamtenrechtlichen Verschwiegenheitspflicht während des von der Polizei betriebenen strafrechtlichen Ermittlungsverfahrens s BGHZ 34, 134. Zu der zeitweise umstrittenen Frage der Rechtmäßigkeit eines Schußwaffengebrauchs, wenn dieser durch polizeirechtliche Vorschriften eingeschränkt, aber nach der allgemeinen Vorschrift über Notwehr und Nothilfe (§ 227 BGB, § 32 StGB) erlaubt ist, vgl KIRCHHOF JuS 1979, 428, 431. Ein Polizeibeamter als Hilfsbeamter der Staatsanwaltschaft kann amtspflichtwidrig handeln, wenn er dem Auftraggeber eines Privatdetektivs empfiehlt, den Ermittlungsauftrag wegen angeblicher Störung staatsanwaltschaftlicher Ermittlungen zu kündigen; der Detektiv wurde im konkreten Fall als geschützter „Dritter" angesehen (BGHR § 839 Abs 1 S 1 Polizeibeamter 2). Ein Polizeibeamter, der mit Billigung seines Dienstherrn nach Dienstschluß seine Dienstwaffe nach Hause nimmt und dort verwahrt, handelt insoweit regelmäßig in Ausübung eines öffentlichen Amts. Für Schäden aus einer unsorgfältigen Verwahrung – der Sohn des Beamten hatte die geladene Waffe an sich genommen und eine andere Person durch einen Schuß verletzt – haftet deshalb nicht der Beamte persönlich, sondern dessen Dienstherr (BGH NVwZ 2000, 467). Zur Beschädigung eines polizeilich sichergestellten Kraftfahrzeugs durch vorsätzliche Fremdeinwirkung (Vandalismus) s BGHZ 100, 335. Bei Maßnahmen der Straßenverkehrssicherungspflicht, die die Polizei im Rahmen ihrer Eilzuständigkeit anstelle des Straßenbaulastträgers trifft, und dabei begangenen Amtspflichtverletzungen kann die Polizei sich nicht auf das Verweisungsprivileg des Absatzes 1 S 2 berufen (OLG Celle NZV 1993, 192; OLG Hamm VersR 1994, 726), wohl aber, wenn ein Polizeibeamter es fahrlässig versäumt hat, eine Ampelstörung zu melden (BGHZ 91, 48). Die Bestimmungen des „Leitfadens für die Eigensicherung im Polizeidienst beim Gefangenentransport" begründen keine Amtspflichten, die den Polizeibeamten gegenüber der zu transportierenden Person obliegen (OLG Celle VersR 2001, 1288).

617 i) Das OLG Hamm hat mit Recht entschieden, daß das Land Nordrhein-Westfalen dem Eigentümer eines von Jugendlichen entwendeten Kfz nicht für Schäden haftete, die dadurch entstanden waren, daß die Polizei das Kfz mit einem Polizeifahrzeug auf der Autobahn gerammt hatte, um den Fahrer zum Anhalten zu veranlassen. Diese Maßnahmen war objektiv amtspflichtgemäß gewesen. Auch ein Anspruch aus enteignendem Eingriff wurde zutreffend verneint, da sich hier lediglich das allgemeine Risiko des Eigentümers verwirklicht hatte, daß das Fahrzeug entwendet wurde (OLG Hamm NJW 1988, 1096).

2. Ordnungsbehörden

618 Die vorstehend wiedergegebenen Grundsätze über die Drittgerichtetheit der von den Polizeibehörden zur Gefahrenabwehr zu ergreifenden Maßnahmen, über die Mittel der Gefahrenabwehr und über die Beachtung des Gebots der Verhältnismäßigkeit gelten für Ordnungsbehörden entsprechend. Einzelfälle aus der neueren Rechtsprechung des BGH: Wenn im Falle der behördlichen Einweisung eines Obdachlosen dieser sich nach Ablauf der Einweisungsfrist weigert auszuziehen, ist die einweisende Ordnungsbehörde gegenüber dem betroffenen Eigentümer verpflichtet, die Wohnung freizumachen; dies gilt auch dann, wenn es sich um eine Einweisung in die von dem Eingewiesenen bisher genutzte Wohnung handelt und der Eigentümer einen Räumungstitel besitzt. Kommt die Einweisungsbehörde nach Ablauf der Einweisungsfrist ihrer Pflicht zur Freimachung der Wohnung nicht nach, so steht es einem Amtshaftungsanspruch nicht entgegen, wenn der Eigentümer die Räumung mit Hilfe eines privatrechtlichen Titels auf seine Kosten selbst bewirkt (BGHZ 130, 332). Ein Amtshaftungsanspruch wurde ferner in einem Falle bejaht, in dem die Ordnungsbehörde nach dem Brand eines Hauses die sofortige Niederlegung der Brandruine durch einen privaten Abbruchunternehmer veranlaßt hatte und dabei ein zusätzlicher, von der Feuerversicherung nicht gedeckter Schaden entstanden war. Die Amtspflichtverletzung wurde dort darin erblickt, daß der Leiter des Ordnungsamtes im Zuge der Durchführung des angeordneten Abbruchs nicht alle zum Schutz des Eigentums gebotenen Maßnahmen und Vorkehrungen getroffen hatte. Insbesondere fiel ihm bei der Beauftragung des – für diese Aufgabe nicht geeigneten – privaten Abbruchunternehmers ein Auswahl- und Überwachungsverschulden zur Last (BGH NVwZ 1993, 1228).

3. Landesrechtliche Polizei- und Ordnungsbehördenhaftung

a) Wichtig ist, daß Maßnahmen der Polizei- und Ordnungsbehörden auch landesrechtliche Entschädigungsansprüche begründen können. Als Beispiel möge das praktisch besonders wichtige Regelungswerk der §§ 39 bis 43 OBG NW dienen, das nachfolgend in vollem Wortlaut wiedergegeben wird. Diese Bestimmungen gelten auch für die Polizei (§ 45 PolG NW):

§ 39
Zur Entschädigung verpflichtende Maßnahmen

(1) Ein Schaden, den jemand durch Maßnahmen der Ordnungsbehörden erleidet, ist zu ersetzen, wenn er
  a) infolge einer Inanspruchnahme nach § 19 oder
  b) durch rechtswidrige Maßnahmen, gleichgültig, ob die Ordnungsbehörden ein Verschulden trifft oder nicht,
  entstanden ist.

(2) Ein Ersatzanspruch besteht nicht,
  a) soweit der Geschädigte auf andere Weise Ersatz erlangt hat oder
  b) wenn durch die Maßnahme die Person oder das Vermögen des Geschädigten geschützt worden ist.

(3) Soweit die Entschädigungspflicht wegen rechtmäßiger Maßnahmen der Ordnungsbehörden in anderen gesetzlichen Vorschriften geregelt ist, finden diese Anwendung.

§ 40
Art, Inhalt und Umfang der Entschädigungsleistung

(1) Die Entschädigung nach § 39 Abs. 1 wird nur für Vermögensschäden gewährt. Für entgangenen Gewinn, der über den Ausfall des gewöhnlichen Verdienstes oder Nutzungsentgelts hinausgeht, und für Vermögensnachteile, die nicht in unmittelbarem Zusammenhang mit der zu entschädigenden Maßnahme stehen, ist jedoch eine Entschädigung nur zu leisten, wenn und soweit dies zur Abwendung unbilliger Härten geboten erscheint.

(2) Die Entschädigung ist in Geld zu gewähren. Hat die zur Entschädigung verpflichtende Maßnahme der Ordnungsbehörde die Aufhebung oder Verminderung der Erwerbsfähigkeit oder eine Vermehrung der Bedürfnisse oder den Verlust oder die Verminderung eines Rechts auf Unterhalt zur Folge, so ist die Entschädigung durch Entrichtung einer Geldrente zu gewähren. Statt der Rente kann eine Abfindung in Kapital verlangt werden, wenn ein wichtiger Grund vorliegt.

(3) Die Entschädigung ist nur gegen Abtretung der Ansprüche zu gewähren, die dem Entschädigungsberechtigten auf Grund der Maßnahme, auf der die Entschädigungsverpflichtung beruht, gegen Dritte zustehen.

(4) Hat bei der Entstehung des Schadens ein Verschulden des von der Maßnahme der Ordnungsbehörde Betroffenen mitgewirkt, so ist das Mitverschulden bei der Bemessung der Entschädigung zu berücksichtigen.

(5) Soweit die zur Entschädigung verpflichtende Maßnahme eine Amtspflichtverletzung darstellt, bleiben die weitergehenden Ersatzansprüche unberührt.

§ 41
Verjährung des Entschädigungsanspruchs

Der Entschädigungsanspruch verjährt in drei Jahren von dem Zeitpunkt an, in welchem der Geschädigte von dem Schaden und von der zur Entschädigung verpflichteten Körperschaft Kenntnis erlangt, ohne Rücksicht auf diese Kenntnis in dreißig Jahren von der Entstehung des Entschädigungsanspruchs an.

§ 42
Entschädigungspflichtiger

(1) Entschädigungspflichtig ist der Träger der ordnungsbehördlichen Kosten (§ 45). Dies gilt auch dann, wenn die Maßnahme auf Ersuchen der Ordnungsbehörde von der Polizei durchgeführt worden ist. Soweit eine Entschädigungspflicht lediglich durch die Art der Durchführung des Ersuchens entsteht, ist der Träger der Polizeikosten dem Träger der ordnungsbehördlichen Kosten erstattungspflichtig.

(2) Wer nach § 39 Abs. 1 Buchstabe a zum Ersatz verpflichtet ist, kann in entsprechender Anwendung der Vorschriften des Bürgerlichen Gesetzbuches über die Geschäftsführung ohne Auftrag den Ersatz seiner Aufwendungen von den nach §§ 17 und 18 ordnungspflichtigen Personen verlangen.

**§ 43
Rechtsweg für Entschädigungs-, Ersatz- und Erstattungsansprüche**

(1) Über die Entschädigungsansprüche nach den §§ 39 bis 42 entscheiden im Streitfall die ordentlichen Gerichte.

(2) Über die Erstattungsansprüche nach § 42 Abs. 1 Satz 3 sowie über die Ersatzansprüche nach § 42 Abs. 2 entscheiden im Streitfall die Verwaltungsgerichte.

b) Die Ordnungsbehördenhaftung für rechtswidrige Maßnahmen nach § 39 Abs 1 Buchst b OBG NW ist verschuldensunabhängig und verzichtet auch auf die Drittgerichtetheit der verletzten Amtspflicht als haftungsbegrenzendes Kriterium. Sie geht in ihrem Anwendungsbereich den Haftungsinstituten des enteignungsgleichen und aufopferungsgleichen Eingriffs vor, soweit durch die jeweilige rechtswidrige Maßnahme ein ansonsten durch jene allgemeinen Haftungsinstitute geschütztes Rechtsgut betroffen ist (vgl zB BGHZ 72, 273; 125, 258, 264). Darin erschöpft sich der Anwendungsbereich der Ordnungsbehördenhaftung jedoch nicht; sie kann vielmehr auch bei Schädigungen solcher Rechtsgüter eintreten, die weder dem enteignungs- noch dem aufopferungsgleichen Eingriff unterfallen, beispielsweise solchen, die ausschließlich durch Art 12 GG geschützt werden (so Rn 506). Insbesondere gilt dies, wenn die rechtswidrige Maßnahme den Zweck gehabt hatte, den Betroffenen zu begünstigen (zB rechtswidrige Baugenehmigung oder sonstige Erlaubnis; unrichtige Auskünfte).

Der Begriff der „Maßnahme" ist vom Gesetz bewußt weit gefaßt worden. Dazu zählen beispielsweise: die (positive) Erteilung einer Baugenehmigung und die Befreiung von den Festsetzungen eines Bebauungsplans durch die Baugenehmigungsbehörde (BGHZ 72, 273, 275; BGH NJW 1979, 34), die ablehnende Bescheidung einer Bauvoranfrage, die Zurückstellung (§ 15 BauGB) und die Ablehnung eines Baugesuchs durch die Baugenehmigungsbehörde (BGHZ 82, 361, 362; 84, 292, 295), die Inanspruchnahme eines Grundstücks zur Abwehr einer vom Nachbargrundstück drohenden Gefahr (BGH, Beschluß vom 31.1.1980 – III ZR 140/78). Auch dem betroffenen Nachbarn gegenüber kann eine zu Unrecht erteilte Baugenehmigung eine entschädigungspflichtige rechtswidrige Maßnahme darstellen (BGHZ 86, 356). Die Entziehung der Erlaubnis zum Betrieb eines Hotels gemäß § 15 Abs 2 GastG ist vom weiten Begriff der Maßnahme ebenfalls erfaßt (BGH VersR 1965, 140). Nicht nur den förmlich erlassenen Verwaltungsakt hat der BGH als Maßnahme im Sinne des § 39 Abs 1 Buchst b OBG gewertet, sondern auch die Erteilung einer mündlichen Auskunft, wenn und solange der auskunftsuchende Bürger auf ihre Richtigkeit vertrauen durfte (BGH NJW 1978, 1522/1523). Sogar die Abgabe einander widersprechender Lichtzeichen durch eine Lichtzeichenanlage (sogenanntes „feindliches Grün") kann den Verkehrsteilnehmern gegenüber eine rechtswidrige Maßnahme im Sinne des § 39 Abs 1

Buchst b OBG NW darstellen (BGHZ 99, 249 unter Aufgabe der anderslautenden früheren Rechtsprechung [BGHZ 54, 332]).

621 Ein reines Unterlassen erfüllt dagegen grundsätzlich nicht die Merkmale einer ordnungsbehördlichen Maßnahme, selbst wenn dem betroffenen Bürger ein Anspruch auf behördliches Handeln zusteht. Beim „schlichten" Unterlassen wird dem Bürger nichts genommen, nur etwas vorenthalten. Nur ausnahmsweise kann ein Unterlassen als ein in den Rechtskreis des Betroffenen eingreifendes Handeln zu qualifizieren sein. Ein solches „qualifiziertes" Unterlassen setzt jedoch voraus, daß unmittelbar auf eine geschützte Rechtsposition eingewirkt wird, wie es etwa bei einer förmlichen, dem geltenden Recht widersprechenden Ablehnung einer Bauerlaubnis der Fall sein kann (BGHR NW OBG § 39 Abs 1 Buchst b Maßnahme 3 mwN). Insoweit gelten die zum enteignungsgleichen Eingriff entwickelten Grundsätze entsprechend (so Rn 476).

622 c)   Als haftungsbegrenzendes Kriterium ist auch im Anwendungsbereich des § 39 Abs 1 Buchst b OBG NW der Schutzzweck der verletzten Rechtsnorm uneingeschränkt heranzuziehen. So hat ein Grundstückseigentümer, der sich durch eine für ein Nachbargrundstück erteilte rechtswidrige Baugenehmigung beeinträchtigt fühlt, keinen Entschädigungsanspruch, wenn die verletzte Rechtsnorm keinen nachbarschützenden Charakter gehabt hatte (BGHZ 86, 356). Ein weiteres Beispiel, in dem trotz festgestellter Rechtswidrigkeit der ordnungsbehördlichen Maßnahme (dort: Baugenehmigung) ein Entschädigungsanspruch verneint wurde, weil der geltend gemachte Schaden nicht im Schutzbereich der Ordnungsbehördenhaftung lag: BGHZ 123, 191. Vgl in diesem Zusammenhang auch BGHZ 117, 83, wo mangels eines schutzwürdigen Vertrauens bereits der Maßnahmecharakter der betreffenden mündlichen Erklärung im Bauvoranfrageverfahren verneint worden ist.

623 d)   Der Entschädigungsanspruch für rechtmäßige Maßnahmen nach § 39 Abs 1 Buchst a OBG NW enthält einen spezialgesetzlich geregelten Fall des enteignenden Eingriffs oder der Aufopferung, soweit die Inanspruchnahme des Nichtstörers nach § 19 OBG NW Rechtsgüter betrifft, die durch jene beiden allgemeinen Haftungsinstitute geschützt werden. Die Ordnungsbehördenhaftung geht daher in ihrem Anwendungsbereich jenen allgemeinen Haftungsinstituten vor. Beispiel für Entschädigungsansprüche nach § 39 Abs 1 Buchst a OBG NW aus der neueren Rechtsprechung des BGH: Wird der Eigentümer einer Sache als Zustandsstörer (§ 18 OBG NW) in Anspruch genommen, weil der durch Tatsachen begründete Verdacht besteht, daß von der Sache eine Gefahr ausgeht, so kann für dadurch erlittene Nachteile in entsprechender Anwendung von § 39 Abs 1 Buchst a OBG NW wie ein Nichtstörer Entschädigung verlangen, wenn sich nachträglich herausstellt, daß die Gefahr in Wirklichkeit nicht bestand, und wenn er die den Verdacht begründenden Umstände nicht zu verantworten hat (BGHZ 117, 303; betreffend die ordnungsbehördlich angeordnete Schlachtung von Tieren aus dem Bestand eines Kälbermästers). S auch BGHZ 126, 279 zu den Voraussetzungen eines Entschädigungsanspruchs analog § 39 Abs 1 Buchst a OBG NW bei einer Ordnungsverfügung, betreffend den Abtransport altlastverdächtigen Erdaushubs. Der Grundsatz, daß jemand, der von der Ordnungsbehörde zur Abwehr einer Anscheinsgefahr rechtmäßig in Anspruch genommen ist, wie ein Nichtstörer zu entschädigen ist, wenn er die Gefahr und deren Anschein nicht zu verantworten hat, gilt auch im Anwendungsbereich des BerlASOG (BGH NJW 1996, 3151). Kann aus demselben Lebenssachverhalt ein Amtshaftungsanspruch und hilfsweise (alternativ) ein Anspruch wegen rechtmäßiger Inanspruchnahme nach § 59 Abs 1 Nr 1 BerlASOG hergeleitet werden, so handelt es sich um einen einheitlichen Streitgegenstand (BGH aaO).

IV. Rechtspflege (außerhalb des Richterspruchprivilegs des § 839 Abs 2 BGB)

1. Vorbemerkung

In allen Bereichen richterlicher Tätigkeit außerhalb des Richterspruchprivilegs, in denen also für eine Amtshaftung nicht nur unter den engen Voraussetzungen des § 839 Abs 2 S 1 Raum ist, ist gleichwohl der Verfassungsgrundsatz der richterlichen Unabhängigkeit zu beachten. Ein Schuldvorwurf kann dem Richter in diesem Bereich nur bei besonders groben Verstößen gemacht werden (BGHR § 839 Abs 2 Richter 1; OLG Frankfurt NJW 2001, 3270).

2. Zivilprozeßrichter

a) Dem Zivilprozeßrichter obliegen Amtspflichten in der Regel nur gegenüber den am Rechtsstreit Beteiligten, die in ihrer Rechtsverfolgung oder -verteidigung beeinträchtigt werden können, nicht gegenüber Dritten, die nur wirtschaftlich am Ausgang des Prozesses beteiligt sind (OLG Frankfurt VersR 1967, 461). Entscheidet das Prozeßgericht (außerhalb des § 839 Abs 2 S 1) in falscher Besetzung, so liegt darin eine Amtspflichtverletzung gegenüber den Parteien, denn die Vorschriften über die richtige Besetzung dienen nicht nur der öffentlichen Ordnung, sondern auch dem Schutz der Rechtssuchenden, wie sich aus §§ 551 Nr 1, 579 Abs 1 Nr 1 ZPO ergibt (BGH NJW 1962, 583 = JZ 1962, 449, betreffend Entscheidung eines OLG-Senats über die Streitwertfestsetzung in der Besetzung mit nur zwei Mitgliedern). Unrichtige (zu niedrige) Festsetzung des Streitwerts ist Amtspflichtverletzung auch gegenüber dem Prozeßbevollmächtigten einer Partei, da er gemäß § 9 Abs 2 BRAGO selbst Beteiligter am Streitwertfestsetzungsverfahren ist (BGH VersR 1964, 146). Die Pflicht zu fristgemäßer Urteilsabsetzung (§ 315 Abs 2 ZPO) obliegt dem Richter als Amtspflicht auch gegenüber der durch die Entscheidung beschwerten Partei (OLG Frankfurt VersR 1967, 461).

b) Die Amtspflicht des Gerichts, Prozeßkostenhilfe nur zu gewähren, wenn die in § 114 ZPO bestimmten Voraussetzungen vorliegen (dh das Prozeßkostenhilfegesuch zurückzuweisen, wenn diese Voraussetzungen nicht erfüllt sind), obliegt ihm im Allgemeininteresse (Vermeidung unnötiger Prozesse und einer Belastung der Staatskasse), bezweckt aber nicht den Schutz des Gegners; daher war Bewilligung des (früheren) Armenrechts trotz Aussichtslosigkeit des Rechtsstreits keine Amtspflichtverletzung gegenüber dem Gegner (RGZ 155, 218). Zur Verletzung der Amtspflicht durch verzögernde Entscheidung über einen Antrag vgl BGH MDR 1960, 117. Zur Amtshaftung wegen rechtswidriger Verweigerung von Prozeßkostenhilfe s OLG Frankfurt NJW 2001, 3270. Die Amtspflicht, einer Partei im Falle des § 121 Abs 2 ZPO auf ihren Antrag einen zur Vertretung bereiten Rechtsanwalt ihrer Wahl beizuordnen, obliegt dem Gericht nicht gegenüber dem Rechtsanwalt als „Drittem" im Sinne des § 839 Abs 1 S 1 BGB (BGHZ 109, 163; diese Entscheidung betrifft die Amtspflicht der Strafkammer, dem Nebenkläger einen Rechtsanwalt beizuordnen; ihre Grundsätze gelten indessen auch für den Zivilprozeß).

627 c) Die Amtspflicht des Gerichts, überflüssige, zur Entscheidung des Rechtsstreits nicht gebotene Beweisaufnahmen zu vermeiden, besteht ebenfalls lediglich im Allgemeininteresse (der Wahrung einer geordneten Rechtspflege), sie obliegt ihm nicht gegenüber den Prozeßbeteiligten als eine Pflicht, ihnen unnötige Prozeßaufwendungen zu ersparen (RGZ 155, 218, 223).

628 d) Bei der Mitwirkung bei einem Prozeßvergleich kann der Kreis der „Dritten" über die Prozeßparteien hinausgehen. So verletzt der Prozeßrichter, der bei der Beurkundung eines Prozeßvergleichs mit Erklärungen über die grundbuchmäßige Sicherung einer Geldforderung für eine Partei einen Vertreter ohne gehörige Prüfung der vorgezeigten Vollmacht zuläßt und über deren Inhalt falsche Angaben in das Sitzungsprotokoll aufnimmt, seine Amtspflicht nicht nur gegenüber den Prozeßparteien einschließlich der im Sinne des Zweiten Abschnitts des Ersten Buches der ZPO am Rechtsstreit beteiligten Dritten, sondern gegenüber allen Personen, deren Interessen nach der besonderen Natur des beurkundeten Vertrages berührt werden, also auch gegenüber dem Rechtsnachfolger oder Pfandgläubiger einer Prozeßpartei und demjenigen, dem eine Prozeßpartei den Vergleich zum Nachweis der beurkundeten Vorgänge zugänglich macht. Denn die Tätigkeit, die der Prozeßrichter hier ausübt, entspricht der Tätigkeit eines Notars, der bei der Beurkundung eines Rechtsgeschäfts in solcher Weise fehlerhaft verfährt (RGZ 129, 37; s dazu § 12 BeurkG, § 127a BGB).

629 e) Das Präsidium eines Gerichts kann die Amtspflicht gegenüber den Prozeßparteien verletzten, wenn infolge eines fehlerhaften Geschäftsverteilungsbeschlusses (§ 21e GVG) das erkennende Gericht nicht ordnungsmäßig besetzt war (vgl BGH VersR 1962, 959 betreffend Verletzung der Grundsätze über den zulässigen Umfang der Mitwirkung von Hilfsrichtern; BGH VersR 1978, 460).

3. Strafrechtspflege

a) Strafrichter

630 Der Haftrichter begeht eine Amtspflichtverletzung gegenüber dem Beschuldigten, wenn er unter Vernachlässigung der gebotenen Vorsicht beim Erlaß eines Haftbefehls Umstände nicht berücksichtigt, die offensichtlich den dringenden Tatverdacht hätten zerstreuen müssen (vgl RGZ 62, 367). Zur Verpflichtung des Haftrichters vor Erlaß des Haftbefehls die Ermittlungsakten durchzuarbeiten vgl BGHZ 27, 338 = LM § 839 Fi Nr 7 m Anm PAGENDARM. Im übrigen gilt der im folgenden noch näher darzulegende Grundsatz, daß staatsanwaltschaftliche Entscheidungen im Ermittlungsverfahren, bei denen ein Beurteilungsspielraum besteht, im Amtshaftungsprozeß nur auf ihre Vertretbarkeit zu überprüfen sind, auch für den Richter, der über die Anordnung oder Fortdauer von Untersuchungshaft zu entscheiden hat (BGHZ 122, 268, 271).

Die Landespressegesetze (vgl zB § 17 BremPresseG vom 16. 3. 1965 [GVBl 63]; § 17 HambPresseG vom 29. 1. 1965 [GVBl 15]; § 17 NiedersächsPresseG vom 22. 3. 1965 [GVBl 9]) sehen zum Teil unabhängig davon, ob Amtshaftungsansprüche in Betracht kommen, bei unzulässiger oder ungerechtfertigter Beschlagnahme von Druckerzeugnissen durch den Richter (oder vorläufiger Sicherstellung durch die Staatsanwaltschaft) eine Entschädigungspflicht des Landes vor (vgl KOEBEL NJW 1967, 365).

b) Staatsanwaltschaft

aa) Die Pflicht des Staatsanwalts zum Einschreiten wegen strafbarer Handlungen **631** (§ 152 Abs 2 StPO) besteht gegenüber der Allgemeinheit, nicht gegenüber dem Verletzten (RGZ 108, 250; 154, 276, 172, 13; BGHSt 16, 228). Die Unterlassung der – an sich gebotenen – Verfolgung einer strafbaren Handlung, der Verhaftung eines Beschuldigten etc kann daher in aller Regel Amtspflichten gegenüber dem durch die Straftat Geschädigten nicht verletzen (BGH NJW 1996, 2373; OLG Düsseldorf NJW 1996, 530 m abl Anm Hörstel NJW 1996, 497). Anders kann es sich allenfalls dann verhalten, wenn der Staatsanwaltschaft in einem laufenden Ermittlungsverfahren konkrete Schutzpflichten gegenüber dem durch eine Straftat Geschädigten erwachsen, etwa zur Sicherstellung der Diebesbeute im Interesse des Bestohlenen (vgl Steffen DRiZ 1972, 152; BGH NJW 1996, 2373).

bb) Wohl aber begründet die Pflicht zur Beachtung der dem Schutz und der Ver- **632** teidigung des Beschuldigten dienenden strafprozessualen Vorschriften Amtspflichten gegenüber dem Beschuldigten (BGHZ 20, 178, 180), so die Pflicht der Staatsanwaltschaft zu prüfen, ob ein ihr angezeigter Sachverhalt überhaupt unter eine Strafbestimmung fällt (BGHZ 20, 178, 180). Bestimmte Maßnahmen, bei denen der Staatsanwaltschaft ein Beurteilungsspielraum zusteht, sind im Amtshaftungsprozeß nicht uneingeschränkt auf ihre sachliche Richtigkeit, sondern nur daraufhin zu überprüfen, ob sie – bei voller Würdigung auch der Belange einer funktionstüchtigen Strafrechtspflege – vertretbar sind. Dies gilt für die Entscheidung über Einleitung und Fortführung der Ermittlungen (BGH NJW 1989, 96); für Durchsuchungs- und Beschlagnahmeanordnungen (BGH WM 1997, 1755 = VersR 1997, 1363; BGHR § 839 Abs 1 S 1 Staatsanwalt 2); für die Beantragung eines Haftbefehls, einschließlich der Beurteilung der Haftgründe nach § 112 Abs 2 StPO (BGHR BGB § 839 Abs 1 S 1 Staatsanwalt 3) für die Entscheidung, Anklage zu erheben (BGH NJW 2000, 2672 m Anm Fluck NJW 2001, 202 = LM § 839 Cb Nr 103 m Anm Schaefer). In dem der Entscheidung NJW 2000, 2672 zugrundeliegenden Fall wurde eine Amtspflichtverletzung bejaht, weil die Anklageerhebung auf einer ungesicherten tatsächlichen Grundlage beruhte. Vom Schutzzweck der Amtspflicht der Staatsanwaltschaft, eine solchermaßen unzulässige Anklage nicht zu erheben, ist, wenn es um den Vorwurf der Brandstiftung geht, auch die Vermeidung von Vermögensschäden des Angeschuldigten umfaßt, die dadurch entstehen, daß der Feuerversicherer ihm die Brandschadenentschädigung infolge der Anklageerhebung nicht auszahlt. Hat eine amtspflichtwidrige Anklageerhebung der Staatsanwaltschaft gegen die Geschäftsführer und einzigen Gesellschafter einer GmbH wegen Brandstiftung zur Folge, daß der Feuerversicherer die Zahlung der Entschädigung für den Brandschaden der versicherten GmbH (weiter) zurückhält, so ist bezüglich der dadurch eingetretenen Vermögenseinbußen die GmbH „geschützter Dritter" der Amtspflicht der Staatsanwaltschaft, keine unzulässige Anklage zu erheben (BGH aaO). Zur Amtspflicht der Staatsanwaltschaft, ein Ermittlungsverfahren einzustellen, siehe BGH NJW 1989, 96, 98. Eine der Presse erteilte und zur Veröffentlichung bestimmte unrichtige Auskunft über den Stand eines Strafverfahrens kann Verletzung der Amtspflicht gegenüber dem Beschuldigten darstellen, wenn sie den bestehenden Tatverdacht nicht sachlich zutreffend wiedergibt oder nach Art und Umfang der erhobenen Vorwürfe ein berechtigtes Informationsinteresse der Öffentlichkeit nicht besteht (BGH VersR 1993, 754). Für die Entscheidung, ob die Auskunft zutrifft, kommt es nicht auf den reinen Wortlaut der Auskunft, sondern auf den Eindruck an, den sie bei den Lesern der veröffentlichten Auskunft hervorruft

(BGHZ 27, 338). Insoweit gilt der vorstehend beschriebene eingeschränkte Prüfungsmaßstab nicht. Vielmehr kann, soweit es um die Beurteilung von Presseinformationen geht, für Bedienstete der Staatsanwaltschaft nichts anderes gelten als für andere Amtsträger. Diese haben, wenn sie vor der Frage stehen, ob die Presse über amtliche Vorgänge informiert werden soll, in der gleichen Weise wie die Staatsanwaltschaft in ihrem Bereich die erforderliche Abwägung zwischen dem Informationsrecht der Presse und dem allgemeinen Persönlichkeitsrecht (Geheimhaltungsinteresse) des jeweils Betroffenen (Art 5 Abs 1 GG einerseits, Art 1 Abs 1, 2 Abs 1 GG) vorzunehmen (BGH NJW 1994, 1950, 1951 mwN). Darin, daß die Staatsanwaltschaft der Presse von einem Ermittlungsverfahren gegen einen Rechtsanwalt und Notar unter Nennung seines Namens und Berufs Mitteilung macht bzw auf Nachfrage die Einleitung eines Ermittlungsverfahrens bestätigt, kann eine Amtspflichtverletzung liegen; führt die darauf beruhende öffentliche Berichterstattung zu einer schwerwiegenden Beeinträchtigung des Persönlichkeitsrechts des Betroffenen, so kommt ein Anspruch auf Schmerzensgeld in Betracht (BGH NJW 1994, 1950; mE zu weitgehend). Die Staatsanwaltschaft verletzt ihre Amtspflicht gegenüber dem Betroffenen, wenn sie den richtigen Vollzug einer von ihr erlassenen öffentlichen Bekanntmachung nicht überprüft und nicht für Beseitigung der bei einer Nachprüfung festgestellten Fehler sorgt (RGZ 113, 104 betreffend den Fall, daß ein Ersuchen um Ermittlung des Aufenthalts eines Tatverdächtigen versehentlich als Strafvollstreckungsersuchen veröffentlicht wird). Hätte die Staatsanwaltschaft bei pflichtgemäßer Aufmerksamkeit erkennen können, daß dem die Revision nach § 346 StPO verwerfenden Gericht ein Fehler unterlaufen ist, so darf sie von der Befugnis zum sofortigen Vollzug des noch nicht rechtskräftigen Strafurteils (§ 346 Abs 2 S 2 StPO) keinen Gebrauch machen (BGH VersR 1966, 389).

633 cc) Dem Verletzten gegenüber besteht zwar nicht die Pflicht zu rechtzeitiger Erwirkung der Beschlagnahme hinsichtlich der ihm durch eine Straftat entzogenen Sachen (RGZ 108, 249, 251), wohl aber die Pflicht, die spätere Rückgabe solcher Sachen an ihn zu sichern, die durch Beschlagnahme oder Sicherstellung in amtlichen Gewahrsam gelangt sind (RGZ 108, 249, 251; HRR 1928 Nr 1507 und dazu jetzt §§ 111b Abs 3, 111k StPO).

c) Strafvollstreckungsbehörde
634 Die Strafvollstreckungsbehörde darf durch ihr Verhalten die Urteilsfolgen nicht über den Strafausspruch hinaus verschärfen; sie muß deshalb, damit ein Verurteilter nicht über die Zeit eines Fahrverbots hinaus im Gebrauch der Fahrerlaubnis beschränkt wird, ihm entweder gestatten, den Führerschein noch vor Ablauf der Fahrverbotsfrist abzuholen, oder veranlassen, daß der Führerschein so rechtzeitig abgesandt wird, daß er noch vor Ablauf der Verbotsfrist bei dem Verurteilten eintrifft (LG Flensburg DAR 1967, 299).

d) Vollzugsbeamte
635 aa) Die aus dem öffentlich-rechtlichen Vollzugsverhältnis zwischen dem Staat und dem Untersuchungs- und Strafgefangenen sowie dem aufgrund gerichtlich angeordneter Maßnahmen der Besserung und Sicherung behördlich Untergebrachten sich ergebende Fürsorgepflicht des Staates, insbesondere für Leben und Gesundheit des Häftlings (Untergebrachten), begründet Amtspflichten der Vollzugsbediensteten gegenüber den Häftlingen, die im einzelnen durch die besonderen Bestimmungen über den Vollzug durch Gesetz (StVollzG, StPO usw) oder Verwaltungsanordnung

(UHaftvollzugsO, Verwaltungsvorschriften zum StVollzG – VVStVollzG –, Dienst- und Sicherheitsvorschriften für den Strafvollzug – DStVollzG – beide von 1977, StrafvollstreckungsO) geregelt sind (vgl BGHZ 21, 214, 219; VersR 1960, 497; 1962, 468; 1964, 309, 311; MDR 1982, 463). Die Amtspflicht umfaßt auch die Verhütung von drohenden Schädigungen des Häftlings durch Mitgefangene. Sie erstreckt sich ebenso auf die Verhinderung des Selbstmords oder der Selbstbeschädigung des Häftlings (vgl dazu §§ 18, 88 und 101 StVollzG – Hungerstreik), dies aber nur, wenn das Selbstmordvorhaben erkannt oder erkennbar geworden ist (BGH VersR 1964, 309, 311) oder durch besondere Umstände eine Selbstmordgefahr naheliegt. Dagegen besteht keine Amtspflicht der Anstaltsverwaltung, Vorkehrungen zur Ausschließung von Selbstmordmöglichkeiten zu treffen, zB durch Erhöhung der Treppengeländer, Anbringung von Schutzgittern usw Vorsorge dagegen zu treffen, daß Gefangene nicht unerwartet Selbstmord durch Herabspringen in das Treppenhaus verüben, zumal Selbstmordversuche von Gefangenen sich auch bei Anwendung größter Vorsichtsmaßregeln nicht ausschließen lassen (vgl RG HRR 1940, Nr 155).

bb) Falls sich nicht klären läßt, ob der Gesundheitsschaden eines Gefangenen auf amtspflichtwidrigem Verhalten des Anstaltsarztes oder des ihm gleichzustellenden Vertragsarztes der Justizvollzugsanstalt beruht, finden auch hier die allgemein geltenden Beweislastregeln bei Schädigung durch fehlerhafte ärztliche Behandlung Anwendung (BGH NJW 1982, 1328); nichtärztliche Anstaltsbedienstete haben jede körperliche und geistige Auffälligkeit eines Gefangenen unverzüglich dem Arzt zu melden und dürfen nicht darauf vertrauen, daß der Gefangene gesundheitliche Beschwerden beim Arztbesuch schon selbst vorbringen werde (BGH aaO). Es können aber auch Amtspflichten der Vollzugsanstalt gegenüber außerhalb des Vollzuges stehenden Dritten in Betracht kommen. Bestellt zB ein Häftling bei einem Händler Gegenstände, ohne daß die Anstalt im Rahmen ihres Ermessens („kann") nach § 31 Abs 1 Nr 2 StVollzG Veranlassung nimmt, das Bestellschreiben anzuhalten, und übersendet der Verkäufer die Ware, so kann die Vollzugsanstalt gegebenenfalls den Empfang durch den Häftling nach § 33 Abs 1 StVollzG versagen; sie haftet aber dem Verkäufer, wenn die an die Anstalt gelangte Sendung weder an den Besteller weitergeleitet wird noch an den Absender zurückgelangt. Die Ungewißheit über den Verbleib der Sendung geht zu ihren Lasten (BGH NJW 1983, 627). Zum Umfang der Auskunftspflicht eines Strafvollzugsbeamten über Vorstrafen eines Gefangenen, der sich als künftiger Freigänger um eine Einstellung bei einem Privatunternehmen bewirbt, vgl BGH NJW 1991, 3027. **636**

cc) Siehe auch OLG Frankfurt NStZ 1985, 46 betreffend Schadensersatzansprüche eines Strafgefangenen, der bei seiner Entlassung entgegen dem Beschluß der Strafvollstreckungskammer weder mit Reisekosten noch mit einer Überbrückungshilfe ausgestattet wurde und einen ungültigen Personalausweis erhielt.

dd) Die Vorgabe, einem Strafgefangenen Vollzugslockerungen nur zu gewähren, wenn nicht zu befürchten ist, daß er diese zu Straftaten mißbraucht, stellt eine „Amtspflicht" im Sinne des § 839 Abs 1 BGB dar. Jedes Opfer einer Gewalttat eines Strafgefangenen, dem zu Unrecht derartige Vergünstigungen gewährt werden und der sie zu Straftaten mißbraucht, kann geschützter „Dritter" im Sinne des § 839 Abs 1 S 1 BGB sein (OLG Karlsruhe NJW 2002, 445; dort auch zu den Maßstäben für die **637**

Amtspflichtwidrigkeit einer Lockerungsanordnung). Vgl dazu auch die Besprechung von ULLENBRUCH, NJW 2002, 416.

e) Zentralregister

638 Durch die Erteilung unrichtiger Auskunft aus dem Zentralregister (Führungszeugnis, unbeschränkte Auskunft, §§ 30 ff, 41 ff BZRG), durch unvollständige, unrichtige oder unzulässige Angaben verletzt der Registerführer seine Amtspflicht jedenfalls gegenüber dem Verurteilten (RG JW 1937, 1326; BGHZ 17, 153, 158) und gegebenenfalls auch gegenüber der um Auskunft ersuchenden Behörde, aber nicht gegenüber Dritten, die bei Kenntnis einer richtigen Auskunft vermögensschädigende Maßnahmen unterlassen hätten (BGH NJW 1981, 2347).

4. Freiwillige Gerichtsbarkeit; Zwangsvollstreckung und Konkurs

a) Allgemeines

639 Die das Verfahren der freiwilligen Gerichtsbarkeit beherrschende Amtsaufklärungspflicht (§ 12 FGG) besteht als Amtspflicht gegenüber denjenigen, deren Belange nach der Natur des Amtsgeschäfts, dh nach seinem Zweck und seiner rechtlichen Bestimmung berührt werden, zB bei Maßnahmen des Nachlaßrichters zur Sicherung des Nachlasses auch dem oder den Erben gegenüber (BGH VersR 1961, 507, 509). Bei Ermessensentscheidungen handelt der Richter amtspflichtwidrig, wenn seine Entscheidung so fehlsam erscheint, daß sie mit den an eine ordnungsmäßige Richtertätigkeit zu stellenden Anforderungen schlechterdings – dh jedem sachlich Beurteilenden einleuchtend – unvereinbar ist (BGH LM § 839 Fi Nr 4). Ermessensentscheidungen setzen aber in jedem Fall eine sachgerechte und vollständige Sachverhaltsaufklärung voraus; **insoweit** besteht kein Ermessen (BGH VersR 1974, 360).

b) Einzelne Tätigkeitsgebiete
aa) Beurkundungen

640 Der Richter, der einen gerichtlichen Vergleich (§ 127a BGB) beurkundet, hat gegenüber den Beteiligten die gleichen Pflichten, wie sie einem Notar in einem solchen Fall obliegen (BGH DRiZ 1963, 233). Die Pflichten als Vormundschaftsrichter wirken grundsätzlich nicht ohne weiteres und nicht unmittelbar auf die Tätigkeit und den Umfang der Pflichten als beurkundender Richter (BGH DRiZ 1963, 233, 234).

bb) Vormundschaftsgericht

641 Der Vormundschaftsrichter ist, wenn er die ihm obliegenden Pflichten der Aufsicht über den Vormund (usw) und der Fürsorge schuldhaft verletzt, dem Mündel nach § 839 Abs 1, 3 verantwortlich (dh es tritt nach Art 34 GG Amtshaftung außerhalb des Spruchrichterprivilegs ein). Diese Amtshaftung besteht regelmäßig nur gegenüber dem Mündel, nicht aber gegenüber dritten Personen; etwas kann anderes kann gelten, wenn die Handlung des Vormundschaftsrichters gegen §§ 823, 826 BGB verstößt (RGZ 80, 406; RG HRR 1930 Nr 1320). Es liegt daher keine Amtspflichtverletzung gegenüber Dritten vor, wenn der Vormundschaftsrichter deren Anfragen um Auskunft nicht beantwortet, zB einem Interessenten, der mit dem Mündel Geschäfte vornehmen will, die Vertretungsverhältnisse nicht offenlegt. Wenn er aber Auskunft erteilt, so muß sie richtig sein, und eine unrichtige Auskunft löst nach allgemeinen Grundsätzen Amtshaftungsansprüche des Empfängers aus (RGZ 93, 61).

Zu den dem Vormundschaftsrichter gegenüber dem Mündel obliegenden Amtspflichten gehört, dafür zu sorgen, daß ein Rechtsgeschäft des Mündels, bei dem er mitzuwirken hat, sei es auch nur in der Weise, daß er die Vornahme des Rechtsgeschäfts durch die Bestellung eines Ergänzungspflegers ermöglicht, in rechtswirksamer Weise unter Wahrung der Interessen des Mündels vorgenommen wird (BGH VersR 1968, 172).

Beispiel für Amtspflichtverletzungen: Bestellung oder Nichtabsetzung eines unzuverlässigen Vormunds (RGZ 96, 163); gleichzeitige Übertragung von so vielen Vormundschaften und Pflegschaften an eine betagte Person, daß diese zu einer sachgemäßen Betreuung aller Mündel nicht in der Lage ist (BGH FamRZ 1962, 426), unzulängliche oder falsche Beratung und Belehrung des Vormunds (RGZ 84, 92; RG JW 1939, 155), Unterlassung oder Verzögerung der Nachprüfung der Vormundschaftsrechnung (RGZ 80, 406), Nichtsorge für die Anlegung des Verkaufserlöses nach Veräußerung eines Mündelgrundstücks (RG HRR 1935, Nr 1452; 1938 Nr 1009), Nichteinschreiten gegen vorschriftswidrige Anlegung von Mündelgeld (RG WarnR 1936 Nr 157), vorbehaltlose Genehmigung eines Abfindungsvertrages, der der Gefahr weiterer Geldentwertung nicht Rechnung trägt (RG SeuffA 80 Nr 151; JW 1930, 990; s auch RG WarnR 1929 Nr 33; BGHZ 9, 255), mangelnde Sorgfalt bei Genehmigung der Übernahme dinglicher oder persönlicher Haftung des Mündels (RG SeuffA 89 Nr 149). Zur Amtspflicht des Vormundschaftsrichters, vor der Erteilung der vormundschaftsgerichtlichen Genehmigung zur Belastung des Grundbesitzes eines Minderjährigen mit hohen Grundpfandrechten zur Absicherung eines Betriebskredits den Sachverhalt hinreichend aufzuklären, vgl BGH NJW 1986, 2829; zu einer Amtspflichtverletzung des Vormundschaftsrichters bei der Entscheidung über die vormundschaftsgerichtliche Genehmigung eines Unterhalts-, Pflichtteils- und Erbverzichtsvertrags: BGH NJW-RR 1995, 248 = LM § 839 Ca Nr 97 m Anm Wax (unterlassene Ermittlungen über die Einkommens- und Vermögensverhältnisse des Vaters des Mündels).

Der aus dem früheren § 1848 hergeleitete Grundsatz, daß dann, wenn der Vormundschaftsrichter seine Aufsichtspflicht verletzt hat, ein ursächlicher Zusammenhang zwischen der Aufsichtspflichtverletzung und dem schädigenden Verhalten des Vormunds anzunehmen sei (RGZ 154, 297; BGH VersR 1994, 865, 867), hat als allgemeingültig auch nach Streichung des § 1848 seine Bedeutung behalten. Dagegen folgt aus dem genannten Grundsatz nicht, daß bei einem schädigenden Verhalten des Vormunds eine Aufsichtspflichtverletzung des Vormundschaftsrichters zu vermuten sei (BGH aaO).

Ein Mündel, der Schadensersatz wegen Verletzung der Aufsichtspflicht des Vormundschaftsrichters fordert, weil dieser nicht gegen schädigende Unterlassungen des Vormunds eingeschritten ist, kann nicht gemäß § 839 Abs 1 S 2 auf Ansprüche gegen den Vormund verwiesen werden. Denn dem Minderjährigen fehlt die Möglichkeit, gegen den Vormund vorzugehen; es hätte ihm dazu ein Pfleger bestellt werden müssen (RG JW 1935, 3530). Wohl aber muß der Mündel sich ein mitwirkendes Verschulden seines gesetzlichen Vertreters bei der Abwendung des Schadens nach §§ 254 Abs 2, 278 anrechnen lassen (RG JW 1939, 155; BGHZ 33, 136, 142 = NJW 1962, 20 m Anm Schuster NJW 1962, 557 = JZ 1962, 283 m Anm Zeiss). Zurechenbares Verschulden liegt zB vor, wenn der Vormundschaftsrichter es unterläßt, einen Auflassungsanspruch des Mündels durch Eintragung einer Auflassungsvormerkung sichern zu lassen, während der Vormund es unterlassen hatte, vom Vertragsgegner Sicherung durch Auflassungsvormerkung zu verlangen (RG JW 1935, 3530), oder wenn der Vormundschaftsrichter nicht auf die rechtzeitige Anmeldung eines anmeldebedürftigen Anspruchs hinwies und der Vormund schuldhaft handelte, weil er nicht selbst die Anmeldung fristgemäß vornahm (RG JW 1935, 155). Voraussetzung der Zurechnung des Vertreterverschuldens ist jedoch stets, daß der Vormund oder Pfleger „als gesetzlicher Vertreter" gehandelt hat. Das ist nicht der Fall, wenn der Vormund (Pfleger) infolge Verabsäumung der Aufsichtspflicht des Vormundschaftsgerichts Mündelvermögen veruntreut. Denn die einzige Schadensabwendungsmöglichkeit des Vormunds bestünde darin, daß er dem Vormundschaftsgericht seine Verfehlung offenbare; für ein Vorgehen gegen sich selbst ist der Vormund (arg §§ 181, 1795 BGB) aber nicht gesetzlicher Vertreter des Mündels (BGHZ 33, 136). Ein Verschulden des Vormunds (Pflegers) bei der **Entstehung** des Schadens braucht sich ein Mündel nicht anrechnen zu lassen (vgl zB BGHZ 1, 248; 33, 136).

cc) Nachlaßgericht

644 Die Pflicht zur Beaufsichtigung des Nachlaßverwalters besteht gegenüber den Nachlaßgläubigern und den Erben (RGZ 88, 264). Im Erbscheinerteilungsverfahren sind „Dritte" auch die Nacherben (RGZ 139, 343 betreffend Nichterwähnung der Nacherbfolge im Erbschein). Die Pflicht, bei Erteilung eines Zeugnisses über die Fortsetzung der ehelichen Gütergemeinschaft das Vorhandensein gemeinschaftlicher Abkömmlinge zu prüfen, besteht gegenüber einem einseitigen Abkömmling des verstorbenen Ehegatten nur insoweit, als seine Rechtsstellung durch Verwendung eines unrichtigen Zeugnisses im Rechtsverkehr beeinträchtigt werden kann (BGHZ 63, 35 = LM § 839 Cb Nr 28 m Anm KREFT; BGH NJW 1981, 2346).

Die Amtspflicht, einen beantragten Erbschein ohne Verzögerung auszustellen und auszuhändigen, besteht im allgemeinen nur gegenüber dem Erben oder den Miterben als Antragstellern, nicht aber gegenüber solchen Dritten, die nur zufällig oder durch weitere rechtsgeschäftliche Abmachungen am Erfolg der Amtshandlung interessiert sind, wie zB gegenüber einem Gläubiger der Miterben, der unter dem Gesichtspunkt beschleunigter Befriedigung an schneller Erledigung der Erbscheinserteilung interessiert ist (BGH WM 1957, 1156; wegen weiterer Einzelheiten zur [Einschränkung der] Drittbezogenheit der Amtspflichten des Nachlaßrichters bei der Erteilung eines Erbscheins siehe auch BGH NJW 1992, 2758). Der Nachlaßrichter verletzt die Amtspflicht gegenüber dem Erben, wenn er die Aufhebung der Nachlaßpflegschaft schuldhaft verzögert (RGZ 154, 110). Die Pflicht, nach gerichtlich verwahrten Testamenten zu forschen, besteht auch gegenüber den gesetzlichen Erben (RG HRR 1934 Nr 1590). Zu den Amtspflichten (hier: insbesondere Benachrichtigungspflichten) des Nachlaßgerichts bei der Eröffnung eines Erbvertrages vgl BGHZ 117, 287. Der Schutzzweck der Amtspflicht des Nachlaßgerichts, den erteilten Erbschein einzuziehen, wenn sich ergibt, daß er unrichtig ist (§ 2361 Abs 1 BGB), erschöpft sich darin, die von dem Erbschein ausgehenden Gefahren zu beseitigen, insbesondere zu verhindern, daß aufgrund des unrichtigen Erbscheins Verfügungen getroffen werden, die zu Lasten des wirklichen Erben wirksam sind. Dagegen hat diese Pflicht nicht den weitergehenden Zweck, es dem wirklichen Erben zu ermöglichen, seine Rechtsstellung auch tatsächlich wahrzunehmen (BGHZ 117, 287, 301 f).

dd) Registergericht
α) Handelsregister
Bei Amtspflichtverletzung des Registerführers sind „Dritte" nicht nur der unmittelbar Beteiligte, sondern alle Personen, deren Rechte und Interessen durch eine gesetzwidrige Eintragung beeinflußt werden können (RGZ 127, 153; BGH VersR 1982, 957). Beispiele: unterlassene oder verzögerte öffentliche Bekanntmachung des Ausschlusses der Haftung nach § 25 HGB (RG WarnR 1938 Nr 36), Haftung gegenüber den Firmenkunden bei Eintragung einer unwirksamen Prokura (RGZ 127, 156), Übersehen des Erfordernisses vormundschaftlicher Genehmigung bei Beteiligung Minderjähriger an einer OHG (RG JW 1935, 3154), ungenügende Prüfung bei der Eintragung einer neu gegründeten AG (RGZ 154, 276). Jedoch besteht die Amtspflicht, eine unrichtig gewordene Firmenbezeichnung als unzulässig zu beanstanden oder zu löschen, wenn ihr nicht ein die neue Rechtslage kennzeichnender Zusatz hinzugefügt wird (hier: GmbH & Co), grundsätzlich nur zum Schutze des Publikums vor irreführendem Firmengebrauch, nicht auch im Interesse des Firmeninhabers, um ihn vor einer persönlichen Haftung kraft Rechtsscheins zu bewahren (BGHZ 84, 285).

β) Andere Register
Genossenschaftsregister: s RGZ 140, 183 (Haftung gegenüber allen, für die die Eintragung von Bedeutung sein kann). Vereinsregister: RG HRR 1935 Nr 1348 (Nichthinwirken auf Anmeldung trotz Kenntnis der Anmeldepflicht, unzulängliche Prüfung der mit einem Eintragungsantrag überreichten Urkunden). Schiffsregister: RG JW 1936, 2707 (Eintragungsverzögerung).

ee) Grundbuch (Grundbuchrichter, Grundbuchamt, Grundbuchbeamte)
Einzelfälle von Amtspflichtverletzungen: fehlerhafte Behandlung von Anträgen: unrichtige Beurkundung der Eingangszeit von Anträgen (RG SeuffA 83 Nr 210); Erledigung und Eintragung verschiedener Anträge in einer von § 17 GBO abweichenden Reihenfolge (RGZ 57, 277; 60, 362; 65, 98; WarnR 1929 Nr 149); Nichtvornahme der beantragten Eintragung (RGZ 72, 324; WarnR 1930 Nr 190; 1931 Nr 85); Nichterledigung aller gleichzeitig gestellten Eintragungsanträge, obwohl nur einem von ihnen ein Hindernis entgegensteht (BGH VersR 1958, 58); verspätete Eintragung (RG WarnR 1927 Nr 31); Eintragung mit falschem Rang (RG WarnR 1931 Nr 106). Mangelnde Prüfung oder Verkennung der Persönlichkeit (RG SeuffA 86 Nr 160; BGH LM DOfNot § 36 Nr 1); der Vertretungsbefugnis (RG WarnR 1915 Nr 140) und der Verfügungsbefugnis (RG SeuffA 86 Nr 180); des Vorliegens oder der Gültigkeit einer erforderlichen vormundschaftsgerichtlichen Genehmigung (RG SeuffA 89 Nr 102, 91 Nr 81). Mangelhafte Eintragungen: Nichteintragung des Schuldgrundes bei einer Vormerkung (RG 1933 Nr 1848); Eintragung einer unwirksamen Hypothekenverpfändung (RG SeuffA 86 Nr 46); fehlerhafte Übertragung eines Trenngrundstücks und seiner Belastungen auf ein anderes Grundbuchblatt mit der Folge, daß versehentlich nicht mit übertragene Belastungen erlöschen (RGZ 138, 114); Nichtvermerk des Rechts des Nacherben bei Eintragung des Vorerben (RGZ 151, 395). Zu Unrecht erfolgte Löschung einer „altrechtlichen" Dienstbarkeit mit der Folge, daß ein gutgläubiger Erwerber das dienende Grundstück insoweit lastenfrei erwerben kann: BGHZ 104, 139. Nicht vermerktes Recht des Nacherben bei Eintragung des Vorerben (RGZ 151, 395). Verletzt der Grundbuchbeamte bei der Abschreibung von Grundstücksteilen seine Pflicht, sich die amtliche Flurkarte vorlegen zu lassen (§ 2 Abs 3 GBO), so haftet das Land zwar für die Abweichungen der in das Grundbuch eingetragenen Parzellen von der Teilungser-

klärung des Eigentümers (§ 903 BGB), nicht aber für eine spätere Verwechslung der Parzellen (BGHZ 124, 100). Verletzt der Grundbuchbeamte bei der Einlegung von Wohnungsgrundbüchern seine Pflicht, sich eine Abgeschlossenheitsbescheinigung vorlegen zu lassen, die das Grundstück bezeichnet, auf dem die Wohnungen errichtet sind oder errichtet werden, haftet das Land für die Abweichung des Gegenstandes der Teilungserklärung (§ 8 WEG) vom Gegenstand des in den Wohnungsgrundbüchern eingetragenen Miteigentumsanteils (BGHZ 124, 100). Unsachgemäße Behandlung oder Verkennung der Bedeutung von Anträgen, Bewilligungen und Eingaben: RG JW 1932, 1549, betreffend Verpfändungsantrag; RG HRR 1934 Nr 1593, betreffend Eigentumsumschreibung auf Antrag des Käufers, obwohl der Eigentümer die Bewilligung ausdrücklich nur zu einem anderen Zweck eingereicht hatte; RG JW 1929, 741, betreffend Nichtprüfung, ob der Notar bei Einreichung von Urkunden botenmäßig übermittelt oder einen Antrag stellt. Versehen bei der Ausstellung und Aushändigung des Briefes: Nichterwähnung einer der Grundschuld vorgehenden Auflassungsvormerkung im Grundbuchbrief (RG Gruchot 70, 630); Ausfertigung des Hypothekenbriefs abweichend von Entwurf und Grundbuch (RGZ 77, 423); Aushändigung des Hypothekenbriefs an einen Nichtberechtigten (RG WarnR 1930 Nr 214). Unterlassung von Mitteilungen und von gebotenen Vorkehrungen und Hinweisen zur Vermeidung von Schäden: RG JW 1930, 1063 betreffend Nichtbenachrichtigung des Gläubigers von der Löschung unzulässigerweise eingetragener Hypotheken; RG WarnR 1941 Nr 81: der Grundbuchbeamte trägt einen zwei Grundstücke betreffenden Umschreibungsantrag nicht bei den Grundbuchakten beider Grundstücke ein und unterläßt die Eintragung einer Vormerkung; RG SeuffA 87 Nr 7: bei der Vorlage von Grundakten an den Richter unterläßt der Beamte einen Hinweis, daß die Akten zu anderen Grundakten dringend benötigt werden; RG WarnR 1917 Nr 208; JW 1934, 354; 1935, 372: es wird verabsäumt, gegen mißbräuchliche Benutzung von Vordrucken und Siegelpressen durch Angestellte Vorkehrungen zu treffen; BGH WM 1981, 1357: Zurückweisung des Antrags auf Eintragung einer Auflassungsvormerkung wegen Nichtzahlung des Kostenvorschusses, ohne vorher auch dem Begünstigten als weiterem Kostenschuldner Gelegenheit zur Einzahlung zu geben. Fehler bei der Gewährung von Einsicht in Grundbuch und Grundakten und bei Auskunft über Belastungen: RG SeuffA 87 Nr 56 betreffend Versehen bei Einsichtgewährung; RG JW 1933, 2584 betreffend Gewährung von Grundbucheinsicht, wenn ein auf mehrere Grundbuchblätter bezüglicher Antrag sich nicht bei allen Grundakten befindet; RG WarnR 1937 Nr 69 betreffend Nichtberücksichtigung eines unerledigten Eintragungsantrags bei Auskunft über Belastungen. Über Belehrungspflichten vgl RGZ 169, 320. Siehe auch RG JW 1935, 2041 betreffend Kreditschwindeleien von Grundbuchbeamten: Amtspflichtverletzung, wenn der Grundbuchbeamte zu eigennützigen privaten Zwecken falsche Bestätigungen über Grundbuchverhältnisse abgibt.

648 In Grundbuchangelegenheiten ist „Dritter" im Sinne des § 839 BGB nicht nur derjenige, auf dessen Antrag oder in dessen Interesse die Eintragung erfolgt, sondern jeder, der im Vertrauen auf die richtige Handhabung der Grundbuchgeschäfte am Rechtsverkehr teilnimmt (BGHZ 124, 100).

649 Beispiel für Verneinung einer Amtspflicht: Der Grundbuchrechtspfleger ist bei Bearbeitung eines Eintragungsantrags grundsätzlich nicht verpflichtet, die Grundakten daraufhin durchzusehen, ob sich aus ihnen Bedenken gegen die beantragte Eintragung ergeben; im Regelfall kann er sich auf die sorgfältige Prüfung der eingereichten und etwa in Bezug genommenen Antragsunterlagen sowie des Grundbuchblatts beschränken (OLG Düsseldorf VersR 1966, 641). Bei Vorlage einer Vollmachtsurkunde kann der Nachweis, daß die Vollmacht noch wirksam ist, im allgemeinen nur gefordert werden, wenn besondere auf die Möglichkeit einer Unwirksamkeit hinweisende Umstände zur Kenntnis des Grundbuchamts gelangt sind, denn der Erfahrungssatz, daß Vollmachtsurkunden nach Erlöschen der Vollmacht zurückgegeben zu werden pflegen, spricht grundsätzlich für weitere Gültigkeit der im Besitz des Bevollmächtigten befindlichen Urkunde (OLG Düsseldorf VersR 1966, 641). Die zur Entgegennahme einer Auflassung zuständige Amtsperson braucht sich grundsätzlich nicht um die Erfüllung der schuldrechtlichen Pflichten des zugrundeliegenden Kausalgeschäfts (Kaufvertrag usw) zu kümmern (BGH VersR 1966, 362). Zu den Amtspflichten, die wahrzunehmen sind, wenn sich bei der Bearbeitung einer Grundbuchsache herausstellt, daß ein erteilter Erbschein unrichtig ist, s BGHZ 117, 287 (eine Pflicht des Grundbuchrechtspflegers, für die Einziehung des Erbscheins zu sorgen, oder eine Pflicht, die von der Unrichtigkeit des Erbscheins betroffenen Personen zu belehren, wurde nach den Besonderheiten des konkreten Falles verneint).

ff) Konkursrichter
Vorbemerkung: Über die neue Insolvenzordnung, die am 1. 1. 1999 in Kraft getreten **650** ist, liegt noch keine Amtshaftungs-Rechtsprechung des BGH vor. Die zur bisherigen Konkurs- und Vergleichsordnung entwickelten Grundsätze behalten jedoch auch für das Insolvenzverfahren Bedeutung. Sie werden deshalb im folgenden wiedergegeben:

Wie weit das Konkursgericht von den aus dem Aufsichtsrecht über den Konkursverwalter (§ 83 KO entsprechend § 58 InsO) sich ergebenden Befugnissen Gebrauch machen will, steht in seinem pflichtmäßigen Ermessen; der Konkursrichter muß bei der Ausübung seiner Aufsicht über die Geschäftsführung des Konkursverwalters berücksichtigen, daß dessen Verwaltung nicht erschwert und seine Berufs- und Entschlußfreudigkeit nicht beeinträchtigt werden dürfen. Eine regelmäßige Rechnungsprüfung obliegt – anders als beim Vormundschaftsgericht gegenüber dem Vormund – dem Konkursrichter nicht. Eine Prüfung der Kassenbestände ist im allgemeinen nur geboten – und ist dann eine dem Konkursgericht gegenüber den Konkursgläubigern obliegende Amtspflicht –, wenn hierzu ein besonderer Anlaß besteht, wie zB bei Verdacht der Unredlichkeit des Verwalters, Fehlen oder Unfähigkeit eines Gläubigerausschusses, langer Dauer des Konkurses oder Führung mehrere Konkurse durch denselben Verwalter (RGZ 154, 291, 296; BGH DRiZ 1965, 378 = BB 1966, 182). Allgemein hat der Konkursrichter die Ausführung der Beschlüsse der Gläubigerversammlung durch den Konkursverwalter zu überwachen; zur Prüfung der Richtigkeit und Vollständigkeit des nach § 151 KO vom Konkursverwalter niederzulegenden Verzeichnisses ist er aber nicht verpflichtet (RGZ 154, 291).

Weitere Beispiele für Amtspflichtverletzungen: unklare Eintragung in die Tabelle **651** nach § 145 KO (RG JW 1928, 2714), unklare Anordnung hinsichtlich der Übersendung eines Tabellenauszuges ein Fall des § 146 Abs 1 KO (RGZ 85, 64), Nichteintragung einer angemeldeten Forderung in die Konkurstabelle (RG JW 1904, 85). Die gründliche Prüfung der Zahlungsunfähigkeit vor Konkurseröffnung ist Amtspflicht gegenüber dem Gemeinschuldner (BGH LM § 839 Fi Nr 4). Zu den Prüfungsanforderungen im Eröffnungsverfahren im allgemeinen s BGHR BGB § 839 Abs 1 S 1 Konkursrichter

1. Sind Maßnahmen des Konkursgerichts zur Sicherung der Masse (§ 106 Abs 1 S 2 und 3 KO) nach Lage der Sache unter Berücksichtigung des Verhältnismäßigkeitsgrundsatzes erforderlich, so ist das Konkursgericht ungeachtet des Gesetzeswortlauts („kann") verpflichtet, sie zu treffen (BGHR BGB § 839 Abs 1 S 1 Konkursrichter 2). Die versehentliche Eintragung in die Liste der Personen, bei denen ein Konkursantrag mangels Masse abgelehnt ist (§ 109 Abs 2 KO), ist Amtspflichtverletzung gegenüber den Betroffenen (RGZ 118, 241). Siehe auch OLG Hamm MDR 1973, 1029; LG Dortmund RPfleger 1983, 450 m Anm DRISCHLER, betreffend Amtshaftungsanspruch des Schuldners bei fahrlässiger Verletzung der Amtspflicht des Konkursrichters, das Rechtsschutzbedürfnis des Gläubigers zur Stellung eines Konkursantrages zu prüfen.

gg) Vollstreckungsgericht

652 Als Verletzung der gegenüber dem Gläubiger obliegenden Amtspflichten kommen zB in Betracht: die nicht rechtzeitige Benachrichtigung des Gläubigers von der Abnahme der eidesstattlichen Offenbarungsversicherung, die Unterlassung einer Frage des Richters nach dem Versteck des Geldes, wenn der Schuldner angibt, zu Hause Geld versteckt zu haben (BGHZ 7, 287), die Abnahme der eidesstattlichen Versicherung trotz Unvollständigkeit des Vermögensverzeichnisses (RGZ 62, 351), die falsche Bezeichnung des Schuldners im Pfändungs- und Überweisungsbeschluß (RG SeuffA 90 Nr 114), die Überschreitung der Zuständigkeit des Vollstreckungsrichters durch die Einleitung eines Verteilungsverfahrens nach § 872 ZPO trotz Hinterlegung des Betrags einer zugleich abgetretenen und gepfändeten Forderung nach § 372 BGB (RGZ 144, 391).

hh) Zwangsversteigerungsgericht

653 Die Einhaltung der gesetzlichen Vorschriften ist Amtspflicht gegenüber den Beteiligten wie Schuldner, Gläubiger, Bieter, zB gegenüber dem Meistbietenden (RGZ 129, 23; HRR 1832 Nr 1653; BGH MDR 1958, 491; NJW 2000, 3358; WM 2002, 92). Zum Schutzbereich dieser Amtspflicht gegenüber dem Meistbietenden s im folgenden Rn 654. Hingegen obliegen bei der Zwangsversteigerung eines Grundstücks dem Versteigerungsgericht grundsätzlich keine Amtspflichten gegenüber dem Zedenten eines zur Sicherheit an den Vollstreckungsgläubiger abgetretenen Grundpfandrechts (BGH WM 2001, 1711). Beispiele für Amtspflichtverletzung: fehlerhafte Bestimmung des Versteigerungstermins (Verstoß gegen § 37 ZVG), Zuschlag trotz fehlerhafter Zustellung des Versteigerungsbeschlusses an den Schuldner, Unterlassung vorgeschriebener Bekanntmachungen (RGZ 129, 23), Fehler bei der Festsetzung des geringsten Gebots (RGZ 129, 23; 134, 56; WarnR 1935 Nr 180). Ein Nacherbenvermerk ist auch dann nicht in das geringste Gebot aufzunehmen, wenn das Anwartschaftsrecht des Nacherben verpfändet und die Verpfändung im Grundbuch gleichfalls eingetragen ist. Aus diesem Grunde ist hier für die Festsetzung eines Zuzahlungsbetrages nach den §§ 50, 51 ZVG ebensowenig Raum. Eine gleichwohl erfolgte Festsetzung kann eine Amtspflichtverletzung gegenüber dem Vollstreckungsschuldner sein (BGH NJW 2000, 3359). Bei der Zwangsversteigerung eines mit einem Altenteilsrecht belasteten Grundstücks trifft das Versteigerungsgericht die Amtspflicht gegenüber den beteiligten Gläubigern und den Bietern, darauf hinzuweisen, daß das Altenteilsrecht nur dann erlischt, wenn dies ausdrücklich in den Versteigerungsbedingungen und dem Zuschlagsbeschluß festgehalten ist (BGHR BGB § 839 Abs 1 S 1 Dritter 36 = WM 1991, 1182). Weitere Beispiele: sachwidrige Rechtsauskunft auf Fragen von Bietern und

Hypothekengläubigern im Versteigerungstermin (RGZ 148, 310); Verletzung des § 73 ZVG durch vorzeitige Schließung des Termins, auch durch längere Entfernung des Richters während der Bietungsstunde aus dem Terminsraum, selbst wenn der Richter entsprechend seiner Erklärung jederzeit in einem anderen Raum erreichbar ist (RGZ 142, 383; 154, 397); ungerechtfertigte Vertagung des Versteigerungstermins (RGZ 125, 299); Nichtbeachtung der von einem Bieter verlangten Sicherheit (RG JW 1915, 654); Nichtberücksichtigung oder mangelnde Sorgfalt bei der Prüfung von Vollstreckungshindernissen; Fortsetzung des Versteigerungsverfahrens trotz Rücknahme des Versteigerungsantrags oder nach Einstellung auf Bewilligung des betreibenden Gläubigers (RGZ 125, 25); mangelnde Prüfung, ob Höfeeigenschaft vorliegt (RG WarnR 1936 Nr 139); fehlerhafte Berechnung der Teilungsmasse (BGHZ 68, 276); Verteilung des Versteigerungserlöses unter Nichtbeachtung des § 117 ZVG (RGZ 73, 298); unzulässige Unbrauchbarmachung von Hypothekenbriefen (RGZ 157, 287); mangelhafte, zur Unauffindbarkeit führende Aufbewahrung der Vollstreckungstitel (eines Grundschuldbriefs nebst Abtretungsurkunde) bei den Akten (RG JW 1934, 2842).

Auf die Richtigkeit der ihm nach § 19 Abs 2 ZVG erteilten Grundbuchabschriften darf sich der Versteigerungsrichter verlassen (RGZ 157, 92; dort auch zum Umfang der Überwachungspflicht bezüglich des Zustellungsvertreters).

Der Geschädigte, der den Widerspruch gegen einen unrichtigen Verteilungsplan **654** unterläßt, verzichtet (trotz des § 877 Abs 1 ZPO) nicht auf einen etwaigen Schadensersatzanspruch aus § 839 BGB iVm Art 34 GG, sondern bringt nur zum Ausdruck, daß er sich dem Verteilungsverfahren nicht widersetzen will (vgl RGZ 166, 253). Die Unterlassung des Rechtsbehelfs der befristeten Erinnerung nach § 74a Abs 5 S 3 ZVG iVm § 11 Abs 1 RPflG gegen eine Wertfestsetzung in der Zwangsversteigerung kann nach § 839 Abs 3 BGB zum Verlust des Amtshaftungsanspruchs führen (BGHR BGB § 839 Abs 3 Zwangsversteigerung 3). Zur Berechnung des Schadens eines Meistbietenden, dem infolge eines Formfehlers bei der Zwangsversteigerung der Zuschlag versagt wird und der im nächsten Versteigerungstermin wiederum Meistbietender bleibt (Vorteilsausgleichung), vgl BGH BGB § 839 Abs 1 S 1 Vorteilsausgleichung 1 = VersR 1987, 256, 257). Die Grundsätze dieser Entscheidung hat der BGH indessen durch sein Urteil vom 13.9.2001 (WM 2002, 92) teilweise modifiziert: Der Schutzzweck der Amtspflicht gegenüber dem Meistbietenden, die gesetzlichen Vorschriften im Zwangsversteigerungsverfahren einzuhalten, umfaßt nicht den entgangenen Gewinn, wenn der Zuschlagsbeschluß wegen eines Zustellungsfehlers wieder aufgehoben wird.

Über Pflichten des Zwangsverwaltungsrichters bei Auswahl und Überwachung des Zwangsverwalters vgl RG HRR 1932 Nr 1653. Wegen der Vermutung des ursächlichen Zusammenhangs zwischen der Überwachungspflicht des Gerichts und einem schädigenden Verhalten des Zwangsverwalters s BGH VersR 1964, 867.

ii) Rechtspfleger (im allgemeinen)
An die Sorgfaltspflicht des Rechtspflegers sind die gleichen Anforderungen zu stel- **655** len wie bei einem Richter. Der Rechtspfleger verletzt seine Amtspflicht durch die Vornahme von Amtshandlungen, die dem Richter vorbehalten sind; er handelt bei zweifelhafter Rechtslage schuldhaft, wenn ihm bei Annahme seiner Zuständigkeit keine Zweifel kommen oder er bei Zweifeln nicht den sicheren Weg der Vorlage an

den Richter wählt (BGH LM § 839 Fi Nr 28; dazu LAPPE JVBl 1968, 125). Hatte zB ein Rechtspfleger die in Art 8 Abs 1 Nr 3 Gleichberechtigungsgesetz vom 18.6. 1957 vorgesehene Erklärung eines Ehegatten, daß für die Ehe der Güterstand der Gütertrennung gelten solle, beurkundet, so war die Erklärung, da ihre Beurkundung nur dem Richter vorbehalten war, unwirksam; von der Amtspflichtverletzung betroffen waren die gesetzlichen Erben dieses Ehegatten, deren Erbanteil sich im Hinblick auf § 1371 Abs 1 verringerte (BGH VersR 1967, 1150). Hat der Rechtspfleger dem Richter eine Sache nach § 5 Abs 1 Nr 2 RPflG vorgelegt, so ist er an die vom Richter ausgesprochene Rechtsauffassung gebunden (§ 5 Abs 2) und verletzt seine Amtspflicht gegenüber dem durch die Nichterledigung oder Verzögerung seines Antrags Geschädigten, wenn er die Sache nochmals dem Richter vorlegt, weil er von dessen Rechtsauffassung abweichen will (BGH VersR 1968, 1186).

kk) Urkundsbeamte der Geschäftsstelle

656 Einzelfälle von Amtspflichtverletzungen: Ablehnung der Aufnahme von Anträgen, weil die zur Begründung des Antrags vorgelegten Unterlagen nicht genügten (RG JW 1934, 3194 betreffend Antrag auf Einstellung der Zwangsvollstreckung), verspätete Abholung von Eingängen aus dem Postfach (RG WarnR 1938 Nr 3 betreffend Antrag auf Erlaß eines Zahlungsbefehls [jetzt: Mahnbescheides]), Nichtüberwachung einer zwecks Verjährungsunterbrechung eiligen Zustellung eines Schriftsatzes (RGZ 105, 422), Nichtladung trotz Anordnung des persönlichen Erscheinens der Partei (RG WarnR 1930 Nr 193), Nichtbenachrichtigung von Terminaufhebung (OLG Königsberg JW 1928, 517); mangelhafte Registrierung der in amtliche Verwahrung genommenen Überführungsstücke (RG JW 1925, 956); unrichtige Zustellung des Urteils bei mangelhaftem Urteilsrubrum (RG SeuffA 86 Nr 327); Erteilung der Ausfertigung gerichtlicher Entscheidungen, die die Urschrift nicht wortgetreu und richtig wiedergeben (BGH NJW 1981, 2345). Zu den Amtspflichten des Urkundsbeamten der Geschäftsstelle bei Zustellungen im Mahnverfahren s BGH NJW 1990, 176: Die Amtspflichtverletzung wurde dort darin erblickt, daß der Urkundsbeamte den von ihm erkannten Mangel der Zustellung nicht zum Anlaß genommen hatte, diese formgerecht und wirksam nachzuholen. Die Amtspflicht des Urkundsbeamten, ein Rechtskraftzeugnis nur bei eingetretener Rechtskraft zu erteilen, obliegt ihm nur gegenüber den nach § 706 ZPO antragsberechtigten Prozeßbeteiligten (Parteien, Streitgehilfen), nicht aber gegenüber Dritten, die auf den Inhalt des Urteils vertrauen. Denn das Rechtskraftzeugnis rechtfertigt wegen seiner begrenzten formellen Bedeutung (daß das Urteil unangefochten geblieben ist) nicht die Anwendung der Grundsätze über den Schutz derjenigen, die auf den öffentlichen Glauben einer Beurkundung oder Beglaubigung vertrauen; „Dritter" im Sinne des § 839 ist daher zB nicht der zweite Ehegatte, der eine Ehe eingeht, weil er auf das zu Unrecht erteilte Zeugnis über die rechtskräftige Scheidung der früheren Ehe des anderen Ehegatten vertraute (BGHZ 31, 388).

ll) Gerichtsvollzieher

657 Sie sind keine Gebührenbeamten (BGH NJW 2001, 434). Zur Abgrenzung von Amtshaftung und persönlicher Vertragshaftung für Pflichtverletzungen eines Gerichtsvollziehers bei einer Sequestration s BGH NJW 2001, 434: Die Wegnahme des Sequestrationsobjekts fällt in den hoheitlichen Bereich der Vollziehung der einstweiligen Verfügung und obliegt dem Gerichtsvollzieher kraft seines Amtes. Dabei handelt er in Ausübung öffentlicher Gewalt. Haftungsrechtlich hat dies die Konsequenz, daß bei pflichtwidrigem Handeln des Gerichtsvollziehers als Vollstreckungsorgan die

Amtshaftung eintritt. Die Sequestration umfaßt dagegen die Sicherstellung, Verwahrung und Verwaltung einer Sache und ist keine Maßnahme der Zwangsvollstreckung, sondern beruht auf einem privatrechtlichen Sequestrationsvertrag. Bei pflichtwidrigem Handeln des Gerichtsvollziehers als Sequester trifft ihn daher die persönliche privatrechtliche Vertragshaftung.

Amtspflichten des Gerichtsvollziehers als Vollstreckungsorgan: Der Grundsatz, daß **658** Dritte im Sinne des § 839 alle Personen sind, deren Interesse durch das Amtsgeschäft berührt werden, insbesondere diejenigen, die daraus Rechte erwerben sollen, gilt nur mit Einschränkungen für Vollstreckungshandlungen des Gerichtsvollziehers (RGZ 151, 113; JW 1934, 1350). Dieser hat Amtspflichten im allgemeinen nur gegenüber dem Gläubiger und dem Schuldner, ausnahmsweise auch gegenüber Dritten, wie dem Eigentümer der Pfandsache, in deren Rechtskreis durch die Vollstreckung eingegriffen wird (RGZ 140, 427; 145, 215). Er verletzt zB seine Amtspflicht gegenüber dem Gläubiger bei Unterlassung der vorgeschriebenen oder erbetenen Benachrichtigung vom Termin zur Abnahme der eidesstattlichen Versicherung (BGHZ 7, 287, 291), bei nicht gehöriger Kenntlichmachung einer Pfändung durch Siegelanlegung (RG JW 1928, 114), bei ungenügendem Schutz gepfändeter Sachen vor beeinträchtigenden Maßnahmen des Schuldners (RGZ 118, 276) oder bei Belassung der Pfandstücke im Gewahrsam des Schuldners, nachdem er erkannt hat, daß durch Maßnahmen des Schuldners die Befriedigung des Gläubigers gefährdet ist (BGH MDR 1959, 282). Amtspflichten gegenüber dem Schuldner werden verletzt durch Unterlassung der Benachrichtigung vom Versteigerungstermin oder von bevorstehender Zwangsräumung eines Grundstücks (RGZ 147, 136) oder bei vermeidbarer Schädigung durch gewaltsames Öffnen von Türen und Behältnissen (BGH LM ZPO § 808 Nr 2). Gegenüber dem intervenierenden Eigentümer der Pfandsache kommen Amtspflichtverletzungen durch mangelhafte Verwahrung der in eigenen Gewahrsam genommenen Pfandsache und Unterlassung der Benachrichtigung vom Versteigerungstermin in Betracht (RG JW 1934, 1350), gegenüber dem Ersteher der Pfandsache durch Aushändigung des Versteigerungserlöses an dem Gläubiger vor Besitzübertragung der zugeschlagenen Sache (RGZ 153, 257), gegenüber dem Vermieter des Schuldners durch Vereitelung des gesetzlichen Vermieterpfandrechts nach §§ 559 ff BGB, 805 ZPO (RGZ 87, 294; 151, 113; 153, 257).

Weitere Beispiele von Amtspflichtverletzungen als Vollstreckungsorgan: Nichtaus- **659** führung oder Nichtbeachtung des Vollstreckungsauftrages (RGZ 151, 114; RG WarnR 1930 Nr 57; 1931 Nr 120), Unterlassung einer Benachrichtigung des Gläubigers von der Nichtausführung der Versteigerung entgegen dem Verlangen des Gläubigers (RGZ 137, 153), erhebliche Verzögerung des Vollstreckungsauftrags mit der Folge, daß der Schuldner Vermögensstücke der Vollstreckung entziehen konnte (RGZ 79, 241) oder zwischenzeitlich in Konkurs verfiel (RG WarnR 1932 Nr 158), verfrühte Pfändung durch Nichtbeachtung der Wochenfrist des § 798 ZPO (RGZ 83, 363; 125, 286), Vollstreckung wegen einer Wechselforderung, ohne im Besitz des Wechsels zu sein (RG JW 1916, 739), Vollstreckung aufgrund eines Titels gegen den Gesellschafter in das Vermögen einer Ein-Mann-GmbH (BGH LM § 839 Fi Nr 6); unberechtigte Pfändung von Sachen im Gewahrsam eines Dritten, zB bei unrichtiger Feststellung seiner Herausgabebereitschaft (RG SeuffA 81 Nr 73; LG Bielefeld NJW 1956, 1879); Vornahme einer Anschluß- statt einer Ersatzpfändung (RG WarnR 1931 Nr 21), Pfändung unpfändbarer Sachen in Kenntnis dieser Eigenschaft statt Pfändung anderer geeigneter Sachen (RGZ 72,

181), ungenügende Pfändung durch mangelnde Sorgfalt bei der Schätzung des Wertes der Pfandstücke (RG HRR 1929 Nr 1314; OLG Hamm OLG 34, 132); Unterlassung weiterer Pfändung, obwohl die vorangegangene sich als unzureichend erwies (RG LZ 1927, 421); Pfändung ohne Zeugen (OLG Dresden HRR 1928 Nr 136); Unterlassung der gebotenen Entfernung der Pfandstücke aus dem Gewahrsam des Schuldners (BGH LM § 839 Fi Nr 12); mangelhafter Verschluß der Pfandkammer (RG HRR 1934 Nr 257); Überlassung der Pfandsache an einen Dritten (BGH LM ZPO § 808 Nr 1); unberechtigte Freigabe von Pfandsachen (RG JW 1936, 2096); Versteigerung von Pfandstücken über das zur Gläubigerbefriedigung und Kostendeckung Erforderliche hinaus (RGZ 51, 186); Auszahlung des Versteigerungserlöses trotz Streites der Beteiligten statt Hinterlegung oder Herbeiführung der Entscheidung des Vollstreckungsgerichts (RG HRR 1931 Nr 220); Auszahlung beigetriebener Kosten an den unpfändbaren Auftraggeber statt weisungsgemäß an dessen Anwalt (RG JW 1927, 2200); fahrlässiges Entweichenlassen des zu persönlichem Arrest zu verhaftenden Schuldners (RG JW 1929, 111).

660 Über Pflichten des Gerichtsvollziehers bei Pfändung von Früchten (auf dem Stock gepfändete Trauben) s RGZ 121, 109, bei Kfz-Pfändung s OLG Hamburg MDR 1954, 436 betreffend Pfändung, ohne daß ein Kfz-Brief vorgelegt wird; OLG Oldenburg DAR 1957, 270 betreffend Pfändung ohne Wegnahme des Kfz-Scheins. Darüber, ob der Gerichtsvollzieher einen ihm vom Schuldner angebotenen Scheck annehmen darf, s MAGER NJW 1957, 1546. S auch RGZ 151, 109 betreffend die Frage, ob bei Ablieferung der beigetriebenen Leistung an den Vollstreckungsgläubiger statt weisungsgemäß an einen von diesem bezeichneten Dritten eine Amtspflichtverletzung gegenüber diesem Dritten vorliegt.

661 Amtspflichtverletzungen als Zustellungsorgan: Zustellung einer Klageschrift mit fehlender Terminsbestimmung (RGZ 51, 258), fehlende Beschleunigung bei eilbedürftigen Sachen, auch wenn Eilvermerk fehlt (RG JW 1938, 1452; RG WarnR 1937 Nr 35), Zustellung eiliger Fristsachen durch die Post ohne Überwachung der Erledigung und des Verbleibs der Zustellungsurkunde (RGZ 91, 179; RG JW 1918, 135), Zustellung durch Niederlegung bei der Post trotz möglicher Ersatzzustellung nach §§ 181, 182 ZPO (RGZ 87, 142), Unterlassen persönlicher Ausübung der Zustellungstätigkeit (RG JW 1934, 34, s auch RG HRR 1935 Nr 734).

Der Gerichtsvollzieher muß bei Aufnahme eines Wechselprotests, wenn der Name des Bezogenen undeutlich geschrieben ist, alle Möglichkeiten erschöpfen, um den Träger der undeutlichen Unterschrift einwandfrei festzustellen; andernfalls verletzt er fahrlässig eine ihn dem übrigen Wechsel Verpflichteten gegenüber obliegende Amtspflicht (RG HRR 1930 Nr 114).

5. Justizverwaltung

662 Zur Frage der Amtspflichten der Justizverwaltung bei Bekanntwerden von Zuständigkeitsüberschreitungen der Rechtspflegeorgane s BGH JVBl 1968, 113. Da es im Bereich der Amtshaftung nach BGHZ 57, 33, 46; WarnR 1967 Nr 107/62 keinen „justizfreien Raum" und keine „injustitiablen Hoheitsräume" gibt, kann, obwohl nach BVerfGE 25, 352 = NJW 1969, 1895 negative Gnadenentscheidungen überhaupt nicht oder nur in ganz beschränktem Umfang anfechtbar sind, ein Betroffener nach BGHZ 57, 33, 46 Schadensersatzansprüche mit der Behauptung geltend machen, die

Gnadenbehörde habe ihm gegenüber Amtspflichten verletzt. Denn zwar habe niemand einen Anspruch auf Gnade, wohl aber einen Anspruch auf ein ordnungsmäßiges Verfahren und ein pflichtgemäßes Verhalten der beteiligten Hoheitsträger.

Zur Amtshaftung der Aufsichtsbehörden gegenüber dem durch einen ungetreuen Notar Geschädigten, wenn ein mit der Notarprüfung beauftragter Richter Mängel in der Amtsführung des Notars festgestellt hat, die Anlaß für eine (vorläufige) Amtsenthebung des Notars geben, s BGHZ 135, 354. Für den durch einen ungetreuen Notar Geschädigten stellt die von der Notarkammer abgeschlossene Vertrauensschadensversicherung im Verhältnis zur nach § 839 BGB, Art 34 GG haftenden Aufsichtsbehörde eine anderweitige Ersatzmöglichkeit im Sinne des § 839 Abs 1 S 2 BGB dar (BGH aaO). Durch die Zurückweisung des von einem Notar gestellten Antrags, ihm einen Vertreter zu bestellen, wird der in Aussicht genommene Vertreter nur mittelbar berührt. Er ist nicht „Dritter" im Sinne des § 839 Abs 1 S 1 BGB. Ein Richter im Ruhestand hat keinen Anspruch auf das dienstrechtliche Einverständnis damit, daß er in dem Landgerichtsbezirk, in dem er die Dienstaufsicht über die Notare geführt hat, in den ersten drei Jahren nach Eintritt in den Ruhestand zum Notarvertreter bestellt wird (BayObLGZ 1994, 382).

V. Straßenbaulast – Straßenverkehrssicherungspflicht – Straßenverkehrsregelungspflicht

1. Vorbemerkung

Das öffentliche Straßenwesen ist ein besonders wichtiger Teilbereich der allgemeinen **663** staatlichen Daseinsvorsorge. Hinsichtlich der haftungsrechtlichen Folgen von Pflichtverletzungen der auf diesem Gebiet tätigen Amtsträger besteht eine Gemengelage von allgemeiner deliktsrechtlicher Verantwortlichkeit nach §§ 823 ff BGB und Amtshaftung nach § 839 BGB iVm Art 34 GG. In der Vorauflage hatte KARL SCHÄFER die die Straßenverkehrssicherungspflicht einschließlich der Reinigungs- und Streupflicht betreffenden Fragen in den Erläuterungen zu § 839 ausführlich behandelt (STAUDINGER/SCHÄFER[12] § 839 Rn 97 ff, 121 ff). Darauf hatte er in der Kommentierung der allgemeinen Verkehrssicherungspflicht bei § 823 Bezug genommen (aaO § 823 Rn 321). In der jetzigen Bearbeitung sind die mit dem öffentlichen Straßenwesen zusammenhängenden Verkehrssicherungspflichten in die umfassende Darstellung der Verkehrspflichten einbezogen (STAUDINGER/HAGER [1999] § 823 Rn E 73–172). Wegen des Inhaltes der Verkehrssicherungspflichten im einzelnen wird daher auf jene Darstellung verwiesen. Die folgenden Erläuterungen beschränken sich im wesentlichen auf eine Abgrenzung der Anspruchsgrundlagen.

2. Straßenbaulast

a) Sie umfaßt alle mit dem Bau und der Unterhaltung der Straßen zusammen- **664** hängenden Aufgaben. Die Träger der Straßenbaulast haben nach ihrer Leistungsfähigkeit die Straßen in einem dem regelmäßigen Verkehrsbedürfnis genügenden Zustand zu bauen, zu unterhalten, zu erweitern oder sonst zu verbessern und haben auf den nicht verkehrssicheren Zustand einer Straße durch Warnzeichen hinzuweisen (vgl § 3 Abs 1 und 2 FStrG). Dies betrifft unter anderem (OSSENBÜHL 30 mwN):

- die Herstellung (Anlegung, Ausbau, Verbesserung) öffentlicher Straßen (Wege und Plätze) einschließlich Brücken;

- die Befestigung, Trockenlegung und Entwässerung;

- die Sorge für die Sicherheit der Straßen;

- die Anbringung von Geländern und Absperrungen;

- die Beseitigung von Verkehrshindernissen;

- die Beschaffung, Anbringung und Unterhaltung von Verkehrszeichen und -signalanlagen nach Maßgabe der Entscheidungen der Straßenverkehrsbehörde.

665 b) Die Straßenbaulast ist nach ständiger Rechtsprechung eine lediglich der Allgemeinheit, der Aufsichtsbehörde bzw der Wegepolizeibehörde gegenüber bestehende öffentlich-rechtliche Verpflichtung („Last"), die dem einzelnen Straßen- und Wegebenutzer keine Ansprüche gewährt. Eine Verletzung dieser nur der Allgemeinheit gegenüber bestehenden und in den einzelnen Straßengesetzen vielfach verschieden geregelten öffentlich-rechtlichen Pflicht kann nur zu Maßnahmen der Straßenaufsicht führen. Sie begründet insbesondere keinen Schadensersatzanspruch aus Amtspflichtverletzung nach § 839 BGB iVm Art 34 GG, weil die aus der Straßenbaulast folgenden Pflichten keine Amtspflichten sind, die den einzelnen Wegebenutzern gegenüber bestehen. Eine der öffentlichen Hand im Interesse der Allgemeinheit auferlegte Last ist auch kein Schutzgesetz im Sinne des § 823 Abs 2 BGB. Etwaige Versäumnisse der Straßenaufsichtsbehörden begründen ebenfalls keine Schadensersatzansprüche, weil auch die staatlichen Aufsichtsorgane bei der Staatsaufsicht grundsätzlich nur im allgemeinen staatlichen oder öffentlichen Interesse tätig werden und keine Amtspflichten erfüllen, die ihnen einzelnen begünstigten Personen (hier also den Wegebenutzern) gegenüber obliegen (BGH NJW 1967, 1325, 1326 mwN; BGHZ 112, 74, 75).

666 c) Dagegen sind die Arbeiten beim Bau und zur Unterhaltung von Straßen, die unmittelbar von den Straßenbaubehörden und ihren Bediensteten vorgenommen werden, Ausübung eines öffentlichen Amtes im Sinne des Art 34 GG (BGHZ 72, 289, 292, 293; NJW 1980, 1679). Deswegen trifft die Straßenbaubehörden und -bediensteten insoweit die allgemeine Amtspflicht, sich bei ihrer Amtsausübung rechtswidriger Eingriffe in den Rechtskreis der Bürger, insbesondere unerlaubter Handlungen, zu enthalten (BGH NJW 1980, 1679). Für Verletzungen oder Sachbeschädigungen, die durch derartige Maßnahmen verursacht werden, wird daher nach Amtshaftungsrecht gehaftet. Auch die Dienstfahrt eines Straßenbaubediensteten im Rahmen der Straßenbautätigkeit ist Ausübung eines öffentlichen Amts, und die dadurch verursachte Verletzung anderer Verkehrsteilnehmer kann Ansprüche nach § 839 BGB iVm Art 34 GG auslösen (BGHZ 21, 48), wobei, soweit sich ein solcher Unfall bei der Teilnahme am allgemeinen Straßenverkehr ereignet, das Verweisungsprivileg des § 839 Abs 1 S 2 BGB keine Anwendung findet (BGHZ 68, 217). Der Einsatz eines langsam fahrenden Kraftfahrzeuges, das das Mähen von Gras auf dem Mittelstreifen einer Autobahn sichern soll, ist in der Rechtsprechung des BGH ebenfalls der Erfüllung von Verpflichtungen zugerechnet worden, die sich aus der Straßenbaulast ergaben. Für einen durch ein solches Kraftfahrzeug verursachten Auffahrunfall trat daher die Amtshaftung ein, und zwar da Sonderrechte nach § 35 Abs 6 S 1 StVO in Anspruch genommen waren, **mit** Anwendbarkeit des Verweisungsprivilegs (BGHZ 113, 164). Nach Amtshaftungsgrundsätzen beurteilt sich auch die Schädigung von Verkehrsteilnehmern bei dem Transport von Straßenbaumaterial durch die Bediensteten eines Straßenbauamts; die Zurechnung zur Straßenverkehrssicherungspflicht wird verneint, weil die Gefahrenlage nicht von der Straße ausging (BGH NJW 1962, 796). Ebenso liegt eine Amtspflichtverletzung vor, wenn die Bediensteten der öffentlichen Hand bei Straßenbauarbeiten schuldhaft Versäumnisse begehen, die Verletzungsgefahren begründen, etwa Arbeitsgeräte auf den Straßen so aufstellen, daß sie den Verkehr gefährden und Verkehrsteilnehmer schädigen (BGH VersR 1964, 225; 1966, 562). Auch für solche Schäden wird öffentlich-rechtlich gehaftet, die bei Herstellung und Unterhalt öffentlicher Straßen an den anliegenden Häusern entstehen (BGH VersR 1964, 1071), zB bei Anlegung einer vertieft liegenden Straße, durch die ein angrenzendes Hausgrundstück die erforderliche Stütze verliert (§ 909 BGB; BGH NJW 1980, 1679). Siehe auch OLG Frankfurt NVwZ 1985, 139, betreffend Veränderungen des Geländeniveaus beim Straßenbau mit der Folge der Ableitung des Oberflächenwassers auf anliegende Grundstücke. Wegen der Haftung für private Unternehmer, die bei solchen Bauarbeiten eingeschaltet werden, s den Abschnitt „Haftung für Hilfspersonen" (Rn 106 f).

3. Straßenverkehrssicherungspflicht

a) Sie folgt aus dem allgemeinen, aus §§ 823 und 836 BGB abzuleitenden Rechtsgrundsatz, daß jeder, der in seinem Verantwortungsbereich eine Gefahrenquelle schafft oder andauern läßt, diejenigen ihm zumutbaren Maßnahmen und Vorkehrungen treffen muß, die zur Abwendung der daraus Dritten drohenden Gefahren notwendig sind. Die Straßenverkehrssicherungspflicht ist nur ein Unterfall der allgemeinen Verkehrssicherungspflicht für öffentliche Verkehrsflächen. Diese Straßenverkehrssicherungspflicht ergibt sich somit aus dem Umstand, daß von der Straße durch Zulassung des öffentlichen Verkehrs Gefahren ausgehen können. Das verpflichtet die verantwortliche Körperschaft zum Eingreifen. Der Inhalt dieser Straßenverkehrssicherungspflicht geht dahin, die öffentlichen Verkehrsflächen – wie alle sonstigen einem Verkehr eröffneten Räume oder Sachen – möglichst gefahrlos zu gestalten und zu erhalten, sowie im Rahmen des Zumutbaren alles zu tun, um den Gefahren zu begegnen, die den Verkehrsteilnehmern aus einem nicht ordnungsmäßigen Zustand der Verkehrsflächen drohen (BGHZ 60, 54, 55 f).

667

b) Nach der früheren Rechtsprechung des Bundesgerichtshofs richteten sich die Schadensersatzansprüche wegen der Verletzung der Pflicht, für die Sicherheit der öffentlichen Straßen, Wege und Plätze zu sorgen, regelmäßig nach den allgemeinen zivilrechtlichen Deliktsvorschriften der §§ 823 ff BGB (BGHZ 9, 373; 14, 83; 16, 95; 20, 57; 54, 165). Auch das Bundesverwaltungsgericht hatte sich dieser Auffassung angeschlossen (BVerwGE 14, 304; 35, 334/337). Dies schließt indessen die Möglichkeit einer Ersatzpflicht nach Amtshaftungsgrundsätzen nicht aus. Die öffentlich-rechtliche Körperschaft, der die Verkehrssicherung obliegt, hat grundsätzlich die Wahl, ob sie dieser Pflicht als Fiskus, also privatrechtlich, oder als Träger öffentlicher Gewalt, also hoheitsrechtlich, genügen will (BGHZ 60, 54, 56). Inzwischen haben alle Bundesländer mit Ausnahme Hessens von der Möglichkeit Gebrauch gemacht, in ihren Straßen-

668

und Wegegesetzen die Straßenverkehrssicherungspflicht als hoheitliche Amtspflicht auszugestalten. Damit hat sich das frühere Regel-/Ausnahmeverhältnis in sein Gegenteil verkehrt: Gehaftet wird fast überall nach Amtshaftungsgrundsätzen, nur noch in Hessen nach allgemeinem Deliktsrecht.

669 Nachfolgend wird eine Übersicht über die einzelnen landesrechtlichen Regelungen gegeben:

- Baden-Württemberg: Straßengesetz (StrG) in der Fassung vom 11. 5. 1992 (GBl 380) § 59.

- Bayern: Bayerisches Straßen- und Wegegesetz in der Fassung der Bekanntmachung vom 5. 10. 1981 (BayRS 91–1–I) Art 72.

- Berlin: Berliner Straßengesetz (BerlStrG) vom 28. 2. 1985 (GVBl 518) § 7 Abs 5 S 1.

- Brandenburg: Brandenburgisches Straßengesetz in der Neufassung vom 10. 6. 1999 (GVBl I 211) § 10 Abs 1 S 2.

- Bremen: Bremisches Landesstraßengesetz (BremLStrG) vom 20. 12. 1976 (BremGBl 341) § 9.

- Hamburg: Hamburgisches Wegegesetz (HWG) in der Fassung vom 22. 1. 1974 (GVBl 41, 43) § 5.

- Hessen: Straßengesetz vom 9. 10. 1962 (GVBl I 437) enthält als einziges Landesstraßengesetz keine hoheitliche Ausgestaltung der Straßenverkehrssicherungspflicht.

- Mecklenburg-Vorpommern: Straßen- und Wegegesetz des Landes Mecklenburg-Vorpommern (StrWG-MV) vom 13. 1. 1993 (GVBl M-V 42) § 10 Abs 1.

- Niedersachsen: Niedersächsisches Straßengesetz (NStrG) in der Fassung vom 24. 9. 1980 (NdsGVBl 359) § 10.

- Nordrhein-Westfalen: Straßen- und Wegegesetz (StrWG NW) in der Fassung vom 23. 9. 1995 (GV NW 1028) § 9a.

- Rheinland-Pfalz: Landesstraßengesetz in der Fassung vom 1. 8. 1977 (BS 91–1) § 48 Abs 2.

- Saarland: Saarländisches Straßengesetz vom 17. 12. 1964 (BS Saar 90–1) § 9 Abs 3a.

- Sachsen: Straßengesetz für den Freistaat Sachsen (SächsStrG) vom 21. 1. 1993 (SächsGVBl 93) § 10 Abs 1.

- Sachsen-Anhalt: Straßengesetz für das Land Sachsen-Anhalt (StrGLSA) vom 6. 7. 1993 (GVBl LSA 334) § 10 Abs 1.

– Schleswig-Holstein: Straßen- und Wegegesetz des Landes Schleswig-Holstein (StrWG) in der Fassung vom 2. 4. 1996 (GVOBl Schl-H 414) § 10 Abs 4.

– Thüringen: Thüringer Straßengesetz vom 7. 5. 1993 (GVBl 273) § 10 Abs 1 S 1.

c) Die öffentlich-rechtlich gestaltete Amtspflicht zur Sorge für die Sicherheit im **670** Straßenverkehr entspricht inhaltlich der allgemeinen Verkehrssicherungspflicht (BGH NJW 1980, 2194, 2195 mwN). Sie besteht als Amtspflicht zwar allen Straßenbenutzern gegenüber, aber nur mit dem Inhalt, sie vor Gefahren für Leben, Gesundheit, Eigentum oder sonstige absolute Rechte zu bewahren, nicht aber vor jedem Vermögensschaden (BGH NJW 1973, 463). In seiner grundlegenden Entscheidung BGHZ 60, 54, 63, hatte der BGH aus der Ausgestaltung der Verkehrssicherungspflicht als Amtspflicht noch die Folgerung gezogen, daß damit auch das Verweisungsprivileg des § 839 Abs 1 S 2 uneingeschränkt anwendbar sei. Seit BGHZ 75, 134 ist diese Haftungsbeschränkung bei Verletzung der hoheitlich ausgestalteten Straßenverkehrssicherungspflicht weggefallen (ebenso BGHZ 118, 368, betreffend die Verletzung der hoheitlich ausgestalteten Pflicht einer Gemeinde, die Einhaltung der Räum- und Streupflicht durch die Anlieger zu überwachen, und BGHZ 123, 102, betreffend die öffentlich-rechtlich ausgestaltete Sorge für die Standsicherheit von Straßenbäumen). Damit ergibt sich für die Straßenverkehrssicherungspflicht sowohl auf der Tatbestands- als auch auf der Rechtsfolgenseite eine vollständige Deckungsgleichheit von allgemeiner Delikthaftung nach § 823 BGB und Amtshaftung nach § 839 BGB iVm Art 34 GG.

d) Durchgängig als öffentlich-rechtliche Amtspflicht ausgestaltet ist auch die **671** Pflicht zur „polizeimäßigen" oder „ordnungsmäßigen" Reinigung öffentlicher Straßen, einschließlich der Räum- und Streupflicht. Diese Pflichten sind für den Bereich geschlossener Ortschaften den Gemeinden auferlegt, und zwar in den meisten Bundesländern durch die jeweiligen Straßen- und Wegegesetze, in Nordrhein-Westfalen und in Berlin durch besondere Straßenreinigungsgesetze. Grundlegend war insoweit das Preußische Gesetz über die Reinigung öffentlicher Wege vom 1. 7. 1912 (GS 187). Die „polizeimäßige" Reinigung geht insoweit weiter als die allgemeine Verkehrssicherungspflicht, als sie nicht nur aus Verkehrsrücksicht und zum Zwecke der Aufrechterhaltung der Sicherheit und Leichtigkeit des Verkehrs erfolgt, sondern auch den weitergehenden allgemeinen polizeilichen Anforderungen (zB ordnungs- und gesundheitspolizeilicher Art) Rechnung trägt (BGHZ 112, 74, 79 mwN).

Allerdings kann eine Pflicht zur Schneeräumung und zur Bestreuung der Gehwege, Fußgängerüberwege und verkehrswichtiger gefährlicher Fahrbahnstellen grundsätzlich nicht nur aus der Pflicht zur „polizeimäßigen" Reinigung folgen, sondern auch aus der allgemeinen Verkehrssicherungspflicht, die bei öffentlichen Straßen regelmäßig den Baulastpflichtigen trifft. Zwar zählt zum Inhalt der Straßenbaulast als solcher das Schneeräumen und Streuen bei Schnee- und Eisglätte nicht; der Träger der Straßenbaulast wird nur durch eine Sollvorschrift zum Schneeräumen und Streuen angehalten (vgl § 3 Abs 3 FStrG). Das läßt aber unberührt, daß den Träger der Straßenbaulast unmittelbar aus der regelmäßig ihm auferlegten allgemeinen Verkehrssicherungspflicht auch eine Pflicht zur Schneeräumung und zur Bestreuung mit abstumpfenden Stoffen treffen kann. Die aus diesem Gesichtspunkt hergeleitete, als Pflicht zur „verkehrsmäßigen" Reinigung bezeichnete Verpflichtung ist nach ihrer rechtlichen Begründung und in ihren Rechtsfolgen grundsätzlich von der Pflicht zur "polizeimäßigen" (ordnungsgemäßen) Reinigung zu unterscheiden. Beide Pflichtenkreise überlagern sich allerdings teilweise, im Blick auf die Verkehrssicherung innerhalb der geschlossenen Ortslage decken sie sich nach ihrem sachlichen Gehalt sogar völlig (BGHZ 112, 74, 79 f; BGH VersR 1997, 311, 312). Auch in Hessen, wo die Straßenverkehrssicherungspflicht selbst noch rein privatrechtlich ausgestaltet ist, ist die "polizeimäßige" Räum- und Streupflicht eine Amtspflicht im Sinne des Amtshaftungsrechts (BGH WM 1998, 827).

Hinsichtlich des Inhalts der Verkehrssicherungspflichten, einschließlich der Reinigungs-, Räum- und Streupflichten, wird – wie eingangs bereits gesagt – auf die umfassende Darstellung bei STAUDINGER/HAGER (1999) § 823 Rn E 73–172 verwiesen. Die dortige Rechtsprechungsübersicht betrifft, soweit es um diese Bereiche geht, weitgehend Entscheidungen zum Amtshaftungsrecht.

4. Straßenverkehrsregelungspflicht

672 a) Nach §§ 44 Abs 1, 45 Abs 3, 4 StVO haben die Straßenverkehrsbehörden die Pflicht, darüber Bestimmungen zu treffen, wo welche Verkehrszeichen und -einrichtungen anzubringen sind. Diese Aufgabe obliegt ihnen als Amtspflicht (§ 839 BGB iVm Art 34 GG) im Interesse und zum Schutz aller Verkehrsteilnehmer, die die Straße nach Art ihrer Verkehrseröffnung benutzen dürfen. Inhaltlich ist diese Amtspflicht darauf gerichtet, für die Sicherheit und Leichtigkeit des Verkehrs zu sorgen und die Einrichtungen für die Regelung des Verkehrs so zu gestalten, daß sie ihrem Zweck gerecht werden (BGHR BGB § 839 Abs 1 S 1 Verkehrsregelung 1; NVwZ 1990, 898 =NZV 1991, 147). Für die Ausführung der Anordnungen der Straßenverkehrsbehörde ist dagegen der Verkehrssicherungspflichtige, regelmäßig also der Träger der Straßenbaulast, zuständig. In den Bereich der Straßenverkehrssicherungspflicht, die, wie dargelegt, in Hessen rein privatrechtlich, im übrigen Bundesgebiet als hoheitliche Amtspflicht ausgestaltet ist, fallen daher die Pflichten zur Bestimmung über die Art der Anbringung und Ausgestaltung und zur Beschaffung, ordnungsmäßigen Anbringung und Unterhaltung der von der Straßenverkehrsbehörde angeordneten Verkehrszeichen und -einrichtungen. Haftungsrechtlich hat diese Aufteilung der Zuständigkeiten die Folge, daß für Schäden, die durch eine amtspflichtwidrige Verkehrsregelung selbst verursacht werden, der Träger der Straßenverkehrsbehörde, hingegen für Fehler bei der Anbringung und Unterhaltung der Verkehrszeichen und -einrichtungen der Straßenbaulastträger einzustehen hat. Dementsprechend fällt beispielsweise die fehlerhafte Programmierung einer Lichtzeichenanlage in den Verantwortungsbereich der Straßenverkehrsbehörde (BGHZ NJW 1971, 2220), eine Funktionsstörung der Lichtzeichenanlage infolge unzureichender Wartung hingegen in denjenigen des Straßenbaulastträgers (BGH NJW 1972, 1268). Eine allgemeine Pflicht des Straßenbaulastträgers, die Bestimmung der Straßenverkehrsbehörde, wo ein Verkehrszeichen anzubringen ist, zu überprüfen, besteht nicht (GREGER, Haftungsrecht des Straßenverkehrs [3. Aufl 1997] StVG § 16 Rn 450; BGH NVwZ 2000, 1209). Die Verantwortung für das Anbringen vorschriftsmäßiger Verkehrszeichen trägt grundsätzlich allein die Straßenverkehrsbehörde. Dennoch kann im Einzelfall auch der Träger der Straßenbaulast als Verkehrssicherungspflichtiger verpflichtet sein, bei der Straßenverkehrsbehörde auf eine Änderung der Verkehrsregelung hinzuwirken, wenn er die von einer unzulänglichen Beschilderung ausgehenden Gefahren erkennt oder eine derartige Verkehrsgefährdung so offensichtlich ist, daß sich die Notwendigkeit alsbaldiger Maßnahmen geradezu aufdrängt (BGH aaO).

b) Die Straßenverkehrsbehörden brauchen allerdings nur insoweit Maßnahmen zu ergreifen, als dies objektiv erforderlich und nach objektiven Maßstäben zumutbar ist. Sie haben deshalb regelmäßig dann keine weiteren Pflichten, wenn die Verkehrsteilnehmer bei zweckgerechter Benutzung der Straße und Anwendung der gebotenen Aufmerksamkeit etwaige Schäden selbst abwenden können. Von den Verkehrsteilnehmern wird dabei in schwierigen Verkehrslagen sogar eine gesteigerte Aufmerksamkeit erwartet. Zudem werden Kenntnisse über besondere Verkehrsgefahren vorausgesetzt. In derartigen Fällen ist eine Warnung nicht geboten, weil ein Kraftfahrer mit der erforderlichen Sorgfalt etwaige Schäden durch vorsichtiges Fahren abwenden kann (BGHR BGB § 839 Abs 1 S 1 Verkehrsregelung 1 mwN). **673**

Durch die Verkehrsregelung dürfen keine neuen Gefahrensituationen geschaffen werden. Gegen diese Pflicht wird insbesondere dann verstoßen, wenn die Beschilderung in sich widersprüchlich ist, beispielsweise eine Straße als Vorfahrtsstraße (Zeichen 306) ausgeschildert ist, während auf der untergeordneten Straße eine darauf abgestimmte negative Beschilderung mit dem Gebot, dem Verkehr auf der Vorfahrtsstraße Vorfahrt zu gewähren (Zeichen 205 oder 206), fehlt (BGH NVwZ 2000, 1209). Auch Änderungen der Verkehrsregelung als gefahrerhöhende Maßnahmen können für eine ausreichende Übergangszeit Warnpflichten der zuständigen Behörden auslösen. Dies gilt grundsätzlich für die Änderung solcher Regelungen, deren Mißachtung – wie bei Vorfahrtänderungen – besonders gefährlich ist (BGH NVwZ 1990, 898). Allgemein besteht die Pflicht zur Kennzeichnung gefährlicher Stellen durch Gefahrzeichen, dh solcher Stellen, bei denen die Möglichkeit, daß sich aus der Anlage oder Beschaffenheit der Straße ein Unfall ergibt, für den Verkehrsteilnehmer auch dann nicht ohne weiteres oder nicht rechtzeitig erkennbar ist, wenn er die erforderliche Sorgfalt beachtet. In diesen Zusammenhang fällt auch die Hinweispflicht auf Verkehrsregelungen, mit denen unter den gegebenen Umständen üblicherweise nicht gerechnet werden kann, wie zB bei Straßenbahngegenverkehr in einer Einbahnstraße (Greger aaO Rn 447; LG Heidelberg VersR 1982, 1156). Bei der Programmierung einer Lichtzeichenanlage an einem Fußgängerüberweg in der Weise, daß die für den Kraftfahrzeugverkehr maßgebenden Ampeln zeitversetzte Grünphasen hatten, hat der BGH eine Amtspflichtverletzung verneint, obwohl aus einer untergeordneten Straßen einbiegende Verkehrsteilnehmer durch das für sie sichtbare Rotlicht zu dem unrichtigen Schluß verleitet werden konnten, auch die für den Gegenverkehr bestimmte Ampel sei auf rot geschaltet (BGH NVwZ 1990, 898 = NZV 1991, 147 mit ablehnender Anmerkung Menken; kritisch auch Greger aaO Rn 448). Zum Versagen einer Verkehrssignalanlage („feindliches Grün") s Rn 33, 475. **674**

c) Anzumerken ist noch, daß bei Amtspflichtverletzungen der Straßenverkehrsbehörden, betreffend die Verkehrsregelung, das Verweisungsprivileg des § 839 Abs 1 S 2 BGB anwendbar ist. Bei einem Verkehrsunfall, der sowohl durch eine amtspflichtwidrige Verkehrsregelung als auch durch das Fehlverhalten eines weiteren Verkehrsteilnehmers verursacht worden ist, muß sich der Geschädigte daher vorrangig an den Zweitschädiger halten. **675**

VI. Weitere Fälle

1. Abwasserbeseitigung, Hochwasserschutz, Gewässerschutz

676 **a)** Die Sammlung und Beseitigung der Abwässer in einer Gemeinde ist eine öffentliche Einrichtung und obliegt der Gemeinde als hoheitliche Aufgabe. Für Fehler bei der Planung, der Herstellung und dem Betriebe einer solchen Anlage hat die Gemeinde daher nach Amtshaftungsgrundsätzen einzustehen (st Rspr, vgl zB BGH DVBl 1983, 1055, 1056; BGHZ 109, 8; 115, 141, 147; 125, 19, 24; NJW 1998, 1307; BGHZ 140, 380). Allerdings ist die Gemeinde nicht verpflichtet, eine Regenwasserkanalisation einzurichten und zu unterhalten, die alle denkbaren Niederschlagsmengen bewältigen kann. Wirtschaftliche Gründe zwingen jede Gemeinde dazu, das Fassungsvermögen einer Regenwasserkanalisation nicht so groß zu bemessen, daß es auch für ganz selten auftretende, außergewöhnlich heftige Regenfälle ausreicht. Insbesondere ist eine Dimensionierung im Hinblick auch auf katastrophenartige Unwetter, wie sie erfahrungsgemäß nur in sehr großen Zeitabständen vorkommen, nicht erforderlich (BGHZ 109, 8, 10 mwN; 115, 141, 147 f). Zur Frage, wie eine gemeindliche Regenwasserkanalisation ausgelegt sein muß, s insbesondere BGHZ 109, 8; 115, 141 und NJW 1998, 1307: Eine gemeindliche Regenwasserkanalisation ist unzureichend, wenn sie lediglich auf einen einjährigen Berechnungsregen ausgelegt ist. Zusätzlich sind die Geländeverhältnisse und die möglichen Fließwege des Abwassers bei Austritt aus den Einläufen zu berücksichtigen. Der Berechnungsregen kann – auch bei längeren Wiederkehrzeiten – insbesondere dann nicht alleiniger Maßstab sein, wenn konkrete Anhaltspunkte dafür vorliegen, daß eine auf ihn zugeschnittene Anlage außerstande ist, das anfallende Regenwasser nicht nur in seltenen Ausnahmefällen, sondern darüber hinaus auch bei häufigeren, auch im Rahmen einer generalisierenden Betrachtungsweise zu berücksichtigenden Anlässen zu bewältigen. Dies kann etwa der Fall sein, wenn sich zeigt, daß es in dem betroffenen Straßenzug trotz einer Auslegung der Kanalisation auf den Berechnungsregen immer wieder zu Überschwemmungen kommt. Zur Amtspflicht der Gemeinde, bei der Planung und Erstellung der für ein Baugebiet notwendigen Entwässerungsmaßnahmen Niederschlagswasser zu berücksichtigen, das aus einem angrenzenden Gelände (dort: aus Weinbergen) in das Baugebiet abfließt, s BGHZ 140, 380.

677 **b)** Zur Abgrenzung von Abwasserbeseitigung und Hochwasserschutz s BGHZ 125, 19, 22 (die Zuständigkeiten können nach dem jeweils einschlägigen Landesrecht unterschiedlich sein). Zur Amtspflicht einer Gemeinde, unter dem Gesichtspunkt des Hochwasserschutzes und der Verkehrssicherung die Wohngrundstücke eines Baugebiets im Rahmen des Zumutbaren vor den Gefahren zu schützen, die dadurch auftreten konnten, daß ein Entwässerungsgraben mit Rohrdurchlaß das anfallende Wasser nicht mehr faßte, s BGH VersR 1991, 888. Keine Amtspflicht der Gemeinde zum Hochwasserschutz für ein Gebäude, das im Außenbereich an der tiefsten Stelle einer Geländemulde errichtet und daher „prädestiniert zum Überflutungsopfer" ist: BGHR § 839 Abs 1 S 1 Hochwasserschutz 2. Eine Amtspflicht der Gewässeraufsichtsbehörde, für einen schadlosen Hochwasserabfluß zu sorgen, besteht auch gegenüber den Eigentümern von nahegelegenen Grundstücken. Auch der schadlose Abfluß eines sogenannten 100-jährlichen Hochwassers muß sichergestellt sein. Die Baugenehmigungsbehörde muß den Bauwerber auf eine drohende Überschwemmungsgefahr jedenfalls dann nicht hinweisen, wenn eine solche nur bei einem außergewöhnlichen Hochwasser besteht. Die Erhöhung eines Straßenkörpers kann einen enteignungsgleichen Eingriff darstellen, wenn sie ursächlich für die Überschwemmung von Grundstücken ist (BayObLGZ 1989, 397). Die Amtspflicht der Wasserwirtschaftsämter, im Rahmen der Gewässerunterhaltung von ausgebauten Wildbachstrecken für einen schadlosen Abfluß von Hochwasser zu sorgen, besteht auch gegenüber den Eigentümern von Grundstücken, die an das Gewässer oder an einen das Gewässer einfassenden Damm angrenzen, als „Dritten". Sie erstreckt sich darauf, diese Grundstücke vor Überflutung durch ein sogenanntes 100-jährliches Hochwasser zu schützen (BayObLGZ 1993, 370). Amtspflichtverletzung des Landkreises gegenüber einem städtischen Wasserwerk als geschütztem „Dritten" wegen unzureichender Überwachung gewässerschützender Auflagen bei einer Sondermülldeponie: BGHR § 839 Abs 1 S 1 Dritter 44.

c) Trotz einer objektiv vorliegenden Amtspflichtverletzung (zu geringe Dimensionierung der Regenwasserkanalisation) kann eine Haftung der Gemeinde ausscheiden, wenn die Überflutung darauf beruht, daß die vom Grundstückseigentümer gegen einen Rückstau zu ergreifenden Vorkehrungen unzulänglich gewesen sind; eine derartige Schadensursache fällt in den alleinigen Verantwortungsbereich des Eigentümers (BGH NVwZ 1998, 1218).

d) Neben der Amtshaftung können Überschwemmungen, die durch Austritt des Wassers aus einer überfluteten Kanalisation verursacht werden, auch verschuldensunabhängige Ansprüche nach dem Haftpflichtgesetz (§ 2 Abs 1 S 1 „Wirkungshaftung") begründen (BGHZ 109, 8, 12, 115, 141). Dies gilt jedoch nicht für solches Wasser, das erst gar nicht in die Rohrleitungsanlage gelangt ist, also nicht durch Austritt aus dieser Anlage, sondern ungefaßt unmittelbar von außen in die von der Überschwemmung betroffenen Gebäude und Anlagen einströmt (BGHZ 114, 380; 115, 141, 143). In einem solchen Fall ist für die Wirkungshaftung nach dem Haftpflichtgesetz kein Raum; vielmehr kann dann allein die verschuldensabhängige Amtshaftung – etwa wegen unzureichender Dimensionierung des Kanalnetzes – in Betracht kommen.

e) Ebenso sind Schadensersatzansprüche des Grundstückseigentümers gegen die Gemeinde wegen einer Verletzung des auf dem Anschluß des Hausgrundstücks an die Kanalisation beruhenden öffentlich-rechtlichen Schuldverhältnisses denkbar (analog §§ 276, 278 BGB). Dies setzt aber voraus, daß der Eigentümer gerade in seiner Eigenschaft als Anschlußnehmer der städtischen Kanalisation geschädigt worden ist. Dafür genügt es nicht, wenn eine ursächliche Beziehung zwischen der Existenz der Kanalisation und dem Schaden besteht, vielmehr muß der Schaden im inneren Zusammenhang mit dem Anschluß, dh der Ver- oder Entsorgung des Hauses eingetreten sein. Hätte der Schaden den Eigentümer auch dann und nicht anders getroffen, wenn sein Haus nicht an das Kanalisationsnetz angeschlossen gewesen wäre, ist für einen Schadensersatzanspruch aus dem öffentlich-rechtlichen Schuldverhältnis kein Raum (BGH DVBl 1983, 1055, 1056; BGHZ 115, 141, 146 f).

f) Zu Ansprüchen wegen enteignungsgleichen Eingriffs bei Überschwemmungsschäden s Rn 474.

g) Die nach § 7 WHG erteilte wasserrechtliche Erlaubnis begründet eine Legalisierungswirkung für die gestattete Gewässerbenutzung. Ohne Widerruf der Erlaubnis kann eine solche Nutzung – soweit sie sich im Rahmen der Erlaubnis hält – nicht auf der Grundlage (wasser-)polizeilichen Generalklausel untersagt werden. Das gilt auch dann, wenn die Gewässerbenutzung nun im Widerspruch zu einer nachträglich ergangenen Wasserschutzgebietsverordnung steht. Gegenüber einem Amtshaftungsanspruch aufgrund rechtswidriger Untersagung einer erlaubten Gewässerbenutzung ist der Einwand rechtmäßigen Alternativverhaltens wegen eines sonst gebotenen Widerrufs der wasserrechtlichen Erlaubnis jedenfalls dann ausgeschlossen, wenn ein solcher Widerruf der erkennbaren damaligen Absicht der Verwaltungsbehörde widersprochen hätte (BGHZ 143, 362).

2. Amtsvormund, Amtspfleger (Jugendamt)

682 Nach § 55 Abs 1 SGB VIII (Kinder- und Jugendhilfe; früher § 37 JWG) wird das Jugendamt Beistand, Pfleger oder Vormund in den durch das Bürgerliche Gesetzbuch vorgesehenen Fällen (Beistandschaft, Amtspflegschaft, Amtsvormundschaft).

a) Insbesondere betrifft dies die Fälle der bestellten Amtsvormundschaft nach § 1791b und der gesetzlichen Amtsvormundschaft nach § 1791c BGB. In allen Fällen ist die Führung der Beistandschaft, Amtspflegschaft und Amtsvormundschaft durch die zuständigen Amtsträger des Jugendamtes Ausübung eines anvertrauten öffentlichen Amtes im Sinne des Art 34 S 1 GG. Amtspflichtverletzungen können somit Amtshaftungsansprüche begründen; haftende Körperschaft ist der jeweilige Träger des Jugendamtes (Gemeinde, Landkreis). Soweit es um Pflichtverletzungen gegenüber dem Mündel selbst geht, konkurriert die Amtshaftung mit der Haftung des Vormunds nach § 1833 BGB; Haftungssubjekt ist auch hier der Träger des Jugendamtes (BGHZ 9, 255; BGH NJW 1980, 251). Die Haftung nach § 1833 hat gegenüber der Amtshaftung den Vorteil, daß die kurze Verjährungsfrist des § 852 BGB aF nicht gilt und auch die Haftungsbeschränkungen nach § 839 Abs 1 S 2 (Verweisungsprivileg) und Abs 3 nicht gelten (eine schuldhafte Rechtsmittelversäumung ist dementsprechend lediglich nach § 254 zu beurteilen). Vgl in diesem Zusammenhang auch STAUDINGER/ENGLER (1999) § 1833 Rn 10 mwN. Die Grundsätze über die Nachprüfbarkeit von Ermessensentscheidungen der Verwaltungsbehörden durch die ordentlichen Gerichte (oben Rn 144 ff) sind auf die Haftung aus § 1833 nicht anwendbar (BGHZ 9, 255). Gegenüber dem als Kindesvater in Anspruch genommenen Mann hat der Amtsvormund grundsätzlich keine Amtspflichten im Sinne des § 839; er steht diesem wie jedem anderen Prozeßgegner gegenüber (OLG Hamburg DAVorm 1968, 61).

683 **b)** Einzelfälle von Amtspflichtverletzungen: Der Amtsvormund läßt ein Urteil, in dem die Unterhaltsrente zu niedrig festgesetzt ist, rechtskräftig werden (RG WarnR 1933 Nr 26); er verursacht die Abweisung der Unterhaltsklage des Kindes durch schlechte Prozeßführung (OLG Schleswig SchlHA 1962, 143); er schließt Verträge über Abfindung der Unterhaltspflicht durch Kapitalzahlung in Zeiten des Währungsverfalls (BGHZ 9, 255; 22, 72); er unterläßt es, gegen den Mündel beeinträchtigende behördliche Maßnahmen mit Rechtsbehelfen anzugehen (RG HRR 1937 Nr 243); er unterläßt es, bei der Verfolgung von Pflichtteilsansprüchen des Mündels im Prozeß das Gutachten des gerichtlich bestellten Sachverständigen über den Verkehrswert zum Nachlaß gehörigen Grundvermögens kritisch zu kontrollieren (BGH VersR 1983, 1080). Keine Amtspflichtverletzung ist die Nichtgeltendmachung von Ansprüchen des Mündels, wenn sie aus Rechtsgründen oder wegen mangelnder Vollstreckungsmög-

lichkeit nicht durchsetzbar sind (LG Aachen DAVorm 1967, 364). Eine Pflicht des Jugendamts, den Mündel gegen Haftpflicht aus von ihm verschuldeten Unfällen zu versichern, besteht nur, wenn in bisher verschuldeten Unfällen eine nicht hinreichend gesteuerte Neigung zu aggressivem Verhalten zum Ausdruck kam, die den Mündel in besonderem Maße der Gefahr aussetzt, sich durch Schädigung Dritter haftpflichtig zu machen (BGHZ 77, 224 = NJW 1980, 2249; STAUDINGER/ENGLER [1999] § 1793 Rn 21).

c) Der Wirkungskreis des Amtspflegers nach § 1706 Nr 2 BGB aF (Geltendmachung von Unterhaltsansprüchen des nichtehelichen Kindes) erstreckte sich grundsätzlich nicht auf die Beantragung von Leistungen nach dem Unterhaltsvorschußgesetz. Diese Aufgabe oblag eigenverantwortlich der Mutter des nichtehelichen Kindes (BGHR § 839 Abs 1 S 1 Amtspfleger 1 und 2, Amtspflicht 10, Jugendamt 2). Der für die Führung der Amtspflegschaft zuständige Bedienstete ist verpflichtet, dafür Sorge zu tragen, daß auch für die Zeit nach Eintritt der Volljährigkeit des Pfleglings dessen gesetzliche Vertretung und finanzielle Betreuung rechtzeitig sichergestellt werden (BGHR § 839 Abs 1 S 1 Jugendamt 1). **684**

d) Verhandelt der Amtsvormund über einen Arbeitsvertrag für seinen Mündel, so können ihm ausnahmsweise Amtspflichten auch gegenüber dem Vertragspartner obliegen (Beispiel: Hinweis auf krankhafte Neigungen des Mündels zum Feuerlegen; BGHZ 100, 313). Zu drittgerichteten Amtspflichten des Jugendamtes gegenüber dem Träger des Heims, in dem der Jugendliche untergebracht ist, s BGH NVwZ 1990, 499. **685**

3. Amt zur Regelung offener Vermögensfragen

Zur Amtshaftung und zur Staatshaftung nach § 1 DDR-StHG durch Verletzung der Mitteilungspflicht nach § 31 Abs 2 VermG: BGHZ 142, 18. **686**

4. Arbeitsamt

Diesem können bei der Vermittlung von Arbeitsuchenden Amtspflichten sowohl gegenüber dem Arbeitgeber wie gegenüber dem Arbeitnehmer obliegen. Wie weit im allgemeinen der Pflichtenkreis des Arbeitsamts gegenüber dem Arbeitgeber abzugrenzen ist, ob es eine Prüfungspflicht bezüglich der fachlichen und persönlichen Eignung des Arbeitsuchenden hat oder ob es dem Arbeitgeber überlassen ist, den zugewiesenen Arbeitnehmer selbst auf seine Eignung zu prüfen, läßt BGHZ 31, 126 = LM § 839 Fm Nr 12 m Anm PAGENDARM offen. Jedenfalls verletzt das Arbeitsamt aber seine Amtspflicht gegenüber dem Arbeitgeber, wenn dieser eine Arbeitskraft mit bestimmten Befähigungsnachweisen – Führerschein oder anderen bestimmten Nachweisen, Approbationen, Erlaubnisscheinen usw – anfordert und das Arbeitsamt ihm ohne (zumutbare) Prüfung eine Arbeitskraft mit einer Bescheinigung zuweist, daß sie besonderen Voraussetzungen erfülle, obwohl dies nicht der Fall ist (BGH aaO). Eine Verletzung der Amtspflicht des Arbeitsamts gegenüber dem Arbeitnehmer ist zB mangelnde Rücksichtnahme auf den Gesundheitszustand eines Arbeitslosen, während ihm gegenüber eine Pflicht zur Erkundigung über die Zahlungsfähigkeit des Arbeitgebers nicht besteht (LG Hamburg BB 1974, 1072). Die Pflicht des Arbeitsamts zur Prüfung, ob die Voraussetzungen der Gewährung von Kurzarbeitergeld vorliegen, obliegt ihm nicht als Amtspflicht gegenüber den Arbeitgebern (BGH MDR 1972, 492). **687**

5. Architektenkammer

688 Amtshaftung wegen pflichtwidriger Nichteintragung eines Bewerbers in die Architektenliste: BGH VersR 1991, 1135 = NVwZ 1992, 298: Der Amtshaftungsanspruch wurde trotz fehlender beamtenrechtlicher Dienstherrenfähigkeit der Kammer bejaht (s auch oben Rn 67).

6. Bahn und Post

689 a) Schon die Tätigkeit der früheren Deutschen Bundesbahn bei der Beförderung von Personen und Gütern auf Schiene und Straße hatte nicht hoheitlichen, sondern privatrechtlichen Charakter, weil sie nach gesetzlicher Vorschrift und organisatorisch nach wirtschaftlichen Gesichtspunkten ausgerichtet war (§§ 4, 28 BundesbahnG vom 13.12. 1951 BGBl I 955). Nach Art 87e, der durch das Änderungsgesetz vom 20.12. 1993 (BGBl I 2089) in das Grundgesetz eingefügt worden ist, werden Eisenbahnen des Bundes als Wirtschaftsunternehmen in privat-rechtlicher Form geführt (Abs 3 S 1). Dementsprechend ist die Deutsche Bundesbahn durch das Eisenbahnneuordnungsgesetz (ENeuoG) vom 27.12. 1993 (BGBl I 2378) in eine Aktiengesellschaft, die Deutsche Bahn AG, umgewandelt worden. Dadurch ist ihre rein privatrechtliche Haftung, außerhalb der Amtshaftung, noch intensiviert und unterstrichen worden. Die hoheitliche und gegebenenfalls die Amtshaftung der Deutschen Bundesbahn nach § 839 BGB iVm Art 34 GG begründende (STAUDINGER/SCHÄFER[12] Rn 118) Tätigkeit der Bahnpolizei ist durch Gesetz vom 23.1. 1992 (BGBl I 2978) auf den Bundesgrenzschutz übertragen worden. Dementsprechend weist SOERGEL/VINKE Rn 78 zutreffend darauf hin, daß maßgeblich für die Haftung der Bahn waren und sind die privat-rechtlichen Vertrags- und Deliktsrechtsregeln (§§ 823, 89, 31, 831, 278), die eine Gefährdungshaftung normierenden Vorschriften des Haftpflichtgesetzes sowie bei Handeln eines Beamten im statusrechtlichen Sinne § 839 Abs 1 für die Eigenhaftung dieses Beamten.

690 b) Im Gegensatz zur Bundesbahn wurde die Tätigkeit der früheren Deutschen Bundespost im Regelfall als hoheitlich eingestuft und somit dem Amtshaftungsregime unterstellt (Einzelheiten: STAUDINGER/SCHÄFER[12] Rn 107–114).

aa) Schon durch das Poststrukturgesetz vom 8.6. 1989 (BGBl I 1026) wurde das Postwesen jedoch auf eine neue Grundlage gestellt. Danach gliederte sich die Bundespost in drei Teilbereiche, die als öffentliche Unternehmen mit den Bezeichnungen „Deutsche Bundespost Postdienst", „Deutsche Bundespost Postbank" und „Deutsche Bundespost Telekom" geführt wurden. Eine Amtshaftung war nur noch für Schäden vorgesehen, die im „Postdienst" bei der Durchführung der förmlichen Zustellung oder von Postprotestaufträgen entstanden (§ 16 PostG). Im übrigen galten die Haftungsregeln des Privatrechts mit weitgehenden Haftungsbeschränkungen (§ 11 ff PostG; s wegen der Einzelheiten die zusammenfassende Darstellung bei OSSENBÜHL 37). Während dieser Zwischenphase wurde in der Rechtsprechung zum Teil die Auffassung vertreten, daß im Bereich der Monopoldienstleistungen die Tätigkeit der Mitarbeiter der „Deutschen Bundespost Postdienst" auch nach ihrer Umorganisation als Ausübung hoheitlicher Gewalt anzusehen sei (OLG Nürnberg NJW 1994, 2032); ebenso sollte die „Deutsche Bundespost Telekom" hoheitlich tätig werden, soweit das Fernmeldenetz oder der Fernmeldebaudienst betroffen sei (OLG Karlsruhe NJW

1994, 2033; anders OLG Karlsruhe NJW 1994, 1291: Die Haftung der „Deutschen Bundespost Telekom" außerhalb eines konkreten Benutzerverhältnisses sei privat-rechtlicher Natur). Durch Änderungsgesetz vom 30. 8. 1994 (BGBl I 2245) sind die Art 87f und 143b in das Grundgesetz eingefügt worden. Auf ihrer Grundlage wurden die Unternehmen der Deutschen Bundespost in die Rechtsform der Aktiengesellschaft umgewandelt (§ 1 PostumwG vom 14. 9. 1994 BGBl I 2325, 2339). Nach § 35 PostG vom 22 12. 1997 (BGBl I 3294) haftet der verpflichtete Lizenznehmer (sc in erster Linie die Deutsche Post AG) für Schäden, die durch eine Pflichtverletzung bei der Durchführung der förmlichen Zustellung entstehen, nach den Vorschriften über die Schadensersatzpflicht eines öffentlich-rechtlichen Dienstherrn für seine Bediensteten im hoheitlichen Bereich. Daher besteht auf diesem Gebiet eine „Amtshaftung", die aber – wie oben bereits dargelegt (s Rn 54) – ihre Grundlage nicht unmittelbar in § 839 BGB iVm Art 34 GG findet, sondern in jener ausdrücklichen gesetzlichen Sonderregelung, nach der dann auch – im Unterschied zu sonst – ein Rechtssubjekt des Privatrechts haftende Körperschaft sein kann. Wegen weiterer Einzelheiten vgl BGH NJW 2000, 832.

bb) Im übrigen gilt nunmehr auch für die Post ein durchweg privat-rechtliches Haftungsregime mit den oben (bei der Bahn Rn 689) dargelegten Anspruchsgrundlagen. Das Bedenken von PAPIER (Rn 161), ob auch die Rechtsprechung die wegen der umfassenden Neustrukturierung gebotenen Konsequenzen in Richtung auf eine allseitige privatrechtliche Haftung ziehen werde, dürfte eher theoretischer Natur sein.

cc) Die „Regulierung" der Telekommunikation und des Postwesens ist allerdings nach wie vor eine hoheitliche Aufgabe des Bundes (§ 1 des Gesetzes über die Regulierung der Telekommunikation und des Postwesens [PTRegG] vom 14. 9. 1994 [BGBl I 2325, 2371]). Sie soll sicherstellen, daß in den Bereichen der Telekommunikation und des Postwesens flächendeckend angemessene und ausreichende Dienstleistungen erbracht werden (§ 2 PTRegG). Die dabei wahrzunehmenden Amtspflichten dürften in erster Linie gegenüber der Allgemeinheit bestehen; indessen sind – etwa bei der Wahrnehmung der Genehmigungsrechte nach § 4 – auch drittgerichtete Amtspflichten gegenüber den betroffenen Aktiengesellschaften oder sonstigen natürlichen oder juristischen Personen denkbar.

7. Beamtenwesen

Die Verletzung der beamtenrechtlichen Fürsorgepflicht, beruhend auf § 48 BRRG, § 79 BBG, kann Amtshaftungsansprüche des betroffenen Beamten begründen. Mit diesen konkurriert ein eigenständiger, verwaltungsrechtlicher Schadensersatzanspruch wegen Verletzung der Fürsorgepflicht, für den jedoch ebenfalls der Vorrang des Primärrechtsschutzes analog § 839 Abs 3 gilt (BVerwG NVwZ 1999, 542). Das Verhältnis zwischen dem Beamten und dem Dienstvorgesetzten muß von Offenheit und Vertrauen beherrscht sein. Daraus folgt, daß der Dienstvorgesetzte aus einem Sachverhalt nur dann eine dem Beamten ungünstige Folgerung ziehen darf, wenn er ihm zuvor Gelegenheit gegeben hat, zu diesem Sachverhalt Stellung zu nehmen und Erklärungen darüber abzugeben, wie er zu seiner Handlungsweise gekommen ist. Jeder Beamte darf erwarten, daß sein Dienstvorgesetzter, wann immer er sich zu einem dem Beamten nachteiligen Eingreifen entschließt, auch die subjektive Seite des Verhaltens dieses Beamten mit Sorgfalt prüft (BGHZ 22, 258, 266 f). Zur Auswirkung dieses Grundsatzes auf die Amtspflichten, die bei disziplinarrechtlichen Vorermittlungen und der Erstattung einer Strafanzeige gegen einen Beamten wahrzunehmen sind, s BGH NVwZ 2000, 1451. Zu Amtspflichtverletzungen bei der Nichteinstellung eines Beamten, insbesondere zu den dabei auftretenden Problemen der Kausalität und der Beweisführung s BGHR § 839 Abs 1 S 1 Kausalität 4. Zu den Amts- (insbesondere Mitteilungs-)Pflichten, die im Verfahren, betreffend die Besetzung einer öffentlich ausgeschriebenen Stelle der Kommunalverwaltung, gegenüber konkurrierenden Mitbewerbern wahrzunehmen sind, sowie zur Darlegungs- und Beweislast im Amtshaftungsprozeß, wenn eine verwaltungsgerichtliche Konkurrentenklage durch amtspflichtwidrige vorzeitige Ernennung eines Mitbewerbers vereitelt worden ist, s BGHZ 129, 226. Zu Amtspflichtverletzungen einer Gemeinde als Schulträger im Rahmen der Mitwirkung bei staatlichen Personalentscheidungen, s BGH VersR 1994, 558 und Rn 78. Zur (im konkreten Fall verneinten) Amtspflicht, einen im Beamtenverhältnis auf Zeit stehenden Chefarzt nach Ablauf seiner zwölfjährigen Amtszeit erneut einzustellen, s BGHR § 839 Abs 1 S 1 Krankenhausträger 2 und 3. Zur Pflicht, bei der Beförderung eines Beamten, die Ernennungsurkunde unverzüglich auszuhändigen, s BGH VersR 1983, 1031. Zum „Mobbing" eines Beamten so Rn 102. Zu der – sich möglicherweise zu einer Amtspflicht verdichtenden – Fürsorgepflicht des Dienstherrn, in seltenen Ausnahmefällen von der Durchsetzung begründeter Regreßforderungen gegen den Beamten Abstand zu nehmen, s BGHZ 124, 15, 16 und oben Rn 413. Die Fürsorgepflicht besteht auch nach Beendigung des Beamtenverhältnisses (BGH MDR 1984, 647). Zu Amtshaftungsansprüchen des Eigentümers, der einem Beamten ein Kfz geliehen hat, das dieser auf Dienstfahrt beschädigt hat, s BGH NJW 1992, 1227, 1229 und Rn 95 (ein Amtshaftungsanspruch wurde verneint).

8. Bundesprüfstelle für jugendgefährdende Schriften

693 Amtspflichten des Vorsitzenden bei der Mitwirkung im Verfahren der Freigabe der veränderten Fassung eines bereits indizierten Bildträgers für Jugendliche durch die freiwillige Selbstkontrolle der Filmwirtschaft: BGHZ 128, 346.

9. Bundeswehr und NATO-Stationierungsstreitkräfte

694 a) Die Amtspflicht der Streitkräfte, zu Übungszwecken nur die dafür zugelassenen Grundstücke zu benutzen, obliegt ihnen nicht nur gegenüber der Allgemeinheit, sondern nach dem Sinn der Regelung auch gegenüber den einzelnen Bürgern, die durch die Übungstätigkeit der Streitkräfte einschließlich der An- und Abfahrt zum und vom Übungsgelände beeinträchtigt werden können. Das gleiche gilt für die Amtspflicht, die benutzten Wege in ordnungsmäßigen Zustand zu bringen und dafür zu sorgen, daß von beschädigten Wegen nicht in erheblichem Umfang Bodenbestandteile auf benachbarte Grundstücke gelangen und dort Schäden verursachen (BGHR § 839 Abs 1 S 1 Dritter 33). Zu den Voraussetzungen von Entschädigungsansprüchen wegen Fluglärmimmissionen, die von einem Militärflughafen ausgehen (enteignender Eingriff durch Fluglärm), s BGHZ 122, 76. Das Munitionsteil eines zum Minenräumen verwendeten Sprenggreifers ist unmißverständlich als ein Gegenstand zu kennzeichnen, von dem eine Explosionsgefahr ausgeht: BGH NVwZ 1992, 603. Zur Drittbezogenheit der Pflicht eines Soldaten, die beim Teilladen einer Maschinenkanone eingetretene Waffenstörung zu melden: BGHR § 839 Abs 1 S 1 Bundeswehr 2. Zu einer bedingt vorsätzlichen Amtspflichtverletzung durch Nichteinhalt von Sicherheitsvorschriften bei einer militärischen Schießübung: BGHR § 839 Abs 1 S 1 Vorsatz 3. Die Verpflichtung militärischer Aufsichtspersonen, eine vorschriftswidrige Benutzung von Dienstkraftfahrzeugen im öffentlichen Straßenverkehr zu verhindern, besteht gegenüber den gefährdeten Verkehrsteilnehmern als geschützten „Dritten" (BGH VersR 1983, 638). Keine Amtspflichtverletzung, wenn ein Soldat, der als Kriegsdienstverweigerer aus dem Wehrdienst zu entlassen ist, bis zur vollständigen Verbüßung einer rechtmäßig verhängten Arreststrafe zurückbehalten wird (OLG Hamm NJW 1969, 1388 m Anm KREUTZER).

Die Bundesrepublik darf nicht durch Absprachen mit einer privaten Fluggesellschaft den beabsichtigten Berufswechsel eines Berufssoldaten, der seine Entlassung auf eigenen Antrag betreiben will, über die gesetzlichen Voraussetzungen hinaus erschweren (BGH LM § 839 Fk Nr 10).

Zur Haftungsbeschränkung nach § 91a SVG s Rn 380 ff.

b) In der Regel haftet kein Staat für die Amtspflichtverletzungen der Amtsträger **695** eines anderen Staates (BGHZ 19, 341, 344). Jedoch können Klagen gegen die Bundesrepublik gerichtet werden, wenn die in der Bundesrepublik stationierten ausländischen NATO-Truppen, ihre Mitglieder und die des zivilen Gefolges in Ausübung des Dienstes Dritte schädigen (vgl Art VIII Abs 5 des NATO-Truppenstatuts vom 19.6. 1951 [BGBl 1961 II 1190]; Art 41 des Zusatzabkommens vom 3.8. 1959 [BGBl 1961 II 1218]; Unterzeichnungsprotokoll zum Zusatzabkommen vom 3.8. 1959 [BGBl 1961 II 1313] und Art 6 des Zustimmungsgesetzes vom 18.8. 1961 [BGBl 1961 II 1183]; in Kraft seit 1.7. 1963 laut Bekanntmachung vom 16.6. 1963 [BGBl II 745]). Danach finden – mit gewissen Abweichungen (vgl BGH VersR 1964, 69) – die Grundsätze Anwendung, die bei gleichem Geschehensablauf gelten, wenn Angehörige der Bundeswehr in Ausübung von Hoheitsaufgaben Dritte schädigen (vgl zB BGHZ 30, 154 betreffend Fahrer eines Dienstfahrzeugs; BGHZ NJW 1962, 2299; BGHZ 49, 267 = NJW 1968, 696; NJW 1969, 422 betreffend Verletzung von Verkehrsvorschriften; BGH VersR 1983, 85 betreffend Eigentumsbeschädigungen bei dienstlich veranstalteten sportlichen Betätigungen [Fußballspiel]). Es entfällt daher zB, auch wenn Militärfahrzeuge der Stationierungsmächte von deutschen Zulassungsvorschriften grundsätzlich befreit sind, die Haftungssubsidiarität nach § 839 Abs 1 S 2, wenn Fahrer solcher Fahrzeuge bei der dienstlichen Teilnahme am Straßenverkehr (außer bei Inspruchnahme von Sonderrechten nach § 35 StVO) schuldhaft Körper- oder Sachschäden verursachen (BGH MDR 1981, 387; s wegen der Einzelheiten Rn 270 f). Im übrigen tritt die Haftung auch ein, wenn das Verhalten des Angehörigen einer Stationierungsmacht nach den Dienstvorschriften seines Landes einwandfrei ist, das entsprechende Verhalten eines Angehörigen der deutschen Streitkräfte aber eine haftungsrechtliche Amtspflichtverletzung im Sinne des § 839, Art 34 GG darstellt (BGHZ 38, 21 = NJW 1962, 2299; VersR 1966, 494). In diesen Fällen führt die „als ob"-Regelung aber nur dazu, daß von einer fahrlässigen Amtspflichtverletzung auszugehen ist, mit der Folge, daß § 839 Abs 1 S 2 (Haftungssubsidiarität) eingreift, soweit für eine solche nach der restriktiven Regelung des Begriffs des anderweiten Ersatzes (Rn 268 f, 276) noch Raum ist (daher sachlich überholt OLG Celle VersR 1966, 982 betreffend Unfallversicherung des Geschädigten). Ohne Bedeutung ist, ob der Angehörige der Stationierungsmacht in hoheitlicher Eigenschaft oder bei anderen dienstlichen Verrichtungen gehandelt hat (BGH NJW 1964, 104 = VersR 1964, 69; VersR

1983, 85). Klagen sind gegen die Bundesrepublik zu richten, die den Prozeß in Prozeßstandschaft für den Entsendestaat führt (Art 12, 25 des Zustimmungsgesetzes; vgl wegen der Einzelheiten des Verfahrens ausführlich KREFT Rn 70 ff). Zur Frage, inwieweit neben Ansprüchen, die gegen die Bundesrepublik in Prozeßstandschaft geltend zu machen sind, unmittelbare Ansprüche aus demselben Sachverhalt gegen die Bundesrepublik zulässig sind, vgl BGHZ 49, 340.

10. Bußgeldstelle

696 Der in der Rechtsprechung des BGH entwickelte Grundsatz, daß bestimmte strafprozessuale Maßnahmen der Staatsanwaltschaft im Amtshaftungsprozeß nur eingeschränkt nachprüfbar sind (s oben Rn 632), gilt auch für die Beurteilung von Maßnahmen der Verfolgungsbehörde im Bußgeldverfahren nach dem Gesetz über Ordnungswidrigkeiten (BGH NJW 1994, 3162).

11. Deutscher Wetterdienst

697 Zur Drittgerichtetheit der Warnpflichten des Deutschen Wetterdienstes s BGHZ 129, 23 betreffend Hagelwarnung zugunsten von Flugzeugen, die auf einem Flugplatz abgestellt sind, und BGHZ 129, 17, betreffend Hagelwarnung zugunsten eines im Landevorgang begriffenen Verkehrsflugzeuges. Die Drittgerichtetheit wurde in beiden Fällen verneint.

12. Feuerschutz

698 a) Amtsträger im Sinne des § 839 BGB, Art 34 GG sind nicht nur die Angehörigen einer städtischen Berufsfeuerwehr, sondern auch die der freiwilligen Feuerwehren, die auf gesetzlicher Grundlage gebildet oder amtlich organisiert sind (BGHZ 20, 290; VersR 1958, 886; MDR 1959, 107). Keine Amtsträger sind dagegen die Angehörigen privater Werksfeuerwehren, auch soweit sie Sonderrechte nach § 35 Abs 1 StVO in Anspruch nehmen (BGHZ 113, 164, 169).

699 b) Das Feuerlöschwesen als Ausübung öffentlicher Gewalt umfaßt auch Dienstfahrten, die Fahrt zum Einsatz wie auch die Rückfahrt zur Unterkunft (RGZ 145, 179), Übungsfahrten und Fahrten zur fachlichen Fortbildung (Fahrt zum Feuerwehrtag, s RG DRW 1941, 1294), aber nicht Fahrten zu festlichen Veranstaltungen (Feuerwehrfest, vgl OLG Stuttgart MDR 1955, 355; s auch oben Rn 94). In Ausübung des ihm anvertrauten öffentlichen Feuerschutzamts handelt auch der Leiter einer Feuerlöschgruppe, der zugleich zum Fahrer eines Feuerwehrwagens bestellt ist, wenn er im Rahmen seiner Befugnisse mit der Feuerlöschgruppe einer anderen Gemeinde, die einen derartigen Wagen kaufen will, auf deren Wunsch eine Probefahrt mit seinem Feuerlöschwagen ausführt (BGH VRS 23, 258); anders – fiskalische Tätigkeit – liegt es bei Probefahrten anläßlich des Ankaufs und der Erprobung von Fahrzeugen (BGH aaO; s auch oben Rn 94). In Ausübung öffentlicher Gewalt handelt auch die Feuerwehr im Unfallrettungsdienst (Führung eines Unfallrettungswagens, s BGHZ 37, 337; Blutkonserventransport, vgl BGH LM § 839 A Nr 34). Die Anzeige eines Brandmeisters einer örtlichen Hilfsfeuerwehr gegen ein Feuerwehrmitglied wegen Dienstversäumnis fällt unter § 839 BGB, Art 34 GG (OLG Frankfurt VersR 1959, 860).

c) Die Amtspflicht der Träger des Feuerschutzes, alle zur Feuerbekämpfung er- **700** forderlichen Einrichtungen zugriffsbereit zu halten, besteht nicht nur gegenüber der Allgemeinheit, sondern auch gegenüber den durch einen Verstoß gegen diese Pflicht gefährdeten einzelnen Bürgern (BGH LM § 839 C Nr 26), so zB die Pflicht, die Feuerwehrhydranten in einer Weise zu bezeichnen, daß ihre rasche Auffindbarkeit gewährleistet ist. Die Anforderungen an die Sorgfaltspflicht einer freiwilligen Feuerwehr können geringer sein als bei der Berufsfeuerwehr (OLG Celle NJW 1960, 676). Aus dem Vorgehen der Feuerwehr kann auch für die von dem Brandunglück Betroffenen ein Amtshaftungsanspruch erwachsen. Wie bei Verwaltungsakten im allgemeinen, so ist aber auch hier die Nachprüfung der Zweckmäßigkeit der Brandbekämpfungsmaßnahmen darauf beschränkt, ob offenbar Ermessensfehlgebrauch vorliegt (RG HRR 1929 Nr 1501). Vgl auch BGHZ 20, 275 betreffend Niederlegung von Häusern zur Durchführung einer Brandgassenaktion.

Zur Amtspflicht der Gemeinden, in den Grenzen ihrer Leistungsfähigkeit die notwendigen Löschwasserversorgungsanlagen bereitzustellen und zu unterhalten, s BayObLGZ 1986, 398.

d) Eine Gemeinde, die aus dem Gesichtspunkt der Fürsorgepflicht für eine aus- **701** reichende Versicherung der Mitglieder ihrer freiwilligen Feuerwehr gegen Dienstunfälle zu sorgen hat, kommt dieser Verpflichtung nach, wenn durch die Versicherungsleistungen die typischen Einkommensnachteile ausgeglichen werden, die in der ganz überwiegenden Mehrzahl der Fälle entstehen. Es ist nicht erforderlich, daß die Versicherungsleistungen im Einzelfall jede nur denkbare konkrete Einbuße in vollem Umfang abdecken (BGH VersR 1994, 471).

e) Feuerstättenschau: Sie ist hoheitliche Aufgabe, einschließlich der Bauabnahme **702** und Maßnahmen des Immissionsschutzes durch den Bezirksschornsteinfegermeister (Gebührenbeamter). Dessen sonstige Tätigkeit – Kehrarbeiten usw – ist privatrechtlicher Natur (BGHZ 62, 372; BGH VersR 1994, 404). Vgl § 13 SchornsteinfegerG vom 15. 9. 1969 (BGBl I 1634). Gegenstand der Feuerbeschau sind nicht Anlagen zur Löschwasserversorgung (BayObLGZ 1986, 398).

13. Finanz- und Zollwesen

a) Im Zuge der den Finanzbehörden obliegenden Verfolgung eines Steueran- **703** spruchs handelt ein Finanzamtsbeamter in Ausübung öffentlicher Gewalt. Seine Pflicht, Veranlagung, Erhebung und Beitreibung von Steuern unter den gesetzlichen Voraussetzungen und im Rahmen des gesetzlich Zulässigen vorzunehmen, besteht auch gegenüber dem Steuerschuldner (RGZ 165, 259; BGH WM 1968, 1168). Bei Vollziehung eines unrichtigen Steuerbescheids kann der betroffene Steuerpflichtige nur nach den Grundsätzen der Amtshaftung, dagegen nicht entsprechend § 717 Abs 2 ZPO Ersatz fordern (BGHZ 39, 77 = LM § 839 Fl Nr 6 m Anm KREFT in Ergänzung zu BGHZ 30, 123). Dies gilt auch nach Einführung der sogenannten Vollverzinsung für die in § 233a AO genannten Steuerarten. Auch in solchen Fällen kann bei Vollziehung eines nicht bestandskräftigen Haftungsbescheids der Steuerpflichtige nach dessen Aufhebung keinen Schadensersatz in entsprechender Anwendung des § 717 Abs 2 ZPO fordern (BGH NJW 2001, 1067). Der Ausschluß des Rechtswegs zu den Zivilgerichten in „Steuersachen" steht einem wirklichen Amtshaftungsanspruch – im Gegensatz zu einem als Amtshaftungsanspruch aufgezogenen Steuererstattungsanspruch – nicht entgegen (RG JW 1937, 1548; BGH WM 1960, 721).

704 Einzelfälle fehlerhafter Amtsausübung: RGZ 165, 259 betreffend unbegründete Steuerveranlagung; BGH VersR 1961, 533 betreffend Schätzung der Besteuerungsgrundlagen, ohne daß die gesetzlichen Voraussetzungen einer Schätzung vorlagen, dazu auch OLG Düsseldorf NJW 1993, 1210; BGH WM 1963, 349 betreffend verzögerte Sachbehandlung; RG HRR 1937 Nr 801 betreffend falsche Buchung; RG JW 1934, 420; HRR 1934 Nr 387 betreffend Nachforschungspflicht und Wahrung des Steuergeheimnisses; BGH NJW 1982, 1648 betreffend Durchbrechung des Steuergeheimnisses wegen zwingenden öffentlichen Interesses an der Verfolgung nicht steuerrechtlicher Straftaten (§ 30 AO 1977; Amtspflichtverletzung verneint). Die Verpflichtung des Betriebsprüfers, die Besteuerungsgrundlagen nur unter den Voraussetzungen des Gesetzes und im Rahmen des gesetzlich Zulässigen festzustellen, ist eine Amtspflicht auch gegenüber dem Steuerpflichtigen (BGH VersR 1975, 568 mwN); diese Grundsätze gelten auch für Prüfungsfeststellungen, die dem Steuerpflichtigen im Laufe der Außenprüfung gemäß § 199 Abs 2 AO mitgeteilt werden, damit er schon während des Prüfungsverfahrens zu einzelnen Prüfungsergebnissen Stellung nehmen kann (BGH NJW 1987, 434). Verfrühter Beginn der Zwangsvollstreckung aus einem Haftungsbescheid: BGH NJW 1992, 2086; dort auch zur Frage des Zurechnungszusammenhangs zwischen Amtspflichtverletzung und Schaden, wenn auf diese Weise der unmittelbar bevorstehende Verkauf des Grundstücks verhindert wird. BGH NJW 1973, 814 betreffend Verletzung des Grundsatzes der Verhältnismäßigkeit bei Durchführung der Zwangsversteigerung eines Grundstücks, ohne Anwendung von Stundung und Niederschlagung zu prüfen; RGZ 157, 197; DRW 1942, 1241 betreffend Unterdrückung einer Amnestieanzeige; RG DR 1942, 1242 betreffend Benachteiligung des Steuergesamtschuldners durch Freigabe oder Austausch einer Sicherheit; RG JW 1938, 2399 betreffend Geldübergabe in der Steuerkasse an einen unzuständigen Beamten; RG 138, 40 betreffend ungenügte Verwahrung gepfändeter Sachen; BGH WM 1968, 1167 betreffend Verletzung der Obhutspflichten der Bediensteten des Finanzamts gegenüber dem Vollstreckungsschuldner, wenn durch unzulässige Vollstreckungsmaßnahmen (Pfändung eines Sparbuchs) Gegenstände des Vollstreckungsschuldners in ihren Besitz gelangt sind; RG WarnR 1939 Nr 61 betreffend verzögerte Beitreibung einer für Steuerschulden gepfändeten Forderung. BGHZ 39, 77 betreffend Vollziehung eines unrichtigen Steuerbescheides; BGH NVwZ 1982, 393 betreffend Ergreifung von Pfändungsmaßnahmen trotz Nichtvorliegens der formalen Vollstreckungsvoraussetzungen; BGH VersR 1983, 37 zur Frage amtspflichtwidrigen Vorgehens von Finanzbeamten bei Erwirkung und Vollzug eines Durchsuchungs- und Beschlagnahmebeschlusses; BGH VersR 1982, 899 betreffend Ablehnung der Gewährung von Vollstreckungsschutz oder -erleichterungen angesichts drohenden unverhältnismäßigen Schadens bei alsbaldiger Vollstreckung. Das Finanzamt verstößt in der Regel gegen seine Amtspflicht, wenn es vor Erlaß eines Haftungsbescheids kein rechtliches Gehör gewährt (OLG München NJW 1996, 1971). Der Konkursantrag einer Gemeindefinanzbehörde wegen rückständiger Gemeindesteuern ist eine Amtshandlung, deren Pflichtmäßigkeit nach § 839 BGB zu beurteilen ist. Er ist amtspflichtwidrig, wenn ein Konkursgrund nicht vorliegt (BGHZ 110, 253). Erklärt die Finanzbehörde eine unzulässige Aufrechnung, so begeht sie damit eine Amtspflichtverletzung. Rechnet eine Verwaltungsbehörde gegen eine abgetretene Forderung gemäß § 406 BGB mit einer Forderung gegen den Zedenten auf, dann obliegt ihr die Amtspflicht, keine rechtlich unzulässige Aufrechnung zu erklären, auch gegenüber dem Zessionar (BGHR § 839 Abs 1 S 1 Finanzbeamter 2). Zum (fehlenden) Verschulden eines Finanzbeamten bei einem sich mit schwierigen steuer- und gesellschaftsrechtlichen Fragen befassenden steuerlichen Einspruchsbescheid vgl BGHR § 839 Abs 1 S 1 Verschulden 5. Über Auskünfte und Zusagen in Steuer- und Zollsachen s RGZ 121, 173; OLG Köln NJW 1955, 106; BFH BB 1961, 515; BGH VersR 1961, 274; RITTER NJW 1957, 1822; MAASSEN BB 1960, 775. Zur Frage, inwieweit ein Steuerpflichtiger ein Rechtsmittel gegen die Vollziehung eines noch nicht bestandskräftigen und später aufgehobenen Haftungsbescheids einlegen muß, um einen Schadensersatzanspruch wegen amtspflichtwidriger Vollziehung erheben zu können, vgl BGH NJW 2001, 1067. Beim Erlaß von Gewerbesteuerbescheiden durch die Landesfinanzbehörde ist die hebeberechtigte Gemeinde nicht „Dritter" (OLG Saarbrücken VersR 1994, 1191).

b) Zollwesen: Einzelbeispiele: RG JW 1936, 2653 betreffend Beschädigung eines **705** Schiffs durch einen Zollkreuzer; BVerwG NJW 1958, 1599 betreffend Zurückweisung der Einfuhr durch die Zollstelle; BGH NJW 1956, 1234 betreffend Verletzung der Aufklärungspflicht über Zollgepäck gegenüber dem Reisenden; RG HRR 1937 Nr 1224 betreffend Haftung gegenüber dem Verletzten für Explosion anläßlich der Wiederversiegelung eines Fasses durch Zollbeamte; MDR 1960, 474 betreffend Pflichten der Zollbeamten gegenüber dem Brennereibesitzer bei Beaufsichtigung einer Verschlußbrennerei; RGZ 121, 173 betreffend Verschulden bei Rücknahme zur zollfreien Einfuhr; RG WarnR 1935 Nr 8 betreffend Pflicht zur Rücksichtnahme auf das gesetzliche Pfandrecht des Spediteurs an Waren, die er beim Zollamt einlagert; OLG Köln NJW 1955, 106 betreffend Haftung für Zollauskunft. Die kurzfristige Zurückhaltung einer beschlagnahmten Waren nach Behebung des Verdachts der Zollzuwiderhandlung kann unter dem Gesichtspunkt der Amtshilfe gerechtfertigt sein, wenn sie geschieht, um der Polizei Gelegenheit zum Einschreiten wegen Zuwiderhandlung gegen das Lebensmittelgesetz zu geben (BGH bei KREFT Rn 484). Die Amtspflicht bei der Zollabfertigung eingeführter Waren erstreckt sich gegenüber dem Zollpflichtigen nicht auf dessen Interesse an einer bestimmten Zollbehandlung künftig einzuführender Waren (BGH NJW 1976, 103). Die Pflicht der Grenzzollstellen zur Zurückweisung ausländischer Kraftfahrzeuge ohne die erforderliche Versicherungsbescheinigung besteht auch gegenüber den einzelnen inländischen Verkehrsteilnehmern (BGH NJW 1971, 222; s auch OLG Hamm NJW 1973, 428; OLG Hamburg NJW 1974, 413; OLG Köln VersR 1978, 649). Die zollamtliche Pflicht, ausländische Weine auf ihre Einfuhrfähigkeit zu prüfen, ist Amtspflicht gegenüber der Allgemeinheit, nicht gegenüber einzelnen Importeuren und späteren Abnehmern der Ware (BGH MDR 1972, 127). Vgl ferner zur Haftung für Auskünfte der Zollbehörden BGH NJW 1976, 103; OLG Köln NJW 1955, 106; BGH DRiZ 1974, 27 zu den Pflichten bei Beschlagnahme; BGH MDR 1972, 127 betreffend Nichtbeachtung von Einfuhrverboten sowie BVerwG NJW 1958, 1599 und BGH NJW 1976, 103 betreffend Pflicht zu richtiger Tarifierung einzuführender Sendungen; BGH BB 1972, 1394 betreffend Einleitung eines strafrechtlichen Ermittlungsverfahrens durch den Zollfahndungsdienst; BGH DB 1975, 2430 betreffend Beschränkung der Haftung für Zollauskünfte auf Auskünfte, die unter Beachtung von § 23 ZollG, §§ 28 bis 31 AZO erteilt werden. Im Sammelzollanmeldungsverfahren kann für die Beamten der Zollbehörde eine Hinweis- und Warnpflicht gegenüber einem Importeur bestehen, wenn sie aufgrund konkreter, ihm offensichtlich nicht bekannter Tatsachen von Zahlungsschwierigkeiten des Spediteurs/Zulassungsinhabers und damit von der Gefahr einer dem Importeur drohenden Schädigung in beträchtlicher Höhe Kenntnis erlangt haben (BGH VersR 1996, 453).

14. Grundstückverkehr

706 Die rechtswidrige Versagung einer Grundstückverkehrsgenehmigung nach § 9 GrdstVG kann eine Amtspflichtverletzung gegenüber dem Antragsteller des betreffenden Verfahrens sein (BGHZ 137, 182 [im konkreten Falle wurde die Amtshaftung mangels Verschuldens verneint]). Wird durch eine solche (objektiv) rechtswidrige Versagung die Veräußerung eines Grundstücks verhindert oder verzögert, so kann dies einen Entschädigungsanspruch des betroffenen Grundstückseigentümers aus enteignungsgleichem Eingriff begründen (BGH aaO). Zum Schutzbereich des Genehmigungserfordernisses nach § 2 GrdstVG vgl auch BGHR § 839 Abs 1 S 1 Dritter 60: Die Amtspflichten der Behörde, nicht durch ein fehlerhaftes Verhalten das Vorkaufsrecht der gemeinnützigen Siedlung zu vereiteln, soll nicht die Personen schützen und fördern, die das betreffende Grundstück von dem vorkaufsberechtigten Siedlungsunternehmen erwerben wollen. Durch den Erlaß eines verspäteten Zwischenbescheides nach § 6 Abs 1 S 2 GrdstVG begehen die Bediensteten der Genehmigungsbehörde eine Amtspflichtverletzung, weil sie den unrichtigen Eindruck erwecken, die Entscheidung über den Antrag auf Genehmigung des Kaufvertrages sei noch in der Schwebe, während die Genehmigung wegen der Fiktion des § 6 Abs 2 GrdstVG in Wahrheit bereits als erteilt gilt (BGHZ 123, 1). Hat der Berechtigte vermögensrechtliche Ansprüche angemeldet, so besteht, wenn der Verfügungsberechtigte das restitutionsbelastete Grundstück an einen Dritten veräußern will, die Pflicht der Genehmigungsbehörde, die nachgesuchte Grundstücksverkehrsgenehmigung (nach GVVO/GVO-DDR) für den abgeschlossenen Kaufvertrag nicht (sofort) zu erteilen, sondern das Genehmigungsverfahren bis zum bestandskräftigen Abschluß des Restitutionsverfahrens auszusetzen, auch dem Käufer gegenüber. Ein vom Schutzzweck der verletzten Amtspflicht erfaßter Schaden des Käufers entsteht jedoch nur, wenn der Erwerb oder die Weiterveräußerung des Grundstücks gerade wegen der nicht ausgeräumten „Restitutions-Risiken" erschwert oder vereitelt wird (BGH WM 1999, 1124; s auch BGH VIZ 2001, 488).

15. Gutachterausschuß

707 Wird der Gutachterausschuß auf Antrag einer dazu nach § 193 Abs 1 Nr 3 BauGB berechtigten Person tätig, so besteht seine Amtspflicht, ein korrektes Verkehrswertgutachten zu erstatten, zugunsten der betreffenden Person als eines geschützten „Dritten" (BGH NVwZ 1982, 395). Aber auch dann, wenn der Gutachterausschuß von einer anderen Behörde (beispielsweise einer Gemeinde im Rahmen eines sanierungsrechtlichen Genehmigungsverfahrens nach §§ 144, 145 BauGB) mit der Wertermittlung beauftragt wird, können seine Amtspflichten, ein korrektes Gutachten zu erstatten, auch zugunsten des Antragstellers jenes behördlichen Verfahrens drittgerichtet sein (BGH LM § 839 Cb Nr 104 m Anm BATTIS [Modifizierung der bisherigen Rechtsprechung, vgl Rn 80]). Haftpflichtige Körperschaft im Sinne des Art 34 GG ist diejenige, bei der der Gutachterausschuß nach dem jeweiligen Landesrecht errichtet ist.

16. Handwerkskammer

Amtshaftung bei Durchführung der den Handwerkskammern von Gesetzes wegen **708**
(§§ 90 Abs 1, 91 Abs 1 Nr 1 und 9 HandwO) obliegenden Beratungsdienste (Erstellung
eines Wertgutachtens anläßlich der beabsichtigten Veräußerung des Betriebsgrundstücks eines Mitglieds): BGH NVwZ-RR 2001, 441.

17. Hochschulwesen

Zur Passivlegitimation bei Amtspflichtverletzungen im Hochschulbereich s oben **709**
Rn 71. Zum Inhalt der Amtspflichten bei Abnahme einer Diplom-Prüfung BGH
VersR 1979, 1056. Ein Hochschulinstitut wird nicht hoheitlich tätig, wenn es als –
vom Bundesministerium für Arbeit und Sozialordnung bezeichnete – Prüfstelle dem
Hersteller von Haushaltsgeräten aufgrund eines privatrechtlichen Vertrages eine
Prüfbescheinigung erteilt, die der zuständigen Behörde Veranlassung gibt, auf eigene
Feststellungen zu der Frage, ob die Geräte den Anforderungen des Gesetzes über
technische Arbeitsmittel entsprechen, zu verzichten (BGH NJW 1978, 2548).

18. Kirchen und öffentlich-rechtliche Religionsgesellschaften*

a) Die von öffentlich-rechtlichen Religionsgesellschaften ausgeübte kirchliche **710**
Gewalt ist öffentliche Gewalt. Sie ist aber im Hinblick auf die Autonomie der Kirchen (Art 137 Abs 3 WeimVerf; Art 140 GG) keine vom Staat verliehene Gewalt, es
sei denn, daß die Kirchen vom Staat verliehene Befugnisse ausüben oder in den
staatlichen Bereich hineintragen oder ihre Maßnahmen den kirchlichen Bereich
überschreiten (BVerfGE 18, 365 = NJW 1965, 961; dazu GRUNDMANN JZ 1966, 81; MAURER JZ
1967, 409; OBERMAYER DVBl 1979, 441).

b) Der Begriff der Ausübung eines öffentlichen Amtes im Sinne des Art 34 GG **711**
(der Ausübung öffentlicher Gewalt) ist jedoch – im Gegensatz etwa zum Begriff der
„öffentlichen Gewalt" im Sinne des § 90 Abs 1 BVerfGG (vgl BVerfGE 18, 385) – nicht
auf die Ausübung staatlicher und vom Staat verliehener Gewalt beschränkt. § 839
BGB, Art 34 GG sind – jedenfalls solange die Kirchen nicht durch eigene Kirchengesetze das Gebiet der Amtshaftung in ihrem Bereich abweichend regeln – mindestens entsprechend auch auf die Amtspflichtverletzungen von Bediensteten (Geistlichen und Kirchenbeamten) der öffentlich-rechtlichen Religionsgesellschaften bei
kirchlichen Verwaltungsakten im „hoheitlichen" Bereich anzuwenden. Auf dieser
Linie liegt es, daß für **Abwehransprüche** gegen Äußerungen des Sektenbeauftragten
einer Kirche, die dem Kernbereich kirchlichen Wirkens zuzuordnen sind, der Verwaltungsrechtsweg gegeben ist (BGH NJW 2001, 3537 = BGHZ 148, 307). Dies gilt nicht für
die sogenannten kirchlichen Interna, dh die Maßnahmen kirchlicher Stellen, die vom
Wesen der Kirche, ihrem Auftrag und ihrer Lehre gefordert werden. Ob eine Maßnahme dem innerkirchlichen Bereich zuzurechnen ist oder den staatlichen Bereich
berührt, entscheidet sich danach, was materiell der Natur der Sache oder Zweckbindung nach als eigene Angelegenheit der Kirche anzusehen ist (BVerfGE 18, 385, 387;
NJW 1983, 2569). Unanwendbar sind auch hier die § 839 BGB, Art 34 GG bei Handeln

---

* **Schrifttum:**
EHLERS, Die Haftung der Religionsgemeinschaften mit öffentlich-rechtlichem Körperschaftsstatus, ZevKR 44 (1999) 4.

im fiskalischen Bereich der Kirche. Allgemein entzogen sind der staatlichen Gerichtsbarkeit Streitigkeiten über vermögensrechtliche Ansprüche der Geistlichen und Kirchenbeamten aus dem Amt gegen die Kirche, da der gesamte Bereich der kirchlichen Organisation mitsamt dem kirchlichen Ämterrecht in den Bereich der Autonomie fällt. Umstritten ist, ob dies generell gilt oder ob der Weg zu den staatlichen Gerichten nur dann gegeben ist, wenn die Kirche von der Bildung eigener kirchlicher Gerichte Abstand nimmt und damit den Weg zur staatlichen Gerichtsbarkeit freigibt und wenn die staatliche Gesetzgebung in diesem Falle die staatlichen Gerichte zur Führung des Rechtsstreits zur Verfügung stellt (so BGHZ 34, 372 = NJW 1961, 1116; aM OVG Münster NJW 1978, 2111, 2113 mwN).

712 c) aa) Zulässig ist danach eine auf Amtspflichtverletzung kirchlicher Amtsträger gestützte Amtshaftungsklage vor dem ordentlichen Gericht, wenn ein Sachverhalt vorgetragen wird, der unabhängig davon, daß die Maßnahme in Wahrnehmung des geistlichen Auftrags der Kirche erging, ein Verhalten des Kirchenbeamten erkennen läßt, das Amtspflichten zuwiderläuft, die allgemein und jenseits des von der kirchlichen Ordnung Geforderten bestehen (BGHZ 22, 383 = NJW 1957, 542; VersR 1961, 437). Zum Begriff des „Kirchenbeamten" genügt es, wenn der Bedienstete im Rahmen von kirchlichen Aufgaben tätig geworden ist, die außerhalb des rein fiskalischen Tätigkeitsbereichs der Kirche liegen und die – lägen sie im staatlichen Bereich – Ausübung eines öffentlichen Amtes darstellten (BGH VersR 1961, 437). Auch § 839 Abs 1 S 2 (Haftungssubsidiarität) ist dann (entsprechend) anwendbar (BGH VersR 1961, 437).

Amtspflichtverletzung in Ausübung eines öffentlichen Amtes ist zB die Anwendung unangemessener Mittel, um einen Geistlichen zu veranlassen, seine Versetzung in den Ruhestand zu beantragen (BGHZ 22, 383, 393). Amtspflichtwidrig ist es, wenn die kirchlichen Oberen einen evangelischen Pfarrer veranlassen, sein Pfarramt in einer Kirchengemeinde niederzulegen, ohne ihn zu belehren, daß er damit seinen Status als Pfarrer der Landeskirche verliert, oder wenn sie seine Entfernung aus dem Dienst wegen Abweichung von der kirchlichen Lehre ohne das vorgeschriebene Lehrzuchtverfahren betreiben oder wenn sie pflichtwidrig seine Weiterbeschäftigung im Bereich einer anderen Landeskirche verhindern (BGHZ 46, 95 = JZ 1967, 406 m Anm MAURER). Amtspflichtverletzungen, die die Anwendbarkeit der § 839 BGB, Art 34 GG begründen, sind ferner unrichtige Auskünfte aus alten Kirchenbüchern zu personenstandsrechtlichen Zwecken oder Schädigungen Dritter unter Verletzung von Verkehrsvorschriften bei „hoheitlichen" Dienstfahrten, zB im Rahmen des kirchlichen Filmdienstes (BGH VersR 1961, 437). Es bestehen mE auch keine durchgreifenden Bedenken dagegen, die Schadensersatzhaftung von Kirchen für Äußerungen ihrer Bediensteten grundsätzlich dem Amtshaftungsregime zu unterstellen; Gegenteiliges läßt sich auch aus den Entscheidungen des Bundesverfassungsgerichts in NVwZ 1994, 159 und NJW 2001, 429, 430 (= BVerfGE 102, 370) nicht entnehmen (anders OLG Düsseldorf NVwZ 2001, 1449). Auch die – zutiefst bedauerlichen – Fälle sexuellen Mißbrauchs von Kindern und Jugendlichen durch Geistliche können mE Amtshaftungsansprüche auslösen. Entsprechend den oben (Rn 37, 127) niedergelegten Grundsätzen tritt § 839 als Anspruchsgrundlage an die Stelle der anderenfalls in Betracht kommenden deliktischen Schadensersatzansprüche nach § 823 Abs 2 BGB iVm §§ 176, 176a und 182 StGB (seit dem 1. 8. 2002 auch nach § 825 BGB nF). Die haftpflichtige Körperschaft im Sinne des Art 34 GG bestimmt sich nach den innerkirchlichen Organisationsformen.

bb) Kirchliche Interna, die der staatlichen Jurisdiktion entzogen sind, sind zB die 713
Besetzung kirchlicher Ämter und kirchliche Maßnahmen, die sich auf die Übertragung geistlicher Ämter und auf die Beendigung der Amtstätigkeit eines Geistlichen beschränken (BGHZ 22, 383, 391; OVG Münster NJW 1978, 2111), oder Maßnahmen der kirchlichen Vorgesetzten, wenn deren Auffassung über das, was die geistliche Amtspflicht von einem Pfarrer fordert, sich nicht mit der Auffassung des Pfarrers deckt (BGHZ 22, 383, 392). Im einzelnen sind zB als der staatlichen Gerichtsbarkeit entzogen angesehen worden: die Klage eines Pfarrers gegen seine Zwangsbeurlaubung, Zwangsversetzung und schließlich Versetzung in den Wartestand und auf Ersatz finanzieller Einbußen (BVerwG NJW 1983, 2580 und [auf Verfassungsbeschwerde] BVerfG NJW 1983, 2569); die Klage eines Kirchenbeamten wegen versorgungsrechtlicher Streitigkeiten (BVerfG NJW 1983, 2569). Erfolglos blieb die Verfassungsbeschwerde der Mitarbeiterin eines kirchlichen Verbandes, deren Klage wegen konfessionsbedingter Kündigung ihres Arbeitsverhältnisses aus Anlaß der Wiederverheiratung nach vorangegangener Ehescheidung abgewiesen worden war (BAG NJW 1981, 1228; BVerfG NJW 1983, 2570). Ein kirchliches Internum ist auch das Interdikt eines bischöflichen Ordinariats, das die Verwendung des Weins eines bestimmten Lieferanten als Meßwein, weil nicht den kirchlichen Anforderungen entsprechend, allgemein untersagt (offengelassen von BGH VersR 1964, 317, 318).

cc) Bei Ausstellung von Lebensbescheinigungen in Rentenangelegenheiten („Ren- 714
tenjahresbescheinigungen") handelt ein Geistlicher nach vielfach vertretener, wenn auch verschieden begründeter Auffassung nicht mehr „in" Ausübung öffentlicher Gewalt, weil ihm jede sachliche Zuständigkeit fehle (so insbesondere OLG Köln HRR 1931 Nr 1404). Anderer Ansicht – mit Recht – KAPELLMANN VersR 1967, 540 mwN; OLG Düsseldorf NJW 1969, 1350: Amtshaftung des katholischen Bistums bei Ausstellung unzutreffender Lebensbescheinigungen durch Geistlichen; der geschädigte Sozialversicherungsträger ist geschützter „Dritter".

d) Nicht in diesen Zusammenhang gehören Amtspflichtverletzungen (zB unzu- 715
lässige körperliche Züchtigungen) von Geistlichen bei Erteilung von Religionsunterricht als ordentliches Lehrfach an öffentlichen Schulen (vgl BGHZ 34, 20; OLG Celle DVBl 1974, 74); hier haftet nicht die Religionsgesellschaft, sondern der Staat, der dem Geistlichen die Erteilung von Unterricht als staatliche Aufgabe anvertraut hat.

19. Kommunalhaftung*

Zur Frage der persönlichen Haftung des Bürgermeisters nach § 839, wenn eine von 716
ihm im Privatrechtsverkehr namens der Gemeinde abgegebene Verpflichtungserklärung wegen eines Verstoßes gegen das Formerfordernis des § 54 Abs 1 BadWürttGO unwirksam ist, vgl BGH NJW 2001, 2626. Übernimmt ein Bürgermeister in einem Zwangsversteigerungstermin namens der Gemeinde die Bürgschaft für einen Bieter, damit dieser das Grundstück erwerben kann, so stellt sich dieser Vorgang nach seinem gesamten Erscheinungsbild als eine dem Privatrechtsverkehr zuzurechnende Tätigkeit dar. Eine Haftung der Gemeinde für das pflichtwidrige Verhalten des Bürgermeisters einem geschädigten Mitbieter gegenüber kommt nur unter dem

---

* Im allgemeinen: Weitere Einzelfälle erschließen sich aus dem Sachregister.

Aspekt einer sittenwidrigen vorsätzlichen Schädigung in Betracht (§§ 31, 89 Abs 1 iVm § 826 BGB; BGH NJW 2000, 2810 = JZ 2001, 97 m Anm Ossenbühl). Zur Frage von Amtspflichtverletzungen des Bürgermeisters im Verfahren betreffend die Wahl und die Ernennung eines Beigeordneten, s BGHZ 137, 344; dort auch zum Recht und zur Pflicht des Bürgermeisters, Beschlüssen des Gemeinderates zu widersprechen, wenn er der Auffassung ist, daß diese gesetzeswidrig oder für die Gemeinde nachteilig sind. Die Kommunalaufsicht gegenüber der Gemeinde in weisungsfreien Angelegenheiten beschränkt sich darauf, die Gesetzmäßigkeit der Verwaltung sicherzustellen, soweit gesetzlich nichts anderes bestimmt ist (Rechtsaufsicht; vgl zB § 118 Abs 1 Bad-WürttGO). Sie dient damit grundsätzlich nur dem Interesse des allgemeinen Wohls, nicht aber dem Individualinteresse des einzelnen (Kreft Rn 44 mwN). Nur ausnahmsweise kann eine konkrete drittgerichtete Amtspflicht zum Einschreiten begründet sein, etwa wenn zwischen dem Antragsteller und der Aufsichtsbehörde eine „besondere Beziehung" besteht; eine solche wird indessen beispielsweise durch die Stellung einer bloßen Voranfrage nicht geschaffen (BGH 118, 263, 274). Zu Amtspflichten der Kommunalaufsichtsbehörde gegenüber der zu beaufsichtigenden Gemeinde als einem geschützten „Dritten" s Rn 184. Bedürfen bestimmte öffentlich-rechtliche Zusagen des Landrats (dort: hinsichtlich der Belegung und der Pflegesatzhöhe für ein zu errichtendes Altenpflegeheim) der Genehmigung durch die Aufsichtsbehörde, so kann der Landrat gegenüber dem Investor, der auf die Zusage vertraut, die Amtspflicht haben, diese Genehmigung einzuholen (BGH NVwZ 2001, 709).

20. Kraftfahrzeugwesen

717 a) Kfz-Zulassungsstelle: Amtspflichtwidrig handelt die Zulassungsstelle, wenn sie dem Halter ein amtliches Kennzeichen für ein Kfz ohne den Nachweis aushändigt, daß eine ausreichende Kfz-Haftpflichtversicherung besteht (§ 23 StVZO); „Dritter" im Sinne des § 839 BGB, Art 34 GG ist aber nur der Unfallgeschädigte, der durch das verbotswidrig eingesetzte Kfz einen Unfall erleidet, nicht auch der Halter oder Entleiher des Kfz (vgl OLG Hamburg VersR 1951, 270; OLG München NJW 1956, 752). Die Zulassungsstelle ist auch dem durch ein nicht haftpflichtversichertes Kfz Verletzten gegenüber schadensersatzpflichtig, wenn sie von dem Nichtbestehen der vorgeschriebenen Kfz-Haftpflichtversicherung Kenntnis erhalten und entgegen ihrer Verpflichtung aus § 29d Abs 2 StVZO nicht unverzüglich den Kfz-Schein eingezogen und das zugeteilte Kennzeichen entstempelt hat. Denn die Schädigung durch das weiterhin im Verkehr verbliebene Kfz ist eine adäquat ursächliche Folge des pflichtwidrigen Verhaltens der Zulassungsstelle, da bei pflichtgemäßem Verhalten in der Regel eine Vermutung dafür spricht, daß das nicht haftpflichtversicherte Kfz infolge der Einziehung des Kfz-Scheins und Entstempelung des Kennzeichens nicht mehr im Verkehr gewesen wäre und den Schaden nicht hätte verursachen können (BGH NJW 1965, 1524; BGH VersR 1966, 237; 1976, 885; NJW 1982, 988, 1792; s auch OLG Stuttgart DAR 1967, 274). Diese Amtspflicht besteht gegenüber allen potentiellen Opfern der Teilnahme des nicht versicherten Kfz am Straßenverkehr als geschützten „Dritten". Allerdings wird der Umfang der Ersatzpflicht durch die Höhe der gesetzlich vorgeschriebenen Mindestversicherungssummen begrenzt. Denn die Amtspflicht der Zulassungsstelle zum unverzüglichen Handeln soll die Verkehrsteilnehmer nicht vor Unfallschäden überhaupt, sondern nur vor denjenigen Nachteilen schützen, die ihnen dadurch entstehen können, daß für ein Kraftfahrzeug, mit dem sie in einen Unfall verwickelt werden, nicht die vorgeschriebene Pflichtversicherung besteht und daß deshalb ihre Ansprüche auf Ersatz der ihnen durch ein solches Kraftfahrzeug zugefügten Schäden nicht in dem durch das Pflichtversicherungsgesetz gewährleisteten Umfang realisiert werden können; hierdurch wird der Schutzbereich der Amtspflicht entsprechend eingeschränkt (BGHZ 111, 272, 277 [„Rückläufer" zu BGHZ 99, 326]). Bei fahrlässiger Amtspflichtverletzung kann in diesen Fällen die haftende Körperschaft – abweichend von § 839 Abs 1 S 2 – den Geschädigten nicht auf Ansprüche gegen den „Entschädigungsfonds für Schäden aus Kfz-Unfällen" verweisen (§ 12 Abs 1 S 4 PflVersG). Weitere Einzelheiten betreffend die Bedeutung des § 29d Abs 2 StVZO ergeben sich aus der ausführlichen Entscheidung BGH VersR 1981, 1154 = NJW 1982, 988. Daraus ist hervorzuheben: Die Amtspflicht zur Außerbetriebsetzung besteht auch gegenüber dem Mitfahrer in dem nicht mehr versicherten Fahrzeug; die Verlegung des regelmäßigen Standorts des Fahrzeugs in den Bezirk einer anderen Zulassungsstelle begründet deren Zuständigkeit für Maßnahmen nach § 29d StVZO erst, wenn dort die Erteilung eines neuen Kennzeichens beantragt ist; diese Stelle kann zwar im Wege der Amtshilfe um die erforderlichen Maßnahmen ersucht werden, die zuständig gebliebene Behörde verletzt aber ihre Amtspflicht, wenn sie sich nicht nach dem Sachstand erkundigt, falls eine Vollzugsmeldung nicht in angemessener Frist erfolgt. Die Tatsache, daß nach der neueren Rechtsprechung § 839 Abs 1 S 2 unanwendbar ist, wenn ein Amtsträger bei der dienstlichen Teilnahme am allgemeinen Straßenverkehr durch seine Pflichtwidrigkeit Körper- oder Sachschäden verursacht (BGHZ 68, 217, 220; VRS 60 [1980] 90; s Rn 270 ff) oder wenn die Behörde die Straßenverkehrssicherungspflicht verletzt (BGHZ 75, 134, 138; BGH NJW 1981, 682; s oben Rn 272 ff), läßt die Anwendbarkeit des § 839 Abs 1 S 2 bei Verletzungen der Pflichten aus § 29d Abs 2 StVZO unberührt, da die Gründe, die in den oben genannten Fällen zum Wegfall der nur subsidiären Haftung führen, hier nicht in Betracht kommen.

Die Amtspflicht der Zulassungsstelle, sich bei jeder Befassung mit einem Kfz den **718** Kfz-Brief vorlegen zu lassen (vgl § 25 Abs 4 StVZO), dient dem Schutz des Eigentümers – auch dessen, der aufschiebend bedingt das Eigentum erworben hat – und dinglich Berechtigten, nicht aber dem Schutz dessen, der auf die Verfügungsberechtigung des Briefbesitzers vertraut (BGHZ 10, 122; 30, 374). Dagegen stellt die schuldhafte Ermöglichung der mißbräuchlichen Verwendung eines amtlichen Kfz-Briefvordrucks (vgl § 21 StVZO) eine Amtspflichtverletzung auch gegenüber dem späteren Käufer eines Kfz dar, der durch den mit Hilfe des Vordrucks angefertigten gefälschten Briefs über das Eigentum an dem Kfz getäuscht worden ist (BGH NJW 1965, 911; OLG Hamburg MDR 1964, 53 = VersR 1964, 715). Außer der eigentumsschützenden Funktion hat der Kfz-Brief lediglich statistische und polizeiliche Aufgaben, die allein im Allgemeininteresse bestehen. Dies gilt auch für die Eintragung des Erstzulassungsdatums als Bestandteil der Fahrzeugbeschreibung; es ist nicht Zweck dieser Eintragung, ein Vertrauen des Käufers in deren Richtigkeit zu schützen und ihn so vor Vermögensschaden zu bewahren (BGH NJW 1982, 2188). Überläßt das Straßenverkehrsamt im Rahmen der Erteilung einer Betriebserlaubnis nach § 21 StVZO die Rückgabe des Kraftfahrzeugbriefs dem TÜV, so haftet bei weisungswidriger Aushändigung des Briefs an einen Nichtberechtigten nicht der Träger der Zulassungsstelle, sondern das Bundesland, das den Kraftfahrzeugsachverständigen ihre amtliche Anerkennung erteilt hat (BGH NVwZ-RR 2001, 147 = NZV 2001, 76 m Anm BOUSKA).

b) Im Falle des § 21 StVZO (Antrag auf Betriebserlaubnis für Einzelfahrzeuge) **719**

handelt der „amtlich anerkannte Sachverständige für den Kraftfahrzeugverkehr", der in dem vorzulegenden Kfz-Brief bescheinigen muß, daß das Fahrzeug richtig beschrieben ist und den geltenden Vorschriften entspricht, zwar in Ausübung hoheitlicher Befugnisse, jedoch verletzt er keine ihm gegenüber einem späteren Erwerber des Kfz obliegende Amtspflicht, wenn er fahrlässig Mängel übersieht oder unrichtige technische Angaben in dem Brief als richtig bescheinigt und der Erwerber dadurch einen Vermögensschaden erleidet. Denn die Bescheinigung dient nicht dazu, allgemein im rechtsgeschäftlichen Verkehr das Vertrauen auf die Richtigkeit der Beschreibung in dem Brief zu schützen und dem Erwerber eine eigene Prüfung des fahrtechnischen Zustands des Fahrzeugs abzunehmen (BGHZ 18, 110; BGH NJW 1973, 458).

720 c) Die Behörde, die einem ungeeigneten Jugendlichen einen Führerschein erteilt, verletzt ihre Amtspflicht gegenüber einem Unfallgeschädigten (BGH VersR 1956, 96). Gegenüber demjenigen, der nach strafgerichtlicher Entziehung der Fahrerlaubnis und Ablauf der Sperrfrist die Wiedererteilung der Fahrerlaubnis beantragt, verletzt die Behörde ihre Amtspflicht, wenn sie den Antrag wegen mangelnder Eignung (§ 2 StVG) ablehnt, die Ablehnung aber darauf beruht, daß der Beamte nicht mit der erforderlichen Sorgfalt ermittelt und infolgedessen seiner Entscheidung einen unrichtigen Sachverhalt zugrunde gelegt hat (BGH VersR 1966, 688).

21. Landwirtschaft; Forst- und Jagdwesen

721 a) aa) Im Bereich der Forstverwaltung gehört die Ausübung des Forstschutzes im engeren Sinne (des Schutzes des Waldes gegen Eingriffe durch den Menschen) und des Jagdschutzes zur hoheitlichen Betätigung (RGZ 155, 257, 270). Zur hoheitlichen Forstaufsicht als Bestandteil der (hier: der Walderhaltung dienenden) öffentlichen Gefahrenabwehr, zu den hierfür zuständigen Behörden und zu den diesen zur Verfügung stehenden öffentlich-rechtlichen Instrumentarien, einschließlich der Ermächtigungsgrundlagen, s insbesondere KLOSE/ORF, Forstrecht (2. Aufl 1998) § 9 Rn 178 ff; § 11 Rn 110 ff. Zu Forst- und Jagdaufsehern als „Beliehenen" s Rn 48.

722 bb) Die Verwertung des anfallenden Holzes und sonstiger Erzeugnisse des Waldes sowie die ertragswirtschaftliche Seite der Forstbewirtschaftung gehören dagegen regelmäßig zum fiskalischen Bereich. Das Vorliegen vertraglicher Beziehungen zwischen dem Forstfiskus und dem Käufer gefällter Bäume führt aber nicht zu einer Sonderbehandlung des Käufers beim Abtransport: Ist ein Forstweg wegen Wegebauarbeiten durch Verbotsschild allgemein für Wegebenutzer gesperrt, so gilt das Betretungsverbot ohne weiteres auch für den Käufer (OLG Frankfurt/BGH VersR 1983, 87). Inwieweit der Forstschutz im weiteren Sinn (Natur- und Umweltschutz, Fürsorge für die Erhaltung der Staatsforste, Schutz gegen Gefahren aller Art außer durch Menschen), zB der Schutz gegen forstschädliche Insekten, die Oberaufsicht über andere öffentliche Waldungen und die Förderung der privaten Waldwirtschaft usw schlicht hoheitlich oder fiskalisch erfolgt, richtet sich nach den bestehenden Organisationsformen (vgl Bundeswaldgesetz vom 2. 5. 1975 [BGBl I 1037] und die Landesforstgesetze).

723 cc) Aus der bisherigen Rechtsprechung: Nach BGH VersR 1963, 1180 ist in Hessen die Tätigkeit der öffentlichen Hand im Rahmen der Forstverwaltung, soweit es sich nicht um den Forstschutz im engeren Sinne und den Jagdschutz handelt, grundsätzlich fiskalischer Natur, so auch die Spritzung eines Gemeindewaldes mit gefährlichen Mitteln zur Vernichtung von Unkraut und Beseitigung von Niederwald durch Gemeindearbeiter unter Aufsicht eines Staatsförsters. Dagegen gehört nach BGH VersR 1964, 438 in Bayern der Forstschutz im weiteren Sinne (Schutz des Waldes gegen die durch Tiere, Pflanzen und Naturereignisse drohenden Gefahren) zum hoheitlichen Bereich, so daß der Staat nach § 839 BGB, Art 34 GG für Schäden an Haustieren haftet, die durch den Genuß unzulänglich gesicherter giftiger Imprägnierungsmittel entstehen, die bei der Zubereitung der Pfähle für Waldzäune verwendet werden. Vgl ferner BGH NJW 1952, 191; WarnR 1963 Nr 165. Läßt eine rheinland-pfälzische Gemeinde den Revierdienst in ihrem Gemeindewald durch staatliche Revierbeamte durchführen, so haftet für Pflichtverletzungen dieser Beamten bei Erfüllung der Verkehrssicherungspflicht nur die Gemeinde, nicht aber das Land (BGH VersR 1989, 477).

b) Für das Gesetz über forstliches Saat- und Pflanzgut in der Fassung der Bekanntmachung vom 26.7.1979 (BGBl I 1242) – FSaatgG – hat der BGH entschieden, daß die in § 20 FSaatgG normierten Kontrollpflichten nicht das Interesse einzelner Forstpflanzenbetriebe am Absatz forstlicher Erzeugnisse zum Zweck der Gewinnerzielung schützen; soweit ein Forstpflanzenbetrieb infolge ungenügender staatlicher Überwachung der Forstsamenbetriebe Absatz- und Gewinneinbußen erleidet, ist er nicht „Dritter" im Sinne des § 839 Abs 1 S 1. Darüber hinaus hat der BGH in den Gründen dieses Urteils ausgesprochen, daß der Schutzzweck der Kontrollpflichten nach § 20 FSaatgG auch nicht das Interesse der privaten Waldbesitzer am Absatz ihrer forstlichen Erzeugnisse zum Zweck der Gewinnerzielung einschließt (VersR 1986, 1100). Diese Grundsätze hat der BGH auch auf die der Zulassungsstelle bei der Anerkennung von (allgemeinem, nichtforstlichem) Saatgut obliegenden Prüfungs- und Überwachungspflichten übertragen: Diese schützen nicht die Vermögensinteressen einzelner saatguterzeugender oder verarbeitender Landwirtschafts- oder Gärtnereibetriebe (VersR 1995, 533). In Abgrenzung zu den Urteilen VersR 1986, 1100 und 1995, 533 hat der BGH jedoch amtshaftungsrechtlichen Drittschutz des Inhabers eines Gartenbaubetriebes in Hessen für möglich gehalten, der vom Pflanzenschutzdienst beraten worden war (Urteil vom 18.4.2002 – III ZR 159/01). Die rechtswidrige Versagung der Zulassung eingeführten Saatguts als Importsaatgut ist kein enteignungsgleicher Eingriff in das Sacheigentum oder in den Gewerbebetrieb des Importeurs (BGH NJW 1967, 1857). Zum Umfang der den Pflanzenschutzdiensten der Länder nach dem Pflanzenschutzgesetz und der Pflanzenbeschauverordnung obliegenden Amtspflichten s BGH MDR 1984, 914.

c) Zur Amtspflicht zur Angliederung einer jagdbezirksfreien Fläche an einen benachbarten Jagdbezirk, um dem Eigentümer oder Pächter dieser Grundstücke einen Wildschadensersatzanspruch nach § 29 BJagdG zu verschaffen, s BGH NVwZ-RR 1999, 206 = LM § 839 Ca Nr 103.

d) Amtshaftung der Landwirtschaftskammer für Sachbeschädigungen im Zuge von Meliorationsarbeiten; allerdings subsidiär gegenüber der vorrangigen Haftung des privatrechtlichen Unternehmens, das mit der Durchführung der Arbeiten beauftragt worden war: BGHR § 839 Abs 1 hoheitliche Tätigkeit 6.

22. Luftfahrtwesen

727 **a)** Die frühere Bundesanstalt für Flugsicherung (vgl zu deren Amtspflichten BGHZ 129, 17, 20) ist durch Gesetz vom 23. 7. 1992 (BGBl I 1370, 1376) aufgelöst worden. Die Aufgaben der Flugsicherung (§ 27c LuftVG) werden von einem privatrechtlich, nämlich in der Rechtsform einer GmbH organisierten Flugsicherungsunternehmen wahrgenommen (§ 31b LuftVG). Auch die Aufgaben der Flughafenkoordinierung (§ 31a LuftVG) und bestimmte Aufgaben im Zusammenhang mit der Benutzung des Luftraums durch Freiballone, Luftsportgeräte und Flugmodelle (§ 31c LuftVG) können natürlichen oder juristischen Personen des privaten Rechts übertragen werden. Die Beauftragten nach §§ 31a, b und c LuftVG sind beliehene Unternehmer. Für Amtspflichtverletzungen tritt die Amtshaftung des Bundes ein. Diese wird in § 31e LuftVG vorausgesetzt, der den Rückgriff des Bundes in Fällen von Vorsatz oder grober Fahrlässigkeit regelt. Zu Flugzeugführern als beliehenen Unternehmern s oben Rn 48. Der amtliche Prüfer, der im Auftrag der Bezirksregierung Flugzeugführerprüfungen und dergleichen abnimmt, handelt hoheitlich. Insoweit gilt grundsätzlich das Verweisungsprivileg des § 839 Abs 1 S 2; allerdings sind Flugzeugkaskoversicherungen keine anderweitige Ersatzmöglichkeit. Für ein Fehlverhalten des Prüfers, das zum Absturz des Flugzeugs geführt hat, tritt daher die Amtshaftung des Landes ein; jedoch muß sich der geschädigte Flugzeugeigentümer die Betriebsgefahr anspruchsmindernd anrechnen lassen; dies ist im Amtshaftungsprozeß von Amts wegen zu berücksichtigen (BGH VersR 2000, 356 m ablehnender Anm MÜHLBAUER und weiterer – zustimmender – Anm PRÖLSS VersR 2001, 166). Auch für Pflichtverletzungen, die im Rahmen der Nachprüfung der Lufttüchtigkeit eines Luftfahrtgerätes durch einen genehmigten luftfahrttechnischen Betrieb nach den Bestimmungen der Verordnung zur Prüfung von Luftfahrtgerät begangen werden, wird nach Amtshaftungsgrundsätzen gehaftet (BGH WM 2001, 1072).

728 **b)** Zu Amtspflichten, die bei der Genehmigung einer Luftfahrtveranstaltung wahrzunehmen sind, s BGH VersR 1988, 134. Über Amtshaftungsansprüche wegen Pflichtverletzung bei der Ausübung der Luftaufsicht im Wege der Flugkontrolle vgl BGH VersR 1964, 628. Zur Frage, inwieweit Flugleiter auf Landeplätzen und „Platzwarte" hoheitliche Aufgaben wahrnehmen, vgl OLG Karlsruhe VersR 1969, 547. Zur Amtshaftung der Flugsicherungsbehörden (jetzt Flugsicherungsunternehmen, s oben Rn 727) bei Vereisung einer Landebahn s OLG Frankfurt ZfW 1967, 185. Zum „Fluglotsenstreik" vgl BGHZ 69, 128; BGH VersR 1979, 225.

23. Naturschutz

729 Rechtswidrige Ablehnung des Antrags des Eigentümers eines Steinbruchs, das Gelände durch Verfüllung und Einplanierung zu rekultivieren: BGH WM 2001, 861. Stellen bestimmte unternehmerische Maßnahmen – etwa Gewinnung von Kies und die (anschließende) Verfüllung der entstandenen Kiesgruben – genehmigungspflichtige Eingriffe in die Landschaft dar, so ist nach Ablauf einer erteilten Genehmigung jedes weitere Verfüllen jedenfalls formell illegal. Daher handelt die zuständige Behörde, wenn sie durch Verwaltungsakt jedes weitere Verfüllung untersagt, nicht schon deshalb rechtswidrig, weil der Unternehmer möglicherweise einen – auf der Grundlage eines von ihm zu erarbeitenden und vorzulegenden „Rekultivierungskonzepts" durch Verwaltungsakt näher zu konkretisierenden – Anspruch auf Erteilung einer Genehmigung hat (BGH NVwZ 2001, 352; SCHLICK, in RINNE/SCHLICK: NVwZ Beil Nr II/ 2002, 12).

Zu Maßnahmen des Naturschutzes als (möglicherweise ausgleichspflichtigen) Inhalts- und Schrankenbestimmungen des Eigentums s Rn 495–502.

24. Rundfunk und Fernsehen

Die öffentlich-rechtlich organisierten Rundfunk- und Fernsehanstalten nehmen insbesondere bei der Nachrichtengebung im weitesten Sinne – einschließlich der Beiträge politisch engagierter Fernsehmagazine – öffentliche Aufgaben wahr, die dem Bereich der öffentlichen Verwaltung zugerechnet werden (vgl BVerfGE 7, 99, 104; 12, 205, 244, 246; 14, 121, 130; 31, 314, 329; BVerwGE 22, 299, 306; BGHZ 66, 182, 185 f). Indessen werden zumindest jene der Sache nach ausgrenzbaren Beziehungen, bei denen es um eine Abwägung der Interessen der Sendeanstalten an freier Programmgestaltung gegenüber dem Schutz der Individualsphäre geht, auf der Ebene privatrechtlichen Miteinanders geordnet. Die Grenze für vom Bürger hinzunehmende Rundfunk- oder Fernsehkritik wird vom Privatrecht gezogen und sanktioniert; es bestimmt über Vorliegen und Folgen von Eingriffen insbesondere in seine Persönlichkeitsrechte und in seinen Gewerbebetrieb durch solche Kritik (BGHZ 66, 182, 186). Dementsprechend wird für Pflichtverletzungen in diesem Bereich nicht nach Amtshaftungsgrundsätzen, sondern nach allgemeinem Deliktsrecht (§§ 823, 826, 831, 31 BGB) gehaftet. Auch für Unterlassungsansprüche der von Sendungen einer öffentlich-rechtlichen Rundfunkanstalt in ihren Persönlichkeitsrechten betroffenen Bürger ist grundsätzlich der Zivilrechtsweg gegeben (BVerwG NJW 1994, 2500). Allerdings ist die Frage im wissenschaftlichen Schrifttum heftig umstritten. Während OSSENBÜHL (40 f) und SOERGEL/VINKE (Rn 106) dem BGH zustimmen, vertritt PAPIER (Rn 170) die Auffassung, daß die Ausstrahlung solcher Sendungen dem öffentlich-rechtlichen Bereich zuzuordnen sei (mit der Konsequenz, daß sie dann auch dem Amtshaftungsregime unterstellt werden). Ähnlich auch BayVGH (DVBl 1994, 642). ME sprechen indessen die besseren Gründe für die Auffassung des BGH und des BVerwG. Dementsprechend würde ich auch in einem Fall, in dem eine Rundfunkanstalt in Zusammenarbeit mit den Ermittlungsbehörden eine Sendung gestaltet und ausstrahlt, die Zwecken der kriminalpolizeilichen Ermittlung und Fahndung dient („Aktenzeichen XY... ungelöst"), den Eintritt der Amtshaftung verneinen (anders OLG München NJW 1970, 1745 mit insoweit ablehnender Anm SCHMIDT NJW 1970, 2026).

Selbstverständlich ist im gesamten Tätigkeitsbereich der privaten Rundfunk- und Fernsehsender für eine Amtshaftung von vornherein kein Raum.

25. Schulwesen

a) Der Schulbetrieb an öffentlichen Schulen, die Erteilung von Unterricht und die Handhabung der Schulordnung und Schulzucht, ist eine hoheitliche Aufgabe und für Lehrer und Schulverwaltungsbeamte Ausübung eines vom Staat anvertrauten öffentlichen Amtes (BGHZ 34, 20). Nach § 2 Abs 1 Nr 8b SGB VII (zuvor: § 539 Abs 1 Nr 14 RVO in der Fassung des Gesetzes vom 18. 3. 1971 [BGBl I 237]) sind die Körperschäden durch Schulunfälle in den Schutz der gesetzlichen Unfallversicherung einbezogen. Aus solchen Unfällen hergeleitete Amtshaftungsansprüche (etwa wegen Amtspflichtverletzungen von Lehrern, sonstigen Aufsichtspersonen oder beispielsweise auch von Schülern, die etwa zu Hilfeleistungen beim Turnunterricht, zu Ordnungsdiensten oder ähnlichen Verrichtungen eingesetzt sind) unterliegen der Haftungsbeschränkung des § 104 Abs 1 S 1 SGB VII. Danach sind Unternehmer (hier also: der Schulträger) den Versicherten, die für ihre Unternehmen tätig sind oder zu ihren Unternehmen in einer sonstigen die Versicherung begründenden Beziehung stehen, nach anderen gesetzlichen Vorschriften zum Ersatz des Personenschadens, den ein Versicherungsfall verursacht hat, nur verpflichtet, wenn sie den Versicherungsfall vorsätzlich oder auf einem nach § 8 Abs 2 Nr 1 bis 4 SGB VII versicherten Weg herbeigeführt haben (zum Begriff des „Weges" in diesem Sinne s insbesondere BGHZ 145, 311, 314 ff: Abgrenzung zum „Betriebsweg", für den es bei der Haftungsbeschränkung bleibt). Für Schülerunfälle stellen sich daher amtshaftungsrechtliche Fragen im wesentlichen nur hinsichtlich der allgemeinen Zuordnung zum schulischen Bereich, für Fälle vorsätzlichen Handelns, für Sach- und Vermögensschäden der Schüler und für schulische Amtspflichtverletzungen gegenüber Dritten.

732 b)   Die Schule und ihre Bediensteten haben nicht nur die Amtspflicht, für die geistige, körperliche und charakterliche Erziehung der Schüler zu sorgen, ihnen obliegt vielmehr auch gegen den Schülern die Amtspflicht, sie in rechtlich und tatsächlich möglichem und zumutbarem Umfang im Schulbetrieb und während der Schulveranstaltungen – auch über die eigentliche Schulzeit und die Schulräumlichkeiten hinaus – vor Schäden an Gesundheit und Vermögen zu bewahren (BGHZ 31, 149; BGH LM § 839 Fd Nr 5, 6, 18; BGH NJW 1963, 1828; BGH VersR 1964, 730). Das OLG Zweibrücken (NJW 1998, 995) hat den Schmerzensgeldanspruch eines Schülers wegen Verletzung des Persönlichkeitsrechts durch einen Lehrer bejaht; dieser Anspruch unterfiel nicht dem Haftungsausschluß des § 105 Abs 1 SGB VII.

733 c)   Da jeder Amtsausübung die Pflicht innewohnt, dafür zu sorgen, daß Dritte unbeeinträchtigt bleiben, die von der Amtsausübung nicht berührt werden sollen, so hat der Lehrer Dritten gegenüber die Amtspflicht, seine Aufsicht über die Schüler so wahrzunehmen, daß Dritte nicht durch das Verhalten der Schüler gefährdet werden; bei einer Verletzung dieser Aufsichtspflicht ist § 832 unanwendbar, da § 839 BGB, Art 34 GG eine abschließende Regelung enthalten (BGHZ 13, 25). Die Rücksichtnahme auf Dritte reicht aber nicht so weit, daß etwa, wenn eine Schulklasse beim Schulausflug eine Fähre benutzt, dem Lehrer gegenüber dem Fährunternehmer eine Amtspflicht obliege, auch dafür zu sorgen, daß der Fährunternehmer nicht wegen des Unfalls eines Schülers in einen Prozeß verwickelt wird, dessen Beweislage für ihn ungünstig ist (BGHZ 28, 297).

734 d)   Amtspflichtverletzungen eines Lehrers kommen nicht in Betracht bei außerschulischen Maßnahmen, so wenn ein Lehrer Schüler zu privathäuslichen Arbeiten heranzieht (RG Recht 1914 Nr 2663).

735 e)   Eine Amtspflichtverletzung liegt auch in der Gefährdung der Schüler durch tuberkuloseverdächtige Lehrkräfte (RG JW 1936, 860) oder Mitschüler, die an einer übertragbaren Krankheit leiden oder einer solchen verdächtig sind. Neben der Pflicht der Schule besteht auch die Verpflichtung der Gesundheitsämter, im Rahmen der Schulgesundheitspflege durch Überwachung eines erkrankten Lehrers oder Schülers der Gefahr einer Ansteckung zu begegnen, als Amtspflicht gegenüber jedem von dieser Gefahr betroffenen Schüler (BGH VersR 1969, 237). Zur Formaldehydbelastung von Schulräumen vgl BGHR BGB § 839 Abs 1 S 1 Beweislast 1. Zur Verkehrssicherungspflicht in Schulgebäuden s BGH VersR 1993, 331.

f) Die Sorge für Sachen, die ein Schulkind in die Schule mitbringt (Ranzen, Mappen, Kleidungs- und Schmuckstücke usw), verbleibt grundsätzlich dem Schüler und ist nicht Sache der Schule. Verlangt die Schule, daß das Kind einzelne Sachen ablegt (zB daß ein Mädchen beim Turnunterricht ein Armband ablegt, um Verletzungen und Behinderungen zu vermeiden), so muß zwar die Schule für eine angemessene Sicherung und Beaufsichtigung der abgelegten Sache während dieser Zeit sorgen. Dagegen erstreckt sich die Fürsorgepflicht nicht auch darauf, daß das Kind die Sache später wieder an sich nimmt (BGH VersR 1964, 730). Über mitwirkendes Verschulden der Eltern, die ein Schulmädchen mit wertvollem Schmuck zum Turnunterricht gehen lassen, wenn der abgelegte Schmuck durch fahrlässige Amtspflichtverletzung eines Lehrers in Verlust gerät, s oben Rn 256. Zur Frage der Pflicht, Eigentum von Schülern vor Diebstählen zu schützen s auch OLG Düsseldorf VersR 1974, 1226, und zum Umfang der Fürsorgepflichten bei Studienfahrten von Schülern mit Lehrern ins Ausland OLG Düsseldorf MDR 1978, 226. **736**

g) Eine Amtspflicht, für die Möglichkeit sicherer Aufbewahrung in die Schule mitgebrachter Sachen Sorge zu tragen, obliegt dem Schulträger gegenüber Eltern, die an einer Elternversammlung teilnehmen, nur, wenn es dem betreffenden Elternteil nicht möglich und zumutbar ist, die mitgebrachten Sachen während der Versammlung bei sich zu behalten, und er deshalb von einem Vertreter des Schulträgers die sichere Aufbewahrung verlangt (BGH NJW 1988, 1258). **737**

Ein Transportunternehmer und der von ihm eingesetzte Fahrer sind beim Einsatz eines Fahrzeugs als Schulbus nicht in den Schulbetrieb eingegliedert und daher nicht schon nach den Vorschriften des SGB VII (s Rn 731 ff) von der Haftung für Schulunfälle der zu befördernden Schulkinder befreit (BGH NJW 1982, 1042). Die öffentlichrechtliche Verpflichtung des Schulträgers, die Fahrtkosten der Schüler einer von ihm getragenen Schule zu übernehmen, begründet gegenüber dem durch Beförderungsvertrag berufenen privaten Unternehmer nicht die Amtspflicht, dafür Sorge zu tragen, daß der gestellte Schulbus nicht durch die beförderten Schüler beschädigt wird (BGH NJW 1992, 821). Zu den Amtspflichten der Schulaufsichtsbehörde bei Beantwortung einer Anfrage über die Zulässigkeit einer privaten Ergänzungsschule s BGH VersR 1987, 50. Bei schulaufsichtlichen Maßnahmen, deren Adressat der Schulträger ist, die sich aber auf einen bestimmten Lehrer beziehen, besteht die Amtspflicht des Amtsträgers der Schulaufsichtsbehörde, den Sachverhalt erschöpfend aufzuklären, auch zugunsten des betroffenen Lehrers als eines geschützten „Dritten" (BGH NJW 1989, 99).

26. Sozialhilfe

Bei der Entscheidung über die Gewährung einer Sozialhilfeleistung an einen Behinderten nach § 69 Abs 3 S 2 BSHG bestehen Amtspflichten nur gegenüber diesem selbst als geschütztem „Dritten", nicht jedoch gegenüber seiner Pflegeperson (BGH VersR 1990, 268 [Bestätigung von OLG Stuttgart VersR 1990, 276]). Auch die Amtspflicht des Trägers der Sozialhilfe, einen Antrag auf Bewilligung von Sozialhilfeleistungen in **738** angemessener Zeit zu bescheiden, besteht nur gegenüber dem Antragsteller, nicht jedoch im Verhältnis zu Personen, die ihn versorgen oder unterstützen (OLG Köln VersR 1995, 784 = NJW-RR 1995, 570).

27. Sozialversicherung

739 Da die Tätigkeit der öffentlichen Sozialversicherung Wahrnehmung hoheitlicher Aufgaben ist, gelten auch für die Erteilung von Auskünften und die Bescheidung von Anträgen und Anfragen auf diesem Gebiet die allgemeinen Grundsätze über die Erteilung von Auskünften im hoheitlichen Bereich (BGH VersR 1968, 371; BSG NJW 1972, 1389; OLG Hamburg MDR 1963, 593; s oben Rn 151 ff). Allerdings besteht die Amtspflicht des Bediensteten eines Rentenversicherungsträgers, der zuständigen Krankenkasse den Zeitpunkt der verbindlichen Ablehnung eines Rentenantrags unverzüglich mitzuteilen, nicht gegenüber der Krankenkasse selbst als einem „Dritten" im Sinne von § 839 Abs 1 S 1 (BGHZ 116, 312). Der Träger der gesetzlichen Rentenversicherung verletzt seine Amtspflicht gegenüber einem Versicherten, der nach einem schweren Verkehrsunfall mit erlittener Querschnittslähmung wegen der Übernahme von Heilbehandlungskosten anfragt und einen Rentenantrag stellt, wenn er ihn nicht auf die Möglichkeit hinweist, daß er Mitglied der Krankenversicherung der Rentner geworden ist. Er handelt auch amtspflichtwidrig, wenn er die Bitte des Versicherten, die Bearbeitung seines Rentenantrags ruhen zu lassen, als Rücknahme wertet, ohne zugleich auf die möglichen Folgen für den Krankenversicherungsschutz hinzuweisen (BGHR § 839 Abs 1 S 1 Auskunft 11). Im hoheitlichen Bereich hält sich auch der Versicherungsträger, der die Abfassung von Heil- und Kostenplänen eines Zahnarztes über Zahnprothetik beanstandet und hierdurch Versicherte zur Wahl eines anderen Zahnarztes veranlaßt; als Anspruchsgrundlage für Schadensersatzansprüche des Zahnarztes kommen deshalb nicht §§ 36, 35 GWB, sondern § 839 BGB, Art 34 GG in Betracht (BGH NJW 1981, 636). Mit der Auskunft, die ein Rentenversicherungsträger nach § 53b Abs 2 S 2 FGG im familiengerichtlichen Verfahren zum Versorgungsausgleich erteilt, erfüllt er zugleich eine ihm gegenüber dem Versicherten und dessen Ehegatten obliegende Amtspflicht. Kommt es aufgrund einer fehlerhaften Auskunft zu einer unrichtigen Entscheidung des Familiengerichts über den Versorgungsausgleich, steht der Bejahung eines adäquaten Ursachenzusammenhangs zwischen der fehlerhaften Auskunft und dem Schaden des betroffenen Ehegatten nicht entgegen, daß der Schaden endgültig erst durch die Gerichtsentscheidung herbeigeführt wird (BGHZ 137, 11 [so schon KARL SCHÄFER in STAUDINGER/SCHÄFER[12] Rn 602 im Anschluß an LG Aachen NJW 1983, 830]).

Zum sozialrechtlichen Herstellungsanspruch als „Rechtsmittel" im Sinne des § 839 Abs 3 s oben Rn 349; zur Verjährungsunterbrechung (jetzt: -hemmung) durch Geltendmachung des sozialrechtlichen Herstellungsanspruchs s Rn 397.

28. Staatlicher Verwalter

740 Pflichtverletzungen des staatlichen Verwalters während der Dauer dieser Verwaltung können Schadensersatzansprüche nach § 13 Abs 1 VermG oder, soweit sie ab dem 3.10.1990 begangen wurden, nach § 839 BGB iVm Art 34 GG auslösen. Der Schadensersatzanspruch nach § 13 VermG ist gegen den Entschädigungsfonds, der Amtshaftungsanspruch gegen die Gebietskörperschaft zu richten, in deren Auftrag der staatliche Verwalter tätig geworden ist (BGHZ 144, 271; vgl zur Amtshaftung für den staatlichen Verwalter auch schon BGHZ 128, 173, 184 sowie BGH VIZ 1999, 155 = BGHR § 839 Abs 1 S 1 staatlicher Verwalter 1). Eine unmittelbare Inanspruchnahme des früheren staatlichen Verwalters nach den Grundsätzen der positiven Vertragsverletzung kommt nur für solche Pflichtverletzungen in Betracht, die ihm nach dem Ende der staatlichen Verwaltung im Zusammenhang mit deren Abwicklung unterlaufen (BGHZ 144, 271).

29. Standesbeamter

Der Standesbeamte hat gegenüber den Verlobten als geschützten „Dritten" die Amtspflicht, ihnen in Fällen naher Todesgefahr unverzüglich die Eheschließung zu ermöglichen. Diese Amtspflicht dient auch dem Schutz des mit der Eheschließung verbundenen Interesses eines Verlobten an der Erlangung einer Hinterbliebenenrente (BGH NJW 1990, 505 = FamRZ 1989, 1048 m Anm BOSCH aaO 1049 und 1275; s auch denselben FamRZ 1990, 578. Vorinstanz: OLG Nürnberg FamRZ 1988, 1047 m Anm BOSCH aaO 1048. Verfahrensfortgang nach der Zurückverweisung: zweites, wiederum klageabweisendes Berufungsurteil des OLG Nürnberg StAZ 1991, 14; bestätigt durch [nicht mit Gründen versehenen] Nichtannahmebeschluß des BGH vom 25. 10. 1990 FamRZ 1991, 541 m Anm BOSCH). Zu Amtspflichtverletzungen des Standesbeamten durch unrichtige Eintragung in das Familienbuch (der gesetzliche Erbe kann geschützter „Dritter" sein) vgl OLG Braunschweig NJW-RR 1998, 1537.

30. Technischer Überwachungsverein

Er ist Beliehener (s oben Rn 49), aber als juristische Person des Privatrechts nicht selbst „Beamter" im haftungsrechtlichen Sinne (s oben Rn 43), also auch kein „Gebührenbeamter". Amtsträger sind vielmehr die einzelnen TÜV-Sachverständigen bei Prüfung von Kraftfahrzeugen und der Abnahme von Kraftfahrprüfungen sowie bei der Vorprüfung einer überwachungsbedürftigen Anlage im „Vorfeld" eines immissionsschutzrechtlichen Genehmigungsverfahrens. Für Amtspflichtverletzungen dieser Sachverständigen haftet somit das Land, das ihnen die Anerkennung erteilt hat (wegen der Einzelheiten s oben Rn 49). Zur Amtshaftung wegen weisungswidriger Aushändigung eines Kraftfahrzeugbriefs durch einen Kraftfahrzeugsachverständigen des TÜV s oben Rn 718.

31. Zivildienst

Der Zivildienst ist Ausübung eines anvertrauten öffentlichen Amtes. Haftende Körperschaft ist die Bundesrepublik Deutschland (s wegen der Einzelheiten oben Rn 68). Verursacht ein Zivildienstleistender mit seinem Fahrzeug seiner – privatrechtlich organisierten – Beschäftigungsstelle auf Dienstfahrt schuldhaft einen Verkehrsunfall, bei dem ein Dritter geschädigt wird, so ist die gegenüber dem geschädigten Dritten nach Amtshaftungsgrundsätzen anstelle des Zivildienstleistenden verantwortliche Bundesrepublik Deutschland dem Kraftfahrzeug-Haftpflichtversicherer, der den Schaden reguliert hat, nicht ausgleichspflichtig (BGH NVwZ 2001, 835 = LM § 839 A Nr 63 m Anm LOOSCHELDERS). Die Bundesrepublik als Dienstherr des Zivildienstleistenden ist insoweit in den Schutzbereich des § 10 AKB einbezogen. In der Entscheidung NJW 1997, 2109 hatte der BGH die Frage offengelassen, ob bei einem Unfall, den ein Zivildienstleistender als Fahrer eines Rettungsfahrzeuges unter Inanspruchnahme von Sonderrechten nach § 35 Abs 5a StVO und somit unter Fortgeltung der Subsidiaritätsklausel des § 839 Abs 1 S 2 (s oben Rn 271) verursacht hatte, die Bundesrepublik den Geschädigten auf Ansprüche gegen den Kfz-Haftpflichtversicherer als anderweitige Ersatzmöglichkeit verweisen konnte. Diese Frage ist nunmehr durch die neue Entscheidung NVwZ 2001, 835 in bejahendem Sinne geklärt. Keine Amtshaftung tritt ein, wenn ein Zivildienstleistender bei Ableistung seines Dienstes fahrlässig Eigentum seiner – privatrechtlich organisierten – Beschäftigungsstelle beschädigt (BGHZ 87, 253). Zu Rückgriff und Schadensausgleich, wenn durch pflichtwidriges Verhalten des Vorgesetzten der privaten Beschäftigungsstelle eine Verletzung des Zivildienstleistenden verursacht wird, die Aufwendungen des Bundes für Heilfürsorge und Versorgungsleistungen auslöst (s BGHZ 135, 341 und oben Rn 416).

§ 839a
Haftung des gerichtlichen Sachverständigen

(1) Erstattet ein vom Gericht ernannter Sachverständiger vorsätzlich oder grob fahrlässig ein unrichtiges Gutachten, so ist er zum Ersatz des Schadens verpflichtet, der einem Verfahrensbeteiligten durch eine gerichtliche Entscheidung entsteht, die auf diesem Gutachten beruht.

(2) § 839 Abs. 3 ist entsprechend anzuwenden.

Materialien: Eingefügt durch Art 2 Nr 5 des Zweiten Gesetzes zur Änderung schadensersatzrechtlicher Vorschriften vom 19. 7. 2002; BGBl I 2674; in kraft seit dem 1. 8. 2002; BR-Drucks 742/01 v 28. 9. 2001, S 65–67.

Schrifttum

Jacobs, Haftung des gerichtlichen Sachverständigen, ZRP 2001, 489.

Systematische Übersicht

1. Die Rechtsstellung des gerichtlichen Sachverständigen _____ 1
2. Der bisherige Rechtszustand _____ 2
3. Die Neuregelung _____ 3
4. Folgerungen _____ 4
5. Sachverständige im schiedsrichterlichen Verfahren _____ 8
6. Hearings _____ 9

Alphabetische Übersicht

s Sachregister

1. Die Rechtsstellung des gerichtlichen Sachverständigen

Gerichtliche (vom Gericht zugezogene) Sachverständige, auch wenn sie öffentlich 1
bestellt oder Beamte im staatsrechtlichen Sinne sind, werden durch ihre Aufgabe,
Gehilfe des Richters bei der Urteilsfindung zu sein, nicht Beamte im haftungsrechtlichen Sinne; sie fallen demgemäß, wenn sie schuldhaft ein objektiv unrichtiges Gutachten erstatten, weder unter § 839 Abs 2 noch unter § 839 Abs 1 (OLG Hamburg JW 1932, 3660; OLG Frankfurt MDR 1947, 357; OLG Nürnberg BayJMBl 1960, 156; OLG Celle NJW 1960, 387). Es entfällt auch eine Staatshaftung, wenn ein Arzt als gerichtlich mit der Erstattung eines Gutachtens über den Gesundheitszustand einer Person beauftragter Sachverständiger bei der vorbereitenden Untersuchung einen ärztlichen Kunstfehler begeht, der eine Gesundheitsbeschädigung des Betreffenden herbeiführt, sich aber nicht auf das Gutachten auswirkt (BGHZ 59, 316; vgl hierzu auch § 839 Rn 596). Anders liegt es, wenn die Staatsanwaltschaft im Ermittlungsverfahren eine Behörde um eine gutachtliche Stellungnahme ersucht; dann hat – entsprechend den allgemein für die Erteilung dienstlicher Auskünfte geltenden Grundsätzen – der bearbeitende Beamte die Amtspflicht, die gutachtliche Auskunft unparteiisch, richtig, sachkundig und vollständig zu erteilen, und diese Amtspflicht besteht auch gegenüber einem etwaigen Beschuldigten (BGH VersR 1962, 1205).

2. Der bisherige Rechtszustand

Nach bisherigem Recht haftete der gerichtliche Sachverständige bei einer Verletzung 2
seiner verfahrensrechtlichen Pflicht zu unparteiischer, richtiger, sachkundiger und
vollständiger Erstattung seines Gutachtens dem Betroffenen aus unerlaubter Handlung nur nach den allgemeinen Vorschriften. Damit haftete er bei einem beeideten falschen Gutachten für Vorsatz und Fahrlässigkeit (§§ 154, 155, 163 StGB), denn § 163 StGB (fahrlässiger Falscheid) ist Schutzgesetz im Sinne des § 823 Abs 2 BGB (BGHZ 42, 318; BGH LM § 823 Be Nr 8). Dagegen war ein unbeeidigtes fahrlässig falsches Sachverständigengutachten nicht haftungsbegründend: § 153 StGB bedroht nur die vorsätzlich falsche Aussage des uneidlich vernommenen Sachverständigen mit Strafe; § 410 ZPO sowie § 79 StPO sind keine Schutzgesetze, denn sie regeln nur die Fassung des Eides und den Zeitpunkt seiner Abnahme (BGHZ 42, 313, 317 = NJW 1965, 298; OLG Celle NJW 1960, 387; OLG Köln NJW 1962, 1773; aM OLG Hamm MDR 1950, 221; weitere Nachweise über die Streitfrage bei BGHZ 42, 313). Eine Haftung bei Fahrlässigkeit konnte daher nur dann eintreten, wenn der Sachverständige auf das konkrete Gutachten vereidigt worden war; die allgemeine Vereidigung, etwa durch die Industrie- und Handelskammer, reichte nicht aus. Mindestens erforderlich war eine **ausdrückliche** Berufung auf den allgemeinen Sachverständigeneid (§ 155 Nr 2 StGB; OLG Hamm BB 1993, 2408, 2409 mwN; vgl auch BGH BB 1966, 918).

Auch war § 823 Abs 1 nicht anwendbar, wenn im Strafverfahren der Angeklagte aufgrund eines infolge leichter Fahrlässigkeit unrichtigen uneidlichen Gutachtens zur Freiheitsstrafe verurteilt oder eine freiheitsentziehende Maßregel angeordnet wurde. Die Stellung des Sachverständigen als Gehilfe des Richters bei der Urteilsfindung schloß es aus, dem Sachverständigen ein so weitreichendes Haftungsrisiko aufzuerlegen (BGHZ 62, 54 = NJW 1974, 3121). Anders lag es, wenn die gerichtliche Freiheitsentziehung die Folge einer **grob** fahrlässigen Falschbegutachtung war (BVerfGE 49, 304 = NJW 1979, 305).

3. Die Neuregelung

3 Zu Zweck und Inhalt der Neuregelung ist in der amtlichen Begründung (BR-Drucks 742/01, 65–67) folgendes ausgeführt:

„**Zu Artikel 2 Nr. 5**

Ein gerichtlich bestellter Sachverständiger ist gegenüber den Parteien eines Rechtsstreits oder sonst von einem gerichtlichen Verfahren Betroffenen keiner Vertragshaftung unterworfen (OLG Düsseldorf NJW 1986, 2891). Denn an dem zwischen dem Träger der Gerichtsbarkeit und dem Sachverständigen bestehenden Rechtsverhältnis sind sie weder beteiligt, noch entfaltet dieses Schutzwirkungen zu ihren Gunsten. Auch eine Haftung aus Amtspflichtverletzung (§ 839 BGB) kommt mangels Ausübung hoheitlicher Gewalt durch den Sachverständigen nicht in Betracht (OLG Düsseldorf NJW 1986, 2891). Ansprüche können sich daher nur aus allgemeinem Deliktsrecht ergeben.

Diese Ansprüche sind indes nach geltender Rechtslage unterschiedlich, je nachdem, ob der Sachverständige beeidigt worden oder unbeeidigt geblieben ist: Der beeidigte Sachverständige haftet nach § 823 Abs. 2 BGB iVm §§ 154, 163 StGB für jeden Vermögensschaden bereits bei fahrlässiger Falschbegutachtung. Der unbeeidigte Sachverständige haftet – da § 410 ZPO kein Schutzgesetz i. S. d. § 823 Abs. 2 BGB ist (OLG Düsseldorf NJW 1986, 2891) – für Vermögensschäden erst bei vorsätzlicher Falschbegutachtung (§ 826 BGB) (OLG Hamm NJW-RR 1998, 1686). Im übrigen trifft ihn nur eine Haftung für die Verletzung absoluter Rechte (§ 823 Abs. 1 BGB), die von der Rechtsprechung auf die vorsätzliche und die grob fahrlässige Falschbegutachtung beschränkt wird (BVerfGE 49, 304; OLG Schleswig NJW 1995, 791).

Ob ein Sachverständiger beeidigt worden oder unbeeidigt geblieben ist, ist eine verfahrensrechtlich und strafrechtlich beachtliche Unterscheidung. Haftungsrechtlich ist dies indes kein geeignetes Differenzierungskriterium (vgl. BVerfGE 49, 304). Mit dem neuen § 839a BGB soll dieser Unterschied zwischen der Haftung des beeidigten und des nicht beeidigten gerichtlichen Sachverständigen deshalb beseitigt werden.

Mit der vorgeschlagenen Regelung wird ein neuer Haftungstatbestand geschaffen, der die Haftung des gerichtlichen Sachverständigen für ein unrichtiges Gutachten abschließend regelt. Unerheblich ist es danach, ob der Sachverständige beeidigt wurde. Sowohl der beeidigte als auch der unbeeidigte Sachverständige haften für Vorsatz und grobe Fahrlässigkeit. Damit wird zugleich der Vorschlag der ZPO-Kommission (§ 839a BGB-E, Bericht, S. 358 f.) umgesetzt, die sich bereits für eine eigenständige Vorschrift für die Haftung des gerichtlichen Sachverständigen ausgesprochen und vorgeschlagen hatte, dass dieser – gleichgültig ob er beeidigt wurde oder nicht – stets für Vorsatz und grobe Fahrlässigkeit einstehen solle.

Mit der Regelung soll auch dem Umstand Rechnung getragen werden, dass der Rückgriff auf den Sachverständigen für den in einem Rechtsstreit aufgrund eines falschen Sachverständigengutachtens Unterlegenen oft die einzige Möglichkeit ist, materielle Gerechtigkeit zu erlangen. Dies birgt freilich auch die Gefahr in sich, dass rechtskräftig abgeschlossene Prozesse im Gewand des Sachverständigenhaftungsprozesses neu aufgerollt werden.

Der Verschuldensmaßstab ist auf Vorsatz und grobe Fahrlässigkeit beschränkt; eine Haftung für einfache Fahrlässigkeit scheidet daher künftig aus. Andernfalls würde dem Sachverständigen die innere Freiheit genommen, derer er bedarf, um sein Gutachten unabhängig und ohne Druck eines möglichen Rückgriffs erstatten zu können. Dies gilt umso mehr, als der öffentlich bestellte Sachverständige regelmäßig zur Erstattung des Gutachtens verpflichtet ist.

Eine Ersatzpflicht des Sachverständigen soll nur insoweit begründet werden, als einem Prozessbeteiligten durch eine gerichtliche Entscheidung, die auf dem unrichtigen Gutachten beruht, ein Schaden entsteht. Ausgeschlossen von der Ersatzpflicht sind somit Fälle, anderweitiger Erledigung wie z. B., dass sich die Parteien unter dem Eindruck eines unrichtigen Gutachtens vergleichen. Hier wäre der Nachweis, dass dieses Gutachten auf die Motivation der Parteien eingewirkt hat, auch nur schwer zu erbringen.

Absatz 2 stellt durch den Verweis auf § 839 Abs. 3 BGB sicher, dass die schuldhafte Nichteinlegung eines Rechtsmittels auch hier zum Haftungsausschluss führt."

4. Folgerungen

a) Für die Sachverständigenhaftung nach § 839a ist es unerheblich, welcher Art die betreffende gerichtliche Entscheidung ist; insbesondere tritt sie auch dann ein, wenn die Entscheidung selbst dem Richterspruchprivileg unterfällt. Die Gefahr, daß rechtskräftig abgeschlossene Prozesse auf diese Weise im Gewand des Sachverständigenhaftungsprozesses neu aufgerollt werden, wird bewußt in Kauf genommen (s die Begründung Rn 3). Nach dem erklärten Willen des Gesetzgebers (so Rn 3) beschränkt sich die Haftung des Sachverständigen auf Vorsatz und grobe Fahrlässigkeit. Dies muß sich mE auch auf die Haftung des Sachverständigen für Hilfspersonen auswirken: Sie beurteilt sich nach § 831 (Verrichtungsgehilfenhaftung), nicht dagegen nach § 278 (Erfüllungsgehilfenhaftung). Der Entlastungsbeweis kann dem Sachverständigen schon dann gelingen, wenn er dartut, daß ihm bei Auswahl, Anleitung und Überwachung des Gehilfen kein Vorsatz und keine grobe Fahrlässigkeit zur Last fällt. Für gerichtliche Entscheidungen **außerhalb** des Richterspruchprivilegs wird mit der Neuregelung im Ergebnis eine Harmonisierung der Maßstäbe für die Haftung des Sachverständigen einerseits und die Amtshaftung für die gerichtliche Entscheidung selbst andererseits erzielt: In allen Bereichen richterlicher Tätigkeit außerhalb des Richterspruchprivilegs, in denen also für eine Amtshaftung nicht nur unter den engen Voraussetzungen des § 839 Abs 2 S 1 Raum ist, ist gleichwohl der Verfassungsgrundsatz der richterlichen Unabhängigkeit zu beachten. Ein Schuldvorwurf kann dem Richter in diesem Bereich nur bei besonders groben Verstößen gemacht werden (BGHR § 839 Abs 2 Richter 1; OLG Frankfurt NJW 2001, 3270; s § 839 Rn 624). Der „besonders grobe Verstoß" dürfte inhaltlich auf eine Haftung für Vorsatz oder grobe Fahrlässigkeit hinauslaufen (OLG Frankfurt aaO; § 839 Rn 316).

5 b) Soweit danach den Richter der Vorwurf der (sei es auch groben) Fahrlässigkeit trifft, gilt für die wegen seiner unrichtigen Entscheidung außerhalb des Richterspruchprivilegs eintretende Amtshaftung die Subsidiaritätsklausel des § 839 Abs 1 S 2: Der Geschädigte muß sich daher auf den Schadensersatzanspruch gegen den Sachverständigen nach § 839a als vorrangige anderweitige Ersatzmöglichkeit verweisen lassen.

6 c) In § 839a Abs 2 ist auch hinsichtlich der Haftung des gerichtlichen Sachverständigen der Vorrang des Primärrechtsschutzes normiert. Als „Rechtsmittel" im Sinne dieser Bestimmung in Verbindung mit § 839 Abs 3 kommen zum einen solche Behelfe in Betracht, die sich unmittelbar gegen das fehlerhafte Gutachten selbst richten und die bestimmt und geeignet sind, eine auf das Gutachten gestützte instanzbeendende gerichtliche Entscheidung zu verhindern. Zu denken ist insoweit etwa an Gegenvorstellungen und Hinweise auf die Unrichtigkeit des Gutachtens, Anträge, den Sachverständigen zur mündlichen Erläuterung seines Gutachtens zu laden, formelle Beweisanträge auf Einholung eines (Ober-)Gutachtens. Zum andern fallen nach Sinn und Zweck der Neuregelung unter die Rechtsmittel auch solche gegen die gerichtliche Entscheidung, die deren Korrektur im Rechtsmittelzug erstreben.

7 d) Zu dem zu ersetzenden Schaden gehören neben dem durch den Streitgegenstand des Vorprozesses begründeten Interesse insbesondere auch die Kosten des Vorprozesses.

5. Sachverständige im schiedsrichterlichen Verfahren

8 Ein vom Schiedsgericht zugezogener Sachverständiger wird kraft Ermächtigung (im Auftrag und in Vollmacht) der Parteien von den Schiedsrichtern mit der Erstattung des Gutachtens beauftragt und haftet den Parteien für Mängel seines Gutachtens aus Vertrag. Aber auch bei einem solchen Sachverständigen, der als Gehilfe des Schiedsrichters maßgeblichen Einfluß auf das Zustandekommen des Spruchs hat, ist anzunehmen, daß die Schiedsrichter dem Gutachter kein größeres Maß an Verantwortung aufbürden wollen, als sie ein gerichtlicher Sachverständiger zu tragen hat (BGHZ 42, 313, 317).

6. Hearings

9 Die für gerichtliche Sachverständige geltenden Grundsätze finden keine Anwendung auf Sachverständige, die von Ausschüssen eines Parlaments (Bundes- oder Landtag) zur Anhörung (Hearing) zugezogen und wegen ihrer Dritte benachteiligenden Äußerungen Unterlassungsklagen der Betroffenen ausgesetzt sind.

Sachregister

Die fetten Zahlen beziehen sich auf die Paragraphen, die mageren Zahlen auf die Randnummern.

Abfallentsorgung
Alternativverhalten, rechtmäßiges bei verweigerter – **839** 238
Abgeordnete
als Amtsträger **839** 47
als Inhaber mehrerer Ämter **839** 62
Rückgriffsschuldner **839** 405
Abordnung
und Haftungssubjekt **839** 61
Abschlepptätigkeit
Angeordnete Maßnahmen, Ausführung durch Privatunternehmen **839** 106
Abwasserbeseitigung
Amtshaftung **839** 676
Ausübung öffentlicher Gewalt **839** 89
Abwasserpumpwerk
Verschulden planender Ingenieure **839** 107
Adäquanz
s. Kausalität
Aktenzeichen XY ... ungelöst
Haftungsfragen **839** 730
Allgemeinheit
Amtspflichten gegenüber der – **839** 179, 609 f
Sonderopfer (enteignungsgleicher, enteignender Eingriff) **839** 485
Alternativverhalten
Kausalität Amtspflichtverletzung/Schaden und rechtmäßiges – **839** 238 ff
Schuldloses – **839** 242
Altlasten
Amtshaftungsansprüche und Verkäuferhaftung **839** 286
und Baugenehmigung **839** 571 f
und Bauleitplanung **839** 550 ff
Fall Dortmund-Dorstfeld; Recklinghausen **839** 577
Fall Osnabrück **839** 260
und Organisationsmangel **839** 228
Ampelanlagen
s. Verkehrssignalanlagen
Amtliche Siegel, Stempel
Ausübung öffentlicher Gewalt **839** 89
Amts- und Diensteid
und Pflichteninhalt, Pflichtenumfang **839** 121
Amtsanmaßung
Amtshaftung und – **839** 100
Amtsaufklärung
FGG-Verfahren **839** 639

Amtshaftung
Ausschluß justizfreien Raumes, injustiziabler Hoheitsakte **839** 121, 662
Europäisches Recht (gemeinschaftsrechtlicher Staatshaftungsanspruch) **839** 525 ff
Rechtliche Konstruktion, problematische **839** 25
als übergeleitete Beamtenhaftung **839** 21
Amtshilfe
und bindende Weisungen **839** 74
Haftungsobjekt **839** 76
und Hilfeleistung, Abgrenzung **839** 76
Amtsmißbrauch
und Schädigungsvorsatz **839** 176, 197
Amtspfleger
Amtshaftung **839** 682 f
Amtspflichten
s. a. Öffentliches Amt
Allgemeine und besondere – **839** 121 ff
Auskunftserteilung **839** 151 ff
Auslegung unbestimmter Gesetzesbegriffe **839** 149
Ausschluß justizfreien Raumes, injustiziabler Hoheitsakte **839** 121
Außengerichtete Amtspflichten, Rechtsgrundlagen **839** 122
Beamtenrecht **839** 122
Behördliche Warnungen **839** 170 f
Beistandspflicht **839** 162
Belehrungen **839** 151 ff
Belehrungen, rechtliche **839** 158
Bindung an Recht und Gesetz **839** 121, 123
Drittgerichtetheit (Fallgruppen) **839** 175 ff
Drittgerichtetheit (geschützter Dritter als Gläubiger) **839** 172 ff
Ermessensausübung, fehlerfreie **839** 144 ff
Fehlerbehebung **839** 138
Freiwillige Tätigkeit **839** 123
Gehorsamspflicht **839** 143
Gesetzliche Vorschriften, Dienstanweisungen, Aufgabenwahrnehmung **839** 123
Hinweiserteilung **839** 151 ff
Kenntnisse, Fähigkeiten und Erfahrungen, erforderliche **839** 128
Konsequentes Verhalten **839** 141
Koppelungsgeschäfte **839** 130
Legislatives und normatives Unrecht **839** 181 ff
Mitwirkungspflicht zur sachgerechten Entscheidung **839** 137
Öffentlich-rechtlicher Vertrag **839** 122

Amtspflichten (Forts.)
Rechtmäßiges Verhalten **839** 124 ff
Rechtsgrundlage, fehlende **839** 130
Rechtsmittelgebrauch **839** 131
Rechtswidriges Handeln, schlechthin verbotenes **839** 121
Sachbearbeitungspflicht, zügige **839** 134 ff
Sachgerechte Entscheidung **839** 137
Sachverhaltserforschung **839** 133
Schutzgesetzverletzung **839** 127
Schutzzweck (Bestimmung des Kreises geschützter Dritter) **839** 174
Staatsaufsicht und Drittschutz **839** 184 ff
Straßenverkehr
  s. dort
Unterlassen deliktischer Schädigung **839** 126
Verhältnismäßigkeit **839** 139 f, 147
Verschwiegenheitspflicht **839** 142
Zuständigkeitsgrenzen, einzuhaltende **839** 129
Amtspflichtverletzung
und Rechtsmittelmöglichkeiten **839** 347 ff
Amtstierärzte
Amtshaftung **839** 607
Amtsträger
Abgeordnete **839** 46
Abordnung **839** 61
Amtsanmaßung **839** 53
Amtsträgereigenschaft **839** 43 ff
anderen Staates **839** 695
Angestellte/Arbeiter des öffentlichen Dienstes **839** 46
Auswärtiger Dienst **839** 368
Beamter im staatsrechtlichen Sinne
 — Arzt im Krankenhaus **839** 596
 — Ausübung eines öffentlichen Amtes **839** 46
 — Eigenhaftung **839** 689
 — Jemand i.S. Art 34 S 1 GG **839** 46
Beamter (§ 839), Jemand (Art 34 S 1 GG) **839** 40
Beliehene **839** 46, 48 ff
Berufliche Zulassungsausschüsse, Mitglieder **839** 47
Bundespräsident, Bundeskanzler **839** 47
und Dienstherrenfähigkeit **839** 40, 55 ff
Doppelstellung, institutionelle **839** 64
und Fiskalbereich **839** 41, 42, 117
Gutachterausschuß, Mitglieder **839** 47
Haftungsprivilegierung bei gesetzlicher Unfallversicherung **839** 384
Handelnde Personen, maßgebliche **839** 43
Hilfsdienste, unselbständige **839** 51
und hoheitliche Stelle, Rechtsbeziehungen des — **839** 45
Kommunale Vertretungsmitglieder **839** 46
Minister **839** 46

Amtsträger (Forts.)
Natürliche Personen **839** 43
Notare **839** 52
Öffentlich-rechtliche Qualifikation, Zulassung oder Anerkennung - nicht entscheidend - **839** 44
Richter **839** 46
Rückgriffsschuldner **839** 405
Soldaten **839** 46
Sonstige Amtsträger
 — Beamteneigenschaft im staatsrechtlichen Sinne, fehlende **839** 42
Verwaltungshelfer **839** 46, 48 ff
Zivildienstleistende **839** 46
Zusammenwirken mehrerer Behörden **839** 73 ff
Amtsvormund
Amtshaftung **839** 682 f
Anderweitige Ersatzmöglichkeit
s. Subsidiaritätsklausel
Anfechtungsklage
Primärrechtsschutz **839** 349
Angestellte
Rückgriffsschuldner **839** 405
Anklageerhebung
auf ungesicherter tatsächlicher Grundlage **839** 632
Anliegergrundstücke
Gewerbebetrieb, beeinträchtigter **839** 455
Straßenbauarbeiten und geschädigte — **839** 473, 480
Straßenverkehrsimmissionen, übermäßige **839** 477
Anordnungen
Amtspflichten und befolgte — **839** 208
Anregung
Zusammenwirken mehrerer Behörden mittels — **839** 75
Anschluß- und Benutzungszwang
Daseinsvorsorge **839** 111
Schlachthof **839** 110
Anspruchskonkurrenz
Amtshaftung und Entschädigung **839** 492
und Subsidiaritätsprinzip **839** 279
Anstalten der öffentlichen Hand
und Erfüllung öffentlicher Aufgaben **839** 108 ff
Anstellungskörperschaft
als Haftungssubjekt **839** 56
Antrag
Verzögerte Bearbeitung als Amtspflichtverletzung **839** 232
Arbeiter
Rückgriffsschuldner **839** 405
Arbeitsamt
Amtshaftung **839** 687
Arbeitsleistung
Mißbrauch des Amtes **839** 102

Arbeitsrecht
Schadens- oder gefahrgeneigte Arbeit
839 413
Arbeitsvermittlung
Ausübung öffentlicher Gewalt 839 89
Architekt
Amtshaftung und Haftungssubsidiarität
839 575
Architektenkammer
Amtshaftung 839 688
Haftungssubjekt 839 67
Arrest
als Wiedergutmachungsmaßnahmen
839 354
Arrestbefehle
Primärrechtsschutz 839 351
Arzt, Ärztliche Behandlung
s. a. Gesundheitswesen
s. a. Krankenhaus
Amtshaftung/persönliche Beamtenhaftung/allgemeine Deliktshaftung 839 596
Berufliche Zulassungsausschüsse 839 47
Rettungsdienst, Notarztdienst 839 600 ff
Arztpraxis
Eigentumsschutz, Berufsfreiheit 839 461
Atomrecht
Anlagengenehmigung, rechtswidrige
(Mülheim-Kärlich-Fall) 839 594
Aufenthaltsbescheinigung
und drittgerichtete Amtspflicht 839 194
Aufklärung
Amtspflicht zur Erteilung rechtlicher
Belehrungen 839 158 ff
Aufopferung, Aufopferungsgleicher Eingriff
Allgemeiner Aufopferungsgedanke (ALR)
839 445, 503
Amtshaftungsansprüche, Zusammentreffen 839 519
Anderweitige Ersatzmöglichkeit 839 520
Anwendungsbereiche 839 507
Ausschluß des Verweisungsprivilegs
839 407
Berechtigter 839 518
und enteignungsgleicher Eingriff,
Vergleich 839 505
Entschädigung statt Schadensersatz
839 517
und Gefährdungshaftung, Frage einheitlichen Streitgegenstandes 839 434
Gerichtliche Entscheidungen, unrichtige
839 514
Legalzession 839 523
Menschenrechtskonvention 839 515
Mitverschulden 839 521
Nichtvermögenswerte Güter 839 503
und Ordnungsbehördenhaftung 839 620, 623

Aufopferung, Aufopferungsgleicher Eingriff
(Forts.)
Schadenseintritt auch ohne schädigendes
Tun 839 522
und Schutzzweck der Norm 839 174
SGB-AT (§ 5) als eine Rechtsgrundlage
839 503
Sonderopfer 839 508 ff
Aufsicht
Dienstaufsicht
s. dort
Kommunalaufsicht
s. dort
Staatsaufsicht
s. dort
Auftragsvergabe
und Ausübung öffentlichen Amtes 839 105
Auktionator
und Beamtenbegriff 839 44
Ausgleichsansprüche
Öffentlich-rechtliche Körperschaften als
Gesamtschuldner 839 83
Auskunftserteilung
Amtspflichtverletzung und Nebenanspruch
einer – 839 247
Bausachen 839 591 ff
als Behördenpflicht 839 151
Ermessen 839 151
Freiwillige Amtsausführung 839 101
Inhaltliche Anforderungen 839 152 ff, 591
Landespressegesetze 839 157
als Maßnahme 839 620
und Mitverschuldensvorwurf 839 260
Mitwirkendes Verschulden 839 156
und Organisationsverschulden 839 137
und Schadensersatzanspruch 839 249
Steuersachen 839 704
Strafverfahrensstand 839 632
als Verläßlichkeitsgrundlage 839 254
Zentralregister 839 638
Zollbehörden 839 705
Ausländer
Amtspflichtverletzung gegenüber –
839 370 ff
Ausland
Subsidiaritätsklausel und Rechtsverfolgung im – 839 298
Auslegung von Gesetzen
Unbestimmte Rechtsbegriffe, Abgrenzung
zur Ermessensausübung 839 149
Unrichtige Auslegung durch Gerichte
839 214 ff
Unrichtige Auslegung als schuldhafte
Amtspflichtverletzung 839 209
Auslegung von Willenserklärungen
Verwaltungsakt, vorliegender 839 443
Ausschachtungsarbeiten
als unmittelbarer Eingriff 839 477

Aussetzung der Vollziehung
Primärrechtsschutz **839** 349 f
Ausübung
Anvertrautes öffentliches Amt
s. Öffentliches Amt
Auswärtiger Dienst
Staatshaftung, ausgeschlossene **839** 368

Baden-Württemberg
BauROG (Ersetzung rechtswidrig versagten gemeindlichen Einvernehmens) **839** 587 f
Behördliche Warnungen **839** 170
Landkreissachbearbeiter, Amtspflichtverletzung **839** 58
Notare und Amtsträgereigenschaft **839** 52
Notarhaftung **839** 366
Rettungsdienst-Organisation **839** 600
Straßenverkehrssicherungspflicht und Haftungsfolgen **839** 669
Bäume
Standsicherheitsprüfung **839** 273
Baugrundrisiko
und Bauleitplanung **839** 550
Baulast
Straßenbaulast
s. dort
Baurecht
Abbruchverpflichtung **839** 139
Abrundungssatzung **839** 562
Altlasten
s. dort
Atomrechtliche Anlagengenehmigung **839** 594
Auskünfte in Bausachen **839** 591 ff
Bauaufsicht und Gemeinde-Einvernehmen **839** 580 ff
Bauaufsicht, Haftung nach landesrechtlichen Regeln **839** 577 ff
Bauaufsicht/Gemeinde als Gesamtschuldner **839** 82
Bauaufsicht/Geschädigter, Sonderverbindung **839** 256
Baubeginn, vorzeitiger **839** 255
Baugenehmigung
— Allgemeine Amtspflichten **839** 563 ff
— Auskunftserteilung und schützwürdiges Vertrauen vor Erlaß **839** 591
— Bauleitplanung, fehlerhafte **839** 286
— und Bauleitplanung (gleiche Sorgfaltsanforderungen) **839** 572
— Baustillegung trotz vorhandener – **839** 435
— Bauvorhaben, nicht genehmigungsfähiges **839** 167
— Drittanfechtung und Vertrauensschutz **839** 255

Baurecht (Forts.)
— Geruchsimmissionen, Gefahr unzumutbarer **839** 573
— Nachbargrundstück und rechtswidrige – **839** 393, 574
— Nicht förmlich abgelehnte – **839** 359
— als ordnungsbehördliche Maßnahme **839** 577
— Rechtswidrig erteilte – **839** 469, 568 ff, 576
— Rechtswidrige Ablehnung oder Verzögerung **839** 249, 566 ff
— Rücknahme **839** 440
Baugrundrisiko **839** 550
Bauleitplanung
— Auskunfterteilung zur gültigen – **839** 228
— Auskunftserteilung **839** 592
— und Baugenehmigung (gleiche Sorgfaltsanforderungen) **839** 572
— Drittgerichtete Amtspflichten **839** 545 ff
— Einstweiliger Rechtsschutz **839** 349
— und Erschließungsvertrag **839** 141
— und Gesundheitsgefährdungen **839** 254
— als legislatives Unrecht **839** 183
— Nichtiger Bebauungsplan **839** 561
— Objektivierter Sorgfaltsmaßstab für die Gemeinden **839** 553
— Vertrauensschutz **839** 254
— Vorbereitende **839** 168
Baulinienänderung **839** 443
Bauordnungsrecht und Architektenplanung **839** 575
BauROG (Ersetzung rechtswidrig versagten gemeindlichen Einvernehmens) **839** 587 f
Bauvorbescheid
— Auskunftserteilung im Bauvoranfrageverfahren **839** 254, 591
— Erstrebter **839** 355
— Rechtswidrig erteilter **839** 576
— Rechtswidrige Rücknahme **839** 435
— Unterlassene Einholung **839** 255
— Verzögerter **839** 136, 235
Bebaubarkeit, Auskunftserteilung zur künftigen Entwicklung **839** 593
Behördenbeteiligung und Bindungswirkung **839** 77, 80
Bergschäden, drohende **839** 572
Dispens, versagter **839** 470
Enteignungsgleicher Eingriff **839** 467 ff, 576
Faktische Bausperre **839** 467 ff, 487, 493, 576
Gemeindebaukommission **839** 47
GrstVG-Genehmigung, versagte **839** 352, 471, 487
Haftungssubsidiarität **839** 575

Baurecht (Forts.)
Nachbargrundstück und rechtswidrige Baugenehmigung **839** 393, 574
Nachbarschützendes Baurecht **839** 574
Ordnungsbehördenhaftung **839** 620
Prüfingenieur für Prüfstatik **839** 49, 367
Rechtsordnung und Bebauungsrecht **839** 239
Sanierungsrechtliche Genehmigung, versagte **839** 471
Sorgfaltsanforderungen (Bauleitplanung, Baugenehmigung) **839** 572
Teilungsgenehmigung, versagte **839** 471
Untätigkeit der Behörde als Eingriff **839** 476
Vorzeitiger Baubeginn **839** 255
Bayern
BauROG (Ersetzung rechtswidrig versagten gemeindlichen Einvernehmens) **839** 587 f
Enteignungsgleicher Eingriff **839** 493
Forstschutz **839** 723
Rettungsdienst-Organisation **839** 600
Straßenverkehrssicherungspflicht und Haftungsfolgen **839** 669
Beamtenrecht
Ärzte, Haftungssubsidiarität **839** 284
Allgemeine und besondere Amtspflichten **839** 121 ff
Amtspflichtverletzung und Rückgriffsmöglichkeit
s. Rückgriff gegen den Beamten
Amtsträger
s. dort
Ausschluß der Verantwortlichkeit **839** 230
Beamter als Helfer des Bürgers **839** 263
Beamter als verletzter Dritter **839** 190
BeamtVG und Haftungsbeschränkungen **839** 380
Bedeutung höchstrichterlicher Rechtsprechung für den Beamten **839** 211
Beförderung **839** 432, 692
Beförderungsentscheidung und Auswahlkriterien **839** 237
Beförderungsverzögerung und Stellenwegfall **839** 235
Besoldungsrecht und Drittbezogenheit **839** 192
und Dienstaufsicht **839** 187 f
Dienstunfall **839** 380
Dienstunfall und eingeschränkte Versorgungsansprüche **839** 380 ff
Dienstunfall und gestörtes Gesamtschuldverhältnis **839** 385
Dienstunfall und Rückgriffsmöglichkeit **839** 283
Fürsorgepflicht und Rückgriffsrecht **839** 410

Beamtenrecht (Forts.)
Fürsorgepflichtverletzung **839** 692
Fürsorgepflichtverletzung und Amtshaftung, Anspruchskonkurrenz **839** 279
Fürsorgepflichtverletzung und Rechtswegfrage **839** 429
Fürsorgepflichtverletzung und Verweisungsprivileg **839** 278
Haftungsnormen (Innenregreß, Eigenhaftung) **839** 402 ff
Mobbing **839** 102
Nichteinstellung **839** 692
Nichteinstellung trotz Einstellungszusicherung **839** 141
Rückgriff gegen den Beamten
s. dort
Strafvollstreckung und Vollzugsbeamte **839** 635 ff
Unfallfürsorgeansprüche **839** 278
Vermögensinteressen, wahrzunehmende einer anderen Körperschaft **839** 194
Versorgungsansprüche, pauschalierender/typisierender Charakter **839** 381
Behörden
Amtspflichten gegenüber der – **839** 179
und Beamtenbegriff **839** 43
und Dienstaufsicht **839** 187 f
Enteignungsgleicher Eingriff durch Maßnahmen von – **839** 467
Gesetzesauslegung, unrichtige **839** 209 ff
Warnungen und Amtshaftung **839** 170 f
Zusammenwirken mehrerer – **839** 73 ff
Behördenorganisation
und Schutzzweck der Amtspflicht **839** 180
Beistandspflicht
als Amtspflicht **839** 162
Beitrittsgebiet
Staatshaftung **839** 15 ff
Belehrungen
Amtspflicht zur Erteilung rechtlicher – **839** 158 ff
Beliehene
Begriff, Beispiele **839** 48
Benutzerverhältnis
Ausübung öffentlicher Gewalt **839** 109
Bergschäden
Baugenehmigung trotz drohender – **839** 572
und Bauleitplanung **839** 560
Bergungsmaßnahmen
Angeordnete Maßnahmen, Ausführung durch Privatunternehmen **839** 106
Berlin
ASOG-Regelung der Aufopferung, des enteignungsgleichen Eingriffs **839** 493
Bebauungspläne (Stadtstaatenklausel) **839** 545
Straßenverkehrssicherungspflicht und Haftungsfolgen **839** 669

Berufliche Zulassungsausschüsse
Mitglieder als Amtsträger **839** 47
Berufsgenossenschaft
Durchgangsarzt, Stellung **839** 599
als verletzter Dritter **839** 192
Berufsgerichte
Mitglieder als Amtsträger **839** 47
Beschlagnahme
Beurteilungsspielraum der StA **839** 632
Druckerzeugnisse **839** 630
Enteignungsgleicher Eingriff **839** 472
Primärrechtsschutz **839** 351
Besitzeinweisungsbeschluß
Primärrechtsschutz **839** 349
Betriebsprüfung
und Amtshaftung **839** 704
Beweisrecht
Amtspflicht der Vermeidung nicht gebotener Beweisaufnahme **839** 627
Amtspflichtverletzung **839** 417 ff
Amtspflichtverletzung und rechtmäßiges Alternativverhalten **839** 241
Amtspflichtverletzung und Schadensfolge **839** 236
Anderweitige Ersatzmöglichkeit **839** 422
Subsidiaritätsklausel (Unmöglichkeit anderweitigen Ersatzes) **839** 301 ff
Verwaltungsverfahren/Amtshaftungsprozeß, Frage des Gleichklangs von materieller Beweislast **839** 421
Bezirksschornsteinfegermeister
und Amtsträgereigenschaft **839** 49
Gebührenbeamter **839** 366
Billigkeit
Haftung des Staates **839** 32
Bindungswirkung
Amtshaftungsanspruch und Bindung an Verwaltungsgerichtsentscheidungen **839** 439 ff
Bodenabbaugenehmigung
Versagte – **839** 477
Brandenburg
Behördliche Warnungen **839** 170
StaatshaftungsG der DDR, Fortgeltung **839** 26
Straßenverkehrssicherungspflicht und Haftungsfolgen **839** 669
Bremen
Bebauungspläne (Stadtstaatenklausel) **839** 545
Straßenverkehrssicherungspflicht und Haftungsfolgen **839** 669
Bürgerlich-rechtliche Belange
s. Fiskalaufgaben
Bürgermeister
als Amtsträger **839** 47
Ausübung öffentlicher Gewalt **839** 89
und Kommunalhaftung **839** 716

Bürgermeister (Forts.)
Nottestamentserrichtung **839** 367
Bummelstreik
Mißbrauch des Amtes **839** 102
Bundesaufsichtsämter
und Drittbezug von Amtspflichten **839** 185
Bundesgrenzschutz
Sonderrechte im Straßenverkehr **839** 271
Bundeskanzler
als Amtsträger **839** 47
Bundesländer
als Haftungssubjekt **839** 57
Bundesleistungsgesetz
Anspruchskonkurrenz und Subsidiaritätsprinzip **839** 279
Manöverschäden **839** 494
Rechtmäßigkeit behördlicher Inanspruchnahme **839** 432
Bundespräsident
als Amtsträger **839** 47
Bundesprüfstelle für jugendgefährdende Schriften
Amtspflichten **839** 132, 693
Bundesrepublik Deutschland
Zivildienstleistende, Haftung **839** 68
Bundesseuchengesetz
Anspruchskonkurrenz **839** 279
Bundesversorgungsgesetz
Verweisungsprivileg und Leistungen aufgrund des – **839** 276
Bundeswehr
Amtshaftung **839** 694
Soldaten
s. dort
Bußgeldbescheid
Primärrechtsschutz **839** 351
Bußgeldverfahren
Nachprüfbarkeit, eingeschränkte **839** 696

Chefarzt
als verfassungsmäßig berufener Vertreter **839** 596
Chemische Untersuchungsämter
Amtshaftung **839** 608
Culpa in contrahendo
und Verweisungsprivileg **839** 278

Daseinsvorsorge
Ausübung anvertrauten öffentlichen Amtes **839** 86, 111
Fiskalischer Bereich **839** 111
Öffentliches Straßenwesen **839** 663
DDR
Staatshaftung **839** 15 ff, 26
Denkmalschutz
und öffentlich-rechtliche Einwirkung **839** 487
Salvatorische Entschädigungsklausel **839** 495 f

Denkmalschutz (Forts.)
  Straßenbauarbeiten und Giebelwandbeschädigung **839** 453
Deponie
  Ablagerungen als unmittelbarer Eingriff **839** 477
Deutsche Bahn AG
  Eisenbahnneuordnungsgesetz **839** 689
  Haftungsregeln **839** 689
Deutsche Post AG
  Amtshaftung für mangelhafte Zustellung **839** 54
  Poststrukturgesetz, Haftungsgrundlagen **839** 690 f
Deutscher Wetterdienst
  Ausübung öffentlicher Gewalt **839** 89, 697
Deutsches Rotes Kreuz
  Rettungsdienst **839** 600
Dienstaufsicht
  und Aufsichtspflicht gegenüber Dritten im Einzelfall **839** 187 f
Dienstaufsichtsbeschwerde
  Abhilfemöglichkeit durch formlosen Rechtsbehelf **839** 352
  Vorwerfbarkeit unterlassener – **839** 357
Dienstfahrten
  Alkoholaufnahme während – **839** 98
  Dienstwidriges Verhalten während der – **839** 98
  Eigentum an den benutzten Geräten, nicht entscheidend **839** 95
  Erreichung des Dienstzieles **839** 96
  Fiskalischer Bereich **839** 111
  Hoheitliche Betätigung, unmittelbare **839** 92
  Mitwirkendes Verschulden **839** 264, 265
  Probefahrt, fiskalische **839** 94
  Schwarzfahrt **839** 97
  Sonderrechte, Inanspruchnahme **839** 93, 271, 743
  Umweg zu privaten Zwecken **839** 97
  und Verweisungsprivileg **839** 270 f
Dienstherr
  und Bestimmung des Haftenden **839** 55 ff
  Fehlen eines Dienstherrn **839** 66 ff
  Inhaber mehrerer Ämter **839** 60 ff
Dienstherrenfähigkeit
  und Beamtenbegriff **839** 40
Dienststelle
  und Beamtenbegriff **839** 43
Dienstwaffen
  Amtspflichtverletzung **839** 127, 128
  und Ausübung anvertrauten öffentlichen Amtes **839** 88, 90
  Entladen unter Vorschriftenverletzung **839** 383
  Grobe Fahrlässigkeit (Waffenhantieren) **839** 406

Dienstwaffen (Forts.)
  Handeln bei Gelegenheit der Amtsausführung **839** 103
  Schußwaffengebrauch, Polizeirecht und allgemeines Recht **839** 616
  Schußwaffengebrauch und unbeteiligte Dritte **839** 614
  Schußwaffenverwahrung im eigenen Haus **839** 616
  Verletzung unbeteiligter Dritter **839** 510
Dritter, Dritte
  Amtsausübung und zu verhindernde Beeinträchtigung – **839** 140
  Amtspflichtverletzung und anderweitiger Ersatz von –
    s. Subsidiaritätsklausel
  Amtsträgerbeziehungen zu – **839** 48
  Anregung, Raterteilung einer Behörde zum Maßnahmenvollzug gegenüber – **839** 75
  Drittanfechtung und Vertrauensgrundlage **839** 255
  als Erfüllungsgehilfe von Amtsträgern **839** 106
  Gefahrenquellen und Verpflichtungen – **839** 612
  Grundbuchangelegenheiten **839** 648
  Handelsregister, Amtspflichtverletzungen **839** 645
  als mißlungener Kanzleistil **839** 172
  Mitverschulden von – **839** 258
  Polizeiliche Tätigkeit und unbeteiligte – **839** 614
  Prozeßvergleich und Einbeziehung – **839** 628
  Schadensträchtiger Geschehensablauf und Eingriff – **839** 235
  Zivilprozeßrichter und Stellung – **839** 625
Drittgerichtetheit
  Geschützter Dritter als Gläubiger der Amtshaftung **839** 172 ff
Drittschadensliquidation
  Amtshaftungsrecht und Grundsätze der – **839** 244
Druckbehälterverordnung
  und Amtsträgereigenschaft **839** 49
Dulde und liquidiere
  Amtshaftungsanspruch und nicht anwendbarer Grundsatz des – **839** 344
Durchsuchung
  Beurteilungsspielraum der StA **839** 632

Ehegatten
  und Amtspflichtverletzung **839** 243
Ehrenschutz
  Rechtswidriger Eingriff **839** 175
  und Schadensersatzanspruch **839** 247

Eidesstattliche Versicherung
Amtspflichtverletzung und Nebenanspruch
auf eine – **839** 247
Eigentümer
als Zustandsstörer, Entschädigung für
rechtmäßige Maßnahmen **839** 623
Eigentum
Ausgleichspflichtige Inhaltsbestimmung
839 495 ff
Enteignender Eingriff
s. dort
Enteignung
s. dort
Enteignungsgleicher Eingriff
s. dort
Gewerbebetrieb **839** 454
Rechtsposition i. S. des Art 14 GG **839** 451
Unmittelbarkeit eines Eingriffs **839** 477
Veräußerungsrecht des Eigentümers
839 471
Eingriffsverwaltung
Angeordnete Maßnahmen, Ausführung
durch Privatunternehmen **839** 106
Ausübung anvertrauten öffentlichen Amtes
839 86
Verfassungsmäßig geschützte Rechtspositionen/gesetzlich vorgesehene Handlungsformen **839** 239
Einigungsvertrag
Staatshaftung **839** 18 ff
Einmann-GmbH
Amtspflichtverletzung und zu ersetzender
Schaden **839** 243
Einreden, Einwendungen
Alternativverhalten, rechtmäßiges
839 238 f
Einstweilige Anordnung
Primärrechtsschutz **839** 349
Einstweilige Verfügung
Primärrechtsschutz **839** 351
als Wiedergutmachungsmaßnahme **839** 354
Einstweiliger Rechtsschutz
Primärrechtsschutz **839** 349
Einvernehmen
Gemeinde-Einvernehmen (§ 36 BauGB)
839 400, 580 ff
Enteignender Eingriff
Abkoppelung von Art 14 GG **839** 450
und Aufopferungsgedanke, allgemeiner
839 450
und enteignungsgleicher Eingriff **839** 450
Fallmaterial **839** 452
Gewerbebetrieb **839** 454 ff
und Ordnungsbehördenhaftung **839** 620,
623
Rechtsposition, geschützte **839** 451
Sonderopfer **839** 450

Enteignender Eingriff (Forts.)
Tatbestandsvoraussetzungen/Rechtsfolgen
(einfaches Recht) **839** 449
Verjährung **839** 491
Enteignung
Ausgleichspflichtige Inhaltsbestimmung
839 495 ff
Begriff der Enteignung (BGH/BVerfG)
839 447 f
Haftungslücke für rechtswidrig-schuldlose
Eingriffe **839** 445 f
Inhalts- und schrankenbestimmende
Vorschriften, Abgrenzung **839** 447,
495 ff
Rechtmäßige/Rechtswidrige – **839** 447
Enteignungsgleicher Eingriff
Abkoppelung von Art 14 GG **839** 450
und Amtshaftungsanspruch, Einheitlichkeit des Streitgegenstandes **839** 434
Amtshaftungsanspruch und Konkurrenz
mit Anspruch aus – **839** 492
und Amtspflichtverletzung **839** 446
Anspruchskonkurrenz zwischen Amtshaftungsanspruch und – **839** 39
und Aufopferung, Vergleich **839** 505
Aufopferungsgrundsatz, allgemeiner
839 445, 447, 450
Ausschluß des Verweisungsprivilegs
839 407
Baugenehmigung, Bauvorbescheid, rechtswidrig erteilte **839** 576
Bausperre, faktische **839** 467 ff, 576
Begriffsbestimmung **839** 450
Behördliche Maßnahmen, Verwaltungsakte **839** 467 ff
BVerfG-Naßauskiesungsbeschluß
839 447 f
Eigentumsinhaltsbestimmungen,
ausgleichspflichtige **839** 495 ff
Eingriffstatbestand **839** 464 ff, 478 ff
Einzelfall- und Maßnahmegesetze **839** 465
und enteignender Eingriff **839** 450
oder Enteignung (rechtmäßiger Eingriff)
839 450
und Enteignungsbegriff des BVerfG
839 447
Entschädigung **839** 486 f
Erst-Recht-Logik **839** 446
und Europäischer (gemeinschaftsrechtlicher) Staatshaftungsanspruch **839** 530
Fallmaterial **839** 452 f
und Gefährdungshaftung, Abgrenzung
839 472
Gewerbebetrieb als geschützte Rechtsposition **839** 454 ff
Gleichbehandlung von rechtmäßigen/
rechtswidrigen Eingriffen **839** 445
Haftungslücke, geschlossene **839** 445

Enteignungsgleicher Eingriff (Forts.)
Landesrechtliche Spezialregelungen
839 493
Legislatives und normatives Unrecht
839 465 f
Nachteilszufügung 839 478
und Ordnungsbehördenhaftung 839 620,
623
Planfeststellungsbeschlüsse 839 479
Positives Handeln, vorausgesetztes 839 464
Primärrechtsschutz, vorrangiger 839 450,
489
Realakte 839 467, 479
als Rechtsinstitut des einfachen Rechts
839 448
Rechtsposition, geschützte 839 451 ff
Rechtsverordnungen, Satzungen 839 466
Rechtswidriger, aber schuldloser Eingriff
839 445
Schadenseintritt auch ohne schädigendes
Tun 839 522
Schadensersatzrechtliche Grundgedanken
839 446
Sicherstellung von Beweismitteln, Fremdeinwirkung 839 484
Sonderopfer 839 445, 446, 450, 485
als Staatshaftung, unmittelbare 839 26, 33
Straßenbauarbeiten 839 480
Tatbestandsvoraussetzungen/Rechtsfolgen
(einfaches Recht) 839 449
und unerlaubte Handlung 839 446
Unmittelbarkeit des Eingriffs 839 477
Unterlassen, Untätigbleiben 839 464
Unterlassen, Untätigbleiben als Eingriff
839 476
Verjährung 839 491
Verkehrsimmissionen 839 481
Vermögensbelastung 839 XXX, 451
Verwaltungsakte 839 479
Verwaltungsakte, rechtswidrige 839 467 ff
Verweisungsprivileg, nicht anwendbares
839 278
Waldschäden-Urteil 839 479
Zurechenbarkeit der hoheitlichen Maßnahme 839 477
Entgangener Gewinn
Amtspflichtverletzung 839 246
Entschädigung
und Amtshaftung, Konkurrenzverhältnis
839 39, 492
Aufopferung, aufopferungsgleicher
Eingriff 839 517
Ausgleichspflichtige Inhaltsbestimmung
839 495 ff
Enteignender, enteignungsgleicher Eingriff
839 486 ff
Opfer von Gewalttaten 839 511

Entschädigung (Forts.)
Polizei- und Ordnungsbehördenhaftung
(landesrechtliche) 839 619 ff
und unrechtmäßiger Staatseingriff 839 445
Erbschein
Amtshaftung 839 644
Erinnerung
Primärrechtsschutz 839 351
Ermessen
Amtspflicht zur fehlerfreien Ausübung
839 144 ff, 233 f
FGG-Verfahren 839 639
Gefahrenabwehr 839 613
Ersatzmöglichkeit
Anderweitige –
s. Subsidiaritätsklausel
Europäische Gemeinschaft
Deliktische Eigenhaftung 839 524
Europäischer Gerichtshof für Menschenrechte
Entschädigungsanspruch 839 516
Europäisches Recht
Legislatives Unrecht durch Verstoß gegen –
839 465
Staatshaftungsanspruch, gemeinschaftsrechtlicher 839 374, 525 ff

Fachbehörde
Beteiligung ohne Bindungswirkung 839 80
Fährgerechtigkeit
und Straßennetznähe 839 452
Fahrerlaubnis
Amtsärztliche Eignungsprüfung 839 597
Amtshaftung für Erteilung 839 720
Fahrlässigkeit
Durchschnittsbeamter, pflichtgetreuer
839 204
Fachbehörde und eigene Meinungsbildung
839 207
Fiskalbereich 839 119
Gesetzesauslegung, unrichtige 839 209 ff
Grobe und leichte Fahrlässigkeit, Abgrenzung 839 406
Rechtmäßigkeit und persönliche Verantwortung 839 206
Sachkunde, Fortbildung 839 205
Sachverständigentätigkeit 839a 3 ff
Sorgfaltsmaßstab, objektivierter 839 203
Subsidiaritätsklausel
s. dort
Unterlassenes Rechtsmittel (Primärrechtsschutz) 839 357 ff
Fahrzeug
s. a. Kfz
Dienstfahrten
s. dort
Eigentumsfrage 839 95
Familienbuch
Unrichtige Eintragungen 839 741

Feld- und Forstaufseher
Amtsträgereigenschaft 839 48
Fernsehen
Wahrnehmung öffentlicher Aufgaben/
Privatrechtliche Beziehungen 839 730
Feuerschutz
Amtsträgereigenschaft 839 47, 698
Ausübung öffentlicher Gewalt 839 89, 699
Dienstfahrten 839 92 ff
Einrichtungen, zugriffsbereite 839 700
Geschäftsherrnanspruch 839 279
Löscharbeiten 839 90
Sonderopfer, einsatzbedingtes 839 510
Sonderrechte im Straßenverkehr 839 271
Feuerstättenschau
Rechtsnatur 839 702
Feuerversicherung
Verweisungsprivileg und Leistungen privater − 839 276
Finanzdienstleistungsaufsicht
Wahrnehmung öffentlicher Interessen 839 185
Finanzgerichtsverfahren
und Rechtsbehelfsmöglichkeiten 839 350
Finanzwesen
und Amtshaftung 839 703 f
Fischereiaufseher
Amtsträgereigenschaft 839 48
Fiskalaufgaben
Amtspflichtverletzung und Haftung des Staates 839 291
Amtsträgerbegriff, erweiterter 839 41, 117
Anvertrautes öffentliches Amt, Abgrenzung 839 86
Beamter im staatsrechtlichen Sinne 839 117
Daseinsvorsorge 839 111
Eigenhaftung des Beamten 839 41 f
Eigenhaftung mit Verweisungsprivileg 839 117
Fahrlässigkeit und Subsidiarität eigener Haftung 839 119
Forstverwaltung 839 721 ff
Haftung der Körperschaft nach allgemeinen Vorschriften 839 118
Kirchentätigkeit 839 711
Positive Vertragsverletzung 839 118
Probefahrt 839 94
Übergang hoheitlichen Handelns in − 839 105
Unerlaubte Handlung eines Nichtbeamten 839 120
Verfassungsmäßiger Vertreter 839 118
Verrichtungsgehilfe 839 118
Zwei-Stufen-Fall 839 105
Fluglärm
Militärischer Fluglärm 839 453
als öffentlich-rechtliche Einwirkung 839 483

Fluglärm (Forts.)
und Wohnanwesen 839 452
Fluglotsenstreik
als Gehorsamsverweigerung 839 104
Rechtsprechung 839 30
als unmittelbarer Eingriff 839 477
Flugsicherung
Frühere Bundesanstalt; Privatisierung 1992 839 89, 727 f
Flurbereinigungsplan
Ausübung öffentlicher Gewalt 839 89
Forstpflanzenbetriebe
und Schutzbereich des FSaatgG 839 724
Forstverwaltung
Hoheitliche Betätigung, Fiskalaufgaben 839 721 ff
Freiwillige Amtstätigkeit
Amtspflichten 839 123
als Ausübung öffentlichen Amtes 839 101
Freiwillige Gerichtsbarkeit
Amtspflichten
s. Rechtspflege (außerhalb Spruchrichterprivilegs)
Friedhof
Verkehrssicherungspflicht 839 113
Fürsorge- und Betreuungspflichten
und Amtshaftung, Anspruchskonkurrenz 839 39
und Verweisungsprivileg 839 278
Fürsorge- und Treuepflicht
und Amtspflichtverletzung, Anspruchskonkurrenz 839 280

Gebührenbeamte
Begriff, Beispiele 839 365 ff
Eigenhaftung des Beamten 839 41 f, 49
Gebührenbescheid
Amtspflichtverletzung und Zeitpunkt der Schadensbemessung 839 251
Gefährdungshaftung
und Amtspflichtverletzung, Anspruchskonkurrenz 839 279
und Aufopferungsanspruch, Frage einheitlichen Streitgegenstandes 839 434
Beamtenhaftung nach Sondergesetzen 839 38
Deutsche Bahn AG 839 689
und Eingriffstatbestand beim enteignenden Eingriff, Abgrenzung zu einer allgemeinen − 839 478
Menschenrechtskonvention, verletzte 839 515
und Rückgriff gegen den Beamten 839 409
Staatshaftung als − 839 27
und Verweisungsprivileg 839 278
Gefahrenabwehr
Polizei- und Ordnungsbehörden 839 609 ff

Sachregister   Gesundheitswesen

Gegenvorstellung
Abhilfemöglichkeit als Primärrechtsschutz
839 352
Gehorsamspflicht
als Amtspflicht **839** 143
Entfallende – **839** 208
und Remonstrationspflicht **839** 208
Gehorsamsverweigerung
und Ausübung öffentlichen Amtes **839** 104
Gelegenheit der Amtsausübung
Amtshaftung und Handeln bei – **839** 99 ff
Gemeinde
Abwasserbeseitigung **839** 676
Altlasten und Bauleitplanung **839** 550 ff
Ausübung öffentlicher Gewalt **839** 110
Bebauungsplan und Gesundheitsgefährdungen **839** 254
Bürgermeister
s. dort
Einvernehmen (§ 36 BauGB), rechtswidrig erteiltes/versagtes **839** 400, 580 ff
und Europäischer Staatshaftungsanspruch **839** 544
Feuerschutz **839** 700 f
Hochwasserschutz **839** 677
Kanalisation, unzureichende **839** 241
Kommunalaufsicht und Amtspflichtverletzung **839** 184
Organisationsverschulden **839** 228
Räum- und Streupflichtüberwachung **839** 670
Reinigung und Winterwartung, Überwälzung **839** 272
und Staat als Gesamtschuldner **839** 82
Zwangsvollstreckung, verfrühte **839** 235
Gemeindevertreter
als Amtsträger **839** 47
Gemeinnützige Arbeit
Gemeindeaufruf zur freiwilligen – **839** 116
Genehmigungserfordernisse
und Drittanfechtung **839** 255
und Ermessensausübung **839** 148
Mülheim-Kärlich-Fall **839** 594
Genossenschaftsregister
Amtshaftung **839** 646
Gerichte
Unrichtige Gesetzesauslegung **839** 214 ff
Gerichtliche Beurkundung
Amtpichten **839** 640
Gerichtlicher Sachverständiger
Haftung nach früherem Recht **839a** 2
Hilfspersonen **839a** 4
Neuregelung, Anknüpfung an Richterspruchprivileg **839a** 4 f
Primärrechtsschutz, vorrangiger **839a** 6
Rechtsstellung **839a** 1

Gerichtliches Handeln
Rechtspflege (außerhalb Richterspruchprivilegs)
s. dort
Richterspruchprivileg
s. dort
Gerichtsbarkeit
Amtshaftungsansprüche **839** 27
Gerichtsstand
Amtshaftungsansprüche **839** 425
Gerichtsvollzieher
kein Gebührenbeamter **839** 367, 657
und Insolvenzfall **839** 232
Sequestration **839** 657
Vollstreckungsorgan und Amtspflichten **839** 658 f
Zustellungsorgan und Amtspflichten **839** 661
Gesamtschuldnerschaft
Grundsätze der gestörten – **839** 385
Öffentlich-rechtliche Körperschaften **839** 283
Zivildienstleistende, Haftung **839** 68
Zusammenwirken mehrerer Behörden **839** 82 f
Geschäftsführung ohne Auftrag
und Verweisungsprivileg **839** 278
Gesetzgebung
und Amtshaftungsrecht **839** 181 ff
Europäisches Staatshaftungsrecht und legislatives Unrecht eines Mitgliedstaates **839** 531 f
Legislatives und normatives Unrecht **839** 465
Gesetzliche Schuldvermutungen
und Amtshaftung **839** 37
Gesundheitsgefährdung
und Bauleitplanung **839** 552
Gesundheitswesen
s. a. Arzt, Ärztliche Behandlung
s. a. Krankenhaus
Ärztliche Maßnahmen als Zwangsbehandlung **839** 597
Amtsarzt **839** 597
Amtshaftung/persönliche Beamtenhaftung/allgemeine Deliktshaftung **839** 596
Amtstierärzte **839** 607
Berufsgenossenschaft, Durchgangsarzt **839** 599
Fahrerlaubniserteilung **839** 597
Haftungssubjekte **839** 70
Krankenhausheilbehandlung **839** 596
Rettungs-, Notarzt und Notfalldienst **839** 600 ff
Schutzimpfungen **839** 597
Soldaten-Behandlung **839** 598

Gewerbeaufsicht
und Baugenehmigungsbehörde als verletzter Dritter **839** 192
Berufsgenossenschaft als verletzter Dritter **839** 192
Gewerbebetrieb
Anlieger-Eigentums-Arbeiten **839** 480
Bau einer Untergrundbahn **839** 455
Bestimmungsgemäßer Gebrauch **839** 454
Fortsetzung/Erweiterung bestehenden – **839** 461
Gefahrenverantwortlichkeit **839** 262
Gewinnchancen **839** 456
Kassenarzt, Praxis des zugelassenen **839** 461
Produktionsverhältnisse regelnde Normen **839** 459
Prüfungsentscheidung, rechtswidrige **839** 463
Rechtsanwaltspraxis, geschützte **839** 462
Rechtsposition, geschützte **839** 454
Rechtswidriger Eingriff **839** 126
Rundfunk, Fernsehen, Eingriffe in den – **839** 730
Umfeldbedingungen **839** 456, 457
Untätigkeit der Behörde als Eingriff **839** 476
Vertrauenstatbestand und Umfeldbedingungen **839** 458
Verzögerte Entscheidung **839** 136
Werbefahrten, Verbot innerörtlicher **839** 458
Glaubensgemeinschaften
Behördliche Warnungen **839** 171
Gleichbehandlungsgrundsatz
und wirtschaftslenkende Maßnahmen **839** 146
GrdstVG
Abhilfemöglichkeit als Primärrechtsschutz **839** 352
Erlaß verspäteten Zwischenbescheides **839** 136
Grobe Fahrlässigkeit
Gerichtlicher Sachverständiger **839a** 3 ff
Rückgriff gegen den Beamten **839** 406
Grundbuchrecht
Abhilfemöglichkeit als Primärrechtsschutz **839** 352
Amtspflichten **839** 122
Amtspflichtverletzung und Schadensentstehung **839** 251
Amtspflichtverletzungen, Beispiele einzelner **839** 647, 649
Dritter **839** 648
Grundpfandrechtseintragungen und Amtspflichtverletzung **839** 232
Löschung, amtspflichtwidrige **839** 285
Nachprüfungspflichten **839** 357

Grundbuchrecht (Forts.)
Rechtsbelehrungen **839** 167
Vormerkungseintragung als Wiedergutmachungsmaßnahme **839** 354
Grundgesetz
s. Verfassungsrecht, Verfassungsmäßigkeit
Grundstück
Nutzbarkeit und Sonderopfer **839** 452
Grundstückskauf
und Ausübung eines anvertrauten öffentlichen Amtes **839** 87
Grundstückskaufvertrag
Altlasten, Amtshaftung und Verkäuferhaftung **839** 286
Gutachten
Gerichtlicher Sachverständiger
s. dort
Gutachterausschuß
Amtsträgereigenschaft seiner Mitglieder **839** 47, 707
Haftungssubjekt **839** 66, 707
Haft
Aufopferungsanspruch **839** 507
Gewalttaten, haftbedingte **839** 511
Menschenrechtskonvention, verletzte **839** 515
Haftungssubjekte
Öffentlich-rechtliche Körperschaften
s. dort
Haftungssubsidiarität
s. Subsidiaritätsklausel
Haftungssystem
Beamtenhaftung und bürgerlich-rechtliches Haftungssystem **839** 23
Hamburg
Bebauungspläne (Stadtstaatenklausel) **839** 545
Straßenverkehrssicherungspflicht und Haftungsfolgen **839** 669
Handelsregister
Amtshaftung **839** 645
Handwerkskammer
Amtshaftung **839** 708
Hessen
Katastrophenschutz **839** 69
Ortsgerichte **839** 89, 367
Straßenverkehrssicherungspflicht und Haftungsfolgen **839** 669
Straßenverkehrszulassungsbehörde, Amtspflichtverletzung **839** 58
Hilfsdienste
Amtsträger und unselbständige Hilfsdienste, Abgrenzung **839** 51
Hochschulbereich
Ausübung öffentlicher Gewalt **839** 89, 709
Haftungssubjekte **839** 71

Hochwasserschutz
  Amtshaftung **839** 677
  Enteignungsgleicher Eingriff **839** 474
  Unterbliebene Schutzmaßnahmen **839** 476
Hoheitliche Aufgabenerfüllung
  Amtsträger
    s. dort
  Ausübung anvertrauten öffentlichen Amtes
    s. Öffentliches Amt
  und Beamtenbegriff **839** 40

Immissionsschutz
  und Amtsträgereigenschaft **839** 49
  Anliegergrundstücke **839** 477
  und Baugenehmigung **839** 573
Impfschäden
  Anerkennung **839** 597
  Aufopferungsanspruch **839** 507, 517
Impfungen
  Durchführung freiwilliger Schutz – **839** 597
Insolvenz
  Amtshaftung **839** 650 f
  und anderweitige Ersatzmöglichkeit **839** 297
  Antrag einer Gemeinde **839** 132
  und Gerichtsvollziehertätigkeit **839** 232
Insolvenzverwalter
  und Beamtenbegriff **839** 44
Interessenausgleich
  Öffentliche Hand, zwei Stellen **839** 283
Interessenbeeinträchtigung
  und Schutzzweck der Amtspflicht **839** 179
Irrtum
  Hinweispflichten als Amtspflichten **839** 166 f

Jagdaufseher
  Amtsträgereigenschaft **839** 48
Jagdschutz
  als hoheitliche Betätigung **839** 723
Jemand
  Handeln in Ausübung eines öffentlichen Amtes **839** 46, 84
Jugendfürsorge, Jugendhilfe
  Ausübung öffentlicher Gewalt **839** 89
Juristische Personen des öffentlichen Rechts
  als haftende Körperschaft
    s. Öffentlich-rechtliche Körperschaft
  als verletzter Dritter **839** 191 ff
Juristische Personen des Privatrechts
  Ausschluß als Amtshaftungssubjekt **839** 54
  Privatrechtsbeziehungen **839** 109
Justizbereich
  Amtspflichtverletzungen und Subsidiaritätsklausel **839** 285
Justizfreier Raum
  Amtshaftung und Ausschluß eines – **839** 121, 662

Justizverwaltung
  Amtshaftung **839** 662
Justizverwaltungsakt
  Rechtsmittelmöglichkeit **839** 351

Kanalisation
  Abwasserbeseitigung, Regenwasserkanalisation **839** 676
  Anlagendimensionierung, unzureichende **839** 241
  Ausübung öffentlicher Gewalt **839** 89
Kassenärztliche Vereinigung
  Amtspflichtverletzung **839** 129
  Amtsträgereigenschaft **839** 47
  und Arztpraxis, enteignungsgleicher Eingriff **839** 461
  Drittgerichtete Amtspflichten ggü ihren Mitgliedern **839** 605
  Mißbrauch des Amtes **839** 102
  Notfall- und Bereitschaftsdienst, ambulanter **839** 604
  Rettungsdienst, Organisationsmängel **839** 603
Kassenarzt
  Eigentumsgarantie **839** 461
Katastrophenschutz
  Ausübung öffentlicher Gewalt **839** 89
  Haftungssubjekt **839** 69
  Sonderrechte im Straßenverkehr **839** 271
Kausalität
  Adäquater Ursachenzusammenhang Amtspflichtverletzung/Schaden **839** 231 ff
  Alternativverhalten, rechtmäßiges **839** 238 ff
  Beweislast **839** 417
  Eingriff in geschützte Rechtspositionen/ gesetzliche vorgeschriebene Handlungsform **839** 239
  Ermessensentscheidung **839** 233 f, 240
  Europäisches Staatshaftungsrecht **839** 539
  Gemeinde-Einvernehmen, versagtes/ Endentscheidung der Bauaufsicht **839** 583 ff
  Gerichtsentscheidung, fiktive **839** 233
  Rechtsmittel, nicht eingelegtes/Schadenseintritt **839** 361 f
  Schadensbeweis **839** 236
  Unterbrechung des Zurechnungszusammenhangs **839** 235
  Unterlassen **839** 418
  Unterlassen als Pflichtverletzung **839** 232
  Vermögensschaden **839** 237
  Zurechnungszusammenhang, fehlender haftungsrechtlicher **839** 235
Kfz-Brief
  Vorlagepflicht ggü Zulassungsstelle **839** 717

Kfz-Fahrer
als Verwaltungshelfer **839** 50
Kfz-Führerhaftung
und Amtshaftung **839** 38
Kfz-Halterhaftung
und Amtshaftung **839** 38
Kfz-Unfall
s. Straßenverkehr
Kfz-Verwahrung
als Beweissicherung (vorsätzliche Fremdeinwirkung) **839** 484
Kfz-Zulassungsstelle
Amtshaftung **839** 717 ff
Kinder- und Jugendhilfe
Öffentliches Amt **839** 682
Kirchliche Gewalt
Amtspflichtverletzungen **839** 712
Kirchliche Interna **839** 713
als öffentliche Gewalt **839** 710 f
Klage, Klagbarkeit
Amtshaftung
— Amtsträgerbezeichnung **839** 229
— Ausgleich zwischen mehreren haftenden Körperschaften **839** 83
— und enteignungsgleicher Eingriff **839** 492
— und Inanspruchnahme des Beamten selbst **839** 425
— Kirchliche Amtsträger **839** 712
— Klagebefugnis, Drittgerichtetheit von Amtspflichten **839** 177
— Primärrechtsschutz und Schadensausgleich, Vorrangverhältnis **839** 344
— und Rückgriff gegen den Beamten **839** 414 ff, 426
— Schlüssigkeit der Klage **839** 433
— Streitgegenstand, Einheitlichkeit **839** 429, 434 ff
— und Subsidiaritätsklausel **839** 308 ff
— Zuständigkeit, erweiterte **839** 429
— Zuständigkeit ordentlicher Gerichte **839** 429
Aufopferung **839** 428
Enteignungsgleicher Eingriff und Amtshaftung **839** 492
Rundfunk, Fernsehen-Eingriffe **839** 730
Kollegialgerichts-Richtlinie
Bedeutung **839** 216 ff
Kommunalaufsicht
und Amtspflichtverletzung **839** 184, 716
Einvernehmen des Gemeinde, rechtswidrig verweigertes **839** 586
Kommunale Haftung
Bürgermeister-Amtspflichtverletzungen **839** 716
Kommunale Satzung
Haftungsausschluß und Amtshaftungsansprüche **839** 364

Kommunale Vertretungskörperschaften
Rückgriffsschuldner **839** 405
Konsequentes Verhalten
als Amtspflicht **839** 141
Koppelungsgeschäfte
und Amtspflichtverletzung **839** 130
Kraftfahrzeugwesen
Amtshaftung **839** 717
Krankenhaus
Ärzte, Haftungssubsidiarität **839** 284
Ambulanter, stationärer Bereich **839** 596
Ausübung öffentlicher Gewalt **839** 108, 109, 597
Beamtete Ärzte **839** 117, 596
Heilbehandlung (privatrechtliche) als Vorgang des öffentlichen Rechts **839** 596
Inanspruchnahme des Trägers (Subsidiaritätsklausel) **839** 596
Testamentserrichtung **839** 606
Krankenversicherung
Verweisungsprivileg und Leistungen privater – **839** 276
Kreditgefährdung
Amtspflichtverletzung **839** 127
Kreditwesen
Staatsaufsicht und Amtspflichten gegenüber Dritten **839** 185
Kreiskommunen
als Haftungssubjekt **839** 58
Künftige Maßnahmen
Hinweispflichten als Amtspflichten **839** 166

Lärm
als Straßenverkehrsimmission **839** 481
Landesrecht
Amtspflichtverletzung von Landesbediensteten **839** 58
Amtspflichtverletzungen gegenüber Ausländern **839** 370 ff
Bauaufsicht, Haftung **839** 577 ff
Behördliche Warnungen **839** 170
Pressegesetze und Entschädigungspflichten bei Beschlagnahmen **839** 630
Rettungsdienst-Organisation **839** 600
Straßenverkehrssicherungspflicht, Haftungsfolgen **839** 669
Straßenverkehrssicherungspflicht, Straßenbaulast **839** 272
Verschuldensunabhängige Behördenhaftung **839** 493
Landkreis
als Haftungssubjekt **839** 58
Landwirtschaftskammer
Amtshaftung **839** 726
Lebensmittel
Gefahrenabwehr **839** 612

Legalzession
Amtshaftung und Subsidiaritätsklausel 839 312 ff
Amtshaftungsanspruch und Verjährungsbeginn 839 391
Aufopferungsanspruch 839 523
Leistungsbeziehungen
Verletzung öffentlich-rechtlicher – 839 115
Leistungsgesetz
s. Bundesleistungsgesetz
Leistungsverwaltung
Ausübung anvertrauten öffentlichen Amtes 839 86
Lichtzeichenanlage
s. Verkehrsregelungsanlage
Lohnfortzahlung
und Verweisungsprivileg 839 276
Luftfahrtveranstaltung
Gefährdung öffentlicher Sicherheit 839 234, 728
Luftfahrtwesen
Flughafenkoordinierung 839 727
Flugsicherung 839 727 f
Flugzeugführer 839 727
Luftfahrtveranstaltungen 839 728
Luftfahrzeugführer
Amtsträgereigenschaft 839 48

Manöverschäden
Bundesleistungsgesetz 839 494
Maßnahmen
Ordnungsbehördenhaftung für rechtswidrige 839 620
Mecklenburg-Vorpommern
BauROG (Ersetzung rechtswidrig versagten gemeindlichen Einvernehmens) 839 587 f
StaatshaftungsG der DDR, Fortgeltung 839 26
Straßenverkehrssicherungspflicht und Haftungsfolgen 839 669
Mehrheit von Ämtern
Amtspflichtverletzung und Haftungssubjekt 839 60 ff
Mehrheit von Schädigern
Amtspflichtverletzung, dieselbe und Frage der Haftungssubsidiarität 839 292
Rechtsmittelerfordernis 839 348
MilchgarantiemengenVO
und drittgerichtete Amtspflichten 839 183
Mitverantwortung
Zusammenwirken mehrerer Behörden 839 79
Mitverschulden
Amtshaftung 839 253 ff
Amtspflichtverletzung und allgemeines Deliktsrecht, Vergleich 839 31
Bauleitplanung 839 558

Mitverschulden (Forts.)
und Rückgriff gegen den Beamten 839 414
und Subsidiaritätsklausel 839 293
Vorrang des Primärrechtsschutzes 839 345
Wiedergutmachungsmaßnahmen, unterlassene 839 354 f
Mülheim-Kärlich-Fall
Anlagengenehmigung, rechtswidrige 839 594
Müllabfuhr
Ausübung öffentlicher Gewalt 839 89

Nachbargrundstück
und Baugenehmigung, rechtswidrige 839 393, 574
Nachlaßgericht
Amtshaftung 839 644
Nachlaßverwalter
und Beamtenbegriff 839 44
Nachteile
Eingriffstatbestand beim enteignenden Eingriff 839 478
NATO-Stationierungskräfte
Amtshaftung 839 695
Natur- und Landschaftsschutz
Ausübung öffentlicher Gewalt 839 89, 729
Salvatorische Entschädigungsklausel 839 495 f
Naturalrestitution
Amtspflichtverletzung und ausgeschlossene – 839 247
Nichterfüllung
und Amtspflichtverletzung 839 248
Niedersachsen
BauROG (Ersetzung rechtswidrig versagten gemeindlichen Einvernehmens) 839 587 f
Ortsbürgermeister, ehrenamtlicher 839 89
Straßenverkehrssicherungspflicht und Haftungsfolgen 839 669
Nordostsee-Kanal
Betrieb als hoheitliches Handeln 839 111
Nordrhein-Westfalen
BauROG (Ersetzung rechtswidrig versagten gemeindlichen Einvernehmens) 839 587 f
Landrat (Doppelstellung) 839 64
Polizei- und Ordnungsbehördenhaftung 839 619 ff
Rettungsdienst-Organisation 839 600
Staatshaftung, unmittelbare 839 26
Straßenverkehrssicherungspflicht und Haftungsfolgen 839 669
Verschuldensunabhängige Behördenhaftung 839 493, 577
Normenkontrollverfahren
Primärrechtsschutz 839 349

Notare
Amtsgeschäfte (§§ 23, 24 BNotO) 839 281
und Amtspflichtverletzung eines Beamten, Anspruchskonkurrenz 839 281
Amtsträgereigenschaft 839 52
und Bedeutung höchstrichterlicher Rechtsprechung 839 211
und Dienstaufsicht 839 189, 662
Drittschadensliquidation 839 244
als Gebührenbeamte 839 366
Gegenleistung, nur teilweise beurkundete 839 232
Rechtsbehelf, versäumter 839 234
Vertrauensschadensversicherung und Untreuefälle 839 285
Notarztdienst
und Rettungsdienst, Abgrenzung 839 601
Nutzungen, Nutzungsmöglichkeiten
Ausgleichspflichtige Inhaltsbestimmungen 839 500
Nutzungs- und Leistungsverhältnisse
und Amtshaftung, Anspruchskonkurrenz 839 39
Nutzungsrechte
Entschädigung für Eingriffe 839 487

Obdachlosigkeit
und Ordnungsbehörden 839 615
Oberfinanzpräsident
Doppelstellung, institutionelle 839 64
Öffentlich-rechtliche Ansprüche
und Amtshaftung, Anspruchskonkurrenz 839 39
Öffentlich-rechtliche Form
oder Privatrechtswahl 839 108
Öffentlich-rechtliche Hoheitsakte
Vermutung ihrer Gültigkeit 839 436
Öffentlich-rechtliche Körperschaft
Anstellungskörperschaft 839 56
Dienstherr, fehlender 839 66 f
und Dienstherreneigenschaft 839 55
Dienstherrenfähigkeit, nicht erforderliche 839 55
Gemeindliche Amtsträger 839 57
Haftungssubjekt 839 55
Inhaber mehrerer Ämter 839 60 ff
Kreiskommunaler Bediensteter 839 58
Länderhaftung 839 57
und Privatrechtssubjekte 839 54
Verjährungsbeginn bei zweifelhaftem Beklagten 839 390
Zusammenwirken mehrerer Behörden 839 73 ff
Öffentlich-rechtliche Sonderverbindungen
und Haftung für fremdes Verschulden 839 80

Öffentlich-rechtliche Streitigkeiten
Zuständigkeit ordentlicher Gerichte, ausgeschlossene 839 431
Öffentlich-rechtliche Verpflichtungen
und Verweisungsprivileg 839 278
Öffentlich-rechtliche Verwahrung
und Amtspflichtverletzung, Anspruchskonkurrenz 839 279
Öffentlich-rechtlicher Vertrag
Amtspflichten 839 122
Öffentlich-rechtliches Rechtsverhältnis
und Unzulässigkeit des ordentlichen Rechtswegs 839 431
Öffentliche Hand
Interessenausgleich zwischen zwei Stellen 839 283
als vermögensrechtliche Einheit 839 279 ff
Öffentlicher Dienst
und Ausübung eines öffentlichen Amtes 839 46
und Schutzzweck der Amtspflicht 839 179
Öffentliches Amt
Ärztliche Heilbehandlung 839 596
Amtspflichten
s. dort
Amtsträger
s. dort
Amtsträger, sonstige 839 84
Anstalten der öffentlichen Hand 839 108 ff
Arbeitsamt 839 687
Aufspaltung in Einzelakte 839 91
Beamte im staatsrechtlichen Sinne 839 84
und Beamtenbegriff
s. Amtsträger
Deutsche Post AG 839 690
Dienstfahrten
s. dort
Dienstwaffen
s. dort
Eingriffsverwaltung, Leistungsverwaltung, Daseinsvorsorge 839 86
Einzelfälle 839 89
Feuerschutz 839 700
Fiskalisches Handeln 839 84, 86, 105, 117 ff
Forstschutz, Forstaufsicht 839 721 ff
Freiwilligkeit der Amtsausübung 839 101
Gesundheitswesen
s. dort
Handeln in Ausübung, bei Gelegenheit der Ausübung 839 99 ff
Hoheitliche Tätigkeit/schädigende Handlung, erforderlicher Zusammenhang 839 85
Hoheitsaufgaben der vollziehenden Gewalt 839 86
Jagdschutz 839 721 ff
Jemand i.S. Art 34 GG 839 84

Öffentliches Amt (Forts.)
  Kinder- und Jugendhilfe **839** 682
  Kirchliche Gewalt **839** 711
  Kommunale Haftung **839** 716
  Kraftfahrzeugwesen **839** 717
  Luftfahrtwesen **839** 727
  Mißbrauch des Amtes **839** 102
  Naturschutz **839** 729
  Notarzt **839** 601
  Öffentliches Recht/privates Recht als Rechtsform **839** 87
  Polizei
    s. dort
  Postwesen/Telekommunikation (Regulierung) **839** 691
  Private Tätigkeit **839** 103
  Private Unternehmer als Ausführende **839** 106 f
  Private Zwecke, verdeckte **839** 86
  oder privatrechtlicher Wirkungskreis **839** 87
  Realakt, behördlicher **839** 88
  Rechtsformwahl **839** 87
  Rettungsdienst **839** 600
  Rundfunk und Fernsehen **839** 730
  Schulwesen
    s. dort
  Sozialhilfe **839** 738
  Sozialversicherung **839** 739
  Staatlicher Verwalter (VermG) **839** 740
  Steuerwesen **839** 703
  TÜV **839** 742
  Umfang des Handelns **839** 90 f
  Unternehmen der öffentlichen Hand **839** 108 ff
  Werkzeugtheorie **839** 107
  Zivildienst
    s. dort
  Zuständigkeitsüberschreitung **839** 100
  Zwei-Stufen-Fall **839** 105
Öffentliches Gesundheitswesen
  Amtshaftung
    s. Gesundheitswesen
Öffentliches Recht
  und Ausübung eines anvertrauten öffentlichen Amtes **839** 87
  Heilbehandlung (privatrechtliche) als Vorgang des – **839** 596
Öffentliches Straßenwesen
  s. Straßenbaulast
  s. Straßenverkehrsregelungspflicht
  s. Straßenverkehrssicherungspflicht
Öffentliches Wohl
  und Schutzzweck der Amtspflicht **839** 179
Opportunitätsprinzip
  und Amtspflichtverletzung **839** 144 ff

Ordnungsbehörden
  Anspruchskonkurrenz zwischen Amtshaftungsanspruch und – **839** 39, 619 ff
  Gefahrenabwehr **839** 618
  Landesrechtliche Entschädigungsansprüche **839** 619 ff
  Polizei
    s. dort
Organisationsverschulden
  und Amtspflichtverletzung **839** 137, 603
  Schuldvorwurf gegen die haftende Körperschaft **839** 228 ff
Ortsgerichte
  Ausübung öffentlicher Gewalt **839** 89

Persönlichkeitsrecht
  Amtspflichtverletzung und Schadensersatzfolge **839** 246
  Ermittlungsverfahren, Auskunftserteilung **839** 632
  Rechtswidriger Eingriff **839** 126, 175
  Rundfunk, Fernsehen, Eingriffe in das – **839** 730
Pfleger
  und Beamtenbegriff **839** 44
Planfeststellung
  Enteignender Eingriff **839** 479
  Schallschutzvorkehrungen, unterbliebene **839** 482
Polizei
  Abschleppung durch Privatunternehmen **839** 106
  Allgemeinheit, Individualinteressen **839** 609
  Amtspflichtverletzung **839** 132
  Aufopferungsanspruch **839** 507
  Auftrag, umfassender zum Schutze des Rechts **839** 609
  und Bauaufsicht **839** 578
  Dienstfahrten **839** 92 ff
  Diensthundbetreuung **839** 90
  Dienstwaffenreinigung **839** 90
  Drittnachteile **839** 614
  Festnahme **839** 90
  Freiwillige Amtsausführung **839** 101
  Funktionsstörung einer Lichtzeichenanlage **839** 287
  Gefahrenabwehr **839** 611 ff
  Grobe Fahrlässigkeit (Waffenhantieren) **839** 406
  Handeln als Privatmann **839** 103
  Hilfsbeamte der Staatsanwaltschaft **839** 616
  Kraftfahrer für Polizeibeamte als Verwaltungshelfer **839** 50
  Mißbrauch des Amtes **839** 102
  Obdachlosigkeit **839** 615
  und private Belange **839** 609
  Räum- und Streupflicht **839** 671

Polizei (Forts.)
Rechtswidriges Festhalten im Gewahrsam **839** 615
Sonderrechte im Straßenverkehr **839** 271
Straftaten, Verhinderung **839** 610
Strafverfolgung **839** 610
Straßenverkehrssicherung **839** 616
Subjektiv-öffentliches Recht auf Einschreiten **839** 144
Unmittelbarer Zwang **839** 615
Verhältnismäßigkeit **839** 615
Verschuldensunabhängige Haftung (Landesrecht) **839** 577 f
Vorangehende, nachfolgende Tätigkeit **839** 90
Waffengebrauch
s. Dienstwaffen
Polizeiverordnung
Nachprüfung ihrer Gültigkeit **839** 432
Positive Vertragsverletzung
Fiskalbereich **839** 119
Postwesen
Deutsche Post AG
s. dort
Öffentliches Amt (Regulierung) **839** 691
Prävention
Polizeiliche Aufgaben **839** 609 ff
Presserecht
und Behördenauskünfte **839** 157
Beschlagnahme von Druckerzeugnissen **839** 630
Primärrechtsschutz
Europäisches Staatshaftungsrecht **839** 540
Haftung des gerichtlichen Sachverständigen **839a** 6
und Schadensausgleich, Vorrangverhältnis **839** 344 ff
Verjährungsbeginn bei Inanspruchnahme **839** 396 ff
Private Tätigkeit
Amtsausübung, fehlender innerer Zusammenhang zu einer – **839** 103
Hoheitliche Amtsausübung als Deckmantel **839** 86
Private Unternehmer
Ausführung hoheitlich angeordneter Maßnahmen **839** 106 f
Privatrecht
und Ausübung eines anvertrauten öffentlichen Amtes **839** 87
oder öffentlich-rechtliche Form **839** 108
und Zivildienstleistungen **839** 68
Produktionsverhältnisse
Eingriff in den Gewerbebetrieb durch Regelung der – **839** 459
ProduktsicherheitsG
Behördliche Warnungen und Amtspflichtverletzung **839** 170

Prozeßführung
und Amtspflichtverletzung **839** 246, 250
Prozeßkosten
Kosten eines erfolglosen Rechtsmittels **839** 363
Prozeßkostenhilfe
Amtshaftung **839** 626
Prozeßvergleich
Amtspflichten des Gerichts **839** 640
Dritteinbeziehung **839** 628
Prüfungsentscheidungen
Amtspflichtverletzung und Schadensersatzfolge **839** 246
Aufhebung wegen Voreingenommenheit **839** 234
und Eigentumsposition des Betroffenen **839** 463
Vor- und Zwischenprüfungen, Fortsetzung des Studiums **839** 237
Räum- und Streupflichten
Amtshaftung **839** 670 f
Subsidiaritätsklausel **839** 272
Raterteilung
Freiwillige Amtsausführung **839** 101
Zusammenwirken mehrerer Behörden mittels – **839** 75
Realakt
Behördlicher Realakt und Ausübung anvertrauten öffentlichen Amtes **839** 88
Eigentumsbeeinträchtigungen durch hoheitlichen – **839** 479
Europäisches Staatshaftungsrecht und administratives Unrecht eines Mitgliedstaates **839** 533
Rechtliche Belehrungen
Amtspflicht zur Erteilung von – **839** 158 ff
Rechtmäßiges Alternativverhalten
Kausalität Amtspflichtverletzung/Schaden und – **839** 238 ff
Rechtmäßiges Verhalten
als Amtspflicht **839** 124 ff
und Mitverschuldensvorwurf **839** 260
Rechtsanwalt
Amtspflichtverletzung des Gerichts und vertraglicher Anspruch gegen den – **839** 285
und Beamtenbegriff **839** 44
Eigentumsgarantie **839** 462
und Streitwertfestsetzung **839** 625
Rechtsanwendungsrisiko
und Vertrauensschutz **839** 255
Rechtsfragen
und Fahrlässigkeitsvorwurf **839** 209 f
Rechtsgrundlage
Eingriff ohne erforderliche – **839** 130

Rechtskenntnisse
Unterlassenes Rechtsmittel (Primärrechtsschutz) **839** 357
und Verjährung des Amtshaftungsanspruchs **839** 388
Rechtsmittel
Amtshandlung, hiergegen mögliche **839** 347 ff
Amtspflichtwidriger Gebrauch **839** 131
Primärrechtsschutz und Schadensausgleich, Vorrangverhältnis **839** 344 ff
Versäumnis **839** 234
als Wiedergutmachungsmaßnahmen **839** 354
Rechtsmittelbelehrung
und Amtspflichtverletzung **839** 169
Rechtspflege (außerhalb Richterspruchprivilegs)
Freiwillige Gerichtsbarkeit
— Amtsaufklärungspflicht **839** 639
— Beurkundungen **839** 640
— Gebührenbeamte **839**
— Grundbuchrecht
  s. dort
— Insolvenz **839** 650 f
— Nachlaßgericht **839** 644
— Rechtspfleger **839** 655
— Registergericht (Handelsregister, andere Register) **839** 645 f
— Urkundsbeamter der Geschäftsstelle **839** 656
— Vollstreckungsgericht **839** 652
— VormG **839** 641 ff
— Zwangsversteigerungsgericht **839** 653
Justizverwaltung **839** 662
Strafrechtspflege
— Druckerzeugnisse, beschlagnahmte **839** 630
— Haftrichter **839** 630
— Staatsanwaltschaft **839**
Strafrechtspflege
  s. dort
Strafvollstreckung
— Verschärfung ggü dem Richterspruch, zu verhindernde **839** 634
— Vollzugsbedienstete **839** 635 ff
Zentralregister **839** 638
Zivilprozeß
— Beweisaufnahme, überflüssige **839** 627
— Falsche Besetzung **839** 625
— Geschäftsverteilungsbeschluß, fehlerhafter **839** 629
— PKH-Gewährung **839** 626
— Prozeßvergleich **839** 628
— Streitwertbemessung, zu geringe **839** 625
— Urteilsabsetzung **839** 625
Rechtspfleger
Amtshaftung **839** 655

Rechtspositionen
Ausgleichspflichtige Inhaltsbestimmungen **839** 500
Enteignungsgleicher/enteignender Eingriff in geschützte – **839** 451 ff
Rechtsverordnungen
und Amtshaftungsrecht **839** 183
Europäisches Staatshaftungsrecht und normatives Unrecht eines Mitgliedstaates **839** 533
Rechtsweg
Amtshaftungsansprüche **839** 425 ff
Amtshaftungsansprüche
  s. a. Klage, Klagbarkeit
Rechtswidrigkeit
Beweislast **839** 420
Ordnungsbehördenhaftung **839** 620, 623
Regenwasserkanalisation
Amtshaftung **839** 676
Registergericht
Amtshaftung **839** 645 f
Hinweispflichten als Amtspflichten **839** 167
Nachprüfungspflichten **839** 357
Rentenversicherung
Beistandspflicht als Amtspflicht **839** 162
Beratung des Versicherten, unzureichende **839** 442, 739
Fehlerhafte Auskunft zum Versorgungsausgleich **839** 235, 352, 739
Hoheitliche Aufgaben **839** 739
Juristische Personen des öffentlichen Rechts als verletzte Dritte **839** 192
Lebensbescheinigungen durch Geistliche **839** 714
Verweisungsprivileg und Leistungen gesetzlicher – **839** 276
Rettungsdienst
und Haftungssubjekt **839** 68
Notarzt im Rettungsdienst (Neuregelung) **839** 601
und Notarztdienst, Abgrenzung **839** 601
Organisation **839** 600
Sonderrechte im Straßenverkehr **839** 271
Rettungsfahrt
Subsidiaritätsklausel **839** 296
Rheinland-Pfalz
Amtshaftung/Anspruch nach PolVerwG **839** 434
BauROG (Ersetzung rechtswidrig versagten gemeindlichen Einvernehmens) **839** 587 f
Institut für medizinische/pharmazeutische Prüfungsfragen **839** 79
Straßenverkehrssicherungspflicht und Haftungsfolgen **839** 669
Straßenverkehrszulassungsbehörde, Amtspflichtverletzung **839** 58

Richter
Dienstfahrt und Ausübung öffentlichen Amtes **839** 96
Rückgriffsschuldner **839** 405
Unrichtige Gesetzesauslegung **839** 214 ff
Richter kraft Auftrags
als Fall einer Abordnung **839** 61
Richterspruchprivileg
Arrest, einstweilige Verfügung **839** 336
Beamtenbegriff (Richter staatlicher Gerichte) **839** 324
Bei dem Urteil in einer Rechtssache statt durch ein Urteil **839** 337
Berufungszurückweisung durch Beschluß **839** 329a
Beschlagnahme- und Durchsuchungsbeschlüsse, ausgeschlossene **839** 334
Beschlüsse (Ausschluß vorausgehender, nachfolgender) **839** 333
Disziplinarverfehlungen **839** 320
Enteignungs- und Aufopferungsansprüche **839** 318
Europäisches Staatshaftungsrecht **839** 542
Exekutive, Verwaltungsentscheidungen, ausgeschlossene **839** 326
Fahrerlaubnisentziehung, ausgeschlossene vorläufige **839** 334
Freiwillige Gerichtsbarkeit (urteilsvertretende Entscheidungen) **839** 332
Funktion **839** 315 ff
Haft- und Unterbringungsbefehle, ausgeschlossene **839** 334
Insolvenzverfahren **839** 335
Justizverwaltungsaufgaben, ausscheidende **839** 327
Kosten- und Auslagenfestsetzungsverfahren, ausgeschlossene **839** 333
Mehrkosten, grob fahrlässig verursachte **839** 338
Nichtzulassungsbeschwerde zurückweisende Beschlüsse **839** 329
PKH-Entscheidungen, ausgeschlossene **839** 333
Privileg gesamter Tätigkeit **839** 337
Prozeßleitende Verfügungen, ausgeschlossene **839** 333
Rechtssicherheit, Rechtsfrieden **839** 317
Richter, ehrenamtliche **839** 325
Richterbestechung, Rechtsbeugung **839** 320
Richterliche Tätigkeit/Spruchrichterprivileg **839** 317
und richterliche Unabhängigkeit **839** 316
und Sachverständigenhaftung **839a** 1 ff
Schiedsgutachter **839** 342
Schiedsrichter **839** 341
Strafprozeßordnung (urteilsvertretende Entscheidungen) **839** 331
Straftat als Pflichtverletzung **839** 319 ff

Richterspruchprivileg (Forts.)
Streitwertfestsetzungen, ausgeschlossene **839** 333
Umgehungsmöglichkeiten, ausgeschlossene **839** 317
Urteil in einer Rechtssache **839** 322 ff
Urteile, urteilsvertretende Entscheidungen **839** 327 ff
Verfahrensfehler, vorausgehende **839** 337
Versagensgrund, bedeutungsloser **839** 339
Verwaltungsgerichtsordnung (urteilsvertretende Erkenntnisse) **839** 330
Verweigerung, Verzögerung (pflichtwidrige) **839** 343
Wiederaufnahmeverfahren, Anknüpfung des – **839** 319 f
Zivilprozeßordnung (urteilsvertretende Erkenntnisse) **839** 329
Zweifelsfragen, Zweifelsfälle **839** 336
Richtervorlage
und Gehorsamspflicht des Rechtspflegers **839** 143
Rückgriff gegen den Beamten
Abgeordnete **839** 405
Angestellte **839** 405
Arbeiter **839** 405
Aufrechnung, Zurückbehaltung **839** 416
Beamter im staatsrechtlichen Sinne **839** 405
Eigenhaftung **839** 403 f
Ersatzansprüche und Fürsorgepflicht **839** 410
Gefährdungshaftung **839** 409
Grobe Fahrlässigkeit **839** 406
Innenregreß **839** 402 ff
Klage, Klagbarkeit **839** 415 f
Kommunale Vertretungskörperschaften, Mitglieder **839** 405
Leistungsbescheid **839** 416
Mitwirkendes Verschulden **839** 414
Richter **839** 405
Rückgriff und Verweisungsprivileg **839** 407 f
Soldaten **839** 405
Teilnahme am allgemeinen Verkehr **839** 411
Verkehrsunfall und Rückgriffsbegrenzung **839** 412
Verwaltungsvollstreckung, nicht mögliche Beitreibung **839** 416
Wirtschaftliche Leistungsfähigkeit, fehlende **839** 413
Zivildienstleistende **839** 405
Runderlasse
und Amtspflichten **839** 122
Rundfunk
Wahrnehmung öffentlicher Aufgaben/Privatrechtliche Beziehungen **839** 730

Saarland
BauROG (Ersetzung rechtswidrig versagten gemeindlichen Einvernehmens) **839** 587 f
Straßenverkehrssicherungspflicht und Haftungsfolgen **839** 669
Sachbearbeitung
Amtspflicht zur zügigen – **839** 134 ff
Sachsen
Straßenverkehrssicherungspflicht und Haftungsfolgen **839** 669
Sachsen-Anhalt
BauROG (Ersetzung rechtswidrig versagten gemeindlichen Einvernehmens) **839** 587 f
Enteignungsgleicher Eingriff (unmittelbare Staatshaftung) **839** 26
Straßenverkehrssicherungspflicht und Haftungsfolgen **839** 669
Sachverhaltserforschung
als Amtspflicht **839** 133
Aufklärung, ungenügende und Verweis auf sorgfältiges Alternativverhalten **839** 242
Sachverständiger
Gerichtlicher –
s. dort
Kraftfahrzeugverkehr **839** 719
Satzungsrecht
und Amtshaftungsrecht **839** 183
Europäisches Staatshaftungsrecht und normatives Unrecht eines Mitgliedstaates **839** 533
Haftungsausschluß und Amtshaftungsanspruch **839** 364
Schaden
Beweiserleichterung § 287 ZPO **839** 418
Beweislast für den Schadenseintritt **839** 417
Dritteingriff bei schadensträchtigem Geschehensablauf **839** 235
Eintritt auch bei fehlerfreiem Verhalten **839** 234
Entstehungszeitpunkt, maßgeblicher **839** 250
Kausalität Amtspflichtverletzung und Schaden
s. Kausalität
Kausalität Rechtsmittelunterlassen/Schadenseintritt
s. Kausalität
Nichterfüllung als solche **839** 248
und Schutzbereich verletzter Amtspflicht **839** 174
Schadensersatzanspruch
Art und Umfang **839** 245
Bauleitplanung **839** 554 ff
Drittschadensliquidation **839** 244
Ehrkränkung **839** 247

Schadensersatzanspruch (Forts.)
Eigenhaftung des Beamten, zu beachtende **839** 247
Entgangener Gewinn **839** 246
und Entschädigung, Abgrenzung **839** 486
Menschenrechtskonvention, verletzte **839** 515
Naturalrestitution, ausgeschlossene **839** 247
Nichterfüllung fälligen Geldanspruchs **839** 248
Persönlichkeitsverletzung **839** 246
Primärrechtsschutz und Schadensausgleich, Vorrangverhältnis **839** 344 ff
Prozeßkosten **839** 246, 250, 363
Unerlaubte Handlung /enteignungsgleicher Eingriff **839** 446
Unmittelbar Verletzter als Berechtigter **839** 243
Vermögenslage, zu vergleichende **839** 249
Vorteilsausgleichung **839** 252
Wertersatz, keine Wiedergutmachung **839** 247
Zusage, gesetzlich unzulässige **839** 249
Schiedsgericht
und Beamtenbegriff **839** 44
und Sachverständiger **839a** 8
Schiedsgutachter
und Beamtenbegriff **839** 44
Schiedsmann
kein Gebührenbeamter **839** 367
Haftung für Amtspflichtverletzungen **839** 66
Schiffahrtsrecht
und Staatshaftung, ausgeschlossene **839** 369
Schiffskapitäne
Amtsträgereigenschaft **839** 48
Schiffsregister
Amtshaftung **839** 646
Schlachthöfe
Ausübung öffentlicher Gewalt **839** 89, 108, 110
Verdacht auf verdorbenes Fleisch **839** 607
Schleswig-Holstein
Straßenverkehrssicherungspflicht und Haftungsfolgen **839** 669
Schöffen
als Amtsträger **839** 47
Schuldrechtsmodernisierung
Verjährung des Amtshaftungsanspruchs **839** 387
Schuldverhältnis (gesetzliches)
Amtspflichtverletzung, Geschädigter/ Schädiger **839** 257
Schulwesen
Aufbewahrungspflicht **839** 288
Aufopferungsanspruch **839** 507

Schulwesen (Forts.)
Aufsicht, ausgeweitete **839** 384
Aufsichtspflichten **839** 733
Ausübung öffentlicher Gewalt **839** 89, 731
Behördenbeteiligung mit eingeschränkter Bindungswirkung **839** 78
Beliehene **839** 50
Bewahrung vor Schäden **839** 732
Eingebrachte Sachen **839** 736 f
Erziehungsaufgabe **839** 732
Erziehungsberechtigter und Schule (Mitverursachungsfrage) **839** 256
Religionsunterricht durch Geistliche **839** 715
Schülerlotsen **839** 50, 67
Schülertransportspezialverkehr **839** 105
Schulaufsicht **839** 133
Tuberkuloseverdacht **839** 735
Unfallversicherung für Schüler **839** 731
und Verhältnis juristischer Personen des öffentlichen Rechts **839** 193
und Verweisungsprivileg **839** 278
Schußwaffe
s. Dienstwaffen
Schutzgesetzverletzung
Amtspflichtverletzung und allgemeines Deliktsrecht, Vergleich **839** 30, 127
Schutzzweck
Europäisches Staatshaftungsrecht **839** 535
Geschützter Dritter als Gläubiger der Amtshaftung **839** 172 ff
Ordnungsbehördenhaftung für rechtswidrige Maßnahmen **839** 622
und rechtmäßiges Alternativverhalten **839** 238
Schwarzfahrt
und Ausübung öffentlichen Amtes **839** 97
Seedeiche
Enteignungsgleicher Eingriff **839** 474
Seerechtshaftung
und Subsidiaritätsklausel **839** 278
Sekten
Behördliche Warnungen **839** 171
Sittenwidrige Schädigung
Amtspflichtverletzung und allgemeines Deliktsrecht, Vergleich **839** 30, 37, 176
und Schädigungsvorsatz **839** 197
Soldaten
Ärztliche Behandlung **839** 598
Amtsträgereigenschaft **839** 47
Dienstfahrten **839** 92 ff
Dienstunfall und gestörtes Gesamtschuldverhältnis **839** 385
Heilbehandlung **839** 70
Hoheitliches Handeln **839** 91
Rückgriffsschuldner **839** 405
Sonderrechte im Straßenverkehr **839** 271

Soldaten (Forts.)
Teilnahme am allgemeinen Verkehr **839** 384
Sonderopfer
Aufopferungsanspruch **839** 508 ff
Entschädigungsrechtliche Gleichbehandlung **839** 445
Nachteile als entschädigungspflichtiges − **839** 478, 485, 508 ff
Sozialhilfe
Leistungsgewährung, hoheitliche **839** 738
Sozialleistungen
Beistandspflicht als Amtspflicht **839** 162
Sozialversicherung
Anderweitige Ersatzmöglichkeit **839** 312
Ausübung öffentlicher Gewalt **839** 89
Hoheitliche Aufgaben **839** 739
Spielbank
Betrieb als hoheitliches Handeln **839** 111
Spruchrichterprivileg
s. Richterprivileg
Staatlicher Verwalter
VermG und Stellung des − **839** 740
Staatliches Handeln
und Systematisierung der Drittbeziehung von Amtspflichten **839** 173
Staatsanwaltschaft
Allgemeinheit und Verletzter **839** 631
Amtshaftungsanspruch und Verjährungsbeginn **839** 388
Anklageerhebung auf sicherer Grundlage **839** 632
und Bedeutung höchstrichterlicher Rechtsprechung **839** 211
Beschlagnahme als enteignungsgleicher Eingriff **839** 472
Beurteilungsspielraum **839** 632
Einstellung des Verfahrens **839** 632
Strafprozessuale Normen, zu beachtende **839** 632
Staatsaufsicht
Amtspflicht gegenüber einzelnen Dritten als Ausnahmefall **839** 184 ff
Staatsbanken
Betrieb als hoheitliches Handeln **839** 111
Staatsbibliothek
Ausübung öffentlicher Gewalt **839** 108
Staatshaftung
Ansätze für eine unmittelbare − **839** 26
DDR **839** 15 ff
Einigungsvertrag **839** 18 ff
Fiskalbereich und ausgeschlossene übergeleitete − **839** 117
Gefährdungshaftung, nicht zu rechtfertigende **839** 27
Gemeinschaftsrechtlicher Anspruch **839** 525 ff
Geschichtliche Entwicklung **839** 1 ff

Staatshaftung (Forts.)
  Gesetzgebungskompetenz **839** 14, 23
  und StaatshaftungsG 1981 **839** 12 ff, 23, 25
  als übergeleitete Beamtenhaftung **839** 21, 84, 247
  als übergeleitete Beamtenhaftung, Problematik des Verweisungsprivilegs **839** 267
Städtebauliche Entwicklung
  und Bauleitplanung **839** 551 ff
Standesbeamter
  Eheschließung, Herbeiführung unverzüglicher **839** 741
  Familienbuch, unrichtige Eintragungen **839** 741
Steuerberater
  und Beamtenbegriff **839** 44
Steuerrecht
  Alternativverhalten, rechtmäßiges **839** 238
  und Amtshaftung **839** 703 f
  und Aufklärungspflicht **839** 133
  Mitwirkendes Verschulden **839** 263
Stiftungsrecht
  und Drittbezug von Amtspflichten **839** 186
Strafbare Handlung
  Amtspflichtverletzung **839** 127
  und polizeiliche Verpflichtungen **839** 610 ff
  Sachverständigentätigkeit **839a** 3
Strafbefehl
  Primärrechtsschutz **839** 351
Strafgefangene
  Haftungssubjekt **839** 70
Strafrecht
  Mißbrauch des Amtes **839** 102
  Vorgesetztenweisung und Verstoß gegen geltendes – **839** 74
Strafrechtspflege
  Rechtspflege (außerhalb Richterspruchprivilegs)
    s. dort
  Richterspruchprivileg
    s. dort
Strafverfahren
  Abhilfemöglichkeit durch formlosen Rechtsbehelf **839** 352
  Auskunftserteilung durch StA **839** 632
  und Verhältnismäßigkeitsgrundsatz **839** 139
Strafvollstreckung
  Amtspflichten **839** 634 ff
Straßenanlieger
  s. Anliegergrundstücke
Straßenbauarbeiten
  Anliegergrundstücke, geschädigte **839** 473, 480
  Denkmalgeschützte Giebelwand, beschädigte **839** 453
  Opfergrenze für Anlieger **839** 480

Straßenbaulast
  Allgemeinheit, subjektive Rechte **839** 665 f
  Schneeräumen, Streuen **839** 671
  Umfang **839** 664
Straßenverkehr
  Allgemeiner Verkehr, öffentlicher Straßenverkehr **839** 384
  Amtspflicht der Beachtung von Verkehrsregeln **839** 140
  Behördenparkplatz **839** 384
  Dienstfahrten
    s. dort
  Dienstunfall bei der Teilnahme am allgemeinen – **839** 384
  und Kfz-Zulassungsstelle **839** 717
  Lärmeinwirkungen **839** 481
  Sonderrechte **839** 296, 303
  Sonderrechtsregelungen (Einzelbereiche) **839** 271
  Straßenbaulast und Unfallgeschehen **839** 666
  Subsidiaritätsklausel **839** 274, 287
  Teilnahme am allgemeinen – **839** 272
  Verkehrsimmissionen, übermäßige **839** 477, 481
  VerkehrslärmschutzVO (Immissionsgrenzwerte) **839** 481
  Verkehrsunfall, grob fahrlässig verursachter **839** 412
  Wahrnehmung von Sonderrechten **839** 86, 93
  Zivildienstleistender **839** 743
Straßenverkehrsregelungspflicht
  Gefahrenvermeidung **839** 674
  Maßstäbe **839** 673
Straßenverkehrssicherungspflicht
  Amtshaftung wegen Verletzung der – **839** 272 f
  Amtshaftungsgrundsätze und allgemeines Deliktsrecht **839** 668
  Inhalt **839** 667
  Landesrechtliche Grundlagen **839** 669
  Lichtzeichenanlagen **839** 672
  Polizeiliche Eilzuständigkeit **839** 616
  und Straßenverkehrsregelungspflicht **839** 672
  Subsidiaritätsklausel, Wegfall **839** 287
  und Verkehrssicherungspflicht **839** 672
  und Verkehrssicherungspflicht, allgemeine **839** 667
  Verkehrszeichen **839** 672
Straßenverkehrszulassungsbehörde
  s. Kraftfahrzeugwesen
Streitgegenstand
  im Amtshaftungsprozeß **839** 429, 434 f
  Streitwertfestsetzung und Amtspflichtverletzung **839** 625

Studentenausschuß
Amtsträgereigenschaft 839 47
Subjektiv-öffentliche Rechte
Drittgerichtetheit von Amtspflichten
839 178, 611
Subsidiaritätsklausel (Amtshaftung)
Amtshaftung, hierauf beschränkte Ausnahmevorschrift 839 278
Anderweitige Ersatzmöglichkeit, ausgeschlossene (Fallgruppen) 839 276 ff
Anderweitiger Ersatz, inhaltliche Anforderungen 839 297 f
Anderweitiger Ersatz-restriktive Auslegung 839 268
Anspruchskonkurrenz aus demselben Sachverhalt 839 279 ff
Anwendungsbereich 839 267
Aufopferungsanspruch, Ausschluß der – 839 407
Ausländische Rechtsverfolgung 839 298
Bauverwaltungsakte, rechtswidrige 839 575
Beamtenhaftung, persönliche im Außenbereich 839 267
als Beamtenschutz 839 267
Beweisrecht 839 422
Billigkeitsgründe 839 267
Darlegungs- und Beweislast 839 301 ff
Dogmatische Kritik aufgrund der Haftungsüberleitung 839 267
Enteignungsgleicher Eingriff, Ausschluß der – 839 407
Ersatz- und Entschädigungsansprüche, keine Anwendung der – 839 278
Europäisches Staatshaftungsrecht 839 541
Fälle bestehenbleibender Subsidiarität 839 284 ff
Haftungssubsidiarität 839 266 f
Insolvenz des Dritten 839 297
Kfz-Zulassungsstelle und PflVersG 839 717
Krankenhausträger-Inanspruchnahme 839 596
Legalzession 839 312 f
Leistungsvermögen des ersatzpflichtigen Dritten 839 297
Mitwirkendes Verschulden 839 293
Polizeiliche Eilzuständigkeit (Straßenverkehrssicherung) 839 616
Prüfungsschema 839 269
Straßenverkehr, dienstliche Teilnahme 839 270 ff
Straßenverkehrsbehörden 839 675
Straßenverkehrssicherungspflicht 839 670
Verjährungsbeginn bei Kenntnis vom Fehlen anderweitiger Ersatzmöglichkeit 839 392 ff
Vermögensrechtliche Einheit der öffentlichen Hand 839 279 ff

Subsidiaritätsklausel (Amtshaftung) (Forts.)
Verschuldeter Verlust anderweitigen Ersatzes 839 299 f
Vormundschaftsgericht 839 643
Zumutbarkeit der Ausnutzung anderweitigen Ersatzes 839 295
Zwangsvollstreckungserfordernis 839 298

Tatsächliche Ersatzmöglichkeiten
und Subsidiaritätsklausel 839 295
Taxator
und Beamtenbegriff 839 44
Technische Einrichtung
Beamtenhandeln ersetzt durch eine – 839 33
Telekommunikation
Öffentliches Amt (Regulierung) 839 691
Testamentserrichtung
im Krankenhaus 839 606
Testamentsverwahrung
Nachforschungspflicht des Nachlaßgerichts 839 644
Testamentsvollstrecker
und Beamtenbegriff 839 44
Thüringen
BauROG (Ersetzung rechtswidrig versagten gemeindlichen Einvernehmens) 839 587 f
Behördliche Warnungen 839 170
StaatshaftungsG der DDR, Fortgeltung 839 26
Straßenverkehrssicherungspflicht und Haftungsfolgen 839 669
Tierkörperbeseitigungsanstalten, Neugliederung des Einzugsbereichs 839 460
Tierarzt
Amtstierarzt 839 607
Tierhalterhaftung
Amtspflichtverletzung und Subsidiaritätsklausel 839 289
Tierseuchenbekämpfung
Ausübung öffentlicher Gewalt 839 110
Träger öffentlicher Machtbefugnisse
Amtsträger
s. dort
TÜV
Sachverständige als Amtsträger 839 49, 742

U-Bahnbau
Opfergrenze für Anlieger 839 480
Überschwemmungsschäden
Anlagendimensionierung, unzureichende 839 241
Enteignungsgleicher Eingriff 839 474
Unterbliebene Schutzmaßnahmen 839 476

Umweltschutzrecht
Salvatorische Entschädigungsklausel
839 495 f
Unerlaubte Handlung
Allgemeine Vorschriften und Amtspflichtverletzung, Verhältnis **839** 29 ff
Amtshaftung und allgemeine Verantwortlichkeitsregeln **839** 230
Amtspflicht des Unterlassens **839** 126 ff
Amtspflichtverletzung, kein entschädigungsfähiger Rechtsgüterkatalog **839** 245
Amtspflichtverletzung, tatbestandserfüllende **839** 118
Amtspflichtverletzung und widerrechtliche Schadenszufügung **839** 118
Amtspflichtverletzung, zugleich Geschäftskreisbezogene – **839** 37
Amtspflichtverletzung zugleich als Tatbestand allgemeiner – **839** 175
Deutsche Bahn AG **839** 689
Eigenhaftung von Ärzten **839** 284
und enteignungsgleicher Eingriff **839** 446
Ersatzpflicht des Beamten **839** 23, 28 ff
Europäische Gemeinschaft (deliktische Eigenhaftung) **839** 524
Gesamtschuldnerschaft **839** 584
Mitverschulden **839** 256
von Nichtbeamten mit Staatsauftrag bei privatrechtlicher Tätigkeit **839** 120
Rettungsdienst **839** 601
Rundfunk, Fernsehen **839** 730
Sachverständigentätigkeit **839a** 3
Straßenverkehrssicherungspflicht **839** 670
Unmittelbar Verletzter als Berechtigter **839** 243
Verrichtungsgehilfenhaftung im Fiskalbereich **839** 118
Verrichtungsgehilfenhaftung und Mitverschulden **839** 265
und Verweisungsprivileg **839** 275
Unfallversicherung
für Schüler **839** 513, 731
Verweisungsprivileg und Leistungen gesetzlicher – **839** 276
Universitäten
Ausübung öffentlicher Gewalt **839** 89
und Verhältnis juristischer Personen des öffentlichen Rechts **839** 193
Universitätsklinik
Ausübung öffentlicher Gewalt **839** 109
Untätigkeitsklage
Bedeutung der Drei-Monats-Frist **839** 135
Primärrechtsschutz **839** 349
Vorwerfbarkeit unterlassener – **839** 357
Unterbrechung
eines Zurechnungszusammenhangs **839** 235

Unterlassen
von Amtshandlungen, Rechtswegfrage **839** 431
Amtspflichtverletzung und Schadensfolge **839** 232
als eingreifendes Handeln (qualifiziertes Unterlassen) **839** 476
und Eingriffstatbestand, Abgrenzung **839** 464
Europäisches Staatshaftungsrecht und legislatives Unrecht eines Mitgliedstaates **839** 533
Kausalität **839** 418
als Maßnahmen **839** 621
Primärrechtsschutz und Wiedergutmachungsmaßnahmen **839** 354 f
Rundfunkanstalten, Eingriff in Persönlichkeitsrechte **839** 730
Unternehmenstätigkeit
Ausführung hoheitlich angeordneter Maßnahmen **839** 106 f
Öffentliche Hand **839** 108 ff
Urheberrechtsverletzungen
Amtshaftungsanspruch und Bereicherungsanspruch **839** 39, 71, 89, 126
Urkundsbeamter der Geschäftsstelle
Amtshaftung **839** 656

Veranstaltungen
und Gefahrenabwehr **839** 611
Vereinsregister
Amtshaftung **839** 646
Verfassungsbeschwerde
als Primärrechtsschutz **839** 353
Verfassungsmäßig berufener Vertreter
Ärztliche Heilbehandlung **839** 596
Eigenhaftung des Beamten/Haftung des Dienstherrn (Anspruchskonkurrenz) **839** 279
Handeln eines Beamten im Fiskalbereich **839** 118
Verfassungsrecht, Verfassungsmäßigkeit
Eigentum und verfassungswidrige Inhaltsbestimmung **839** 447
Eingriff in geschützte Rechtspositionen/ gesetzliche vorgeschriebene Handlungsform **839** 239
Enteignungsbegriff (Naßauskiesungsbeschluß des BVerfG) **839** 447 f
Enteignungsbegriff (Naßauskiesungsbeschluß) und Junktim-Klausel **839** 495 ff
Grundrechtsverstoß und Amtspflichtverletzung **839** 182
Rechtswidriges staatliches Handeln, schlechthin verbotenes **839** 121
Staatsaufsicht und ausgeschlossener Drittbezug von Amtspflichten **839** 185
Staatshaftung Art 34 GG **839** 10 ff

Verfassungsrecht, Verfassungsmäßigkeit (Forts.)
Staatshaftung, geschichtliche Entwicklung **839** 1 ff
Staatshaftung, keine Grundlage für eine unmittelbare **839** 27
Staatshaftung als Haftungssubjekt **839** 22
StaatshaftungsG 1981 (Gesetzeskompetenz, fehlende) **839** 14

Verhältnismäßigkeit
Amtspflichtverletzung durch nicht beachteten Grundsatz der – **839** 139 ff
Ausgleichspflichtige Inhaltsbestimmung **839** 501
und Ermessensausübung **839** 147
Polizeiliche Maßnahmen **839** 615

Verjährung
Anderweitige Ersatzmöglichkeit, Kenntnis **839** 392 ff
Aufopferungsanspruch **839** 517
Beginn **839** 388 ff
Enteignungsgleicher Eingriff **839** 493
Europäischer Staatshaftungsanspruch **839** 543
Höchstfristen **839** 401
Inanspruchnahme fachgerichtlichen Primärrechtsschutzes und Verjährungsbeginn **839** 396 ff
Kenntnis von der Person des Ersatzberechtigten **839** 388 f
Klagezumutung **839** 388
Legalzession und Verjährungsbeginn **839** 391
Menschenrechtskonvention, verletzte **839** 515
Öffentlich-rechtliche Körperschaft, Kenntnis der richtigen Beklagten **839** 390
Rechtsunkenntnis **839** 388
Rückgriff gegen den Beamten **839** 404
SchuldrechtsmodernisierungG und Anwendung regelmäßiger Verjährungsfrist **839** 387

Verkehr
Straßenverkehr
s. dort

Verkehrsregelung
durch Polizeibeamten, durch Signalampel **839** 33

Verkehrssicherungspflicht
Allgemeiner Verkehr, ermöglichter und – **839** 112
Schneeräumen **839** 671
Straßenverkehrssicherungspflicht **839** 272 f
Straßenverkehrssicherungspflicht
s. dort
Verschuldensvermutung § 836 **839** 199

Verkehrssignalanlagen
als Maßnahmen **839** 620

Verkehrssignalanlagen (Forts.)
und Straßenverkehrsregelungspflicht **839** 672
Versagen als enteignungsgleicher Eingriff **839** 475

Verkehrsunfall
s. Straßenverkehr

VermG
und Aufgabenbereich staatlicher Verwalter **839** 740

Vermögensbelastung
und Eigentumsbegriff **839** 451

Vermögensinteressen
Amtspflicht des Schutzes von – **839** 141

Vermögensrechtliche Einheit
der öffentlichen Hand, Bedeutung für das Subsidiaritätsprinzip **839** 279 ff

Vermögensschaden
Amtspflichtverletzung und allgemeines Deliktsrecht, Vergleich **839** 30
Amtspflichtverletzung und Schadensfolge **839** 237

Verpflichtungsklage
Primärrechtsschutz **839** 349

Versäumnisurteil
Primärrechtsschutz **839** 351

Verschulden
Alternativverhalten, schuldloses **839** 242
Amtshaftung als übergeleitete Beamtenhaftung **839** 195
Amtshaftung/enteignungsgleicher Eingriff **839** 446
Amtsmißbrauch **839** 197
Amtspflichtverletzung und allgemeine deliktische Haftung **839** 30
Anderweitige Ersatzmöglichkeiten, schuldhaft versäumte **839** 299 f
Anordnungen, befolgte **839** 208
Auslegung von Gesetzen, unrichtige **839** 209
Beweislast **839** 418
Höchstrichterliche Rechtsprechung, zu beachtende **839** 210
Kollegialgerichts-Richtlinie, Bedeutung **839** 216 ff
Organisationsverschulden **839** 228 ff
Präjudiz durch Fachgerichtsbarkeit **839** 441
Schadensvorhersehung, nicht erforderliche **839** 196
Tatbestand der Amtspflichtverletzung (subjektive Elemente) **839** 198
Unrichtige Auslegung durch Gerichte **839** 214 ff
Unterlassenes Rechtsmittel (Primärrechtsschutz) **839** 357 ff
Verkehrssicherungspflicht **839** 199

Verschwiegenheitspflicht
als Amtspflicht **839** 142

Versicherungswesen
Juristische Personen des öffentlichen Rechts als verletzte Dritte **839** 192
Staatsaufsicht und Amtspflichten gegenüber Dritten **839** 185
Verweisungsprivileg und Versicherungsleistungen **839** 276

Versorgungsausgleich
Fehlerhafte Auskunft des Rentenversicherungsträgers **839** 235, 352, 739

Vertrauensschutz
Aufklärung- und Belehrungspflichten als Amtspflichten **839** 165
und Mitverschulden, Abgrenzung **839** 254

Verwahrung
Kfz-Verwahrung als Beweissicherung (vorsätzliche Fremdeinwirkung) **839** 484

Verwaltungsakt
Amtshaftungsanspruch und Frage der Nachprüfung bestandskräftiger – **839** 436 ff
Amtshaftungsprozeß und Nachprüfung von – **839** 436 ff
Aufhebungsbegehren und Rechtswegfrage **839** 431
und ausgleichspflichtige Inhaltsbestimmung von Rechtspositionen **839** 501
Bauverwaltungsakt
s. Baurecht
Enteignender Eingriff **839** 479
Europäisches Staatshaftungsrecht und administratives Unrecht eines Mitgliedstaates **839** 533
als Maßnahme **839** 620
Nichtigkeitsvoraussetzungen **839** 444
und Rechtsbehelfsmöglichkeiten **839** 349
Rechtskräftige Feststellung ihrer Rechtswidrigkeit **839** 440
und Schutzbereich verletzter Amtspflicht **839** 174
Verjährungsbeginn bei Primärrechtsschutz **839** 397
als Verläßlichkeitsgrundlage **839** 254
Vermutung seiner Rechtswirksamkeit **839** 444
Willenserklärung, Frage eines vorliegenden – **839** 443

Verwaltungsaufgaben
Ausübung anvertrauten öffentlichen Amtes **839** 86
Fiskalischer Bereich **839** 111

Verwaltungsbehörden
Gesetzesauslegung, unrichtige **839** 209 ff

Verwaltungsgerichtsbarkeit
Amtshaftungsanspruch, konkurrierender **839** 430
Amtshaftungsanspruch und rechtskräftiges Sachurteil aufgrund der – **839** 439 ff

Verwaltungsgerichtsbarkeit (Forts.)
Amtshaftungsansprüche und Zuständigkeit ordentlicher Gerichte **839** 429
Primärrechtsschutz **839** 349

Verwaltungsverfahren
Alternativverhalten, rechtmäßiges **839** 238 f
Amtspflichtverletzung und Prozeßkosten **839** 250
Ausgang ohne Amtspflichtverletzung **839** 234
und Ermessenskontrolle **839** 144
Gehorsamspflicht als Amtspflicht **839** 143
Kirchliche Gewalt **839** 711
Klagebefugnis und Drittgerichtetheit von Amtspflichten **839** 177
Primärrechtsschutz und förmliche Rechtsbehelfe **839** 349
und Rechtsmittelgebrauch **839** 131
und Vertrauensschutz **839** 255
Verwaltungsakt und Gehorsamspflicht **839** 143
Verwaltungsakt als Nichtakt **839** 150

Verwaltungsvorschriften
und Amtspflichten **839** 122
und Schutzzweck der Amtspflicht **839** 180

Verweisungsprivileg
als Subsidiaritätsklausel
s. dort

Vollstreckungsbescheid
Primärrechtsschutz **839** 351

Vollziehende Gewalt
Ausübung anvertrauten öffentlichen Amtes **839** 86

Vormund
und Beamtenbegriff **839** 44

Vormundschaftsgericht
Amtspflichtverletzung **839** 232, 641 ff

Vorsatz
Amtsmißbrauch **839** 176, 197
Amtspflichtverletzung und allgemeine deliktische Haftung **839** 30
Dienstunfall und Wegfall von Haftungsbeschränkungen **839** 383
Dolus directus, dolus eventualis **839** 200
Fiskalbereich **839** 119
Mitverschulden des Geschädigten **839** 259
Rückgriff gegen den Beamten **839** 402
Sachverständigentätigkeit **839a** 3 ff
Schadensersatzpflicht, Umfang **839** 202
Tatsachenirrtum, Rechtsirrtum **839** 201

Vorteilsausgleichung
Amtspflichtverletzung und Schadensumfang **839** 252

Waffengebrauch
s. Dienstwaffen

Waldeigentum
Beeinträchtigung durch Jagdbehörde
839 477
Waldschäden-Urteil 839 448, 476, 477, 479
Waldschutz
als hoheitliche Betätigung 839 723
Warnungen
Behördliche Warnungen und Amtspflichtverletzung 839 170 f
Wasserrecht
Abwasserbeseitigung, Regenwasserkanalisation 839 676
und Eigentumsschutz 839 452
Gewässerbenutzung, untersagte und rechtmäßiges Alternativverhalten 839 238
Hochwasserschutz 839 677
Überschwemmungen 839 678
Überschwemmungsschäden aufgrund enteignungsgleichen Eingriffs 839 474
Wasserrechtliche Erlaubnis 839 681
Wegeunfall
und Ausübung öffentlichen Amtes 839 96
Weimarer Verfassung
Staatshaftung 839 6 ff
Weisungen
und amtspflichtwidriges Verhalten 839 74
Gehorsamspflicht als Amtspflicht 839 143
Werkzeugtheorie
Handeln privater Unternehmen 839 107
Widerspruch
Primärrechtsschutz 839 349
Wiedergutmachungsmaßnahmen
Primärrechtsschutz und unterlassene –
839 354 f
Wiederherstellung aufschiebender Wirkung
Primärrechtsschutz 839 349
Wild- und Jgdschadenssachen
Primärrechtsschutz 839 351
Wirtschaftliches Unternehmen
Ausübung öffentlicher Gewalt 839 109
Wirtschaftslenkende Maßnahmen
und Gleichbehandlungsgrundsatz 839 146
Wirtschaftslenkung
Ausübung öffentlicher Gewalt 839 89
Wirtschaftsprüfer
und Beamtenbegriff 839 44
Wohlfahrtspflege
Ausübung öffentlicher Gewalt 839 89
Wohngebiet
und Verkehrslärmimmissionen 839 481
Wohnungsämter
Ausübung öffentlicher Gewalt 839 89
Wohnungsbau
Ausübung öffentlicher Gewalt 839 89
Wohnungsbauförderung
Ausübung öffentlicher Gewalt 839 89

Zentralregister
Amtspflichtverletzung durch Erteilung unrichtiger Auskünfte 839 638
Zivildienst
und Amtshaftung 839 68, 743
und Beschäftigungsstelle als verletzter Dritter 839 192
Rettungsdienst 839 600
Rückgriffsschuldner 839 405
Verkehrsunfall 839 743
Zivilgericht
Amtshaftungsanspruch und Bindung an Verwaltungsgerichtsentscheidungen 839 439 ff
Rechtspflege (außerhalb Richterspruchprivilegs)
s. dort
Richterspruchprivileg
s. dort
Zolldienst
Sonderrechte im Straßenverkehr 839 271
Zollwesen
und Amtshaftung 839 703
Zumutbarkeit
Beeinträchtigung von Rechtspositionen 839 500
Zurechnungszusammenhang
Haftungsrechtlicher –
s. Kausalität
Zusage
Gesetzlich unzulässige – 839 249
Zuständigkeit
Amtshaftung und Überschreiten der –
839 100
Amtspflicht zur Einhaltung 839 129
Entscheidung an sich zuständiger Behörde 839 234
Zustellung
Gerichtsvollzieher-Amtspflichten 839 661
Zwangsversteigerung
Amtshaftung 839 653 f
Amtspflichtverletzung 839 232
Nachprüfungspflichten 839 357
Primärrechtsschutz 839 351
Zwangsvollstreckung
Amtshaftung 839 652
Amtspflichtverletzung und Schadensersatz 839 250
Gemeindeverursachung verfrühter –
839 235
und Sonderopfer 839 485
Steuerwesen 839 704
Subsidiaritätsklausel und Anspruchsdurchsetzung mittels der – 839 298

**J. von Staudingers
Kommentar zum Bürgerlichen Gesetzbuch
mit Einführungsgesetz und Nebengesetzen**

Übersicht Nr 76/17. September 2002

Die Übersicht informiert über die Erscheinungsjahre der Kommentierungen in der 12. Auflage sowie in der 13. Bearbeitung und deren Neubearbeitung 1998 ff. (= Gesamtwerk STAUDINGER).
Die Übersicht ist für die 13. Bearbeitung und für deren Neubearbeitung zugleich ein Vorschlag für das Aufstellen des „Gesamtwerks STAUDINGER" (insbesondere für solche Bände, die nur eine Sachbezeichnung haben). Es wird empfohlen, die Austauschbände chronologisch neben den überholten Bänden einzusortieren, um bei Querverweisungen auf diese schnell Zugriff zu haben. Bei Platzmangel sollten die ausgetauschten Bände an anderem Ort in gleicher Reihenfolge verwahrt werden.

	12. Aufl.	13. Bearb.	Neubearbeitungen
Buch 1. Allgemeiner Teil			
Einl BGB; §§ 1–12; VerschG	1978/1979	1995	
§§ 21–103	1980	1995	
§§ 104–133	1980		
§§ 134–163	1980	1996	
§§ 164–240	1980	1995	2001
Buch 2. Recht der Schuldverhältnisse			
§§ 241–243	1981/1983	1995	
AGBG	1980	1998	
§§ 244–248	1983	1997	
§§ 249–254	1980	1998	
§§ 255–292	1978/1979	1995	
§§ 293–327	1978/1979	1995	
§§ 255–314			2001
§§ 315–327			2001
§§ 328–361	1983/1985	1995	
§§ 328–361b			2001
§§ 362–396	1985/1987	1995	2000
§§ 397–432	1987/1990/1992/1994	1999	
§§ 433–534	1978	1995	
Wiener UN-Kaufrecht (CISG)		1994	1999
§§ 535–563 (Mietrecht 1)	1978/1981 (2. Bearb.)	1995	
§§ 564–580a (Mietrecht 2)	1978/1981 (2. Bearb.)	1997	
2. WKSchG (Mietrecht 3)	1981	1997	
MÜG (Mietrecht 3)		1997	
§§ 581–606	1982	1996	
§§ 607–610	1988/1989	./.	
VerbrKrG; HWiG; § 13a UWG		1998	
VerbrKrG; HWiG; § 13a UWG; TzWrG			2001
§§ 611–615	1989	1999	
§§ 616–619	1993	1997	
§§ 620–630	1979	1995	
§§ 616–630			2002
§§ 631–651	1990	1994	2000
§§ 651a – 651k	1983		
§§ 651a – 651l		2001	
§§ 652–704	1980/1988	1995	
§§ 705–740	1980		
§§ 741–764	1982	1996	2002
§§ 765–778	1982	1997	
§§ 779–811	1985	1997	2002
§§ 812–822	1979	1994	1999
§§ 823–825	1985	1999	
§§ 826–829	1985/1986		
§§ 826–829; ProdHaftG		1998	
§§ 830–838	1986	1997	2002
§ 839	1986		
§§ 839, 839a		2002	
§§ 840–853	1986		
Buch 3. Sachenrecht			
§§ 854–882	1982/1983	1995	2000
§§ 883–902	1985/1986/1987	1996	
§§ 903–924	1982/1987/1989	1996	2002
Umwelthaftungsrecht		1996	2002
§§ 925–984	1979/1983/1987/1989	1995	
§§ 985–1011	1980/1982	1993	1999
ErbbVO; §§ 1018–1112	1979	1994	2002
§§ 1113–1203	1981	1996	2002
§§ 1204–1296	1981		

	12. Aufl.	13. Bearb.	Neubearbeitungen
§§ 1204–1296; §§ 1–84 SchiffsRG		1997	2002
§§ 1–25 WEG (WEG 1)	1997		
§§ 26–64 WEG; Anh Besteuerung (WEG 2)	1997		
Buch 4. Familienrecht			
§§ 1297–1302; EheG u. a.; §§ 1353–1362	1990/1993		
§§ 1297–1320; NeLebGem (Anh §§ 1297 ff); §§ 1353–1362		2000	
§§ 1363–1563	1979/1985	1994	2000
§§ 1564–1568; §§ 1–27 HausratsVO	1994/1996	1999	
§§ 1569–1586b	1999		
§§ 1587–1588; VAHRG	1995	1998	
§§ 1589–1600o	1983	1997	
§§ 1589–1600e; Anh §§ 1592, 1600e			2000
§§ 1601–1615o	1992/1993	1997	2000
§§ 1616–1625	1985	2000	
§§ 1626–1665; §§ 1–11 RKEG	1989/1992/1997		
§§ 1666–1772	1984/1991/1992		
§§ 1638–1683		2000	
§§ 1684–1717; Anh § 1717		2000	
§§ 1741–1772		2001	
§§ 1773–1895; Anh §§ 1773–1895 (KJHG)	1993/1994	1999	
§§ 1896–1921	1995	1999	
Buch 5. Erbrecht			
§§ 1922–1966	1979/1989	1994	2000
§§ 1967–2086	1978/1981/1987	1996	
§§ 2087–2196	1980/1981	1996	
§§ 2197–2264	1979/1982	1996	
BeurkG	1982		
§§ 2265–2338a	1981/1983	1998	
§§ 2339–2385	1979/1981	1997	
EGBGB			
Einl EGBGB; Art 1–6, 32–218	1985		
Einl EGBGB; Art 1–2, 50–218		1998	
Art 219–221, 230–236	1993	1996	
Art 222		1996	
EGBGB/Internationales Privatrecht			
Einl IPR; Art 3, 4 (= Art 27, 28 aF), 5, 6	1981/1984/1988	1996	
Art 7–11	1984		
Art 7, 9–12		2000	
IntGesR	1980	1993	1998
Art 13–17	1983	1996	
Art 18		1996	
IntVerfREhe	1990/1992	1997	
Kindschaftsrechtl Ü; Art 19 (= Art 18, 19 aF)	1979	1994	
Art 19–24			2002
Art 20–24	1988	1996	
Art 25, 26 (= Art 24–26 aF)	1981	1995	2000
Art 27–37; 10	1987/1998		
Art 27–37		2002	
Art 38	1992	1998	
Art 38–42			2001
IntWirtschR		2000	
IntSachenR	1985	1996	
Alphabetisches Gesamtregister	1999		
Das Schuldrechtsmodernisierungsgesetz		2002	2002
BGB-Synopse 1896-1998		1998	
BGB-Synopse 1896-2000			2000
100 Jahre BGB – 100 Jahre Staudinger			
(Tagungsband 1998)	1999	1999	
Demnächst erscheinen			
§§ 840–853		2002	
§§ 883–902			2002
§§ 1626–1633; §§ 1–11 RKEG		2002	
§§ 1967–2063			2002

Nachbezug: Um sich die Vollständigkeit des „Gesamtwerks STAUDINGER" zu sichern, haben Abonnenten jederzeit die Möglichkeit, die ihnen fehlenden Bände früherer Jahre zu für sie erheblich vergünstigten Bedingungen nachzubeziehen (z. B. 52 bis Dezember 1999 erschienene Bände [1994 ff.; 35. 427 Seiten] seit 1. Januar 2002 als Staudinger-Einstiegspaket 2002 für € [D] 4. 598,-/sFr 7. 357,- ISBN 3-8059-0960-8). Auskünfte erteilt jede gute Buchhandlung und der Verlag.

Dr. Arthur L. Sellier & Co. KG – Walter de Gruyter GmbH & Co. KG oHG, Berlin
Postfach 30 34 21, D-10728 Berlin, Telefon (030) 2 60 05-0, Fax (030) 2 60 05-222